"十二五"普通高等教育本科国家级规划教材

卓越法律人才教育培养系列教材

FANZUIXUE

犯罪学

主编◎许桂敏

郑州大学出版社

郑州

图书在版编目(CIP)数据

犯罪学/许桂敏主编.—郑州:郑州大学出版社,2017.9
ISBN 978-7-5645-4266-5

Ⅰ.①犯… Ⅱ.①许… Ⅲ.①犯罪学-高等学校-教材 Ⅳ.①D917

中国版本图书馆 CIP 数据核字(2017)第 100493 号

郑州大学出版社出版发行	
郑州市大学路 40 号	邮政编码:450052
出版人:张功员	发行部电话:0371-66966070
全国新华书店经销	
郑州市诚丰印刷有限公司印制	
开本:710 mm×1 010 mm 1/16	
印张:28	
字数:599 千字	
版次:2017 年 9 月第 1 版	印次:2017 年 9 月第 1 次印刷
书号:ISBN 978-7-5645-4266-5	定价:48.00 元

本书如有印装质量问题,由本社负责调换

作者名单

主 编 许桂敏

编 委（以写作章节为序）

许桂敏 胡雁云 刘可道

张 阳 李淑娟 焦 阳

王晓辉

前言

犯罪是人类社会历史发展到一定阶段的产物,若从客观判断,无行为则无犯罪;若从主观考察,无犯罪人则无犯罪。犯罪行为与犯罪人构成了犯罪现象的基本要素。犯罪学是以犯罪行为与犯罪人为核心的有关犯罪现象、犯罪原因、犯罪对策的学科。它原本就是刑事学科群的重要组成部分,有自己的专业话语、学术旨趣、知识场域、研究价值;它和规范法学、程序法学、刑事政策学等学科一样,独立并有序联合地存在着。

我国犯罪学上的犯罪以刑法学上的犯罪概念为基础,但又不拘泥于刑法。如果说,刑法学的犯罪更多倾向于刑事违法性的形式定义、重视规范的禁止与命令所在,而淡化背后的严重社会危害性的实质特征,那么犯罪学的犯罪可谓是实质定义的扩大化,同时囊括了形式定义,凸现了社会危害性,又包含了刑法上的犯罪。具体而言,犯罪学的犯罪包括:①触犯刑法并受刑罚的行为;②触犯刑法而不受刑罚的行为;③有严重社会危害的违法行为;④有社会危害的不良行为。

在研究犯罪现象、犯罪原因与犯罪对策过程中,由于人们择取的视角不同,研究旨趣与研究内容有别。一些人或者从犯罪行为入手,探究意志自由与报应,诞生了刑事古典学派。一些人或者从犯罪人介入,试图寻找犯罪个体的原因;还有一些人从宏大的社会命题出发,就犯罪行为与犯罪人的现状孜孜以求犯罪的根源与对策,汇合为刑事实证学派。自从20世纪70年代以来,西方国家在社会科学领域出现了一股从分析到整合的潮流,无论是有关犯罪行为的理论,还是有关犯罪人的学说,各个学科都在不断尝试将已有的各种学说和理论进行辨析然后加以整合,从多角度来探寻犯罪产生的原因,并给出相应的对策。对于传统型的犯罪学理论,学者们进行了更加深入的研究和探索,及时吸收最新的研究方法和研究资料,为原有的理论增添了不少新的内容。还有不少学者则是对原有的理论综合加以考量和辨析,运用一定的方式对这些原有理论加以整合,吸收他们的精华并使之互相弥补,从而形成新的学说,多角度多层次地对犯罪现象加以研究。犯罪学的理论与学说发展到当下,犯罪整合理论诞生,即两大学派的合拢趋势成为主流。

犯罪现象是犯罪行为在发生、发展和变化时所展现的外部特征。犯罪现象纷繁复杂,犯罪原因也是多层次、多方面的。犯罪原因是犯罪学研究的基础和前提,在犯罪学中占有不可或缺的地位。作为一门独立的学科,犯罪学起源于对犯罪原因的研究。认清犯罪产生的原因,不仅是正确把握犯罪现象不可或缺的前提条件,而且是制定刑事法律法规惩治犯罪的重要依据,更为改造罪犯、保障人权、有效地预防和控制犯罪提供了客观指导。一般而言,有什么样犯罪原因的理论和学说,就会有什么样犯罪预防的理论和对策。

犯罪是不可避免的,并不意味着犯罪能够自生自灭。人类向善的追求就是与恶博弈的过程,就是守规与越轨、合法与犯罪相较量的过程。如何预防和控制犯罪行为,减少社会不安定因素;怎样矫正犯罪人,消除人身危险性,使其回归社会。这是宏大的社会主题,更是犯罪学的终极使命。防治犯罪不是一己之力、一时之功,更不是突击式严打和重罚就能见成效的。调动一切社会力量,预防为主、打防结合、综合治理、重在矫治,才有可能取得预防和控制犯罪的长久效果。犯罪行为的预防是针对犯罪原因和条件,调动社会的一切积极因素,防止和减少犯罪现象而采取的社会性和专门性的综合防治措施。犯罪预防贯彻在事前、事中、事后预防中,涵盖着预防与控制的内容,是防治犯罪的根本性措施,在社会治安综合治理中占有突出地位。

现代社会是一个充满人性、体现人道和保障人权的法治社会,对犯罪人执行刑罚不仅仅是要对其犯罪活动所造成损害的一种制裁、惩罚,更重要的是通过刑罚的执行使犯罪人得到教育,使其能够在心理上认识到犯罪的危害性,真正做到认罪悔过;在行动上不再重蹈覆辙,洗心革面,重新回归社会,做一个知法守法的公民。与此同时,对有可能走上犯罪道路的社会上的不稳定人员以警示,防止其走上犯罪不归路,从而维护社会秩序的稳定。因此,如何将犯罪人卓有成效地改造成为守法的公民,不仅是刑罚执行的目的所在,也是真正实现一般预防的关键点。监禁矫正和社区矫正都是教育改造犯罪人的方法。通过对刑罚的执行,对犯罪人进行有效的思想教育、心理矫治、文化和职业技术教育,打破犯罪人的犯罪思想和心理定式,帮助其改造成为拥有正确思想和健康心态的守法公民。总之,犯罪意识是可以改变的,犯罪习性是可以戒除的,犯罪人是可以矫正的。

本书由上编犯罪学原理和下编犯罪学各论组成。上编包含有犯罪学概述、犯罪学的重要理论、犯罪现象、犯罪被害人学、犯罪原因、犯罪预防等,下编包含有毒品犯罪、商业贿赂犯罪、网络犯罪、黑社会性质组织犯罪、生态环境犯罪等。每位作者通力协作、文责自负、努力做好撰写工作。当然,囿于能力与认识所限,难免出现纰漏,敬请读者谅解。

本教材写作分工情况为(按章节先后排序):许桂敏(郑州大学法学院副教授、法学博士):第一章、第二章、第七章、第八章;胡雁云(华北水利水电大学法学院副教授、法学博士):第三章、第十章;刘可道(天津社会科学院法学所暨犯罪学研究中心副研究员、法学博士):第四章;张阳(郑州大学法学院副教授、法学博士):第五章;李淑娟(郑州大学法学院副教授、法学博士):第六章;焦阳(外交学院国际法系讲师、法学博士):第九章;王晓辉(中原工学院法学院讲师、法学博士):第十一章。

在此,特别感谢郑州大学出版社人文社科分社王卫疆社长,他为本书的出版付出了很多;也要感谢广大读者,没有你们的热情支持,就不可能有本书写作的巨大动力。2012年本教材正式出版,2014年获得了教育部国家级规划教材荣誉,2017年修订再版,本教材所走的每一步,都得到了大家的无私支持。我们在感谢感恩的同时,只有继续前行。

编　者
2017年2月修订说明

目 录

上编 犯罪学原理

第一章 犯罪学概述 …………………………… 3
  第一节 犯罪学与犯罪学的犯罪 ………………… 3
  第二节 犯罪学的实证方法 ……………………… 12

第二章 犯罪学的重要理论 ……………………… 25
  第一节 犯罪学与刑事古典学派 ………………… 25
  第二节 犯罪学与刑事实证学派 ………………… 34
  第三节 犯罪学与犯罪整合理论 ………………… 53

第三章 犯罪现象 ………………………………… 61
  第一节 犯罪现象概述 …………………………… 61
  第二节 犯罪人 …………………………………… 76
  第三节 犯罪被害人 ……………………………… 86

第四章 犯罪被害人学 …………………………… 102
  第一节 被害人学概述 …………………………… 102
  第二节 被害人与犯罪人 ………………………… 106
  第三节 被害预防 ………………………………… 110
  第四节 被害人保护 ……………………………… 117

第五章 犯罪原因 ………………………………… 129
  第一节 犯罪原因的概念与特征 ………………… 129
  第二节 犯罪的社会原因 ………………………… 153

第三节　犯罪的自然原因 …………………………… 180
　　第四节　犯罪的个体原因 …………………………… 190
第六章　犯罪预防 ……………………………………… 212
　　第一节　犯罪预防概述 ……………………………… 212
　　第二节　犯罪预防的分类与内容 …………………… 229
　　第三节　社会治安综合治理 ………………………… 255
　　第四节　犯罪人的矫治 ……………………………… 277

下编　犯罪学各论

第七章　毒品犯罪 ……………………………………… 297
　　第一节　毒品犯罪的界定 …………………………… 297
　　第二节　毒品的特征与种类 ………………………… 304
　　第三节　毒品犯罪的立法 …………………………… 311
第八章　商业贿赂犯罪 ………………………………… 317
　　第一节　商业贿赂犯罪的界定 ……………………… 317
　　第二节　商业贿赂犯罪的成因 ……………………… 324
　　第三节　商业贿赂犯罪的防控 ……………………… 331
第九章　网络犯罪 ……………………………………… 342
　　第一节　网络犯罪概述 ……………………………… 342
　　第二节　网络犯罪的成因 …………………………… 348
　　第三节　网络犯罪的防控 …………………………… 354
第十章　黑社会性质组织犯罪 ………………………… 364
　　第一节　黑社会性质组织犯罪的概念 ……………… 364
　　第二节　黑社会性质组织犯罪的特征 ……………… 370
　　第三节　黑社会性质组织犯罪的成因 ……………… 375
　　第四节　黑社会性质组织犯罪的防控 ……………… 378
第十一章　生态环境犯罪 ……………………………… 382
　　第一节　生态环境犯罪的现状 ……………………… 382
　　第二节　生态环境犯罪的界定 ……………………… 386
　　第三节　生态环境犯罪的特征 ……………………… 399
　　第四节　生态环境犯罪的成因 ……………………… 417
　　第五节　生态环境犯罪的防控 ……………………… 427

犯罪学原理

● 上编

第一章

犯罪学概述

犯罪学作为一门独立的学科，拥有自己独特的学术品格。在犯罪学的诞生地西方，其顺势而一跃，构建了新兴的特有学术领域，鲜有附庸还是独立的争议。在中国，因其脱胎于刑法学科，成立时间又短，难免陷入否定抑或肯定的本体知识纠缠之中。其实，犯罪学原本就是刑事法学科群的重要组成部分，有自己的专业话语、学术旨趣、知识的场域、研究的价值，它和规范法学、程序法学、刑事政策学等学科一样，独立并有序联合地存在着。

第一节 犯罪学与犯罪学的犯罪

若要确认犯罪学的概念，首当其冲就是明确犯罪学的定义。因为，当且仅当搞清犯罪学是什么之后，犯罪学的内涵与外延才固定下来，同时犯罪学的维度也有了支撑点。所以，犯罪学的界定就是犯罪学概念的明朗化。犯罪学经过百年考验，形成了自己的知识模板，中外有关犯罪学的概念也是各具特色。

一、世界上有关犯罪学的概念

概念这一术语最早是由斯多亚学派使用的。按斯多亚学派的看法，记号、含义和事物之间是互相联系的。记号就是声音，它和事物都是物体；只有"含义"是非物质的，它是由声音所表示，并与对象相一致而存在于我们思想中的东西。显然，这就是我们现在所说的概念。由于犯罪学自身的开放性和关注视野的散射性，社会学、心理学、法学诸多社会人文学科的工作者都从自己的专业出发，粘贴给犯罪学不同的学术标签。犯罪学的定义就是一部犯罪学发展史的总括，也体现出学科宽容性特质。概念是反映事物本质属性的。人们对事物先是感性认识，后升华为理性认识。人们运用比较、分析、综合、抽象、概括方法,逐步揭示出对象的特有属性特别是本质属性,产生认识过程中的飞跃,上升到理性认识,从而形成概念。借助概念这种形式,人们就可以通过揭示事物的特有属性,特别是本质属性,把所认识的事物和其他事物区别开来,并逐步把握该事物的本质。随着实践和认识的发展,人们基于概括事物决定性的特有属性,即本质属性而形成的概念就是科学的概念。而事物的特有属性是使一类事物同其他类事物区别开来的属性,它是为一类事物所共有,而为其他类事物所不具有的。犯罪学概念的思维形式也是如此。最初,人们探寻的是犯罪预防与犯罪行为,后来又提出犯罪原因与犯罪人,及至犯罪行为与犯罪人整合认识。总体而言,围绕犯罪行为与犯罪人的核心,确定犯罪学的内涵与外延的临界点,主要有以下几种观点。

一是犯罪学是关于犯罪原因与犯罪人的科学。人为什么会犯罪,犯罪的根源是什么?将犯罪学看作是在某种原因支配下而实施危害行为的犯罪人的学说。19世纪犯罪学家首创了犯罪学科,同时提出了犯罪学研究对象就是有关犯罪原因与犯罪人的理论。犯罪学之父龙勃罗梭(Lombroso)1876年出版的名著《犯罪人论》被视为其中的代表观点。他认为,当时的立法者不承认在犯罪中出现自由意志的反常状态,法官几乎总是脱离开犯罪人去考察犯罪。调查结果证实,恰恰相反,应当直接对犯罪人进行体质和心理方面的研究,并将分析结果与正常人、精神失常者进行对比[①]。龙勃罗梭首次系统分析了犯罪人与犯罪原因的关系,开辟并创建了人类文化研究的新领域。菲利(Feffi)更为细致地观察了犯罪人与犯罪原因的互动关系,提出了犯罪原因"三元论"。他认为,无论是诚实的还是不诚实的人,是社会性的还是反社会性的人,都是一个人的自然心理机制和生理状况及其周围生活环境相互作用的结果,即个人因素、自然因素、社会因素是犯罪原因三要素[②]。菲利将犯罪人与犯罪原因的类型扩大化,拓展了犯罪学的研究范畴。"犯罪学三圣"除了龙勃罗梭、菲利外,最后一个人物加罗法洛(Garofalo)更是明确提出了犯罪学这一专有名词,将犯罪人与犯罪原因关系引申到心理层面,最终实现了犯罪学与刑法学的分野,二者分庭抗礼走上了不同的发展路径。加罗法洛的《犯罪学》一书首版于1885年,以后再版多次。在书中,他将犯罪人分为自然犯和法定犯,认为犯罪人道德异常非常明显无须怀疑。他一再强调,本书研究的前提是在罪犯中存在着某种使他们区别于普通人的心理异常[③]。早期犯罪学家的思想和观点为后世所传承,继任者们经过不断的充实和更新,现如今已经形成了有关犯罪人的犯罪原因众多学派,呈现出蓬勃的上升势头。但不可忽视的是,无论看法怎样变迁,他们始终

---

① [意]切萨雷·龙勃罗梭:《犯罪人论》,黄风译,中国法制出版社2000年版,第2页。
② [意]恩里科·菲利:《犯罪社会学》,郭建安译,中国人民公安大学出版社2004年版,第143页。
③ [意]加罗法洛:《犯罪学》,耿伟、王新译,中国大百科全书出版社1996年版,第11页。

都坚持犯罪学游离于刑法学之外,就是有关犯罪原因与犯罪人的学科。

二是犯罪学是关于犯罪行为与犯罪预防的科学。刑事古典学派和后来的一些犯罪学学者坚持这个观点。以刑事古典学派为例,他们认为犯罪学等同于刑法学,无非是研究犯罪行为以及报应的理论。人犯罪与否是自由意志选择的结果,因为人本身就是理性人,正常的人都有判断是非善恶的能力。若违反理性选择了恶,就要负道义责任,对犯罪者科以刑罚,是其必然的报应,故刑罚适用的轻重应以犯罪行为客观危害后果为标准。贝卡利亚认为,犯罪对公共利益的危害越大,促使人们犯罪的力量越强,制止人们犯罪的手段就应该越强有力。这就需要刑罚与犯罪相对称①。刑事古典学派是启蒙运动的产物,强调基于个人理性的自觉决断是去恶还是从善,因此在预防犯罪上,更多是以思辨方法提出预防犯罪比惩罚犯罪更有效。贝卡利亚(Beccaria)认为,这是一切优秀立法的主要目的。为了不使刑罚成为某人或某些人对其他公民施加的暴行,从本质上来说,刑罚应该是公开的、及时的、必需的,在既定条件下尽量轻微的、同犯罪相对称的并由法律规定的②。总之,刑事古典学派以人的自由意志为出发点,通过三权分立、心理强制说奠立了罪刑法定原则和罪责刑相适应原则,并在这些理念引领下就犯罪行为与犯罪预防进行了探究。他们的后继者不离初衷,继续挖掘。在20世纪50年代中期,一些研究犯罪现象的学者更多关注于犯罪行为,认为这些行为是非正常的特殊行为,其外在特征通过刑罚加以反应。比如犯罪社会学之父、法国的迪尔凯姆(Durkheim,又译作涂尔干)为首的一些研究者,他们沿袭了刑事古典学派观点,提出了一个客观主义的犯罪学概念,将犯罪行为作为犯罪学的对象③。与此同时,犯罪生成的动态客观过程更加形象描绘行为是如何走入犯罪歧途的,以及国家又是如何管理的。总之,坚持犯罪学是关于犯罪行为与犯罪预防的学者们,不承认犯罪人与非犯罪人之间有重大差别,犯罪行为及社会对犯罪行为的反应,或者称作犯罪预防的关系,才是他们关注的焦点。

三是犯罪学是在犯罪行为与犯罪人基点上的关于犯罪原因与犯罪预防的科学。若从研究范围而言,该概念不是狭义上的犯罪原因或者犯罪预防说犯罪学概念。因为狭义上的犯罪学概念要么倾向于犯罪人,要么倾向于犯罪行为。这里的犯罪学概念是广义的犯罪学概念,既研究犯罪原因,也研究犯罪预防;既关注犯罪人,也关注犯罪行为,可以说,是主客观相统一的有关犯罪原因与犯罪预防的集大成概念体系。换言之,是刑事古典学派与刑事实证学派相互借鉴学习,并在此基础上催生出新的犯罪学派的研究结果。一般认为,英国和美国等国家大多采用广义

---

① [意]贝卡利亚:《论犯罪与刑罚》,黄风译,中国大百科全书出版社1993年版,第65页。
② [意]贝卡利亚:《论犯罪与刑罚》,黄风译,中国大百科全书出版社1993年版,第109页。
③ 张远煌:《犯罪学原理》,法律出版社2001年版,第6页。

犯罪学概念,犯罪原因与犯罪预防是他们研究的内容。

狭义犯罪学是指将犯罪和犯罪现象作为整体进行研究,探求犯罪发生的原因及其规律的科学,其核心在于揭示犯罪原因,故又称犯罪原因学(criminal etiology)或者犯罪发生学。采纳该概念的主要集中于欧洲大陆的意、法、德等国。可见,狭义犯罪学仅仅就犯罪存在事实阐明犯罪发生的原因,并且解释原因与结果之间的因果关联性。依据阐释犯罪原因的立场,又进一步将狭义犯罪学分为两种主要观点。

(1)犯罪生物学(criminal biology)。从犯罪人个人人格、素质等入手,通过生物学范式解读犯罪形成原因。比如身体形态、体质、性别、气质、遗传因素、精神状态与犯罪的关系。代表国家为德国。犯罪生物学又进一步细化为犯罪人类学、犯罪心理学、犯罪精神病学、犯罪生物学。

(2)犯罪社会学(criminal sociology)。该学派将犯罪视为社会的一种病理现象,从社会结构、社会生活的条件入手,通过社会学范式解读犯罪形成的原因。比如,家庭、学校、文化环境等对犯罪的影响。代表国家为美国。犯罪社会学又进一步细化为犯罪社会心理学、犯罪地理学、犯罪统计学。

广义犯罪学是指在研究犯罪现象的基础上,揭示其发生、发展、变化的规律,特点,探索犯罪产生的原因和条件,研究预防、减少和控制犯罪的措施和途径的科学。又被称为关于犯罪现象及其产生原因和预防对策的刑事科学。采纳该概念的主要集中于英、美国家。可见,广义的犯罪学是研究犯罪原因与犯罪对策的学说,除了阐释犯罪原因外,更关注犯罪人及其犯罪的防治问题。

笔者认为,随着犯罪学不断向深度和广度发展,单纯研究犯罪原因或者犯罪预防,单一关注犯罪行为或者犯罪人,都不是犯罪学概念的应有之义。犯罪学的概念是借助语词反映事物本质属性的一种思维形式。犯罪学的概念是在实践和认识的过程中逐步形成的。在感性阶段,人的认识只能达到反映事物的现象、事物的各个片面,以及它的外部联系,只有到理性认识(概念、判断和推理)阶段,才能达到反映事物的本质、事物的全体和事物的内部联系。事物都有其本质和现象的两个方面。本质决定事物的性质,是事物的内部联系,是它的比较稳定的方面;现象是本质在各个方面的外部表现,是事物比较表面的和多变的方面,它对事物的性质不起决定作用。犯罪学概念的认定必然经过感性认识到理性认识的飞跃。社会在进步,犯罪学的概念也应该紧随时代发展而发展,紧随犯罪现象的更迭而扩展,给予一个更能涵括犯罪学本质特征的定义,即是建立在犯罪行为与犯罪人二维之内的以犯罪现象为考察内容的有关犯罪原因、犯罪预防的学科。

二、我国犯罪学的概念

概念是思维的细胞,有了概念才能形成判断和构成推理,如果概念不明确,形成的判断和构成的推理是很难达到恰当且合乎逻辑的。上文针对世界范围内对犯罪学概念的认定予以了介绍与总结。犯罪学作为一门学科引入到我国,是20世纪的事情,我国学者对犯罪学概念的界定经历了复杂进程,形成了以下几种主要观点。

一是认为犯罪学是研究犯罪现象、犯罪原因及犯罪预防的科学。这是我国传统的犯罪学概念。犯罪学家康树华先生认为,我国犯罪学是以马克思主义为指导,探索犯罪产生的原因及条件,研究预防、减少乃至消灭犯罪的措施和途径的科学[①]。

二是认为犯罪学是研究犯罪的产生、犯罪的存在、犯罪的对策科学。该派观点从学科建设视野,试图打破既存的犯罪学知识束缚,构建动态并完善的犯罪学概念。因为传统犯罪学就是犯罪原因学,这种犯罪学忽略了犯罪的存在,只研究作为犯罪学对象的部分内容而非全部内容。以王牧教授为代表的犯罪学者认为,为了犯罪学的科学性,为了犯罪学的实用性,为了犯罪学的发展,应当突破只研究犯罪原因的传统犯罪学概念,从犯罪学对象的全面和完整性出发,把犯罪学的研究重点从研究犯罪原因转向研究完整的犯罪现象存在上来,把原来的"原因犯罪学",重新定义为"存在犯罪学",也就是"整体的犯罪现象学"[②]。

三是认为犯罪学是研究犯罪原因与犯罪对策的科学。该定义主要是从犯罪学特有的研究任务和学术职能出发,对犯罪学加以界定。以张远煌教授为代表的犯罪学者认为,犯罪学的研究对象,无论是从犯罪现象的宏观分析,还是对犯罪行为生成过程的具体研究,最终的归属都在于为提高社会预防犯罪的能力提出尽可能客观的对策及措施建议[③]。所以,犯罪学的概念就是一门系统研究作为社会法律现象的犯罪的原因,探讨预防犯罪的对策及措施的科学。

笔者认为,纵然人们观察问题的角度有别,但是对事物的认识至少符合逻辑和满足思维形式的需要。明确犯罪学的概念要包含三层意思:①概念本身要有明确的内涵和外延;②对于概念的内涵和外延要有明确的了解;③用来表达新概念的语词要适当、清晰。若从概念的形式而论,我国学者所提出的犯罪学三种概念就是一个概念,无可争议。问题是,这三个概念就实质而论,还是有很大差异的。到底哪一个更合理呢?或者说哪一个概念更符合犯罪学的内在特征呢?

通过以上对犯罪学的概念列举,不难发现他们是从不同的角度以不同的方法概括犯罪学的概念。概念的研究方法不同,得出的结论也会不同。比如,用形式逻辑方式研究概念,更多展示概念的确定性,倾向于研究概念的种类以及概念在外延

---

① 康树华:《犯罪学通论》,北京大学出版社1992年版,第4页。
② 王牧:《从"犯罪原因学"走向"犯罪存在学"——重视定义犯罪学概念"》,载《吉林大学社会科学学报》2009年第49卷第2期,第36页。
③ 张远煌:《犯罪学原理》,法律出版社2001年版,第11页。

间的相互关系。形式逻辑把概念当作既成的、现成的思维形式和作为一种抽象同一的思维形式加以研究。它不研究概念的产生和发展。用辩证逻辑方式研究概念,更侧重研究概念的灵活性,并从形式与内容的有机结合上研究概念。辩证逻辑要结合客观事物的辩证法与认识的辩证运动来研究概念的产生、发展和转化的辩证运动,把概念视为具体同一的思维形式加以研究,并研究概念从抽象上升到具体的发展过程,把具体概念作为辩证思维的基本形式和辩证逻辑概念论的主要内容。总之,形式逻辑与辩证逻辑对概念的研究形成了不同的概念理论,两者的作用也是不同的。它们不能互相取代,而是在思维过程中相互配合、相互补充,同时发挥着作用①。笔者认为,上述三个不同的犯罪学概念,若按照概念的哲学研究范式,一种是形式逻辑,一种是辩证逻辑分类标准,第一个犯罪学概念重点在于形式逻辑的方法运用,第二和第三个犯罪学概念倾斜于辩证逻辑方法。两个方法孰优孰劣,难分伯仲。但是从概念的发展趋势而论,是形式逻辑和辩证逻辑相互配合并且互相补充的走向。因此,科学的概念,由于它们是现实事物和过程的反映,因而它们也和它们所概括的事物与过程一样,既具有确定性也具有灵活性。犯罪学的概念也是如此,是确定性和灵活性的辩证统一。依据概念的思维形式,笔者的结论是:我国犯罪学的概念应该是确定性与灵活性的结合,不应当仅仅关注确定性而忽视灵活性,放弃了犯罪现象的不断变迁的动态过程;也不能过分强调灵活性,而丢弃了确定性,无限扩张学科的边际,迷失了本体方向。

事实上,人类的法学文化成果具有共同性。犯罪学作为全球法学文化成果的一部分,我国和世界上其他国家之间的交流与合作完全可以达成共识。正如前文所列举的世界上有关犯罪学概念的分析,我国可以借鉴吸收合理成分,为我所用。这里,并不是采取一律照搬和移植的做法,而是扬弃。纵览世界,犯罪学概念的通行观点是,建立在犯罪行为与犯罪人二维之内的以犯罪现象为考察内容的有关犯罪原因、犯罪预防的学科。若按照概念的研究方法评析,此处的犯罪学概念既有概念的确定性,又有概念的灵活性,是二者的完美统一。

至此,我国犯罪学的概念,笔者不是从学科建设,也不是从学术职能出发,而是从概念的事物特有属性本意着手,以概念的形式逻辑与辩证逻辑方法相统一的思维,结合世界和我国有关犯罪学概念的研究现状,提出如下的定义:犯罪学是以犯罪行为与犯罪人为核心的有关犯罪现象、犯罪原因、犯罪对策的学科。

三、犯罪学的犯罪

犯罪是人类社会历史发展到一定阶段的产物,在不同的社会背景下犯罪的表

---

① 金炳华:《马克思主义哲学大辞典》,上海辞书出版社2003年版,第582页。

现形式、类型总会有变化。为什么此种行为被认定为犯罪,而彼类行为就不是犯罪?为什么规范法学着重触犯刑律的犯罪,而犯罪学触及经验事实的犯罪?所有这些疑问,都需要解答犯罪学的犯罪到底是什么。鉴于根据的标准不同,就有了以下回答。

(一)国外犯罪学上的犯罪

在国外犯罪学中,对于犯罪学概念的研究集中在两个方面,即对于犯罪概念的界定以及在此基础上对于犯罪概念界定视角的探讨。由于犯罪学研究中心从欧洲转移到美洲大陆后,犯罪学的犯罪概念发生了漂移,再加上世界两大社会阵营的出现,资本主义国家和社会主义国家犯罪学上的概念滋生了不同的论域。这样,国外犯罪学的犯罪概念只能择其主要国家做一判断。

1. 欧洲大陆国家的犯罪学之犯罪

欧洲大陆国家,主要以意大利、德国、法国为主,从刑事法律的视角对犯罪予以评价。意大利是犯罪学的发源地,犯罪学三杰都是意大利人。在相当长的时期内,意大利居于世界犯罪学研究的垄断地位。在刑事古典学派时期,当时犯罪学正处于萌芽阶段,犯罪学与刑法学还处于一脉相承,难断渊源时期,而且当时大多数犯罪学者出身于刑法学家,因此犯罪学的犯罪概念实际上等同于刑法中的犯罪概念。学者们把犯罪的构成与处罚作为自己的研究对象。到了刑事实证学派时期,犯罪学者试图反对犯罪的法律定义,寻找影响社会关系的某些潜在的自然法则,于是出现了"犯罪是一种既对社会有害又侵害了一种或两种最基本怜悯和正直情感的行为,罪犯则必然是这种情感部分或全部缺失、退化或薄弱的人"[1]。但是,这样的观念没有深入下去,犯罪学的犯罪概念依然环绕刑法学的犯罪而展开。德国犯罪学者认为,犯罪学中的犯罪概念的外延应该有所扩大,犯罪范围不能局限于法律意义上的犯罪,还应包括社会中法律之外的被否定评价的现象,诸如反社会行为、酗酒、滥用毒品以及无家可归与刑事反应措施的作用方式方面有关联的内容[2]。法国犯罪学者更多兼具社会学家身份,比如塔尔德(Tarde)和迪尔凯姆,他们对于犯罪的概念大体上是倾向于非法律层面的犯罪定义。迪尔凯姆认为,犯罪是为集体意识所禁止的行为[3]。自然,犯罪概念非法律定义的倾向遭到了反对和质疑。一些学者认为,犯罪学家不可能归结出一个犯罪学的犯罪概念,只能采用法律上有关犯

---

[1] [意]加罗法洛:《犯罪学》,耿伟、王新译,中国大百科全书出版社1996年版,第67页。
[2] [德]汉斯·海因里希·耶赛克、托马斯·魏根特:《德国刑法教科书》,徐久生译,中国法制出版社2001年版,第59页。
[3] 吴宗宪:《西方犯罪学史》,警官教育出版社1997年版,第158页。

罪的概念,为犯罪学提供犯罪定义的始终是刑法①。

2. 美国的犯罪学之犯罪

犯罪学研究的重心从 20 世纪起转移到了美洲大陆。1909 年,美国的芝加哥成立了"美国刑法和犯罪学研究所",标志着犯罪学研究中心由欧洲逐渐转移到美国,直至今日。美国犯罪学研究的特点是将 19 世纪欧洲的犯罪学思想传承下来,同时把犯罪学研究纳入社会学领域,研究方法上更注重实证主义的经验型研究。20 世纪 20 至 30 年代是研究成果的集中爆发期。美国学者以社会学视角对犯罪学的犯罪概念加以认定,即是从违反社会规范这个角度去阐述犯罪概念的。犯罪的定义不再是法律层面,而是社会学意义上的判断。由于犯罪事实的概念源自人们的界定,而这种界定又依赖于界定者的价值观,因此在许多情况下所谓的犯罪,均是主体依据自身价值观对事实上的犯罪的认知,这实际上是观念上的犯罪。有的学者认为,他们广泛运用社会学的理论和研究方法去研究犯罪问题,犯罪社会学理论处于主导地位②。

3. 苏联及俄罗斯的犯罪学之犯罪

虽然社会政治体制发生了巨变,但是苏联的法律传统还是传递给了俄罗斯。不论是苏联,还是俄罗斯,他们在犯罪概念的认定上具有惊人的一致,都采取了二分法,一种是刑法学上的犯罪概念,一种是犯罪学上的犯罪概念。可见,苏联及俄罗斯关于犯罪概念的取向,不同于上文所讲的欧洲大陆国家和美国对犯罪概念的评判标准,区别是截然分明的。"犯罪,既可以从刑法的角度,也可以从犯罪学的角度进行研究"③。从刑法观点看,犯罪被看作是一个人破坏刑法所禁止的一种相对孤立的行为。从犯罪学观点看,犯罪是同人的外部环境条件和人本身的特征有关系的,在一定时间和空间内发展着的过程。这一点是犯罪学研究与刑法学研究的根本区别,因为在法律层面上所研究的犯罪仅仅是这个过程的一小部分。

总之,国外对犯罪学概念的界定各有千秋。人们从不同研究视角表达了对于犯罪的理解与看法,彰显了各自犯罪学研究的兴趣以及本体知识的累积,直至影响犯罪学的应用价值。因此,在犯罪学中,对于犯罪的概念界定显得微妙而又特别重要。

(二)我国犯罪学上的犯罪

在我国,有关犯罪学上的犯罪争论主要集中于刑法学上的犯罪与犯罪学上的犯罪是否等同。"似乎两个学科都研究犯罪,都以犯罪为研究对象。这样,两个学

---

① [法]卡斯东·斯特法尼:《法国刑法总论精义》,罗结珍译,中国政法大学出版社 1998 年版,第 55 页。
② 储槐植等:《犯罪学》,法律出版社 1997 年版,第 30 页。
③ [俄]阿·伊·道尔戈娃:《犯罪学》,赵可等译,群众出版社 2000 年版,第 55 页。

科的区别,进而两个学科独立存在的必要性等就都成了问题"①。实际上,犯罪学上的犯罪概念还是有别于刑法学的犯罪概念。就与刑法犯罪定义的关系看,有关犯罪学犯罪定义的观点可以分成两种。

第一种观点,刑法学的犯罪等同于犯罪学的犯罪概念。认为刑法学犯罪定义就是犯罪学的犯罪定义,即犯罪学研究的危害社会行为,必须是刑法上已经构成犯罪的行为。这种观点见之于20世纪80年代,现在随着两个学科的渐行渐远,犯罪学界已经没有人采纳该说。倒是在刑法学者那里,还认为是这样的关系②。究其根源在于,当时刑法学科是显学,犯罪学处于边缘附属地位,因此,只能在刑法框架内解释犯罪现象,犯罪原因与犯罪预防的研究也难逃刑法的窠臼。后果就是犯罪学的概念等于刑法学的概念,犯罪是具有严重社会危害性,触犯刑律并应受刑罚处罚的行为。同时,犯罪学的犯罪具有三个基本特征:①社会危害性;②刑事违法性;③应受刑罚性。

第二种观点,犯罪学的犯罪概念不等同于刑法学的犯罪概念。这种不等同预示着犯罪学有自己独立的犯罪学概念,并且在某一界面上与刑法学共生。于是,产生了两种看法,一种是包容说,认为二者基本相同,但犯罪学的犯罪概念又不局限于刑法规定的范围。因为犯罪学基于预防犯罪的需要,必须完整地把握犯罪的发展过程,因此,其犯罪概念中还包括违法和某些不良行为。这种犯罪定义一般表述为犯罪是严重危害社会的应受制裁(或应受处罚)的行为。此说可视为目前我国犯罪学界的通说。"包容说"的实质在于,确认犯罪学对犯罪的理解原则上应遵从于犯罪的法律定义,但同时又不必严格受制于刑事违法要素,从而扩张了犯罪学犯罪概念的外延③。另一种是"交叉说",认为犯罪学中的犯罪与刑法学中的犯罪分别隶属于不同的学科,作为各自学科的研究范畴与基本概念,在内涵和外延上既不相互包容,更不等同,而是存在着一种交叉关系。比如在内涵上,犯罪学的犯罪概念不受刑事违法性的约束,仅仅具备社会危害性就可;在外延上,二者交汇于法定犯罪,但是犯罪学的犯罪完全脱离法定犯的羁绊,既可以包括法定犯罪,还可以囊括无刑事责任能力的犯罪和潜在的犯罪。

由此观之,犯罪学的犯罪概念和刑法学的犯罪既有联系又有区别。虽然名为犯罪,但却不是一个完全雷同的研究对象。犯罪概念的联系性在于,犯罪学的犯罪与刑法学的犯罪有一点是共同的,即具有严重的社会危害性。这是所有犯罪的本质特征。没有该特征的行为,刑法学和犯罪学都不会介入研究。不同之处十分明

---

① 王牧:《根基性的错误:对犯罪学理论前提的质疑》,载《中国法学》2002年第5期,第119—120页。

② 刘灿璞:《当代犯罪学》,群众出版社1986年版,第12页。

③ 张远煌:《犯罪理念之确立——犯罪概念的刑法学与犯罪学比较分析》,载《中国法学》1999年第3期,第128页。

显,共计有三点:第一,应受制裁的方式不同,刑法学的犯罪行为必须具有刑法制裁,即刑事惩罚性,接受的是唯一制裁——刑罚处罚。犯罪学的犯罪确不同,既可以有刑罚处罚,也可以有非刑罚处罚。非刑罚处罚就是非刑事性制裁,比如民事的、行政的处罚。因此,应受制裁外延上宽于刑罚处罚。第二,是否具有刑事违法性的不同。由于学科本身的性质和任务所决定,即使刑法学和犯罪学都研究犯罪,但是研究的重心还是不同的,最大的差异就在于刑法学所研究的犯罪必须具有刑事违法性这一形式特征,又称法律特征。犯罪学犯罪的具体差异体现为犯罪学上的犯罪概念除包涵法定的犯罪外,还包括其他严重危害社会的行为。第三,时空特点不同。从空间上,犯罪学超脱于刑法学之前。刑法上有些行为没有规定为犯罪,犯罪学也在研究。犯罪化和非犯罪化都可纳入犯罪学的法眼。从时间上,人类社会发展到了一定阶段,出现了国家和法律,才有刑法意义上的犯罪。从因果关系上,严重危害社会行为的犯罪学上的犯罪是前因,才有刑法上认定为犯罪的果。犯罪学寻根犯罪原因,刑法学究问法律特征。因此,犯罪学是前置犯罪学科,刑法学是犯罪后学科。

最后,笔者的结论是,犯罪学犯罪须以刑法学上的犯罪概念为基础,但不拘泥于刑法。如果说,刑法学的犯罪根据什么是犯罪和为什么是犯罪而划归为形式定义和实质定义,更多倾向于刑事违法性的形式定义,重视规范的禁止与命令所在,而淡化背后的严重社会危害性的实质特征;那么犯罪学的犯罪可谓是实质定义的扩大化,同时囊括了形式定义,是既凸显了社会危害性,又包含了刑法上的犯罪。犯罪学的犯罪无非是实质性概念基点上网罗刑法学犯罪的结果。总之,犯罪学的犯罪概念是指具有社会危害性的应受制裁的行为。具体而言,犯罪学的犯罪包括:①触犯刑法并受刑罚的行为;②触犯刑法而不受刑罚的行为;③有严重社会危害的违法行为;④有社会危害的不良行为。

第二节 犯罪学的实证方法

犯罪学研究方法,主要有两种,一种是思辨方法,一种是实证方法。实证方法的运用带动了犯罪学的兴起与发展,即便以后因为科际整合而出现了综合研究方法,但是实证方法依然是不可或缺的重要方法。因思辨方法研究者众,笔者重点阐述犯罪学的实证方法。

一、实证方法的运用

实证主义的产生可以追溯到18世纪启蒙运动时期,在此期间,科学的崛起挑战了神学和玄学的解释。实证主义者认为,应当通过仔细的观察和对客观事实或行为的度量来理解自然世界或社会生活。理论不应只从人们的思维中产生，而应当从实证观察中得出，并需要被不断检验，最后才能成为可以被使用于相似现象的法律。法国实证主义哲学家孔德（Comte）曾经指出，人类思维有三个发展阶段，神学阶段、形而上学阶段和实证主义阶段，只有实证主义是唯一完全、正常的阶段，是形成人类认知一致的根源。实证主义研究方法是人文科学和自然科学都可以运用的研究方法[1]。中国当下的法学研究，包括犯罪学研究，都存在一种倾向，就是重思辨，轻经验。这种传统的研究方法，产生已久，并且一直占据主导地位。因此，有必要全面引入实证方法，但是不能过犹不及。

实证方法和思辨方法相比较，具有两个明显的特征。

第一个特征，从哲学角度看，首先，思辨方法主要依靠的是间接经验，即他人通过实践获取的经验，相对应的，实证研究主要为了获取自己的直接经验。间接经验和直接经验虽然没有正确度上的差别，但是前者是"流"，后者才是真正的"源"，设想在法学研究中都去享受这个"流"，却没有人"开源"，那么法学研究就会慢慢枯竭。实证研究强调不间断地往返于研究对象的经验层与抽象层之间，强调对任何数据都要进行深入解释和理性把握。其次，实证研究方法还可以作为实践的一种方式，思辨获得的一些理论假设，不可能在思辨中被验证，而只能通过实践来达到检验真理的目的。纯粹的法理思辨，犹如空中楼阁，各种理论的依据是其他纯粹思辨得出的理论，思辨方法的研究者习惯用这种"空对空"的方法制造思想，这种研究方式得出的结论一遇到活生生的实践，就很容易出现问题和不足。实证研究方法把问题量化解决，通过对事实证据的统计、归纳、分析来证明自己的理论，增强客观性和说服力。

第二个特征，从研究方法看，定量化是实证研究的主要特征，这是当代社会科学研究的重要趋势之一。据哈佛大学多伊奇（Deutsch）等人对1900—1965年世界社会科学的重大进展的研究，定量的问题或发现（或者兼有）占重大进展的2/3，占1930年以来重大进展的1/6。若以我国为例，在代表我国社会科学最高水平的综合性社会科学核心期刊上，定性研究论文接近94%，即使是定量、半定量研究程度偏高的社会学，其定量、半定量也不足30%，经济学则不足20%。由此可以发现，我国社会科学研究方法与国外研究方法的差异和不足[2]。笔者认为，犯罪学问题，与其说是法学问题，不如说是社会问题。由于它的研究对象以求索犯罪现象规律为核心，并且要回流到犯罪原因，指向后来的犯罪对策，因此，犯罪学比较其他法律学科而言，更具有综合性、实践性和社会性。所以，只凭思辨这一种法律方法，很难有效地解决犯罪学问题。我们有必要将实证研究方法引进犯罪学中来。

---

[1] ［法］奥古斯特·孔德：《论实证精神》，黄建华译，商务印书馆2009年版，第12页。
[2] 白建军：《法律实证研究方法》，北京大学出版社2008年版，第3页。

(一)社会科学视角下的实证方法

17—19世纪末期的"社会科学",即自然主义的社会科学,包括孔德的实证主义在内的社会物理学、社会人种学、心理社会学等,大多都把社会作为自然界的一部分来研究。在这个时期,社会虽然一直在科学的视野之内,人们或许能够意识和推测到社会的存在,但很难把握。社会并非像太阳系、细胞和分子那样可以直接诉诸实证。研究者只能对单个人的性质及其行为直接诉诸实证手段,虽然他们也可以从中归纳和抽象出由许多个人组成的集合或集体的性质和行为,用于看不见、摸不着的"社会"。由于用看得见的手段去研究看不见的"社会",加之受到生命哲学和人文主义猛烈批判,自然主义的社会科学在19世纪末期开始衰落。从20世纪开始,社会科学重新获得承认。绝大多数研究者不仅将社会视为物质的一部分,同时也将社会视为思想的一部分。社会的成分虽然是物理的,但社会是有思想的。社会科学的研究对象即"社会"实质上有两个方面:作为物质系统的社会和作为思想系统的社会。作为物质的社会,是指人类和人类发生联系的自然物的总体。此时,社会被理解为实实在在的物质系统。作为思想的社会,是指社会属于思想性质的东西,是思想和思想的总体。这时,社会是各种类型、各个层次思想的集合体,社会性质就是各种思想集合的性质,社会关系就是各种思想的关系。

社会科学研究对象即社会现象的复杂性源于社会中人的行为复杂性。人有智慧、谋略、计划和理想,也有情感、意志、偏好和欲望,是理性与非理性的矛盾统一体。一方面,人与人之间存在思想、观点、立场、动机和价值观方面的差异,也可能存在决策背景的差异,甚至存在感知差异。由于客观条件和人的有限理性原因,人与人在互动中遭遇和行动选择永远处于不确定状态,只能将自己的选择与决定建立在或然性基础上。另一方面,人在一定程度上能控制自身状态和行为,能选择合适的时机采取适当的行为以适应环境以达到自身的目的。社会科学中人的行为复杂性直接导致了社会现象产生原因的各要素间的非线性关系。

社会科学研究和自然科学研究一样,有各种各样的方法,通常使用观察、调查、实验、公理化方法、模型方法、系统方法、归纳、演绎、比较分类、分析综合等方法,有时也用常识方法和直觉思辨方法。如果根据社会科学知识的产生途径对社会科学研究方法进行粗略的划分,主要可以归结为:定性研究方法和定量研究方法。定性研究是建立一套概念系统,借助理论范式进行逻辑推演来解释假设的命题,并得出理论性结论的研究方法。定量研究侧重于用语言文字描述、阐述以及探索现象、事件和问题。定量研究方法主要包括:参与观察、叙述分析、案例研究、档案分析、内容分析、通信分析、心理分析、问卷研究、行动研究、访问研究,等等。

社会科学的定量研究,起源于17—18世纪。随着近代科学的兴起,经典的自然科学走向成熟,自然科学的方法变得丰富并显示出越来越大的威力。在这个过程中,一些自然主义的社会科学家开始尝试运用定量研究方法去研究社会科学,从而打破了社会科学与自然科学在研究方法上的界限,一定程度上实现了研究方法上的合流。不过,就定量研究运用于社会科学而论,在客观性和精确性以及随之所带来的预见性上是定量研究占优势的同时,该种方法也存在着某种弊端和局限性。定量方法难以处理人的认知、情感、心理和行为等因素。因为这些因素都是不可预见和无法精确测量的,定量研究的任何模型都是对现实的简化,这种简化可能歪曲现实并产生错误的结论。

社会科学研究方法论大体上形成了实证主义和人文主义两大对立学派。实证主义追求经验的客观实证,创始人是孔德。孔德的实证主义从某种意义上讲是一种社会哲学和社科方法论。实证主义者认为,社会科学在研究方法上必须依赖自然科学,把自然科学的"实证方法"作为自己的基本研究方法,以自然科学的实证精神作为自己的方法论基础。实证主义要求一切研究都必须应用自然科学的经验证实方法,才能做到像自然科学家绝对客观主义一样的"价值无涉"立场。社会科学只有运用"实证的哲学方法",一切"以被观察到的事实为基础",才是合乎逻辑的。从方法论意义上来说,重要的是"确实的"和"精确的",社会科学要以观察和事实为基础,把社会现象作为真正自然规律的东西来把握,这样才能成为一门真正的科学。在研究方式上,定量研究是实证主义方法论的最典型特征。不可否认,建立在实证主义哲学基础上的方法,难以逃脱实证主义哲学的掣肘。

实证主义哲学存在以下局限:首先,实证主义哲学"拒斥形而上学",否认现象背后存在本质,和贝克莱(Berkeley)的"存在即被感知"一脉相承。其次,实证主义哲学对纯思辨式的研究不以为然,但它对经验观察在认识活动中的重要意义的强调,已经过分到了轻视甚至无视理性思维的地步。在实证主义哲学看来,人的认识只能达到可能感觉得到现象,现象以后是不可知的。再次,实证主义哲学具有突出的自然主义和还原主义倾向,不仅认为社会现象同样受制于自然规律,而且将社会简单地归结为自然界的延续。最后通常认为实证主义哲学在政治和意识形态上比较保守,主张改良和循序渐进的社会政策。实证分析则只是一种研究方法而非哲学体系。

人文主义方法论则认为,研究社会中的现象和人们的行为时,需要充分考虑人的特殊性,考虑社会现象与纯粹的自然现象之间的差别,要充分发挥研究者在研究过程中的主观性。人文主义的创始人是狄尔泰(Dilthey)和席美尔(Simmel)等人。他们认为,实证主义的主张导致了科学与人、科学与现实生活的疏离,主张追求哲学和社会科学的人文主义精神,从微观层次对个体进行深入的心理和意义分析,试图在经验研究的基础上建立独立的社科方法论。在研究方式上,定性研究是其典型特征。不可否认,它是建立在主观主义,忽视社会客观性的人文主义的研究方法,更多地关注作为个体的人的生活本身,而无法解释行为背后的价值和意义。

(二)犯罪学视野中的实证方法

犯罪学十分重视实证分析的研究方法在犯罪行为与犯罪人维度研究的应用。犯罪学中的实证学派的实证精神不是凭空产生的。古典犯罪学派经过一百多年的逐渐发展，使得刑法理论和相应的刑法制度越来越完善，以古典犯罪学为理论基础构建的现代刑法原则得以确立。然而人们也注意到，尽管刑法制度日趋完善，可现实生活中的犯罪现象越来越严重，发案率越来越高。于是，人们开始怀疑，刑法再完善、再科学，到底能不能起到有效控制犯罪的作用？人之所以犯罪或不犯罪，到底多大程度上与刑法的合理性有关？犯罪控制的实践逐渐证实，人犯罪或不犯罪，很可能需要从刑法以外寻找途径。而此时，恰恰是孔德的实证主义哲学、达尔文（Darwin）的生物进化论、凯特勒（Quetelet）的社会统计学创立、发展、广泛被人们接受的年代。这些学说提供的新视野与人们对刑法实际效果的怀疑之间的契合，使人们隐约看到了问题与答案之间的曙光。

犯罪实证学派，又称作意大利学派。其代表人物为意大利人龙勃罗梭、菲利、加罗法洛。借助一整套实证分析的研究方法，意大利学派的学者们打开了一个新的犯罪世界，让人们看到了通过古典犯罪学理论所看不到的各种与犯罪相关的事实、关系和规律。正如菲利所说，实证主义犯罪学和古典主义犯罪学两者相比，他们各自说的是两种完全不同的语言。

犯罪实证学派所运用的实证分析的方法归结起来大致有三种。

首先，客观观察。意大利学派观察的内容主要包括犯罪人的生理特征、心理特征、行为特征三个方面。就观察方法而言，龙勃罗梭除了采用直接观察、调查的经验研究的传统手段以外，还运用了文献研究方法。所谓文献研究是经验研究中收集资料的一种基本方法，也是观察研究对象某些侧面的一种方式。它主要是通过报刊、书籍、档案、书信等书面材料获取有关信息。和直接观察及调查不同，文献研究不一定直接接触研究对象，没有所谓干扰效应，而且最大的优越性在于可对大量样本进行研究，所需研究费用不高。

其次，科学归纳。客观观察的本身不能代替逻辑分析。而归纳法是经验主义传统的逻辑分析方法之一。作为经验主义哲学的后裔，实证主义哲学以及实证主义犯罪学自然会坚持归纳法的应用。菲利在比较实证主义犯罪学和古典犯罪学的差异时就说过："对我们来说，实验（即归纳）法是所有知识的关键；对古典学派来说，一切都是从逻辑演绎和传统观念中出来的。对他们来说，事实应当让位于三段论（演绎法）；对我们来说，事实有决定性作用，没有知识就不能进行推论。对他们来说，科学仅仅需要纸张、笔、墨水，其他的则来自充满了大量书本知识的大脑，而那些书本也是用同样的方式产生的。对我们来说，科学要求长期的逐个检验事实，评价事实，获得它们的共同特征，从他们中抽取出中心概念。对他们来说，演绎法足以推翻通过多年的观察收集的大量事实；对我们来说，情况正好相反。"[①]所谓归纳法，就是对经验事实的概括，是从大量个别性的前提推出一般性结论的认识过

---

① 吴宗宪：《西方犯罪学史》，警官教育出版社1997年版，第183—184页。

程。归纳法是研究现象之间因果关系的重要方法,因而也是实证主义犯罪学常常使用的研究方法。

最后,定量分析。除了客观观察和科学归纳以外,意大利学派的实证犯罪学研究中,还十分重视量化分析方法的运用。在犯罪学中,所谓典型事件,通常是指大概率事件,而非少数个别极端的事件。因此,典型事件的实证分析,离不开定量方法的运用。而且犯罪现象本身就是质的规定性和量的规定性的统一,缺少量化分析的犯罪研究是不完整的。龙勃罗梭曾经强调说,人类需要的是数字,而不是孤立的、笼统的描述①。菲利也认为,道德和社会现象不同于自然和生物学现象,很难甚至于一般不可能进行试验,所以在这一领域所进行的观察最有助于科学研究。而统计学就是各种观察中最有效的一种手段。犯罪统计学对犯罪社会学就像有机体组织学对生物学一样,因为在个别因素构成集体组织的情况下,犯罪统计学把犯罪的各种因素作为一个社会现象展现出来。因此,犯罪统计学是科学归纳的重要手段。而且他对立法者来说就像航海图和指南针对航海者一样重要②。更有意义的是,实证学派的学者们并不是盲目的数字至上主义者,他们时刻不忘数字背后的经验含义以及各种社会因素对数字产生过程的影响。

综上,意大利学派所倡导的实证分析法,为犯罪学研究提供了基本研究方法,是犯罪学作为事实学的基本话语形式。正是借助于这些实证分析的方法,意大利学派才提出了至今仍产生深远影响的理论学说。

二、实证方法的评析

任何一门社会科学都需要借助某种方法予以研究与探索,但并不意味着某一种方法只能适用某一门学科,或者说某一学科必须树立独尊唯一的一种研究方法。因为方法随着社会实践的发展也在不断丰富与完善,通常是作为一般科学方法在跨学科的各个领域中适用。即便只限于研究特定对象的具体科学方法,如物理学的、化学的方法,在20世纪50年代以后,伴随科学发展的整体化趋势,也彰显了去特定化并具有更广泛的适应性。方法在科学研究中更多是普适的而不再是自闭的特殊性。换言之,一门学科的研究方法不可能仅限于一种或者两种,而是类型多样,相互交织。以大家所熟知的犯罪学为例,犯罪实证学派开辟了犯罪学的先河,以实证方法打开了人们认识犯罪现象、探寻犯罪原因、提供犯罪预防对策的进路,但也不能妄言实证方法就是犯罪学研究的最科学最值得推广的方法,更不能武断

---

① [意]切萨雷·龙勃罗梭:《犯罪人论》,黄风译,中国法制出版社2000年版,第78页。
② [意]恩里科·菲利:《犯罪社会学》,郭建安译,中国人民公安大学出版社1990年版,第40页。

得出因为没有采纳实证方法,致使我国的犯罪学踏步不前的结论。当然,这种批判精神值得肯定并折射出推动学科前行的迫切愿望。但就现状而言,毫无疑问,今天我国犯罪学研究的主要问题并不在于方法论,因为大行其道的规范法学的解释方法都尚未得到充分和系统的发展,更遑论犯罪学自身的方法论价值尽情显示。众所周知,犯罪学脱胎于刑法学而成为一门独立学科,不单单是实证方法的介入,而是观察、实验与理论思维密切结合的产物。就我国而言,更多的是思辨方法的功劳。只不过当下人们忽视了实证方法的作用,偏重于归纳推理的理论犯罪学,所以才有必要提升实证犯罪学的地位,在实证与思辨两种不同方法的嬗变、对峙、消长中,繁荣我国的犯罪学景象。基于此,笔者遗憾地以思辨方法对犯罪学的实证方法利弊予以分析。

(一) 实证方法的求证

什么是实证方法?什么是犯罪学的实证方法?回答这些疑问之前,不能绕开方法是什么的前置问题。按照相关辞典解释,方法是指人们认识世界和改造世界所应用的行为方式、程序及手段的总和①。该词最早起源于古希腊,原义为"沿着正确的道路运动"。由于人们的一切活动都有赖于方法的指导,方法的重要性不言自明。只有符合客观发展规律的方法,才是正确的方法。在科学研究中,正确的方法使人的主观认识客观活动取得成功并取得新成果新经验新信息,错误的方法将导致人们的认识活动走向失败并不被实践结果所确认。从古至今,随着社会生产力的不断发展,科学技术的不断进步,方法也呈现出多元化。观察实验方法、分析比较方法、归纳法、信息方法等的出现就是例证。实证方法是法学的一种研究方法之一,它是基于观察而不是推测或推理来认识法律现象的一种方法②。实证方法不是凭空出现的,而是深受19世纪法国哲学家孔德为代表的实证主义哲学思潮的影响。它是作为古典自然法学所运用的形而上学方法的对立面而出现的。"实证"一词意指实际存在、确实的东西。孔德是实证哲学的创始人和集大成者,也是推动实证方法前行的先驱者。他认为,人的思辨经历三个不同的理论阶段:神学阶段、形而上学阶段、实证阶段。在神学阶段,世界和人类的命运主要借助于上帝和神灵来解释,是临时的和预备的阶段。在形而上学阶段,用本质、最后原因和其他抽象观念来说明世界和人类命运,是过渡阶段。在实证阶段,人类认识才达到正常状态,即观念和客体的统一③。从1830年始,孔德6卷本的《实证哲学教程》陆续出版,实证主义正式形成。孔德强烈主张用自然科学的观察、实验和比较等客观的方法来研究人类社会,即用自然科学的方法研究社会科学。他认为,实证方法最根

---

① 刘蔚华、陈远:《方法大辞典》,山东人民出版社1991年版,第9页。
② 孙国华:《中华法学大辞典·法理学卷》,中国检察出版社1997年版,第142页。
③ [法]奥古斯特·孔德:《论实证精神》,黄建华译,商务印书馆1996年版,第1页。

本的一点在于它"遵循培根的必须以被观察到的事实作为一切思维的基础这一方针",因而它的主要特质是"尊重观察更甚于尊重想象"①。真正的实证精神主要在于为了预测而观察,根据自然规律不变的普遍信条,研究现状以便推断未来。按照真实、有用、肯定、精确的实证词义考察自然界和人类社会,以实证的、真实的事实为出发点,通过审慎缜密的归纳,找出它们的发展规律。可见,实证方法具有两种属性或者特征,一种是内在属性或者内涵特征,就是假设、演绎和验证;另一种是外在属性或者外延特征,就是迥异于神学的虚构和形而上学的思辨。通俗表示就是回答是什么或者不是什么的问题。因为科学规律只不过是对事实的反映,论点的真实性要么通过实际经验予以验证,要么通过实际经验证实假设的不成立。证实和证伪都是实证方法的应有之义。

实证方法自19世纪出现后几乎主宰了法学研究领域达一个世纪之久,从以意大利的龙勃罗梭为首的实证主义犯罪学派到美国的犯罪多种成因论的学说,都接纳了孔德的实证研究方法并形成了犯罪学研究最显著的特色。及至当下,实证方法仍然是犯罪学研究的主要方法之一。具体而言,犯罪学的实证方法就是对犯罪社会现象的认识与应用所采用的观察方式、观察程序、观察手段的总和。而这种实证方法运用在犯罪学中涵括了不少具体的技术性方法,可分解为两大类型:一是调查法,一是实验法。微观上细化为犯罪研究的社会调查法(完整调查、抽样调查、典型调查、个案调查、问卷法)、犯罪研究的实验法、犯罪观察法、犯罪统计方法等。有的学者认为,将犯罪学研究方法按照实证分析的思路划分为两大类别是具有充分的合理根据的②。实际上,实证方法起初否定"抽象推理"的形而上学的东西,不必去认识,也不可能认识现象背后的本质。强调犯罪学研究的对象和材料只能是从观察和调查中得到的经验事实,而不是任何观念上的东西。不以任何理论为指导,只注重对犯罪现象进行自然主义、现象主义的解释。这些是最初的孔德等实证方法倡导者的理念,后来融入了法国社会学家迪尔凯姆的实证思想,即强调一定的理论对实证研究的指导作用。迪尔凯姆有意识地克服孔德实证方法对犯罪现象的自然主义解释,注意借助经验研究与思辨抽象证实揭示犯罪现象背后所隐藏的本质。以一定的理论为指导进行实证研究,同时又根据实证研究的成果,完善、发展既有的理论。正是在迪尔凯姆的实证方法指引下,美国犯罪学研究蓬勃兴起,最终取代了犯罪学研究的发祥地欧洲,一跃成为世界的犯罪学研究的中心。学习模仿理论、亚文化理论、文化冲突理论、标签理论相继问世并在全球范围内产生影响,都接受了迪尔凯姆的实证主义洗礼。可见,如今的实证方法是孔德和迪尔凯姆实证

---

① 杨春洗、康树华、杨殿升:《北京大学法学百科全书》,北京大学出版社2001年版,第725页。

② 张小虎:《中国犯罪学基础理论研究综述》,中国检察出版社2009年版,第68页。

思想的汇聚,不单单是唯现象而现象的自然总结,而是在一定理论指导下解释现象并确证理论。犯罪学上的实证方法也随之是以某种犯罪学理论为支撑,通过观察和调查犯罪现象进行科学总结并对犯罪现象后的因果关系予以阐释,进而验证和拓展该理论。申言之,犯罪学已经抛弃现象之间的表面联系的经验研究,而融入了思辨抽象的元素,这要比纯粹思辨的犯罪学研究在揭示犯罪原因上更深刻一些,结论也更能令人信服。后来变通的新实证主义依然是把经验事实与观察作为理论核心。

(二)犯罪学实证方法研究的积极作用

实证方法从诞生那天起,其强大的生命力就势不可挡,甚至一度独领风骚。由于实证方法的普及,促动了一些新兴学科的降临。毫不夸张地说,实证方法在很大程度上催生了犯罪学学科的诞生。正是在这一点上,难以抹杀实证方法在犯罪学研究中的积极历史作用和深远的社会影响。近年来,世界各国法学研究更加注重经验性实证方法,并将其研究成果直接运用于立法、司法改革和法律教育[①]。犯罪学实证方法研究的积极作用有以下几个方面。

1. 实证方法与犯罪实证学派

犯罪学中的实证学派之所以选择了实证主义,源于古典学派的理论日渐式微与空洞、乏力。在贝卡利亚及其继任者共同推动下,古典学派构建起刑法理论和相应的刑法制度,现代刑法原则遍布世界。然而人们发现,尽管刑法制度摆脱了罪刑擅断、严刑峻法,日臻成熟,可现实生活中的犯罪现象不仅没有减少,反而越来越严重。人们不禁质疑,如此明确细密科学的刑法,能有效控制犯罪吗?规范的立法与严谨司法的制度设计为什么还是难以遏制犯罪的上升?累犯的不断增加,犯罪浪潮持续高涨的实践逐渐证实,人犯罪或不犯罪,不能仅仅依赖刑法规范之内的意志自由的犯罪阶梯,需要从刑法之外寻找解决办法。于是犯罪实证学派借用实证主义大旗,矗立了自己的思想丰碑。

犯罪实证学派吸纳并应用了一整套实证分析的研究方法,打开了一个新的审视犯罪人的视窗,让人们看到了古典学派犯罪行为理论之外的各种与犯罪相关的事实、关系和规律。犯罪实证学派所运用的实证分析方法,如前所述,主要有三种。

(1)客观观察。犯罪学之父龙勃罗梭写出了被他的观察所验证的天生犯罪人论断的大作《犯罪人论》。正如菲利所言,在从法律现象的角度对犯罪进行研究之前,必须首先研究重复出现的犯罪原因[②]。

[①] 范愉:《法学研究中的现实主义立场与经验实证方法》,载《光明日报》2006年8月21日。

[②] [意]恩里科·菲利:《实证派犯罪学》,郭建安译,中国人民公安大学出版社2004年版,第159页。

(2)科学归纳。归纳法是经验主义传统的逻辑分析方法之一,是对经验事实的概括。它是从大量个别性的前提推出一般性结论的认识过程,是研究现象之间因果关系的重要方法。对犯罪实证学派而言,归纳法是所有知识的关键;对古典学派而言,一切都是从逻辑演绎和传统观念中得出来的。

(3)定量分析,也可称作统计分析。犯罪现象本身就是质的规定性和量的规定性的统一,大概率事件的实证分析,离不开定量方法的运用。定量的统计分析把犯罪的各种因素作为一个社会现象展现出来,是实证方法的重要手段。

2. 实证方法与我国犯罪学的发展

犯罪学研究对象以正在发生的犯罪现象为范本,并要回溯至过去时的犯罪原因,又指向将来的犯罪预防。因此,犯罪学和其他法律学科相比较,更具有综合性、实践性和社会性。实证方法恰好暗合了我国犯罪学的特质。实证方法从经验事实出发,坚持以中国的问题为导向,进行本土化的理解和分析,自然有其独特的优势。有的学者总结为拓宽了研究视野,坚守了研究的客观性,促进了理论更新,发展了定量分析[①]。我国的犯罪学研究肇始于1982年,以"中国青少年犯罪研究学会"成立为标志,短短几十年间,取得了一定的成绩。但与国外相比,我国的犯罪学研究总体水平不高,尤其是解决实际问题的效果不明显,真正扎根于实践的、高水平的理论研究成果缺乏,细究症结,实证方法没有全面展开是其中诱因。因此,克服面临的重重障碍,勇于推行实证研究,未尝不是一种激活犯罪学研究的强心剂。

(1)实证方法的采用有利于犯罪学学科更加发挥出综合性的魅力。由于犯罪学涉及法学、心理学、社会学等多个领域,是一门跨学科综合性科学,这也决定了犯罪学研究方法的多样性和复杂性。正像任何科学都有其赖以形成的研究方法一样,犯罪学同样使用多种研究方法而生存和发展。实证方法的调查法、问卷法、访谈法、统计法等灵活丰富的技术工具为犯罪学搭建了更为广阔的综合平台,从而不断扩展犯罪学理论的发展潜力。

(2)实证方法的采用有利于犯罪学学科更加强化实践性特色。犯罪学以现存的犯罪现象为自己的研究对象,与社会违法犯罪的现状结合紧密,更多昭示了事实科学的品格。实证方法符合了犯罪学研究来源于实践,理论成果服务于实践的做法。实证方法的研究者就地取材,坚守价值无涉或者价值中立,观察和调研犯罪事实并得出事实证明,验证结论和总结犯罪规律,提出犯罪预测。这些为犯罪学研究不受规范法学的约束,自由发挥实践特色创造了前提。

(3)实证方法的采用有利于犯罪学学科更加凸显社会性的功能。犯罪是有害社会的正常现象,没有人就没有犯罪。犯罪作为人类社会的毒瘤,不可避免并且不能自生自灭。据此,犯罪学更多拥有了社会学的价值与重任:犯罪人基于什么因

---

① 周路:《当代实证犯罪学》,天津社会科学院出版社1995年版,第19页。

素,实施了越轨、失范行为;犯罪控制在什么范围和程度上,社会上生存的普通人能够容忍不会爆发社会动荡;实证方法对客观犯罪态势的数量统计;定性与定量分析较为精确地勾画出社会百态,揭示犯罪的本质,反思社会的弊端,导引刑事政策,这些都淋漓尽致地展示了犯罪学的社会定位。

3. 实证方法与方法本身的优势

实证方法是超越和排除价值判断的实地观察和调查的实际证明法。方法本身具有直观性、可靠性、具体性优势。这是其他的研究方法不可比拟的。实证研究深入生活实际,关注"犯罪现场",观测犯罪问题的情境与过程,搜集现场素材,容易找出问题的真正动机与深层原因,得出的结论很有说服力。犯罪学实证研究方法的每个步骤都各具优势,步骤与步骤之间环环相扣、紧密衔接直至呈现方法的完整优势。确定好了合适的研究对象,就进入实证研究方法的实质性阶段。犯罪学实证研究方法的步骤如下。

(1) 提出问题、假设和变量。问题不但是实证研究的出发点、线索,还可以起到指引研究方向的作用,整个实证研究工作的中心都是围绕选定的问题和假设展开,在实证分析中不断验证或者批判,最后得出符合客观事实的结论。变量设计可以使研究者从一组犯罪学现象中看到意想不到的事实。比如,由几百个犯罪人组成的数据库中,至少可以设置性别、年龄、受教育程度、收入、犯罪类型、刑事责任6个简单变量。设计变量的两个基本要求就是:互斥与周延,前者就是指变量作为划分标准要含义清晰,使划分出来的各个部分之间呈互异关系,互不相容。周延则是指变量作为划分标准要全面反映出样本中每个个案与其他个案间共有的属性,使集合中每个个案都属于某个子类,最终穷尽所有个案。

(2) 确定设计结构。即确定数据的采集和分析方式,其中数据采集的主要方法有问卷调查、实验和采访(对原始数据的收集方法),还有文献收集(二手数据的收集方法)。不同的数据收集方式针对不同的研究对象。

(3) 确定样本。实证研究方法所追求的客观真实性来自符合科学抽样程序性、规模性和可重复性要求的样本。抽样的方法分为随机抽样(概率抽样)和非随机抽样(非概率抽样)两种。随机抽样又包括:简单随机抽样、分层抽样、系统抽样、整群抽样、方便抽样、立意抽样和滚雪球抽样。

(4) 设计研究工具和运算变量。这一步骤是为了研究工具和需要计算或衡量的概念或变量。如调查问卷一类的研究工具中需要衡量和评价什么因素。

(5) 解释和分析数据。解释分析数据并非仅仅为了回答"是什么"的问题,还要回答"为什么"。换言之,解释分析试图回答为什么某些特定的因素会导致特定的结果。回归分析、因子分析、区别分析、结构方程模型等多种分析方法都可以用来探究变量对结果的影响。

(三) 犯罪学实证方法研究的缺陷

实证方法一方面功不可没,带来了社会科学研究方法的革新,为犯罪学研究带来了创新性变革;另一方面也难以逃脱其局限性,不能一味依赖实证而得出所谓的科学结论。

1. 客观的事实真相与假冒伪劣的实证方法

假设、演绎和验证作为实证研究的三个主要环节,一旦某个链条出现障碍或者断裂,可能会影响最终的成果。一言以蔽之,打着实证主义的幌子从事所谓的科学研究,其实不是真正本体的实证研究,而是非科学方法的伪实证主义或者冠名为假冒伪劣的实证方法。例如:带着鲜明感情色彩提出的论断或主观臆测,随意提出假设,对自己有利的资料断章取义,误读误用资料数据,或者以片面的零星资料,甚至媒体夸张报道作为佐证,或者根据个人好恶对事实资料的虚假处理、筛选,建立在这样基础上的"真实"调查,演绎和验证何来可信与可靠?!再退一步说,由于实证方法训练不足或先入为主的干扰,调查人即使亲自进入调查现场和扎根实践中,也未必能够获得准确的初始资料,若再缺乏对既往研究资料的纵向掌控和关联资料的横向把握,导致实证研究停滞在肤浅的表面观察之上,科学的结论大打折扣。此外,实证研究方法中对大部分观测的事实,要通过归纳整理得出规律性结论。完美性的做法是完全归纳。但在实际操作中,面对庞大的数量事实,人们无奈选择了不完全归纳,这是实证研究常见的做法。不完全归纳的被提升容易降低认识的正确性,作为认识依据的事实证据总是有限的,甚至可能是狭隘的,这就影响了结论的精当性。只要人们找出一个反例就可以颠覆结论。

2. 周期长、人财物的消耗与实证研究的推广难

一般进行实证研究,除非是非现场化的纸质材料与电子资料的全盘引用,时间短、费用低外,大多数是走进社会生活中,在特定场所进行长期观察,时间漫长,需要较多的人力、物力、财力支撑,若没有一定的物质支援,很难从事耗时费力的实证调研。即使提供了经费赞助,由于实地研究的风险性,比如在被观察的犯罪现象活动中,研究者人身或许面临侵犯的威胁,同时还由于实验研究的条件性,比如人性、秩序与伦理观念的限制,社会条件的不允许,政府行为的干预,导致人们对实证研究的态度犹豫、徘徊、悲观、畏难。此外,许多研究者为了节省开支,只好偷工减料,缩小现场的范围,这难免会使实证结论饱受诟病。正是这些原因的掣肘,我国实证研究的推广困难重重。

3. 定性定量分析与方法自身的陷阱

通常定性与定量分析是实证研究的形象说明。作为社会科学研究的实证方法,由于犯罪现象的复杂性导致方法的工具并不是万能的,多少会产生偏差。犯罪现象的复杂性源于社会中人的行为复杂性。人不是一台冰冷的机器,可以任意测量得出精确数字。人是有智慧、谋略、情感、意志、欲望的高级动物,是理性与非理性的矛盾统一体。一方面,人与人之间存在思想、观点、立场、动机和价值观方面的差异,甚至存在感知差异。由于客观条件和人的有限理性,人与人的互动和行动选

择永远处于不确定状态,只能将自己的选择与决定建立在或然性基础上。另一方面,人在一定程度上具有自控和辨认能力,能选择合适的时机采取适当的行为以适应环境以达到自身的目的。犯罪学中人的行为复杂性直接导致了犯罪现象产生原因的各要素间的纠结关系。定性定量分析由于人的变数摇摆而无法一一对应出正确答案。实证方法困惑于人的认知、情感、心理和行为等难以捉摸的因素。实证研究的任何模型都是对现实的简化,这种简化可能歪曲现实并产生错误的结论。有些情况下,借助文献资料对研究对象予以考察和定性定量分析,看起来成形完整的文献,背后隐含着文献编纂者的个人价值观,尤其是受那时那代的历史、文化、政治影响,原始资料的真伪不易判断,再加上当下的文物保护、国家机密的制约,使实证要义背离旨趣。有些情况下,调查结果过分仰赖调查统计数据,定性定量分析就会有失水准。假设调查数据不准确、不完整、不详尽,调查样本不具有代表性,甚至调查研究被异化为政治事件,那么调查结果就会被歪曲,调查结论就会失去真实性。

总而言之,笔者认为:一是犯罪学研究应该普及实证方法,特别是实证研究极其薄弱的窘境下,更要不遗余力,大力推广,这对繁荣犯罪学理论,构建自主独立的犯罪学科体系意义非凡。二是在强调实证研究的必要性与可能性基础上,注重实证方法的操作、技能、运用的专门训练,克服实证研究的弊端,张扬实证研究的优势。三是避免过度滥用实证方法,排斥思辨方法的极端做法。毕竟犯罪学研究不是仰仗一种方法就能突飞猛进的,多种方法并重才是最佳的选择。

第二章

犯罪学的重要理论

在研究犯罪现象、犯罪原因与犯罪对策过程中,由于人们择取的视角不同,研究旨趣与研究内容有别。一些人或者从犯罪行为入手,探究意志自由与报应,诞生了刑事古典学派;一些人或者从犯罪人介入,试图寻找犯罪个体的原因,还有一些人从宏大的社会命题出发,就犯罪行为与犯罪人的现状孜孜以求犯罪的根源与对策,汇合为刑事实证学派。理论与学说发展到当下,犯罪整合理论诞生,即两大学派的合拢趋势成为主流。

第一节 犯罪学与刑事古典学派

囿于特殊的历史禁锢,刑事古典学派并没有像刑事实证学派一样,对犯罪学理论做出开创性的贡献。但无论是贝卡利亚、边沁,还是费尔巴哈、康德、黑格尔,这些刑事古典学派的杰出代表们,都以自己独特的思维、严密的逻辑、非凡的思辨,对什么是犯罪、什么是刑罚、犯罪出于何种原因、如何预防犯罪等重大基础问题进行了深度的思索和有力的回答。笔者将从刑事古典学派形成的历史背景、主要理论内容、评价三个方面,介绍刑事古典学派的犯罪行为思想和理论。

一、刑事古典学派形成的历史背景

欧洲中世纪是欧洲最黑暗的时代,封建教会利用基督教神学解释并统治着社会的一切。他们宣称法律是上帝的旨意,犯罪则是邪恶的行为,极力宣扬原罪说和魔鬼说。原罪说认为人类的祖先亚当和夏娃,在天国受上帝指派看守伊甸园时,禁不住蛇的诱惑吃了禁果,产生了情欲,触犯了天条,被上帝罚到尘世上来受苦,因此,他们的后代子孙——人类,一生下来就有罪,这种与生俱来的罪就是原罪。一些基督教神学家们认为犯罪和精神病都是由恶魔附体导致的。他们认为,要阻止恶行的产生,就必须鞭挞、火烧或在作恶者头颅上钻孔"驱邪"。这种主张被称为"魔鬼说"。为了维护统治,封建教会还广布宗教裁判所,镇压一切反教会、反封建的异端,以及有异端思想或同情异端的人。总之,整个社会笼罩在封建教会的疯狂统治之中,他们鼓吹神权否定人权,强调神性忽视人性。

到了17—18世纪,随着资本主义的发展,西欧的资产阶级力量日益壮大,他们握有雄厚的经济实力,但在政治上没有任何地位。欲破除封建势力和教会特权,新兴的资产阶级就需要一套全新的理论,让"上帝在某种程度和范围上死亡"。启蒙运动和启蒙思想应运而生。这场声势浩大的运动,是继文艺复兴之后,在欧洲历史上出现的第二次伟大的思想解放运动。启蒙,就是启迪和开导人们的反封建意识,给尚处在黑暗中的人们带来光明与希望,反对蒙昧主义、专制主义和宗教迷信,打破旧的传统观念,传播新思想、新观念。一大批启蒙思想家们将矛头直指封建教会的神权、神性理论,大声疾呼天赋人权、人生而平等,宣扬人权、理性,追求自由、科学和民主。

为了批驳上帝创造并统治万物的封建迷信思想,启蒙思想家们纷纷提出了一个国家产生之前的自然状态,并通过社会契约解释国家的起源和形成,从而为公民拥有平等自由的权利主张提供理论支持。启蒙思想家的主力军是霍布斯(Hobbes)、洛克(Locke)、卢梭(Rousseau)。

霍布斯的自然状态是一种狼与狼之间的战争状态。他认为,人类是天生利己的,支配人的行动的根本原则是"自我保存"。在没有建立国家、政府之前的"自然状态"中所有的人生来都是平等的,对于一切事物都拥有权利。为达到占有权利的目的,彼此都会力图摧毁或征服对方,但也面临着来自对方同样的危险。这种人与人相互竞争、相互猜忌、相互攻讦的状态就是"所有人反对所有人的战争状态"。若要保障和平与安全,只有脱离自然状态结成政治社会,才能摆脱战争。

洛克对霍布斯的自然状态进行了反驳,他主张的自然状态是一种理性状态,是一种完备无缺的自由状态,也是一个平等的状态。一切权力都是相互的,无强制的状态,但却非放任的状态,更非战争状态。不过,自然状态存在三大缺陷,即无明文规定之法律,无公正之裁判者,无权力保障判决之执行。所以,人们在自然状态中的权利缺乏安全性,从而放弃单独执行自然法的权力,成立社会,旨在谋求各项权利之保护。同时,他强调建立在契约基础上的法律的重要性,而不是在政府和国民之间的盲目契约。也就是说,只要政府利用他的权力来为国民服务维护国民的利益,国民就会遵从法律,而人民制定的法律一旦不能再增进和保护国民的福利,人们就不应再服从政府①。

卢梭在其不朽名著《社会契约论》一书中,开篇要旨即提出:人是生而自由的。他说,人性的首要法则,是要维护自身的生存,人性的首要关怀,是对于其自身所应有的关怀②。他设想,人类曾达到过这样一种境地,当时自然状态中不利于人类生存的种种障碍,在阻力上已超过了每个个人在那种状态中为了自身所能运用的力量。于是,那种原始状态便不能继续维持,并且人类如果不改变其生存方式,就会消灭③。因此,全体公民基于共同同意,达成一致协议,成立社会和国家。这个契约所要解决的根本问题是"能以全部共同的力量来卫护和保障每个结合者的人身和财富,并且由于这一结合而使得每一个与全体相联合的个人又只不过是在服从其本人,并且仍然像以往一样地自由"④。

启蒙思想家所述的自然状态和社会契约,历史上无法考证,一度被认为是唯心主义的论调。但是这种理论给封建专制的政治制度和法律制度的冲击是巨大的,所树立的人人平等而自由的思想深入民心,深刻地影响了欧洲推翻封建统治的运动。刑事古典学派正是以此为理论根基,提出了刑法思想和犯罪行为理论。

二、刑事古典学派的主要理论内容

(一)贝卡利亚的犯罪理论

切萨雷·贝卡利亚(Cesare Bonesana Beccaria),意大利刑法学家、刑事古典学派的创始人。1764年,年仅26岁的贝卡利亚出版了举世闻名的著作《论犯罪与刑罚》,这本一万余字的小册子被称为"人类历史上第一部专门系统阐述犯罪与刑罚问题的著作"。作者在此书中,以罪刑法定原则为起点,论述了犯罪与刑罚问题。

1. 罪刑法定原则

贝卡利亚从启蒙思想们的自然状态和社会契约论出发,论述了刑罚的起源问题。他指出,"人们牺牲一部分自由是为了平安无扰地享受剩下的那份自由。为了切身利益而牺牲的这一份份自由总合起来,就形成了一个国家的君权……这一份份最少量自由的结晶形成惩罚权……如果刑罚超过了保护集存的公正利益这一

---

① [美]亨利·W.迈恩尔、J.大卫·海斯切尔、童克明、李国平:《古典和新古典犯罪学学派的犯罪观》,载《中国人民公安大学学报》,1987年第3卷第1期,第39页。
② [法]卢梭:《社会契约论》,商务印书馆2009年版,第5页。
③ [法]卢梭:《社会契约论》,商务印书馆2009年版,第18页。
④ [法]卢梭:《社会契约论》,商务印书馆2009年版,第19页。

需要,它本质上就是不公正的"①。

基于上述原则,贝卡利亚提出了罪刑法定主义的基本思想:只有法律才能规定犯罪与刑罚;必须有独立的司法官员来判定犯罪事实、适用刑罚;严酷的刑罚违背了公正和社会契约的本质,因而不应当出现在法律中;刑事法官没有解释刑事法律的权利,否则司法者就变成了立法者;法律条文应该明确和公正;凡法律规定的对犯罪的刑罚,对任何犯罪的人,都必须平等地不可避免地适用②。

2. 犯罪、犯罪原因及犯罪分类

贝卡利亚没有对犯罪给出明确的定义。但他是客观主义的坚定论者,他提出衡量犯罪问题的标尺,是犯罪对社会的危害。他强烈反对欧洲中世纪主观归罪的做法,指出犯罪时所怀有的意图不是衡量犯罪的真正标尺,如果是的话,就不仅需要为每一个公民制定一部特殊的法典,而且需要为每次犯罪制定一条新的法律。同时,他主张界定犯罪时人人平等,反对基于被害者的地位而区别犯罪,主张帝王同平民等同。

关于犯罪的原因,在贝卡利亚的著作中也没有专门的论述,而是分散于书中各节的论述当中。综合这些论述,不难发现他是从机械唯物论的立场出发,认为犯罪是社会不公的必然结果,是行为人在特定环境下趋利避害的必然选择。在贝卡利亚看来,不同社会阶层经济利益、政治地位等的悬殊,造成了下层的贫苦者心理的不平衡,对物质利益、"自由愉快"的渴求,使他们义无反顾地以"自己的勇敢和辛勤"来实现他们的追求。这里贝卡利亚强调,法律是权势者和富人们所设置的,穷人权利的被剥夺导致了他们与富人间的一种尖锐冲突。犯罪是富人的界定,而在穷人看来是为自由开战。

贝卡利亚对犯罪的类型进行了论述。他将犯罪分为直接毁伤社会或社会的代表的犯罪,从生命、财产或名誉上侵犯公民的个人安全的犯罪,同公共利益要求每个公民所应做和不应做的事情相违背的行为这三类。第一类即是叛逆罪;第二类又分为侵犯人身、损害名誉和侵犯实物的三种;第三类犯罪就是那些扰乱公共秩序和公民安宁的犯罪行为。在正面列举了犯罪类型后,贝卡利亚认为不能将自杀和流亡视为犯罪,同时对于难以证明的通奸、同性恋这类犯罪强调预防措施强于刑罚措施。

3. 犯罪的预防

在《论犯罪与刑罚》的最后一章,贝卡利亚论述了"如何预防犯罪"问题。他说,预防犯罪比惩罚犯罪更高明,这乃是一切优秀立法的主要目的。他从一般预防

---

① [意]贝卡利亚:《论犯罪与刑罚》,黄风译,中国大百科全书出版社1993年版,第8—9页。
② 马克昌:《近代西方刑法学说史》,中国人民公安大学出版社2008年版,第54—57页。

和特殊预防两个方面提出犯罪的预防措施。

（1）一般预防。他主张应该把法律制定得明确和通俗；让国家集中全力去保卫这些法律；让法律少为某些阶层服务，而让它为人服务；让人畏惧这些法律。即法律的明确性、权威性、平等性，要人们树立对法律的信仰从而遵守法律。这些观点，至今仍有很大的启发性意义。

（2）特殊预防。贝卡利亚认为，存在着一条普适的公理：即为了不使刑罚成为某人或某些人对其他公民施加的暴行，从本质上说，刑罚应该是公开的、及时的、必需的，在既定条件下尽量轻微的、同犯罪相对称的并由法律规定的[①]。由此，提出了著名的犯罪阶梯理论。即刑罚是一个无形的阶梯，对应着不同的犯罪。罪行重，则刑罚重；罪行轻，则刑罚轻。

此外，为了预防犯罪，贝卡利亚主张，还应该让光明伴随着自由；使法律的执行机构注意遵守法律而不腐化；奖励美德；完善教育等。

（二）边沁的犯罪理论

杰里米·边沁（Jeremy Bentham），英国功利主义思想家、法学家，英国法律改革运动的先驱和领袖。边沁关于法律改革的第一部著作是在1776年发表的《政府片论》。经过15年的构思后，边沁于1789年发表了他最重要的著作《道德与立法原理导论》，系统论述了他以功利主义作为立法基本原则的思想。

1. 功利主义原理

边沁的《道德与立法原理导论》第一句话便是"自然已将人类置与两个至高无上的主人——苦与乐的统治之下"。"功利原则承认（人类对这两个主公）的服从，视之为制度的基石，该制度的目标就是通过理性和法律培育幸福的结构。"关于功利主义的含义，边沁的解释是"对某行为的肯定与否定，取决于该行为是否具有增进涉及切身利益的当事人的幸福，或者说，是以能否促进幸福来评价行为。所谓行为，不仅指个人的各种行为，而且包括政府所采取的各种措施"[②]。虽然，认为幸福就是最大可能量的快乐再加上最小可能量的痛苦的原理，并非边沁首创，但将功利主义原理系统化、作为一切立法的真正原则加以应用的非边沁莫属。

2. 犯罪、犯罪原因及犯罪分类

边沁指出，"犯罪是指一切基于产生或者可能产生某种罪恶的理由而被人们认为应当禁止的行为"[③]。他说，任何行动都可能是罪过，倘若社会惯于对之服从的那些人乐意把它定为罪过。然而根据功利原理，只有社会的利益要求定为罪过

---

① [意]贝卡利亚：《论犯罪与刑罚》，黄风译，中国大百科全书出版社1993年版，第109页。
② [英]边沁：《道德与立法原理导论》，时殷弘译，商务印书馆2003年版，第12页。
③ [英]边沁：《立法原理——刑法典原理》，中国人民公安大学出版社1993年版，第1页。

的行动,才能被定为罪过①。可见,对什么行为是犯罪,边沁仍然以功利原理作为标准。但是从"唯有对社会有害的行动才应当是罪过"这点来看,边沁像贝卡利亚一样,作为刑事古典学派的代表性人物,也持客观主义的立场,要求犯罪必须侵害了社会中某个或某些社会成员的利益。

至于犯罪原因,边沁在其著作中没有专门论述。但根据其功利主义的原理,人在行为之前,总是计算利弊得失,那么犯罪也是出于行为人的自由意志和选择。

边沁根据各种标准对犯罪进行了类型化区分。如根据受害人的身份,犯罪可分为私罪、半公罪和公罪;根据侵害法益的多寡,又分为混合型犯罪和单一型犯罪;根据犯罪的独立性或附属性,又区分了主罪和从罪;根据行为方式的差别,区分作为犯罪和不作为犯罪。在区分犯罪类型的基础上,边沁又对各种犯罪的恶害进行了比较。同时,犯罪的主观恶性、罪犯的身份、犯罪动机、预防犯罪的难易程度、犯罪的秘密程度和罪犯的性格等诸多因素也影响甚至决定着犯罪的恶害程度。

3. 犯罪的预防

对于犯罪的预防,边沁是从对犯罪的补救和防控这两个方面加以论述的。前者针对已发犯罪行为,以刑罚和补偿这两种主要措施,尽量回复到权利被侵害前的状态。后者针对未发的隐发犯罪行为,通过调动一切社会力量,运用多种行政的、司法的手段,避免社会和公民权利遭受新的侵害。

(1)犯罪的补救。在边沁看来,刑罚作为一种必要措施,是对恶行的恶行。如果它应当被允许,那只是因为它有可能排除某种更大的恶。因此,在以下情况下不应当施加惩罚:惩罚无理由,即不存在要防止的损害,行动总的来说无害;惩罚必定无效,即不可能起到防止损害的作用;惩罚无益或者说代价过高,即惩罚会造成的损害将大于它防止的损害;惩罚无必要,即损害不需惩罚便可加以防止或自己停止,亦即以最小的代价便可防止或停止②。另外,边沁强调犯罪的补偿。他认为,补偿是对遭受损害所做的补救,是一种有效的恢复方式。一旦涉及犯罪,补偿则是由于对被害人的权益造成损害而给予等价的赔偿。但是,补偿必须是确定而完整的。根据不同的犯罪,边沁又区分了不同的补偿方法,如金钱补偿、实物返还、宣誓补偿、名誉补偿、惩罚补偿和替代补偿。

(2)犯罪的防控。边沁用大量的笔墨,设计了庞大的预防犯罪计划。他把预防犯罪的方法划分为直接方法和间接方法。前者系针对已有征兆或已经开始而即将发生危险后果的犯罪行为所采取的预防方法,由有责任的公民和治安官员实施。后者,是指能对人民的客观行为与主观意图发生作用,使其服从法律,避免受到邪恶的诱惑,依靠人们的意志和知识进行自我约束的方法。如引导人们热衷于有益

---

① [英]边沁:《道德与立法原理导论》,时殷弘译,商务印书馆2003年版,第250页。
② [英]边沁:《道德与立法原理导论》,时殷弘译,商务印书馆2003年版,第217页。

的公共娱乐以改变危险的欲望;避免怂恿犯罪;减弱对诱惑的感受力;给予公众预防犯罪之力,等等。可以说涵盖了社会的方方面面,这些措施对于刑事实证学派特别是意大利学者菲利创建其刑罚替代性措施,起到重要的启示性作用。

(三)费尔巴哈的犯罪理论

费尔巴哈(Feuerbach)是刑事古典学派的重要代表,近代刑法思想的奠基人,被西方刑法学者誉为"近代刑法学之祖"或"近代刑法学之父"。费尔巴哈的刑法思想,在哲学基础上受到康德哲学二元论的巨大影响。他将自由看作是形而上学的问题,将人从自然的存在者与理性的存在者两个方面进行考察,将法的领域和道德的领域加以严格区别。认为,在法的领域中,人只能作为自然的存在者加以考察,受自然的因果律的支配。在道德的领域中,人作为理性的存在者来考察。在此哲学基础上,他提出了著名的心理强制说。

1. 心理强制说

费尔巴哈认为,所有违法行为的根源都在于趋向犯罪行为的精神动向、动机形成源,它驱使人们违背法律。人之违法精神动向的形成并非无中生有,而是受潜在于违法行为之中的快乐,以及不能得到该快乐所带来的不乐所诱惑与驱使。这样,费尔巴哈转向功利主义的趋利避害原则寻求理论根据。他指出,当违法行为所蕴含的苦大于其中的乐时,主体便会基于舍小求大的本能,回避大于不违法之苦的苦;而追求大于违法之乐的乐,自我抑制违法的精神动向,使之不发展成为犯罪行为[①]。

心理强制说,是费尔巴哈刑法理论的核心,不仅是他所主张的罪刑法定主义的理论基础,也是他所主张的犯罪原因论、权利侵害说、刑罚本质论、刑罚目的论的理论基础。

2. 犯罪及犯罪原因

如上所述,贝卡利亚最早提出了社会危害性这个概念,并以此揭示犯罪的本质特征,具有一定的科学性。但费尔巴哈不满足于对犯罪的社会危害性这种实质意义的理解,而是从罪刑法定主义出发,提出了权利侵害说,以此揭示犯罪的本质。根据费尔巴哈的观点,犯罪的本质和犯罪的侵害在于对主观权利的侵害,刑法的任务乃是对主观权利进行保护,并相应保障公民的自由。该理论认为,犯罪是对个别权利的侵害,国家也可以作为具有权利的一个人格来看待,因而对国家的犯罪也属于权利侵害。权利侵害说曾风靡一时,几乎支配了19世纪前半叶的刑法学。权利侵害说以启蒙学派的人权理论以及古典自然法思想为基础,并从罪刑法定主义中引申出来,具有限定被扩张的犯罪概念的作用。而且,费尔巴哈的权利侵害说摈弃

---

① 陈兴良:《刑法的启蒙》,法律出版社2003年版,第111页。

了中世纪将犯罪视为邪恶,将道德责任与法律责任混为一谈的犯罪观念,从法律上严格限定犯罪的范围,具有一定的历史进步意义。①

对于犯罪的原因,费尔巴哈不赞成18世纪末到19世纪初在刑法学界处于支配地位的观点。这种观点认为,行为的原因在于自由,自由越多,对行为者的责任越大。从而犯罪行为的原因也在于自由,犯罪者的自由越大,对犯罪者的归责越大。与此相反,费尔巴哈认为"犯罪的原因不是自由,而是感性的冲动。从而可罚性的标准也不是自由,而是权利的侵害和它的危险性。"这种见解与他在刑法学中将人作为自然的存在者密切相关。

3. 犯罪的预防

基于心理强制学说,费尔巴哈认为,为了打消行为人的犯罪念头,刑罚所带来的痛苦就应大于犯罪所带来的快乐。而这种刑罚必须为公众所熟知,因此,他提出了罪刑法定主义原则。虽然在孟德斯鸠、贝卡利亚的著作中,都包含着罪刑法定主义的思想,但他们都没有明确提出罪刑法定原则这个概念。费尔巴哈在1801年的刑法教科书中,用拉丁文以法谚的形式对罪刑法定主义作了如下表述:无法律则无刑罚;无犯罪则无刑罚;无法律规定的刑罚则无犯罪。

确定罪刑法定主义原则,则能够确定威吓的法律根据,从而实现一般预防。但刑法必须具有确定性和必然性,树立刑法的权威性。只有这种基于法律的威吓,才能不使刑罚成为专断的和残暴的。罪刑法定原则也使威吓的对象限于刑法明文规定的范围之内,起到了限制威吓的范围与强度的作用,因而是一种具有正义性的威吓。因此,对于犯罪的预防,费尔巴哈更侧重一般预防的方式,而对特殊预防则论述不多。

(四)康德与黑格尔的犯罪理论

康德(Kant),是德国古典唯心主义哲学的奠基人,著名的思想家。黑格尔(Hegel),是德国古典哲学的集大成者,著名的政治法律思想家,也是刑事古典学派的代表人物之一。

康德将犯罪看作是一个有理性的人之所为。因此,犯罪人首先应当是一个具有责任能力的人。他把刑法看作是立法的理性所发出的禁令,犯罪就是触犯禁令的行为。他将犯罪分为两种:一种是行为人回避法律,另一种是行为人抵制法律。康德主张刑事责任的根据是人的自由意志,即行为人在侵犯他人自由和权利的时候,在主观上对这种危害都有自知和自控的能力,也就是说,他是在自由意志的支配下实施这些行为的,也就应该对这种危害行为承担相应的责任。在刑罚的性质上,康德主张绝对报应刑,即对那些犯有某种罪行而应受处罚的人施加刑罚是一种责任,他也坚持刑罚应当等同于侵害行为的严重性观点。他不仅追求刑罚与犯罪

---

① 陈兴良:《刑法的启蒙》,法律出版社2003年版,第106页。

在严重性上的等同性,甚至追求同态报应——一种等量的报应,但并非犯罪与刑罚之间字面上的平等。

黑格尔认为,犯罪是不法类型中最严重的一种行为,是指行为人完全丢弃了法的名义,公开采用违法暴力方式侵犯他人和权利,破坏法律。犯罪的本质即在于社会危害性。对犯罪行为必须通过刑罚加以再次的否定。刑罚就是指法对否定自己的犯罪行为进行再次否定的方法,是针对侵犯自己的暴力强制的第二种暴力强制。黑格尔的报应刑之理论基础也在于人的自由意志,也认为刑罚是一种正义的惩罚,但不同于康德的等量报应理论,黑格尔提倡等价报应刑。此外,黑格尔看到了刑罚轻重不是绝对的,他承认犯罪之间的差别和变化,从社会意义上解释了"刑罚世轻世重"的道理。

三、对刑事古典学派理论的评价

刑事古典学派是基于启蒙思想家的自然状态和社会契约理论,以贝卡利亚、边沁、费尔巴哈、康德、黑格尔为代表的刑事法学学派。刑事古典学派的理论对当时的刑事立法和刑事司法都产生了深远的影响。比如,1791年《法国刑法典》根据贝卡利亚的基本思想制定。他们的主要理论体现在如下三个方面。

(1)认为犯罪是基于人的自由意志做出的行为。无论是边沁的功利主义原理,还是费尔巴哈的心理强制学说,刑事古典学派的学者们均主张人具有理性和自由意志,犯罪是行为人自由选择的行为。在此基础上,他们主张刑事责任的基础是道义责任。即人既然有选择行为的自由意志,竟避善从恶而犯罪,从道义的立场上,就不能不使行为负担责任。

(2)对犯罪本质的考量上坚持客观主义。贝卡利亚提出犯罪是具有社会危害性之后,边沁从应然的角度认为犯罪是社会上一般人认为对社会有害应与处罚的行为,费尔巴哈则从权利侵害说探讨犯罪的本质。虽有差异,但刑事古典学派的学者们均反对主观归罪,认为有自由意志者的精神状态所有人都是一样的,所以对犯罪的处罚上也应与犯罪危害的大小相当。

(3)在犯罪的预防上更注重一般预防。刑事古典学派的学者,如费尔巴哈以心理强制说为基础,提出了罪刑法定主义原则,以法律的明确性和可知性对民众进行心理威吓,从而预防犯罪。在刑罚适用方面,他们主张刑罚的及时性、必要性和宽和性。主张刑罚人道主义,即刑罚不应给受刑人过多的痛苦。只要刑罚的恶果大于犯罪所带来的好处,就足够了,刑罚就能收到预期的效果,除此之外的一切都是多余的,因而也是蛮横的。

刑事古典学派思想有其历史局限性。他们提出的意志自由论是唯心主义的,因为人不能不受到自己所在环境的影响;他们主张的客观主义存在着片面性,因为犯罪是主客观的统一,犯罪的轻重受行为人主观方面的影响;在刑罚目的上,相对主义的一般预防论忽视特别预防,不够全面,黑格尔等人的绝对报应刑是古代同态复仇刑罚的再现,有悖于刑罚逐步文明化发展的进程①。况且,从犯罪学角度出发,他们的思想并非典型意义的犯罪学理论。对犯罪的概念、犯罪的具体原因和犯罪的防控对策都没有给予专门的论述,因此不能很好地解决现实中大量存在的犯罪现象,为刑事实证学派所诟病。

但是,我们必须看到刑事古典学派产生于资产阶级夺取政权的关键时期,其历史使命即在于摧毁旧的封建法律传统,为资产阶级政治统治提供全新法律依据和保障。他们提倡罪刑法定主义原则,旨在否定封建教会的罪刑擅断,限制国家权力对公民自由和权利的剥夺与侵害;他们提倡自由意志,认为犯罪的原因乃是人民的自由选择,则是为了契合启蒙思想家天赋人权的主张,打破封建教会认为犯罪是违背上帝意旨的邪恶行为的主张,将人从神权的枷锁中释放解脱出来,成为具有完全自由意志的独立个体;他们提倡的刑罚人道主义,是为了反对封建社会刑罚残酷毫无人道的做法,从而极力强调刑罚的一般预防功能,而不将罪犯视为其他人的目的和手段。

不过,前期刑事古典学派确实存在着一个主要弱点,那就是将其理论付诸实践,非常困难。事实上,刑罚通常是很严肃的。固定的僵死不变的法律条文并不考虑犯罪人所处的环境、他的前科,甚至他的智能。因此,严谨的古典刑事法学家也不得不承认,刑罚对各种人都会产生不同程度的影响。于是,后期古典学派对前期古典学派的犯罪学理论进行了一些修正。他们承认人具有选择自己行为的自由,但是确有一些人,如老人、幼儿、精神病患者,缺少对自己行为选择的自由能力,因此需要聘请专家对被告人应负刑事责任的程度进行鉴定。另外,在定罪量刑时,应考虑罪犯所处的社会背景以及前科情况。最后,后期古典学派认识到,刑罚应在罪犯的改造方面起到一定的作用②。这些均是后期刑事古典学派与前期刑事古典学派在犯罪理论上的不同之处。

第二节 犯罪学与刑事实证学派

犯罪学的崛起源自人们将研究视线由犯罪行为转向了犯罪人,由注重客观行为转向了主观主义。围绕人为什么犯罪,涌现了形形色色的犯罪原因说。以犯罪人为本位,犯罪人从此扮演着被解剖的角色,原因决定论成为经验研究的结晶。蔚

---

① 马克昌:《近代西方刑法学说史》,中国人民公安大学出版社2008年版,第52页。
② [美]亨利·W.迈恩尔、J.大卫·海斯切尔:《古典和新古典犯罪学派的犯罪观》,载《中国人民公安大学学报》1987年第1期,第41页。

为壮观的犯罪原因理论推动着犯罪学日趋成熟并达到了巅峰。

一、刑事实证学派

任何一种学说都不可能是从天上掉下来的。正如马克思所说的那样,的确是人们自己在创造自己的历史,但他们并不是在自己随心所欲地选定的条件下创造,而是在十分确定的前提和承继下来的条件下进行这种创造,这些条件和前提包括经济、政治和思想传统①。思想学说的创造也同样如此。由于不同学者的经济政治生活、文化传统甚至教育状况的具体差异,可供他们利用的理论资源必然有所不同。正是依据了不同的资源,他们才构建出不同的学说和主张。

(一)刑事实证学派产生的背景与流派

1. 刑事实证学派产生的背景

刑事实证主义学派也称近代学派,是对使用实证主义方法进行犯罪学研究的一些学者及其理论学说的统称,是在19世纪后半期为了反对古典犯罪学派的严苛,同时也是针对有关犯罪行为的研究的欠缺和当时犯罪对策的乏力而产生的,是资本主义向帝国主义转变时期反映资产阶级刑法思想和刑事政策的学派,所以也被称为新派。

19世纪后半期,由于资本主义经济的发展,资本家竞相采用新技术,提高劳动生产率,扩大生产规模,吞并小企业,生产资料、劳动力和商品生产便日益集中于少数大企业手中,逐步形成垄断。自由竞争的资本主义转化为垄断资本主义,即帝国主义。在向垄断资本主义转化过程中,人口大量流入城市,贫富差距扩大,失业、卖淫、酗酒、颓废许多社会问题接踵而至,出现家庭乃至社会环境破坏,造成社会不安②。在这种社会情况下,社会矛盾加深,犯罪尤其是盗窃之类的财产犯罪急剧增加,累犯、常习犯显著增多,少年犯或青少年非法行为也呈激增趋势。在犯罪急剧增长面前,古典学派的刑法理论和刑事政策显得无能为力。社会呼吁改变,而"立法者和哲学家习惯于人类高尚的思维,痛恨邪恶,但是他们就是不愿意或者不可能放弃理论的玄虚和高傲,屈身深入到卑贱和乏味的刑事关押场所,而法官则是一叶障目,看不到案件与自然规律之间的关系"③。为了打击犯罪,维护社会稳定,亟须一种新的学说答疑解惑。

---

① 马克思:《路易·波拿巴的雾月十八日》,载《马克思恩格斯选集(第一卷)》,人民出版社1972年版,第603页。
② 马克昌:《近代西方刑法学说史》,中国人民公安大学出版社2008年版,第161页。
③ [意]恩里科·菲利:《实证派犯罪学》,郭建安译,中国人民公安大学出版社2004年版,第126—128页。

工业革命飞速发展,社会生产力不断提高,促使自然科学达到极盛,实证主义方法广泛传播。受自然科学实证主义方法的影响,龙勃罗梭等一些人将调查研究统计自然科学的研究方法引入到社会科学的领域。他们调查大量的数据,并且对此进行归类分析,从而得出研究结论。他们所追求的目标与当时的社会诉求相吻合,于是很快就与古典学派分庭抗争,盛极一时。不论在其研究方法或者研究成果上都不同于古典学派,我们将他们称为刑事实证学派。

刑事实证学派理解犯罪问题的办法,就是研究犯罪人以及构成犯罪人的因素。19世纪的刑事实证学派代表人物是龙勃罗梭、菲利、加罗法洛,均是意大利学者,被称作犯罪学三圣。龙勃罗梭,意大利犯罪学家、精神病学家,刑事人类学派的创始人,生于维罗纳犹太人家庭,曾任军医、精神病院院长、都灵大学的教授等,重视对犯罪人的病理解剖的研究,实证考察精神病人和犯罪人的关系。龙勃罗梭于1876年出版《犯罪人论》一书,预示着犯罪学科的兴起。菲利,意大利法学家、犯罪学家、龙勃罗梭的学生,犯罪实证学派的代表人物之一。菲利生于意大利的商人家庭,后入波伦亚大学攻读法律,毕业后到法国攻读犯罪学。1879年回国后在都灵大学学习,师从龙勃罗梭。后在波伦亚大学等高校任教。其代表作为1881年出版的《犯罪社会学》一书。加罗法洛,是意大利法学家、犯罪学家,主张犯罪原因的决定论,但偏重于从心理学方面解释犯罪。1885年出版的《犯罪学》,标志着犯罪学作为独立学科的诞生。

2. 刑事实证学派的流派

利用自然科学方法研究犯罪原因的学者,如龙勃罗梭,首先向刑事古典学派的行为主义刑法学发难。龙氏在犯罪原因的分析方法上主张基因决定论,强调罪犯个人性格与环境对其犯罪的决定性影响,罪犯走上犯罪道路不是由其意志选择。龙氏反对刑事古典学派的犯罪意志决定论,主张犯罪原因决定论。刑事实证学派是指依靠自然科学,用科学实证的方法分析犯罪原因,制定预防犯罪发生的刑事政策的刑法学派。刑事实证学派是刑事人类学派、刑事社会学派、刑事预防学派、正当防卫派、契约学派等流派的合称。

刑事人类学派的主要观点是,以科学的实证为基础,以犯罪人为本位,对犯罪现象进行实证研究,进而提供刑罚关系的政策和预防犯罪的对策,贯彻"刑罚经济"的原则。其首倡者为意大利医学家龙勃罗梭,他认为有天生犯罪人的存在,并且此种天生犯罪人不能通过刑罚的教育与感化而改变其天生犯罪的倾向。刑罚不仅要针对已然之罪,更应着眼于未然之罪。基于此,他主张刑罚之外的保安处分,如对有犯罪倾向的人实行隔离、流放、剪灭生殖机能等预防措施。因此,龙勃罗梭的犯罪人类学又可称为特别预防主义刑法学,因为在他看来,刑罚的一般预防是无法实现的,犯罪是一些人天生的倾向,威吓对他们不起任何作用。

刑事社会学派的代表人物是德国刑法学家李斯特。他认为犯罪的原因是由个人内在的生理、心理因素以及外在的社会环境因素决定的。他根据个人原因与外在原因结合的情况,将犯罪分为"机会犯""情况犯"等类别。机会犯是受外在不良环境影响而偶然堕入犯罪泥坑的;"情况犯"主要由个人内在的不良品性决定的,在遇到外在的适合环境时出现的犯罪,因为此种犯罪是罪犯反社会性的表征,所以又称为"性格犯"。对于"机会犯",当以惩戒为矫正之法;对于可能挽救的"情况犯",当以惩罚教育之;对于不可挽救、冥顽不化的"情况犯",当以终身监禁或长期流放之。因此,以预防未然之罪和改造已然之罪的保安处分为刑罚应设之制度。基于此,我们又可以将李斯特的刑事社会学派称为以特别预防为主、一般预防为辅的教辅主义刑法学。

菲利是意大利刑事社会学派的另一位大师。他从人类学、生物学和社会学等角度分析犯罪,强调刑罚的社会防卫目的,同时又否定犯罪人是一个有自由意志的理性人,主张刑罚的客观主义和对未然之罪的预防。他认为犯罪是各种生理、心理、遗传等个人原因和外在社会环境相结合的必然产物,因此刑罚不过是国家对于反社会行为的防护,刑事责任的基础在于行为人反社会的内在危险性,所以他强调社会对于犯罪有防卫和改造的责任。因此,菲利的刑事社会学派又可称为社会防卫主义刑法学。

(二)刑事实证学派的理论内容

1.犯罪原因论

近代学派注意研究现实社会的犯罪现象,并注重研究犯罪产生的原因,以期解决高犯罪率。对于这个问题,实证学派的研究完全不同于古典学派所谓的"意志自由论"。实证学派认为人之所以犯罪是因为自身天生或者是因为社会的原因,而不是在于古典主义学派所强调的"内在"个人可控自由意志,其实质是强调犯罪的"外在"个人不可控的影响。

而在什么是犯罪产生的最主要原因问题上,各个学者的观点并不一致。龙勃罗梭用生理学和隔世遗传学的原理解释犯罪的成因,提出了天生犯罪人的论断。最初,他只承认犯罪的人类学原因——隔代遗传,主张犯罪的原因在于犯罪人先天的身体构造异于常人。于是提出,犯罪人是人的变种,一种人类学类型,一种退化现象;犯罪人是一种返祖现象,是蜕变到低级的原始人类型;犯罪行为有遗传性,它从犯罪天赋中产生。天生犯罪人特征表现为:生物学特征是面部不对称、厚嘴唇、手臂超长;心理学特征是表现为冷漠和精神上的无知觉;其他特征是暴力、好色、无节制等。后来,龙勃罗梭逐渐认识到自然因素和社会因素对犯罪的产生所起的作用。但是我们应该看到这些外在因素最终都是围绕着个人的微观原因,而且其最终落脚点还是对于个人素质的影响方面。总之,他认为"犯罪都是一种自然现象;用某些哲学家的理论说,同出生、死亡、妊娠一样,是一种必然的现象"[①]。

---

① [意]龙勃罗梭:《犯罪人论》,黄风译,中国法制出版社2000年版,第319页。

加罗法洛认为真正犯罪人是因为缺乏怜悯和正直这两种利他情绪,这种情感部分或全部缺失、退化或薄弱的人就是所谓的犯罪人。当然他也不否认环境因素对人的影响,只不过和龙勃罗梭一样,他的主张最后依然落脚在人的问题上。加罗法洛把犯罪分为自然犯罪和法定犯罪,认为犯罪人道德异常非常明显无须怀疑,使他们区别于普通人的心理异常[①]。自然犯罪是一种违反了人类社会所具有的最基本的怜悯和正直的道德观念的犯罪。所谓法定犯罪,是指国家通过立法规定的排除自然犯罪之外的犯罪,在不同时期的不同国家有不同的规定。

李斯特主张二元的犯罪原因论,认为犯罪的原因有两个,即社会原因和个人原因,认为不能机械地观察社会,要适当重视个人价值。他主张人之所以犯罪一部分是天生的,另一部分是后天的,但天生因素也是因为后天的诱因所诱发,可见他最终的落脚点和基调仍然是社会原因,在此基础上他提出了著名的论断即"最好的社会政策,也就是最好的刑事政策"[②]。

菲利前期被认为是刑事人类学派,但是因为其后期认可社会学派主张,所以我们可以将他看为两者的一个融合。他主张三元的犯罪原因论,认为无论何种犯罪行为由微小而至最残忍者,不外体质的、地理的及社会的三种原因交互作用的结果。生物原因(人类学因素)是指犯罪人生理、心理及种族方面的个性特征,人类学的因素对犯罪有很大影响,但这种人类学的因素必须与他种因素结合,相互作用,才能对犯罪有影响。自然资源状况、地形、气候等地理因素虽不能直接产生犯罪,但通过与其他因素结合能够促使犯罪行为的产生并影响犯罪现象的变化。社会因素是指能够促使人类生活不诚实、不完满的社会环境。其中社会因素尤为重要。他认为,"无论是诚实的还是不诚实的人,是社会性的还是反社会性的人,都是一个人的自然心理机制和生理状况及其周围生活环境相互作用的结果,即个人因素、自然因素、社会因素是犯罪原因三要素"[③]。这也是实证派观点的内部融合。无论主张社会为主还是人本身为主,都是讲究的不仅仅是在"意志自由",而是外在的意志不能自由的基调上。这一点也是其研究出发点和解决问题的基本立足点。

尽管他们之间的观点都有不同,但是我们应当看到,在力图揭示犯罪原因的问题上,他们是一致的,要良好应对社会问题,找到犯罪的原因无疑是最佳途径,只有找准原因才能对症下药,所以刑事实证学派都把犯罪原因作为研究的出发点。

2. 意思决定论

在犯罪问题上到底是意思自由还是意思决定,近代学派与古典学派产生了本

[①] [意]加罗法洛:《犯罪学》,耿伟、王新译,中国大百科全书出版社1996年版,第11页。
[②] [德]李斯特:《德国刑法教科书》,徐久生译,法律出版社2006年版,第36页。
[③] [意]恩里科·菲利:《实证派犯罪学》,郭建安译,中国人民公安大学出版社2005年版,第143页。

质分歧。两种观点区别的关键点,其实也就是经验人和理性人的区别。理性人,是指任何行为和选择都是基于他自己的意志,他能自主决定选择或不选择,因为人在本质上是自由的。人在意志自由的情况下选择了触犯刑法的行为,那么自然应对其自己选择行为的后果承担责任。经验人,是对人性的这样一种假设,任何一个人都是生活在社会中的,人的行为受各种社会的和自然的因素的制约与影响。人的行为,包括犯罪行为,从本质上来说是被决定的,人是不能自主决定的,而是被社会和自然决定他的选择。刑法处罚犯罪者,并非基于意志自由,而是根据行为决定论。

古典学派主张意志自由论,即人都具有理性,可以根据自己的思维任意地选择某种行为,将某种诱因作为其行为的动机。这种绝对的自由意志论认为,所有的人都能够不受素质、环境的影响,理性地选择行为。近代学派反对古典学派意思自由的观点,主张世界上任何事物都受因果法则的支配,犯罪现象也不例外。因为没有必然的自由意志,所以犯罪没有绝对的意思自由,他们犯罪原因是自身或者社会因素,而这些因素却恰恰不是他的自由意志所决定的,不是个人可以控制的。他们认为,"我们的行为"依据我们身体上所具有的因素和社会环境等因素结合,我们为某种行为也是受到因果法则的支配,而我们没有成为绝对意思自由之物。龙勃罗梭认为,由于行为人先天的身体构成异于常人,因而决定他必然犯罪。菲利对古典学派学者认为犯罪时人们急于趋利避害的本性自由选择的结果的观点极力给予批评,他明确指出,犯罪自有其自然的原因,与犯罪人的自由意志毫无关系。认为人们可以对行为做出自由选择,纯属幻想。可见,实证学派在构建犯罪理论基础时已经与古典学派分道扬镳。在近代学派看来,古典学派主张的人们可以自由选择自己的行为的认识纯属个人的幻想,是不现实的。

3. 社会责任论

犯罪人并没有意志绝对自由,那么古典刑法理论主张的道义责任论就行不通。刑事古典学派所指的责任,就是犯罪行为对行为人的非难;所谓有责任,就是指能够就符合构成要件的违法行为对行为人进行非难或者谴责。具体地说,犯罪是基于人的自由意志实施的行为,具有责任能力的人,均具有自由意志。故意和过失实际上是对基于自由的意志活动所实施的犯罪的认识条件。基于这种自由意志活动而实施犯罪行为时,才能受到伦理上的非难,对行为人处以作为报应的刑罚才是正当的。这是人类当然的伦理要求。正是在此意义上,使用道义的责任这一术语。其理论根基在于人的意志自由。

近代学派反对古典学派的道义责任论,认为犯罪人之所以要负担刑事责任,不是由于道义上对他应加以谴责,他的行为侵害了社会所以他需要负责任,不在于其道德上的善恶有报,或者道义上的可非难性,而是为了防卫社会的需要。既然犯罪人生活在社会上,他就要对自己伤害社会的行为负责,从而达到社会防卫的目的,这就是社会责任论。在近代学派学者看来,道义责任论的前提——自由意志无法从科学角度加以证明,也不能说明常习犯、惯犯、未成年人犯罪等现象。最重要的是,道义责任论明显与社会防卫的目的相冲突,因此社会责任论为新派学者所提倡。他们认为所谓责任是对社会有危险的人,被社会科处作为社会防卫手段的刑罚的法律地位。犯罪是人的素质和环境的产物,并不是犯罪人的自主选择,犯罪者不具有自主选择犯罪行为与适法行为的自由,因此,就犯罪行为对行为人加以非难是不可能的。刑罚是对犯罪人将来再犯罪的可能性(性格的危险性)进行社会防卫的手段,这便是责任。比如,在龙勃罗梭看来,犯罪在于其社会危害性,为了保护国家,必须对犯罪者处以刑罚。菲利认为,刑事责任的产生是因为人作为社会的一员生活着,对其危害社会的行为就应负担责任,而不是在于道义上的可非难性。

当然,我们也应该看到社会责任论的负面影响。近代学派主张的社会防卫为中心的犯罪理论很容易混入国家权威主义,这样必然导致扩大刑罚权,导致无视责任主义的机能,造成刑罚权的滥用,因此受到较多的批评。

4. 主观主义

实证学派对犯罪采用主观主义的论断。主观主义者的观点是,犯罪人应对社会伤害负责,犯罪人没有自由意志,因此我们要依据他的人身危险性的大小作为对其处以刑罚的标准。犯罪人的危险性格也就是刑事责任的基础,即反复实施犯罪的危险性。主观主义站在贯彻特殊预防目的的立场,实施社会防卫,达到遏制犯罪的目的。科处刑罚的最重要的标准是犯罪人的性格如何。刑罚的目标是消除犯罪人再犯罪的危险性,所以针对犯罪人的危险性格科处刑罚才具有意义;倘若不消除了犯罪人的危险性格,不能避免其再次犯罪,实现社会防卫便无从谈起。在这个逻辑里,外部行为没有任何意义,犯罪人的危险性格是科处刑罚的依据。然而现代科学研究结果表明,只有借助于外部行为才能发现行为人的危险性格,也就是说,只有当犯罪人的内部危险性表现于外部行为时,才能认识其内部的危险性。据此,又不得不将外部行为作为犯罪的成立条件。龙勃罗梭认为,对犯罪人判处刑罚的轻重,不能根据犯罪决定,因为犯罪是由犯罪人各自不同的生理的、心理的特征所造成,犯罪人主观的危险性是各不相同的。将刑罚处罚的中心归结为犯罪人,特别是他的性格或心理状况是李斯特的观点,他认为应以犯罪人的性格、恶性、反社会性为标准,个别地量定刑罚。与此相反,客观主义则即认为"由于有自由意志者的精神状态,所有的人都是一样的,所以犯罪的大小轻重依所实施的犯罪行为的大小轻重而定,刑罚亦应适应之而科处"①。他们认为刑事责任的基础是表现在外部的犯罪人的行为及其危害,客观主义立场旨在限制处罚范围,实现罪刑法定原则。这也从另一方面有助于我们更加深刻地理解主观主义的真正内涵。

客观主义与主观主义的对立,不仅在犯罪领域的各个方面都有具体表现,而且

---

① 马克昌:《近代西方刑法学说史》,中国人民公安大学出版社2008年版,第164页。

还影响了刑罚论。例如,在构成要件要素上,客观主义会尽量将主观要素排除在犯罪的构成要素之外,而主观主义会尽量将主观要素置于犯罪的构成要素之内。对于偶然防卫,主观主义者一般认为成立犯罪既遂,而客观主义者认为偶然防卫不构成犯罪,或者充其量只构成犯罪未遂。关于未遂犯的处罚依据,主观主义者认为处罚的根据在于行为人的危险性格,客观主义者认为处罚根据在于行为导致结果发生的危险性。对于不能犯,主观主义者只是认为迷信犯不可罚,其他不能犯都应当作为未遂犯处罚,客观主义者认为行为客观上不具有导致结果发生的危险性时,属于不可罚的不能犯。对于共犯的成立范围,主观主义者大多赞成行为共同说,并肯定过失的共同正犯,客观主义者大多主张犯罪共同说,并否认过失的共同正犯。

我们可以发现,假如仅将处罚的依据限定在行为人的主观恶性,就会把法律与道德的作用混淆,从而导致刑法上的干涉性,形成刑法介入国民生活的各个角落的局面。假如犯罪概念不是客观的,就容易造成认定犯罪的困难以及法官的恣意判断,从而使刑法功能难以发挥。当然不管是新派还是旧派的主观主义,都没有绝对的排斥客观主义,都没有采取客观归罪或主观归罪的立场,而是坚持了主客观相统一,即对于犯罪的成立,都要求客观上有符合犯罪构成要件的事实,并且违法,主观上具有责任能力与故意、过失。他们对犯罪的主观要素的重视程度要远远大于旧派,这就是主观主义不同于客观主义之处。

5. 目的刑主义

报应刑和目的刑是对立的,这突出反映了新派和旧派在刑罚论上的根本对立。报应刑和目的刑的对立不仅影响了对具体刑罚制度的取舍,反过来也影响了对犯罪的认识。报应刑论认为,报应的正当性决定了刑罚的正当性。恶有恶报、善有善报,是社会所信守的道义原则。刑罚是对正义报应的要求的呼应。报应论者主张报应是深深扎根于人性的正义观念的要求,善因要有善果,恶因要有恶果。目的刑论认为,目的的正当性决定刑罚的正当性。李斯特(List)倡导目的刑论,他将刑罚的目的确定为特殊预防,为了尽可能有效地实施这一目的,刑罚制度必须具有灵活性、可变化性和保安性;犯罪人的个性是量刑的基础和标准,因为通过特殊预防,犯罪人的个性首先能够成为刑法措施的目的,以特殊预防为目的的刑法,必须改变犯罪人的个性,使之在将来的生活中尊重刑法规范作为自己的首要任务;必须寻求有效的行为调节和个性研究方法,并将这些方法始终如一地运用于犯罪人。

与古典学派的报应刑主义相反,近代学派主张目的刑主义,认为刑罚是追求定的目的,而不是对犯罪的报应。概言之,刑罚是以预防再犯、防卫社会为目的的。李斯特认为,刑罚的目的是保护个人的生命、身体、财产、自由、名誉的利益和保卫国家的存在、安全和统治利益。近代学派的目的刑主义所主张的刑罚目的,仅限于特殊预防,即对犯罪人科处刑罚是为了避免他们再次犯罪。龙勃罗梭、菲利、加罗法洛以及李斯特,都对犯罪人分门别类,主张对不同种类的犯罪人适用不同的刑罚,以便预防犯罪发生,保卫社会总体利益。

6. 特殊预防

在犯罪的对策上实证学派采取的是特殊预防的方法。因为每个人都是不同情况,有不同的社会危险性,所以在处理时候我们要选择不同的方法,这就是特殊预防,不同于古典学派所提倡的一般预防。当然,我们也要看到近代学派并不是否定一般预防。由于犯罪人的人身危险不同,正如一个医生对于相同的病情不同的病人施加的治疗手段也是因人而异一样,我们对待犯罪人的不同情况也要加以不同的对待,施加不同的救治方法。对于他们不同的社会危险性采取不同的方法予以防治。因为其立足点在于人身危险性的外化表现,所以主张特殊预防也是必然的。

刑事人类学派主张对待犯罪人应刚柔相济,以教育为主,而不应过分地行使处罚。对绝大部分天生犯罪人可以采取保安处分,一是治疗的方法(消除其生殖机能);二是将其进行隔离如终身监禁、长期流放荒岛等;三是从肉体上消灭(死刑)。对于其他不属于天生犯罪人的情况则提出一种刑罚替代措施,如强制劳动、流放、罚金、管制。李斯特为代表的刑事社会学派,主张将犯罪人分为惯犯和偶犯,分别采取不同的刑事政策。但是刑事政策必须与社会政策同时进行,同时还认为消除犯罪的个人原因也是刑事政策的课题①。但是我们也应该认识到刑事实证学派也不排斥一般预防,比如通过犯罪率的考察,来检验刑事制度是否合理的方法,或者说他们只是主张不能只强调犯罪的内在共性,更加应该注重每个犯罪的不同性,当然这也是以人身危险性为基础的必然。

7. 保安处分

保安处分就是以犯罪反复的危险性为基础,为了社会的安全,作为对刑罚的补足,由法院宣告的强制处分,它是近代学派提出的预防犯罪的方法,也是由于犯罪人的特殊性而采取的方法。保安处分是以犯罪人的特殊预防为目的而设立的,众所周知,刑罚具有一般预防与特殊预防的双重目的,保安处分是对非刑罚所能改善者而增设的特殊处分,用以弥补刑罚特殊预防的不足。虽然保安处分可能收到一般预防的效果,但这种效果与保安处分设定的目的绝无关系。其适用对象是符合法定条件的特定犯罪人。此类型的人要么是刑罚不适应者,要么是仅依赖刑罚难矫正恶习者,而只有保安处分,才能防止其犯罪的再发生。

保安处分的适用条件为犯罪人的人身危险性理论为前提,这里所说的人身危险性是实施犯罪的可能性或再犯的可能性。适用保安处分不以犯罪事实为要件,而是以行为人是否具有人身危险性为要件。正因为保安处分的目的在于消灭行为人的危险性,所以在其处分期间,以人身危险性消灭为停止使用的条件,故保安处分的期限都可以伸缩增减,无绝对性可言。保安处分十分注重改善和教化,正因为此,它不像刑罚那样注重剥夺犯人的权利,也不像刑罚那样具有伦理非难的性质。

---

① 马克昌:《近代西方刑法学说史》,中国人民公安大学出版社2008年版,第231页。

从保安处分设置的种类即可看出,它是通过矫治、感化、医疗、援护、改善、教育等方式,矫正行为人的恶性,根除他们可能犯罪的因素,预防犯罪或再犯。

关于保安处分的性质,一元主义认为保安处分与刑罚没有区别,是同一的,保安处分与刑罚都是刑事制裁措施,因此在立法上主张保安处分在刑法典中进行规定。二元主义认为,保安处分与刑罚不是一回事,即保安处分是一种非刑事制裁措施。在立法上,二种不同性质的措施不能规定在同一法典中,在适用中也不能以其中的一种代替另一种,报应刑者注重二元主义,即刑罚与保安处分性质不同:刑罚的本质是对犯罪的报应,保安处分的目的是防卫社会和矫正、教育本人。折中主义认为保安处分既是刑事制裁措施,又是行政制裁措施。我们可以看到,刑事实证学派的最终目的是要实现保安处分的一元主义,也就是要用保安处分代替刑罚。菲利认为,作为镇压手段的刑罚具有一种消极的而不是积极的价值。因而,他主张采用刑罚的代替措施,这种代替措施就是保安处分。李斯特也是保安处分的积极倡导者,他虽然赞同区别刑罚与保安处分的二元论,但作为将来发展的方向,他最终的主张也是由二元论向一元论过渡而实现保安处分一元论。

(三)刑事实证学派评析

刑事实证学派开始了一种新的社会科学研究方法,完成了一个跨时代的转变。这就是由犯罪行为转向犯罪人,由哲学思考转向实证测量,由客观转向主观,为以后主观和客观的融合和现代犯罪学的发展奠定了基础。简单概括就是,刑事实证学派创立了新学科犯罪学,采用了新的实证主义研究方法,确立了新的刑事对策。

实证学派提倡让犯罪者重归社会、犯罪替代措施、刑罚的个别化等一系列有益学说,促进了社会的稳定,使犯罪理论的大厦根基更加牢固,对于我们今天的犯罪学理论研究具有巨大的借鉴意义。当然也有许多不足,比如过分强调意思不自由,等于抛弃了刑罚正义性的基础,为犯罪人犯罪提供了借口。主张不定期刑增加了法官的任意性,不利于罪刑法定,最后必将陷入罪刑擅断,滥用职权的泥潭,不利于对犯罪的遏制打击。因此后来这种学说逐渐被人们放置一旁,但是其犯罪实证研究方法却保留下来,为犯罪学理论的完善提供重要的 块拼图。

一般认为,刑事古典学派奠定了西方现代的刑法学,而19世纪的实证学派则开启了西方科学的犯罪学研究时代。如果说古典学派是刑法学作为一种社会政策在政治上的胜利,那么我们可以说,实证学派使犯罪学在科学上得到一次新的革命。

古典学派所倡导的犯罪理论为西方国家的刑法制度予以确认,成为世界性刑法的一部分。19世纪的实证学派,实际上是对古典学派理论的一种否定,两者之间存在着严重的冲突。如何协调两者在理论上的分歧?如何在一种犯罪学说中融合两种对立的原则?成为欧洲国家19世纪刑法领域的共同课题,贯穿了西方19世纪犯罪学研究的始终。

在犯罪学领域,从孟德斯鸠(Montesquieu)到贝卡利亚,从康德到黑格尔,很难称他们的思想为一种"理论"或者"学说",而犯罪学的真正创立和理论的构架,是19世纪的实证学派完成的。加罗法洛的《犯罪学》一书在犯罪学术史上第一次使用"犯罪学"概念,它的出版把犯罪学从其他学科中独立出来,从而形成一门新的学科。

同时也要看到,19世纪刑事实证学派仅仅流行于欧洲大陆,对英美法系国家的刑法影响甚微。在美国,被视为"正统刑法哲学"的不是19世纪欧洲的社会实证学派,而是18世纪的理性主义和由19世纪边沁所创立的"功利学派"[①]。美国学者采用人类学和社会学的方法研究犯罪和惩罚,但是,这种研究不再属于法学,而属于人类学或社会学。美国犯罪社会学研究,如犯罪社会学之冲突论、越轨论、控制论、标签论等,与其说是法学的,不如说是社会学的,其延续了欧洲大陆社会学的传统,而不是欧洲大陆19世纪实证学派的传统。

二、犯罪社会学理论

(一)犯罪社会学理论产生的背景

犯罪社会学的产生可以追溯到19世纪30年代,它是在犯罪统计学的基础上发展起来的。从源头上看,犯罪社会学几乎与犯罪人类学同时产生,但犯罪社会学的发展和成熟则是建立在对犯罪人类学批判的基础上。犯罪社会学既不赞成刑事古典学派的理论,也不赞成犯罪人类学的观点,他们认为前者的理论不科学,只是宣传口号,没有完整的论述体系和严密的逻辑联系;而后者只注重犯罪人却忽视了整个社会的重要影响,而社会的弊端及社会中存在着的一切恶劣因素才是造成犯罪的真正原因[②]。1884年,意大利法学家菲利出版了《犯罪社会学》一书,标志着犯罪社会学理论的形成。菲利认为,犯罪是个人的(如年龄、性别、心理等)、地理的(如人种、气候、温度等)和社会的(如习俗、宗教、经济等)三方面原因共同作用的结果。当社会孕育的这些犯罪原因达到一定量的时候,也就会发生一定量的犯罪,既不会多也不会少。这就是菲利的"犯罪饱和定律"。在菲利之后,西方犯罪社会学获得了长足的发展,影响比较大的有法国社会学家塔尔德的"犯罪模仿"论和法国社会学家迪尔凯姆的"社会失范"论。进入20世纪,犯罪社会学的研究中心由欧洲移向美国,提出了一系列新的犯罪社会学理论。

(二)主要观点及评析

1. 塔尔德的"犯罪模仿"论

犯罪模仿论是法国著名社会学家和犯罪学家塔尔德提出来的。塔尔德认为犯

---

① 胡萨克:《刑法哲学》,谢望原等译,中国人民公安大学出版社2004年版,第8页。
② 吴鹏森:《犯罪社会学》,社会科学文献出版社2008年版,第55页。

罪本质上是一种社会现象,应当用普遍的社会规律来加以说明。在他看来,社会关系不过是个体之间的一种互动关系,这种社会关系受制于"模仿"这一基本的社会事实。社会生活的组织及发展正是借助了"模仿"这一本来意义上的社会运动方式的作用。社会之所以能够作用于个人,就在于社会生活中所有重要行为的实施都受模仿的支配,是人们彼此模仿的结果①。因此,透过模仿可以解释诸如习惯、记忆、行为方式等个体的心理活动机制。

现实中的犯罪和其他社会现象都是遵循着以下三条模仿规律周而复始地发生。

(1)人与人的关系越密切。即彼此间距离越近、交往越频繁,发生模仿的可能性和模仿的强度越大。

(2)模仿具有方向性。在每个社会里都是上行下效,因此,模仿从社会的上层向下层蔓延,由城市向农村扩展。

(3)当两种相互排斥的行为并存时,一般新的行为将取代旧的行为。但在例外情况下,两种或更多的行为方式有可能并存。

他进一步论述说,模仿以社会优越者为中心而被实现②。

塔尔德正是从上述基本观点出发看待犯罪现象,并由此提出了一个最基本的观点:个体是由所处环境中被普遍认同的生活习俗塑造的;如果某人实施偷窃或杀人,这都是模仿他人所致;同理,青少年、穷人、社会声望低的人容易犯罪,是因为他们想努力同成年人、富人、社会声望高的人攀比。

除了犯罪模仿理论外,塔尔德还研究了职业犯罪者的各种社会学特征,如犯罪者之间使用的行话、文身以及行为方式。塔尔德认为,对职业犯罪者而言,犯罪行为就如同从事一种手工业,他们经过一段学徒期掌握所需的专门技术,形成在成员之间使用的特有语言,并根据一种确定的惯例对待团伙中的其他成员。

塔尔德的犯罪模仿理论是最早的社会学习理论之一。它实际上已初步设计大多数犯罪行为是环境性习得经验的结果这一重要命题。这一思想在现代社会心理学理论中得到体现并获得重大发展。他的理论对于帮助人们认识犯罪人类学理论的缺陷,抑制龙勃罗梭犯罪人类学理论在欧洲的影响发挥了重要作用;同时,也对后世的犯罪学理论产生重大影响。但是,它使用模仿规律来解释犯罪现象,其对犯罪产生的社会性强调也是以心理决定为基础的,把社会因素对犯罪的影响作为一种心理现象加以解释,使得其理论的价值大打折扣③。

2. 迪尔凯姆的"社会失范"论

法国社会学家迪尔凯姆的"社会失范"论认为犯罪是社会规范调整失效的

---

① 张远煌:《犯罪学原理》,法律出版社2008年版,第121页。
② 王牧:《犯罪学》,吉林大学出版社1992年版,第92页。
③ 张旭:《犯罪学要论》,法律出版社2003年版,第22页。

在犯罪原因问题上,迪尔凯姆确信,犯罪并非源于其他的特殊原因(心理的或生理的),而是源于它所从属的文化结构本身。从这种方法论出发,迪尔凯姆首先把"社会反常状态"(或称失范)这一概念引进现代社会学,作为自己分析包括犯罪在内的社会弊端的出发点。

在他看来,个人的欲望如果完全由自己决定的话,将永远也得不到满足。由于获得只是在刺激需求,而不是满足需求,人们得到的愈多,他就愈想得到。为此,社会必须通过社会规范、舆论、道德意识等对社会成员的追求极限保持一定的压力。在正常运行的社会里,社会监督保持着良好状态,社会成员都能大致意识到自己进展的可能性,并相应地调节自我奢望的水平。而在社会变革时期,伴随着社会分工的发展以及社会多样性的产生,社会监督削弱,社会准则崩溃,陷入孤立境地的社会成员,已经不再感到自己的奢望应受现有规范体系的束缚,人们的利己主义倾向得以强化,社会处于一种不能调整其成员正确认识自己的需要并用恰当方式满足需要的反常状态之中,从而造成越轨行为和犯罪行为不断增长的恶果[①]。

3. 社会异常论

社会异常论又叫作紧张理论、压力理论、激发理论,是20世纪三四十年代由美国社会学家默顿(Merton)提出来的一种犯罪原因理论。这一理论的思想渊源是西方社会学和政治学中的社会结构理论和法国杜尔凯姆关于越轨行为的思想。

这一理论从社会结构的思想出发,认为犯罪是行为人由于不能通过合法手段取得社会地位和物质财富而产生的沮丧和气愤的产物。它认为,多数人最初都持有基本相同的价值观念、生活目标和行为控制。但是,实现这种目标的能力每个人都不一样,依其社会地位的不同而有所区别。在中、高阶层的社会成员中,他们取得教育、体面和高薪的职业以及物质财富等成功标志是轻而易举的,因此,在这两个阶层中不存在紧张或压力。但是,在低阶层,由于几乎所有通向成功的道路都因社会地位低而被堵死了,因此,低阶层的社会成员感到沮丧、压力和紧张,结果有些人便求助于越轨行为乃至犯罪等非法手段。而这一切都是由于社会结构异常造成的。[②]

默顿的社会异常论有三个基本点:①人之所以犯罪,主要不是生物因素的驱使,而是社会因素作用的结果,主张用社会因素解释犯罪,这主要是由于受到迪尔凯姆的直接影响;②犯罪是文化结构与社会结构之间的不一致引起的;③不同个体对上述社会压力有不同的态度或反映形式,不同的态度又与不同的越轨行为有关。

社会异常论在一定意义上揭示了犯罪产生的社会原因,具有社会责任论的倾

---

① 张远煌:《犯罪学原理》,法律出版社2008年版,第125页。
② 张绍彦:《犯罪学》,社会科学文献出版社2004年版,第38—40页。

向,突破了"恶因必有恶果,恶果必有恶因"的犯罪原因的传统模式,为犯罪原因的科学研究做出了重要贡献。但是这种理论不能解释为什么几乎是受到同样影响作用的大多数人没有表现出一种脱离规范的行为,也无法说明某些违法者实施的破坏性的或不图实利的犯罪。因而,这一理论并未圆满解释犯罪的有关问题[①]。

4. 社会控制论

社会控制论又叫联系破裂理论、联系消弱理论。它是从个人与社会的互动过程来解释犯罪的一种理论,与传统的犯罪社会学理论不同的是,它不是直接解释人们为什么违法犯罪,而是解释大多数社会成员为什么不违法犯罪,从而间接地说明社会犯罪的原因[②]。

社会控制理论源于20世纪50年代,但直到20世纪80年代才上升为美国犯罪学理论的主流。这种理论的代表人物是赫希(Hirschi)和雷克利斯(Reckless)。赫希认为,我们应当假定社会中的所有成员都可能是违法犯罪者,这样我们就要解释为什么大多数人没有去实施违法犯罪行为。他认为,答案在于人们的社会行为要受到许多社会约束:个人的、家庭的、朋友的、同事的以及像学校和工厂这样一些社会机构。当这些约束加强时,个人就会担心越轨、犯罪行为会危及自己在社会中的相应地位,他们就不会冒险去参与非法行为而疏远和失去意义重大的社会关系、职业和安全。相反,当对个人的社会约束削弱时,他们就会更自由的实施犯罪行为。因此,导致犯罪率上升的根源在于社会约束的减弱。雷克利斯认为,阻碍人们走向犯罪的原因有内部和外部两个方面的抑制因素。外部的抑制因素就是社会约束或社会联系,内部因素则是健康的个人品格,如良好的个人形象、坚强的自我、正确的人生目标等。无论是内部还是外部的抑制力脆弱,都会导致人们走向违法犯罪。他甚至认为,由于社会存在贫穷、失业、不平等以及越轨和犯罪亚文化群等外部因素,也存在像仇视、反抗、苦闷、不安以及精神冲突等个人因素,因此,是社会自身不断地推动和牵引着人们去犯罪。20世纪90年代,赫希又进一步将社会控制论发展为自我控制论,认为应该从自我控制的弱化来探讨犯罪的原因。他认为,只有自我控制理论才能解释所有的犯罪,成为一种普遍理论。这种自我控制理论是在综合了社会学、心理学、经济学等理论的基础上提出的一种适用范围广泛的崭新理论。

社会控制论认为,家庭和学校教育的失败是导致犯罪的主要原因,因此主张加强家庭教养,强化父母对儿童的直接监管;严格学校教育;以社区为单位,让社会机构督促、吸引少年更多地参加合法社会活动。这样,社会控制论就把控制犯罪的责任从国家层面转移到社会层面,使社区和一般市民成为控制犯罪的主体力量,这与

---

① 张旭:《犯罪学要论》,法律出版社2003年版,第28页。
② 吴鹏森:《犯罪社会学》,社会科学文献出版社2008年版,第68页。

传统犯罪学把控制犯罪的主要责任推向国家的主张有着根本的区别。

社会控制理论对犯罪问题思考的角度,对犯罪预防机制的启示的确具有独到之处,将内外因素同时作为罪因进行研究,也使该理论建立在较为科学的基础之上。但是,这一理论过分强调内部控制系统的作用,忽视法律方面问题的研究也是其不足之处。①

5. 社会标签论

社会标签论也称社会反应论,它主要试图说明人们在初次越轨或者犯罪后,为什么会继续越轨或犯罪。社会标签论认为,越轨、违法和犯罪行为都是社会贴标签的结果。标签理论的倡导者是美国社会学家和犯罪学家坦南鲍姆(Tannenbaum)。他在1938年的《犯罪与社区》一书中,论述了"邪恶的戏剧化",使"贴标签"术语进入社会学和犯罪学领域。1951年,雷蒙特(Lemert)在《社会病理学》中,提出了"初次越轨"与"二次越轨"的概念,试图将标签理论系统化。1969年,贝克尔(Becker)的《局外人:对越轨行为的社会学研究》发表后,标签论以崭新的面貌开始引起人们的关注②。

社会标签论认为,从来没有天生的犯罪人,犯罪和其他各种违法行为都是社会创造的,是在社会相互作用过程中被社会自身创制和规定的。社会组织制定了规则来创造越轨行为,违反规则就构成越轨行为,通过这些规则又可以给某些社会成员贴上标签,证明他们是为社会所不容的人。违法犯罪行为就是被人们贴上犯罪标签的行为,违法犯罪人就是已被成功贴上犯罪标签的人。

社会标签论从其对犯罪行为性质的认识中得出相关的几点结论。

(1)认为犯罪是一种政治现象。因为,既然犯罪是社会贴标签的结果,那么权力就是决定谁去贴犯罪人这个标签,以及谁被贴上这个标签的关键因素。因此,社会上常常是政治上和经济上的当权者给无权者贴上犯罪的标签。

(2)既然犯罪是一种不合理的标签行为,那么要改造的只能是社会关系,而非犯罪人。只有改变这种社会定义程序,才能真正减少犯罪。

(3)刑事司法制度恰恰是犯罪行为的最终创造者和实施者。犯罪和犯罪控制是同一社会现象的两个相互联系的组成部分,他们之间具有一种特殊的相互作用。

社会标签论将犯罪区分为最初的越轨行为和派生的越轨行为。最初的越轨行为往往与犯罪问题联系甚少,但如果被贴上犯罪的标签,情况就会发生变化。被刑事司法系统贴上标签的犯罪人会改变自己的个性和行为,最终变成一个真正的犯罪分子。因此,被贴上标签的犯罪人实际上是刑事司法系统的受害者,正是这种贴标签的行为才把他们变成了真正的犯罪分子。这样,为了预防和减少犯罪而设立

---

① 张旭:《犯罪学要论》,法律出版社2003年版,第32页。
② 吴鹏森:《犯罪社会学》,社会科学文献出版社2008年版,第66页。

的控制犯罪的社会机关通过与犯罪行为的相互作用,变成了一个制造犯罪的机构,从而出现与其当初意图完全相反的结果。

社会标签论认为,通过刑事司法机关的不介入主义来解决社会的犯罪问题。具体做法是:①非犯罪化,对于社会危害性较小,或因形势变迁使其减小及至消灭的犯罪行为,转化为其他非刑罚的处罚,直到合法化;②非监禁化,对一些社会危害性较轻的犯罪人,尤其是少年犯罪人,可以从矫正机构内服刑转移到社区内进行矫治;③转向,对于有不太严重的犯罪行为的少年,要尽量避免使其被贴上标签,以免引起更严重的后果,应该让社会福利机构等社会服务部门来代替司法机关的审判活动,重视回避贴标签的替代方法和犯罪人处遇中的脱标签化;④强调正当程序,这通常是指要向当事人提供律师,律师不在场时不受审问,不采用非法获得的证据等,在少年司法活动中,要让少年犯罪人也能享受到成年人所能享受的保护。

社会标签论与传统的犯罪社会学理论有极大差异。它把犯罪行为与刑事司法机关、社会控制系统联系起来进行研究,重点关注继发性犯罪行为是如何发生的。社会标签论提出的刑事政策建议对各国的刑事政策产生了深远的影响。但是,它否定了违法犯罪行为与违法犯罪者之间的内在联系,片面强调外部条件的作用而割裂其与内部因素的关系,因而也就否定了违法犯罪行为本身的社会危害性。同时,仅从标签效应一个方面解释犯罪产生的原因也过于简单武断,难以解释全部犯罪[①]。

6. 文化冲突论

文化冲突论是20世纪30年代末美国的一种犯罪社会学理论,其代表人物是曾任国际犯罪学会主席的美国著名犯罪学家塞林(Sellin)。

这一理论主张,由于低阶层居民坚持一种与在社会中占据主导地位的中等阶层的价值观念和行为规则相冲突的价值体系,因此他们违反代表中层阶层价值观念的法律,犯罪的比例高于中、高层的居民。而且,由于低层居民的价值观念世代相传,所以,犯罪也容易延续下去。

塞林认为,犯罪是不同社会集团的不同文化规范之间冲突的结果。所谓规范冲突,是指多元的社会集团成员都按照自己集团的文化规范行为而发生的不同文化规范之间的碰撞。当一个人按照自己所属社会集团的规范行事时,往往就意味着违反或触犯其他集团规范的可能性。服从集团与权力集团间的冲突、碰撞,往往就表现为犯罪。

文化冲突论认为,不能把犯罪行为理解为部分人适应某种行为规范,而另一部分人不适合该种行为规范之间差别的结果。犯罪实际上是接受了不同文化规范的

---

① 张旭:《犯罪学要论》,法律出版社2003年版,第31页。

人们之间的冲突的必然结果。①

人们按照不同的规范形式就会发生冲突,但不是所有的规范冲突都会导致犯罪的发生。只有当一些人按照自己集团的规范行事,与具有刑事立法权的社会集团的文化规范发生冲突时,或者两个集团规范冲突的结果又触犯统治集团的规范时,才会被视为犯罪。

塞林认为,规范冲突有两种:第一种,随着文明的发展而带来的文化冲突。这种冲突是一种反映不同历史文化规范之间的冲突,也可以说是一种纵向的冲突,是一种新旧文化规范之间的冲突。这种冲突导致的犯罪有两种表现形式:一是按旧的文化规范行事,结果触犯了新的文化规范;二是按新的文化规范行事,结果触犯了旧的文化规范。二者都说明,犯罪不是孤立的个人之间的冲突,而是不同文化规范之间的冲突。第二种,不同文化规范接触时产生的冲突。这是一种横向的规范冲突。这种冲突以三种方式与犯罪发生联系:一是不同文化规范在相邻文化圈的连接地带发生冲突。比如民族聚居区之间、国家之间、城乡之间的交界处,各种文化规范之间的冲突激化时,就会导致人与人之间的直接冲突。二是一个集团或文化圈的规范,企图扩张到另一个社会集团或文化圈里时发生的规范冲突。三是一个文化圈里的个体移居到另一个文化圈里时发生的文化规范冲突,从而发生移民、侨居者甚至旅游者的犯罪。

总之,犯罪行为是个体按照某些规范行事而违反了另一些规范的结果,没有各社会集团及文化规范之间的冲突,就没有犯罪。

文化冲突论作为一种结构理论,它从宏观上说明了为什么会发生犯罪以及犯罪是怎样发生的,但是,它没有说明个体犯罪的发生原因及其过程,也就是没有对犯罪进行微观的和动态的过程分析和研究,也没有说明上层社会成员和权力集团成员的犯罪。

7. 亚文化论

亚文化论又称文化越轨理论、犯罪亚文化群论。这一理论的主要代表人物是美国社会学者柯恩(Cohen)。他在1955年的《过失少年——集团里的文化》一书中,为说明青少年犯罪的原因,提出了这一理论。这位自称是社会学家而不是犯罪学家的学者认为,如果仅仅就刑事心理学范围来研究人的犯罪心理,不但能产生一种狭义的成见和偏见,还会将犯罪看成是一个独特的机体,甚至是一种天生的事实,这显然不符合事实。所以,重要的是要揭示这些犯罪者对社会有差别的理解和对社会有差别的感情以及他们对有关群体间的亚文化内容忠诚的原因。他认为,一个人是同他周围地位相当的人一起成长发展的,这些人同属一个社会集团,他们对社会价值准则的看法是一致的,形成特有的价值体系。在以中产阶级的价值体

---

① 张绍彦:《犯罪学》,社会科学文献出版社2004年版,第39页。

系及道德观念为中心的社会中,下层阶级因各方面条件较差,其言行往往无法符合一般社会标准,因而其在社会上的身份、地位常被否定或贬低,造成其心理的挫折及适应困难,于是在自己所属的阶级集团中,形成自己能接受的特殊价值体系,即亚文化,以满足自己的欲望及需求。这些成员拒绝接受社会主导价值观体系,从事各种恶意、仇视、卑劣的行为,以向社会表现其蔑视他们所拒绝接受的目标。因此,这种亚文化实质上乃为下层社会的少年为克服其适应上的困难或地位挫折感之集团性反应,这是导致各种社会偏差行为或反社会行为的唯一原因。故而,后来的人们把亚文化又称小文化,指某一文化群体所属次级群体的成员共有的独特信念、价值观和生活习惯,与主文化相对应的那些非主流的、局部的文化现象,也有的表述为是指在主文化或综合文化的背景下,属于某一区域或某个集体所特有的观念和生活方式。一种亚文化不仅包含着与主文化相通的价值与观念,也有属于自己的独特的价值与观念,而这些价值观是散布在种种主导文化之间的。自然,亚文化在少年不良团伙中尤为显著。有的学者认为,青少年犯罪的非功利性、破坏性兴趣、敌视一切及强调官能享乐、强调团体的自律性等特点也都有利地说明了这一理论[①]。

亚文化论自柯恩而兴起后,引起了世界各国犯罪学界的广泛关注,许多学者在接受柯恩观点的同时对其理论予以发展。特别是到了20世纪80年代,以费迪南德(Ferdinund)为代表的新一代亚文化理论又赋予其新的内容。这些学者认为,现实生活中所形成的亚文化,既不具有阶层的特色,也不属于经济类型。对亚文化的分析,应从发达国家及发展中国家入手,因为社会环境的不同造就了不同的亚文化类型。在发达国家,由于早期的职业教育,使青少年不愿意承担成年人生活困难的责任,对社会失去信心和勇气,往往借助违法犯罪的方式报复社会,表现自我,并逃避承担社会责任。在发展中国家,经济欠发达,社会无力为所有的青少年提供充分的发展机会,一些人被迫徘徊在主流社会之外,在反复经历了挫折与失败之后,他们发现通过合法途径去实现自己的目标特别困难,因而转向依赖违法犯罪活动来实现其目标。[②]

亚文化论从对青少年陷入犯罪的原因研究,推导出亚文化是犯罪产生原因的结论,未免以偏概全,故其缺陷是显而易见的。但是,从亚文化角度探讨犯罪现象是有一定价值的,尤其是对分析青少年犯罪,特别是团伙犯罪的成因很有启发。而且,从亚文化角度分析犯罪现象这种新的思维模式,对促进研究复杂的犯罪问题也有所裨益。

---

① 张旭:《犯罪学要论》,法律出版社2003年版,第28页。
② 王智民:《当代国外犯罪学概论》,中国人民公安大学出版社1999年版,第32页。

8. 差异交往论

差异交往论也叫异化接触理论、不同接触理论、不同联系理论等。其代表人物是美国社会学家、犯罪学家萨瑟兰(Sutherland)。他认为犯罪实际上是人们相互学习的结果,或者说是另一种"社会化"的产物。1939 年,萨瑟兰在他的《犯罪学原理》一书中第一次明确提出差异交往理论,并在 1947 年该书的第四版中最终确定了该理论的规范用语。

差异交往论明显地受到塔尔德的模仿理论和社会学互动理论的文化传播理论的影响。所谓差异交往就是指犯罪不是天生的,也不是人格缺陷和情绪障碍等病态造成的,而是在与他人的交往过程中所形成的病态社会行为。也就是说,犯罪如同读书、绘画等其他行为一样,都是学习而来的,它与一般的学习理论并无多大差异。犯罪人的形成过程是在犯罪或违法团伙中学习越轨和犯罪的行为与价值观的过程。这种理论主要是从个人的角度来解释犯罪的原因,在西方犯罪学界有很大的影响。

萨瑟兰的差异交往论可以被概括为以下九个方面的内容。

(1)犯罪行为是学习得到的。这首先是对那种认为犯罪是遗传或天生的观念的否定,一个人如果不通过学习过程,也不会犯罪。

(2)犯罪行为是在与其他人交流的互动过程中学会的。这种交流还包括了通过手势等形体动作的方式进行的交流。

(3)学习犯罪行为主要发生在亲密的人群中。这表明了那些间接的,非个人面对面的交流方式,如电影、报纸等,对犯罪只起到了一种相对不重要的作用。

(4)在犯罪的学习过程中,包括了学习:①从事犯罪的技能,这种技能有时很复杂,有时却很简单;②特定的动机、驱动力、合理化的方式和态度。

(5)这种犯罪的特定动机和驱动力,是从对法律规范的赞同和不赞同的不同方式中得到的。因为在一些社会中,一个特定的个人也许会处于那种认为法律应当被遵守的环境中,而另一些社会,他可能处于那种认为破坏法律才被赞许的环境中。

(6)一个人之所以犯罪是因为他所处的环境中赞同违法的观念压倒了赞同遵守法律的观念。这实际上就是"差异交往理论"的基本原理。当一个人成为罪犯时,并不仅仅是因为他与犯罪的榜样接触交往过多,也因为他缺乏与赞同守法的榜样接触的机会。

(7)不同交往也许会随着交往的频率、交往的持续时间、优先级和强度的不同而不同。这就是说,在这些方面,赞同违法的与赞同守法的观念在以上几个方面是不同的。频率与持续时间与交往过程显然是相关的,不需要解释;而优先级,是指那种在早期孩童时期就形成的遵守法律的行为习惯会在今后一生中比较容易地得到保持;反过来,早期形成的违法行为也比较可能伴随其终身。这种趋势,在决定一个人的行为时是一个重要的因素。强度主要是指与那些违法或守法榜样的声望有关的因素,这是一种与交往有关的感情上的反应。然而,上述几个方面却难以量化地表达和测量。

(8)通过交往得到的学习违法犯罪或者守法的榜样的过程,与其他任何学习过程涉及的机制是相同(复杂)的。因此,犯罪不仅仅是一种模仿的过程,如一个人被诱使在交往过程中学会了犯罪,但是这个过程不能仅仅被看成是模仿。

(9)虽然犯罪是一种通常意义上的需求和价值的表达,但是我们不能通过这种表达来解释犯罪,因为合法行为也表达了这种通常的需求和价值。盗贼是为了得到金钱而行窃,而诚实的工人也是为了金钱而工作。因此,通过通常的需求,通过对价值或利益的追求,如追求享乐,寻求社会地位,金钱,挫折等为解释犯罪,已经也必将是无效的,因为合法行为与犯罪行为都可能是这些动机所引起的。

萨瑟兰的理论告诉人们,违法犯罪行为是在特定的社会环境中学习而来的,是通过与正常的"社会化"完全不同的另一种"社会化"过程而传播给下一代或其他人群的[①]。由此,萨瑟兰认为社会就可以创造条件,通过非犯罪的社会化和社会交往过程,对犯罪人加以改造,通过重新社会化使其适应正常的社会行为方式。萨瑟兰的差异交往理论比较适合解释少年犯罪和白领犯罪,但不能用来解释所有犯罪,尤其是激情犯罪,偶发性、情境性犯罪。它只强调了犯罪的社会学学习过程,而完全忽视了其他因素对犯罪的影响。

第三节 犯罪学与犯罪整合理论

自从20世纪70年代以来,西方国家在社会科学领域出现了一股从分析到整合的潮流,无论是有关犯罪行为的理论,还是有关犯罪人的学说,各个学科都在不断地尝试将已有的各种学说和理论进行辨析然后加以整合,从多角度来探寻犯罪产生的原因,并给出相应的对策。对于传统型的犯罪学理论,学者们进行了更加深入的研究和探索,及时地吸收最新的研究方法和研究资料,为原有的理论增添了不少新的内容。还有不少学者则是对原有的理论综合加以考量和辨析,运用一定的方式对这些原有理论加以整合,吸收他们的精华并使他们互相弥补,从而形成新的学说,多角度多层次地对犯罪现象加以研究。

一、犯罪整合理论出现的背景

当代西方犯罪学对于犯罪原因的探讨,具有多角度多层次的特点。犯罪生物

---

① 谢勇、田健夫:《萨瑟兰的不同交往理论与我国青少年犯罪控制》,载《湖南公安高等专科学校学报》2004年第1期。

学、犯罪社会学、犯罪心理学等多个学派,对于犯罪现象的解释和分析形成了百花齐放和百家争鸣的局面。这也造成了犯罪原因的研究一直以来就是分歧巨大和复杂的,可以说,当今的西方犯罪原因论是一种把所有的社会主体、社会活动或者设施都看作是犯罪原因的泛犯罪原因说。这主要表现在两个方面:一方面,犯罪学的学派林立,不同的观点数量众多,差异较大。据统计,西方学者在解释犯罪原因时形成的流派多达四十余个。另外一方面,犯罪学的研究成就涵盖了法学、心理学、社会学、人类学、统计学、哲学等各类学科的知识,从事不同科学研究的学者从自己的研究特点出发,就某一个方面的原因做出了详细的讨论和阐述,应该说,这些成就的取得都极大地推动和发展了犯罪学研究。但是,西方犯罪原因论的研究令人眼花缭乱,这也造成了犯罪学学科在一些基本问题上难以达成共识,犯罪学的学科知识在本体理论的建构上促进整合尚有欠缺。

犯罪学是一种各学科之间的科学领域,所以它应当以邻近学科的研究概念、方法和成果充实自己,并且应当准备借用它们。最早从事犯罪学研究的,是从事其他科学和实践活动的生物学家、医生、心理学家和精神病学家等。这些研究主体的特殊性也决定了犯罪学研究的发展的特色,这些某一领域的专家纷纷从自己的专业出发,从单一的侧面来探索犯罪形成的原因并给出相对应的解决方法。因此这些不同的学说就不可避免地带有单一的特点,难以摆脱专业知识的限制和爱好领域的支配,往往过分地强调在自己研究方向上所取得的成就的理论价值,从而也难以全面客观地说明犯罪现象,因此,从不同角度探讨犯罪的多元犯罪原因论出现并逐渐占据了统治地位。在多元的犯罪原因探讨中,学者们从社会因素、个人因素等各个方面探求与犯罪之间的关系,以至于多元论的内容和范围实质上也在不断地扩充和发展。与此相适应,随着犯罪预防普遍进入犯罪学学者的研究视野,犯罪预防的研究也出现了多元化的特点,许多当代的犯罪学研究都将刑事控制模式、进行心理治疗和个别引导的医疗模式与以改造家庭条件、社会环境、教育状况为主要目标的社会模式同时运用于司法实践领域。单一方面的论断,表现出明显的片面性或绝对化的弊端。譬如说,犯罪的生物学理论,通常是从行为人的遗传、体型、性染色体异常、脑的功能失调、内分泌异常、男性荷尔蒙等个体特质方面来探讨犯罪行为形成的原因;犯罪社会学理论,则强调社会的变迁社会结构的变化、城市化进程、文化冲突、价值与道德规范崩解异化、社会管理与控制、贫富分化与社会分配不公、刑事司法政策、人口结构与状况、社会阶层的碰撞与矛盾等因素,对于社会犯罪现象产生及其发展变化的影响作用。虽然上述理论都从一个侧面解释了犯罪形成的原因,但并未实现全面揭示犯罪成因规律的目的,总是给人留下以偏概全、意犹未尽的感觉。这实际上亦在相当程度阻碍和限制着犯罪学的健康发展。因此,加强犯罪学理论的科际整合的建设,消除彼此障碍、进行不同学科倾向的犯罪学理论的融通便是其发展的前景。在20世纪60年代以前的犯罪原因理论往往只用某一个学科的理论和方法研究犯罪原因,如犯罪人类学理论用人类学的理论和方法研究原因,犯罪心理学理论用心理学的理论和方法研究犯罪原因。这些原因理论都试图片面地用某一方面的理论和方法,解决犯罪的整个原因问题,因而存在着"以偏概全"的片面性缺点。只有到了20世纪60年代后期,才开始用综合性的理论和方法研究犯罪问题。

也可以说虽然近当代国外犯罪学理论不断涌现和发展,呈现出了繁荣昌盛状况。但是,犯罪学理论却大体上陷于分裂、混乱而不能自拔的状态,从不同侧面、整体性上暴露出较为明显的缺陷。尽管发现某某因素与犯罪有关的经验报告层出不穷,但结论相反的报告也不断涌现,人们始终没有找到一种与所有犯罪有关联的犯罪人因素。在理论建设方面,各种各样的学说观点也在与日俱增,但多半是大同小异;理论家们既不热心于调整与合并他们不尽一致的观点,也没有胆识提出令人刮目相看的新的研究范式。正如学者所言,总之,到此为止,实证主义犯罪学已经失去了它在20世纪初显示的那种朝气,无论是在帮助人们认识犯罪本质方面,还是在提出有效的犯罪对策方面,它都显得捉襟见肘,力不从心[①]。因此,弥补其存在不足,促进其完善,便是加强犯罪学理论建设的一项重要工作。

犯罪学理论的成长受到了多重因素的影响。其中,犯罪学理论的知识累积和发展状态在一定程度上直接制约、决定着犯罪学理论的发展水平与方向。也正是这样,犯罪学家与其不停地创造或提出各种模糊的新概念,不如从现在开始专注于理清、标准化各种概念的测量量具。只有使每个概念都发展出让大家共同接受的测量量具,犯罪学的后辈才能站在我们的肩膀上,继续我们未尽的研究之路。所以,概念整合是犯罪学未来研究的一个重要方向。因为没有整合的理论概念,便不可能继续整合假设,不整合假设,理论也不可能最终被整合。很显然,面对纷繁杂乱的犯罪学理论,这种主张不无道理,重视犯罪学理论的深入研究和整合对于当代犯罪学理论的发展具有重要的意义。

近年来,国外犯罪学理论的发展,正在向多元方向发展,其整合的趋势也越发明显,对于现实的解释日益呈现更加科学的态势,更为重要的是犯罪学理论的形成的科学化机制大体确立。正是这样,犯罪学理论的现实价值也就占有更为重要的地位。犯罪学理论将成为刑事政策的主要来源。这无疑必将推动犯罪学理论的繁荣与发展。

二、犯罪整合理论的代表性学说及评价

所谓的犯罪理论融合,大体是指一些犯罪学理论"添加"了其他相关理论有益的成分、内容或构想,以促进自身的完善与发展。如默顿(Merton)的迷乱理论融合了美

---

① 谢勇:《犯罪学导论》,湖南人民出版社1992年版,第98—99页。

国的结构理论,形成了自己独特的迷乱理论;日常活动理论研究则引入犯罪学中两项重要的理论——社会键理论及差别结交理论,以"弥补"从关注社会交际网,不同类型的社会关系对犯罪行为有截然不同的影响来分析犯罪越轨行为;①"'重新整合羞耻理论'(theory of reintegrative shaming)则是借鉴了标签理论、控制理论、机会理论、犯罪亚文化理论、学习理论等犯罪学传统理论的合理内核,以控制理论来探讨初次越轨行为的产生,以标签理论来了解继发的越轨行为何以形成,并以犯罪学亚文化理论说明继发越轨行为发展演变的原因,而以其他理论加以补充和说明"②。总而言之,犯罪学理论通过理论的衍生和融合的途径,使得其变得更加丰富、圆满。从总体的发展趋势看,犯罪学理论在目标上在向科学化、精致化的方向上迈进。

概括来讲,犯罪整合理论就是一种试图将各种的犯罪社会学理论通过辨析、互补,遵循一定的原则和方式所建立的一种系统、科学、全面的集大成理论。当代国外较为典型的整合理论,如埃利奥特(Elliott)的青少年犯罪和毒品犯罪整合理论、布雷韦特(Braithwaite)的重新整合羞耻理论等。这些理论整合的尝试尽管存在各方面的问题,但都为犯罪学理论的进一步发展提供了有益的指导。

威斯(Joseph Weis)等人主要是将社会控制理论和社会结构理论进行了整合从而提出了社会发展理论。他们认为,个人的性别、种族和经济状况等因素与人在社会结构中的地位相关,这种因素对于人的行为选择具有重大的影响。同时社会化的过程对于一个人的行为选择也具有影响。据此他们提出了一种新的整合理论模式。依据这一模式,社会控制理论和社会结构理论假定的各种因素对犯罪都有影响。在一个低收入、无组织的生活环境中,各种社会化机构的功能相对薄弱。在这种环境中,由于既定的犯罪率较高,青少年违法犯罪的机会较多,接受犯罪团伙的影响较大,容易认同犯罪群体的价值观念,因而有较多的青少年选择犯罪的行为方式。

埃利奥特等人将紧张理论、学习理论和控制理论结合在一起,也形成了一种整合理论。这一理论认为,紧张感、社会化程度不足以及生活在一个解体的社区这三种因素,会导致青少年缺乏正常的制约。制约程度的削弱和紧张感将驱使他们去寻找同样心态的青少年犯罪团伙进行交往,并且逐步地依附于这样的青少年犯罪团伙。与青少年犯罪团伙的交往会强化其消极态度,同时又可以为他们提供行为模式,逐渐地这些青少年也会从事犯罪活动。

桑伯瑞(Thronbury)对上述两种整合理论进行了再度整合,提出了多因素相互作用理论。他强调指出,影响青少年犯罪的各种因素是相互作用的,而且青少年犯罪这一结果本身与这些因素也是相互作用的。此外,各种因素在青少年成长过程中的不同时期对青少年犯罪的影响是不同的。在青春期初期,家庭以及父母的影

---

① 曹立群、任昕:《犯罪学》,中国人民大学出版社2008年版,第80页。
② 曹立群、任昕:《犯罪学》,中国人民大学出版社2008年版,第80页。

响较大。在青春期后期和成人时代,本人在社会中的角色,如丈夫、父亲、教师和不同工作环境的影响较大。在每个时期,青少年犯罪这一结果又会反过来影响导致其产生的各种因素。如此循环下去,就会产生职业性惯犯。[①]

面对当前国内外犯罪学理论纷繁杂乱的情形,加强理论的整合既是修补已有犯罪学理论的不足,也是推动国内外犯罪学理论发展的有效途径。"作为一个完美的整合理论,应该具有以下一些基本要求:调和被整合理论之间的不同的基础理论假设,澄清被整合的各种理论中的元素概念,将原有理论的'单纯'形态以及原有基本观点给予强化或者创新,但又未从根本上否定原有理论主要观点的内涵,并增强或者扩展原有理论观点的解释能力"[②]。

20世纪70年代后西方还出现了一种科际整合的研究模式,并且在西方犯罪学发展中起到了极为重要的作用。科际整合的犯罪学研究乃指由一群来自各种与犯罪问题有关学科的研究者所组成的彼此能够协调而相互整合的"科际工作组",从事犯罪的实证研究。西方学者往往以法学、社会学、心理学、生物学、医学、经济学、人类学、政治学、文化学等学科作为整合研究的支柱开展研讨。这些学科的知识和方法进一步拓展了犯罪学研究的深度和广度,丰富了人们对犯罪问题的认识。科际整合的研究模式并非是犯罪学与其他学科的简单并联,而是建立在单个学科充分专业化基础之上的,学者对单个学科的充分掌控是科际整合开展的前提与基础。故此,西方犯罪学所强调的科际整合实际上是一种建立在单个学科充分专业化基础的跨学科研究。同时,科际整合必然意味着犯罪学研究方法的多元和丰富。从当代西方犯罪学研究看,科际整合模式与多元研究方法已然成为西方犯罪学界的一种学科通识。

关于整合理论另一个具有代表性的是20世纪末叶澳大利亚的布雷韦特,他在1989年出版的《犯罪、羞耻和整合》一书中系统地阐释了他的明耻整合理论。该理论强调,现存的犯罪学理论不是孤立、零散和排他的,各个理论之间是可以互相补充而共存,但是需要首先对这些理论予以严谨的修正,扩大其解释能力以及同其他理论融合的相容性。在借鉴与修正当今犯罪学研究中比较有影响力的标签理论、亚文化理论、控制理论、学习理论等学说的基础上,布雷韦特又提出"互赖""共信"和"羞耻"三个概念,论证了明耻整合理论。我国学者认为,明耻整合理论一改传统犯罪学理论那种只着眼于某一个或某一个方面的因素去解释犯罪的模式,以整合为出发点,在借鉴以往犯罪学理论的基础上提出自己的论点,因此,该理论在方法论上有很大的突破[③]。应该说该理论对于当代犯罪学的最新研究成果诸如标签

---

① 曹子丹:《中国犯罪原因研究综述》,中国政法大学出版社1993年版,第635—636页。
② 周东平:《犯罪学新论》(第2版),厦门大学出版社2006年版,第348—349页。
③ 张旭:《犯罪学要论》,法律出版社2003年版,第35页。

理论、亚文化理论、控制理论、学习理论等的研究和剖析是比较深刻的,并且提出了较为中肯的修正意见,正是基于此,该理论的整合才成为每个理论的有机整合而非简单的结合,从而对于犯罪学理论的发展起到了一定的推动作用。

需要强调的是,犯罪整合理论看似是对以往的犯罪理论所进行的归纳分析和综合运用,但其本质上是一种建立在对以往理论的透彻理解和深入考查基础上,并且把握了各种理论的优势、弊端之后所进行的系统科学的融合,绝非是相关理论的简单叠加。一方面犯罪学的理论研究应该重视从犯罪学理论中进行"一般性理论"的建设。尽管不同学科取向的犯罪学理论着眼点有异,但是这些理论差不多都是实证学派精神的发扬,把犯罪行为视同自然界的现象,找寻与犯罪行为有关的因果关联。这些理论的共同的内涵即轻视自由意志在犯罪原因论上的作用,肯定犯罪人与非犯罪人的差别。易言之,两种不同的人,不论在生理上、心理上、社会化过程或生活的社会环境上,都有基本的差异[①]。另外一方面,采用科际整合方法进行研究,消除单一学科倾向的偏差,促进彼此沟通与交流,促成犯罪问题的综合性研究,以形成更具解释力、包容力"科际整合型"犯罪学理论。

故此,人们将科际整合的犯罪学研究定位为,是由一群来自各种与犯罪有关学科的研究者所组成的彼此能够协调而相互整合的科际工作组,从事犯罪的实证研究。科际工作组各组成员之间经常保持接触,以交换研究进行的资料及研究的所有可能性。同时,又相互顾及彼此来自本学科各种不同的论点,经多次会谈后,发展对于其他学科的相互了解,而能对于特定的概念或定义作同义使用,因而可排除由于同一概念或定义的不同内涵而产生误解。并且,"对于研究结果则逐一加以整理调和,使其整合而成一具有论断力的终极结果"[②]。很显然,科际整合犯罪学,正如美国学者杰弗瑞认为的那样,是以系统论原理为指引,以生物学、心理学和社会学为三大支柱,整合多学科的知识,系统研究犯罪行为和犯罪人[③]。因此,它的兴起在一定程度上将有望克服以往犯罪学理论的知识属性单一片面的不足,促进其蜕变与发展。

在进行犯罪理论整合的时候,需要解决的一大问题是方法论观念的设想也存在不足。在西方犯罪学理论中始终存在两种方法论思想的对立,这就是个体主义与整体主义之间的对立。"整体主义认为,社会现象只能用社会现象来解释,因此犯罪现象的原因主要应该在宏观的因果层次上加以确定,而不可依赖于对犯罪人个人心理的解释。而个体主义,如果说它在本体论的假设中尚有些含糊其辞,对社会现象与个人行为采取兼容并蓄的态度,那么在方法论原则中它的'个体'倾向便

---

① 林山田等:《犯罪学》(增订3版),台北三民书局股份有限公司2005年版,第115页。
② 林山田等:《犯罪学》(增订3版),台北三民书局股份有限公司2005年版,第105—106页。
③ 赵宝成:《犯罪学专论》,中国人民公安大学出版社2006年版,第26页。

暴露无遗了。它以为社会现象的原因只能在个人行为及其心理中得到真正的、最终的答案,离开这一基础,企图到社会现象之间去发现因果关系,那只能是舍本求末,缘木求鱼"①。正是由于存在这种方法论的对立,在犯罪学理论的方法论预设中就应该坚持各自的立场,从而奉行各自的解释路径,但是在西方犯罪学理论中对所隐含的这两种对立的方法论却抱着模棱两可、有意回避的态度,没能坚守其各自的立场,以致在解释中出现跨层次的问题,从而使得其最终陷入了不能自拔的泥潭。因此,国外犯罪学理论在方法论观念的预设上存在这种缺陷可能直接导致其理论内在逻辑矛盾,从而使其科学性与解释的效能受到损害。

犯罪根源是犯罪学理论的逻辑起点,表明理论的逻辑方向,没有对犯罪根源的正确认识,就不能有科学的犯罪学理论。在犯罪原因理论研究中非常重视对于犯罪本源(根源)的探索,形成了多种犯罪本源学说。犯罪根源是人类社会产生犯罪的终极原因,是从整个人类来讲,为什么会有犯罪现象发生,为什么有人要去犯罪等问题,犯罪本源理论是一切形式或条件下犯罪的普遍性和一般性的解释②。对于犯罪学理论的出发点的假定上,由于缺乏对于犯罪本源的深刻、细致思考,往往显得简单、肤浅、狭窄。虽然现代西方犯罪学对于犯罪本源问题保持冷漠的态度,似乎不屑于进行探讨,但是实际上它的各种犯罪原因理论都或明或暗地透露出对犯罪本源的这样理解,即认为犯罪是人类社会固有的现象,有人类社会就有犯罪现象,如果硬要追溯犯罪现象的本源,那么这本源就是人类社会本身。很显然,这种将犯罪本源归结为人类社会本身的存在,犯罪本源问题自然不再成其为问题。这种对于犯罪本源问题的回答过于草率和陈腐,妨碍了它在这个带根本性的问题上作深入、细致的探讨,并最终限制了它研究犯罪原因的视野。具体而言,集中体现在对于犯罪学理论出发点的前提性设定上缺乏具有坚实的、深刻的理论基础来支撑,由此导致理论预设的浅薄、贫乏或无力。从这个意义上,我们不能否认西方犯罪学理论一度出现的零碎与杂乱、缺乏穿透力以及未能统合一体与此有着一定的关联。例如:差别接触理论假设犯罪必有因;而社会控制理论的看法刚好相反,明确否定犯罪必须有犯罪动机,认为犯罪是自然的现象,不犯罪的人才有其因。学者要把这两个理论整合在一起,就完全忽视了这两个理论背后的截然不同的哲学观点。由此可见,在进行犯罪理论整合时要注重犯罪本源的研究,深入分析各种理论对于犯罪本源的不同回答然后再考察整合的可能性和科学性。

对于犯罪整合理论,我国学者也进行了一些有益的探索。如有学者提出不良的内驱力与自控力相冲突原理,整合现有犯罪生物学派理论、社会学派理论、环境学派理论,综合分析社会、自然、个体诸因素的影响,探索犯罪生成机制原理、模型、

---

① 谢勇:《犯罪学研究导论》,湖南人民出版社 1992 年版,第 109—110 页。
② 莫洪宪:《犯罪学概论》,中国检察出版社 2003 年版,第 146 页。

作用方式。该理论从多角度多层次分析不良内驱力的形成和影响因素以及自控力的形成和影响因素,并得出结论,犯罪产生是不良内驱力与自控力的矛盾双方多因素共同作用的结果,当不良内驱力大于自控力时犯罪发生,当自控力大于不良内驱力时,犯罪不会发生。不良内驱力与自控力强弱受社会、自然、个体三方面因素的影响,社会因素是主要因素[1]。不良内驱力与自控力相冲突理论从社会、个体、自然三方面综合分析犯罪成因,因此所有犯罪学理论都可以在该理论框架中找到自己的位置。

我国还有的学者已经开始将犯罪整合理论运用于实际,以犯罪整合理论为视角分析新生代农民工犯罪的社会原因,提出由于在社会化过程中教育缺失,造成新生代农民工自身素质和能力有限,当他们遭遇到困难和压力时,又无法寻求正面有效的社会支持,使新生代农民工在城市中的生存空间有限。加之他们与传统社会的联系纽带十分脆弱和松散,关系疏离,自我控制和社会控制程度都较弱,徘徊在社会的边缘,当一次偶然的不幸事件或不公正待遇发生时,往往会成为压垮他们的最后一根稻草,使得他们或退却,或实施反社会行为以自卫和发泄[2]。这是犯罪社会学理论的社会结构与个体社会化过程的理论整合,如压力理论、文化冲突理论、社会学习理论,社会控制理论的综合。

综上所述,与其他犯罪原因单一理论相比,犯罪整合理论对犯罪原因的解释更为具体、直接、全面,因而对当代世界的犯罪学影响也最大,成为当下最为活跃的一种学说。同时,该理论对预防犯罪实践也产生了巨大而深刻的影响。当然,犯罪整合理论需要对犯罪学理论出发点、犯罪人的属性的预设展开研究,深入地揭示出庞大的理论背后各种逻辑的起点或假设,分析其各自所具有的张力以及各自的视野,在此基础上进行类型化分析与综合性抽象,同时进行比较区别,认识其存在的差异,从而对于理论的前提假设有着清晰、深刻的认识,这样为理论的构建或整合提供有益的指导[3]。对于犯罪人属性的预设,同样应该展开分析,对于其所存在的多样性进行全面的揭示,并对理论建构的影响、解释的效能做出分析,尤其是对于犯罪人的属性理解,从历史脉络上进行动态、过程的观察,厘清其内在的历史逻辑线索以及现实的全景。对于犯罪学理论中方法论观念存在模糊、不清晰的地方,努力大胆尝试全面分析,有助于更深刻地理解吸收。特别是应当细致地分析对立方法论观念,进行融合、调适、沟通,符合逻辑思路,丰富、发展整合的方法论思想。

---

[1] 于志奚:《犯罪学整合新理论——不良内驱与自控冲突原理》,载《犯罪研究》2006年第5期,第20页。

[2] 李福芹:《新生代农民工犯罪的社会原因分析——以犯罪整合理论为视角》,载《北京青年政治学院学报》2010年第19卷第3期,第29页。

[3] 曹立群、任昕:《犯罪学》,中国人民大学出版社2008年版,第67—75页。

第三章

犯罪现象

犯罪现象是人类社会发展过程中出现的一种暂时的、多变的社会法律现象。它是犯罪行为在发生、发展和变化时所展现的外部特征。犯罪现象纷繁复杂,犯罪原因也是多层次、多方面的。而犯罪现象作为犯罪学研究的客观基础,不仅包括犯罪观,还包括犯罪状况和类型、犯罪人和被害人。这些问题的正确解决,对深入研究犯罪学的核心问题——犯罪原因和社会价值、防治措施,都具有前提性的重要作用。因此,研究犯罪现象的意义就在于探明犯罪原因,制定正确的犯罪对策,以便更好地预防犯罪。

第一节 犯罪现象概述

一、犯罪现象的概念

"现象"是指事物表现出来的,能被人知觉到的一切情况。它是指称客观事物的意义,同时也有对犯罪这个事物在社会发展变化中所表现出来的外部形态和联系的抽象的意义。"犯罪现象"有广义和狭义之分。广义上的犯罪现象是指人类社会发展到一定阶段而出现的一种具有明显的反社会性质的社会历史现象;狭义上犯罪现象即是我们这里所研究的对象,是指一定历史阶段上的一定时间和地点,在社会上所表现出来的各种具体犯罪行为的总和及其在发展变化过程中所表现出来的外部现象和外部形态[①]。

---

① 杨春洗、康树华、杨殿升:《北京大学法学百科全书(刑法学、犯罪学、监狱法)》,北京大学出版社2003年版,第204页。

在实际生活中,人们一般是按照事物发生先后顺序来推定事物之间的因果关系,先有因而后才有结果。也即,对于世界上的万物而言,特别是对于犯罪来说,一般是犯罪发生的原因在前,其后才产生犯罪现象的发生这个结果。但犯罪学的研究采取的是一种回溯或反顾过程,如同病理诊断过程一样,先必须对疾病有一个大致的了解和判断,其后才能推断发病机理和原因。因此,犯罪学研究应从已发生的犯罪现象入手,去查找犯罪现象背后的原因。并在此基础上提出预防犯罪的对策。也就是说,由于构成犯罪原因中的各种因素的发生和存在是先于犯罪现象产生之前的,但我们实际的研究又只能从犯罪现象着手,通过分析犯罪现象进一步来分析犯罪发生的原因,并在原因分析的基础上,对症下药地针对已发生或正发生的犯罪现象采取控制措施,对将要发生的犯罪现象在犯罪预测的基础上采取一定的预防措施。因此,犯罪现象是犯罪学研究的起点和基础。

从犯罪学的学科理论体系结构看,犯罪现象是犯罪学重要的基本范畴之一,是相对于具体犯罪行为、个体犯罪行为或者个别犯罪行为提出来的一个概念。和具体犯罪比较而言,它是一种抽象的犯罪概念,是人们出于主观上为达到认识犯罪的目的而对客观存在的具体犯罪的一种理论上的总结和抽象概括;和个体犯罪而言,犯罪现象则属于群体犯罪的范畴,是客观上某一类个体犯罪总和或者总体犯罪的综合;而相对于个别犯罪而言,犯罪现象属于一个一般的概念,它和个别犯罪比较起来是一种整体与部分、一般与特殊的关系。

二、犯罪现象的性质和特征

犯罪是人类社会发展到一定历史阶段的产物,它是随着私有财产的出现,社会财富出现分割,并随着由此而产生的阶级和阶级斗争的激化而产生、存在和发展的,并且必将随着私有制、国家的消亡而消亡的一种社会现象。犯罪现象具有特殊的、不为人的意志为转移的共同性质和特征,探讨其特征和性质,是科学认识犯罪的本质原因的基础。

(一)犯罪现象的性质

所谓性质,是指一种事物区别于其他事物的根本属性,是事物的本质。它属于事物的内在因素,是一种理性认识。犯罪现象的性质就是犯罪现象本身具备的、区别于其他事物或者现象的、内在的因素。

1. 犯罪现象的历史性

犯罪现象具有历史性的特征。犯罪现象的历史性特征表明,犯罪并不是自古以来就有的一种社会现象,而是随着人类社会发展到一定的阶段,随着私有制的出现,社会分裂为相互对立的几个集团之后才出现的。因此,犯罪现象是随着私有制和国家的产生而产生的,它是一个历史的范畴的概念,具有一定的历史性,最终也必将随着私有制和国家的消灭而消灭。

2. 犯罪现象的直观性

任何犯罪现象都是犯罪原因的直接或间接的产物,任何犯罪原因总要通过一定的犯罪现象来显现和表达。一定量的某类犯罪现象的量、质变化,以及由此产生的犯罪结果,具有能够让人一眼看清的特征就是犯罪现象的直观性。

3. 犯罪现象的相对性

犯罪对象的相对性是指,法律虽然是以国家、地区的名义制定,是带有一个国家或地区的整体经济、文化和政治的利益要求,但是它的实质仍然是统治阶级意志的集中体现,实践中确定一个行为是否触犯法律的最重要的标准仍然是统治阶级的价值观。因此,在不同性质的国家中由于人们的价值观念不一样,对法的定义不一样,认定犯罪的标准自是不同;即使是在同一个国家的内部,由于不同的阶级出于各自不同的利益,对于某些犯罪的观点也不同。由于犯罪本身的相对性,实际上不存在一个普遍的犯罪的概念,对于犯罪现象的定义也是如此。

4. 犯罪现象的法律性

马克思认为:犯罪——孤立的个人反对统治关系的斗争,和法一样,也不是随心所欲地产生的。相反地,犯罪和现行的统治都产生于相同的条件。同样也就是那些把法和法律看作是某种独立自在的一般意志的统治的幻想家才会把犯罪看成单纯是对法和法律的破坏。因此,统治阶级是为了维护自己的利益,进而维护自己的统治地位,把威胁或者是破坏到自己利益或统治的行为规定为犯罪,犯罪的本质是对统治阶级利益和意志的破坏。根据罪刑法定原则的要求,犯罪现象的判断标准就是看其是否适合法律规定的犯罪构成要件,且依法应当受到处罚的行为。因此,法律性是犯罪现象必须具备的本质属性之一。

5. 犯罪现象的社会性

犯罪的各组成因素,如犯罪产生的原因、犯罪的条件以及实施犯罪的主体来说,都具有社会性的特征。犯罪行为是由社会成员实施的行为,犯罪产生的结果也是对社会的一种破坏且侵犯社会秩序和社会关系,犯罪现象的产生原因和条件也总是和特定的社会结构、经济结构以及文化因素等社会因素紧密联系的。因此,犯罪现象具有一定的社会性。在不同历史类型的国家或社会中,犯罪现象的这种社会性具有不同的特点和规律。这是因为犯罪现象是一个发展变化的社会现象,并非一成不变、静止不动,它不仅要随着社会的发展变化而改变其外部形态,甚至内部的某些特征也会随着社会环境的变化而改变。因此,在一个社会中,社会治安的好坏实质上和犯罪现象的质和量有密切的关系,尤其和其中的重大案件的性质和数量有密切的关系。

(二)犯罪现象的特征

"特征"是人或事物所具有的区别于同类事物的独特的地方,事物的外在表现属于外在因素,是感性认识。"性质"和"特征"都是名词,两者都表示事物独特的地方。两者的区别在于:词义的侧重点不同。"性质"是指事物内在蕴含的属性;"特征"侧重指事物外表或形式上独特的象征或标志。因此,"特征"是和"性质"不一样的词语①。犯罪现象的特征如下。

1. 犯罪现象的规律性

犯罪现象的规律性是指犯罪现象内部的本质联系以及犯罪现象的发展、变化的趋势。由于前述的犯罪的本质属性——阶级性,犯罪和统治产生与同样的时代,并不是随心所欲产生。因此,犯罪的阶级性和历史性以及社会性,决定犯罪现象会在一定时期内长期存在,而且它还会受到该历史阶段的社会物质生活条件的制约,后者的发展变化都会引起犯罪现象的发展和变化。因此,犯罪现象的规律性实际是一定的社会物质生活条件的变化规律;此外,由于犯罪现象是个体犯罪行为的集合,与个人的生活环境、心理素质、生理特点等有密切的联系。因此,个人的生活环境、心理素质、生理特点的综合决定个体犯罪的情况,从而最终影响犯罪现象。虽然两者之间并不是完全意义上的一一对等的关系,但是从整体上看确实有着明显的规律性的。犯罪学研究的目的就在于通过对犯罪现象的研究,揭示犯罪现象背后的规律性,从而能为遏制犯罪提供有针对性的策略。

研究犯罪现象规律的目的是为揭示隐伏在犯罪数量、质量、结构等表象背后的犯罪现象存在和变动的一般过程和趋向,它深刻地反映着犯罪现象与一定的社会环境以及与人类自身之间的关系。犯罪现象规律是关于作为一种群体性事实的犯罪现象的存在与变动规律,而不是个体犯罪行为的活动规律。犯罪现象规律具有层次性,它大体上可以分为基本规律和具体规律两个层次。其中,犯罪现象的基本规律是指作为一种人类历史现象和社会事实整体的犯罪现象存在与变动的一般规律;犯罪现象的具体规律,是指特定历史时期和文化背景,或者特定犯罪类型所表现出来的存在和变动规律。

犯罪现象规律具有客观性。犯罪现象规律可以被认识和利用揭示犯罪现象规律的具体方法,既可以采取个案模式,也可以采取通则模式;既可以采取定性研究,也可以采取定量研究;既可以采取归纳法,也可以采取演绎法。最好是多种方法相结合。

犯罪现象的规律分为犯罪现象必然律、犯罪现象依存律、犯罪现象盖然律,以及犯罪现象饱和律:犯罪现象必然律是指犯罪现象不可避免而合乎逻辑地存在和变化的规律。作为一种社会常态现象,犯罪现象一直依必然律而存在,且犯罪现象一直与人类社会相伴随;犯罪现象依存律又称犯罪现象因果律,是指犯罪现象的变

---

① 区分事物的性质和特征是很难得,性质和特征是事物的两个层面的概念。如一栋大厦,它的本质是一个建筑物,它的特点或特征是可以容纳很多人或者功能很广泛。

化与社会环境以及自然环境的变化之间存在依存关系或共变关系的规律。

在犯罪现象存在和变动的背后,总是有决定这种存在和变动的一个或多个原因条件。通过对其研究,可以揭示出犯罪现象是一种由社会以及自然环境所决定的社会现象,必须到社会环境中去寻找犯罪现象变动的原因;犯罪现象盖然律,是指犯罪现象按照从大量偶然性犯罪行为中求出的平均趋势发展变化的规律。犯罪学理论(尤其是犯罪发生论)应当建立在统计决定论的基础之上,它的任务之一是寻找犯罪现象的概然性联系或者说描述犯罪现象变动的平均趋势,而不是找出某一种或者某数种因素来作为确切无疑的犯罪原因;犯罪饱和律,是在正常情况下,犯罪现象的总量以及增减幅度总是与一定的社会及自然环境保持相对稳定的比例关系的规律。犯罪饱和律是对犯罪现象依存律的进一步印证和另一种表达形式,认识犯罪饱和律,有助于加深对犯罪现象依存律的理解和把握。

2. 犯罪现象的地区性

犯罪现象的分布由于地区环境、地理位置的不同而具有空间的选择性。因此,一定社会的犯罪率和犯罪率并不是截然相等、完全均分的,而是随着地区的不同表现出地区的不平衡的关系。例如,法国著名的史学家、艺术评论家和哲学家丹纳(Taine)在其《艺术哲学》一书中,就以艺术发展史实为依据,强调了种族、环境、时代等三个因素对精神文化的制约作用,并认为在三个因素中,种族是"内部动力",环境是"外部压力",时代则是"后天动力"。因此,特定的地理环境和地理位置等,会对现象分布产生不同的影响:如地形或者地势比较偏僻的地段,一般会容易发生拦路抢劫、强奸等案件,而喧嚣繁华的闹市区或者行人拥挤的地区一般多发生扒窃和盗窃案件。在国与国交界的地方由于贸易繁荣,多发生毒品交易或者走私活动;就地理环境而言,农村的犯罪率一般低于城市,繁华的大城市的犯罪率高于中小城市。越是经济比较发达,越是容易发生黑社会性质组织犯罪、经济犯罪等。这是因为,大城市便利的交通、高密度的人口指数以及高流动性的人口,为犯罪的产生提供了便利条件。

犯罪地理学(geography of crime)是西方犯罪学研究中新兴的一门边缘性学科。它主要通过对犯罪活动与地理环境的相互关系的观察,揭示犯罪现象的空间分布规律、区域差异及其历史演变的规律,是研究犯罪在不同地区的分布状况及其规律性的学科。犯罪地理学是地理学与犯罪学间的边缘学科,兼具综合性与地域性的特点,通过研究犯罪活动与地理环境的相互联系,揭示犯罪空间差异的规律性,为预防、控制犯罪活动,以及国家和地方制定有关政策、法律提供科学依据。其主要研究内容如下。

(1)犯罪现象的空间分布规律、区域差异及其历史演变。研究各地区犯罪活动的空间组合与分布形式。在全面研究地区内各类犯罪活动分布的基础上,寻找和标定犯罪的高发区、高发线和高发点。

(2)探讨犯罪活动的数量、类型同地理位置(如交通地理位置、距大城市和沿海开放地区远近等)、人文环境(如地区政治形势、经济发展水平、人口的构成与迁徙、宗教情况等)、历史基础和自然环境(如气候、地貌、水文、生物等)间的相互关系。

(3)犯罪区划与防治犯罪区域规划。根据客观存在的犯罪活动的地域特点和地域差异,按一定原则,将某地区划分成不同类型、不同等级和犯罪结构上各具特点的犯罪区,并提出预防和控制犯罪的主要方向、途径、具体发展指标及相应配套措施。犯罪地理学按研究对象、性质和任务,分为部门犯罪地理学与区域犯罪地理学。前者如政治犯罪、盗窃犯罪、人身伤害犯罪等,侧重研究各类型犯罪的地理环境、空间分布特点、犯罪区划与防治犯罪区域规划;后者包括世界、大洲、地区、国家及国内某一地区等区域,重点研究各区域犯罪的地理环境条件、空间分布特点和联系,以及犯罪综合区划及防治的区域规划。[1]

3. 犯罪现象的时间性

犯罪现象的时间性差异是指犯罪现象在一定范围内的不同时间上的选择性,分为年度内的分布特征、月或者周内的分布特征以及一天的分布特征等。因此,犯罪的时间选择性不仅表现在不同的季节、月份等所导致的犯罪现象分布的差异,还包括一天之内白天和夜晚不同时间的分布差异。

(1)在不同的季节或者月份,同一个地区的犯罪分布和犯罪率是不同的。如在夏季和秋季,由于气候干燥、空气炎热,人的心情会很容易随着外界温度发生波动,脾气会变得暴躁。而夏天人一般衣着少,容易引发性犯罪。国外有学者统计显示,强奸案发案率最高的季节或月份是六七月,最少的为11月,12月和1月开始回升,2月无明显波动,3至5月逐步上升,直至6月、7月达到顶点;而秋冬季节日照时间比较长,且由于天气寒冷,人们很容易对入室盗窃防范较松。因此,了解不同季节的犯罪现象分布的差异,可以有助于人们提前采取预防措施减少犯罪。

(2)一天中的不同时间的犯罪现象的分布也不同。一般来说,白天的犯罪率低于夜晚,因为晚上易于隐蔽,而且大家都在室内睡觉,犯罪人实施完犯罪行为之后很容易逃脱。根据"好发时间段控制理论",撬窃案件易发于凌晨2点至3点,这个时候人们一般进入梦乡,社会的控制和防范也较低;拦路抢劫和强奸案件易发于夏季的晚上9点至10点。由此看出,犯罪人对作案时间有一定的选择,一般会选择人们防范较低的时刻,如夜深人静时分实施。因此,掌握犯罪的时间分布规律,一方面可以有助于我们有针对性开展犯罪预防;另一方面可采取措施打乱犯罪分子的作案时间安排,以控制犯罪率。

---

[1] http://baike.baidu.com/view/1353550.htm,访问时间为2010年12月23日。

三、犯罪现象存在的形态

(一)犯罪现象的量

1. 犯罪总量与犯罪黑数

(1)犯罪总量。犯罪总量是指在特定时期、特定区域内犯罪案件或犯罪人的总数或者绝对数。它通常是指犯罪案件或犯罪行为总数,但也可以指犯罪人总数。犯罪学以及犯罪统计实践中所说的犯罪总数,通常是指警察、法院等专门机关所掌握的已知犯罪案件或者案犯的数字。犯罪总量是统计资料经过汇总后得到的反映犯罪总体规模和水平的总和数,其表现形式具有计量单位的绝对数。

(2)犯罪黑数。犯罪黑数是官方统计中常见的问题,是指实际发生而司法机关未知或未登记的犯罪数量。它表明实际发生的犯罪数大于已知的犯罪数[①]。表面犯罪数和法定犯罪数已知犯罪数或记录在案的犯罪数,在犯罪理论中称为"犯罪明数",实际犯罪数与表面犯罪数之间的差额即实际犯罪数中的那部分未知数,在犯罪学理论中称为"犯罪黑数"或者"隐案"。因此,犯罪学中除了有犯罪总数的概念之外,还有犯罪黑数。犯罪黑数是世界各国普遍存在的现象。德国学者曾于1975年、1976年、1987年做过三次抽样调查,结果表明犯罪黑数在一般盗窃案中的比例分别为1∶15,1∶6,1∶8。美国全国犯罪调查组织(National Crime Survey)对被害人调查的结果显示,公民向执法机关报告的犯罪数量仅为他们调查发现的犯罪的1/3。从一定意义上说,犯罪黑数的存在是不可避免的,它是与官方统计相伴而生的。我国公安部课题组曾于1985年、1987年、1988年对15个省、市300余个派出所进行为期3年的刑事隐案调查,结果显示我国犯罪明数最多只占实际发生的1/3,盗窃非机动车、扒窃等侵犯财产犯罪案件只占总数的10%。

造成犯罪黑数的原因很多,其中,社会公众特别是被害人拒绝向执法机关报案,是关键因素。受害人为什么不报案?以盗窃隐案为例:①可能认为盗窃数额不大,在法律上不构成犯罪;②可能认为向警方报案没有用,因为盗窃案的破案率相当低;③可能担心名誉受损,说出去不光彩;④可能顾及连带责任;⑤怀疑"家贼"所为,想自行调查处理,不愿警方介入。

2. 犯罪相对数

犯罪相对数,是用两个有联系的指标进行对比来反映犯罪现象的流行状况或犯罪在社会人口中的分布状况的比率。

犯罪率(crime rate)是标示犯罪情况的一个最为重要的犯罪相对数字,它是指

---

① 康树华、张小虎:《犯罪学》,北京大学出版社2006年版,第84页。

特定时期、特定区域已知犯罪案件总数与该区域人口总数之比,包括发案率与人犯率,通常以万分比或十万分比来表示。犯罪率是犯罪密度相对指标之一,犯罪统计的重要内容。

作为犯罪密度相对指标,犯罪率是比较不同时空条件下犯罪严重程度的最常用指标。如果此时此地被规定为犯罪的行为,彼时彼地不规定为犯罪,就不能对不同时空范围内的犯罪率作简单的比较。即使需要比较的不同时空范围的犯罪定义一致,这种犯罪密度的比较也还是有一定的条件的。因此,在研究、分析、引用和比较一定时空范围内的犯罪率时,应当注意以下因素。

(1)犯罪率只是犯罪人数与总人口对比的相对数。如果犯罪人数与人口总数相应地变化,那么,作为可能的犯罪被害人,每个公民遭受犯罪侵害的概率也会相应地发生变化,而作为相对数的犯罪率却反映不出这种变化关系。所以,要把犯罪率和犯罪的绝对数结合起来考虑。

(2)一定时空范围内的犯罪率只表明该时空范围内由官方掌握的犯罪情况(犯罪明数),而那些未被官方知晓的犯罪(犯罪黑数)则是大量存在的。犯罪黑数的存在,势必给犯罪学研究带来一定困难,犯罪学研究成果的可靠性也必然受到程度不同的影响。所以,在分析、研究一定时空条件下犯罪率时,还要充分考虑到那些虽不为官方掌握,但实际存在的犯罪黑数问题。

重新犯罪率是指已经被定罪量刑而再次实施犯罪行为的犯罪人总数与特定区域刑满释放人员总数之比。通常以百分比表示。中国是世界上重新犯罪率最低的国家之一,多年来一直保持在6%至8%的水平;而西方一些发达的国家的重新犯罪率,少则20%,有些高达60%。

3. 犯罪指数

犯罪指数是指可以反映和推测犯罪现象实际规模和严重程度的指示性数字。犯罪指数与犯罪的实际数字之间是一种函数关系,因而总是对应于并且在一定程度上反映犯罪现象的实际情况。由于犯罪黑数的存在,全部已知的犯罪绝对数和相对数,实际上都只是犯罪指数,犯罪的实际数据和实际发生率都只能通过这些指数来进行推测。

(二)犯罪现象的结构与分布

犯罪现象结构,是指作为一个总体事实的犯罪现象内部各类型犯罪之间的数量对比关系。对犯罪现象可以按照一定的标准划分出若干种具体的犯罪类型,这些犯罪类型是犯罪现象结构的要素。作为一种量的对比关系的犯罪现象结构,在相当大程度上反映着犯罪现象的质,它实际上可以作为测定犯罪现象的质一个重要指标。犯罪现象结构是一个动态结构,但其内部各类型犯罪的总的排列顺序又具有相当的稳定性。

犯罪分布是指犯罪现象的数量和类型在时间和空间上的分布。犯罪分布的特征为:①从世界范围看,发达工业国家与发展中国家之间在犯罪率和犯罪现象结构上,均有明显差异;②在不同的温度带,犯罪率以及犯罪结构有所差异;③在同一国家内,犯罪发案率以及犯罪结构也会呈现出地区性差异;④城市与乡村的犯罪率与犯罪结构有所差异;⑤在城市,犯罪呈一定的区域分布;⑥特定的地形条件可能特别有利于犯罪的发生;⑦犯罪具有一定的季节分布和时刻分布。

(三)犯罪现象的质:犯罪危害量

犯罪现象危害程度的测量较之犯罪现象总量测量和犯罪现象结构则复杂得多,运用何种方法测量以及其具体测量指标如何建立,还是一个有待进一步探讨的课题。

犯罪现象危害程度与犯罪现象严重程度是相互关联而又相互区别的两个概念:犯罪现象严重程度是指特定社会的犯罪现象通过其量、质及结构等三方面特征所反映出来的综合性状态;犯罪现象危害程度是指具有一定量和一定结构的犯罪现象所蕴含的社会破坏性能量的总量或总体水平,指的是整个犯罪现象的危害总量,而不是指单个犯罪行为的危害量;测量犯罪危害程度是一项十分复杂的工作,需要具备完善的测量指标和科学的测量技术。可以以犯罪代价总量和公众的公共安全感程度为基本的评价指标,以对犯罪行为的刑法评价为补充性评价指标来测量犯罪现象的危害量。此外,还可以对犯罪危害程度进行国际性比较或跨文化比较,来判断本国犯罪现象危害程度的相对水平。

安全感很早就成为社会心理学、临床心理学、社会学及社会工作等学科关注的问题,也是犯罪学研究的重要课题。由于不同的学科关注点不同,人们在使用安全感概念时,对其基本含义的界定存在着很大的差异。心理学把安全感理解为是个体的一种人格特点,犯罪学将其理解为是对犯罪的恐惧(fear of crime),而社会学则关注的是以集体焦虑和普遍的社会不安全感为标志的新的社会形态——风险社会。因此,犯罪学中的公众的社会安全感是社会公众对公共安全状况的一种主观感受,它反映了公众对犯罪的恐惧程度。

(四)犯罪动态

犯罪动态是指在较长的时间序列内犯罪现象的数量、质量、结构以及分布等方面的变动情况与未来趋势。通过对世界范围内的犯罪动态的考察,可以得出的基本结论是:随着由传统农业社会向工业社会和城市社会的转变,犯罪现象(犯罪率、犯罪类型及犯罪分布等方面)发生了重大变化,但引起犯罪增多的不是发展本身,而是非均衡和不适当的发展。随着现代化(主要是工业化和城市化)进程的推进,在世界各个地区和国家犯罪现象普遍增长并发生结构性变化。

当今发达国家犯罪变化的基本趋势是:发达国家在工业化和城市化初期,犯罪现象会出现爆发式增长。当今发达国家的犯罪动态是除了犯罪率依然呈增长之势外,犯罪类型也发生了一些新的变化。

发展中国家的犯罪动态是:发展中国家的犯罪率普遍低于发达国家,但是出现了快速乃至暴发式的增长:①从犯罪类型来看,现代化进程给那些在过去和现在在文化上都极不相同的各个国家带来了共同的犯罪现象;②财产犯罪与暴力犯罪双双增长,但在所有犯罪类型中以财产犯罪增长最快;③发展中国家犯罪人口结构发生明显变化;④腐败犯罪,尤其是贪污贿赂犯罪在发展中国家相当普遍;⑤无被害人犯罪增长迅速,出现或者已经出现一些新的犯罪形式。

四、犯罪现象的构成要素

犯罪现象作为一种法律社会现象,其构成要素主要由犯罪状况、犯罪行为、犯罪人、犯罪被害人等组成。

(一)犯罪状况

1. 犯罪状况的概念

犯罪状况,是指犯罪现象在数量上的静态表征[①]。犯罪状况的测量主要包括:①用犯罪总数来表达;②用一定时空范围内的犯罪总数或一定时空范围内的犯罪人数与该时空范围内的人口总数的比率来表达,即犯罪率;③犯罪的时间表。犯罪率比犯罪总数更能表达出犯罪的实际状况,其真实性和参照性更强。

2. 犯罪状况的衡量标准

犯罪状况反映了一个国家或一个地区的社会治安犯罪状况或犯罪的严重程度。衡量犯罪状况的标准有三种。

(1)犯罪数量。犯罪数量也简称犯罪数,是指在一定时期内某国家或地区内具体犯罪的总和。计算犯罪数量有两种方法:①以犯罪人数即在一定时空范围内犯罪人数的总和为标准,以犯罪人数衡量犯罪状况时,可以根据犯罪人的状况进行细分,如根据犯罪人性别、年龄、职业、文化程度等进行分类研究,可以看出不同的犯罪人群中的犯罪状况;②以犯罪案件数即一定时间和空间范围内全部案件数为标准,犯罪案件数可以按犯罪案件的性质、行为手段等进行分类,反映一定时空范围内的犯罪类型等情况。

(2)犯罪率。犯罪率是指一个国家或一个地区在一定时期内的犯罪案件数或犯罪人数与同期该区域内的总人数的比例。犯罪率通常以万分或十万分表示。犯罪率又可分为专项犯罪率和总犯罪率。总犯罪率反映一定时空范围内总的犯罪状况,专项犯罪率用以反映某类型犯罪状况。犯罪率是表现犯罪状况最重要的指标。

(3)犯罪时间表。犯罪时间表是指除犯罪数量和犯罪率外,还可用犯罪时间

---

① 张远煌:《犯罪学原理》,法律出版社2004年版,第88页。

表(又称犯罪钟)来表示在单位时间内犯罪发生的时间频率。这种测量方式常用于衡量主要犯罪类型发生的时间间隔比例。如美国联邦调查局是用分和秒来计算严重犯罪发案数的。通常衡量某一地区或某一时间的犯罪状况时,主要结合使用犯罪数量和犯罪率两项指标。如果仅使用其中一个指标,都不可能全面准确地反映某地的犯罪状况。

犯罪黑数,又称犯罪暗数或犯罪隐蔽数字,是对已经实际发生但未被发现的犯罪总量指标的估计值。对于已经实际存在的犯罪,根据是否已被发现或已经侦破,可分为三种:①已查明的犯罪,是指犯罪行为和犯罪人经侦查结果查明并由相应机关做出处理的犯罪行为的总和,这类犯罪数主要是通过警方的破案统计、检察机关的起诉统计、法院的有罪宣判统计以及刑罚执行机关的统计等获得;②已发现的犯罪,是指刑事侦查机关已获悉并立案侦查的各种犯罪的总和,这类犯罪,由于是刑事侦查机关实际掌握了的犯罪,并且从官方角度最大限度地反映了犯罪状况,因而成为官方决策机关衡量治安形势和制定犯罪对策的主要依据;③实际发生的犯罪,是指一个国家或地区在相应时期实际发生的所有犯罪总和。这类犯罪包括已经实际发生但没有被发现或虽然被发现但没有被侦破的犯罪以及已经被侦破的犯罪。

以上三种犯罪数量都是不同的,存在着一个量差,其中实际发生的犯罪是代表犯罪的真实情况,数量最大,而已查明的犯罪数量最小。已实际发生的犯罪与官方统计的犯罪数量之间的差数,就是犯罪黑数。所以,犯罪黑数就是指已经确实发生,但由于未被发现或证实因而未被官方司法犯罪统计的犯罪数。犯罪黑数可分为绝对黑数、相对黑数、犯罪生涯数三类。

3. 犯罪状况的测量方法

犯罪状况的测量就是通过对各种犯罪数据和资料进行调查、统计的方法对一个国家或地区的犯罪现象进行测定和分析。测量犯罪现象的基本手段和方法就是犯罪调查与犯罪统计。

(1)犯罪调查。犯罪调查是指国家司法机关、统计部门、有关学者为描述犯罪现象、解释犯罪原因,对犯罪案件、犯罪人和犯罪侵害诸情况等进行的调查。在进行犯罪调查时,根据犯罪调查的目的不同,可进行普遍调查,也可进行专项调查。具体调查的方式很多,如问卷调查法、追踪调查法、档案分析法、反馈调查法等。

(2)犯罪统计。犯罪统计是指国家司法机关、统计部门、有关学者定期而又系统地就犯罪现象、犯罪原因、犯罪控制所搜集和出版的犯罪资料进行统计研究。

(二)犯罪人

犯罪行为是犯罪现象的基本表现,而犯罪行为是表现人的意识和意志的客观外在活动,没有人就没有犯罪行为,因此研究犯罪现象,必须研究犯罪行为的实施者即犯罪人。如同犯罪概念一样,有犯罪学和刑法学上的犯罪人两种。在犯罪学中,犯罪人是指实施了危害社会行为,危害程度达到了刑事法律规定的事实标准的一切人。而在刑法学中犯罪人则称罪犯,是指根据刑法的规定,被依法认定为有罪的人。应严格区别这两种概念。

犯罪人分类,从法律上讲,人有实体的人与虚拟的人即自然人与法人之分。与之相适应,刑法学中的犯罪主体,也有自然人与法人之分。相应地,犯罪学中的犯罪人也有两种:实体的犯罪人即自然人和虚拟的犯罪人即犯罪的法人。

1. 实体犯罪人

实体犯罪人也就是犯罪的自然人,指实施了危害社会行为,危害程度达到了刑事法律规定的事实标准的所有人,它不仅包括刑法中的自然人犯罪主体即达到法定责任年龄,具有刑事责任能力,实施了危害社会行为并依法应负刑事责任的自然人,还包括无刑事责任能力、实施了符合刑法规定的危害社会行为的精神病人和未成年人。自然人是指具有血肉组织并有意识和意志能力的有生命的人。

2. 虚拟的犯罪人

虚拟的犯罪人也就是犯罪的单位。

(三)犯罪行为

1. 概念

犯罪行为是指行为人实施的、具有严重社会危害性、为刑事法律所禁止的客观外在活动。犯罪行为是犯罪现象的核心。

2. 基本表现形式及构成要素

(1)犯罪行为的基本表现形式。犯罪行为的种类和方式多样,但从理论上可将形形色色的犯罪行为分为两种基本表现形式即作为与不作为:作为,就是积极的行为,是指积极实施刑法所禁止实施的危害社会的行为。简言之,作为就是法律禁止做某种行为而行为人偏要积极去做。如抢劫他人财物、投毒杀害他人、伪造货币、抢夺财物、强奸妇女等,这些都是作为;不作为,是指消极的行为,是指犯罪人消极地不去实施自己应当实施且能够实施的行为。也就是说行为人应当履行某种义务而不去履行。如果行为人的不作为要构成犯罪,必须是负有某种特定义务,并且能够履行而不履行该种义务。这些特定义务一般来源有:①法律明确规定行为人有义务做某事;②职务上或业务上要求的义务;③自己先前的行为引起的某种义务。

(2)犯罪行为的构成要素。犯罪作为一种社会现象,无论表现为何种形式,都是犯罪人在一定的时间、一定的空间,采用一定的方法或手段实施的,离开了这些基本的因素,犯罪行为就不可能存在,因此,犯罪行为的构成要素就是指构成犯罪行为不可缺少的基本因素。构成犯罪行为的要素包括:犯罪行为人、犯罪行为时间、犯罪空间以及犯罪行为方式。

3. 犯罪行为的运行过程

任何犯罪行为都有一个形成和发展的过程。在犯罪行为运行过程中,存在多种因素影响,使犯罪行为或停止下来,或继续完成。刑法学中研究犯罪行为运行过程,是要根据犯罪的停止形态,确定刑事责任,而犯罪学研究犯罪行为运行的过程,则是把握犯罪行为运行过程中的规律和特点,利用犯罪行为发展过程的特点,抑制犯罪行为的运行,以有效减少犯罪和预防犯罪。犯罪行为的运行过程有犯罪决意的形成、犯罪行为准备、犯罪行为的实行三个阶段。

(四)犯罪被害人

1. 概念

犯罪被害人是指其人身权利和财产权利受到犯罪行为侵害的人。从范围上讲,犯罪被害人应是指遭受犯罪行为侵害的自然人和单位。其中自然人被害人应是犯罪学研究的重点。

2. 犯罪被害人的特征

犯罪被害人的特征是指被害人所独有的状况和反映其特定身份和特定被害状态的基本特点、特征或属性。

(1)被害人的被害性。被害性是被害人的首要特征。被害性是被害人本身存在的有利犯罪的一些条件。这些条件是诱发加害人实施犯罪行为的诱因或者是加害人实施犯罪时可以利用的条件。被害人的被害性表现为三个方面:①被害的倾向性,即被害人自身存在的容易遭受犯罪行为侵害的生理、心理特征;②易感性,易感性是指被害人具有容易受到他人感染、控制,容易顺应或接受被害的环境的特征,如轻信;③被害人的易受性,被害人的易受性是指在遭受犯罪行为侵害后,对其自身的被害人地位认同、容忍。

(2)被害人的互动性。即在犯罪发生前与发生过程中,被害人与犯罪人相互作用,被害人促进了犯罪,而犯罪人又造就了被害人。被害人与犯罪人互动模式有以下几种:犯罪人主动攻击模式、被害人推动模式、冲突论模式、"可利用的被害人"模式以及自愿的被害人模式。

3. 犯罪被害人的分类

犯罪被害人的类型是按照不同的标准对被害人所作的群属归类。我们根据被害人本身的特点、被害性、被害状况、被害人的责任大小、被害事实是否已经发生等标准,对被害人进行如下分类。

(1)根据被害人是否确已被害,可将被害人分为已然被害人和潜在被害人。

(2)根据被害人的性别和年龄分,可将被害人分为未成年被害人、老年被害人、女性被害人、男性被害人等。

(3)根据被害人的真伪,将被害人分为真实被害人和虚假被害人。

(4)根据被害人与犯罪的发生有无责任,可将被害人分为有责被害人和无责被害人。

(5)根据被害人与犯罪人的关系,可将被害人分为与犯罪人有关联的被害人和与犯罪人无关联的被害人。

(6)根据被害人与犯罪的后果的关系,可将被害人分为直接被害人和间接被害人。

五、犯罪现象的类型

犯罪现象是由纷繁复杂的各种犯罪组成的。在众多的犯罪中,由于某些犯罪所侵犯的对象、手段等具有一定的共性,表现出某些相同的特点,具有相同的原因。因此,犯罪类型的划分是犯罪学对犯罪进行分类研究的一种重要方法,对犯罪类型的研究也是深入研究犯罪学的必要步骤。通过犯罪类型的划分及主要犯罪类型的特点研究,可以帮助我们较为准确地把握犯罪现象。犯罪现象的类型可以从不同的视野进行分类,以适应不同的研究需求,常见的分类方法如下。

(一)犯罪现象的刑法学分类

1. 依据有无违反社会性(反道德性),分为自然犯罪与法定犯罪

所谓自然犯罪,就是指那些违反人类道德、具有反社会性的行为。这种行为,由于从根本上说违反了人的本性,所以无论在任何社会,任何政治制度之下,自然犯罪都被认为是犯罪行为;如杀人、盗窃等。所谓法定犯罪,就是指行为本身并不一定具有反社会性、反道德性,只是因为法律上规定这种行为应受到一定的处罚,因而成为犯罪。这种行为往往由于国家行政管理上的需要而被规定为犯罪。因此,这类犯罪通常没有固定的标准,而是依照国家政治形势的变动而变更,或者依照国家政策的变更而改变。如一些政治性的犯罪。

2. 依犯罪行为所侵害的法定权益

可以将犯罪分为侵犯个人法定权益的犯罪、侵害社会法益的犯罪及侵害国家权益的犯罪。所谓侵犯个人法定权益的犯罪,是指杀人、伤害等对个人生命、身体、名誉、个人财产等造成侵害的犯罪;所谓侵害社会法益的犯罪是指侵犯公共危险、社会风气、公共信用等方面的犯罪;所谓对国家法益之犯罪,是指有关国家存亡的犯罪以及有关国家权力及职能的犯罪。

3. 依犯罪行为的性质

可将犯罪分为财产犯罪、暴力犯罪、智能犯罪、风俗犯罪与破坏犯罪。所谓财产犯罪,就是以非法获得财物为目的的犯罪,如盗窃、侵占、抢劫等;所谓暴力犯罪,就是以自身强暴力量或借助于器具等犯罪,如杀人、强奸等;所谓智能犯罪,就是运用智谋和技能犯罪,如诈骗、伪造、制造计算机病毒等;所谓风俗犯罪,就是违背社会善良风俗的犯罪,如赌博、流氓等;所谓破坏犯罪,就是指爆炸、投毒、放火以及故意毁坏公私财物的犯罪。

4. 我国刑法上对犯罪的分类

我国的刑法本着有利于打击、治理和预防犯罪的原则,依照犯罪所侵犯的同类客体以及社会危害程度的大小,将犯罪分为以下十大类:①危害国家安全罪,是指故意危害中华人民共和国的主权领土完整与安全、颠覆国家政权、推翻社会主义制度的行为,包括背叛国家罪、分裂国家罪、间谍罪等;②危害公共安全罪,是指故意或者过失地实施危害不特定或多数人的生命、健康或者重大公私财产安全的犯罪,包括放火罪、决水罪、挟持航空器罪、交通肇事罪等;③破坏社会主义市场经济秩序罪,是指违反国家经济管理法规,干扰国家对市场经济的管理活动,破坏经济秩序,是市场经济遭受严重损害的行为,包括生产、销售伪劣商品罪生产、销售伪劣商品罪、走私罪、妨害对公司、企业的管理秩序罪等;④侵犯公民人身权利、民主权利罪,是指故意或者过失地侵犯公民的人身权利、民主权利以及与人身直接有关的权利,依法应当受到刑罚处罚的行为,侵犯公民人身权利、民主权利罪,包括故意杀人、故意伤害、强奸等犯罪;⑤侵犯财产罪,是指以非法占有为目的,攫取公私财物,以及挪用单位财产,故意毁坏公私财物或者破坏生产经营的行为,包括抢劫罪、盗窃罪、诈骗罪等;⑥妨害社会管理秩序罪,包括扰乱公共秩序罪、妨害国境(边境)管理秩序罪等;⑦危害国防利益罪,是指个人和单位违反国防法律、法规,拒不履行国防义务,危害国防利益,依法应当受到刑罚处罚的行为,包括阻碍军人执行职务罪、冒充军人招摇撞骗罪、煽动军人逃离部队罪等;⑧贪污贿赂罪,是指贪污、挪用、私分公共财产,索取、收受贿赂,以及其他有损职务廉洁性,依法应当受到刑罚处罚的行为,包括贪污罪、贿赂罪以及单位受贿罪等;⑨渎职罪,是指国际机关工作人员滥用职权、玩忽职守,妨害国家机关的正常活动,致使公共财产或者国家和人民利益遭受重大损失的行为,包括滥用职权罪、玩忽职守罪、徇私枉法罪等;⑩军人违反职责罪,是指中国人民解放军、中国人民武装警察部队的现役军人、战时预备役人员以及其他军内在编职工违反职责,危害国家军事利益,依照法律应当受刑罚处罚的行为,包括战时违抗命令罪、投降罪、武器装备肇事罪等。

(二)犯罪现象的犯罪学分类

(1)依据犯罪行为的性质,可以把犯罪现象分为激情犯罪、财产犯罪、暴力犯罪、毒品犯罪等。

(2)依据犯罪人的年龄和性别,可以将犯罪现象分为未成年人犯罪、成年人犯罪以及老年人犯罪,男性犯罪和女性犯罪等。

(3)依据犯罪现象的存在形式,可以分为实际的犯罪现象、获悉的犯罪现象以及查明的犯罪现象。实际的犯罪现象是指一个国家或地区在一定时期内实际发生的犯罪行为的总和;获悉的犯罪现象是指侦查机关已获悉并立案侦查的犯罪行为的总和;查明的犯罪现象是指经侦查查明并由相应机关做出处理的犯罪行为的总和。

第二节 犯罪人

在犯罪学视野中,犯罪人是犯罪现象的基本组成要素之一。犯罪人是犯罪行为的实施主体,没有犯罪人就没有犯罪行为,当然更无从探讨对社会的危害。

一、犯罪人的概念

犯罪学中研究的犯罪人,是指实施了危害社会的违法犯罪行为以及其他严重越轨行为,应受道德或法律的责难并被采取矫治措施的人。"犯罪人"是刑事科学的出发点,是刑事科学研究区别于其他学科的重要标志。自从19世纪下半叶以来,学者们运用经验的、实证的科学研究方法,通过对犯罪人的生物学、心理学和社会学等多学科深入研究,极大地推进了刑事科学的发展。可以毫不夸张地说,犯罪人研究是刑事科学发展的原动力。

犯罪学上的犯罪人不同于刑法学意义上的犯罪人:刑法学意义上的犯罪人又称为犯罪主体,是指具备刑事责任能力且实施了刑法所禁止的危害社会的行为并依法应当负刑事责任的人。而犯罪学视野中的犯罪人比刑法学中的犯罪人的范围要广的多,解释的方式也灵活得多。这主要是由于"犯罪人"这一术语的提出是为了总结犯罪产生的规律,分析犯罪产生的原因并最终提出预防和控制犯罪的措施的。因此,两者的内涵和外延均有所不同。如根据我国《刑法》对刑事责任年龄的规定,14周岁以下的未成年人是处于完全无刑事责任年龄阶段,是不负刑事责任的。但这一年龄群体却是犯罪学中研究的重点人群之一,因为未成年人犯罪在当今世界各国都是一个很突出的问题,对成年人犯罪有着不可估量的作用。刑法学中研究的犯罪人是仅仅实施了犯罪行为,应当受到刑事处罚的人。但是犯罪学研究的犯罪人不限于此,还包括实施了违法行为以及不良行为的人。此外,犯罪学中的矫治措施,也不仅仅局限于刑罚惩罚,还包括劳动教养、工读教育以及社会帮教等综合治理措施。

在对犯罪人下定义的时候,还应当注意不能把犯罪人理解为天生、注定的犯罪的人。刑事人类学派的代表龙勃罗梭的"天生犯罪人"的观点早已被后来的犯罪学研究所否定,犯罪不能仅仅用犯罪人的个别的特征来加以说明,它是一种社会历史现象,是一定的社会因素、心理因素和生理因素的综合性的产物。目前,我们对影响犯罪成立的因素还没有完全认识清楚,对这些诸因素在犯罪形成的过程中的作用还认识很模糊,只有通过对犯罪人个性上的不良特点及其形成过程的考察,才能对犯罪进行预测性研究,也才能避免"犯罪人"概念的无限制扩大和滥用,避免公民的合法权益被侵害。因此,犯罪学对犯罪人的研究可以使人们对犯罪现象有更深层次的认识。

二、犯罪人的特征

犯罪人的特征是指可以作为大多数犯罪人特点的征象和标志等①。对犯罪人特征的经验型描述,是犯罪现象研究的一个重要方面②。尽管犯罪人的情况形形色色,但就绝大多数犯罪人来说还是在生理、心理和行为方面具备一些共同的特征的,了解这些特征对于分析犯罪产生的原因、总结犯罪的规律以及制定相应的预防控制措施具有一定的意义。犯罪人的特征可以分为犯罪人的生理学特征、犯罪人的心理学特征以及犯罪人的社会学特征等。

(一)犯罪人的生理学特征

犯罪的生理学特征是指,影响犯罪心理形成和犯罪行为形成的犯罪人格提升自我管理方面的特点,如年龄、性别以及遗传等。

1. 犯罪人的年龄特征

年龄的大小对犯罪行为的发生具有重要的影响。在中世纪以前是不存在所谓的未成年人犯罪的,但随着现代化进程的不断推进,青少年犯罪逐渐成为犯罪的主力军,25岁以下的青少年成为犯罪的主力军。从目前世界各国的情况看,犯罪低龄化已经是一个普遍现象。据美国调查数据显示,1997年美国受到逮捕的犯罪人的年龄分布是:25岁以下的占45%,21岁以下的占32%,18岁以下的占19%,15岁以下的占6%③。而英国的严重刑事犯罪人中25岁以下的青少年占据多数,在被逮捕的案件中,18~25岁的青少年占3/4④。因此,总体看全球范围内出现犯罪低龄化的趋势,25岁以下的青少年在所有犯罪人中的比例逐年攀升,所占比例高达70%,违法犯罪行为发生最频繁的年龄是14~25岁这一阶段。目前,青少年违法犯罪的始发年龄和高发年龄在不断前移,青少年犯罪人在所有犯罪人中所占的比例在逐渐增长,并且影响成年人的犯罪率。

不同阶段的年龄的人在所实施的犯罪类型方面也是有所不同,如青少年一般多实施杀人、强奸、抢劫、伤害以及盗窃等犯罪,而年龄较大的老年人多实施诈骗、窝藏包庇等犯罪。这主要是青少年社会经验不足、自控能力较差,随着年龄的逐渐增长犯罪率则出现下降。

---

① 杨春洗、康树华、杨殿升:《北京大学法学百科全书(刑法学、犯罪学、监狱法)》,北京大学出版社2003年版,第188页。
② 王牧:《新犯罪学》,高等教育出版社2010年版,第175页。
③ Sue Titus Reid: *Crime and Criminology*, McGraw-Hill Companies, Inc., 2000, pp.45-46.
④ 《不列颠百科全书(5)》,中国大百科全书出版社2007年版,第267页。

2. 犯罪人的性别特征

犯罪人的性别也是影响犯罪人分布的重要因素。随着20世纪20年代以来,随着西方女权主义的兴起,尤其是以18世纪末到19世纪初的西方国家进入工业化社会为契机,妇女逐渐在社会生活中获得自己的独立的人格,越来越多的妇女开始走出家门参与到社会公共活动事务中,女性犯罪率也随之上升。近年来世界各国的统计资料表明,尽管女性犯罪的人数在许多国家均是增加,但就整个犯罪人整体而言,女性犯罪人还只是占据少数位置。20世纪中期之后的女性犯罪出现的一个趋势是,女性犯罪人的增长率高于男性犯罪人的增长率。此外,女性犯罪不仅是比例上的增加,基于女性自身的特点及其特殊性的女性犯罪方式、手段等也发生明显的变化,女性犯罪问题已成为犯罪学研究中的重要内容。

在犯罪的类型方面,男性犯罪人主要集中在杀人、抢劫、强奸等暴力性犯罪中,而女性犯罪人则是相对集中在非暴力性的犯罪中。但是,随着女性犯罪的逐渐增多,许多国家出现了女性犯罪男性化的趋势,女性犯罪人开始参与到杀人、抢劫和伤害等暴力性的犯罪的人数在逐渐增多。

(二)犯罪人的心理学特征

犯罪人的心理学特征一般研究犯罪人在需要、兴趣、观念、认知、意志、情感、气质、性格、能力等方面所具有的特殊性。

1. 犯罪人的需求特征

犯罪人的需求特征是指犯罪人对事物产生欲望或者要求的时候所表现出来的心理特点和状态。需要在主观上表现为一种不满足感,是生命有机体对发展、延续其生命所必需的客观条件的综合体,是推动人们以一定的方式前进的直接动力。美国人本主义心理学家马斯洛(Maslow)于1943年提出"需求层次理论",该理论基于以下假设:人是受某种欲望驱使的需求动物;人的需求是永无止境的,一种需要满足之后会产生另外一种欲望;人类的需求具有普遍性,且有层次之分。由此,马斯洛把人的需求由低到高分为五个层次:生理的需要、安全的需要、归属和爱的需要、尊重的需要以及自我实现的需要。因此,人的需要根据对象来分为物质性需要和精神性的需要两种,它们互相作用、互相支持,推动人类社会由低级向高级发展。

因此,合理的需要可以调节人们的行为,反之则成为个体实施犯罪行为的直接原因。大多数犯罪人的需求特征呈现以下特色:①个人需要层次低级,生物性需求大于社会性需求。犯罪人的需求一般是为满足吃喝玩乐、感官刺激以及物质享受等方面的需求,他们对物质层次的需求远甚于对精神层次的需求;②犯罪人的需要结构是扭曲和变形的,犯罪人需求的极度膨胀,占有欲无节制发展超出个人所具备的主客观条件,或者是超出社会所能允许的程度,这种需要机构不仅不能对主体起到调节作用,还起到刺激犯罪人去实施不符合社会规范的行为的作用;③犯罪人的个人需求和社会需求是出于对立的位置,犯罪人为满足其需求采取了反社会的方式。因此,犯罪人的个人需求具有明显的反社会倾向。犯罪分子为满足自己的欲望,不惜违反社会规范,采取盗窃、诈骗、强奸、抢劫等危害他人或社会的方式来满足自己的需要。犯罪人的犯罪需求实质上是源于犯罪人本身错误的人生观和价值观,是实施犯罪活动的原动力。

2. 犯罪人的观念特征

犯罪人的观念特征是指,犯罪人的人生观、道德观、价值观以及法律观念等。多数犯罪人的人生观都是以自我为中心的极端利己主义,将追求物质享受作为自己的人生信条。犯罪人的道德观念普遍水平低下,缺乏道德感,没有道德意识,没有充分接受道德的正面教化。有的虽然对道德规范有所认识,但是道德认识和道德行为明显脱节,道德认识不仅没能指导其行为,进而还藐视社会道德,并且不惜去违反社会道德。犯罪人的法律意识普遍比较弱,不知法、不懂法是其主要特征。由于犯罪人的法律意识薄弱,一些人甚至以身试法。

3. 犯罪人的认知特征

犯罪人的认知特征是指犯罪人的头脑对客观世界的反应,是知识水平、认识能力、分析能力和判断能力的总称。犯罪是一种反社会的行为,是个体与社会不协调和冲突的表现。这种来自个体因素的特征主要是源于犯罪人在认知结构方面的缺陷。因此,一般犯罪人的认知特征主要表现为:①认识能力低,对事物发展规律的认识具有片面性;②极端的自我倾向导致的是非颠倒,缺乏判断正误的能力;③知识水平低下以及愚昧无知所导致的精神空虚;④分析能力和判断能力低下,自我控制能力差;⑤对社会规范的认识能力普遍低下,法律意识淡薄,藐视社会规范和法律。

4. 犯罪人的意志特征

意志是主体自觉确定活动目的,并为实现预定目的而有意识地支配和调节自己行动的一种持续的心理过程。犯罪人的意志特征就是犯罪人为达到某种目的而产生的心理状态特征。

犯罪是意志行为,主体的意志在犯罪行为的实施中起到重要作用。具体说,犯罪人的意志结构具有如下特征:①犯罪人属于意志薄弱类型的人,即使有正确的道德观念,也经受不住外界因素的诱惑,最终在情感的俘虏下实施犯罪行为;②大多数的犯罪人的意志多具有两面性的特点,即为达到犯罪目的而产生的实施犯罪行为的自觉性、坚定性、顽固性以及为矫治恶习而表现出来的非自觉性、脆弱性、易变形等,呈现正面意志的薄弱性和反面意志的坚定性的特征;③冒险和侥幸的心理并存。犯罪人知道自己行为违背社会道德甚至违背法律,也知道自己的行为会受到惩罚,对犯罪导致的惩罚存在着恐惧心理。但是在意识中还存在侥幸心理,希望能够最终逃脱法律的惩罚。这种恐惧心理和侥幸心理贯穿犯罪人的犯罪心理形成的整个过程。

5. 犯罪人的情感特征

犯罪人的情感特征是指犯罪人对外界刺激的肯定或否定的心理反应特征。情感是人的一种情绪体验,是犯罪人对自己个人需求是否被满足而产生的心理体验。人的情感因素在人认识客观事物的活动中起到很重要的作用,良好的情感可以成为人前进的动力来源,反之则是导致认识是不良行为的主要因素。

一般的犯罪人的情感多具有以下特点。

(1)情感的非社会性。情感的非社会性是指一些犯罪人在人与人交往中,往往只关注自己的情感而忽视和他人情感的共鸣,缺乏对他人的情感的尊重和同情,许多犯罪行为是由此而生的。人的情感是人融入社会的必要的交际手段之一,对他人的同情是符合社会的行为规范以及社会的伦理道德观念的。如果是自顾自己的感受,缺乏对他人的关心,很容易实施犯罪行为。

(2)易感性。一些犯罪人,特别是青少年犯罪人很容易感情用事,实施犯罪行为多在缺乏理智的情况下发生。犯罪人的情感一般很不稳定,情绪的变化很强烈。

6. 犯罪人的气质特征

气质特征是个人心理活动的稳定的动力特征,主要表现在心理过程的强度、速度、稳定性、灵活性及指向性上。人的气质特征可以分为胆汁质(兴奋型)、多血质(活泼型)、黏液质(安静型)和抑郁质(抑制型)四种,胆汁质的人性格比较容易兴奋,多血质的人性格活泼,黏液质的人性格安静,而抑郁质的人属于能抑制自己性格的人。因此,不同气质的人具有不同的性格特征,并指导其行为。

犯罪人的气质特征是指犯罪人所具有的相当稳定的气质特征。人的气质一旦形成一般很难改变,各种不同类型的气质本身也没有好坏之分。因此,气质实际上并不是犯罪心理形成的直接推动力,但一定的气质犯罪人情绪体验的快慢、强弱、表现的隐显以及强弱等却会对人的行为以及心理发展过程能够产生重大影响。犯罪人的气质特征具有以下特点。

(1)不同类型的犯罪人具有不同的气质特征。如暴力型犯罪人或激情型犯罪人的抑制能力较差,情绪起落较大,且多为胆汁质特征;而智能型犯罪的犯罪人,一般情绪反应快,多为多血质特征等;盗窃犯罪的行为人则以多血质、黏液质的人为多。

(2)同一类犯罪的过程也因犯罪人的气质不同而不同。如黏液质的人不易激动,其稳定的心理状态会促使他在实施犯罪行为之前进行周密的谋划以及采取稳妥的步骤等;而胆汁质的人则反应比较冲动,一般会由于控制不了自己情绪而实施犯罪行为。

7. 犯罪人的能力或技能特征

犯罪人的能力和技能特征,是指犯罪人学习掌握与犯罪行为相关的特征能力。

如为适应犯罪需要所必备的特殊的观察、注意、交往、模仿等能力,实施犯罪行为的技巧及相应的体力技能等。如盗窃犯一般操作技能较强,伪造犯一般模仿能力较强,等等。了解犯罪人的能力和技能特征,对于分析、认识犯罪的原因、类型及防治等具有一定的意义。

8.犯罪人的智能特征

犯罪人的智能特征,是指犯罪人在犯罪活动中的智能水平及特点。一般的预谋犯罪都是有计划有目的的活动,需要复杂的准备过程。犯罪人智力水平与其作案经验成正比,即犯罪经验越丰富,其智力水平就越高。因此,犯罪人的智力特征主要有思维的敏捷性和观察的敏锐性。

(三)犯罪人的社会学特征

1.犯罪人的家庭特征

有关数据显示,犯罪人的家庭对犯罪人的成长的影响力很大,多具备以下特征:犯罪人的家庭成员中有犯罪的或者是品行不端的人;父母关系不和睦、离异或者是死亡的;父母由于精神或者智力上的缺陷导致无力教育子女;家长的教育方式不当,或者是娇惯宠爱或者是专横严厉等等。

2.犯罪人的职业特征

从各国的调查数据看,在全体犯罪人中间,无固定职业者的比例比有正当职业的犯罪人多,且犯罪的种类和犯罪人的职业也有关系。

3.犯罪人的社会经济地位特征

在传统的西方犯罪学理论中,犯罪是社会下层的事情。但是自20世纪40年代美国犯罪学家萨瑟兰对白领犯罪进行研究之后,这一观点已经遭到了否定。萨瑟兰的研究成果表明,在美国的中上层社会或阶层中也存在大量的犯罪,如贪污贿赂、经济诈骗等,萨瑟兰将其统称为"白领犯罪"。有学者也认为,社会经济地位和犯罪之间并不存在着明显的或者是必然的联系。因此,当今犯罪学的研究成果认为:无论是那个社会阶层,都会存在特定的犯罪类型和犯罪总数。但是,由于犯罪的界定是受社会中占主流的价值观念的影响而定,与其说是社会经济地位决定了犯罪现象和犯罪率在不同社会阶层间的分布,倒不如说是社会经济地位决定了什么样的行为构成犯罪;在不同的社会阶层内部,也存在犯罪的质和量的区分。如社会经济地位较低的阶层通常实施杀人、抢劫、盗窃、强奸以及放火等犯罪,但是具有较高的文化和社会地位的阶层的人一般实施的是经济诈骗、贪污贿赂等犯罪[①]。

4.犯罪人与社会发生联系的行为特征

犯罪人一般多同消极的团体接触,远离积极向上的团体或者群体;犯罪人一般

---

① 王牧:《新犯罪学》,高等教育出版社2010年版,第177页。

不爱学习,不思进取;对于社会事务,犯罪人一般用消极的态度对待等。

三、犯罪人的分类

(一)犯罪人分类的概念及意义

犯罪人的分类,是指依据一定标准对纷繁复杂的犯罪人进行归类和概括[①]。从世界范围内看,近年来世界各国关于犯罪人分类的研究呈现出四个新的发展趋势:①从多维视角去研究犯罪人的特征,多学科、多角度的研究方式使得犯罪人分类研究不断深入和发展;②在实际对犯罪人进行研究的时候,不仅加强对犯罪人本身的生物性研究,还注重犯罪人的社会性研究,并且注意到了两者的结合;③对犯罪人进行分类的目的是为了预防犯罪,并且注重加强对犯罪人的改造。

对犯罪人进行分类的标准通常包括年龄、性别、人格类型、犯罪动机、犯罪的历史等。从20世纪30年代起,相关学者对已经提出的犯罪类型学研究进行了分类和整合,提出了若干犯罪类型学的框架。如德国犯罪学家埃克斯纳(Exner)将以往的犯罪类型学研究分为性格学分类、犯罪社会学分类、犯罪心理学分类、遗传生物学分类、刑事政策学分类以及以现行法律为标准的分类;美国犯罪学家谢弗(Schafer)将以往的犯罪人类型学研究分为法律类型学、多因论的类型学、社会学的类型学、心理学的类型学、体质类型学、规范类型学以及生活——倾向类型学等[②]。

我国在犯罪人分类这一领域的理论研究成果还很少,且缺乏足够的深度。因此,借鉴其他国家的先进做法,加强对犯罪人分类的理论研究是犯罪矫治过程所必不可少的。

(二)犯罪人分类的有关理论

1. 龙勃罗梭的犯罪人的分类

在龙勃罗梭的犯罪学理论中,对犯罪人的分类以及对不同类型犯罪人的特征的论述,占据着重要地位。但是,由于龙勃罗梭本人的理论的发展变化以及后来的研究者们对龙勃罗梭著作的理解的不同,在分析龙勃罗梭的著作中有关犯罪人分类的论述时,提出了很多不同的观点[③]。尽管对龙勃罗梭的犯罪人分类的概括有所不同,但对每类犯罪人的特征,有大致相同的论述。龙勃罗梭根据犯罪产生的不同原因将犯罪人分为不同的类别:天生犯罪人、精神病犯罪人和癫痫性犯罪人、激情犯罪人、偶然犯罪人、习惯性犯罪人。这些犯罪人犯罪的原因分别是:隔代遗传、

---

① 中国劳改学会:《中国劳改学大辞典》,社会科学文献出版社1993年版,第231页。
② 吴宗宪:《西方犯罪学史》,警官教育出版社1997年版,第820页。
③ 吴宗宪:《西方犯罪学史》,警官教育出版社1997年版,第197—199页。

退化、不可抗拒的力量、进化的犯罪性、缺乏道德感。

(1)天生犯罪人。天生犯罪人(又称生来犯罪人),龙勃罗梭认为这种类型的犯罪人有许多独特的身体方面的特征,这些特征说明某些人"生来犯罪人"。根据龙勃罗梭的统计,383名的意大利犯人中有210人有异常症状,有43%的犯罪人有五种甚至更多的特征,生来犯罪人无论是在体重、颅骨、身体特征等均有和正常人不同的地方。后来随着龙勃罗梭对生来犯罪人的认识的转变,生来犯罪人在犯罪人总数中所占的比例也相应变化。在龙勃罗梭的早期学说中,龙勃罗梭几乎将所有的犯罪人都归入生来犯罪人之中(占65%~70%)。后来,由于龙勃罗梭对隔代遗传之外的其他犯罪原因的认识和重视,生来犯罪人所占比例逐渐下降(50%~60%)。在《犯罪人论》第5版第2卷中,龙勃罗梭认为,生来犯罪人占所有犯罪人的40%。在《犯罪及其原因和矫治》一书中,龙勃罗梭将这个比例降为33%。

(2)激情犯罪人。激情犯罪人是龙勃罗梭在生来犯罪人之外区分出的第一种其他犯罪人。这类犯罪人具有残忍、鲁莽、犯罪行为突然发生等特点和强烈的暴力行为倾向,他们的犯罪行为基本上都是在激情作用下发生的暴力行为,因此,应当更确切地将他们称为"暴力犯罪人"。激情犯罪人多为年轻人或者女性,他们生理特征和天生犯罪人没有任何牵连,且往往在犯罪之后感到后悔。因此,这类犯罪人有一定的接受改造的可能性。龙勃罗梭认为政治犯罪人是激情犯罪人的一种特殊类型,其特征是智力较高,感受性很强,有强烈的爱国精神、自我牺牲精神或者宗教理想,他们往往对国民的历史、经济、政治及社会的传统,采取反抗的态度。

(3)精神病犯罪人。精神病犯罪人就是指由于精神病的影响而犯罪的人。龙勃罗梭认为精神病犯罪人有许多生理退化的特征,如突出的耳朵、额窦、大颌骨和颧骨、凶恶的相貌或斜视、薄上嘴唇等。精神病犯罪人具有这样一些特征:他们很少表现出对可能遭受到的刑罚的恐惧,也不试图逃避刑罚;他们几乎不隐匿自己的犯罪行为,也不消除犯罪行为的痕迹。他们常常暴怒发作,伤害那些在场的人,或者忘记所偷的东西。每当他们的犯罪完成之后,他们不仅不设法隐瞒犯罪,反而可能会直率地承认犯罪,渴望谈论犯罪,用得意的口吻诉说他们在犯罪当时体验到的解脱感;他们认为自己遵守秩序,觉得自己的行为是值得赞扬的。精神病人否认自己是精神病人,如果在某些情况下承认自己是精神病人,也仅仅是由于律师或监狱中的犯人同伴劝说他们这样去做的缘故。他们甚至会炫耀和夸大自己的犯罪行为。这些特征可以将精神病犯罪人与习惯犯罪人区分开来。

(4)机会犯罪人。机会犯罪人又称为偶然犯罪人,是"那些并不寻找犯罪机会,但总是遇到犯罪机会,或者由于极其轻微的原因而犯罪的人。他们仅仅是那些与隔代遗传和癫痫完全无关的人;但是,正像加罗法洛所观察的那样,恰当地说,这些人不应该称为犯罪人"。机会犯罪人又可以分为虚假犯罪人、倾向犯罪人、习惯犯罪人以及癫痫犯罪人。虚假犯罪人是指为了保卫个人、名誉和家庭而偶然地实施犯罪的人。他们的行为并不违背社会意愿,也不损害社会。他们的行为所以被看成是犯罪,是因为法律作了这样的规定的缘故;倾向性犯罪人是指既无特殊的生理特征,也没有可以识别的精神疾病,但其精神和情绪特质在某些情况下会有特殊表现,从而使他们容易进行凶恶的和犯罪的行为的人;习惯犯罪人是指养成犯罪的生活方式的犯罪人。根据龙勃罗梭的观点,这种犯罪的生活方式并不是由于其一种环境造成的,而是由早年生活中发生影响的一系列环境所造成的。这类犯罪人似乎最接近"正常"犯罪人,因为习惯犯罪人在出生时并没有严重的、会促使他们进行犯罪的异常或者素质倾向,他们所以变成犯罪人,是由早年时来自父母、学校和社会的不良教育和训练的缘故;癫痫犯罪人是指具有在任何时候都会表现出来的潜在癫痫的犯罪人。不过,这种动态的犯罪性在癫痫犯罪人的一生中都有可能处于潜伏状态,而不实际表现,变成犯罪行为。

2. 加罗法洛的犯罪人的分类

加罗法洛在自然犯罪概念的基础上,对犯罪人的特征及分类进行了仔细的分析和深入的探讨。加罗法洛认为,犯罪人类学不能充分证实犯罪人与正常人之间存在着体质差异,即使犯罪人的相貌与正常人不同,但由于其观察的不系统性和主观随意性,结论的证明力是很有限的。鉴于犯罪是一种既对社会有害又侵害了一种或两种最基本怜悯和正直情感的行为,罪犯则必然使这种情感部分或全部缺失、退化或薄弱的人。因此,加罗法洛认为的生来犯罪人和龙勃罗梭所指的天生犯罪人并不相同,并不是由于犯罪人天生的生理特征导致犯罪,只是因为同情心与正直感的道德情绪所致,即犯罪人与正常人的真正不同在于道德异常,也就是缺乏怜悯与正直的道德情感。在加罗法洛看来:道德异常可能表现为生理异常,也可能表现为心理异常。加罗法洛更重视对犯罪人心理异常的分析,他总结出这样一些自然犯罪人的心理异常特征:无痛感、情绪不稳定,味觉异常,有强烈的赌博、饮酒和暴食的激情冲动;轻率鲁莽,缺乏预见;轻浮、多变;夸大的模仿嘲弄和愚蠢的诙谐打趣倾向,这是智力缺陷的最确切的症状之一:道德感迟钝、无后悔感、虚荣心强等。加罗法洛认为,犯罪人的心理异常的原因在于器质性病变的基础,即这种心理异常是遗传而来的。而遗传传递的机制有龙勃罗梭的"隔代遗传""道德退化"等,环境因素在一些犯罪中可能起作用。但是在真正犯罪人的本能中,存在着一种先天性的、遗传而来的,或在童年时期不知怎样获得的成分。

加罗法洛在对犯罪人的本质特征揭示的基础上,提出了其独特的罪犯分类法,对犯罪人进行如下分类。

(1)谋杀犯。这是一种利他思想完全缺乏的人。他们把犯罪当成乐趣。

(2)暴力犯。即那些为了获得自我满足而从事杀人或身体暴力行为的人,包括以下两种:①地方性犯罪人,是指从事在某地区流行的暴力犯罪行为的人;②激情犯罪人,是指在激情影响下进行犯罪的人,这种激情可能是习惯性的,是个人的性格表现,也可能是由外部原因,如酒类、高温甚至可能激怒任何人的意外情景等引起的。

(3)缺乏正直感的罪犯,也就是那些侵犯财产的罪犯。加罗法洛认为,在这里,社会因素比在以前几种犯罪中所起的作用要大得多。

(4)色情犯,即由于性冲动而导致的犯罪和侵犯一般意义的贞洁的犯罪。加罗法洛认为,这种犯罪所贪图的只是在实施这种应罚行为中所体验到的快乐,一般说来,只能用道德能力的缺乏,而不是怜悯情操的缺乏来解释这些犯罪。

3. 菲利的犯罪人的分类

菲利继承了龙布罗梭的人类学立场,同时一并考虑了犯罪的社会学原因,在此基础上发展了刑法学。即认为犯罪的原因中除了人类学的原因外,还应该肯定物理的及社会的原因。但是,犯罪人不具有自由意思,自由意思只不过是"纯然的幻想";犯罪,不外乎是由犯罪人的素质和环境必然地产生的。但是,犯罪人既然作为社会的一员生活着,就应当对社会负担所实施的行为的责任(社会责任论),也有针对危险的犯罪人来防卫社会的必要。因此,必须将犯罪人进行分类,分别进行了与其相适合的处置。

对犯罪人进行分类,是菲利犯罪学研究中的重要组成部分,他将犯罪人分为以下几种。

(1)生来犯罪人。又称为"本能型犯罪人",他们由于从他们祖先那里获得遗传特征,因而生来缺乏对犯罪性刺激的抵抗能力,因而也具有明显而早发的犯罪倾向,此类人分不清杀人、抢劫和诚实劳动的区别,在大是大非面前没有任何分辨力。

(2)精神病犯罪人。即指患有某种精神病的临床形态,甚至连我们的现行刑法也予以承认的人。在精神病犯罪人中,至少有几种亚类型:遗传性精神错乱者、临床性精神病人、准精神病人、无动机犯罪人以及性变态者,这些人即使犯罪后不被判刑也应该收容到精神病医院。

(3)偶然或机会犯罪人。这类犯罪人主要是指经受不住社会环境的诱惑而犯罪的人。此类人没有任何先天的或者是后天获得的犯罪倾向,他们犯罪完全是抵抗不住诱惑的结果。这类犯罪人占犯罪人总数的40%~50%,他们一般都是在很小的时候经受不住个人状况和外在诱惑而实施犯罪行为之人。

(4)激情或情感犯罪人。此类犯罪人神经过敏或类似激动,在生理上属于多血脂的人,因为情感或情绪的冲动而犯了罪,所以被逮捕被羁押后会自动认罪,后悔性比较大,比较容易改造,约占犯罪人总数的40%~50%。此类犯罪人是由于强烈的感情冲动而实施犯罪的人,一般都过去表现良好且具有正常的道德品质,他们犯罪一般是由于神经过敏的性格所致。

(5)习惯性犯罪人即惯犯。是指由于在恶劣的社会环境中养成的习惯而犯罪的人。此类犯罪人没有表现出生来犯罪人所具有的人类学的特征,其犯罪的原因在于混乱的社会环境所导致的道德薄弱。因此,习惯性犯罪人多是社会环境的产物,这些社会环境包括被家庭遗弃、缺乏教育、贫穷等,这些因素导致他们在儿童时代就成为一个偶然犯罪人。

(三)犯罪学中犯罪人分类

随着犯罪学研究的深入,为了不同的目的和不同的需要,依据不同的标准,从不同的角度对各种犯罪人进行分类。

(1)以犯罪人的年龄为标准,将犯罪人分为老年犯罪人(60岁至85岁)、中年犯罪人、青年犯罪人和年长少年犯、年中少年犯和年幼少年犯等。

(2)以犯罪人的性别为标准,将犯罪人分为男性犯罪人和女性犯罪人。

(3)以犯罪人的精神状态是否正常为标准,将犯罪人分为常态犯罪人和精神异常犯罪人。

(4)以实施犯罪的手段为标准,将犯罪人分为暴力犯和智能犯。

(5)以犯罪人实施犯罪的需要倾向和动机为标准,将犯罪人分为淫欲型犯罪人、贪利型犯罪人、贪权型犯罪人和游戏型犯罪人。

(6)以犯罪人实施犯罪时的情绪状态和准备程度为标准,将犯罪人分为激情型犯罪人和预谋型犯罪人。

(7)以犯罪人的社会经济地位为标准,将犯罪人分为蓝领犯罪人和白领犯罪人。

(8)以犯罪人反社会的程度为标准,将犯罪人分为初犯、偶犯、再犯、累犯、惯犯等。

(9)以犯罪人的组织形式为标准,将犯罪人分为个体犯罪人、团伙犯罪人、集团犯罪人、法人犯罪人等。

(10)以犯罪人实施犯罪的性质为标准,将犯罪人分为政治犯、暴力犯、盗窃犯、强奸犯、杀人犯等等。

总之,犯罪人的分类很多。一般认为,犯罪学对犯罪人的分类进行研究的目的是为了更好分析犯罪原因,掌握不同类型的犯罪的发生、发展规律,从而更有效地采取预防措施。

第三节 犯罪被害人

一、犯罪被害人概述

(一)犯罪被害人概念

被害人,是加害人的对称,其词源来自于拉丁语"victima",本意是指古代社会宗教仪式上奉献给神的祭祀品(sacrifice),后被引申为由于不法侵害或不利后果等各种原因而受到损害的承担者。在犯罪学研究中,犯罪被害人是作为犯罪人的对立面出现的,和刑事被害人是不同的概念。后者是从刑法学和刑事诉讼法学下的定义,一般认为其范围比犯罪学中的被害人的范围小。

对犯罪被害人的研究起始于20世纪三四十年代,其目的在于探明被害原因,提出预防被害、预防犯罪以及改进法律与社会的对策。在犯罪学历史上,首先对被害人进行研究的是德国汉堡大学的亨梯(Hentig)在1941年发表的《论犯罪者与被害者的相互作用》一文中指出:犯罪被害人在犯罪过程中不只是犯罪行为和犯罪结果的消极承担者,他们还可能在犯罪的发生过程中成为积极的推动者,犯罪人和被害人的关系实质是一种互动关系,犯罪是一种动态的反社会因素的自我宣泄过程。因此,不能单纯从犯罪人的角度去探求犯罪的原因,而应当从犯罪人和被害人两个方面探讨犯罪的原因,并据此提出了"双重结构"(the duet frame of crime)的概念。针对这一观点,以色列学者门德尔松(Mendelohn)于1947年发表了《被害者学——生物、心理、社会学的一门新学科》的演讲,首次提出"被害人学"的概念,并将其定义为只是包括各类被害人的特定共同现象的一般概念的学科,旨在寻求作为犯罪被害人共性的生理、心理和社会特征。亨利·艾伦伯格(Henri Ellernburger)于1954年发表《犯罪人与被害人之间的关系》一文,阐述自己关于犯罪人和被害人之间的关系的学说。此后,经20世纪40至60年代的广泛传播,被害人学(victimolvgie)得以确立并得到长足的发展。

自从被害人学引入我国之后,被害人的研究便成为我国犯罪学学者关注的一个重要领域。在20世纪90年代至今出版的犯罪学著作中,基本上都设有专门章节对被害人进行研究,这不仅促进了被害人学的发展,而且也拓展和丰富了犯罪学的研究领域。被害人学对于刑事诉讼法学的贡献主要体现在对被害人诉讼地位和权利的研究上。被害人的诉讼地位和权利研究可以说是被害人学和刑事诉讼法学研究的交叉领域,从被害人学角度对被害人诉讼地位和权利的研究更重视事实调查和实证分析,这对诉讼法学的发展具有不可低估的重要意义。被害人学对于刑事法学研究的贡献当然还体现在刑法学的发展上,被害人责任、无被害人犯罪都是被害人研究中的重要内容,这些方面的研究为刑法学的发展提供了新的领域和视角[①]。

纵观犯罪学的历史发展,18世纪中期以前的人们对犯罪的研究主要集中在对犯罪行为的研究上。在刑事古典学派看来,犯罪是行为人在意志自由的前提下对自己行为的理性选择的结果,因而强调对犯罪行为的研究,强调适用刑法过程中的法律原则和对犯罪的法律意义上的控制。自19世纪中叶之后,人们对犯罪的研究开始由犯罪行为转向犯罪人,强调对犯罪人的人格缺陷对犯罪生成所起的作用。根据刑事实证学派的观点,这种人格缺陷的形成是由于个体外在的环境所引起的,

---

① 赵国玲:《中国犯罪被害人研究综述》,中国检察出版社2009年版,第36页。

由此提出了矫正犯罪人的人格和社会防卫措施。"无论是刑事古典学派还是刑事实证学派,'受害者'和'犯罪人'均是一个静止的、模式化的概念。这个观念的影响是如此深远,以至于在当代社会中,人们不知觉将犯罪解释为'给被害人造成损失的作案人',是作恶的一方"。事实上,"受害人"与"犯罪者"之间并不仅仅是一种"被动者"和"主动者"、"主体"和"客体"的简单关系,两者在多数情况下其实是一种互动的关系。通过对被害人本身的受害因素进行研究,一方面可以有助于对犯罪生成过程进行更加客观的考察,并据此从受害人一方提出相应的预防和控制犯罪的措施;另一方面也有助于将被害人作为犯罪控制和预防的因素引入刑事政策上来,开始重视受害人和犯罪人之间的相互作用。在某些犯罪发生的场合下,源于被害人本人的思想上或者情感上的过错是犯罪最终得以发生的主要原因,或者至少说直接或间接促使了犯罪的发生。在这种情况下,犯罪人的"过错"和犯罪行为的最终实施实际上是一种互动的关系,在犯罪的产生和对其控制的过程中,犯罪行为的受害人是重要的一分子。

目前,理论界对被害人的概念问题上仍存在广义说和狭义说两种观点,两者均认为其概念应当包含以下要素:①受到侵害的权益的范围止于人身、财产等其他合法权益;②权益之所以遭受到损害是由加害人的犯罪行为所致,自然灾害、动物侵害、民事行政侵权等不能包含在内;③被害人是犯罪行为的直接或间接侵害对象,也是犯罪行为侵害的社会关系的主体,包括自然人、法人、社会以及国家。因此,这里的犯罪被害人是狭义上的犯罪被害人,是指其人身、财产等其他合法权益遭受到犯罪行为侵害的人,包括受犯罪行为侵害的个体、法人或其他组织以及国家。如无特别说明,本节所指的被害人主要是指个体被害人,即作为自然人的犯罪被害人。因为这里研究的犯罪被害人主要涉及人身、财产等其他合法权益遭受到犯罪行为直接侵犯的人,其范围就限定在个体犯罪被害人,当然犯罪被害人还包括法人或其他组织,也包括国家。

(二)犯罪被害人的特征

在犯罪学的视野中,被害人的特征是指特定的被害人群在人口统计学变量分析和行为方面区别于其他群体的特点。通过对特定被害人的人群进行分析研究,我们可以确定特定类型犯罪被害人的大致轮廓,从而确定容易被这类犯罪侵害的群体,为司法机关有效预防犯罪提供科学的依据,还能通过在群众中传播相关知识以加强这些群体对自己的保护意识。被害人的特征可以从被害人的年龄、性别、民族、受教育程度、社会经济地位以及个人的心理和精神状况等方面加以考察。

1. 被害人的年龄

被害人的年龄在被害人研究中占据极其重要的地位。从整体上说,从被害人年龄与暴力犯罪加害的相关性方面来看,犯罪被害人主要集中在 18~45 岁的人群。以犯罪的类型分,在暴力性的犯罪中,26~35 岁的被害人群体是临界点和被加害的重点群体,所占的比重相对于其他年龄段的人来说所占比重是最高的,高达40.57%。随着被害人年龄的降低或增高,以这些人为加害对象的暴力犯罪人所占的比重逐渐下降,且被害人年龄越大,选择这些人为加害对象的暴力犯罪人所占比重就越小。从年龄方面考察,26~35岁的青年人之所以为被暴力犯罪加害的重点群体,主要有两个原因:第一个原因,此阶段的被害人是社会活动最频繁的年龄阶段,多频的社会活动给被害人带来了与他人或者群体产生纠纷的机会也在增多,并且两者是成正比的关系。26~35岁的年轻人是人生的黄金年龄,无论是社会经验、职业经验还是个人精力,均处于人生中的上升阶段,因此频繁的社交活动是不可避免的,这也成为引发被害的关键因素。第二个原因,对于一个正常的人来说,一般会由于对犯罪被害有着天然的恐惧,这种心理会促使他对一些易于引发犯罪的情况采取回避的态度。26~35岁在生理上是人生最旺盛的阶段,行为人不自觉会觉得自己是一个"很强大"的人,旺盛的体力往往使一个人对外界侵害的恐惧感降低,因而弱化了应当具有的被害意识。在26岁以下的阶段,由于年龄较小,加上成长阶段成年人不断地暗示,一般会对暴力案件有很强的恐惧感,这种恐惧感促使他在生活中尽可能地避免与暴力性案件接触,因此,遇害的可能性反而较小;在35岁以上的阶段,由于社会经验非常丰富,一般能够判断周围的因素以避免和暴力性案件接触,因此,被害的机会也在大大降低。前者即所谓的行为人社会活动频率与被害可能性的观点,后者即"被害恐惧与被害的避让观点"。而12~24岁的阶段的人群则容易成为人身伤害犯罪、抢劫以及私人盗窃的被害人。在盗窃犯罪案件中,65岁以上的老年人的遇害率远高于其他年龄段,然后依年龄呈下降趋势,35~49岁的人的被盗率是各年龄阶段中最低的。

2. 被害人的性别

性别对于犯罪被害人的影响也是巨大的。对性别和犯罪被害的关系调查显示,男性被暴力犯罪加害的可能性普遍高于女性,且男性被暴力犯罪加害的严重程度也一般高于女性。我国学者2005年的一项调查也证实暴力性犯罪中男性是主要的被害对象:男性被害人占总数的77.78%,而女性被害人的比例是22.22%;此外,在被暴力侵犯的严重程度上男性被害人也普遍要高于女性。如在以男性为加害对象的暴力性犯罪中,对男性被害人仅实施暴力威胁的占9.57%,直接实施暴力的占90.43%。而在以女性为加害对象的暴力性犯罪中,对女性被害人实施暴力威胁的占23.71%,直接对女性被害人实施暴力行为的占76.29%。[①]

从以上数据可以得出这样的结论,男性较女性而言更容易受到暴力犯罪的侵害,且受暴力行为侵害的严重程度也较女性被害人高。其原因主要在于:一方面,

---

① 王志强:《暴力犯罪被害人问题的实证研究》,载《中国人民公安大学学报》2007年第23卷4期,第119—120页。

男性在日常生活活动中的频率远高于女性,是社会活动的主要群体,活动的高频性与被害的机会是成正比的关系;另一方面,由于生理机能的因素,多数男性的反抗意识比女性强,在面对暴力性犯罪的时候一般会采取抵抗的方式,而女性一般会回避这种方式。而 2005 年在对"假如作案时被害人反抗,则你如何做"这一题目的调查中,53.24%的暴力犯罪人会继续相同程度的犯罪,34.39%的暴力犯罪人会更厉害地加害对方,而停止加害或减轻加害程度的只分别占 5.45%和 6.92%。因此,暴力性犯罪中被害人的反抗一般会加大犯罪人实施犯罪行为强度的机会,也就是说遇害的可能性和被侵害的强度也随着反抗在增加。

3. 被害人的社会经济地位

美国犯罪学的研究调查表明:暴力犯罪的被害率与被害者的社会经济地位,所处的社会阶层以及家庭的经济收入有明显的关系。收入低的家庭的成员容易成为强奸、抢劫以及伤害性暴力犯罪的被害人;而在侵犯财产类犯罪中,犯罪被害率依据犯罪类型在不同收入阶层的家庭中的分布是不同的,最无权的社会阶层被害的可能性也很大。富有的个体经营者或者是社会的高收入阶层、高级知识分子以及演艺明星和体育明星等高收入者也容易成为财产类犯罪的被害人;而那些从事公共事业管理的国家公务人员、政治家、企业家等容易成为暴力性犯罪的被害人,这主要是缘于进行报复性的犯罪。

4. 被害人的其他特征

被害人自身的其他客观条件及其所处的社会环境和自然环境等因素等也是影响犯罪率的重要因素。如在暴力性犯罪中,婚姻状况是影响犯罪被害概率的因素之一:美国、加拿大和澳大利亚等国家的研究调查结果表明,绝大多数被害人是未婚者或者离异者。但我国的调查结果则与他们有所不同,已婚的被害人占了被害人总数的一半以上;在侵犯人身安全的犯罪中,流动性也是影响被害率的因素。对于流动人口而言,由于处于一个陌生的环境中,人际关系、环境等均很陌生,很容易成为被害人。在被害人自身的主观条件中所存在诱发性特征和易感性特征,很容易诱发犯罪人的犯罪行为,从而使自己成为犯罪人的加害对象。此外,被害人本身的心理、行为方面也存在容易导致被害的因素,如不良的生活习惯、行为方式以及品行等;此外,被害人的职业也是影响犯罪被害率的重要因素。从总体上看,多数职业的犯罪人和犯罪被害人的分布还是比较均匀的,只有无业人员在犯罪人中所占的比重远远高于他们在被害人中所占的比例。

(三)犯罪被害人的类型

随着犯罪被害人学研究的深入和发展,对犯罪被害人的分类方式和研究模式出现了多样性,我们可以根据不同的依据和标准将犯罪被害人分为不同的类型。主要的划分类型有:

1. 有责性被害人与无责性被害人

这是依据被害人对犯罪行为的发生有无责任而做的划分。有责性被害人是指由于被害人自身实施了违背道德、违反法律或者犯罪行为而招致权益被侵害的,或者是权益被侵害的事实是由于被害人主观上的过错而导致的;无责性被害人是指对于自身权益被侵害完全没有法律上或者是道义上的责任的被害人。

2. 已然的被害人和潜在的被害人

依据犯罪行为和权益被侵害的事实是否已经发生,我们可以将犯罪被害人分为已然的被害人和潜在的被害人。前者指已经遭受到犯罪行为的侵害的被害人,或者是已经承担了犯罪行为所造成的权益被侵害的结果的被害人;后者是指犯罪行为还没有发生或者是权益被侵害的事实还没有发生,但是根据周围的因素和条件,极易被侵害的被害人。

3. 状态性被害人和机会性被害人

为探索犯罪发生的原因,人们对犯罪情境方面(即被害情境方面)预防进行了卓有成效的研究。机会性被害人和状态性被害人是被害人类型之一,是根据被害人是否具备被害的因素和环境而作的划分,两者是对称的关系。机会性被害人又称"非特定被害人"或"偶发性被害人",是指由于某种偶然的突发性的事件而不幸成为被害人的人,如飞机失事而遭致的财产损失等;状态性被害人是指,由于被害人自身的性格、素质或行为的某些特点或倾向而受害。由于突发性的事件任何人都无法预测和预防,被害人自然没有任何被害倾向,更没有任何责任,因此,又称为无责性被害人。对机会性被害人的研究受到了艾伦伯格等多位犯罪学家的重视,他们分别在自己在分类中对此有专门的论述。

4. 一次性被害人、重复性被害人和多次被害人

以被害人遭受到的犯罪侵害的次数为依据,我们可以将被害人分为一次性被害人、重复性被害人和多次被害人。一次性被害人是指只遭受到一次犯罪行为侵害的被害人;重复性被害人是指被害人在遭受到第一次的犯罪侵害之后,又再次遭受到类似犯罪侵害的情形;多次被害人是指被害人在遭受到第一次的犯罪侵害之后,又遭受不同类的犯罪侵害的情形。

二、犯罪被害人与犯罪人

任何事物都是处于不断的发展变化中的。在整个犯罪的过程中,犯罪人和被害人之间并不是出于静止的状态,而是随着犯罪人和被害人的不断互动在发生变化。在多数情况下,由于犯罪人是犯罪侵害的挑起者,也是侵害行为的主体,一般对犯罪过程的发展起到主要作用,被害人一般是处于被动的地位。在少数的情况下,犯罪人和被害人对犯罪的发展过程中起到的作用会发生变化,被害人会对犯罪

的发展变化起到一定的影响作用,甚至两者在相互作用的过程中会发生角色互换。

(一)被害人与犯罪人的互动关系

伴随着人类社会的现代化和社会化程度的不断提高,人们的交往手段和交往的范围均发生深刻的变化。19世纪的社会科学研究开始应用互动的概念来解释社会学的某些现象,并形成了具有丰富理论内容的"社会互动论"的学说。在犯罪被害人学研究中,被害人与犯罪人的互动关系是重要的犯罪学研究分支。

1. 被害人与犯罪人的互动关系的概念

按照《现代汉语词典》上的解释,"互"是交替的意思,"动"是起作用或变化,"互动"则应该是一种使对象之间"相互作用"(reciprocity-reciprocal condition or relationship)而产生彼此发生改变的过程。因此,日常中的互动是指社会上个体与个体之间、个体与群体之间以及群体与群体之间通过语言或其他手段传播信息而发生的相互依赖性行为的过程。被害人与犯罪人的互动关系是指被害人与犯罪人互相影响、互相作用,使犯罪得以产生、发展、演变的过程。

被害的互动性是将被害和犯罪不看作是绝对静止的概念,而是将它们置于社会互动中进行分析。国外一些被害人学研究专家认为,犯罪人可以通过自己的选择或基于某些生理、心理和社会因素,决定自己的行为方式而不去实施犯罪,但是,如果他周围的环境对他形成了"诱饵"的氛围,从而刺激了他的犯罪欲望,那么,行为人就极有可能实施犯罪。而被害人作为犯罪人犯罪意识形成的外在因素之一,时常不知不觉地扮演了"诱饵"的角色。因此,互动性揭示了被害人在犯罪发生前和犯罪过程中的辩证角色和不可忽视的地位,说明了犯罪原因的更为深层的社会机制。[①] 犯罪不仅仅是犯罪人单方面的一元活动,更重要的是犯罪人与被害人双方的互动结果。

2. 被害人与犯罪人互动关系的模式

被害人影响和塑造了他的罪犯,犯罪人与被害人之间确实存在着互动关系并互为诱因。此即被害人和犯罪人的互动关系,这种互动过程分为以下五种模式。

(1)犯罪人的积极进攻模式。在多数的犯罪过程中,加害人通常是有预谋、有计划的步骤来实现犯罪目的,被害人在此完全处于被动的劣势地位。在这种互动模式中,被害人并不是完全的没有反抗的余地,但被害人却没有对侵害进行反抗,终以自己的被害而结束这个互动过程。

(2)被害人消极推动模式。这种模式是指被害人的某些行为在事实上诱使犯罪人实施了犯罪行为,从而对侵害的发生实际上起到了推动作用。这一种模式中,被害人由于事前存在的言行违背了社会的伦理道德观念,对犯罪人的犯罪心理的

---

① 魏平雄:《犯罪学教程》,中国政法大学出版社1998年版,第194页。

形成客观上起到了刺激作用,从而诱发实施犯罪行为。被害人的言行在这个互动过程中起着不断推动和强化犯罪人犯罪动机并实施犯罪行为的作用。此模式的犯罪人主观恶性较上述第一种模式的犯罪人的主观恶性要小,被害人往往有过错,且具有可责性。

(3)被害人和犯罪人的积极冲突模式。这种模式是指加害人与被害人之间有着长时间的冲突和斗争关系,两者的角色在这一过程中经常处于互换状态中。"在真正的冲突模式中,罪犯与被害人之间常常互换角色,被害人有时扮演了犯罪的角色,反之亦然。由于双方即是被害,又是犯罪,因此,要分清这类关系中的责任,即便可能,也困难重重。而且,试图通过追溯过去来推定谁首先实施了推动行为,也是徒劳无益的。"①

(4)被害人和犯罪人角色转化模式。这种模式中的被害人在遇到侵害时,角色发生变化而成为犯罪人,如防卫过当和受到不法侵害之后的报复行为。

(5)被害人承诺模式。罗马法中有"不能对承诺者实施不法"的法律格言,因此,基于被害人承诺的行为就如所表示的自古就被认为行为缺乏违法性,又有学者把它作为对刑事违法性的阻却事由②。但严格地讲,行为对象不构成被害人,一般认为至少须具备主体适格性、内容合法性、行为有效性、方式内心化、时间前置性等条件,否则,即使得到了被害人的承诺,仍不足以阻却该行为不成为犯罪行为。但目前我国刑法学界尚未全面接受该观点,基于被害人承诺的行为并非完全是成为刑事违法性的阻却事由。

从上述被害人与犯罪人的互动模式可以看出,被害人在侵害行为发生的过程并不仅仅是消极客体,而和加害人一起互为客体而行动着,犯罪化过程和被害化过程是作为相互作用的过程。

3. 被害人与犯罪人互动关系的类型

(1)被害前的互动关系。在加害行为实施之前,被害人与犯罪人的互动关系有两种类型:不存在人际关系的类型和存在人际关系的类型。前者是指被害人和犯罪人可能认识,也可能不认识,但是并没有发生正面的冲突;后者是指被害人和犯罪人已经存在某种关系,两者已经发生了正面的接触。就相识的程度而言,包括相识却不相知、既相识又相知的类型。就正面接触的性质而言是多种多样,可能会是因具体的某个事情或者是财产上的纠纷问题存在矛盾,也可能是别的原因如感情纠葛等。就相识的时间而言,包括初次见面和长期相识等。在各种犯罪类型中,熟人间的侵害占相当大的比例,暴力犯罪大于侵财犯罪。

---

① [德]汉斯·约阿希姆·施奈德:《国际范围内的被害人》,许章润等译,中国人民公安大学出版社1992年版,第100页。
② 张明楷:《刑法格言的展开》,法律出版社1999年版,第254页。

(2)被害中的互动关系。所谓被害中的互动关系是指侵害行为发生过程中被害人对犯罪的反应,以及犯罪人的行为基于被害人的反应而发生的变化。被害人对犯罪反映的具体类型有激烈反抗、顺应以及巧妙应对等。

(3)被害后的互动关系。被害后的互动关系是指在遭受犯罪行为侵害后,被害人对犯罪人采取了何种应对措施,犯罪人或被害人又是如何反应的。其主要类型有:告发(被惩处和赔偿)、犯罪人或亲朋的报复、被害人或亲朋的报复、息事宁人(重复被害)、私了(再次引发冲突)等。

(二)被害人与犯罪人的角色转换

1. 被害人与犯罪人角色转化的可能性

在侵害发生的过程中,被害人和犯罪人的角色可能会发生转化。如在正当防卫过当的场合,由于被害人实施正当防卫行为而变消极局面为积极的局面,这个时候双方力量发生变化。如果被害人的正当防卫行为超过制止不法侵害所需要的必要限度、构成不必要的伤害的时候,被害人和加害人的角色就发生了转化;另外,在某些被害人受到犯罪行为的侵害的时候,被害人不是诉之于法律,对不法侵害进行报案交司法机关处理,而是私自对犯罪人或者其家属进行报复,进而对被害人及其家属的权益造成损害,这个时候也会出现角色互换的情况。因此,在侵害实施的过程中,会出现正向转换和逆向转换两种情况:一是正向转换,即被害人向犯罪人的转换;另一种转换是逆向转换,即犯罪人向被害人转换。

2. 被害人与犯罪人角色转化的类型

根据角色转换的条件不同,可以将被害人与犯罪人角色转化分为防卫过当型、报复型、认同型、堕落型、双重角色型以及暴力循环型等几种类型,以下着重介绍前两种。

(1)防卫过当型。防卫过当型的角色转化是在防卫过当的场合下发生的,当被害人由于在实施正当防卫行为的时候,由于自己的正当防卫明显超过必要限度而对被害人造成不必要的伤害的时候,就由被害人转化为加害人。但是这种加害人不同于原来故意实施侵害行为的加害人,因为此时的加害行为是由于起初实施加害行为的加害人引起的,是源于正当防卫行为的。因此,即使是转换为了加害人,也不同于原来故意对他实施侵害行为的加害人,这种转换一般应当发生在侵害行为发生的过程中。

(2)报复型。报复型的角色转换一般发生在不法侵害行为结束后的场合。被害人在加害人的加害行为结束之后,被害人没有求助于司法机关,而是故意对加害人或者其家属实施报复性的加害行为。由于这种加害一般是有预谋、有计划、有准备地实施的一种复仇性的行为,原来的被害人就转换为加害人,加害人和犯罪人的角色就发生了互换。因为"经受暴力犯罪活动的受害者在心理、社会生活、道德伦常方面受到的伤害最为严重"①。也即,受到暴力犯罪的侵害之后,被害人不仅由于暴力加害行为而遭受到生理上损伤和财产上的损失,还会由于国家和社会对侵害行为的处理在心理上产生巨大的压力。如果被害人及其家属认为国家处理得不公平,会发生心理上的扭曲和变形,就会成为不再适应社会正常生活秩序的特殊的、危险的群体,从而演变为另一次暴力侵害的实施者。因此,从刑事政策的角度讲,注重对暴力犯罪被害人的救助和保护,加强对其心理进行疏导,防止其演变为暴力犯罪的加害人是处理暴力型侵害案件中非常重要的一个环节。

三、犯罪被害因素

(一)犯罪被害原因概念

不同犯罪类型的被害人的被害原因是不同的。从被害人学的角度讲,被害人之所以被犯罪侵害的因素不仅包括侵害人的因素,还包括被害人自身的各种状况以及被害人存在的特定时空环境所形成的各种事实条件。这些事实或者诱发或者强化加害人产生犯罪动机,或者促使被害后果的形成,统称之为犯罪被害的因素。

犯罪被害的因素就是指诱发或强化犯罪行为发生的被害人自身因素、社会因素以及被害时空因素等三大因素。被害人自身因素主要体现为与犯罪发生相关的被害人主观因素、人口统计学因素、人格特征和生活方式等;被害的社会因素是指被害人生存于其中的不良家庭环境、不良社区环境以及导致被害人多次被害和重复被害的司法因素和其他社会因素②。被害时空因素是指有利于犯罪发生的特定时空环境。对犯罪人而言,实施犯罪的时间和地点往往便于犯罪得逞、容易逃逸,这是犯罪人主观选择的结果;对被害人而言,被害人身处危险的环境,也是由于其人格特性而置身其中的③。可见,被害条件是犯罪人、被害人共同选择或相互作用的结果。

在以上犯罪被害因素中,被害人自身因素对犯罪的发生发挥重要的作用。由于被害人直接参与犯罪的整个发生过程中,其自身具备的各个因素必定会对加害人发生一定的影响。被害人对于犯罪的最终进程起到一定的推动作用,而不只是消极被动的一方。从因果关系而言,被害人的某些因素与犯罪发生这个结果是一种引起与被引起的关系,因此,被害人也具有一定的可责性。被害人不仅是犯罪后果的承受者,也可能是法律责任的承受者,只不过其承担责任的方式不是直接加于

---

① [德]汉斯·约阿希姆·施奈德:《犯罪学》,吴鑫涛、马君玉译,中国人民公安大学出版社、国际文化出版公司1990年版,第840页。
② 李伟:《犯罪学的基本范畴》,北京大学出版社2004年版,第191—192页。
③ 郭建安:《犯罪被害人学》,北京大学出版社1997年版,第113—116页。

被害人自身,而是通过相应减轻犯罪人责任的形式来实现的。

(二)犯罪被害原因的构成要素

1. 犯罪被害要因

(1)犯罪被害要因的概念。犯罪致害因素是一个极为复杂的综合性概念,有广义和狭义两种概念:广义的致害因素是指一切足以导致刑事被害发生的主观和客观、人为和环境、社会和自然等因素;狭义上犯罪致害因素是指诱发或强化犯罪行为发生的被害人的自身因素。本节所指的犯罪被害因素就是指狭义上的被害因素,它在主观形态上包括故意、过失、意外甚至正常情况下无意识的易遭被害的各种因素,如无端的殴打、轻信、无意识、有资产而长期独居等。在客观上包括各种易遭被害的"动态因素"和"静态因素",动态因素是被害人一方易遭被害的表情、态度、姿势、言论、行为等,静态因素是被害人的人身、财物、特定权益当时所处易遭被害的某种状态、时间、空间、环境等[①]。

自门德尔松提出"刑事上的对立者"这个术语以来,人们逐渐认识到,在刑事犯罪的场合,加害人和被害人之间的关系是对立统一的关系,是一种斗争和共生、对立和共存的关系。如著名犯罪学家施奈德认为,被害人是犯罪的发生及其控制过程中的一个基本因素[②]。在一些犯罪案件中,被害人应当对犯罪事件的发生以至自身遭受的损害负有一定的责任,这就是所谓的犯罪被害人的"有责性"(culpability)[③]。大量调查表明,被害人在犯罪发生的过程中产生了不可忽视的作用,被害人自身存在着某些致害因素使得被害人具有了一种易遭被害的趋向或可能性,从而在诱发或强化犯罪行为的发生中起到一定作用。这些因素或者是作为犯罪的直接起因,或者是作为一种生活经历对犯罪产生间接的影响,对犯罪的产生或多或少进行了推动。日本学者宫泽浩一根据被害人易被害的各种条件的作用分为诱发性和易感性。诱发性是指被害人的行为中存在着易引起加害人的犯罪行为而导致自己受害的因素。易感性是指对被害状态无意识的顺从性[④]。

(2)被害人的自身致害因素的分类。基于被害人主观上的过错,可以将被害人的致害因素分为被害人故意性的致害因素、犯罪人过失性的致害因素以及被害人正常情况下的致害因素。被害人故意性的致害因素是指被害人在主观上对侵害的发生有过错,并通过自己的言行对加害者的犯罪动机、犯罪的实施过程施加一定的影响。在犯罪发生之前,被害人可能会对加害者实施一定的刺激行为,这些行为

---

① 张建荣:《论犯罪被害人的致害因素》,载《学术交流》1999 年第 4 期。
② [德]汉斯·约阿希姆·施奈德:《国际范围内的被害人》,中国人民公安大学出版社 1992 年版,第 4 页。
③ 郭建安:《犯罪被害人学》,北京大学出版社 1997 年版,第 153 页。
④ 张智辉、徐名涓:《犯罪被害者学》,群众出版社 1989 年版,第 39—41 页。

作为犯罪的诱发因素单一地或复合地刺激加害者,从而最终引起加害者的犯罪冲动。如被害人长期对加害者实施殴打行为,动辄拳打脚踢,或者对加害人的家属进行威胁或暴力行为,最终引起加害者的复仇行为等。

犯罪人过失性的致害因素是指被害人自身存在着容易受到加害攻击或者容易接受加害者所给予的刺激之特性的因素。这些因素对加害者的心理能够起到一定刺激作用从而坚定实施加害行为的决心和信心。此类致害因素一般是被害人无意识条件下具备的。如被害人由于性格上虚荣和轻浮,在面对外界的物质诱惑的时候很难拒绝等等。被害人过失性的致害因素本来可以避免,但是由于被害人的过失却没有能够避免,可以视为其消极地参与了加害者的行为过程,其罪责显然是小于加害者。

被害人正常情况下的致害因素是指被害人的某些行为或者特征虽然在客观上推动加害行为的发生,但被害人对此完全没有责任的被害因素。这里的"正常情况"是按照社会生活的判断人们能够接受的情况,在整个犯罪形成过程中,被害者的言行等本身没有值得指责的地方,加害人对犯罪负完全的责任并最终实施了犯罪行为。如一个个体经营者,通过正当的劳动和商业经营活动获得了大量的财富并取得了较高的社会地位,但是由于他独离群索的生活方式,使得犯罪分子对其实施的抢劫杀人得逞。在这里被害人的独居是其遇害的主要原因,但是这个因素是社会生活方式所完全能够接受的,也是被人们认可的,其遇害是由于偶然的原因和意外,犯罪发生的责任完全在加害人。

基于被害人的责任大小的基础上将被害人进行分类的方式有门德尔松的六分法和谢弗的七分法等[①]。因此,具体说根据被害人在犯罪中所起的作用大小可以将被害人分为无过错的被害人、有过错的被害人以及有罪的被害人:首先是无过错的被害人。这类被害人对犯罪的发生没有任何责任,其被害的原因完全在于犯罪人的故意侵害的结果。在这种情况下被害人一般是处于被动的状态,其遇害具有明显的偶然性。其次是有过错的被害人。在这种情况下的被害人的过错足以诱发或引发加害人的犯罪行为,其过错对犯罪的产生和进程起积极的推动作用,甚至具有因果制约性[②]。即被害人的行为诱发并造就了加害行为,有的甚至对加害人的犯罪过程起到积极的推动作用。最后是有罪的被害人。即由于被害人的行为反过来对加害人造成损害,他又成为加害人,和原来的被害人角色进行了互换。

2. 犯罪被害条件

犯罪被害条件是指有利于犯罪发生的特定时空环境。通过对被害条件的预防,不仅需要我们在特定的时空环境下加强治安防范,而且要宣传教育社会公众,

---

① 吴宗宪:《西方犯罪学史》,警官教育出版社1997年版,第869—871页。
② 康树华:《犯罪学通论》,北京大学出版社1996年版,第559页。

尤其是提高易被害群体的被害防范意识。

(三)犯罪被害因素理论

关于犯罪被害人因素理论主要以下几种。

1. 日常活动理论

日常活动被害理论是犯罪学中一种重要理论,源于古典犯罪学派人类的意志自由的观点。日常活动理论始于学者柯恩及费尔逊(Felson)对第二次世界大战后对美国家庭的研究,他们在研究中发现:随着经济发达和妇女在家机会的减少,犯罪率会上升;同样,当科技发达的时候,犯罪率也会上升。基于以上发现,他们提出人类的活动模式与犯罪有密切的关系。此项理论强调犯罪等非法活动的发生在时空上必须与日常生活的各项活动相互配合,即日常生活的活动类型对犯罪的发生机会有一定的影响。他们提出了有犯罪动机的人、合适的目标及缺乏有能力的监察人三个影响犯罪发生的要素,当三个犯罪的因素出现的时候,犯罪发生的机会就会大大增加。1996年,费尔逊在其著作《犯罪与本质》又分别增加了对犯罪动机者有约束力的操纵者、负责保护合适目标的监护者及负责看管物业场地的地点管理者等三个要素,和前项的三个因素共同促使犯罪的发生[1]。日常活动被害理论尝试经由社会结构的改变来影响大众的日常活动类型,并进而改变犯罪的机会。因为非法活动仍然是依附于日常合法的活动建构的社会体系中,当社会结构发生变化的时候,非法活动也随着改变,犯罪发生的机会也会发生变化。日常活动理论认为,犯罪行为的发生与日常生活中的某些因素密切相关,特别是直接接触暴力性犯罪的总数和分布与被害人和犯罪人的日常活动及生活方式有关[2]。

2. 个人被害因素理论

个人被害因素理论是由美国的斯帕克司(Sparks)和帕诺(Panel)创立的。其核心观点是:有些人和团体之所以会重复被害,是因为它具有被害倾向,即具有许多导致被害的因素。斯帕克司对某些人何以重复被害加以研究后指出,个人遭受重复被害的原因多是由于个人具有诸多被害因素,如鼓动因素(precipitation)、煽动或加害因素(instigation or perpetration)、促进因素(facilitation)、弱点或诱发因素(vulnerability or invitation)、合作因素(cooperation)、机会因素(opportunity)、吸引因素(attractiveness)、免罚因素(impunity)。

3. 生活方式暴露理论

生活方式暴露理论是美国犯罪学家亨德兰(Hindelang)等人创立的。该理论认为,一个人之所以被害,是由于其生活方式中具有的某些特性决定了个体经常处

---

[1] 周愫娴、曹立群:《犯罪学理论及其实证》,台北五南图书公司2007年版,第121页。
[2] 曹立群、任昕:《犯罪学》,中国人民大学出版社2008年版,第65—67页。

于被害的危险情境,或者是被害人由于经常与具有犯罪特性的人接触增加了个体的被害危险。被害人的生活方式是该理论的核心概念。亨德兰指出,生活方式是指个人的日常生活活动方式,包括职业活动和娱乐休闲活动方式,其种职业活动中还包括上学、料理家务等方式。生活方式决定着某人在特定时空与具有某种人格特性的特定的人的接触,从而导致具有某种生活方式的人容易在特定时空条件下成为被害对象;也就是说,不同的生活方式蕴含着不同的被害危险,经常与具有犯罪特性的人交往的人,暴露在危险情境中的机会越多,被害的可能性越大。

四、无被害人的犯罪

"无被害人犯罪"概念的提出与非犯罪化(decriminalization)运动紧密联系。第二次世界大战之后,受民主主义、自由观念、人权运动和非法律化倾向的影响,非犯罪化运动成为欧美刑事政策与刑法改革运动的重要内容。自1957年英国议会下院沃尔芬登委员会(同性恋和卖淫调查委员会)提出的《同性恋和卖淫调查委员会报告》(又称沃尔芬登报告)为起点,全世界开始了一场影响深远的非犯罪化运动。在这股非犯罪化的浪潮中,美国学者舒尔(Schur)于1965年提出了无被害人犯罪这一概念。他指出:"不论人们是否有强烈的需要,主要成年人之间据其自由意志积极交换的行为,是为了不为社会承认并被法律所禁止买卖的物品或服务,即可构成无被害人犯罪。"舒尔从社会学的角度对"处在犯罪边缘线"上之堕胎、同性恋及药物滥用三种社会偏差行为进行探讨,并对相应的公共政策进行了批判,并认为对于这些没有被害人的犯罪应当非犯罪化[①]。此后,英国于1967年通过了《性犯罪法》,该法确认21岁以上的男子之间私下自愿发生的同性恋行为是合法的。美国总统执法与司法委员会于1967年在《自由社会犯罪之挑战》的报告以及其他文件中也逐渐将无被害人犯罪非犯罪化,与此同时陆续有一些州将卖淫、滥用药品、堕胎、公然酗酒等非犯罪化。

(一)无被害人犯罪的概念

关于无被害人犯罪的概念,理论界争议比较大,主要存在以下几种观点:一是法益侵害说。持这种学说的代表人物是日本大谷实教授,他从犯罪的本质——法益侵害出发,明确了无被害人犯罪的内涵,认为无被害人犯罪是指专为保护宗教或道德,而同个人的生活利益无关的犯罪,概括地说,所谓无被害人犯罪,是不对法益产生侵害或危险的犯罪,换句话说,就是保护法益不明确的犯罪[②]。二是自愿行为

[①] 游伟、谢锡美:《非犯罪化思想研究》,载陈兴良主编《刑事法评论(第10卷)》,中国政法大学出版社2002年版,第349页。

[②] [日]大谷实:《刑事政策学》,黎宏译,法律出版社2000年版,第90页。

说。舒尔认为:"某些罪行是被害人和犯罪人双方同意并且自愿交换的行为,如吸毒者与贩毒者之间、卖淫者与嫖娼者之间。"这些行为的"被害人"并不认为自己是被害人,相反他们认为双方是在平等基础上进行的利益自愿交换者,甚至都是交易的受益者,不存在谁是被害人的问题①。三是无直接被害人说(即社会被害说)。这种观点认为无被害人犯罪并非真的没有被害人,只是这些犯罪没有直接被害人或被害人不明显,大体上可以说是侵害了社会法益②。

但是,概念乃是解决法律问题所必需的和必不可少的工具。没有限定严格的专门概念,我们便不能清楚地和理性地思考法律问题;没有概念,我们便无法将我们对法律的思考转变为语言,也无法以一种可理解的方式把这些思考传达给他人。从犯罪的本质上看,无被害人犯罪没有对刑法所保护的法益造成侵害或者威胁。基于此,所谓的无被害人犯罪就是基于行为人的自愿和彼此双方同意进行的犯罪。它主要包括没有被害人和被害人是自己的两种情况。

无被害人犯罪的概念具有三点特征需要掌握。

(1)无被害人犯罪的主观方面都是故意,是基于行为人的自愿和彼此同意而实施的。

(2)无被害人犯罪的主体仅仅是指自然人,不包括法人或其他组织。这是因为无被害人犯罪所侵犯的一般是违背伦理道德观念,国家和社会不能成为其主体,但是后者可以间接侵犯的对象。如吸毒行为,尽管是无被害人犯罪,但是事实上对公众的健康也会造成一定危险。

(3)从广义上讲,任何犯罪都必然侵犯一定的利益,无被害人犯罪中的"无"只是一个相对的概念,是从"被害人"或"行为人"的角度来说的。因为所有的无被害人的犯罪,毫无例外都会存在"被害人",只是这里的"被害人"自己自愿的同意对方的侵害或者是被害人是自己,从这个角度讲没有被害人。从广义上讲,个人、国家、社会都可以作为犯罪被害人,那就不存在任何"无被害人的犯罪"。因此,这里的"无"显然是结合"无被害人犯罪"概念产生的渊源而作的分析,我们不能仅就"无被害人犯罪"概念的字面表述做绝对逻辑性的理解。从理论和实践中看,比较常见的无被害人犯罪主要有:酗酒、赌博、传播淫秽物品、亵渎神灵;成年人之间相互同意的性行为如重婚、通奸、乱伦、卖淫、同性恋;吸食麻醉品(毒品);堕胎;自杀;安乐死等。下列几种犯罪属于没有在意的犯罪:行贿受贿、不法借贷、内幕交易、非法吸收公众存款等。

---

① 谢永强:《刑事法治视野中的被害人》,中国检察出版社2003年版,第8页。
② [日]大塚仁:《犯罪论的基础》,冯军译,中国政法大学出版社1993年版,第17页。

（二）无被害人犯罪的分类

1. 单方的自损行为和双方的交换行为

以是否有相对人为标准,可以将无被害人犯罪划分为单方的自损行为和双方的交换行为,前者如吸毒、酗酒等;后者如卖淫、通奸、同性恋等。

2. 涉及宗教的无被害人犯罪和涉及道德的无被害人犯罪

以所涉及的内容不同,可以划分为涉及宗教的无被害人犯罪和涉及道德的无被害人犯罪,前者如亵渎神灵等;后者又可以细分为涉及性利益的行为,如卖淫、通奸等;涉及生命权益的行为,如自杀、堕胎、安乐死等;涉及财物方面的行为,如赌博等;涉及使用药物的行为,如吸食毒品等。

（三）无被害人犯罪的特点

无被害人犯罪往往具有较高的反道德性,即在社会成员的普遍观念上,这类犯罪行为与主流道德思想格格不入。一般而言,在文化传统比较浓厚的国家,以及社会本位思想占据主导地位的国家,其刑法中就规定更多的无被害人犯罪的种类。因此,这类犯罪也可谓反传统道德、反社会、反伦理的犯罪。与其他犯罪相比,无被害人犯罪具有以下特点。

1. 具有很高的普遍性

无被害人犯罪比其他犯罪发生的频率高,并且普遍存在于社会各阶层。有资料显示,目前全世界吸食毒品的人数已经超过两亿,其中,美国人一生中至少使用过一次毒品的人超过 7200 万人,约占全国人口的 1/3[①]。据世界卫生组织的数据表明,尽管美国有严格的针对毒品的法令,但是美国仍然是吸食毒品人数比例最高的国家,超过 42% 的美国受访者承认试过吸食大麻。

2. 犯罪黑数高

由于被害人和侵害人是基于自愿原则或者是以自己为被害者的犯罪,因此犯罪很难被发现。加之西方社会非常注重对个人隐私权利的保护,而无被害人的犯罪集中在涉及伦理道德的范围内,犯罪很容易被掩盖。

3. 执法成本昂贵

由于无被害人犯罪比其他犯罪发生的频率高,涉及范围广,对其进行有效的执法监督或者查处的难度很大。而且由于双方是基于自愿而实施的,很难被发现,司法机关在证据的取得上需要花费很大的力量。

---

① 贺晓东、方明:《中国禁毒大视角》,北京大学出版社 1998 年版,第 43 页。

第四章

犯罪被害人学

没有犯罪人就没有犯罪,犯罪人是犯罪行为的实施人。犯罪人[①]是刑事法学中的重要概念,整个刑事法学研究主要是围绕犯罪人展开的,比如犯罪、刑事责任、刑罚等内容。可以说,刑事法学采取"犯罪人中心主义"的研究模式。在犯罪现象、犯罪原因和犯罪预防等犯罪学主要研究对象中,"犯罪人"也是被贯穿始终的,只是各个阶段的侧重点不同而已。

在传统的犯罪预防中,主要是针对犯罪人提出各种防范措施,往往不重视犯罪人的侵害对象——被害人。犯罪预防应当改变"犯罪人中心主义",虽然不必非此即彼地转向"被害人中心主义",但是至少应该重视被害预防在整个犯罪预防体系中的重要作用。

被害人学所要解决的核心问题是如何进行被害预防和被害人保护。

第一节 被害人学概述

一、被害、被害人

被害,一般可以从两层意思上来理解:①受到人为的伤害、杀害;②遭受自然灾害,比如地震、旱涝灾害中遭受的损害。在犯罪被害人学中,仅指第一层含义。

被害人(victim),是加害人的对称,在权威的《现代汉语词典》最近几个版本里

---

① 犯罪人,在刑法学中称为犯罪主体。

有不同的解释。第一种解释为"指刑事、民事案件中受犯罪行为侵害的人。"①，第二种解释为"指刑事案件中受犯罪行为侵害的人"②；第三种解释为"指刑事案件中人身权利、财产权利和其他合法权益受到犯罪行为侵害的人"③。第一种比较简单，且存在错误。第二种解释虽然更正了错误，但仍显得释义简单。第三种解释内容较为丰富，是最接近"被害人"含义的一版，但还是不够准确，并且，"在刑事案件中"的限定语也是可有可无的，因为"受到犯罪行为侵害"显然就体现了刑事案件的含义，增加这个限定也就是起到个强调的作用。

被害人是刑事案件的专门术语，民事案件不存在犯罪行为，即便是刑事附带民事诉讼案件，也是由刑事审判庭审判，本质上是刑事案件，而不是民事案件。并且，"被害人"中的"人"应作扩大理解，不仅仅指自然人，也包括公司、企业、事业单位、机关、团体等单位。刑法学上的犯罪主体就是包括自然人犯罪和单位犯罪。如果被害人重伤或死亡，可能会存在间接受害人，也即被害人需要供养的父母、子女等，但这些人都不能称作被害人。刑法学上的类罪名危害国家安全罪，属于政治犯、国事犯，侵害的是国家安全利益。危害公共安全罪侵害的是社会公共安全利益。

综上，所谓被害人，是指遭受犯罪行为直接侵害而受到财产权利、人身权利或者其他权益损失的承受者，主要是自然人，即个体被害人，其次是单位。广义上的被害人还包括社会和国家，单位、社会和国家属于集体被害人。集体被害人区别于个体被害人最主要的特点是不存在人身损害。单位以及国家与社会的整体作为被害人，最后还是会着落到个人头上。所以说，被害人学最核心的研究对象是个体被害人。个体被害人遭受的损害也是最为广泛的。

我们通常所说的"犯罪被害人"与"被害人"意思相同。因为自然灾害中的受害对象一般称作"灾民"，而不叫"被害人"。所以，将"犯罪被害人"简称为"被害人"不会造成理解上的混乱。需要说明的是，"犯罪被害人"的提法有强调该用语是在犯罪学领域中使用的意味。在刑事法学中，类似的提法是"刑事被害人"，比如在全国人大的立法规划中就出现了该用语④。

与被害、被害人密切相关的用语是受害、受害人。它们的区别在于，"被害、被

---

① 中国社会科学院语言研究所词典编辑室：《现代汉语词典》（增补本），商务印书馆2002年版，第57页。

② 中国社会科学院语言研究所词典编辑室：《现代汉语词典》（第五版），商务印书馆2005年版，第61页。

③ 中国社会科学院语言研究所词典编辑室：《现代汉语词典》（第六版），商务印书馆2012年版，第59页；《现代汉语词典》（第七版），第59页。

④ 《刑事被害人救助法》已被列为十二届全国人大常委会立法规划中。

害人"在刑事科学中使用,而"受害、受害人"用于民事法学中①。

在民事诉讼中,"受害人"是指因侵权行为而遭受人身或财产损害的人。在非正式场合,被害人也称作"被害者",受害人也称作"受害者",但两个术语的后一种提法都不是法律专有名词。

二、被害人学

犯罪被害人学,简称被害人学(victimology),是研究犯罪被害现象、被害原因、被害人及其与犯罪人的相互关系、被害预防、被害人保护的一门刑事科学②。被害人学是在刑法学、犯罪学、刑事诉讼法学及刑事政策学的研究基础上发展起来的交叉学科、边缘学科,与社会学、心理学、伦理学、教育学等学科有着密切的联系。被害人学属于社会学科,有被害人就有犯罪人,其研究对象具有"人为性"因素,所以不应包括诸如气象灾害、海洋灾害、天文灾害等自然因素引起的灾害,这些属于灾害学或者说是自然灾害学的研究范畴③。自然灾害也不存在"犯罪人"一说。犯罪被害人学与刑事被害人学区别,在于前者依赖于犯罪学的犯罪概念,后者以刑法的犯罪为标准。

被害人学是个舶来品,也是一门新兴学科,其研究肇始于20世纪四五十年代的西方国家。1941年,美籍德国犯罪心理学家、汉堡大学教授汉斯·冯·亨梯(1887—1974))在《刑法、犯罪学、警察科学杂志》上发表了《论犯罪人与被害人的相互作用》。④ 这篇著名论文被认为是奠定被害人学的基础之作。

1947年,以色列法学家、律师门德尔松在罗马尼亚精神病学学会上,发表了《被害人学——生物、心理、社会学的一门新科学》(A New Branch of Bio-psychosocial Science:Victimology)的著名演讲,首次明确提出"被害人学"的概念。1948年,亨梯在美国发表了《犯罪人及其被害人》(The Criminal And His Victim)的研究报告。1954年,加拿大精神病学家、精神病医生、犯罪学家艾伦伯格发表了《犯罪人与被

---

① 《中华人民共和国民法总则(草案)》(2016年6月第十二届全国人大常委会第二十一次会议初次审议,同年7月5日在中国人大网公布,向社会公众征求意见)第一百六十四条规定,"为保护他人民事权益而使自己受到损害的,由侵权人承担责任,受益人可以给予适当补偿。没有侵权人、侵权人逃逸或者无力承担责任,受害人请求补偿的,受益人应当给予适当补偿"。

② 被害人学,在最初传入中国时,曾被翻译成被害者学、受害者学,现在通称被害人学。

③ 目前,我国已有自然灾害方面的相关立法,如《自然灾害救助条例》(2010年7月颁布)、《气象灾害防御条例》(2010年1月颁布)、《地质灾害防治条例》(2003年11月颁布)等。国家设立专门的救助组织和部门负责自然灾害的救助工作。国家减灾委员会负责组织、领导全国的自然灾害救助工作,协调开展重大自然灾害救助活动。民政部设置救灾司,承担具体工作。

④ Hans Von Hentig: "Remarks on the Interaction of Perpetrator and Victim", *Journal of Criminal Law, Criminology and Police Science*, vol. 31, No. 3, 1941, pp. 303-309.

害人之间的心理关系》的论文。这三部著作的发表标志着被害人学学科的正式诞生。这三位学者也被誉为"被害人学之父"。

在被害人学学科性质问题上,亨梯与艾伦伯格认为被害人学是犯罪学的分支学科,而门德尔松坚持被害人学应当是独立学科。当然,学科的独立不是一蹴而就的,被害人学学科不可能刚产生就独立,需要一个发展过程。门德尔松的被害人学学科"独立说"表达的是一种应然观点,而不是实然状态。

1965 年,在加拿大蒙特利尔举行的第五届国际犯罪学学会,首次将被害人学列为会议议题之一。1973 年,美国开始进行全国犯罪被害调查,由美国司法部司法统计局负责,每年进行两次调查①。

1973 年,第一届国际被害人学研讨会(First International Symposium on Victimology)在以色列举行,之后每三年在世界各主要地区召开一次。

1976 年,第一份被害人学学术刊物《被害人学国际杂志》(Victimology: An International Journal)在美国华盛顿创立②。

1979 年世界被害人学会在德国明斯特成立。德国著名心理学家、法学家、犯罪学家、被害人学家施奈德(Schneider)教授当选为第一任主席。

1994 年 8 月 21 日,第八届世界被害人学研讨会在澳大利亚阿德莱德市召开,主题为"家庭暴力",与会代表 500 多人,中国首次派出代表参加会议③。2018 年,第 16 届被害人学国际研讨会将首次在中国举办。

世界被害人学会的成立,使被害人学进入了一个有组织发展的新阶段,标志着被害人学开始成为一门独立的学科。

20 世纪 80 年代,被害人学传入我国大陆地区。1982 年,刑事科学杂志《刑事技术》第 3 期上发表的《国外法医学研究新课题》文章中就提到了被害者学一词。1984 年,张卫平在《法学季刊》(《现代法学》前身)第 4 期上发表了《一门新兴的学科——被害者学》,是较早专门讨论被害人学的论文。1989 年,张智辉、徐名涓编译的《犯罪被害者学》在群众出版社出版,这是我国首次出版的关于犯罪被害人学的著作。同年 11 月,中国矿业大学出版社和中国政法大学出版社又分别出版赵可主编的《被害者学》,汤啸天、任克勤编著的《刑事被害人学》。

2010 年 3 月,中国犯罪学学会的五大分支机构之一的犯罪被害人学专业委员会成立。2014 年 11 月,上海大学诉讼法与被害人学研究中心(挂靠在上海大学法学院)成立,这是国内第一个专门研究犯罪被害人问题的学术机构。然而,被害人

---

① 参见 http://www.icpsr.umich.edu/icpsrweb/NACJD/NCVS/index.jsp,最后访问日期 2017-06-07。
② 吴宗宪:《西方犯罪学史(第四卷)》,中国人民公安大学出版社 2010 年版,第 1443 页。
③ 康树华:《加强青少年犯罪的被害人研究》,载《青少年犯罪问题》1995 年第 6 期,第 1 页。

学缺乏独立的全国性学术组织,中国被害人学学会应该尽快成立。

在教学领域,被害人学一般是作为犯罪学课程部分章节出现,鲜有独立开设。比较典型的是,中国人民公安大学在犯罪学本科专业中,开设了犯罪被害人学课程。被害人学学科地位弱小,在我国教育界还是被当作犯罪学的分支学科对待。

在科研领域,被害人学处于稳步发展阶段。我国学者对被害人学的学科性质多持独立说。"被害者学从犯罪学中分离出来,成为一门独立的学科领域,是一种大趋势"[1]。"刑事被害人学应当成为我国法律科学中一门独立的分支学科"[2]。"被害人学有别于犯罪学和其他刑事法律科学,应当是一门独立的刑事法律学科"[3]。从应然角度讲,被害人学应该是一门独立的法学学科,归属于法学学科门类。犯罪学以犯罪人为研究中心,而被害人学以被害人为研究中心,二者的研究侧重点存在明显区别。两个学科之间相互渗透,相互依存,合力研究才能达到预防犯罪与被害的最佳效果。

第二节 被害人与犯罪人

犯罪不是孤立存在的行为,它依存于一定的社会关系之中。"不把加害人与受害人之间的关系,仅仅看成单方面恶与善的一元化和绝对化的对立关系了,而是看成相对的多元化的关系"[4]。犯罪行为的发生离不开被害人的参与。被害人与犯罪人是一对共生的"刑事伙伴"关系。犯罪是犯罪人与被害人交互活动的产物。了解和掌握犯罪人与被害人的互动关系,能够对被害预防起到积极作用。

犯罪人与被害人的角色也不是一成不变的,它们之间有时会发生某种转化,并且主要是正向转化,即由被害人主动向犯罪人转化,而原先的犯罪人被动成为被害人。没有谁愿意主动成为被害人。

一、被害人与犯罪人的互动

被害人与犯罪人的互动关系(criminal and victim interaction),是指被害人与犯罪人各自以其被害原因或者加害原因为作用力,通过语言、行动产生相互影响、相互作用,使犯罪得以发生、发展和演变的过程。被害人与犯罪人的互动模式可以划

---

[1] 赵可:《被害者学》,中国矿业大学出版社1989年版,第11页。
[2] 董鑫、朱启昌、廖钟洪:《刑事被害人学》,重庆大学出版社1993年版,第6页。
[3] 任克勤:《被害人学新论》,广东人民出版社2012年版,第22页。
[4] [日]菊田幸一:《犯罪学》,海沫、刘铎、王世铭、孙惠文译,群众出版社1989年版,第410—411页。

分为四种主要类型,即犯罪人攻击模式、被害人引发模式、冲突模式、斯德哥尔摩模式。

(一)犯罪人攻击模式

犯罪人攻击模式(criminal offense pattern),是指在多数的犯罪与被害过程中,通常是犯罪人有预谋地对被害人进行侵害。

犯罪人一般处于主动的优势地位,被害人则处于被动的劣势地位。被害人与犯罪人的互动体现在,被害人对犯罪人的侵害行为会产生相应的反应,并且反应会由于被害人自身情况和对外界环境的不同而不同。反应可能是积极的作为,也可能是消极的不作为,但都会对犯罪人的侵害行为产生一定的影响,或加剧或削弱,等等[1]。

在法律责任划分上,在此种模式中的被害人往往是无辜的、无责的。"对于被害人在受到侵害的过程中无谓或不当的反抗并不减轻加害人的法律责任,或者被害人的贪利心理而成为诈骗犯罪的被害人也不能因此而追究被害人的法律责任"[2]。但是,有的被害人应该为自己的轻率、轻信、轻浮等性格弱点做出深刻反思。

(二)被害人引发模式

被害人引发模式(victim cause pattern),也有人称为被害人推动模式、被害人催化模式、单向诱发模式,是指被害人的行为构成了犯罪的促进因素,或被害人的行为能够被罪犯理解甚或误解为对于犯罪的赞成或准允,从而使自己成为被害人的作用模式。在一些刑事案件中,被害人是犯罪行为主要的、直接的促成者,被害人激发了犯罪,推动了犯罪,促成了犯罪[3]。被害人的引发行为,包括暗示、诱引、挑衅或加害对方等足以刺激对方不适当地采用侵害行为作为反应的行为。

在此种模式中的被害人往往存在过错,具有可责性,有时需要承担道德责任。在刑法中,案件起因、被害人过错是一种酌定量刑情节。被害人对犯罪行为的发生存在过错的,根据被害人过错程度,可以对行为人酌情从宽处理。

(三)冲突模式

冲突模式(conflict pattern),也称为双向推动模式,是指犯罪人与被害人之间在矛盾与纠纷长期积累过程中,发生侵害与被害的角色互换,最终发展到一方成为被害人为止的互动模式。在互动过程中,由于报复心理致使双方既是加害人又是被害人,存在角色易位现象。冲突模式发生于熟人之间,比如在家庭成员之间或生

---

[1] 赵可:《犯罪被害人及其补偿立法》,群众出版社2009年版,第110页。
[2] 骆群:《犯罪被害人十五讲》,中国法制出版社2016年版,第39页。
[3] [德]汉斯·约阿希姆·施耐德:《国际范围内的被害人》,许章润等译,中国人民公安大学出版社1992年版,第434页。

活伴侣之间长期不睦导致的暴力犯罪案件,而犯罪人攻击模式常发生于陌生人之间。

冲突模式中的最终被害人,有时也构成犯罪人。例如,在家庭暴力犯罪中,妻子对丈夫的虐待忍无可忍,愤而杀夫,丈夫反而成为被害人。丈夫对妻子的殴打达到一定程度即可构成故意伤害罪,丈夫也是犯罪人,只是因为丈夫被杀死,法律不追究其刑事责任而已。

(四)斯德哥尔摩模式

通常情况下,被害人与犯罪人是相互矛盾、对立的,但是在特定情况下,两者却形成了逆转的特殊关系。斯德哥尔摩模式(Stockholm Syndrome Pattern),是指被害人基于生命等方面的严重威胁而出现了创伤性心理状态,从而使其与犯罪人之间的关系由对立转为融洽的一种特殊作用模式,是一种错综复杂的非常态互动模式。该模式又称作斯德哥尔摩综合征、斯德哥尔摩效应、斯德哥尔摩症候群、人质情结、人质综合征,源于斯德哥尔摩银行抢劫案。1973年8月23日,两名劫匪,在意图抢劫瑞典首都斯德哥尔摩市内最大的一家银行失败后,挟持了四名银行职员。在警方与歹徒僵持了130个小时之后,因歹徒放弃而结束。然而这起事件发生后几个月,这四名遭受挟持的银行职员,仍然对绑架他们的人显露出怜悯的情感,他们拒绝在法院指控这些绑匪,甚至还为他们筹措法律辩护的资金,他们都表明并不痛恨歹徒,并表达他们对歹徒非但没有伤害他们却对他们照顾的感激,并对警察采取敌对态度。更甚者,人质中一名女职员竟然还爱上一名劫匪,并与他在服刑期间订婚。在一些教材、专著中,将"斯德哥尔摩综合征"表述为"斯德哥尔摩综合症"。在西医学上,"综合征"是指多个症状和体征组成的一组症候,大多用于有相同症状和体征的一组疾病的描述。"症"是"症状",如头痛、视物模糊、呕吐等,是病人能感知的不适;而"征"是"体征",特指医生检查发现的异常变化,如眼底出血、心脏杂音、病理反射等。例如,更年期综合征。但是,现实中,"综合症"在报刊、网络媒体上却大量被使用,其出现频率反而超过了"综合征"。因此,有人提出,应当将错就错、约定俗成地确定"综合症"的"合法地位",至少可以二者通用。但在医学界与辞书界还是坚持使用"综合征"。

被害人对绑匪产生情感,对绑匪产生一种心理上的好感、依赖。从心理学角度上讲,人性能承受的恐惧有一条脆弱的底线。人质的生死操在劫持者手里,劫持者让他们活下来,他们便不胜感激,甚至反过来帮助劫持者。此种模式中被害人的行为,既可以归结为一种心理急病,也可以看作是一种心理防卫机制。

在有的被害现象中,有一种与经典的斯德哥尔摩模式相反的互动情形,即"罪犯对于自己的被害人产生了喜爱或者赞赏的情绪,并愿意终止侵害,希望与原先的被害人结成更为密切的关系。被害人对此可能并不领情,但也可能心存好感"①。在战俘中,也曾发生过特殊的斯德哥尔摩效应。例如,美军在伊拉克的前黑人女战俘,31岁的苏莎娜·强森接受媒体采访时披露,自己被俘期间,有伊拉克监狱的看守曾经向她表达过爱意!②

二、被害人与犯罪人的转化

被害人与犯罪人的法律地位一般来说是相对固定的,但是在有的场合,会发生转化。被害人与犯罪人的角色转化主要有防卫过当型、报复型及互殴型③等典型方式,是在同一起犯罪案件中,被害人与犯罪人角色的直接转化、相互转化。

(一)防卫过当型

防卫过当型的角色转化,是指当犯罪行为正在发生过程中,出于本能的反应,为制止侵害或减少损害,被害人在高度紧张的应急状态下对犯罪人做出的反抗,明显超出必要的限度而对犯罪人造成重大损害,此时"剧情"发生反转,原先的犯罪人又成了新的被害人。但是,后犯罪人不同于先前犯罪人,后发生的犯罪行为是由先前犯罪人引起的,后犯罪人在主观上是过失,而先前犯罪人是主观故意。尽管如此,后犯罪人仍然应负刑事责任,但是应当减轻或者免除处罚。

(二)报复型

报复型的角色转化,是指在犯罪行为结束后,被害人对犯罪人、犯罪人亲属或社会实施报复性的犯罪行为,从而被害人转化成了新的犯罪人,原先的犯罪人转化为新的被害人。报复型中的被害人,往往不报案或者认为司法不公,经过预谋,采取更为恶劣和残忍的手段,对原先的犯罪人进行报复。报复的对象主要是针对犯罪人,有时也可能针对犯罪人的亲属甚至社会上无辜的不特定人群。探讨报复型分类的意义在于,被害人的亲属和社会应当及时对其进行救助和保护,加强心理疏导,防止恶性循环。

(三)互殴型

互殴型主要发生在暴力斗殴案件中,也就是打群架,参与者可能既是犯罪人又是被害人。斗殴中的双方在主观上都存在故意,而防卫过当型中的犯罪人则在主

---

① 许章润:《犯罪学》(第四版),法律出版社2016年版,第126页。
② 任民:《美伊战女战俘披露难忘经历:伊拉克狱卒向我示爱》,载2004年2月15日《羊城晚报》。
③ 互殴型,有的学者称作双重角色型。双重角色型的提法有些宽泛,含义不具有特定性。因为被害人与犯罪人的角色转化的各种类型都可以看作是双重角色型,被害人也是犯罪人、犯罪人也是被害人。

观上是过失。在刑事责任上,互殴中的首要分子和其他积极参加者可能构成聚众斗殴罪、故意伤害罪、故意杀人罪。

此外,有学者认为被害人与犯罪人角色转化类型还包括认同型(也有称为仿效型)、堕落型、代际转换型(也有称为暴力循环型)等①。但是,这几种类型中的被害人转化成犯罪人,其侵害对象并不是原先侵害自己的犯罪人,而是其他不特定的人。最初的犯罪人不存在转化成被害人的情形。这几种类型可以看作是被害人向另案犯罪人的延续转化,也可以说是广义上的被害人与犯罪人的转化方式。

第三节 被害预防

犯罪问题是社会各种矛盾的综合反映,是一种社会疾病。我们应该通过各种角度,采取多种方法和措施,预防和减少犯罪的发生。犯罪预防,针对犯罪人展开是应有之义,但是也不能忽视被害预防。尤其是在以犯罪人为中心的预防措施未能起到应有的作用时,被害预防的威力就更加突出了。

一、被害预防与犯罪预防

(一)被害预防与犯罪预防的关系

犯罪离我们每个人都并不遥远。生活中,我们每个人都可能是潜在的犯罪被害人。我们可以保证自己不做犯罪人,不去实施犯罪行为,但却无法完全避免成为犯罪人的侵害目标。犯罪是一种复杂、消极的社会现象。现阶段,短时间内无法消除犯罪,而只能打击和预防犯罪。

被害预防,是指潜在被害人和已然被害人为防止和减少初次被害或继续被害而采取自我保护策略和措施的预防犯罪被害的活动。没有被害就没有加害,如果说犯罪人与被害人是一对冤家,那么冤家不碰头就成不了冤家,"及时采取各种措施,防止被害,防止了被害,也就阻止了犯罪的发生"②。

犯罪与被害是一种因果关系,多数情况下,有犯罪人就会有被害人③。预防犯罪与被害预防是一个问题的两个方面,二者相辅相成,最终目的是一致的。但是,

---

① 李伟:《犯罪学的基本范畴》,北京大学出版社2004年版,第181—182页。
② 康树华:《加强青少年犯罪的被害人研究》,载《青少年犯罪问题》1995年第6期,第2页。
③ 特殊情况下,存在相对的无被害人犯罪,比如赌博。严格意义上讲,所有犯罪都有被害人,"无被害人犯罪"的被害人是自己。

被害预防与犯罪预防关注的角度和重点有所区别,"被害预防是从被害人角度研究和实施防止犯罪侵害的自我防范举措;而预防犯罪是根据犯罪原因和规律,探索犯罪诱发因素与制约因素的互动关系,调动社会各方面的力量,制定并实施恰当的对策,防止和减少犯罪的系统工程"①。

在传统的犯罪预防中,多是围绕如何防止潜在的犯罪人实施犯罪行为展开。比如人防物防技防等基本的防范措施,都直接针对犯罪人。但是,如果潜在的被害人不知晓或不会利用防范措施,传统的防范措施也会大打折扣。所以,只有将被害预防与传统的犯罪预防措施相结合,才能达到最佳的犯罪预防效果。并且,被害预防有其自身的优势,"从实际情况看,改变被害人或潜在被害人的行为比改变犯罪人或潜在犯罪人的行为要容易得多,从另一个角度讲,预防被害比预防犯罪要可行得多,效果也更直接"②。

我们平时更多的是强调如何预防和惩治犯罪,而很少关注如何进行被害预防。广义上讲,被害预防也是犯罪预防体系中的一个环节。被害预防包括社会预防、群体预防与个体预防。社会预防是整体性、综合性、宏观性预防,由有关职能部门实施。群体预防属于中观预防。个体预防是社会预防的重要补充,是个人依靠经验、知识和技能实施以避免犯罪侵害,为微观预防。对于个人而言,犯罪被害预防的重要性不容忽视。因为国家的警力是有限的,对公共安全的保护无法做到覆盖每个角落。"被害预防强调公民个人的责任,即每个公民都有预防被害的责任。这与犯罪预防相比,被害预防可以最大限度地调动广大群众的积极性"③。

我们每个普通公民都应该首先学会掌握犯罪被害预防的基本知识。被害预防知识与经验需要推广,被害预防教育需要倡导。"许多人之所以被害,主要原因是缺乏被害者学的知识,对自己身上存在的各种被害因素没有感觉。为此,社会应当利用宣传媒介和可能的机会,对公民进行有关知识的传授,使人们了解自己身上的潜在危险,自觉防止被害"④。

媒体在报道犯罪案件的发生、侦破、审理、执行等信息的同时,也不要忽视普及犯罪被害预防知识。报刊、网络、电视台、广播等媒体可以邀请有关专家进行讲解。中小学校也要开设安全教育课程,提高学生们的自救能力。平安教育需要终身学习。然而,由于受高考指挥棒的影响,我国各级各类学校非常注重提高升学率、就业率,却很少开设生命安全教育课程。这就要求学生家长要更加注重教育青少年学会如何保护自己。高校、科研机构要重视对犯罪学、被害人学的教学与研究工作,培养一批专业队伍,以满足社会对犯罪预防和被害预防相关理论知识的需求。

---

① 汤啸天等:《犯罪被害人学》,甘肃人民出版社1998年版,第206页。
② 张弘:《犯罪预防学》,中国人民公安大学出版社2004年版,第178页。
③ 董士昙:《犯罪预防模式研究》,载《山东警察学院学报》2014年第26卷1期,第95页。
④ 白建军:《犯罪学原理》,现代出版社1992年版,第229页。

此外,有学者建议,全国每年公布一次犯罪白皮书或犯罪(被害)统计,以吸引公众对犯罪被害预防的注意力,提高社会公众对犯罪预防的参与,真正做到被害预防,人人有责①。官方暂不公开社会上的犯罪信息数据,可能也是出于担心对犯罪高发地区造成恐惧的考虑。

(二)被害预防的时空因素

1. 易被害时间——什么时间容易发生犯罪

易被害时间是被害的多发时间。犯罪的发生,从时间角度上讲还是有一定规律可循的,犯罪人一般会选择最为有利的时间实施犯罪行为,在容易接近犯罪目标且容易逃离犯罪现场的时间作案。如果我们平时了解易被害时间就能够预防和减少遭受犯罪侵害的概率。最常见的被害时间,比如,冬末年底是侵财性案件的多发期,夏季是强奸犯罪的多发季节。夜晚和凌晨是盗窃案件多发时段,而诈骗罪多发生在白天。

2. 易被害空间——哪些空间容易发生犯罪

容易发生被害的场所和地点是被害危险环境,是犯罪的高发区和重灾区。影响犯罪人选择犯罪空间的因素主要有防护设施设置情况、被害对象状态、犯罪空间周边治安监控情况、周围人员活动情况等②。被害危险环境下,犯罪人可能会随时出没,捕捉侵害目标,且有利于其作案,不利于被害人防范和反抗。处于被害危险环境的人,被害的可能性很大,有的则必然被害③。

具体而言,荒郊旷野、深巷暗街、地下停车场等都是危险环境。这些地方是抢劫、强奸等犯罪案件的多发地带。女性出行最好结伴,尽量不进入人少的地方或陌生的环境。火车站、商业街等人员流动频繁的开放性空间容易发生盗窃、抢劫等犯罪。而交通工具由于具有移动性,是一类特殊的犯罪空间。公交车上容易发生盗窃,黑车容易发生抢劫、强奸等暴力犯罪。

二、被害性与被害预防

(一)被害性

从防止潜在被害人成为犯罪人实施犯罪的目标上讲,要了解被害人特征。被害性是被害人的主要特征。

---

① 麻国安:《青少年被害人援助论》,中国人民公安大学出版社 2005 年版,第 213 页。
② 周路:《当代实证犯罪学新编——犯罪规律研究》,人民法院出版社 2004 年版,第 244 页。
③ 任玉芳:《刑事被害人学》,中国人民公安大学出版社 1997 年版,第 111 页。

被害性,是指被害人自身存在诱使或强化犯罪行为发生的主客观因素而容易遭受被害的特性,也被称作致害因素或被害因素。并不是所有人都具有被害性,被害性表达的是一种被害的可能性,也即有被害性的人未必能为被害人,因为导致被害还有被害人以外的其他因素。在突发案件中,没有被害性的人也可能成为被害人。比如2001年发生的石家庄"3·16"特大爆炸案,造成108人死亡的严重的后果。犯罪人为泄私愤,采取极其凶残手段,对其仇恨对象所居住的楼房实施爆炸①。该起案件的这些无辜者就不能说有被害性。

对于被害性,可以从被害的诱发性与被害的倾向性两个主要方面作进一步的理解。

1. 被害的诱发性

被害的诱发性,是指在被害人的言行中存在着引起犯罪人的犯罪行为从而使自己被害的因素。在犯罪动机形成和犯罪实施过程中,由于相互对立的被害者与加害者之间的相互作用,使被害者通过自己的言行成为犯罪过程的积极参与者。最明显的例子是被害者的挑衅行为。在加害者的犯罪动机形成中,被害者的行为所起作用的大小表现为被害的诱发性程度,亦表现着被害者的有罪性程度。而诱发作用的大小又与被害者的性别、饮酒以及被害者与加害者的人际关系等情况有关②。被害的诱发性对犯罪人的犯意具有强化作用,起到了祸从口出、引狼入室、引火烧身的副作用。被害人承受着咎由自取的不利后果,应该引以为戒。

2. 被害的倾向性

被害的倾向性,是指被害人所具有的使自己陷入被害情境的心理、生理或外在的趋向或可能。被害的倾向性是被害人所具有的普遍性特征。具有被害倾向性的人具备了进入被害情境而成为犯罪被害人的可能性。但是,只有当外在的加害因素发现和利用了该特征时,被害的倾向性才会转变为被害的现实性③。

(二) 被害性与被害预防

我们掌握了被害人的被害性特征,消除被害因素就可以大大提高被害预防能力。一起犯罪案件的发生,一般包括犯罪人、被害人、犯罪地点、犯罪时间、犯罪起因、犯罪经过、犯罪结果等诸多要素④。从被害预防角度讲,重点关注易被害人群、易被害时间与易被害空间等要素。

---

① 王雷鸣、翟伟:《河北省石家庄"3·16"特大爆炸案侦破纪实》,载2001年3月24日《人民日报》。
② 张智辉、徐名涓编译:《犯罪被害者学》,群众出版社1989年版,第39—40页。
③ 张绍彦:《犯罪学》,社会科学文献出版社2004年版,第99页。
④ 犯罪过程可以描述为何人(犯罪人、被害人)、何故(起因)、何时(犯罪时间与被害时间)、何地(犯罪地点与被害地点)、何果(犯罪后果)等要素的综合体。

1. 易被害人群——什么样的人容易被害

根据生活方式暴露理论,一个人之所以被害,是由于其生活方式中具有的某些特性决定了个体经常处于被害的危险情境,或者被害人由于经常与具有犯罪特性的人接触而增加了个体被害危险。生活方式决定着某人在特定时空与具有某种人格特性的特定人的接触,从而导致具有某种生活方式的人容易在特定时空条件下成为被害对象;也就是说,不同的生活方式蕴含着不同的被害危险,经常与具有犯罪特性的人交往的人,暴露在危险情境中的机会越多,被害的可能性越大[①]。暴露在公共场所的频率与被害风险成正比,歌舞厅与酒吧服务人员、出租车司机被害可能性更大。在歌厅这种人员流动性大、身份各异的场所工作,容易成为犯罪人选择的作案目标。

犯罪人也是吃柿子拣软的捏,他们会寻找容易下手的作案目标。如果认为作案难度大或者作案后难以逃脱法网,那么,除激情犯罪外,绝大多数犯罪人是不会作案的[②]。一些人之所以遭受犯罪侵害,一个重要因素是缺乏被害预防意识。有道是害人之心不可有,防人之心不可无。风险社会保持警惕性非常必要。医学上讲,预防是最好的治疗。这句话在被害预防领域同样适用。我们普通公民要提高被害预防的主动性和自觉性。那些具有违法行为、不道德行为的人以及具有炫富、贪利、轻信、迷信等性格的人更容易成为犯罪侵害对象。另外,"个人隐私的暴露不但会增加被害易感性,而且会增加公安司法机关查破案件的难度。在个人隐私暴露的情况下,个人的防范不但极为空虚,而且十分脆弱,甚至有陷入被动的危险"[③]。

从年龄与性别上讲,未成年人容易成为被拐卖的被害人,老年人容易成为财产诈骗的被害人,穿着暴露的女性及娱乐场所的女性容易成为性犯罪的被害人。

从职业与社会地位上讲,企业主、富豪容易成为绑架案的被害人。1996年,香港富商李嘉诚的长子李泽钜被世纪大盗张子强绑架,李嘉诚被勒索赎金10.38亿港币。李嘉诚的反思话语耐人寻味。他说,"我们在香港知名度这么高,但是一点防备都没有,比如我去打球,早上五点多自己开车去新界,在路上,几部车就可以把我围下来,而我竟然一点防备都没有,我要仔细检讨一下"[④]。作为多次登上胡润全球富豪榜华人首富宝座的一位超级富豪,李嘉诚在商业方面善于防范风险,但是在个人家庭安全方面却过于大意!痛定思痛,张子强事件后,李嘉诚投资超过10

---

① 宋浩波:《犯罪学新编》,中国人民公安大学出版社2003年版,第222页。
② 陈和华:《被害性的犯罪心理学分析》,载《犯罪学论丛》(第七卷),中国检察出版社2009年版,第405页。
③ 汤啸天、任克勤:《刑事被害人学》,中国政法大学出版社1989年版,第194页。
④ 陈新焱:《李嘉诚接受南方周末专访》,载2013年11月29日《南方周末》。

亿港币用于家庭安防安保,包括购置全球顶级高标准防弹车,重新装修住宅等。

当今社会,富豪、高官等社会名流,通过配备保镖、警卫人员,防止发生被害风险。

2. 人际关系中的被害预防

人不能脱离社会而存在,人是社会的产物,人的本质属性是社会性。作为社会上的人,不可避免地要与他人发生各种联系。在人际交往过程中,存在着合作、竞争与冲突的互动关系。从被害预防角度讲,我们应该学习古人的智慧。子曰:"与善人居,如入芝兰之室,久而不闻其香,即与之化矣;与不善人居,如入鲍鱼之肆,久而不闻其臭,亦与之化矣。丹之所藏者赤,漆之所藏者黑,是以君子必慎其所处者焉。"生活与工作过程中,要防止不当的人际交往而使自己陷入不利境地,应谨慎地选择与自己相处的人和环境。对危险者要敬而远之,采取回避策略,即为"人们采取的限制与危险人物和令人害怕的情境接触的行动(如不允许陌生人进入家门或是在无人街道上对尝试搭讪的路人不予理睬)"[①]。

例如:33岁的张某原是北京大学光华管理学院的硕士研究生且已婚,与43岁的银行职员张女士在乘坐公交车时相识,后发展成情人关系,两人开房时,张某偷录下两人的性爱视频,后多次以此要挟张女士投资或借款百万元,否则就曝光视频,张某因犯敲诈勒索罪被海淀法院判处有期徒刑7年[②]。张女士对一个偶遇的陌生男子,在不能核实其真实身份情况下,就轻易与之进行亲密交往,显系轻率,交友不慎,落得个被骗色骗财的结局,教训深刻。

3. 身陷险境中的被害自救

预防措施不是万能的,不能化解所有被害危险。个人一旦身陷危险之中,不能气馁,也不能消极等待,而是要积极进行自救,把危险控制在最小范围。生命是最宝贵的,面对歹徒的各种无理要求,被害人不要与之发生正面冲突,而是拖延时间,机智灵活,懂得应变,伺机逃脱,促使犯罪人终止或减轻对自己的侵害。并且,也不要刺激犯罪人,以免其加重对自己的侵害。并且可以采取"化敌为友"的策略,"在犯罪行为的准备和实施过程中,如果能及时唤醒犯罪人作为人的感情,使其把被害人视为与自己同类的人,就可能适时制止或减轻犯罪的危害"[③]。即使在无力抵抗情形下,也要暗暗记住犯罪人的体貌特征,及时报案,避免再次被害和他人受害。

虽说吃一堑可以长一智,但再好的刀伤药也不如不割口。我们在日常生活和

[①] [美]安德鲁·卡曼:《被害人学导论》(第六版),北京大学出版社2010年版,第108页。

[②] 张淑玲:《北大硕士生持艳照敲诈情人百万 开房偷拍性爱视频》,载2016年4月27日《京华时报》。

[③] 康树华、王岱、冯树梁:《犯罪学大辞书》,甘肃人民出版社1995年版,第51页。

工作中要关注被害预防,防被害于未然,做到善处平安,减少乃至杜绝被害性。

三、被害人化与被害预防

被害人化是指遭受犯罪行为侵害继而被害后果不断恶化的过程,这个过程可以划分为三个阶段,即第一次被害化人、第二次被害化人和第三次被害化人。被害人化理论是由日本被害人学奠基人宫泽浩一教授提出并加以推广的。

(一)第一次被害人化

第一次被害人化,即初次被害,是指个体、单位遭受犯罪行为侵害的过程。第一次被害人化是实现非被害人向被害人转化的过程。导致被害的因素有被害人的人口统计学指标、心理因素、被害人与犯罪的关系、社会变迁因素以及时空因素。第一次被害人化的具体情况因犯罪类型的不同而变化,即使同一类型的犯罪,具体形式也千差万别。例如,宫泽浩一在《被害者化及其对策》中指出职业、社会地位等因素既可能增加个体的被害性,也可能降低被害性。拥有较高收入者,既可能因其高收入成为犯罪人瞄准的对象,也可能因其财力和社会影响力而有条件加强保卫。

对于第一次被害人化,被害预防策略可以分为一般被害预防和重点被害预防。一般被害预防主要是通过消除刺激性、改变脆弱性来防止被害的可能性。例如,对于盗窃犯罪的被害预防,主要是管好藏严、设置障碍、提高警惕;对于性犯罪的被害预防,主要是检点自身的作风行为。重点被害预防主要是对特殊人员的被害预防。例如,财会出纳人员、供销保管人员、少女以及先行加害行为人,由于他们与其他人相比被害的可能性更大一些,因此要重点防范。[①]

(二)第二次被害人化

第二次被害人化,是指被害人或其亲属在参与刑事司法过程中,或者在被害后受到社会或其亲属、朋友的不良反应和态度,加深其被害后果的过程。这一过程是被害人因受犯罪行为侵害而引发的二次被害,又称作再次被害或再度被害。在刑事侦查、公诉、审判过程中,被害人往往需要接受询问,怀着痛苦的心情陈述被害情节,以及司法机关对被害人权利的忽视,使被害人再一次受到情感上的伤害和权益上的损害。新闻媒体不加限制地报道被害人及其亲属的个人隐私,被害人遭受犯罪行为侵害后又遭到其亲朋好友的忽略、嘲笑、指责甚至辱骂或者过度关心等,这些都会导致被害人尚未平静的生活又添新乱,再次受到种种伤害。

(三)第三次被害人化

第三次被害人化,是指经过两次被害人化的被害人,自我消沉、自暴自弃、自我

---

① 王延君:《被害人化问题刍议》,载《法学研究》1990年第3期,第37页。

毁灭以及由被害人向犯罪人转化的过程。"第三次被害人化是被害人被害后心理发展的一个重要时期,由于处于自我封闭的状态,缺少外界良性因素的介入,其心理发展常常形成螺旋式的恶性循环:自责→孤独→自卑→绝望"①。造成第三次被害人化的原因,除了个体性格、社会地位等因素外,主要是由于被害人无法获得必要的帮助和公正的对待,使其感到孤立无援,无法排遣内心痛苦,由此导致过度自我谴责、情绪压抑,甚至自残或实施报复。

可以采取以下对策防治第二次被害人化与第三次被害人化:①进行以被害人权益保护为导向的司法改革;②平衡好新闻自由与被害人权益保护的关系;③教育社会公众及被害人亲属对被害人,尤其是敏感案件、敏感个性的被害人予以适当反应;④建立被害援助组织,为被害人提供心理、医疗、法律等方面的帮助,促使被害人及其亲属,尤其是抗被害化能力较低的被害人走出困境;⑤为缓和被害人对犯罪人的仇恨和对其严厉惩罚的诉求,同时提高犯罪人社会回归的概率,应减少机构处遇,增加社区处遇,利用被害赔偿、犯罪人向被害人赎罪等方法促使被害人与犯罪人和解②。

被害过程具有三个阶段,这使我们认识到被害后果并不仅仅随着犯罪的结束而停止,如果对被害人和被害后果没有给予应有的重视和科学的解决,这种后果会进一步恶化。被害人化的防治对策除了需要个人及家庭的努力,更强调的是绝大多数被害人仅靠自身是无法摆脱困境的,更加根本和有效的防治责任在于政府,需要政府进行刑事司法改革,建立相应的救助机制,加大相关宣传③。

第四节 被害人保护

我国刑事司法的主要目的是惩罚犯罪人,预防其重新犯罪,警示潜在犯罪人,从而起到保护人民的作用。刑事司法对人民的保护,虽然包括被害人,但却没有突出被害人。打击刑事犯罪,尤其暴力犯罪,首先保护的应该是实际被害人,然后才是潜在的被害人。"在刑事诉讼中不再仅仅是涉及作案人的人权,而且,最根本、最重要的是涉及受害人的人权"④。

我国的刑事司法,公诉案件采取围绕犯罪人展开的侦查、公诉、审判等程序模式,自诉案件直接进入审判程序。整个刑事案件处理过程中,犯罪人享有国家刑事

---

① 王延君:《被害人化问题刍议》,载《法学研究》1990 年第 3 期,第 39 页。
② 李伟:《犯罪被害人学教程》,北京大学出版社 2014 年版,第 143—144 页。
③ 李伟:《犯罪被害人学》,中国人民公安大学出版社 2010 年版,第 96 页。
④ [德]汉斯·约阿希姆·施耐德:《犯罪学》,吴鑫涛、马君玉译,中国人民公安大学出版社 1990 年版,第 816 页。

立法规定的诉讼权利和其他各种权益保障,比如犯罪嫌疑人、被告人可以聘请律师为其作无罪、罪轻或减轻、免除刑事责任的辩护。即使在刑罚执行阶段,罪犯仍可以获得监外执行、减刑、假释、释放后的安置和救济等处遇。

《监狱法》第37条规定:"对刑满释放人员,当地人民政府帮助其安置生活。刑满释放人员丧失劳动能力又无法定赡养人、扶养人和基本生活来源的,由当地人民政府予以救济。"对刑满释放人员的保障早已上升到了国家立法层面。并且,从国家到地方都设置了专门机构,对刑满释放人员的安置帮教工作进行了全覆盖。司法部基层工作指导司就有指导、监督刑满释放人员帮教安置工作的职能。各省级司法局都设有安置帮教工作管理机构。通过对刑满释放人员多种渠道的引导、扶助、救济等安置帮教,使他们生活有出路,就业有门路,预防和减少重新违法犯罪,维护社会稳定。

相对于犯罪人而言,被害人往往更是弱势群体,需要更多的保护。然而,目前无论是立法上还是司法实践中,对被害人权利保护都没有达到应有的高度。

有权利必有保护,有侵害必有救济。被害人保护主要是司法保护、国家救助与社会救助等方面。

一、被害人司法保护

被害人司法保护主要体现在刑事司法保护与法律援助方面。

(一)我国刑事被害人权利保护立法现状

我国的现行法律,对被害人保护主要体现在以下几个方面。

1. 被害人具有获得经济损失赔偿权、民事赔偿优先权

根据我国《刑法》有关规定,由于犯罪行为而使被害人遭受经济损失的,对犯罪分子除依法给予刑事处罚外,并应根据情况判处赔偿经济损失。承担民事赔偿责任的犯罪分子,同时被判处罚金,其财产不足以全部支付的,或者被判处没收财产的,应当先承担对被害人的民事赔偿责任。

"由于犯罪行为而使被害人遭受经济损失",既包括由犯罪行为直接造成被害人物质损失的,如损坏财物、盗窃、诈骗等直接侵害财产的犯罪行为,也包括由于犯罪行为的侵害间接造成被害人经济上的损失,如伤害行为,不仅使被害人身体健康受到损害,而且使被害人遭受支出医疗费用等经济损失。在刑事案件中,判处财产刑同时承担民事赔偿责任的,执行时采用民事优先的原则,以加强对被害人合法权利的保护[①]。对于追缴和退赔的犯罪分子违法所得的,如果是属于被害人的合法财物,应当及时返还。对于被害人的合法财产被损坏或者已经不存在的,应当折价

---

① 郎胜:《中华人民共和国刑法释义》,法律出版社2015年版第六版,第35页。

退赔。

2. 被害人具有当事人的诉讼主体地位

我国1979年颁布的《刑事诉讼法》，仅将当事人作为"诉讼参与人"对待，而没有承认被害人的当事人资格。1996年第一次修正的《刑事诉讼法》，正式将被害人纳入当事人范畴，从而被害人具有了当事人的诉讼主体地位，加强了被害人权益的保护力度。

被害人由于被告人的犯罪行为而遭受物质损失的，在刑事诉讼过程中，有权提起附带民事诉讼。被害人死亡或者丧失行为能力的，被害人的法定代理人、近亲属有权提起附带民事诉讼。

（二）我国刑事被害人权利司法保护存在的问题及完善

我国《刑法》《刑事诉讼法》虽然规定了被害人具有获得经济损失赔偿权、当事人诉讼主体地位等权利，但是，在司法实践中，被害人的权利往往被边缘化，需要逐步加以完善。

1. 刑事庭审上被害人席位弱化

刑事案件在法院开庭审理时，法庭上设有法官席、公诉人席、被告人席、辩护人席与旁听席，但却没有设置被害人席，被害人成了"被遗忘的人"。如果有被害人参加庭审，一般是坐在旁听席上。只有刑事附带民事公诉案件开庭时，被害人或其法定代理人、近亲属以附带民事原告人的身份坐在公诉人席旁边参加庭审，而没有正式席位。在刑事自诉案件中，因为没有公诉人，被害人才得以坐在自诉人席上。被害人席位的弱化可以反映出其诉讼地位的边缘化。

被害人在庭审中的席位模式不只是一个形式问题，而是可以直观地反映出控、辩、审等诉讼主体在刑事司法过程中的法律地位和相互关系。今后，刑事法庭应该为被害人设置应有的席位。

2. 刑事司法过程中，被害人意见重视程度不够

从委托诉讼参与人介入时间上看，犯罪嫌疑人自被侦查机关第一次讯问或者采取强制措施之日起，有权委托律师作为辩护人。而公诉案件的被害人及其法定代理人或者近亲属，附带民事诉讼的当事人及其法定代理人，自案件移送审查起诉之日起，才有权委托诉讼代理人。也就是说，犯罪嫌疑人在侦查阶段即可委托律师为其提供法律帮助，而被害人只能在公诉阶段才可以委托诉讼代理人，被害人委托诉讼参与人的时间整整比犯罪嫌疑人晚了一个阶段。

刑事司法实践中，在侦查阶段，被害人主要是配合侦查机关的询问、人身检查等。在公诉阶段，公诉机关并不重视被害人对案件的意见。在审理阶段，被害人仅仅是可以就起诉书指控的犯罪进行陈述，被害人、附带民事诉讼的原告人经审判长许可，可以向被告人发问。但是，法庭辩论环节，是在法庭主持下的控辩双方之间进行，被害人没有机会参与辩论，也就无法向法庭发表对案件的处理意见，比如量

刑建议等，也就难以充分维护自身的合法权益。

公诉案件，刑事裁判文书首部只列公诉机关、被告人、辩护人等主体，而不列被害人，只是在正文才提及被害人。自诉案件，因为没有公诉机关的介入，刑事裁判文书首部才列出自诉人或自诉人暨附带民事诉讼原告人作为诉讼主体。即使在裁判文书正文，被害人也只是在法院"经审理查明"的事实部分中，从"被害人陈述"角度，发挥着证人证言的作用。

被害人的诉讼地位虽然法律规定为当事人，但实际上相当于证人，被害人陈述是证据的一种。司法机关更为关注被害人的证人作用，而忽略被害人的权益保护。并不是说有了侦查机关、公诉机关、审判机关，就可以实现被害人权利的保护，刑事司法机关作为公权力的代表，其刑事司法活动与被害人的权利诉求是有一定差距的。被害人介入刑事司法程序的力度应该进一步加强，被害人的当事人诉讼地位有待进一步提高。

3. 刑事附带民事诉讼范围缩小

我国《刑法》第36条规定，由于犯罪行为而使被害人遭受经济损失的，对犯罪分子除依法给予刑事处罚外，并应根据情况判处赔偿经济损失。然而，我国《刑事诉讼法》第99条却规定，被害人由于被告人的犯罪行为而遭受物质损失的，在刑事诉讼过程中，有权提起附带民事诉讼。在刑事诉讼上，刑事附带民事诉讼，仅仅针对物质损害，而不是财产损失或经济损失，无形中缩小了被害人的救济途径。虽然，被害人可以在刑事诉讼程序之外，另行提起民事诉讼索赔，但是却要承担相应的诉讼费。而民事附带刑事诉讼案件是不收取诉讼费的。并且，犯罪人如果是被收监执行，应诉也不方便。在犯罪人的刑罚生效后，其对被害人的赔偿积极性会大打折扣，甚至是不以为然。他们会抱着一种消极的态度对待被害人的索赔。此外，刑事附带民事诉讼范围没有将精神损失包括进去也是不合理的，在民事司法实践中，已经将精神损失赔偿纳入其中。并且，刑事附带民事诉讼范围不应仅限于被害人本人，被害人的直系亲属也应该包括在内。

4. 被害人没有上诉权，而抗诉请求权实现困难

《刑事诉讼法》第218条规定，被害人及其法定代理人不服地方各级人民法院第一审的判决的，自收到判决书后五日以内，有权请求人民检察院提出抗诉。在刑事诉讼中，被告人享有上诉权，而被害人仅具有抗诉请求权且常常不能实现。被害人没有上诉权就不能直接启动二审程序。显然，同样作为当事人，被害人与被告人的权利是不对等的，是失衡的。被害人作为当事人的诉权是不完整的。所以，应该赋予被害人上诉权。"赋予被害人以上诉权，是被害人当事人诉讼地位的重要体现，也是切实保护被害人权益的要求。"[1]

---

[1] 赵国玲：《中国犯罪被害人研究综述》，中国检察出版社2009年版，第138页。

5. 被害人获得赔偿困难

多年来，刑事案件赔偿难一直是我国司法实践中的难题。尽管刑事附带民事诉讼案件数量逐年上升，但是，由于罪犯不具备赔偿能力或者案件长期无法侦破等原因，导致实际上获得赔偿的刑事被害人只是少数，大量刑事附带民事诉讼案件成为"空头判决"，被害人求偿不能，求助无路，其合法权益无法得到保障。《监狱法》第72条规定："监狱对参加劳动的罪犯，应当按照有关规定给予报酬并执行国家有关劳动保护的规定。"那么，可以考虑提取罪犯在狱中一定比例的劳动报酬，作为给予被害人的经济损失赔偿。据统计，约有80%的刑事被害人无法从被告人处获得赔偿。且被害人应获得的赔偿额与实际赔偿结果悬殊。在众多无法获得赔偿或赔偿不足的被害人家庭中，不乏因遭受犯罪行为导致自身或家庭陷入贫困，基本生活无法维持的情况。所以，应当由国家救助和社会救助等救济途径，帮助被害人渡过难关。

（三）法律援助

2000年4月，最高人民检察院、司法部发布《关于在刑事诉讼活动中开展法律援助工作的联合通知》。通知规定，人民检察院办理审查起诉案件，自收到移送审查起诉的案件材料之日起三日内，在根据《刑事诉讼法》的规定告知被害人及其法定代理人或者其近亲属、附带民事诉讼的当事人及其法定代理人有关诉讼权利的同时，应当告知其如因经济困难无力委托诉讼代理人的，可以向当地法律援助机构申请法律援助。

2001年3月，海口市人大常委会颁布的《海口市法律援助办法》规定，人民检察院办理的刑事案件的被害人及其法定代理人或者其近亲属、附带民事诉讼的当事人及其法定代理人，如因经济困难无力委托辩护人的，可以通过人民检察院向市、区法律援助机构申请法律援助。这是被害人法律援助较早的地方性法规。

2003年7月，国务院颁布了《法律援助条例》。该条例规定，刑事诉讼中。公诉案件中的被害人及其法定代理人或者近亲属，自案件移送审查起诉之日起，自诉案件的自诉人及其法定代理人，自案件被人民法院受理之日起，因经济困难没有委托诉讼代理人的，公民可以向法律援助机构申请法律援助。随后，根据最高人民法院、最高人民检察院、公安部、司法部联合发布的《关于刑事诉讼法律援助工作的规定》，被害人申请法律援助，可以向办理案件的人民检察院、人民法院所在地同级司法行政机关所属法律援助机构申请。公民经济困难的标准，按案件受理地所在的省、自治区、直辖市人民政府的规定执行。

目前，我国已经建立了较为完善的被害人刑事法律援助有关组织机构。

1. 法律援助机构

1992年5月，在我国著名人权法专家万鄂湘教授倡议下，武汉大学社会弱者权利保护中心正式挂牌成立，成为全国首家社会弱者权利保护机构和民间法律援助机构。2003年1月该中心在湖北省民政厅正式注册,成为湖北省第一家注册的提供法律援助的民办非企业单位。1995年11月,广州市法律援助处成立,是全国首家政府设立的法律援助机构。目前,各省市的司法行政机关都设立了法律援助中心。1996年,经中央编制办公室批准,司法部法律援助中心成立。该中心是直属于司法部的正厅局级行政性事业单位,代表司法部具体负责指导、监督全国的法律援助工作。

2. 中国法律援助基金会

1997年,经国务院批准,中国法律援助基金会在民政部依法登记成立,是目前我国唯一一家致力于发展法律援助事业的全国性公募基金会,其宗旨是保障全体公民享受平等的司法保护,维护法律赋予公民的基本权利。被害人作为弱势群体,属于受援助对象。

3. 法律援助行政管理机关

2008年7月,司法部增设法律援助工作司,其主要职能为:指导、检查法律援助的法律法规和政策的执行工作;规划法律援助事业发展布局;承担法律援助机构、法律援助工作人员的监督管理工作;指导社会组织和志愿者开展法律援助工作。

二、被害人国家救助

建立刑事被害人国家救助制度体现的是一种国家责任。"对刑事被害人进行救助,不仅是国家应有的人文关怀,也可以说是国家的义务所在。因为公民被害,与国家没有提供一个安全的生存和生活环境有关,因此国家也要承担一定责任。"[①]

(一)司法救助

我国的被害人司法救助工作起步较晚,近年来一些地方在司法实践上开始对刑事被害人进行了一定经济救助。国家有关部门也陆续出台了一些规范性文件,积极推动了刑事被害人司法救助制度的建立和完善。国家层面的相关立法也已经被列入了全国人大常委会的立法规划。司法救助本质上是社会保障体系的一部分,不是国家赔偿,是临时性社会保障措施,是直接针对案件的被害人采取的一次性救助,不针对同一对象长期适用或者多次反复进行,不取代社会保障。

1. 国内外刑事被害人权利保护立法概览

从国外各国刑事被害人立法考察来看,欧美国家相关立法较为完善。1965

---

① 刘仁文:《死刑的全球视野与中国语境》,中国社会科学出版社2013年版,第218页。

年,美国加利福尼亚州通过《犯罪被害人政府赔偿条例》,加利福尼亚州成为美国第一个建立特别基金补偿犯罪被害人损失的州。随后,美国其他各州陆续效仿实施。1984年,美国国会通过《犯罪被害人法案》(Victims of Crime Act,VOCA)。英国1964年颁布了《刑事伤害补偿方案》,荷兰1975年颁布了《暴力犯罪补偿基金会临时设置法》,德国1979年颁布了《暴力行为被害人赔偿法》,日本1980年颁布了《犯罪被害人等给付金支给法》,韩国在1987年颁布了《犯罪被害者救助法》,等等。1985年11月29日,联合国大会通过了被称作"被害人权利宣言"的《为罪行和滥用权力行为受害者取得公理的基本原则宣言》。该宣言第12条规定,当无法从罪犯或其他来源得到充分的补偿时,会员国应设法向受害者、其家属特别是受扶养人等提供金钱上的补偿。

在国内,1998年10月,台湾颁布实施"犯罪被害人保护法"。2009年5月,江苏省无锡市人大常委会颁布《无锡市刑事被害人特困救助条例》,这是第一个刑事被害人救助地方性法规。2009年11月,宁夏回族自治区人大常委会颁布《宁夏回族自治区刑事被害人困难救助条例》,该条例是首个刑事被害人救助省级地方性法规。2012年6月,包头市人大常委会颁布地方性法规《包头市刑事被害人困难救助条例》。

2010年7月,国务院颁布《自然灾害救助条例》,自然灾害救助制度得以建立。2014年2月,国务院颁布的《社会救助暂行办法》进一步明确,国家建立健全自然灾害救助制度,对基本生活受到自然灾害严重影响的人员,提供生活救助。在自然灾害面前,受灾人员是无辜的,应当给予救助。然而,犯罪可以说是一种社会灾害,被害人多数是无辜的,也应该建立刑事被害人救助制度。

刑事被害人救助工作作为一项制度安排,在地方立法和司法实践基础上,已经具备上升为国家立法的条件。在十二届全国人大常委会五年任期的立法规划中,《刑事被害人救助法》被列入第二类项目,即需要抓紧工作、条件成熟时提请审议。刑事被害人救助法的出台已为时不远。

2. 我国刑事被害人国家救助的司法实践与制度构建

2015年12月,中央政法委、财政部、最高人民法院、最高人民检察院、公安部、司法部联合颁布了《关于建立完善国家司法救助制度的意见(试行)》。国家司法救助是对遭受犯罪侵害或民事侵权,无法通过诉讼获得有效赔偿的当事人采取的辅助性救济措施。国家司法救助,应当坚持辅助性救助、公正救助、及时救助、属地救助的基本原则。

开展国家司法救助是中国特色社会主义司法制度的内在要求,是改善民生、健全社会保障体系的重要组成部分。当前,我国正处于社会矛盾凸显期、刑事犯罪高发期。随着越来越多的矛盾以案件形式进入司法领域,一些刑事犯罪案件,因案件无法侦破、被告人没有赔偿能力或赔偿能力不足,致使受害人及其近亲属依法得不到有效赔偿,生活陷入困境的情况不断增多。有的由此引发当事人反复申诉上访甚至酿成极端事件,损害了当事人合法权益,损害了司法权威,影响社会和谐稳定。近年来,各地积极探索开展刑事被害人救助工作,对解决困难群众燃眉之急,及时化解矛盾纠纷,收到了良好的效果。但是,司法救助工作总体上仍处于起步阶段,发展还不平衡,救助资金保障不到位、对象不明确、标准不统一、工作不规范等问题亟待解决。党的十八届三中全会通过《中共中央关于全面深化改革若干重大问题的决定》,要求完善人权司法保障制度,健全国家司法救助制度,为进一步加强和改进司法救助工作指明了方向。实现国家司法救助工作制度化、规范化,对受到侵害但无法获得有效赔偿的当事人,由国家给予适当经济资助,帮助他们摆脱生活困境,既彰显党和政府的民生关怀,又有利于实现社会公平正义,促进社会和谐稳定,维护司法的权威和公信。

对下列刑事案件被害人员提出国家司法救助申请的,应当予以救助:刑事案件被害人受到犯罪侵害,致使重伤或严重残疾,因案件无法侦破造成生活困难的;或者因加害人死亡或没有赔偿能力,无法经过诉讼获得赔偿,造成生活困难的;刑事案件被害人受到犯罪侵害危及生命,急需救治,无力承担医疗救治费用的;刑事案件被害人受到犯罪侵害而死亡,因案件无法侦破造成依靠其收入为主要生活来源的近亲属生活困难的;或者因加害人死亡或没有赔偿能力,依靠被害人收入为主要生活来源的近亲属无法经过诉讼获得赔偿,造成生活困难的;刑事案件被害人受到犯罪侵害,致使财产遭受重大损失,因案件无法侦破造成生活困难的;或者因加害人死亡或没有赔偿能力,无法经过诉讼获得赔偿,造成生活困难的;举报人、证人、鉴定人因举报、作证、鉴定受到打击报复,致使人身受到伤害或财产受到重大损失,无法经过诉讼获得赔偿,造成生活困难的;根据实际情况,认为需要救助的其他人员。

申请国家司法救助人员,具有以下情形之一的,一般不予救助:对案件发生有重大过错的;无正当理由,拒绝配合查明犯罪事实的;故意作虚伪陈述或者伪造证据,妨害刑事诉讼的;在诉讼中主动放弃民事赔偿请求或拒绝加害责任人及其近亲属赔偿的;生活困难非案件原因所导致的;通过社会救助措施,已经得到合理补偿、救助的。对社会组织、法人,不予救助。

国家司法救助以支付救助金为主要方式。同时,与思想疏导、宣传教育相结合,与法律援助、诉讼救济相配套,与其他社会救助相衔接。有条件的地方,积极探索建立刑事案件伤员急救"绿色通道"、对遭受严重心理创伤的被害人实施心理治疗、对行动不便的受害人提供社工帮助等多种救助方式,进一步增强救助效果。救助方式多样化的意义在于,"对被害人的救助范围,要注意能够促使其真正的复归社会,而不能使其一直处于待经济援助的弱势群体之列"[1]。

---

[1] 单勇:《犯罪学》,厦门大学出版社2012年版,第155页。

各地应根据当地经济社会发展水平制定具体救助标准,以案件管辖地上一年度职工月平均工资为基准,一般在36个月的工资总额之内。损失特别重大、生活特别困难,需适当突破救助限额的,应严格审核控制,救助金额不得超过人民法院依法应当判决的赔偿数额。

确定救助金具体数额,要综合考虑救助对象实际遭受的损害后果、有无过错以及过错大小、个人及其家庭经济状况、维持当地基本生活水平所必需的最低支出,以及赔偿义务人实际赔偿情况等。

2016年7月,为加强和规范审判、执行中困难群众的国家司法救助工作,维护当事人合法权益,促进社会和谐稳定,结合人民法院工作实际,最高人民法院颁布了《关于加强和规范人民法院国家司法救助工作的意见》。

2016年8月,最高人民检察院发布《人民检察院国家司法救助工作细则(试行)》,对救助的对象和范围、方式和标准、工作程序、申请受理、申请审查与决定、救助金发放、救助资金保障和管理、责任追究等实施细则进行了规定。

刑事被害人国家救助制度建立以来成效显著。2015年,全国共发放司法救助资金16.69亿元,71 700个司法救助案件的当事人及其家庭得到救助。截至2015年年底,公安机关累计对6338人发放司法救助资金约1.4亿元[①]。尽管刑事被害人国家救助制度的实施取得了一定效果,但是还应该在以下几个方面进一步完善该项制度,从而更好地保护刑事被害人的合法权益。

(1)设立刑事被害人救助基金。国际上,联合国《为罪行和滥用权力行为受害者取得公理的基本原则宣言》第13条规定,"应鼓励设立、加强和扩大向受害者提供补偿的国家基金的做法"。

在国内,2003年10月,全国人大常委会颁布的《道路交通安全法》规定,设立道路交通事故社会救助基金。2006年3月,国务院颁布的《机动车交通事故责任强制保险条例》对道路交通事故社会救助基金的使用范围、基金来源做出规定。2009年9月,财政部、保监会、公安部、卫生部、农业部联合颁布《道路交通事故社会救助基金管理试行办法》,对救助基金筹集、垫付费用、基金管理等具体事项进一步细化。

除了交通意外事故,道路交通事故一般是因一方、两方或者两方以上当事人的过错所导致。违反交通运输管理法规因而发生重大事故的构成犯罪。对道路交通事故受害人的救助属于对特定人员的救助,但是可以被推广借鉴到刑事被害人救助措施中。

国家司法救助资金的筹集,是一种政府主导、社会广泛参与的资金筹措方式。

---

① 中华人民共和国国务院新闻办公室:《中国司法领域人权保障的新进展》,载《人民日报》2016年9月13日。

各地国家司法救助资金由地方各级政府财政部门列入预算,统筹安排。同时,鼓励个人、企业和社会组织捐助国家司法救助资金。从有利于社会救助基金的筹集、使用和管理角度讲,今后应该统一设立社会专项基金,即刑事被害人救助基金。救助基金实行统一政策、地方筹集、分级管理、分工负责。省级人民政府应当设立刑事被害人救助基金。

(2)建立刑事被害人援助组织。长期以来,犯罪被害人因缺乏系统化、制度化设计,保护措施不足,得不到应有的尊重与周全的照顾,衍生社会问题层出不穷。这一社会问题早已引起了世界各国各地区的重视,被害人援助组织在这种社会背景下逐步建立起来。

1975年,美国全国被害人援助组织(National Organization for Victim Assistance,NOVA)建立,这是美国第一个服务于被犯罪和危机伤害的人的非营利性慈善机构。[1]

1999年1月,我国台湾成立犯罪被害人保护协会,为财团法人性质的组织,宗旨是保护因犯罪行为被害而死亡者之遗属、受重伤者及性侵害犯罪行为被害人,协助解决其困境,抚平其伤痛,重建生活,以保障人民权益,维护社会安全福祉。业务经费来源包括财政预算及私人或团体捐赠、基金孳息及财产运用收益之收入、其他收入等。

2009年1月,全国性公募基金会中华社会救助基金会经民政部批准设立登记,目前设有26个公益项目。其中,只有一个项目与被害援助有关,即"儿童安全·儿童防侵项目"。该"儿童安全公益基金"由2012年设立的原"微博打拐公益基金"更名而成。2013年6月,由于"女童保护"(更名为"儿童防侵")项目的并入,两个项目合二为一,组成"儿童安全公益基金"(简称"儿童安全基金")。儿童防侵项目以"普及、提高儿童防范意识"为宗旨,致力于保护儿童,远离性侵害[2]。

2010年1月,全国性公募基金会中华少年儿童慈善救助基金会经民政部批准成立,旨在对困难少年儿童实施生存、医疗、心理、技能和成长救助。少年儿童刑事被害人符合申请条件的,可以向该基金会申请救助。

我国大陆地区目前尚未建立刑事被害人援助组织。今后,在政府有关部门牵头推动、社会力量积极参与下,应该尽快在全国和地方建立刑事被害人援助组织。可以先从建立针对某一类型刑事被害人的援助组织,比如性侵害被害人援助组织、未成年人被害人援助组织等。条件成熟时建立针对各种类型刑事被害人的援助组织。

---

[1] 详见 http://www.trynova.org/about-us/overview/。

[2] 资料来源:中华社会救助基金会网站(http://www.csaf.org.cn/cn)。

(二) 社会救助

国家司法救助设立的定位是救急,法院、检察院发放的救助金数量非常有限,对于受助者而言,只能暂时缓解困难[1]。要从根本上、长期地改善被害人的困难状态,需要各有关部门的协作以及整个社会保障体系的健全和完善。被害人救助申请人接受国家司法救助后仍然生活困难的,有关部门依法应予社会救助。

2014 年 2 月,为了加强社会救助,保障公民的基本生活,促进社会公平,维护社会和谐稳定,国务院颁布了《社会救助暂行办法》。民政部专门设置了社会救助司,主要职责是开展城乡居民最低生活保障、特困救助、医疗救助、临时救助等。另外,有关部门负责开展就业、教育、住房等方面的救助。刑事被害人如果符合这几类救助条件,可以通过申请获得相应救助,通过长效社会保障机制帮助他们。

刑事被害人作为受犯罪行为侵害的特殊主体,除了通过加害人赔偿、国家救助和社会救助等方式实现救济外,其作为一般主体,在符合特定条件下也可以通过养老、医疗、工伤等社会保险和各种形式的社会援助实现救济。

在"互联网+"的时代背景下,通过网络救助被害人也是一种很好的选择。为解决打拐解救儿童寻亲公告的区域性限制问题,民政部开发了全国打拐解救儿童寻亲公告平台,已于 2015 年 9 月 19 日面向社会公开运行,供社会公众查询[2]。在有关见义勇为的地方立法中规定,见义勇为人员作为受害人,可以要求有能力的受益人、受益单位给予适当补偿。如《福建省奖励和保护见义勇为人员条例》(福建省人大常委会 2011 年 7 月颁布)第 26 条规定,"见义勇为人员因见义勇为遭受人身伤亡或者财产损失的,受益人、受益单位应当依法给予适当补偿"。刑事被害人如果无法获得犯罪人赔偿,有受益人的,也可以要求受益人适当补偿。

此外,如果被害人购买了商业保险,还可以通过保险理赔获得赔偿。刑事被害人保险赔偿涉及的主要险种是人身保险中的个人意外伤害保险,以及财产保险中的财产损失保险,比如家庭财产保险、企业财产保险等。但是,商业保险存在诸多限制。例如,个人意外伤害保险,被保险人常被限制为 65 周岁以下、身体健康、能正常工作或正常生活的自然人。有学者建议,"保险业应加大工作力度,设立专门的犯罪被害保险,吸收公民投保,使保险赔偿成为弥补犯罪被害人损失的一条重要途径"[3]。一方有难八方支援是中华民族的传统美德,犯罪被害人所遭受的也是一种灾难,社会力量可以通过捐赠、设立帮扶项目、创办服务机构、提供志愿服务等方

---

[1] 《中山市国家司法救助金使用管理办法》规定,最高可给予被侵权人或其近亲属等受助对象 9 万元以解决基本生活和医疗困难。

[2] 朱基钗:《全国打拐解救儿童寻亲公告平台即将上线》,载 2015 年 9 月 18 日《新华每日电讯》。

[3] 郭建安:《犯罪被害人学》,北京大学出版社 1997 年版,第 308 页。

式,参与犯罪被害人社会救助。

三、被害人国家赔偿

1994年5月,全国人大常委会颁布的《国家赔偿法》(2010年、2012年进行了两次修正)规定了刑事赔偿和行政赔偿两种国家赔偿类型。国家机关和国家机关工作人员行使职权,侵犯公民、法人和其他组织合法权益的情形,造成损害的,受害人有依法取得国家赔偿的权利。尤其是在以下情形中,对有故意或者重大过失的责任人员,如果构成犯罪,则责任人员成为犯罪人,受害人也就成为犯罪被害人,有权获得国家赔偿。

行使侦查、检察、审判职权的机关以及看守所、监狱管理机关及其工作人员在行使职权时有下列侵犯人身权情形的:刑讯逼供或者以殴打、虐待等行为或者唆使、放纵他人以殴打、虐待等行为造成公民身体伤害或者死亡的;违法使用武器、警械造成公民身体伤害或者死亡的等等。目前,我国的被害人国家赔偿不具有适用的普遍意义,仅仅针对某一类被害人。

第五章

犯罪原因

犯罪原因是犯罪学研究的基础和前提,在犯罪学中占有不可或缺的地位。犯罪学是以犯罪行为与犯罪人为核心,通过对有关犯罪现象的研究,探讨犯罪的原因,从而制定犯罪预防对策的学科。作为一门独立的学科,犯罪学起源于对犯罪原因的研究。认清犯罪产生的原因,不仅是正确把握犯罪现象不可或缺的前提条件,而且是制定刑事法律法规惩罚犯罪的重要依据,更为改造犯罪分子,保障人权,有效地预防和控制犯罪提供了客观指导。因此,关于犯罪原因的研究,既是犯罪学研究的重心,也是构成犯罪学理论体系的主干。

第一节 犯罪原因的概念与特征

既然犯罪原因在犯罪学体系中扮演如此重要的角色,对犯罪原因的探索和研究,历来是犯罪学家和刑法学家关注的焦点。时至今日,关于犯罪的全部原因构成、各种因素相互间的关系及其作用机理,尽管立论颇多,但尚未被人们完全弄清,仍然是一个需要进行创造性研究的重大理论课题。

一、犯罪原因的概念

犯罪原因是犯罪学的主要研究对象,犯罪原因论是犯罪学的最主要组成部分,各学派的刑罚观不同归根结底是由于其犯罪原因论的不同,犯罪原因论体现一个学派的世界观和方法论。其刑罚观与其犯罪原因论是否自成体系,是检验一个学派或学者能否独立于学术之林的重要标准。可以说有什么样的犯罪原因论就有什么样的犯罪观和刑罚观。

自从犯罪学在西方问世以来,犯罪原因就成为犯罪学无法回避的重大基本问题。一百多年来,这个领域中观点蜂起,理论最多,分歧也最多。在人类无法了解社会现象时,曾把罪恶视为神的力量的左右;古典犯罪学派认为犯罪是犯罪人"自由意志"选择的结果;实证派犯罪学的行为决定论认为犯罪是环境和遗传的产物。犯罪生物学、犯罪心理学、犯罪社会学崛起后,试图从人的生物性、人的潜意识、个人因素与社会原因的关系等不同角度解释犯罪原因。西方学者的观点前已论述,此处不再赘述。

(一)我国的犯罪原因理论

中国的犯罪原因研究,具有悠远的历史和思想渊源,有着丰富的论述。中国古代的政治家、思想家在论述犯罪原因时,都与政治、经济、文化、道德、人性等联系起来,提出很多深刻的见解。这些论述大都长于思辨,散见于古代各种典籍之中。中国的现代犯罪原因研究是随着20世纪初西方社会科学介绍中国后,出现了一些译著介绍西方犯罪学理论基础上开始的。20世纪20年代末到30年代,一些学者开始了中国的现代犯罪原因研究。新中国成立后,由于众所周知的原因,犯罪学成了无人问津的领域,犯罪原因研究基本上一片空白。直至十一届三中全会后,犯罪学才作为一门独立的学科逐步进入社会科学之林,中国的犯罪原因研究随之也得到了长足的发展。中国的犯罪原因理论主要有以下几种。

1. 社会变迁论

社会变迁论的提出者,是老一辈的犯罪学家、犯罪社会学研究的先行者严景耀先生。该理论认为:人们走上犯罪道路不是完全由于个人生理或心理缺陷与变态,犯罪是社会环境的产物。由于社会变迁,个人不能适应新的社会秩序,旧有观念与新的规范冲突而失去方向。犯罪是社会变迁带来的社会制约和社会解体的必然结果。并具体阐述是:社会变迁引起新、旧法律观点与道德规范的矛盾,因而在急剧的社会变化中迷失方向;社会变迁使犯罪称为"在新的社会环境中失去适应能力的自然办法"。可以看作是为了在旧的传统生活方式被破坏的新环境中,满足最基本的需要而求得生存的最好出路;社会变迁带来"社会制约失效和社会解体",犯罪成为必然结果。

2. 阶级斗争决定论

该理论将马恩对犯罪的论述"犯罪——孤立的个人反对统治关系的斗争"中的"统治关系"认定为指一种阶级压迫关系,即掌握国家权力的统治阶级为了其阶级利益而建立的统治秩序,这是其理论的出发点。阶级斗争决定论与私有制根源论一脉相承,实际上是一种观点的两种表述。

阶级斗争决定论在阐释社会主义条件下,消灭了剥削阶级和阶级压迫后,仍然存在犯罪现象。后来学界包括坚持阶级斗争决定论的学者对阶级斗争与犯罪的关系理论做了重要的理论修正。一般都趋向于认为我国当前的犯罪与阶级斗争是既有联系又有区别的两个不同的概念。经过对社会主义条件下阶级斗争与犯罪的关系的反思,现在,我国犯罪学界很多学者都认为阶级斗争是犯罪产生的重要原因,但不是决定性原因,也不是唯一的原因。

3. 犯罪源流论

犯罪源流论是一种犯罪形态形成过程的理论。立论者将犯罪动因分成两部分"源"与"流"。犯罪"源"是指犯罪赖以产生的总根源;犯罪"流",是指新社会脱胎于旧社会后,旧社会的某些犯罪因素必然流入新社会的一种历史现象。按犯罪形成结构四方面因素,犯罪流分为"人流""意思流""经济流""制度流"。而犯罪形成,是指在犯罪源与犯罪流的作用下,犯罪主体综合各种因素而形成的应受刑罚惩罚的行为实体。后来,立论者对犯罪源流论又作了新的理论拓展。从认为"犯罪根源于私有制"到认为"犯罪源存在社会矛盾",犯罪因素存在于人类社会的始终,并不是只存在于人类社会发展的一定阶段上。犯罪因素的存在,并不等于犯罪实体的产生。但犯罪因素的存在,具有产生犯罪实体的客观可能性;控制犯罪实体的产生是大有作为的,甚至可以控制到最低限度。但是彻底根除诱发犯罪实体产生的因素是不可能的。

4. 多层次的犯罪原因论

该理论认为:犯罪是人所实行的社会危害行为。因此,犯罪原因就应该从"人"和"社会"两方面来研究。多因素的内在联系表现为层次关系——社会的三层结构和人性的两个方面。社会和人性之间既有存在于意识的唯物性质又有外因与内因的辩证关系。这种多因素的内部互为联系的犯罪原因论就是多层次的犯罪原因论。该理论将犯罪的社会原因从"生产力""生产关系""上层建筑"三方面阐述;将犯罪的人的原因从"道德水平"与"性格特征"两个方面阐述。

多层次的犯罪原因论的意义不仅在于它从多层次、多因素的内在联系来研究犯罪原因,摆脱了阶级斗争决定论的窠臼,更在于它从生产力与生产关系的角度研究犯罪的深层次原因。该理论提出社会危害行为同人类脱离动物界进而进入社会阶段同时开始。最早的犯罪行为产生的根本原因是生产力水平极度低下……如果仅仅把私有制、国家和法律产生以后的杀人行为才称为"犯罪",那么这种认识与其说是原因分析,不如说是法律分析。

后来,多层次的犯罪原因论进一步发展成为"五维结构犯罪原因论",并与"犯罪作用场"结构,构成了犯罪"立体模型"。该理论沿着"犯罪原因必然同时根植于社会和个人两个方面"的原有研究思路,将犯罪原因结构归纳为五维结构。即社会横向结构(有生存单位、学习单位和劳作娱乐场所三个层次构成)、社会纵向结构(由生产力、生产关系、上层建筑三个层次构成)为社会原因二维存在形式。个体生理结构、个体心理结构、个体人生观结构为个人原因的三维存在形式。

5. 本能异化论

本能异化论是一种探索犯罪本源的罪因理论。立论者试图不直接受特定时空、特定社会形态、特定生产生活方式、特定文化环境、特定犯罪形态、特定犯罪主体的限定,力图解释不同条件下产生犯罪的本质原因,力求具有普遍的概括力和较宽泛的解说力。该论以现实犯罪形态为基点,又不局限于具体犯罪形态,而是从宏观、全局上总体把握犯罪规律。

本能异化论认为人的生物性与社会性的关系为研究视角,认为人类行为不可避免地受着人的生物性与社会性的双重控制,人的社会属性是以生物属性为基础的。所谓本能异化,就是指原始人类的本能生活演变为自觉劳动过程中,人类对"本能""创造出一个自己的对立面,一个扼制自身的强大异己力量——社会规范体系。文明把人类塑造成一种能创造对立物来约束自己,和一种只有在规则中生活才能获得自由的社会生物"。在这一意义上,社会规范体系对本能的"再创",是一种引导、约束"生物人"向"社会人"转化的人类本能的异化物。该理论认为,犯罪本源是这样一个历史过程:人类直接受本能冲动激发而外化的、未得到社会教化改造过的行为与社会文明的历史性对抗过程。犯罪的本质从古至今并无根本的改变,它始终是一种破坏社会秩序的反社会行为。所变化的只是形式,只是犯罪手段,只是蒙昧犯罪观念向现代犯罪观念的演变。

该理论的研究采用了独特的研究方法——回溯法和还原法。其认为,法定犯罪不过是非规范行为的典型形态(或极端形态),所以采取一种把典型犯罪行为"还原"为普遍存在的、一般的、又有演进关系的行为。回溯法就是指从犯罪的现实形态向历史形态,从典型形态向一般形态,从理性社会向蒙昧社会、从社会人向生物人回溯。立论者采取两条线索:一是种系发生史线索,追溯原始社会人类最初的越轨行为的产生,即犯罪的原始形态。另一个是个体发生史线索,沿着个体的社会化历程,从儿童行为的"快乐原则"与"个人中心主义"在社会化中被逐渐克服的过程,就是生物人变成社会人的过程。

在我国犯罪学界,有评论认为,本能异化论是一种以文化人类学(另有评论称之为哲学人类学)的理论与方法为特色的罪因理论。标志着我国犯罪学继生物学、心理学、社会学的罪因研究之后,一个新的学术流派开始出现。

6. 社会关系失调论

该理论的基本观点是:犯罪的存在实质源于社会关系的存在,犯罪的多少则源于社会关系的协调程度。该理论认为:人们在实践活动中结成的各种关系的总和就称为社会关系,整个人类活动构成一幅动态的社会关系网。社会关系与人类同存亡,是每一个人终身摆脱不掉的社会属性。就社会关系而言,它并不是完全和谐的。因为关系本身意味着互动,在这种互动的过程中,不仅存在着彼此的合作、互补、友情与牵连,而且还并存着差距、不平等、竞争、摩擦与敌对,这就是社会矛盾的存在。在一定意义上讲,犯罪不过是一个人或几个人不服从一定的社会秩序和规则,无视社会的调解方式而受到社会惩罚的一种越轨行为。但就其发生而言,它却是社会矛盾趋于极端冲突的结果,而社会矛盾又是社会关系不协调的产物。

该理论认为阶级关系只是社会关系的一种类型,是一种反映统治者与被统治者之间的关系类型,但它不能等于全部的社会关系。社会关系包括多种类型的关系,每一种关系都可能导致犯罪现象的发生。所以,把握犯罪问题的基点不仅在于阶级和阶级斗争是否消灭,而关键在于社会关系是否协调。社会必须随时代的发展不断适时地调整各种关系,制定相应的社会规范,减少各种社会矛盾,才能从根本上减少犯罪。

7. 利益冲突论

利益冲突论认为"人类为了生存而带来的利益冲突"贯穿着人类社会的始终,没有一个社会不存在利益冲突。其"最深沉的矛盾,源于人类需要与难于满足需要的矛盾"。因此,犯罪动力的源泉,也就来自利益的源泉。立论者认为,需要的相对无限性与满足需要的相对有限性的矛盾,决定了需要与利益的冲突的相应存在。在阶级社会中,人的需要的满足程度,不是由他的自然需要和能力决定的,而是由他所处的阶级地位、阶级利益所决定的。社会有些什么存在形式,利益冲突也应该会采取相应的冲突形式。从社会存在看,有个体方式、团体方式、阶级方式等。所以,该理论主张"从个体、团体(群体、集体、法人)、阶级的存在方式,即可深刻认识个体与个体的冲突,个体与团体的冲突,法人与法人的冲突,阶级与阶级的冲突而产生的不同形式的种种犯罪了"。立论者不同意把犯罪仅仅看作是"孤立的个人反对统治关系的斗争",因为"犯罪从其产生的内容和形式看,因其个体利益冲突而产生,群体利益冲突而产生,阶级利益冲突而产生的,都是客观存在的"[①]。

8. 需求层次论

需求层次理论是由美国心理学家马斯洛在《人类激励理论》中首次提出的,该理论认为,人的需要按照从低到高的层次可以分为生理的需要、安全的需要、社交的需要、尊重的需要和自我实现的需要。这是一个管理学上的理论,但是从犯罪学的角度上仍然具备意义。该理论认为犯罪原因与人的需要有关,具体而言体现在以下五个方面。

(1) 生理的需要与犯罪。大多数犯罪的直接原因是犯罪人的生理需要得不到满足。生理需要是人们生存的必要条件,如衣、食、住等基础要求。若这些基础要求得不到满足,人的生存将遭到威胁。无论是常识还是科学的犯罪统计资料都表明,穷人所犯的罪多数是财产型犯罪或者与财产利益相关的犯罪。原因就在于当穷人通过社会所允许的一般正常手段无法获得满足自己生理需要的资源时,为了能生存下去,他就必须采取非常规的方法——犯罪。而满足生理需要的资源一般都是与金钱相关,所以多数人犯下的多数罪行都是财产型犯罪。在通过合理手段

---

① 夏吉先:《犯罪形态的产生规律》,载肖剑鸣主编《犯罪学引论》,警官教育出版社1992年版,第174—181页。

（如打工等）不能满足自己的物质需求,理想与现实存在高度落差时,部分农民工铤而走险,为满足生存的需要而将非法的手段作为获取物质财富的途径,从而走上违法犯罪的道路。

（2）安全的需要与犯罪。安全需要是生理需要的下一级需要,当人们的生理需要得到满足以后安全需要就成了人迫切的需要。现实生活中的每一个人,都会对自己的人身、财产有不受侵犯的需要,换言之,人们需要有安全感。在现实生活中,很多时候犯罪人并没有侵犯他人的意思,只是基于对自己生命财产安全的担忧而进行对他人的攻击。与安全的需要相关的犯罪的适例就是假想防卫,即行为人以为对方在对自己或将要对自己进行不法侵犯进而采取了防卫手段造成对方的损害;另一种常见的情况则是行为人进行的为民除害、大义灭亲的犯罪行为。

（3）社交的需要与犯罪。社交的需要,是指个人渴望得到其社交圈子成员的关爱和理解,具言之,是人对友情、爱情和信任的需要。它与个人性格、经历、生活区域、民族等都有关系。社交需要与犯罪的关系可以从两个方面去分析,一是社交对犯罪的遏制作用——引用遏制理论的核心内容,二是社交的缺乏或者困难引发犯罪的作用。一方面,当一个人的社交需要得到较好满足的时候,用社会约束理论来说,这些社会关系使得个人担心越轨行为或犯罪行为会危及其在社会中的相应地位而不愿意冒险不愿意去实施犯罪。另一方面,社交的缺乏或者困难就是犯罪行为发生的一个刺激因素:①社交的缺乏导致行为人与其他社会群体之间缺乏交流,进而导致价值观念的差异和冲突;②社交的缺乏让行为人容易产生不健康的心理状况;③离群独索的个人缺少社会各界的监督与约束。在这三者的结合之下,犯罪行为极其容易被引发。

（4）尊重的需要与犯罪。尊重的需要是指个体希望其能力和成就得到社会的承认。尊重的需要可分为内部尊重和外部尊重。内部尊重是指一个人希望在各种不同情境中有实力、能胜任、充满信心、能独立自主。换言之,内部尊重就是人的自尊,外部尊重是指个体希望得到他人的肯定性评价。尊重的需要很少能够得到完全的满足,但基本上的满足就可产生推动力。相反,当尊重的需要得不到满足时,就会有强大的推动力来追求基本的尊重,这种强大的推动力就有可能成为犯罪的诱因。

（5）自我实现的需要与犯罪。自我实现的需要是最高等级的需要。满足这种需要就要求完成与自己能力相称的工作,最充分地发挥自己的潜在能力,成为所期望的人物。这是一种创造的需要。有自我实现需要的人,似乎在竭尽所能,使自己趋于完美。自我实现的需要与犯罪的关系表现在行为人通过犯罪行为这种方式以使自己在工作上或者生活有所成就,符合自己的标准。通过犯罪以达到自我实现的适例是黑客犯罪等技术智能犯罪。我们经常在电影中可以看到某些技术人员身怀绝技却无处可施,直到有一天知道他有如此技术的人邀请其加入犯罪团伙,利用他的技术进行犯罪。这些技术人员并不是以犯罪为目的的,而是以在犯罪中自我的实现为目的进行的犯罪。

9. 社会失范理论

社会失范理论,又被称作紧张理论。该理论认为:犯罪是人们在不能获得合法的社会和经济成功时体验到的挫折和愤怒("紧张")的产物。社会失范理论最早是由法国社会学家迪尔凯姆提出的,其认为"失范"是一种社会和群体中相对而言缺乏规范控制的状态,是调整个人和自然欲望的社会力量的瓦解。在其之后,美国社会学家默顿对失范理论进行了深化发展。认为那些几乎没有受过教育和经济条件差的人没有能力用合法的手段获得金钱和其他成功的标志,就会产生挫折感、愤怒感等紧张情绪。这种紧张情绪在那些缺乏合法机会的人中造成一种失范状态,使他们有可能用犯罪的手段去实现成功目标。具体来讲,与以下三种因素有关。

(1)社会因素。在传统中国社会中,道德价值体系中的重义轻利性较重,道德的约束力、精神文化中的规范性较强。而随着时代的变迁,我国社会进入转型时期,在以"经济基础决定上层建筑"的现代社会,对于物质的需求,对于利益的追求已悄然改变了公众的价值观念。同时,社会贫富差距也日益拉大。面对这些,我国却尚未建立起完善的道德体系、价值体系、文化体系来适应现下的状况,由此造成了社会竞争压力加强、社会道德缺损的失范状态,极易引起公众的紧张,从而使得外界刺激因素一旦出现就极可能放大其潜在的危险性,引起犯罪行为。

(2)个人因素。社会转型时期,由于外来文化与我国本土文化的冲突交汇,在带来外来优秀文化的同时,也在潜移默化中带来了西方的功利主义、利己主义。使得社会失范状态下的社会,文化发展失衡、公众的价值观出现偏差。而我国新的社会道德价值体系又尚未建立,社会主义法治建设尚未完善,以至于公众在认识上易形成缺陷,法制观念、规范观念缺乏。成功和理解,产生了挫折、愤怒等紧张情绪,而正是这种极大的负面情绪致以及法制观念的缺乏使其造成了自身的失范状态,在短时间内做出了犯罪行为。案件中,陈某在家境贫困的背景下,又达不到财富的目标,令其感觉到身处下层社会,缺乏金钱、成功和理解,产生了挫折、愤怒等紧张情绪,而正是这种极大的负面情绪致以及法制观念的缺乏使其造成了自身的失范状态,在短时间内做出了犯罪行为。

(3)国家因素。我国自改革开放后,经由国家政策的引导,在市场化的进程中,物质建设飞速发展。然而,作为软性国家竞争力的精神建设却没有与物质建设一致发展,由此,令我国在社会转型时期出现了失范的状态。而由于失范的影响致使个人出现的金钱至上等极端价值观,甚至使部分政府官员、执法人员出现了贪污腐败行为,动摇了公众对司法公正的信任,降低了公众对法制的遵循度。

10. 符号互动理论

符号互动理论(symbolic interactionism)也被译成符号相互作用理论或者象征互动理论,其是一种通过分析在日常环境中的人们的互动来研究人类群体生活的社会学理论派别,它主要研究的是人们相互作用发生的方式、机制和规律。符号互动的概念是由美国著名社会学家布鲁默正式提出的,在芝大时期,布鲁默受业于托马斯、库利、米德等社会学家,受到他们思想的熏陶。他将芝加哥学派的符号互动思想和社会心理学的思想加以整理,全面、系统地对符号互动理论进行论证,并且明确提出了"符号互动理论"的名称。布鲁默指出,"人类社会的最典型特征就是符号互动现象……人们之间的'反应'并不是相互行为的直接产物,而是根据他们附加在对方行为上的意义所作出的"。因此,人际互动是以运用符号来解释或确定相互间行动的意义为媒介的。

由此可见,符号互动理论的基本含义是,人们的行为及事物的世俗化内容或者功用并不是客观固有的,而是通过在社会互动过程中被赋予的象征性意义而获得的,在个体应付他所遇到的事物时,总是会通过自己的解释去运用和修改事物对他的意义。根据主体的不同可以分为人际互动、群体互动与集体行为;根据行为性质的不同,可以分为合作、竞争与冲突。所以不良符号互动就会导致犯罪的产生。具体而言,社会中的人的行为并不是本能的、孤立的、无意识的,而是社会互动的产物。符号互动理论将能代表某种意义的事物(比如语言、文字、动作、物品乃至场景等)理解为符号,认为人的各种行为的产生及持续来自行为主体对各种符号的意义的不同理解(比如中国人将红色理解为吉祥,因此会把婚礼等场合布置的红火热烈;一个人对另一个人的语言理解成辱骂,因而对其实施攻击行为)。良性的社会互动能够促成有益于社会的行为,而犯罪行为则与不良符号互动即符号本身的"恶"(此处恶可理解为犯罪可能性,下同),以及行为主体对符号理解之"恶"有关[①]。

(二)犯罪原因概念的各种学说

犯罪原因是犯罪学研究的基本的概念,而对于这一概念却见解颇多,因此深入理清犯罪原因概念的具体蕴涵,具有重大意义。"原因"一词,从语言学角度讲,是指造成某种结果或引起另一件事情发生的条件。从哲学的角度而言,是指产生某种现象的现象,是造成某种结果的条件。如果在这种原因与结果的引起与被引起的关系中来演绎犯罪原因的概念,那么犯罪原因就是引起犯罪发生的一切因素。这是较为规范的符合哲学要义的犯罪原因定义。但现代犯罪学的实证研究表明,犯罪原因的概念并不能简单地在方法论上拘泥于哲学层次的逻辑推导,犯罪原因是一个极其复杂的包含了引起犯罪结果发生的原因、条件及其相关因素的罪因系统。直到目前,犯罪学界对犯罪原因的争议颇多,尚不能将犯罪原因下一个准确的定义。要准确地定义犯罪原因,我们必须先了解各种关于犯罪原因定义的学说,取

[①] 王晓滨:《符号互动理论对犯罪原因研究的启示》,载《山东警察学院学报》2015年第27卷第5期,第87页。

其精华去其糟粕,合理地借鉴和取舍之后才能得出更加科学、合理的犯罪概念。

1. 犯罪根源说

犯罪根源说认为犯罪原因"就是产生犯罪现象的根源"或"是指犯罪产生的社会根源"。这种将犯罪原因的概念仅仅界定为"犯罪现象的根源"或"社会根源"的认识与看法,多见于20世纪80年代中前期,并在一些权威的法学和犯罪学辞书中得以体现。在进一步揭示犯罪原因的内涵时,尽管在这些书中具体的阐述各异,但都认为犯罪原因就是犯罪根源,是诱发犯罪的各种因素的总和。

犯罪根源说的具体论证理由大致可以归结为以下两点。

(1) 犯罪原因是诱发犯罪的各种因素的总和。由于犯罪是阶级社会的产物,是伴随着私有制、阶级和国家的出现而产生的特殊社会现象,是由人的生活环境、文化修养、道德水平等各方面的因素决定的,在不同的历史时期,不同的社会形态中,犯罪诱因会有不同的表现,即存在着不同的产生犯罪的原因。最终是由生产力的发展水平而决定[1]。

(2) 犯罪原因"是指犯罪产生的社会根源",将上述定义的"根源"范围进一步地缩小,并明确界定为"社会根源"。

犯罪根源说看到了"根源"对于犯罪原因的重要性,有其合理的一面。但同时不免有失偏颇,从形式逻辑的定义要求而言,存在着明显的种属颠倒的错误,因为"根源"无论如何也只能成为原因的一个层次,而非全部,更不能将原因视为"根源"的一个层次和种类。而且有的学者认为犯罪根源是指犯罪存在于人类社会的终极原因,是决定犯罪起源的决定性要素[2]。犯罪根源的特征在于终极性的犯罪原因。犯罪根源于犯罪原因的区别在于,犯罪根源也揭示犯罪原因,不过犯罪根源所表述的是犯罪存在于人类社会的深层次原因,它从根基上决定着犯罪。犯罪根源也不同于犯罪因素。犯罪根源也由犯罪因素构成,不过犯罪根源表述的是犯罪产生的根本因素。犯罪根源也不同于犯罪条件。犯罪根源与犯罪条件对犯罪的最终出现均有着意义,不过它们作用的层次有所不同。犯罪根源从根本上决定着犯罪,犯罪条件从表层影响着犯罪。

2. 犯罪现象说

犯罪现象说认为犯罪原因是产生犯罪现象的现象。持这种观点的学者很多,但其具体的定义表述则不一。如认为"犯罪原因是从犯罪结果中推知出来的能造成这一犯罪结果的事实"。"犯罪原因是指能够引起犯罪这样一个原因的各种因素"。"犯罪原因是引起犯罪结果的诸多现象。"还有学者强调引起犯罪的现象是社会现象,而不是自然现象;"犯罪原因是引起犯罪发生的社会现象和过程"。

---

[1] 阴家宝:《新中国犯罪学研究综述》,中国民主法制出版社1997年版,第87页。
[2] 康树华、张小虎:《犯罪学》,北京大学出版社2004年版,第109页、111页。

犯罪现象说的理由主要有以下两点。

(1)在哲学上,原因是产生某种现象的现象,是造成某种结果的条件,由原因引起的另一种现象是结果。在犯罪学中,出于不同视角,犯罪原因有多种定义。但在本质上,原因是指产生现象的现象,犯罪原因是指产生犯罪现象的现象,这一哲理解释已成学界共识。

(2)犯罪现象说这个犯罪原因概念包括以下内容:①犯罪现象和犯罪原因之间存在着一种客观的因果关系;②犯罪现象和犯罪过程属于社会现象和社会过程,而不是自然现象和自然过程;③引起犯罪的各种因子群,不是孤立的集合体,而是过程的集合体,每一类犯罪因子群不是孤立地起作用,而是相互联系,相互影响。

犯罪现象说尽管在表述上各异,但力图从哲学的原因含义引导出犯罪原因的最一般的本质含义,具有较重要的方法论意义。但犯罪原因不是简单的哲学层次上的能够引起犯罪结果发生的典型意义的原因,而是一个极其复杂的包含了引起犯罪结果发生的原因、条件及其相关因素的罪因系统。

3. 犯罪因素说

将犯罪原因界定为促成犯罪的因素,也就是说,凡是引起犯罪的因素均是犯罪的原因。例如,认为"犯罪学所研究的犯罪原因,是指现实社会生活中客观存在的、能够使犯罪产生并且能够为人们所克服、改变或避免的因素"。还如,认为"犯罪原因就是影响犯罪现象的各种因素,这些因素共同作用于犯罪"。这种说法试图通过对犯罪原因内涵的条件限定,克服泛因论的盲目与不足,并为犯罪原因研究和刑事司法对策提供现实可能的途径。

犯罪因素说主要是从以下几个方面来论证自身的合理性。

首先,从犯罪学的历史发展中不难看出,凡是与犯罪的产生可能有关的一切因素,几乎都已被人们注意到、论述到了。但是关于犯罪原因的解释,始终没有一个为多数人所接受、赞同的明确命题,以致"原因"一词的使用相当混乱。现代犯罪学要想结束犯罪原因论中的鼎足之势,首先就必须对"犯罪原因"赋予统一的确切的含义。确定犯罪原因内涵的标准应当有以下三个方面。

(1)符合哲学中因果范畴的基本要求。哲学中的因与果,首先是一种引起与被引起的关系。因此,在犯罪原因论中,与"结果"即犯罪相对的"原因",也必须是能够使犯罪以得以发生的因素。所谓能够使犯罪得以发生,是指当它单独出现或者与其他因素相结合时,能够引起、促成或者导致犯罪的出现。这种作用,既可以是直接的,也可以是通过某种媒介发生的。一般来说,促使犯罪得以发生的因素的存在本身,并不意味着犯罪的存在,不能把犯罪原因当作犯罪现象。

(2)有助于达到犯罪学研究的目的。在宇宙间普遍存在着的因果锁链中,究竟截取哪一个或哪几个环节,作为自己研究的对象,是由该学科的目的任务决定的。犯罪学研究犯罪以原因的目的,在于探求预防和消灭犯罪的途径。因此,它所寻找的原因,应当是人们在社会生活中能够克服、改变或避免的因素。

(3)有别于犯罪产生的条件,原因对结果起着引起的作用,条件只是原因发生作用时必须具备的前提。不具备一定的条件,原因就不能发生作用。但是在具备一定条件的情况下,结果是否出现,关键在于作为原因的因素是否存在。犯罪因素说指明犯罪原因存在于现实社会生活之中,使犯罪学的研究具有明确的方向,即在现实社会生活寻找能够为人们所克服、改变和避免的、使犯罪得以产生的因素,为预防和消灭犯罪提供理论和实践依据。因此,这个命题应当成为原因的犯罪学命题。

其次,犯罪因素说强调通过不同侧面的透视,发现促使犯罪产生的各种因素,并在犯罪现象产生、变化、消亡的运动过程中,寻找它们各自的地位,查明它们的作用,从整体上把握犯罪运动的规律,只有这样,我们才能恰如其分地根据犯罪运动过程中可能促使犯罪产生的各种因素,采取相应的对策,谋求预防和消灭犯罪的战略措施和具体道路。

再次,犯罪原因存在于现实社会生活之中,要在现实社会生活寻找能够为人们所克服、改变和避免的、使犯罪得以产生的因素,为预防和消灭犯罪提供理论和实践的依据。

最后,犯罪因素说之犯罪原因,既包括单独作用引起犯罪的因素,也包括与其他因素共同作用引起犯罪的因素。我们认为,从科学研究的角度来说,这有一定的合理性。在每一次的科学研究中,理论视角的独特是不可避免的,我们可以对同一事物多角度地观察,但是无论怎样,每一次的观察只能是一个角度。从一个侧面深刻地揭示犯罪的关键性因素,这是犯罪整合理论的基础。另外,犯罪因素说指明了犯罪原因存在于现实社会生活之中,使犯罪学的研究具有明确的方向,并逐步缩短自身与预防犯罪实践之间的距离。犯罪因素说的不足在于没有看到犯罪原因的系统性、动态性。也有学者认为犯罪因素与犯罪原因不能等同[1],认为犯罪因素是指决定或促成犯罪的形成、变化或者发生的各种现象,其中包括促成犯罪发生的非决定性因素,即构成犯罪条件的因素。犯罪原因由犯罪因素构成,或者说犯罪因素是犯罪原因的构成要素,离开了犯罪因素就无所谓犯罪原因。不过犯罪原因是犯罪因素的有机整合;另一方面,并非所有的犯罪因素均可以成为犯罪原因的构成要素。作为犯罪原因构成要素的犯罪因素是决定犯罪形成与变化的关键性因素。

4.系统因素说

系统因素说将犯罪原因界定为各种促成犯罪的因素所构成的有机统一整体,简言之,各种引起犯罪的因素的有机整合是犯罪的原因。这一观点流行于20世纪80年代末并延续至今,目前在我国学界占主导地位。例如,认为能引起、促成和影响犯罪的诸现象及其过程,均为犯罪因素;各种犯罪因素按其作用层次和作用机制

---

[1] 康树华、张小虎:《犯罪学》,北京大学出版社2004年版,第112页。

构成的系统便是犯罪原因。在这个系统内,各个犯罪因素既是统一的,同时又是排列有序和主次有别的。一般来说,单个的犯罪因素不能造成犯罪结果,唯有各种因素的有机结合才能导致犯罪的发生。

持系统因素说的理由主要有以下几点。

(1)运用系统科学方法论来考察犯罪原因,着重强调的不是孤立地、静止地、片面地看待犯罪原因,而是联系地、动态地、全面地认识犯罪原因。在这个系统中,各个犯罪因素既是统一的,同时也是排列有序和主次有别的。一般看来,单个的犯罪因素不能造成犯罪结果,唯有各种因素的有机结合才能导致犯罪的发生。

(2)现代犯罪学的实证研究表明,犯罪原因的概念并不能简单地在方法论上拘泥于哲学层次的逻辑推导,犯罪原因是一个极为复杂的包含了引起犯罪结果发生的原因、条件及相关因素的罪因系统。因此,能够引起犯罪发生的各种因素及其过程、结构和作用机制都属于犯罪原因的研究范畴。犯罪原因不仅是复杂的而且是多元的,其各个因素之间相互作用、相互影响。单一的致罪因素不可能造成犯罪结果,只有各种致罪因素的有机结合,才会导致犯罪的发生。

(3)从奴隶社会、封建社会到社会主义初级阶段都存在着一定数量的犯罪现象,但因为社会形态乃至社会生活状况变化了,社会的主要矛盾变化了,那么,决定犯罪现象存在的原因结构也变化了。犯罪原因中各种致罪因素的作用机制是经常变化着的。每一起犯罪行为均是多种致罪因素按其层次与机制相互作用的结果。可以说,犯罪原因系统总体上决定犯罪现象的存在,而具体表现为诱发、影响犯罪行为的产生。

(4)系统因素说的犯罪原因,运用系统科学方法论,联系地、动态地、全面地认识犯罪原因,反映了人们的共识:犯罪是社会诸多矛盾因素相互作用的综合反映,犯罪原因是一个系统。应当说,犯罪原因是由各种犯罪因素按其作用层次和作用机制构成的系统,是一个综合的、变化的、相关的整体,是一个充分体现历史唯物主义和辩证唯物主义原理的动态过程。该理论强调各种犯罪因素的系统整合,这更切合于犯罪形成的实然,有利于全面地认识犯罪原因。

5.犯罪原因条件区别说

这种观点从犯罪条件与犯罪原因之间区别的角度阐述犯罪原因,认为"犯罪原因即指决定犯罪产生、存在和变化的因素。而那些对犯罪的产生、存在和变化起影响作用的因素则被称为犯罪的条件。决定作用和影响作用,是不同的。原因和条件的区别主要体现在功能的不同上"。这里的犯罪条件是指有利于犯罪发生的各种因素,这种因素并不决定犯罪的形成和发展,其特征在于:表述犯罪发生的必要因素;展示犯罪原因的作用(犯罪是基于犯罪原因的作用在适宜的犯罪条件下得以发生)。

犯罪原因条件区别说的具体论证理由大致可以归结为以下几点。

产生犯罪的原因是指必然产生犯罪的那类因素;产生犯罪的条件是指促使产

生犯罪和推动犯罪变化、发展的那类因素。两者有一定的区别：前者是从因果关系上讲的，而后者则是从非因果关系的含义上讲的，那些具体的条件本身并不会产生犯罪，它们只是保证犯罪原因发生作用。但是，产生犯罪的原因又总是和产生犯罪的条件联系在一起的。

犯罪条件是有利于犯罪现象产生和发展的各种因素，是引起犯罪现象产生和发展的非根本性因素。具体地说，犯罪条件与犯罪原因的主要区别有：①犯罪条件与犯罪原因在犯罪因果链条中的作用和作用等级的重要程度不同。原因会产生后果，而条件只能促使产生后果，保证原因能够发生作用；②原因是一种积极的现象，促使物质、能量或者信息的传递，或者破坏（中止）这种传递，而条件一般则处于消极、稳定的状态；③犯罪原因与犯罪现象的形成、发展和变化有直接联系，并处于主导地位。而犯罪条件多与犯罪的发生有着间接关系，处于次要地位。

犯罪条件就是指犯罪动机外化为犯罪行为所借以利用的外界环境因素，它与犯罪原因不同，不是直接引发犯罪的因素。之所以将其纳入犯罪原因系统，是因为犯罪意识、犯罪动机产生之后，没有一定的外界条件，是不能直接表现为犯罪行为的。犯罪行为的产生，是犯罪原因与犯罪条件共同作用的结果。

犯罪原因是决定犯罪产生、存在和变化的因素，而犯罪条件是影响犯罪产生、存在和变化的因素。决定作用和影响作用，是两种不同的功能。原因与条件的区别主要体现在功能的不同上。诚然，这两者的区分有一定的认识价值，在宏观理论上作如此区分并不困难，但在微观实践中往往很难区分原因与条件。除了对犯罪所产生的影响力性质与犯罪原因不同之外，犯罪条件对犯罪产生的影响几乎与犯罪直接原因没有大的区别。

6. 关系犯罪原因说

关系犯罪原因说抓住犯罪问题的基本问题——犯罪关系，将犯罪原因的概念表述为：与犯罪的产生、发展、变化之间具有因果联系的事物所组成的静态关系和动态关系。简单地说，犯罪原因就是犯罪产生、发展、变化中的因果关系。这个概念在吸收各种犯罪原因概念精华的基础上，强调了两点：①犯罪原因不是孤立或静止的现象，而是事物之间多种结构方式和动态过程组成的关系；②犯罪原因不是其他意义上的关系，而属于因果关系范畴。

持关系犯罪原因说学者的理由主要如下。从对犯罪原因概念的讨论中可以看出，理解犯罪原因的概念有两条基本线索：一是被视为犯罪原因的那些事物与犯罪之间到底存在何种性质的关系。二是在犯罪原因的概念中，这种关系到底以何种方式运作着。首先，被视为犯罪原因的那些事物与犯罪之间存在何种性质的关系。对此，我们可以从各种犯罪原因说中抽取以下说法，即"诱发""促成""形成""影响""引起""决定"等等。就是说，按照这些犯罪原因的定义，犯罪原因与犯罪之间是诱发与被诱发、促成与被促成、影响与被影响、引起与被引起、决定与被决定的关系。总之，这些意义上的所谓犯罪原因，要么是导致犯罪的根据，要么是参与犯罪形成过程的条件,没有对犯罪的发生和变化产生实际作用的事物不能称作犯罪原因。

构成犯罪原因的事物不仅要与犯罪之间具有这种作用于与被作用于的关系,还以一定的方式实施着这种作用。这就是犯罪原因的第二个方面。即犯罪原因与犯罪之间的关系的运作方式。我们可以从各种犯罪原因的界说中提取出四种运作方式:①组成一个完整系统的犯罪原因,以这种方式存在的犯罪原因以其对独立的犯罪原因群作用于犯罪;②处于不同层次的犯罪原因,以这种方式存在的犯罪原因以其不同层次上的犯罪原因分别决定或影响着犯罪;③形成犯罪过程的犯罪原因,以这种方式运作着的犯罪原因,是一个动态的过程而非静态的结构;④作为单个现象的犯罪原因,以这种方式存在的犯罪原因以其个别的作用力直接导致犯罪的产生和变化。

关系犯罪原因说采用关系分析的理论、方法打破了犯罪学研究的沉闷,构建了一个全新的犯罪原因论,值得肯定。这种观点将原因与结果的联系划定在犯罪原因与犯罪(的形成、发展)之间关系的范畴内,主张犯罪原因就是犯罪产生、发展、变化中的因果关系,这符合哲学的基本原理;同时,它指出犯罪原因与犯罪之间的关系的运作方式,看到了犯罪的研究既包含静态的分析,也具有动态的观察。从科学研究的角度来说,有其合理性。不过,关系犯罪原因说所研究的对象仍旧没有超脱现有的领域,只是关系实在论在犯罪原因论中的具体化而已。

(三)犯罪原因概念的分类

犯罪原因,是指由对犯罪的形成与变化具有决定作用的致罪因素所构成的动态系统。我国理论界对犯罪原因提出了诸多观点。有的学者从广义与狭义的角度来界定犯罪原因,认为广义的犯罪原因是指能够引起犯罪发生的各种因素相互作用而形成的一个系统;狭义的犯罪原因是指直接引起犯罪的原因[①]。

1. 狭义的犯罪原因与广义的犯罪原因

狭义的犯罪原因只指犯罪原因,广义的犯罪原因不仅包括犯罪原因,还包括犯罪条件与犯罪原因相关因素。从一定程度上看,"原因+条件+相关因素"才构成某种结果的完全原因[②]。

犯罪原因是指直接引起犯罪的具体事物。这种事物与犯罪之间一般具有必然性、普遍性、不可逆性、不间断性。犯罪原因是引起犯罪之中多事物中最主要的事物。

犯罪条件,是指犯罪条件伴随着犯罪原因,引起犯罪的发生发展。条件对于结果的出现,不是必然的,但是必需的。对于某些犯罪的出现与变化,条件起着决定

[①] 莫洪宪:《犯罪学概论》,中国检察出版社1999年版,第99页。
[②] 金其高:《犯罪学》,中国方正出版社2004年版,第32页。

性的作用,有时剥夺了犯罪条件,也就预防了犯罪的发生发展。犯罪原因相关因素对犯罪的某种过程的发展或某种结果的出现,只有一定的作用和影响。在犯罪原因层次中,犯罪原因相关因素属于最低一级。

广义的犯罪原因与狭义的犯罪原因是一对既相互联系又相互区别的原因范畴。将犯罪原因作为广义的解释,将其划分为包括原因、条件、相关因素的犯罪原因层次,对犯罪研究很有意义,它既能帮助人们全面分析,抓住要害,分清层次,寻找出完整的、真正的犯罪原因,又有利于从整体的、全方位的角度进行社会治安决策,预防和治理犯罪。

探究犯罪原因,应区分研究时所使用的原因范畴是广义的还是狭义的。否则,就容易纠缠不清。因为研究中因时空不同、问题不同,有些情形下原因是包括犯罪原因、犯罪条件及犯罪原因相关因素的广义原因范畴,有些情形下原因只是包括犯罪原因的狭义的原因范畴[①]。也有学者从致罪因素内容的角度界定犯罪原因,认为犯罪原因是一个多质多层次、综合的、变化的、彼此互为作用的相关系统,它包含有社会因素、心理因素、生理因素、自然环境因素以及文化等多种因素。这诸多因素有机结合而形成一定的罪因结构时,便可能导致某种犯罪现象的产生。

2. 质上的犯罪原因与量上的犯罪原因

质上的犯罪原因是指为什么会发生或消失的原因。量上的犯罪原因是指犯罪为什么会上升或下降的原因。只要质上的犯罪原因存在,犯罪就会存在;只有质上的犯罪原因消失,犯罪才会消失。而量上的犯罪原因,只能影响犯罪的数量增减以及犯罪类型等运行表现上的变化,不能决定犯罪本身的有无。在质上的犯罪原因存在的情况下,犯罪就会有一定的发生发展,从而对犯罪的数量升降与各类犯罪的比例产生作用。

研究犯罪原因,必须区分什么是质上的犯罪原因,什么是量上的犯罪原因,分清研究中的犯罪原因范畴,何种情况下是质上的,何种情况下是量上的。否则,笼统地讲犯罪原因,结论就无法统一,从而有碍于寻找真正的犯罪原因。

质上的犯罪原因与量上的犯罪原因既有联系又有区别,它们是一对犯罪原因范畴。犯罪的质因与量因有时一致,有时不一致。一般而言,质上的犯罪原因所表达的事物的特征比较深刻,而量上的犯罪原因所表达的事物特征比较广泛。

3. 整体的犯罪原因与个体的犯罪原因

研究犯罪原因,既要将犯罪作为一个整体看,又要将犯罪作为分别个体看;既要看到作为整体的犯罪的一般原因,又要看到为个体的犯罪的特殊原因。作为整体的犯罪的原因和作为个体的犯罪原因是一对范畴,二者既有相同之处,又不完全等同。

[①] 康树华:《犯罪学——历史、现状、未来》,群众出版社1998年版,第91页。

犯罪原因的概念存在着多种不同的定义,有的差异性还很大,其问题的症结在于:①犯罪是一种极其复杂的社会现象,影响犯罪的因素是极为广泛的,自然界、人类社会、个人意识、个人生理和心理特征中都有一些因素和犯罪有关联,以致导致各学派在犯罪原因概念表述上的差异;②由于长期没有理顺各犯罪因素之间的层次关系和各种犯罪因素的作用机制,因而造成犯罪原因概念表述的差异;③我国犯罪学起步于对外国犯罪学的引进,由于翻译上的原因,表述上不完全一致;④由于我国至今尚未形成一部权威性的犯罪学论著,各学派和各学者在表述上也有所不同。

(四)本书关于犯罪原因概念的界定

由于违法犯罪是一种主、客观因素相互作用而产生的复杂的社会现象,而且各种致罪因素在犯罪形成的过程中又发挥了不同的作用,并非出于同一平面之上。对于犯罪原因,只能作为一个多方面、多层次的多维立体结构进行全方位的思考和立体透视。因此,犯罪学要同时研究犯罪的社会原因和个体原因、主观原因和客观原因等多重因素及其相互之间的联系和相互作用。

要寻找科学的犯罪原因结论,首先必须认清犯罪的基本属性。犯罪究竟是属于什么范畴的事物?是社会现象还是生物动态或自然情形,或是兼而有之?在大范围中又属于哪一种具体事物?这是探究其原因时必须解决的问题。

承认犯罪是一种社会现象,便会从社会角度探寻犯罪的原因,最终得出某些社会问题是犯罪产生的原因。承认犯罪是一种生物动态,便会从生物角度寻找犯罪的原因,最终得出人的生理、心理因素是犯罪产生的原因。承认犯罪是一种自然情形,便会从地理自然环境上寻觅犯罪的原因,最终得出自然因素是犯罪的产生原因。

犯罪学认为,犯罪兼有社会、人文、自然三重属性,因而其产生兼有社会、人文、自然三重原因。然而,犯罪主要是社会运动问题与人的行为问题,它既是一种社会现象,又是一种人的行为,其产生既有社会运动方面的原因,又有人的行为规律方面的原因。只从哪一方面来理解是失之偏颇的。

任何社会现象的产生都有其原因,犯罪作为一种社会现象也不例外,在微观上犯罪作为个体行为,其原因是内在现实的;而在宏观上,其原因是极其复杂的,犯罪是社会诸多矛盾因素相互作用的综合反映。另外,犯罪原因作为一个过程其基本特征是动态性,即犯罪原因的具体内容永远处于不断变化过程中,因而对犯罪原因的研究也处于一种动态环境中,但犯罪原因结构具有相对稳定性。犯罪原因由内因和外因组成,是中国犯罪学界关于犯罪原因结构的最有代表性的认识,外因是指犯罪主体以外的一切促使个人实施犯罪行为的原因,主要是犯罪主体以外的社会环境即社会存在的种种因素,而内因则是指犯罪主体本身的诸种促成实施犯罪行为的原因,主要是个体的犯罪意识。实施犯罪行为是犯罪与内因和外因相互作用的结果。

综上所述,本书对犯罪原因予以如下定义:犯罪原因,是指由对犯罪的形成与变化具有决定作用的致罪因素所构成的动态系统。致罪因素是犯罪原因的构成要素;犯罪原因中的致罪因素(犯罪因素)尤其是指决定犯罪形成与变化的关键因素。犯罪原因包括宏观与微观两个视角、动态与静态的分析,并且具有时空的特征。

1. 犯罪原因是犯罪形成与变化的原因

这里所谓的"犯罪形成"是与"犯罪发生"相对的。从犯罪发展的过程来看,首先是犯罪的形成,而后在犯罪形成的基础上犯罪发生。犯罪的形成基于犯罪原因的作用,而犯罪形成基础上的犯罪发生更在于犯罪条件的具备。犯罪条件不同于犯罪原因。所谓"犯罪变化"是指犯罪现象从一种状态转变为另一种状态。犯罪变化同样是在一定条件下,由系统的致罪因素作用的结果。

2. 犯罪原因是由多种致罪因素组成的系统

犯罪原因包含社会因素、心理因素、生理因素、自然环境因素等多种因素,这些诸多因素有机结合而形成一定的犯罪原因结构时,便可促使犯罪的形成与变化。犯罪的形成与变化,缘于诸多致罪因素的综合作用。犯罪原因是一个多质、多层次、彼此密切关联的致罪因素系统。

3. 犯罪原因是动态的系统具有时空的特征

"时间和空间是物质运动的形式,或者说,时间和空间是事件发生的必要前提。任何科学的描述,都离不开一个基本的范畴形式,即时空构架。犯罪研究也不例外,无论是个体犯罪还是总体犯罪,均受特定时空的笼罩。总体犯罪是犯罪宏观研究的核心。一定的总体犯罪,从社会的动态发展来看(即"时"),其存在于社会变迁的某个特定阶段;就社会的静态组合而言(即"空"),其受制并生成于特定的结构中。个体犯罪是犯罪微观研究的核心。特定的个体犯罪,从个体成长的过程来看(即"时"),存在于生命历程、社会化的某一时期;就个人成长的条件而言(即"空"),受制并生成于特定的社会化执行单位之中,同时在一定程度上受生命历程的一些事件和角色(先后顺序和转换过程)以及个体生物的影响。微观研究中的微观社会受制于宏观研究中的宏观社会,而宏观总体犯罪又是微观个体犯罪的有机综合,由此微观研究与宏观研究又构建了关联。倘若将这个关联的整体赋予时空特征,则构成了具有时代特征的犯罪研究整体。

4. 犯罪原因尤其是指决定犯罪形成与变化的关键性因素

构成犯罪原因的致罪因素有许多,在这些致罪因素中,每个因素与犯罪的相关关系不尽相同,有的极为密切有的相对疏离,有的起关键作用有的作辅助支撑。研究犯罪原因,关键在于从犯罪形成、变化的机理中对导致犯罪的诸因素与犯罪之间的关系作定性与定量的分析,揭示决定犯罪形成与发展的关键性因素,并由此提出切实可行的、有效的犯罪对策。

5. 犯罪原因有宏观与微观两个不同的视角

犯罪原因是犯罪学研究的核心,它包括两个基本的视角:个体犯罪形成的原因;总体犯罪形成的原因。前者是犯罪原因的微观研究,后者是犯罪原因的宏观研究。微观研究将个体犯罪置之微观社会中,核心是对犯罪人个案的微观社会剖析,探究一个人为什么犯罪。这里个体犯罪与微观社会构成对立统一的两条分析轴心线。就个体犯罪来看,分析轴基本的关键点有个案、犯罪人、人格;就微观社会来看,分析轴基本的关键点有社会化、家庭、学校、同类群体、社区、生命历程、生命事件、年龄及角色、轨迹、变迁。宏观研究将总体犯罪置于宏观社会背景下,核心是对犯罪现象的宏观社会分析,揭示社会为什么存在犯罪。这里总体犯罪与宏观社会构成对立统一的两条分析轴心线。就总体犯罪来看,分析轴基本的关键点有犯罪现象、犯罪类型、犯罪率、犯罪黑数;就宏观社会来看,分析轴基本的关键点有社会变迁、社会结构、意识价值、社会分层、制度规范。

6. 犯罪原因有动态与静态两种不同的分析

犯罪的研究,既包括静态的分析,也具有动态的观察。前者揭示决定犯罪形成、发展、变化机理的重要因素,后者分析这些因素在促成犯罪中的相互作用、整合与分化。例如,社会结构,是指一个特定时期的社会结构状态及其对犯罪的影响,是对犯罪的一种宏观静态分析。社会变迁是社会互动和社会关系等所构成的社会结构里的结构与功能上的改变。探究社会变迁及其与犯罪形成和变化之间的关系,则是犯罪的一种宏观的动态研究。显然,犯罪的静态分析与动态研究(例如,社会结构及其对犯罪的影响与社会变迁及其对犯罪的影响)是密切相连的,是同一研究的两个侧面。

二、犯罪原因的特征

犯罪原因的特征,是犯罪学中的重要理论问题,是制定刑事政策的重要理论依据。这是因为,犯罪现象是形形色色、多种多样的,每种具体犯罪行为的发生都有自己的原因和规律,但是杀人、盗窃、走私、诈骗、强奸、抢劫等行为的原因,也有共同的特征。认识犯罪原因的特征,即在纷繁复杂的具有个性特征的犯罪原因中寻找它们的共性,这不仅对开展犯罪原因的研究工作具有指导作用,而且对犯罪发生原因规律的认识,以及制定犯罪控制宏观战略也有重要意义。犯罪原因具有哪些特征,对此我国理论界没有一致的意见,一般认为,具有以下几种不同观点。

(一) 三性论

犯罪原因的动态性,即产生犯罪的原因是一个多元多层次多变量的动态系统,各种因素都不是孤立地起作用,而是过程中相互作用,并共同对犯罪结果发生作用。①

犯罪原因的复杂性是指产生犯罪原因及其机制是错综复杂的,各种因素与关系纵横交错形成了犯罪原因的复杂性。

犯罪原因的层次性是指在罪因系统中,引发犯罪的各种因素,依照对犯罪结果产生的作用程度、作用方式和作用范围,具有不同的等级性、层次性。

有学者将三性论具体化为以下几个方面。②

1. 时间顺序性

犯罪原因的时间顺序性,是指犯罪原因先于犯罪而存在的特性。作为犯罪原因的现象,是指那些在犯罪产生之前就已经存在的现象。任何犯罪原因,都必然是在犯罪发生之前就已经存在的现象。在犯罪行为发生后出现的现象,只能是引起以后犯罪现象的原因。

2. 内容复杂性

犯罪原因的内容的复杂性,是指犯罪原因包含着许多各不相同的成分和内容的特性。犯罪原因和犯罪结果之间的关系,存在着因果依存关系、条件关系、状态关系。因果依存关系反映了事物的运动、变化和发展的结果。这三种关系纵横交错形成了犯罪原因的复杂性③。

(1)犯罪原因包含着多种多样的因素。对于任何特定的犯罪行为或者犯罪现象而言,引起它们的往往不可能是一种因素,而有可能是多种相关因素,其作用有大有小。

(2)犯罪原因因素是动态变化的。这种变化不仅体现在它们对犯罪行为的作用和影响方面,也体现在自身的存在状态方面。

(3)犯罪原因因素之间充满了相互作用。任何原因因素只有在影响犯罪人的心理时,才能对犯罪行为的发生产生实际作用。

3. 相互差异性

犯罪原因的相互差异性,是指引起不同犯罪的犯罪原因各不相同的特性。个人心理结构的差异性,使得即使是相同的原因也有可能产生不同的结果。不仅实施犯罪的每一个人或者每个犯罪群体之间充满了差异性,个体犯罪行为与社会犯罪现象之间充满了差异性,而且,引起每个人或者每个犯罪群体的犯罪活动,都可能有非常独特的犯罪原因。

---

① 袁林、韦克难:《犯罪学通论》,四川人民出版社2003年版,第255—256页。
② 李卫红:《刑事政策学》,北京大学出版社2009年版,第161—162页。
③ 辛科:《犯罪学》,法律出版社2015年版,第146页。

(二) 四性论

四性论又分为:犯罪原因的特定性(犯罪原因是特定的概念,不能与犯罪的条件和有关因素混淆起来)、主次性(要分清各原因的内在关系,即分清根源与一般原因、主要原因与次要原因之间的区别)、科学性(在研究社会主义犯罪增长的原因时,要深入研究为什么旧社会残余会死灰复燃,国外不良意识形态会大量进入国内,这涉及社会主义国家自身的问题)、转化性(在一定条件下,主观原因与客观原因是相对的和处在动态变化之中的,应当注意动态过程中犯罪原因的转化)。

1. 社会性

犯罪原因具有社会性不仅因为犯罪是一种社会现象,而且因为犯罪是社会结构失调的产物。引起犯罪的现象即犯罪原因是社会现象而不是自然现象。在形成和促使犯罪发生的各种因素中,某些自然因素比如气候学上的季节、气候变化,生物学上的年龄、人口的增长等虽然对某些类型的犯罪具有一定影响,但不能决定犯罪的发生,不是犯罪的原因,它们的作用必须以社会性因素为前提。犯罪原因的社会性表现为犯罪是社会发展的产物。社会发展到一定阶段出现的私有制及其发展,衍生出一系列的社会矛盾和社会弊端,从而引起了犯罪的产生和增长。

2. 系统性

犯罪原因是引起犯罪发生和变化的各种因素相互作用的统一整体。犯罪是多种因素相互作用的产物,引起犯罪发生的诸多因素彼此联系相互作用形成一个系统,综合在一起发生作用,引起犯罪。任何一个单项因素都不可能独立的引起犯罪。因此必须系统地分析犯罪产生的原因,而不能只是简单地罗列各种因素。有些学者还按系统论的观点,具体分析引起犯罪发生的各种因素在犯罪原因系统中的不同功能,据此把它们分为两大类,即决定犯罪存在和变化的某些因素(根据)和影响犯罪存在和变化的某些因素(条件或称"犯罪场")。

3. 动态性

犯罪原因系统是一个互相作用的动态系统,在这个系统中每一个、每一组因素都处在不断地发展变化之中。因此不能静止地、孤立地考察犯罪原因与犯罪现象之间的因果关系,而应当运用运动、发展的观点,在查明犯罪原因的同时揭示各种因素之间相互联系和相互作用的状况,借以制定预防犯罪的措施。

4. 等级性

引起犯罪发生的诸多因素对犯罪发生所起作用范围的广狭和力度各有差异。根据这样作用范围的广狭可以把犯罪原因分为不同等级。有的学者把犯罪原因分为两个等级,即个人行为的等级和普遍的等级,前者研究单个具体的犯罪行为的原因,后者研究整个社会或某个地区的犯罪原因。有些学者把犯罪原因分为四个等级,即根本原因、重要原因、一般原因和具体原因;有些则分为四个层次,即根源、原因、条件和因素,以反映不同犯罪原因在犯罪发生中的不同影响作用。

(三)五性论①

1. 综合性

综合性是指犯罪现象是一种社会矛盾的综合病症。产生这种社会病态的原因是一个多元、多层次、多变量的动态系统。其中既有政治、经济、思想、文化、法制等因素,又有心理、生理、行为的因素;既有主观因素,又有客观因素;既有消极因素、腐败因素,又有积极和健康因素在发展过程中不可避免的副作用;既有直接的因素,又有间接的因素。而且各种因素都不是孤立地起作用的。而是在过程中相互作用和共同整合地对犯罪结果发生作用。各种因素作用的大小、强弱、途径、过程等,都受制于一定历史条件下社会运动发展的总规模、总动态。

2. 复杂性

复杂性是指犯罪原因系统中各种犯罪因素及其作用机制是错综复杂的。犯罪原因与犯罪结果之间的关系,存在着因果依存关系、条件关系和状态关系。因果关系反映事物运动、变化和发展的动力和源泉;条件关系保证了动因发挥作用;状态关系反映事物的运动、变化和发展的结果。这三种关系纵横交错,形成了犯罪原因的复杂性。

3. 系统性

系统性是指犯罪原因是一个复杂的系统。引起犯罪发生的诸多因素彼此联系相互作用形成一个系统,结合在一起发生作用,引起犯罪。任何一个单项因素都不可能独立地引起犯罪,唯有各种因素的有机结合才能导致犯罪的发生。因此,必须系统地分析犯罪产生的原因,而不能只是简单地罗列各种因素。此外,有的学者指出犯罪原因系统性的主要表现是:一方面是若干犯罪因素可能组成一个具有一定功能的有机整体或部分,因而构成一个犯罪原因系统;另一方面该系统又是它所从属的大的犯罪类型或系统的有机组成部分,因而构成一个更大的犯罪原因系统②。

4. 等级性

等级性是指犯罪原因是有层次的,各种犯罪因素在犯罪因素系统中所处的地位及对犯罪的作用力均有不同。一般而言,犯罪原因系统包括犯罪根源、犯罪一般原因、犯罪条件、犯罪相关因素。根据作用的范围广狭,还可以分为犯罪现象的原因、类型犯罪的原因和个体犯罪的原因。等级性既是犯罪原因复杂性的体现,又是分析犯罪原因体系的必然要求。在分析犯罪原因时,应分清犯罪原因的层次,把握犯罪原因作用的等级,从而清晰地揭示社会犯罪现象的原因。

---

① 王顺安:《中国犯罪原因研究》,人民法院出版社1998年版,第3—5页。
② 李晓明:《中国犯罪学论纲》,中国审计出版社1996年版,第381页。

5. 动态性

动态性是指犯罪原因不是静态的现象而是一种动态现象。这不仅表现为犯罪系统是一个动态系统,而且表现为每一种犯罪因素群也是发展变化的。犯罪原因的动态性是事物矛盾运动的普遍性所决定与制约的。因此,不能静止地、孤立地考察犯罪原因与犯罪现象之间的因果关系,而应当以运动的、发展的观点,在查明犯罪原因各构成要素的同时,揭示各种因素之间的相互联系和相互作用的状况,借以能动地、科学地制定预防犯罪的措施。

(四)六因论

1. 社会性

犯罪是人类社会发展过程中特定阶段——按照马克思列宁主义的观点,是有国家以后,直到共产主义实现之前的阶级社会不可避免的社会自然历史现象。产生这种社会学意义上的"社会历史现象"的原因主要是社会性质的。首先犯罪是社会发展的产物,是随着私有制的出现而衍生的一系列社会矛盾和社会弊端下的产物。其次,犯罪产生的基本原因在于社会物质生活条件,它包括自然地理条件、人口密度等情况以及物质资料生产方式。但我们认为自然地理因素并不是犯罪滋生的直接原因,它们的作用必须以社会性因素为前提;社会生产方式的内部矛盾,以生产方式为基础的社会基本结构的变动和冲突才是犯罪产生和变化的根本原因。犯罪原因的社会性告诉我们,人们只能从现实社会中的内在因素本身去认识犯罪,探求犯罪发生的特点和规律,研究犯罪产生的原因并寻求犯罪治理的对策。

2. 综合性

犯罪,从宏观上看,是一种人类社会发展过程中出现的"病态"社会现象;从微观上看,是特定个人实施的危害社会的行为。犯罪是社会综合因素作用于具体行为人个体的结果。引发犯罪的原因既有政治、经济、思想、文化、法制等社会因素,又有心理、生理、行为等个体因素;既有客观因素,又有主观因素;既有消极因素,又有积极因素在发展过程中的不可避免的副作用;既有直接因素,又有间接因素。而且各种因素并不是孤立地起作用的,而是在过程中相互作用。这种作用的大小、强弱等同时还受制于一定历史条件下运动发展的总规模、总态势。

六性论还包括系统性、复杂性、动态性、等级性。前文中已经有所论及,此处不再赘述。

(五)八性论

八性论认为犯罪原因具有以下特征:客观性,即引起犯罪的诸因素与犯罪现象之间的内在联系是一种客观实在的必然联系,是不以人的意志为转移的。相对性,即犯罪与犯罪原因是根据犯罪学研究的目的从现象的普遍联系中相对独立出来的,它们之间的关系相对确定的、引起犯罪现象的各种因素与实施犯罪行为之间的因果关系,在不同的条件下犯罪原因与犯罪行为能够相互转化。还包括时间顺序性、社会性、系统性、动态性、等级性等。

(六)其他学说

有的学者将犯罪原因区分为自然原因和社会原因两个方面,并分别论述了犯罪的自然原因和社会原因的特征。

1. 犯罪的自然原因的特征

所谓犯罪的自然原因的特征,是指为其内部诸因素所同构,而表现其质的规定性的一般共同性,是其特质的静止的分割样态[①]。一般来说犯罪的自然原因具有以下特征。

(1)原生性。犯罪的自然原因之所以为"自然",就在于对于特定的犯罪及其主体而言,它们均属先天先验地存在的自在之物,即特定个体所无法选择与抗拒的"天时地利"。地理、气候和时日等因素属于纯粹的自然,先于主体而存在,具有不可选择性。正是这一点,使得犯罪的自然原因区别于犯罪的社会原因、心理原因乃至于生物原因,而与犯罪的社会原因一起,共同构成了加害人—被害人、犯罪人—被害人所滋生的完整的环境背景。

既然人类及其犯罪均需存在于一定的时空,而时空就特定个体而言是既定而无法选择的,所以,原生性进而意味着所谓预防犯罪只能是对特定罪因结构的形成的阻遏或者拆散;人民不可能消除构成犯罪的自然原因的诸种"自然",而只能防止其他因素与之结合,进而形成足以滋生犯罪的情境或者触引、推导犯罪的合力。

(2)间接性。气候、地理和时日中的某些方面之所以能够成为"犯罪的自然原因",盖因这些方面正好暗合或者契合了犯罪人的某种社会倾向,或者被害人的特定被害倾向。而这一机制的达成是通过若干中项的间接作用才得以实现的。否则,所谓"犯罪的自然原因"这一范畴便不能成立,就像"犯罪的社会原因"中的"社会"因素,必须置于特定情境、经由特定条件的催化,始得成为犯罪原因。

一般来说,导致个体犯罪的原因不外乎社会、自然、心理和生物四大因素,即环境因素(社会–自然因素)和主体因素(心理–生物因素),犯罪正是在环境因素的背景下,经由主体因素的内在引导、触发而爆发的。因环境因素,特别是自然环境因素,要臻达"犯罪原因"的程度,必须借助若干中项,逐步渗透、浸延,才能形成一股合力,成为"原因"。

犯罪的自然原因的间接性决定了犯罪预防的多环节、多层次的特点。即就过程而言,犯罪预防是对这些中项的形成的防止、阻止或者排斥;就内容结构而言,是对不同质地的环境或者主题因素的分别隔离、清除,并消除其以偶然的方式在特定时空中成为加害人—被害人、犯罪人—被害人的外在契机。

---

① 许章润:《犯罪学》,法律出版社2004年版,第177页。

(3)具象性。从犯罪的自然原因和社会原因,到犯罪的文化原因、心理原因和生物原因,是一个由具象到渐次抽象的犯罪原因体系,也是一个从范围广大的背景到置身其中的特定个体的关于犯罪原因的诸多因素属可视或者可以具体测定的物理现象,其与特定的社会和个体因素消长互动,为犯罪行为的发生构成了完整而具体的背景。无论是特殊空间这类一望可知的具体的自然环境,还是城乡差异这类人文地理,乃至诸如昼夜周期、季节周期、自然周期和社会周期这类时间性的事实,都属可视或者可测定的具象存在。

2. 犯罪的社会原因的特征①

(1)决定性。犯罪的社会原因的决定性表现在以下几个方面。

首先,犯罪的定义,即某一行为是否被认为犯罪,是由不同的社会或社会中的统治阶级根据各自社会的具体情况决定的。

其次,某一社会中的犯罪现象的发展是由该社会中各种因素的发展变化决定的。因此,从某种意义上可以说,一定的社会必然存在一定的犯罪。

最后,具体的犯罪行为是行为人个体的特质与外界社会环境相互作用的产物,但行为者个体的行为是在外界社会环境的作用下形成的。因此,归根结底,具体的犯罪行为也是由社会环境决定的。

(2)普遍性。犯罪的社会原因的普遍性是指任何犯罪的发生,相关社会因素所施加的具有原因意义的影响和作用总是普遍地存在着的。因此,犯罪的社会原因对于各种具体犯罪行为发生都发挥着这样或者那样的属于原因范畴的作用。

(3)系统性。犯罪社会原因的系统性表现在以下几个方面:

首先,犯罪的社会原因是一个综合的系统。犯罪是一种反社会行为,是一种社会病态综合征,其中既有社会宏观环境因素的影响,又有社会微观环境因素的影响,而且各种因素都不是孤立地在作用,而是在相互影响、相互作用中共同形成犯罪的社会原因。

其次,犯罪的社会原因是一个动态的系统,其中的每一个、每一组因素都处在不断的发展变化之中,因此,不能静止地看待犯罪的社会原因,而应当将其放在不断运动变化的社会宏观背景下进行考察。

(4)间接性。犯罪的社会原因对于个体犯罪所起的作用形式不是直接的,而是通过犯罪的其他原因,特别是犯罪的个体原因的相互作用来实现的。因此,单独的社会原因一般不会直接导致犯罪行为的产生。对于每一个具体的犯罪来说,犯罪行为的发生总是社会原因和个体原因相互作用的产物。这也正是为什么在相同的社会条件下,有的人犯罪而有的人不犯罪,是此人犯罪而不是彼犯罪人的机理所在。但这与犯罪社会原因的决定性特性并不矛盾,而是对其决定性特征的一个辩

---

① 许章润:《犯罪学》,法律出版社 2004 年版,第 195—196 页。

证补充。

(5)可控制性。犯罪的社会原因是社会矛盾的产物,而社会矛盾是客观存在的。随着社会的发展,导致犯罪产生的各种社会矛盾是能够不断为人们所认识,并且是能够逐渐被人们所克服或避免的,因此,在这种意义上,犯罪是可以得到控制的。犯罪社会原因的这一特征为我们采取各种措施预防、控制和减少犯罪提供了理论依据。

除上述观点外,还有学者提出现实性是犯罪原因的又一个重要特征。

由于一个被称之为犯罪的行为对社会造成的侵害具有现实性,因此根据原因和结果之间的同构性原理,则可推知犯罪原因也必然具有现实性特征。犯罪原因的这一特征,无论是把犯罪当作一种个体行为来考察,还是把它当作一种社会现象来分析,也同样能获得很好的说明。认识和把握犯罪原因现实性特征的理论意义在于:它弥补了关于犯罪原因理论研究中的缺失,有助于人们更完整地把握犯罪原因的特征,从而加深对犯罪发生、发展变化规律的认识和掌握;其实践意义在于:它有助于我们在寻求防治犯罪对策时不至于迷失方向,能准确地选择战略重点——着力解决和消除现实中存在的矛盾和问题,从而获得较理想的防治效果[①]。

综合各种关于犯罪原因特征的观点和学说,我们不难看出,无论是犯罪原因的三性论、四性论、五性论也好,还是犯罪原因的六性论、八性论也罢,都从不同角度揭示犯罪原因的特性,都有其科学的成分,值得肯定。对于犯罪原因的认识包括很多方面,其中必然包含着对于犯罪原因特征的认识。犯罪现象多种多样。每种具体犯罪行为的发生都有自己的原因与规律。对犯罪原因特征的认识就是要在纷繁芜杂、具有个性特征的犯罪原因中找到它们的共性,这不仅对开展犯罪原因的研究具有指导作用,而且对认识犯罪发生原因规律以及制定犯罪控制宏观战略都有积极的作用。因此,深入认识犯罪原因的特征,有助于人们更加科学、更加深刻地认识犯罪原因。一般而言,在把握犯罪原因的特征时,我们要认识到:犯罪原因是指犯罪形成与变化的原因;是由诸多致罪因素所构成的系统;是动态的系统,具有时空的特征;尤其是指决定犯罪形成与变化的关键性因素;有宏观和微观两个不同的视角;有静态与动态不同的分析。

第二节　犯罪的社会原因

现代世界各国的犯罪学界普遍认为,犯罪的产生、存在和变更受现实社会中各

[①] 杜雄柏:《现实性——犯罪原因的一个重要特征》,载《湖南科技大学学报(社会科学版)》2008年第11卷第5期,第57页。

种因素的影响,这是显而易见的。不研究产生犯罪的社会条件,就无法科学地说明犯罪产生的真正原因。即使犯罪生物学派、犯罪人类学派和犯罪地理学派,都不否认犯罪与社会之间的联系,都不否认社会因素在促使犯罪产生的各种因素中的决定作用。特别是基于犯罪社会学的立场,中西方学者都热心于对各种社会因素与犯罪现象之间的相互关系的研究。

一、政治原因

法国犯罪学家对犯罪与国家的关系进行了一定程度上的研究。如同任何资产阶级的学者一样,他们对于资本主义国家的阶级本质是竭力回避或袒护的,因而他们对犯罪与国家之间的关系的认识是极其肤浅的。

(一) 国外关于犯罪政治原因的理论

法国学者认为,随着现代社会的发展,国家与人民群众之间的对话逐渐减少,而政府的官僚主义在不断滋长。首都巴黎是法国政治、经济、文化中心,国家权力全集中在中央政府手中,"二战"以后推行的分权运动也没能奏效。这些都使人民群众对政府失望,失去信心。此外,现代社会生活的基本规范(尤其是法律规范)变得日益庞大、繁杂、富有弹性,呈现"膨胀"势态。越来越多的学者都在谈论,研究资本主义国家的"法律膨胀"或"刑法膨胀"。法律也可以被视为一种暴力,国家干预也是暴力性的。"法律膨胀"也是加剧犯罪现象的因素之一。因此,西方一些激进的犯罪学家、刑法学家提出了"不干涉主义"与"废除论"。

但多数犯罪学家却持与"不干涉主义""废除论"完全相反的观点。他们认为,国家机器对于犯罪的犹豫态度、纵容或软弱是助长犯罪的原因所在。这主要表现为对犯罪防范不足,惩罚不力。法国学者认为,犯罪预防几乎被完全忽略了。虽然法国政府战后在犯罪预防方面进行了积极的努力,但预防工作没有很好地协调起来,没有发挥应有的作用。对于犯罪的打击、镇压,也因为一系列因素而显得软弱无力。刑法的过分庞大,刑法制度的内部失调,刑罚的模糊性、执行中的困难以及刑满释放分子的社会安置工作受阻等,这些都影响了刑法制度功能的发挥。

日本一些学者认为,社会政治生活中的缺陷和法律适用的不当,都可能成为诱发犯罪的原因。其中,作为犯罪原因的政治条件包括:①政治体制的病理,如战争、国际关系紧张,革命、骚乱等政治体制的变革,群众运动、政治罢工的激化,社会不安的增加;②民主政治的腐化,国家与地方公共团体中政治理念的背反,政治家的腐化、金钱政治等等。

(二) 我国学者的观点

我国学者认为政治因素作为非常重要的上层建筑深刻地影响着人类行为。生产力和生产关系、经济基础和上层建筑是人类社会的基本矛盾,其相互作用演绎了包括犯罪在内的无数纷繁复杂的社会现象。政治因素是探讨犯罪的社会原因的重要因素之一。统治是与政治相联系的,统治是一种社会管理。在阶级社会,统治具有阶级性,政治则体现了统治阶级的意志。政治对犯罪的影响可以通过国家的政治性政策对社会生活的作用来实现,也体现在社会的政治结构的矛盾之中。前者从20世纪50年代后期开始的反右扩大化、大跃进、人民公社、反右倾等一系列政治运动,既违背了经济发展的规律,也有违民心。在三年自然灾害的综合作用下,出现国民经济的严重衰退,带来刑事犯罪在20世纪60年代初大幅度上升(1961年刑案立案42.2万起,立案数比1957年增长41.6%)。60年代初,提出阶级斗争为纲,1966年爆发无产阶级文化大革命,实行群众专政,政治对社会生活的影响大到无以复加。"左倾"的政治影响在压抑了民主自由的同时,的确也有效抑制了人的犯罪行为。60年代前期与中期犯罪率之低,举世罕见(这当然与国民经济在60年代前期、中期逐步得到恢复具有直接关系)。在"文化大革命"中,政治因素与犯罪更呈现出一种奇特的关系。"文化大革命"造成了社会大动乱,社会的法治、道德、社会秩序遭到毁灭性的破坏。全社会武斗泛滥,造反派、群众组织可以任意对公民实行"群众专政":批斗、殴打、侮辱人格、拘禁关押,这在任何一个法制健全的社会,毫无疑问都是一种犯罪行为。然而在"文革"中,却被视为"革命造反行为"。非法暴力,这种赤裸裸的犯罪行为被冠以政治色彩而取代了法律的标定。后者如阶级斗争、政治体制不完善、腐败问题等社会政治结构中的矛盾因素,对犯罪也产生着重要影响。特别是改革开放以来,随着经济政治体制改革的日益深入,我国出现了大量影响非常恶劣的贪污受贿犯罪现象,严重败坏了党和政府的形象,对这类经济性犯罪,我们在严厉打击的同时也要深思产生这些犯罪的背后深层次的问题。

1. 阶级斗争和犯罪

私有制的产生与阶级的出现,使社会危害行为具有了阶级的属性。在阶级对立的社会,对统治关系的危害,首先是对阶级统治的危害。在剥削阶级占统治地位的国家,剥削阶级对被剥削阶级残酷的剥削与掠夺,尖锐的阶级对立和阶级斗争,制造了大量犯罪,这是资本主义国家犯罪产生的根本原因。但即使在资本主义国家,阶级斗争也不是犯罪的唯一原因。在资本主义社会也存在因为非阶级性的社会矛盾和社会关系失调产生的各种犯罪。如发生在统治阶级内部的犯罪和性犯罪等,就未必都是阶级斗争的原因。马克思的阶级斗争理论,在于让人们追溯历史,瞻望未来,了解历史发展规律。它并不是一味地强调暴力,尽管在社会发展的过程中存在暴力,它是从一种秩序向另一种秩序的革命转变以及对前一种秩序的否定。因此,马克思的阶级斗争理论展现给世人的是阐述社会变迁和社会进化的理论,它所提供的冲突模式实质就是事物的内部冲突。马克思认为国家是阶级统治的工具,政治统治是阶级冲突的反映和表达。所以,第一,国家通过提供稳定以及维持让某一集团能占统治地位的社会条件来使阶级剥削成为可能;第二,国家实际是阶级统治的工具,其目的在于增加剥削阶级的利益。从社会学角度来考察,马克思的阶级斗争理论的独特贡献在于：强调具有相同经济地位的人为共同行动而结合为群体，强调根据经济生活产生的社会群体的特征来解释社会为什么会有差别以及如何产生差别。由于社会分层是社会发展的客观属性，尽管到了共产主义社会，马克思所说的阶级和国家已经消灭，但是根据马克思的理论，从本质上讲，阶级是以财产控制为基础的，但是消灭了私有财产并不意味着阶级的消灭，相反，由于全国财产是国有的，一个新阶级即政治官僚，便控制了所有的财产，他用财产来牺牲他人利益以满足自己的特权。政治官僚是一个特殊阶级的证据就像其占有者阶级一样在于它的所有制以及同其他阶级的特殊关系。同样的道理，其成员所归属的这个阶级也是以所有制赋予的物质和其他的特权为标志的。所以说在剥削阶级占统治地位的国家，一部分犯罪行为是阶级斗争引起的，另一部分犯罪行为是非阶级斗争引起的。因此，从理论上说，犯罪和阶级斗争是两个紧密联系但又互相区别的概念，不应当把两者混淆起来。阶级斗争是一个政治概念，只是对立的两个阶级的政治斗争；而犯罪，按照马克思、恩格斯的理论观点，是孤立的个人反对统治关系的斗争，是一个法律概念。从实践上来讲，犯罪是一种反对统治关系的斗争，但是反对统治关系的斗争也并非一定是阶级斗争。另一方面，无论在何种社会制度之下，各种过失犯罪也不是阶级斗争的表现，即使是某些严重的刑事犯罪也不一定与阶级斗争有关。因此，认为一切犯罪都具有鲜明的阶级性，犯罪都是阶级斗争的表现和反映，都是根源于阶级斗争，是不符合实际的论断，因而也是不科学的。实际上，犯罪是一种复杂的社会现象，既有阶级斗争的表现，也有不属于阶级斗争的犯罪，阶级斗争是犯罪的原因，但不是唯一的原因。

在我国现阶段，阶级斗争与犯罪的关系比较复杂。在我国，虽然存在部分私有制成分，上层建筑领域中剥削阶级意识形态也未退出历史舞台，但剥削阶级作为一个阶级已经不复存在，这使我国阶级斗争状况不同于过去历史上的阶级对阶级的斗争（他们不可能形成一个公开完整的阶级），但是，仍存在"特殊形式的阶级斗争"。在社会主义社会中，阶级斗争仍然在一定范围内以特殊形式长期存在，国际敌对势力也不断不遗余力地以其政治制度和意识形态、价值观念对社会主义社会进行渗透。在刑事犯罪中，存在着自觉的阶级斗争，如危害国家安全的犯罪，存在一些以推翻无产阶级专政和社会主义制度为目的的严重的刑事犯罪；也存在在资产阶级"个人主义""享乐主义""拜金主义"意识形态影响下走向刑事犯罪道路的以侵犯财产犯罪和性犯罪为主要表现的各种刑事犯罪。同时，也存在着大量与阶级斗争无关的刑事犯罪，如人民内部矛盾激化犯罪、过失犯罪、渎职犯罪等。而且随着社会主义文化的发展，与阶级斗争无直接关联的犯罪所占比例将会越来越大。所以，如前所述，在阶级斗争与犯罪关系问题上，完全否认阶级斗争对犯罪的影响是错误的，认为阶级斗争是犯罪的唯一原因同样是荒谬的。

2. 政治体制不完善与犯罪

我国的基本政治制度是人民代表大会制度、共产党领导下的多党合作制度和政治协商制度,它是符合我国国情的、代表人民群众根本利益的政治制度。但由于历史的、社会的、个人的各种原因,这种优越性还没有完全发挥出来。在政治体制的一些具体环节,还存在着不完善。长期以来,我国具体的领导制度、组织形式和工作方式上,存在着一些重大缺陷。主要表现为权力过分集中,官僚主义严重,封建主义的影响还远未肃清。也就是说,"基本的政治制度是好的,但在具体的领导制度、组织形式、工作方式上还存在着一些重大缺陷"。我国政治体制的不完善,主要体现为权力过分集中,缺乏强有力的监督,法治与民主制度不健全,容易出现权力的滥用和以人代法、以权代法等侵害人民民主权利的现象。政府机构臃肿重叠,层次多而职责不清,相互掣肘,容易产生官僚主义和玩忽职守的行为。我国经历了长期的封建社会,官本位、权力至上的影响根深蒂固。过分集中而又缺乏监督的权力,是产生决策失误、腐败蔓延的制度原因。以人代法、以权代法,使法治受到践踏,社会矛盾激化。官僚主义、玩忽职守则破坏了国家管理的职能和效率,造成与人民群众的对立,削弱了党和政府的威信,削弱了对犯罪的社会控制。正是这些政治体制中的"重大缺陷",给刑事犯罪以可乘之机,或使人民内部矛盾激化为刑事犯罪。

另外,我国正处在一种特定的发展时期——改革时期。社会的变革必然会推动社会的进步和发展,但是社会变革最终会产生两种社会进程:社会的进步发展或者社会的退步落后。任何社会的变革从一定的意义上来讲都是被动的。从理论上来讲,社会的变革是当社会发展到一定阶段,由于其社会的生产关系与社会生产力之间产生了矛盾与冲突,从而对社会的整体结构加以改造和调整,以适应生产力的发展。社会的变革必然会引起社会规范的变化,社会改革所引起的社会规范的变化是导致犯罪产生的一个因素。社会改革时期与社会的其他时期的发展中,最明显的差异性在于:

(1)从理论上,旧的规范体系逐步失效、解体,新的规范体系还有一个建立和完善的过程,因此改革时期,特别是改革的关键时期,从一定意义上讲,是社会控制最薄弱的时期。

(2)改革时期,两种社会行为不断增长:①改革时期的越轨行为的表现最为突出,因为改革行为本身就是一个越轨行为,改革家要打破原有的条条框框就是一种越轨;②失范行为会大量出现,即出现许多失去规范的衡量标准的行为,这些行为按现有的价值评判标准是难以衡量的。这两种行为都带有偏差性的倾向,所以改革过程往往是犯罪的高发时期。而且社会改革所推行的一系列的改革制度和政策,同样也会引起犯罪的波动。即便是良好的正确的改革制度和措施,并不会对所有的社会成员都带来好处。当这种改革制度和措施推行以后,落实到具体的阶层、具体的社会成员上来的话,它在社会改革当中的受益面、受益率、受益优先性方面存在差异。机制的转轨,是权力和地位的再分配,导致部分社会成员面对社会的归属感、认同感的失落,缺乏对社会的亲近感,产生反社会情绪,导致刑事犯罪案件的高发。总之，在社会改革时期，尤其是在社会改革的关键时期，犯罪率会有所上升，如果这种改革被证明是正确的，犯罪率在维持一段时期的增长之后，会有所回落或保持一定的稳定，但是错误的社会变革会导致犯罪率进一步上升。

3. 腐败与犯罪

所谓腐败，是指政府官员和公职人员利用职权谋取私利的行为。腐败的实质，就是权力的异化——将公共权力异化为私有权力。腐败现象是现代社会的通病，其滋生和蔓延，不仅对执政党和国家利益有害，而且直接演化成违法犯罪并诱发和刺激社会上的普通刑事犯罪的发生、变化和增长。中国在改革开放以前的一个相当长的时期内，社会风气比较纯洁，政府官员廉洁勤政。但改革开放之后，由于市场经济的利益刺激，"寻租"与"设租"的市场还广为存在，权力未能完全得到制约，于是以"权钱交易"为特征的社会腐败现象日益严重。社会腐败现象的存在及严重化与现阶段犯罪现象的增长具有密切的联系。

(1) 政府官员腐败直接影响了犯罪率的上升。首先，一些政府官员的腐败行为本身即构成了严重犯罪。政府官员腐败的最明显表现是贪污、受贿、索贿、挪用公款以及贪图享受、玩弄妇女。近些年来经济犯罪持续增长，其中人员构成的一大部分就是政府官员的职务犯罪。其次，政府官员腐败直接诱发了与"权钱交易"有关的犯罪行为。如犯罪分子为投其所好，拉关系、走后门、行贿，借其权势作保护伞，大肆进行犯罪活动。另外，政府官员腐败，还刺激了部分社会成员的犯罪攀比心，使一些人认为官员可以腐败，大捞好处，自己为什么不能，法律不追究政府官员，也不应追究自己，从而淡化犯罪感，为自己的违法犯罪行为寻找借口，从而形成了当前敢犯罪、不畏刑的社会不良心理。

(2) 执法机关尤其是司法机关的腐败为犯罪现象的增长创造了条件。执法机关是指执行国家宪法、法律和法规的国家组织与机构，包括公安司法机关、财政税务机关、工商行政管理机关等。司法机关是指具有治安管理权限和司法权限的公安、审判、检察机关和监狱、劳动教养机关。执法机关是国家的专门性控制与惩罚犯罪的机构，如果其自身发生腐败，就不能很好地完成国家赋予的神圣的执法权力，损害法律的尊严和权威，甚至会起到纵容犯罪的作用。更为严重的是，作为国家法律监督与检察机关的人民检察院，自身也存在着腐败问题，据有关材料和报刊披露，检察机关存在的腐败现象突出地表现在：①少数检察干部利用职权索贿受贿、徇私舞弊；②受利益驱动，违法办案、越权办案、擅自动用赃款赃物，充当流氓恶势力的保护伞；③腐化堕落，参与嫖娼、吸毒；④在办案过程中吃、拿、卡、要、耍特权，甚至刑讯逼供、泄露国家机密。

执法机关尤其是司法机关的腐败，不仅自身制造着违法犯罪，而且直接或间接地诱发了社会上的违法犯罪行为的发生，是目前犯罪现象增长的不可忽视的重要因素。

(3) 党政机关的官僚主义作风激化了人民内部矛盾，引发了许多犯罪行为。

由于部分党政干部官僚主义严重,不关心群众疾苦,不能及时正确处理人民内部矛盾,加之基层组织在化解、调解民间纠纷方面的作用减弱,以致民转刑案件增多。如一些领导干部不进行实际调查,偏听偏信,以至于在处理具体问题时是非不分、颠倒黑白,该罚的不罚,不该奖的却获得重奖,等等。造成同事之间或群众同党员干部之间的误解或使矛盾激化,从而引起嫉妒性犯罪、报复性犯罪或其他动机的犯罪。还有一些刑事案件的被害人由于既无钱又没有有权力的人作后台,屡告不理,申冤无门,于是采取过激的报复性行为。

(4)党内和社会上的不正之风,掩护、助长了犯罪的嚣张气焰。许多违法犯罪,就是由不正之风滋生演变而来的。如请客吃饭,馈赠礼物,在商业领域、仕途升迁之际,极易滑向行贿受贿、索贿、贪污等犯罪深渊。公款消费、铺张浪费是导致国有企业破产的重要原因,自然是国有企业法人触犯刑律,构成玩忽职守罪的罪恶之源。同时,又突出表现在为不正之风掩护着违法犯罪,使之逃脱法律制裁,从而纵容、助长了犯罪,尤其是不畏刑、敢于犯罪的气焰。

二、经济原因

(一)国外学者关于犯罪经济原因的理论

在英国,大多数犯罪学家认为犯罪与许多经济性因素有关。他们首先指出贫穷对犯罪有影响。有关学者对伦敦地区部分少年犯的调查表明,50%以上的少年犯来自穷人家庭,并推导出贫穷与犯罪的相关系数为0.67。这一系数表明二者的相关性很高。有些学者认为贫穷与富裕对犯罪都有影响,贫穷对财产犯罪的影响较大,富裕对暴力犯罪有影响。失业等因素也对犯罪有一定的影响。

意大利刑法学家龙勃罗梭就认为经济与犯罪有关。他发现食品价格对盗窃罪的数量有很大影响。食品价格高时,盗窃罪的发案率也高。否则相反。意大利富庶省份内的诈骗案多,穷困省份内的杀人案多,盗窃和性犯罪不太明显。他得出结论,贫穷和富有,尤其是后者,对犯罪有重大影响,但其影响程度往往被种族和气候的影响抵消掉了。菲利也认为经济状况对犯罪有重大影响,贫穷导致盗窃等财产犯罪的产生,而富裕则导致赌博、淫乱等嬉戏式犯罪的产生。

法国学者认为,随着资本主义经济的不断发展、人民物质生活水平的提高,其精神生活相应显得更加贫乏。人们普遍感到精神生活不自在、不满意。这种精神上的失望极易导向犯罪。但他们同时认为,犯罪与经济增长、与失业现象之间的相关性是很小的。法国学者的研究表明,自1953年至1973年这二十年间,法国的犯罪与经济均有增长,但两个变量的增长是不同步不等量的。法国在1931—1939年、1965—1973年经历了两次失业高峰期,但此间的犯罪总数却无大的上升。相反,1973年法国的失业率是最低的,但是犯罪率却达到了高峰。法国学者对犯罪与经济发展后的就业的关系也做了研究。他们认为,经济越发达的地区,其犯罪率也越高。这里除了与都市化程度有关以外,还有其他的一些因素,法国学者认为,犯罪与第一产业关系不大,但与第二、第三产业的相关性则很强。经济发展以后人口的流动性对犯罪也有影响,生活环境的改变,常常处在陌生的环境之中,很容易促使人犯罪。科学技术的进步使得对劳动者的要求也不断提高。如果劳动者不适应新的工作,这样的人也较易犯罪。此外,发达国家也吸引了大量的第三世界的廉价劳动力。纷纷进入发达国家或地区的外来人口,其犯罪率总是比较高的。

日本学者认为,经济制度中的缺陷是诱发犯罪的重要原因。经济制度中的缺陷主要包括:①由个人主义、自由主义经济制度决定的经济竞争的激化;②资本的垄断与中小企业的衰落以及企业间差距的拉大;③财富分配的不合理,贫富不均;④因经济危机而产生的经济的不安定,通货膨胀的周期化;⑤因金融机关的不安定而引起的货币价值的暴跌;⑥企业破产或业务不景气;⑦就业问题;⑧生活消费水平的上升而收入的相对减少;⑨住房困难,物价暴涨;⑩社会保障制度、退休金制度的不完善。

在任何社会,无论是经济发展还是经济危机;无论经济形态的变更,还是经济制度的改革,都会深刻地影响社会生活,使社会矛盾趋于激烈或者平缓,或直接或间接地影响社会犯罪。

(二)我国犯罪的经济原因

在新中国的前40年里,曾经经历了四次犯罪高峰。即20世纪50年代初(1950年,刑事立案51万起),60年代初(1961年,刑事立案42.2万起),80年代初(1981年,刑事立案89万起),80年代末(1988年犯罪开始大幅度上升,刑事立案82.7万起)。这四次犯罪高峰,从宏观上看,都是社会矛盾和消极因素综合作用的结果,但仅就经济问题而言,显然都处于我国经济发展的非正常时期。第一次是处于战争刚刚结束时的经济恢复时期;第二次是我国历史上著名的困难时期;第三次是尚处于"文革"结束后的经济恢复时期;第四次是经济过热,导致其后治理整顿的时期。每一次犯罪率上升,不一定都有经济发展不正常的背景,但几乎每一次经济发展的不正常时期,几乎都会直接影响一个社会的犯罪状况。可以这样认为:经济因素是决定犯罪现象产生的最重要的、占主导作用的社会因素,尽管它不是唯一因素。研究犯罪的社会原因,离不开研究经济因素,包括研究经济发展水平、经济形态变革、社会经济结构转型问题等等。

1. 经济发展水平与犯罪

一个国家的经济发展水平也就是说这个国家的生产力发展水平,生产力和生产关系的矛盾互动是犯罪产生的最深层次的根源。在这个社会的基本矛盾之中,生产力是这个矛盾的主要方面。生产力是决定因素,社会生产关系是生产力发展到一定阶段与水平的产物。也就是说,生产力的发展水平选择了与这相适应的生产关系,随之决定和产生了一系列的社会关系。生产力与生产关系既相适应又相矛盾,也体现为社会关系的协调与矛盾。协调意味着良性发展,矛盾则是犯罪增加的表征。在原始社会,生产力极度低下,劳动产品只能维持起码的生存,原始人必须以血亲关系结成群体,才能生存下去,任何离开群体的行为都可能带来毁灭。原始社会没有剩余产品,当然也就没有私有制,没有阶级对立和阶级剥削。生产资料与劳动成果集体公有。因此,产生了社会的共同利益和维持群体利益的规范,以及对危害行为的制裁。当生产力提高到劳动产品有了剩余,形成了阶级及私有制产生的物质基础。这时,生产力在一定历史阶段的发展,引发了生产关系的根本变革。私有制产生了,阶级对立出现了,国家也问世了。国家的统治者以刑事法律的形式将破坏统治阶级利益的,超出了统治者容忍度的社会危害行为标定为犯罪。这次生产关系的变革,对古已有之的社会危害行为来说,具有重要意义。与原始社会相比,尽管行为的外在形式没有改变,但它被赋予政治法律的阶级的色彩;从单纯危害群体的共同利益,增加了危害阶级利益的性质。不变的则是它对社会的危害性、违法性和应受惩罚性。现代社会迅速发展的动力在于现代工业生产力,为实现国民经济长期、稳定、协调发展,必须坚持经济的适度高速增长,这是调整产业结构、提高经济效益的前提。但经济增长必须适度,确保无通货膨胀或低通货膨胀下的增长,以使社会总供给与总需求大体平衡;而那种主要靠高积累来推动的超高速增长,即所谓经济过热,其后果要么是排挤消费,使人民生活水平难以改观,要么是刺激消费需求过度扩张,使国民经济总需求量超过国民收入总供给,因而导致国民收入超分配,刺激分配欲望,强化攀比心理,使社会难以避免地出现普遍靠非法手段致富、攫取金钱的违法犯罪,整个国民经济必然陷于失稳状态;经济增长过慢肯定不行,那样势必使生产设备大量闲置,并增加劳动就业人数安排难度,从而不利于满足人们生活水平的提高的需要,且大量社会闲散人员的出现将会成为社会犯罪的严重隐患;经济增长忽高忽低或畸高畸低的震荡更不行,那样又会因资源配置失范而导向产业结构状况的恶化,从而引发大量的犯罪发生。在当今资本主义世界,生产资料私有制性质的生产关系决定了社会的不平等性,生产和社会化与生产资料的私人占有之间的矛盾成为社会的主要矛盾。生产力虽然得到高度发展,但并不能解决生产关系的矛盾,决定了其犯罪的不可避免。

  在社会主义社会的初级阶段,其特点是生产力发展水平远远落后于西方发达资本主义社会,但生产关系已经发生了根本性的变化,公有制取代了私有制。但是,由于初级阶段的生产力水平低,社会经济形态及其相应的经济制度不能适应生产力的发展,单一的公有制与落后的社会生产力也不相适应,表现出生产力与生产关系既有相适应又有相矛盾的一面。社会主义初级阶段的主要矛盾是落后的社会生产与人民群众日益增长的物质文化需求之间的矛盾,解决这个矛盾,先要解决生产关系与生产力不相适应的矛盾,所以,为了发展生产力,我们确立了以公有制为主体,多种所有制经济共同发展的基本经济制度,并建立了社会主义市场经济体制。生产力发展了,社会关系和谐了,社会矛盾减少了,才能从深层次减少社会犯罪现象产生的原因。当然,在这样一个历史时期,在解决矛盾的过程中,会出现许多新的矛盾和新的社会关系失调。如多种所有制、多元化的分配方式、多种利益群体的矛盾与冲突,贫富差别的扩大,体制改革中的漏洞,上层建筑领域的一些混乱现象等,所以在这样的一种改革开放的新的社会环境下犯罪率也难免会上升。从一定意义上说,这是社会发展进程中所付出的"代价"。

以上我们是从生产力发展水平是带动生产关系变革的决定因素角度来看的,社会生产力的发展水平和犯罪的关系,我们还可以从经济衰退与经济增长的角度来考察,经济衰退与萧条、增长与繁荣,都直接反映着社会生产力发展的具体状况。

无论在什么社会,经济的衰退与萧条都会带来人民生活水平的下降,甚至贫困。在我国古代,众多的思想家、政治家都指出贫困与社会混乱和行为越轨有直接的关系。"仓廪实而知礼节,衣食足而知荣辱",从古至今,财产类犯罪都是第一大犯罪,贫困则和财产类犯罪有密切关系。

在资本主义社会,工人所创造的剩余价值被占有生产资料的资本家所榨取,广大工人阶级和劳动群众处于被剥削和失业的威胁之中。社会的两极分化、贫富悬殊成了资本主义社会的标志。即使在一些发达的资本主义国家,统治者为了其长远利益,为缓和阶级矛盾,拿出更多一些的剩余价值给工人阶级,使一些被剥削者从绝对贫困到相对贫困,但这并没有改变两极分化的社会实质、没有改变社会心理的失衡,没有改变由社会不公带来的社会责任感的丧失。

在社会主义社会,虽然生产资料公有制的新型的生产关系使工人阶级成了国家的主人,但初级阶段生产力发展水平较低,无法满足全体人民日益增长的物质、精神需求,贫困仍然是犯罪产生的原因之一。20世纪60年代初期,由于严重的自然灾害,我国经济严重衰退,出现了极为严重的经济困难时期,人民群众的生活受到极大威胁。由于贫困带来的犯罪大量增加,出现了新的犯罪增长期,50年代长期保持的低立案率到60年代迅速上涨。在20世纪80年代以来,我国生产力出现了巨大发展,人民生活水平得到不同程度的提高,但由于经济发展的城乡、地区之间的不平衡,加上具体社会制度的不完善,社会生活仍然存在事实上的不平等,存在着贫富差距,仍然有一部分人民群众尚未摆脱贫困的威胁。相对贫困也是一种事实上的社会存在。这无疑是影响社会稳定和人的行为的一个重要的社会原因。而且,由于社会生产力水平低,又直接制约了文化、教育、道德等上层建筑的发展。贫穷与愚昧是一对孪生兄弟。文盲、半文盲的大量存在、文化水平的低下,与犯罪存在具有不解之缘。但是,社会主义社会的贫困现象与资本主义社会严重的两极分化具有本质的不同,在资本主义社会是不可克服的社会矛盾,在社会主义社会,人民内部根本利益一致,不存在根本对抗性的矛盾。随着市场经济体制的不断完善和改革开放中社会政策的不断调整,最终将会实现全体人民的共同富裕。那时,作为犯罪的社会原因之一的贫困问题将得到解决。

那么,在社会生产力发展较快的经济增长时期,犯罪与经济发展的关系,是一个受到国内外犯罪学界广泛关注的问题。如前所述,国外有学者认为在现代化的进程中,经济发展与犯罪率同步增长。我国犯罪学界也有观点认为,在一定历史时期内的一定生产力的发展阶段,经济发展必将伴随着犯罪现象的数量的增长,即出现社会经济与犯罪率之间存在同步增长的现象。但不同观点,甚至是相反的观点也在国内外犯罪学界,特别是在我国犯罪学界存在。纵观国内外不同社会制度的国家,经济发展与犯罪关系都显得十分密切。在国外资本主义世界,的确大多数资本主义国家在经济起飞过程中出现了犯罪率的同步增长,但确也有少数国家在经济增长的同时,犯罪率并未出现显著增长。在我国,20世纪50年代万众一心建设社会主义的年代,我国的经济增长速度快得惊人,但是我国的犯罪率却是很低的;还有在60年代三年困难时期过后,我国在经济战线正确贯彻"调整、巩固、充实、提高"的八字方针,经济增长速度保持高速增长,同样犯罪率也很低,这两个历史时期社会治安良好,并未出现犯罪率与经济发展同步上升的情况;而80年代改革开放之后,商品经济带来了社会生产力的巨大发展,但同时犯罪率与经济发展,至少在表面上出现了同步增长的趋势。同样是经济增长时期,为何犯罪率却是一个下降而另一个上升呢? 按照社会学对社会的研究和解释,社会这个大系统,是一个完整的有机体,呈现为一个弹性大网络。在社会结构中,各个具体社会系统之间相互联系、相互依赖,每一个具体社会系统的发展变化,都会影响牵动全局的变化,即是说,各种社会现象之间绝非简单的线性关系,犯罪与任何一种社会现象的出现一样,都是社会结构中各个具体社会系统综合作用的结果。依照这个社会大系统的观点,经济发展与犯罪现象之间无论是出现"同步增长",或是出现"此升彼不升",并非经济现象与犯罪现象之间的"相互决定"。经济因素对犯罪的影响,是通过一定的中介因素实现的。这就是在经济发展过程中,是否出现社会的结构性失调,是否出现严重的社会矛盾和社会问题,这就决定随之是否会出现犯罪上升。20世纪50年代及60年代前期,我国经济发展较快,但经济领域中计划经济的强大宏观控制力,政治领域的"阶级斗争为纲",意识形态领域的单纯划一,都发挥了强大的社会控制功能,没有出现严重的社会结构失调和社会问题的堆积,所以社会秩序平稳。当然,这个经济发展是在一个很低的起点上出现的。计划经济的单一形式不符合经济发展的规律,"阶级斗争为纲"在发挥社会控制功能的同时,也严重地束缚人的潜能的发挥和科学技术这个第一生产力。所以,经济发展的程度终究是有限的。而在20世纪80年代的改革开放中,商品经济带来社会生产力发展,但在这个过程中,由于二元化社会结构受到社会转型期带来的巨大的冲击,出现社会结构失调,旧有的经济制度、政治制度的不完善,不能适应新的经济形态和所有制的多元化。社会价值观念多元化,人口过多,失业率上升,农村剩余劳动力大量涌入城市,出现严重的社会病。我国公有制为主体的生产关系决定了与资本主义国家的不同性质,但社会的发展规律仍有共同之处——在现代化、城市化过程中,特别是在初始阶段,如若出现经济与社会不能协调发展,带来社会矛盾、社会问题的增加,则无论什么性质的社会,都会出现犯罪上升。我国社会1988年出现的新的犯罪大幅度上升趋势,就具有典型意义。

为了抑制在20世纪70年代末80年代初出现的第三次犯罪高峰,1983年开始严打,自1984年以来,连续四年刑事发案较为平稳,绝对数也较低。但自1988年开始,犯罪出现了大幅度上升的势头。刑事案件比上一年增加45.1%,严重犯罪比上一年增加65.7%,显然,犯罪率上升之猛烈,是新中国成立以来罕见的。出现这种情况,是和这一年经济发展过程中出现的问题和矛盾分不开的。这一年,我国的综合指标高达21%甚至超过了我国第二次犯罪高峰的1961年(20%)。这是新中国成立以来,综合指标最高的一年,正是在经济发展过程中的这些矛盾与失调的中介因素的作用,引发了犯罪现象的严重化,现代化起飞的初始阶段,经济发展过程中出现大量社会问题带来犯罪增加,无论在西方发达国家还是在第三世界国家,都是一个较为普遍的现象,但不是一个绝对现象。只要针对社会问题和各种社会矛盾,调整社会政策,做到经济与社会协调全面发展,是可以减少和控制犯罪的。

探讨生产力发展水平与犯罪控制的关系,我国学者提出了形象的"投鼠忌器"原则。"鼠"喻犯罪等对社会的破坏力量,"器"喻生产力发展。鼠器相随是人类社会发展过程中的客观事实。"投鼠忌器"喻指防止为了消灭和减少犯罪而阻碍生产力的发展,扼杀人的创造力,人们常说"犯罪是消极因素综合作用的结果",殊不知消极因素和积极因素常常是同一个事物的两个方面。我们可以假设,如果我们为了控制、减少犯罪,而重返闭关锁国和计划经济的老路,禁止人口流动,实行平均主义的利益分配和"阶级斗争为纲"的政治氛围等,完全可能大大减少犯罪。但其代价必然是社会生产力的发展缓慢和阻碍人的潜能的释放,这是违背社会发展规律和人民群众的意愿的。所以,"在不可兼得时力求兼顾,在力求兼顾中作'必要的丧失',亦即如果打不死老鼠,就从玉器上赶走老鼠,或是使老鼠离玉器保持一定的距离。以'保护玉器'为最终原则,而不是以'消灭老鼠'为最终原则"。在生产力发展过程的一定阶段中,出现犯罪和犯罪增长是难以避免的。社会主义的任务,就在于充分发挥社会主义的优势,将这种代价减少到最低程度。邓小平指出:"随着经济的发展,随着科学文化和教育水平的提高,随着民主和法制建设的加强,目前社会上那些消极的现象也必然会逐步减少并最终消除"①。这就是说,经济发展,加上上层建筑领域的协调发展,是最终减少和控制犯罪的必要条件。

2. 经济形态变革与犯罪

人类社会的生产力发展过程,总是体现为一定的经济形态及其相应的经济制度的运作来实现的。自然经济、产品经济和商品经济是不同性质的经济形态。计划经济与市场经济是在不同的经济形态下依靠不同的运行方式操作的经济制度形

---

① 邓小平:《邓小平文选(第三卷)》,人民出版社1993年版,第149页。

式,也是一定社会中生产关系的制度化。经济制度与政治制度是一个社会最重要、最基本的具体社会制度。不同的经济形态必然有不同的经济规律、管理方式及其法规体系。

新中国成立后的 30 余年时间内,实行的是产品经济下的计划管理模式。长期的实践表明,商品经济是不可逾越的阶段。从 20 世纪 80 年代开始,中国社会进入了以经济形态变革为重要标志的重大社会转型期。发展社会生产力为中心的现代化建设则标志着中国已从传统社会向现代社会转型,从农业社会向工业社会转型。在经济领域,则是从产品经济向商品经济,从计划经济向市场经济的经济形态及其体制的转型期。这次经济形态变革引发的社会转型意义之深远,影响之巨大,是研究 80 年代以来中国的社会问题与社会矛盾所不能脱离的社会背景。新旧体制的碰撞与契合,社会矛盾的大量出现,必然会在社会秩序的晴雨表——犯罪状况变化上体现出来。经济形态变革对社会犯罪的重大影响,主要体现在以下方面。

商品经济是以交换为目的而生产的经济形态。社会主义的商品经济是建立在多种所有制并存基础之上的,与资本主义商品经济建立在私有制基础之上,二者的生产关系基础不同。但是,商品经济作为人类社会的一种经济形态,其固有的规律,并不以生产关系的区别而改变。这就是商品经济具有的共性:商品的本质是价值,商品经济的目的在于取得价值,并通过交换来实现价值,并表现为追求最大限度的利润来实现其本质——商品价值。从产品经济到商品经济,决定了在生产、流通、分配、消费领域都将发生深刻变革。它对促进社会生产力的发展已经被客观事实所证实,但也包含了诱发犯罪的消极因素,这在转型期表现得分外强烈。

社会存在决定社会意识。经济形态变革,必然反映在社会观念形态上来,市场经济条件下,人们通过商品交换劳动,谋取商品的最大价值。在客观形态上,将"人的关系"表现为"物的关系",即所谓"人的关系物化"。体现在意识上,就是出现商品、货币拜物教。马克思早就指出:"拜物教是同商品生产分不开的。"拜物教的表现就是商品及其利润成为支配人的行为的"神灵"。在经济体制转型的过程中,完善市场经济的法规体系,规范经济秩序是一个动态的过程。在这个历史阶段,会在一个时期出现政策与法律的真空,滋生活跃着与主流经济并行的地下经济,加剧了社会经济秩序的无序。如在转型过程中,出现的双轨制、多轨制,管理体制中的政企不分,行业垄断等,都给握有稀少资源的权力阶层寻租提供了机会,使他们迅速获得巨额利润。资金的非法转移出境,非法交易外汇盛行;黑社会性质组织的大规模洗钱,以及在毒品、赌博、淫业等传统活动领域,都出现了相当规模的地下经济现象。地下经济的活跃伴随着犯罪的活跃,这是经济形态变革中最值得重视的现象。

经济形态变革中,出现社会阶层的不断分化重组,形成新型社会结构下的不同利益集体和利益冲突。中国社会经历了巨大的社会变革,社会结构也从传统型向现代型转型,出现了新的阶层划分。由于占有权力资源与经济资源的不同,社会阶层中分化出主导阶层和弱势群体,使社会的利益分配格局更为复杂。社会阶层之间既有普遍利益,又有特殊利益。社会阶层之间社会关系的协调程度将决定社会的稳定程度。

经济形态变革,促使社会生产资源和经济结构重新组合,工业经济与农业经济内部结构不断调整。市场经济的发展结果是带动了全社会的工业化、城市化过程。列宁指出,商品经济的发展,就意味着愈来愈多的人口同农业分离。工业对劳动力的需求上升,与农业剩余劳动力的突出,必然使劳动力这个最重要的生产资源重新组合。资金与商品也受制于市场,人、财、物大流动对引发犯罪上升,对社会治安的影响已成为人们的共识。如大量农村人口进入城市,原有的城市稳定的结构被破坏,引发"城市病",造成城市犯罪的上升。

商品经济发展与社会化大生产,使社会失业人口增加。失业人口达到和超过警戒线,是最严重的社会问题。市场经济要求以最小的投入获得最大的效益,以提高劳动者的质量来减少劳动者的数量。计划经济时期,中国的第一、二、三产业的比例失调,计划经济下形成的国有企业经营模式,显然不能适应市场经济条件下的经济活动;大量低素质的劳动者也无法适应市场经济中对劳动岗位的竞争,这是一个中国经济改革绕不过去的历史重负——其结果就是大批职工下岗失业。就业问题,已经成为我国现代化和社会稳定的最大威胁。高失业率带来高犯罪率,失业与犯罪的高度相关性,早已为各国犯罪学所公认。

社会转型期的分配制度,是直接影响社会稳定和人的行为选择的敏感问题。在计划经济体制下,"各尽所能,按劳分配"掩盖了平均主义大锅饭的分配方式,人的积极性、创造性受到极大的压抑。在社会转型中,我国实行了"效率优先,兼顾公平"的政策,核心是让一部分人先富起来,拉开收入差距,以提高效率,再以先富带动后富,达到共同富裕,但在新旧分配制度交替中,还需要以科学的分配调控手段来避免两极分化,探索共同富裕的具体方式,这需要一个较长的过程。转型期收入差距已经拉开,有效地刺激了效率,但分配不公和贫富悬殊也随之出现。多项研究表明20世纪90年代中期,我国就已经出现了严重的贫富悬殊现象。1994年,人大社调中心在全国范围内做的PPS抽样调查,城乡居民合计家庭人均基尼系数为0.4343,家庭户均收入基尼系数为0.445,都超过了警戒线(国际通行标准:基尼系数0.3以下为平均状态,0.3~0.4为合理状态,0.4以上为差距过大,以0.4为贫富差距的预警线)。另一国际通行的研究贫富问题的五等分法表明,1994年,我国20%最穷的人,收入占全部收入的4.27%,20%最富的人,收入占全部收入的50.24%。

拉开收入差距的同时,要想做到既刺激效率,又保持社会稳定发展,取决于至少两方面因素:一是贫富差距必须保持在一个合理的度,不能突破0.4的预警线;一是富者的致富方式应该是合法的。这才能保持社会经济秩序和保持社会心理的平衡。公平和效率,必须是事实的兼顾。公正水平低,是难以实现社会稳定的,可能会成为人们选择非规范行为的动因,反过来又会抵消了效率。在我国,贫富悬殊问题是在社会转型期出现的社会现象,它将随着我国分配制度的逐渐完善而得到解决。同样,犯罪现象随着贫富悬殊的出现也可能有所增长,这就是经济发展过程中所付出的代价,但是随着我国社会生产力的发展,随着人们生活水平的不断提高,随着我国社会文明的不断进步,犯罪这一丑陋的社会现象必将越来越少,直至被彻底消灭。

3. 社会结构转型与犯罪

社会结构分化以职业分化为主体,大量涌现各种新的社会角色,其中近年来人数迅速增加到过亿的个体户、私营企业主,以及无业流氓等阶层几乎成为犯罪中一个新的危险群落,其中不乏违法乱纪的暴发户,此外,还涌现着一大批从事专门经济活动的新型社会群体。如以炒股为业的股民们,他们中不乏股市犯罪的始作俑者。而从政府官员中蜕化出来的以权谋私者则是经济犯罪领域中值得注意的新生代,他们中的一些异化成分已经与资本主义社会中和黑社会势力同流合污的"大亨"几无区别。至于当今的农民阶层早已不是传统意义下的靠"几亩自留地,几只老母鸡"为生的农业劳动者,其中相当部分已是集生产、经营于一身的农民企业家和私营业主,甚至其中的一部分人事实上已演变为当今社会的"剥削阶层"。特别是由原来的干部身份者内部分化出来的行政管理人员,专业技术人员和企业厂长、经理,由于其握有的权力或掌握的技术、把握的资源,已随着社会经济地位变化和社会声望的作用力而从中衍化出新的罪犯类型。无论是新生社会群体的出现,还是旧群体的内分化,都会使社会角色日趋多元化,这必然意味着社会成员之间社会位置及其内涵的演化,并必然导致社会类型及罪犯构成的相应变化。

改革开放之后,原先存在的国民人均生活水平、经济发展程度的差别梯度急剧增大,沿海、内地、边远地区之间贫富不均的扩大趋势导致各地域之间社会结构、行为方式分离,从而使产业结构、资源开发形式、所有制成分乃至政府、企业行为的变化。这一切带来的直接后果是南北迁移,东西倾流的人口潮,这虽然有其内在规律和合理成分,但也不可否认流窜犯罪会借此应运猛升,其中尤以占国土面积80%以上的广大农村中生存的10多亿农民向非农业转移和向城市流动所形成的一股冲击原有城乡二元结构的人口流动大军中的犯罪潮最为凶猛。据保守统计,近年来农村大量富余劳动力迂回绕过城乡壁垒的阻隔,"离土而离乡",从事乡镇和小城镇建设,甚至大量涌入大中城市谋生的达上千万人。他们原先在农村中,聚族而居,同宗同源,"方圆不过数里","坏事一做传千里"。这些长期习惯于"日出而作,日落而息"的田园耕作生活方式的农民进入城市后,处于高频率的生活节奏和多向性的人际接触中,最终失去了那种田园风光下的外部自然监督环境,加上文明自律程度不高,因而极易产生犯罪意向,特别是那些喜群聚而又禀性轻信的青少年农民更易滑入犯罪深渊。值得注意的是,一些在城市中居无定所、行无定向、收入大起大落的经商农民,极有可能在一时失意、手头拮据的情况下萌生犯罪意念并付诸行动。

总之,以经济改革为动因的社会结构转型成为一种无形的社会变革压力,影响着经济领域中行为模式的变动,使人们的生活方式和行为规范产生根本性的变化,一个以公有制为主体、多种所有制经济共同发展的所有制结构的社会存在,不仅一改原有高度集权单一的经济体制,使生产、管理、流通、金融、财政、价格、分配、外贸等一系列组织结构产生深刻变革,而且相应地必将使人们的商品、效益、时间、法制、社会参与等一系列观念、意识产生巨大变化,使人们的总体价值观念、思维形态,随着经济体制的改革而迅速变动,其结果是形成一个新旧社会体制并存、新旧社会规范交替、新旧社会秩序共生、新旧社会机制互容的特殊的社会发展不平衡时期。其间各种社会角色冲突因分配不当、利益格局失调而产生的社会层面失衡、摩擦等等,交错复杂,致使社会系统的结构要素处于流变过程,城乡、地区、行业之间均出现种种矛盾。这种经济改革超前,而政治、文化、科技、教育和社会保障等机制相对滞后的情况,远远不能适应社会结构转型的局势,恰恰是造成犯罪行为、犯罪现象的超常发展,酿成诸多社会问题的深层根源。

三、文化原因

(一)国外关于犯罪文化原因的理论

文化是人类在社会发展过程中所创造的物质财富和精神财富的总和,包括物质文化和精神文化两大部分,这是广义上的文化的概念。狭义的文化,是包括知识、信仰、艺术、道德、法律、风俗及社会成员所获得的能力、习惯等在内的复合体。它包括人类的生活方式、情感方式、民族思维方式、意识形态、风俗习惯、宗教、道德及各种行为规范、准则。我们研究犯罪的文化原因,适用的是狭义的文化的概念。

日本学者认为一定的文化条件是犯罪产生的原因之一,日本著名的犯罪社会学家四方寿雄在他主编的《犯罪社会学》中指出了可能诱发犯罪的八种文化条件:①机械文明的发达与精神文化落后间的不协调;②国际的、异种文化的导入,因情报文化的发达而产生的新兴文化与传统文化间的对立;③因文化的地域性、阶级性和多样性及差别造成的国民价值观的多样化,以及物质中心主义与精神至上主义、平均主义与差别效率主义、自由与管制、个人主义与集体主义、连带主义与利己主义、农耕社会的伦理观与产业社会的伦理观、神圣与世俗、勤劳与享乐等之间的矛盾与冲突;④舆论形成的偏倚,大众知识的不足,以及报纸、电视、电影、广播、杂志等宣传报道机关的商业主义化;⑤不健康的娱乐活动,商业化了的娱乐活动,商业化了的体育活动;⑥教育的腐败,如考试竞争的激化,教员素质的低下,教员职业道德水平的下降,对学生学业的不热心,教师与学生间的互不信任,校内暴力事件的增加,因男女同学而造成的异性间接触的扩大、早熟化;⑦宗教的腐败,迷信思想的泛滥;⑧个人间、集团间的纠纷,人种的差别与偏见,党派的对立,工作单位人际关系的紧张,结交坏朋友等。

许多法国学者认为,现代新闻媒介是影响犯罪的重要的社会因素之一,他们认为现代信息工具的发展、现代科学技术却对人的私生活秘密和人的内心生活带来威胁,随之产生了新的犯罪现象。同时,电影、电视、网络等娱乐形式更直接、更大量、更经常地介入人们的日常生活。而这些娱乐形式又大量充斥着暴力因素,犯罪、暴力被渲染成为日常生活中必不可少的组成部分。这就难免被部分观众所模仿。法国学者的调查表明,59%的法国电视观众认为,屏幕上的暴力场面终将会演化成为大街上的实实在在的暴力场面。对犯罪人所进行的调查也表明,他们在屏幕前耗费的时间要远远超过非犯罪人。

(二)我国学者的观点

我国犯罪学家指出,犯罪与文化的关系深刻而又密切,其密切程度是大多数初学犯罪学者所估计不到的。文化的载体是人。犯罪是人的一种行为选择,其选择此行为而未选择彼行为,体现了其在一定文化形态支配下所具有的意识观念,其核心就是价值观念。在这个意义上,犯罪是一种社会文化现象。我们研究犯罪的文化原因,应该以文化是如何作用于人的行为、影响人的行为选择为线索。

1. 文化对犯罪的影响方式

(1)一个国家与民族的文化是在千万年发展过程中形成的,并通过文化传递,成为一种历史的遗产,代代相传,形成积淀于人的精神世界的"集体无意识"。不同文化传统下的国家、民族具有不同的文化观念、不同的行为方式、情感方式。所以,人的社会行为,我们可以将其看作一种文化符号。美国著名人类学家本尼迪克特(Benedict)在其名著《文化模式》中,将美国西南部普布罗印第安人的文化称为"日神型"文化。其行为方式具有讲究礼仪道德,尊崇秩序法则,反对暴力、酗酒的放纵"出格"行为的特点。而在北美克瓦基特人(Kwakiutl)中,则具有完全不同的文化特点。其行为不愿受限制与束缚,追求感官刺激与享受,心理偏执,崇尚暴力,具有个人主义的倾向。本尼迪克特称之为"酒神型"文化。显然,这两种传统文化,对人的行为方式具有巨大的影响。在东亚、东南亚为主体的"东方文化圈",与欧美为主体的"西方文化圈"中,前者深受中国传统文化的主体——儒家文化的影响,而后者则是以基督文化与个人主义文化为其特征的。两种不同的文化,对人的行为与社会控制影响深远。如日本与美国,具有相同的资本主义的政治、经济制度、相同的社会结构和不同的文化背景。日本与美国的犯罪率相差较大。一般认为,日本的犯罪控制较有成效,是因为从中国传统文化为代表的东方文化所具有的集体精神的凝聚力、亲和力、重视德育和社会关系的内部和谐等特点,在社会控制中发挥了很大作用。

(2)在共同的文化背景下,人们因为共同的生活、情感、思维方式,共同的规范,共同的观念,对同一事物可能会产生共同的心态、共同的行为,此即文化的共性。文化的共性是一个民族得以维系自己的传统的根本原因。但在同一文化背景下,不同的个体对文化规范的认同程度不同,对文化模式的选择不同。所以,共同的文化背景下,有人犯罪,也有更多的人不会犯罪。因为因个体需要而违反文化规范的总是少数,这就是文化的个性。文化对犯罪的影响,可以从犯意中找到潜伏的文化观念的深层次作用。一些青少年犯在传统帮会文化的哥们儿义气观念支配下,残忍地杀害不相识的无辜者;一些青年妇女失贞之后,在封建文化贞洁观的重负之下,被人视为异类,也自视丧失了做一个好女人的条件而自轻自贱,甚至走上害人的犯罪道路;我国一些地方发生杀害计划生育干部的犯罪,罪犯杀人动机是认为计划生育断了延续家族香火的愿望。从中可以折射出"不孝有三,无后为大"的文化观念的根深蒂固。

(3)人类社会的规范文化形成于各民族不同的文化背景。不同的文化传统具有的不同的善恶标准和道德容忍度,使其对行为的价值评价殊异。犯罪学普遍认为,在两种不同的文化边缘,会出现因文化标准不同而导致的行为冲突。美国犯罪学家索斯坦·塞林指出:法律规定的单一性抹杀了使美国社会得以存在并充满活力的文化的多元性和异质性,不利于社会的发展,因此犯罪学家不应只根据法律的定义来研究犯罪。美国的一个判例似乎是对塞林观点的阐释:1985 年,美国加州桑塔蒙尼卡海岸,一名美籍日本妇女携两个孩子投水自杀,后她本人获救。洛杉矶检察厅在起诉中,认为日妇犯了"第一级杀人罪",可能被判重刑。因为根据美国文化,孩子是上帝赐予的,无论什么理由决不允许剥夺其生存权。然而,依照日本文化,这不属于杀人罪,而是因家庭发生"极其严重的情况"的"母子集体自杀事件"。母亲考虑到自己死后,孩子的未来会极其不幸,所以,母亲值得同情。在许多美籍日人"使用法律裁决日美文化差异,不可理解"的抗议下,检察厅撤回了杀人罪起诉,法院判决"保护观察五年",实际上是缓刑。

(4)文化的核心是价值观念。各种不同文化的生活、思维方式、规范准则等都集中体现了不同文化的价值观。犯罪学对文化的研究,特别着重价值观在人的行为选择中的作用。认为价值观对社会治安具有最直接的影响。因为人如何对待个人与他人、个人与社会的关系,体现了其价值观念是否与社会主流文化相一致和对犯罪诱惑的抵御能力。从理论上看,控制人的价值观念,就是最佳的社会控制。然而这是非常困难的。因为社会的发展进步,必然带来不同文化的传播与融合,文化的多元化将带来价值观念的多元化,人的行为的多元化,必然存在文化标准的调适问题。文化传播带来文化冲突,其核心就是价值观念的冲突,这与社会秩序混乱有不解之缘。

2. 文化冲突与犯罪

从文化角度研究犯罪与文化的关系,实质就是一种文化冲突的关系,即个体行为体现的无视主文化认可的社会标准的亚文化模式,与法律道德等代表的社会主文化的冲突。在文化传递、文化传播、文化变迁、文化冲突等诸种文化现象中,不容

置疑的是,文化冲突与犯罪具有最密切的联系。离开了文化冲突,恐怕就没有文化角度的犯罪研究了。文化冲突是最常见的文化现象:

(1)在改造世界的过程中,生产力与生产关系的矛盾在推动社会前进的同时,亦永不停息地创造着新文化。即是说,只要社会发展不停止,文化的发展也不会停止。社会每前进一步,就有新的文化特质产生。新旧文化既表现为互补,也表现为冲突,即纵向的文化冲突。

(2)当代世界性的开放与交流,首先由文化传播表现出来,文化标准相异的异域文化相互碰撞,文化冲突亦应运而生,这表现为一种本土文化与外来文化的横向冲突。

(3)在同一个社会文化系统里,由于人们的政治经济地位不同、民族不同、文化传统不同,对社会主文化认同程度亦不同,创造出与社会主文化存有差距的各种社会亚文化。一定意义上,如没有东就没有西,没有上就没有下,没有亚文化,就无所谓主文化,按照马克思主义的观点,矛盾是普遍存在的,矛盾双方是对立统一的。主文化与亚文化的冲突,构成文化冲突的第三大主流。社会的任务就是对文化冲突进行整合,或吸收先进文化,或同化异质文化,或打击犯罪亚文化,然而社会的文化整合与个人的社会文化适应未必是同步的。那些对文化冲突适应不良者,就会越轨,甚至违法犯罪。

3. 中国传统文化与犯罪

中国传统文化指在长期的古代文明社会之中形成的完备的文化体系——以血缘宗法为基础,以"天人合一"观念为核心、以泛化的伦理精神为特征的伦理型文化。儒、释、道三家构成了中国传统文化的主要组成部分。其中,儒家文化是中国传统文化的主流,形成了中国封建社会稳定的社会主文化。中国文化是在特定的地理环境、农耕文明的人文环境、在数千年之久的漫长历史过程中形成的。它构成了中国独有的生活方式、思维方式、价值观念和规范意识。中国传统文化对犯罪——人的反社会行为具有多方面影响,既发挥着巨大的社会控制功能,但其负效应也形成了诱发犯罪的消极因素。

中国传统社会是在高度分散的自然经济基础上建立的以农立国的宗法制社会。社会结构以夫妇家庭为基础,以血缘关系为纽带,家庭伦理成了规范社会关系的出发点。中国传统文化为处理个人与群体、社会的关系,提供的文化模式和价值观是"群体本位"。即将群体利益置于个人之上,将大群体利益置于小群体利益之上。形成了家庭、乡土、国家为重的文化观念。与此一致的是,中国传统文化推崇重义轻利的价值观。重道义而轻功利,主张鱼与熊掌不可兼得时,应舍生取义。群体本位与重义轻利价值观,曾对几千年封建文明起着巨大的凝聚和整合作用。传统文化十分强调理想人格的塑造和强烈的社会责任意识。"己所不欲,勿施于人""富贵不能淫、贫贱不能移、威武不能屈""先天下之忧而忧,后天下之乐而乐""己欲立而立人,己欲达而达人""天下兴亡,匹夫有责"等都集中体现了崇高的人文精神和跨时代的文化价值。可以这样认为,离这种文化精神越近,离损害他人与社会的犯罪行为就越远。重义轻利,以义节利,"君子爱财,取之有道",有利于遏制人的原始欲求,有利于维护社会秩序,减少犯罪。今天我们已经将旧时的"群体本位"批判继承为今天的"社会主义集体主义";将过去的"虚幻的集体",变成了"真实的集体",将传统文化义利对立批判继承为义利兼顾和以义节利,既承认个人追求的合理性,更指出"义"才是最高层次的人生追求。这种文化观的价值导向,对社会的犯罪控制具有巨大意义。

此外,中国传统文化具有长期的德治传统,形成了完整而系统的道德体系、德性范畴、修养方法。在几千年的封建社会,德治传统曾起过巨大的两重作用。既有以人治代替法治、政治法律道德化、国民性格两重性的消极因素,一些封建糟粕被鲁迅先生斥为"吃人"的道德;但悠远的德育传统又为后人提供了宝贵的文化遗产。它推崇理想人格,强调人与动物的区别,注重对人性进行后天改造,主张待人以诚,对人宽容,富于同情心,"老吾老以及人之老,幼吾幼以及人之幼"。强调以己推人,利己也要利人,提倡存心养性、反躬自省、见贤思齐、改过牵善的修养方法。道德的屏障是犯罪控制中不可代替的最重要的手段之一。在商品经济发展,道德传统陷于迷失的今天,道德建设任重道远,中国传统文化的德育传统无疑是今天道德重建可以借鉴的。

中国传统文化讲究仁爱和平与人际秩序,注重人与物、人与天和谐相处。小农经济孕育的传统文化使人"知足常乐",认为"凡事不可太过",缺乏进取精神,但也形成了平和、仁爱、尚文、宽容、反对斗狠好战、抑制情感冲动的国民性。这对人的社会行为和社会秩序的形成影响深远。

中国传统文化中存在着消极因素,对人的行为和犯罪控制起着显著的负效应。中国传统文化起源于小农经济的宗法社会,决定了其人际关系的基本特点是以家庭伦理为中心,推及各种社会关系;以宗法关系网中的血缘距离为基准,区分亲疏、远近,实行先亲后疏、先近后远的差等秩序。以血缘差序推及远近差序,以"同宗""同乡""熟人"决定亲属厚薄。这种差序伦理观的危害是明显的。以关系远近编织关系网,对网中人热情相待,甚至不讲原则。对网外人则冷漠无情,甚至见死不救。传统文化讲究祖宗崇拜而极其重视宗族关系。封建社会中,宗族是维系社会结构的基石。直至今日,中国农村仍存续着强大的宗族文化和"乡党"意识。宗族内有族长、族规、族谱,有的建有宗祠,至今在一定程度上发挥着社会控制的功能。一些地方,宗族组织甚至与基层政权分庭抗礼,操纵宗族械斗,对农村社会治安危害极大。

传统文化的伦理构建由于是从家庭伦理中生发开来的,对人伦规范有细密的规定,父慈子孝,兄友弟恭,对父子、君臣、夫妇、长幼、朋友之间的伦理准则都有具体规定,以"私德"为特色,而无"公德"的要求。费孝通认为,在我们传统社会中,所有的社会公德也只在私人联系中发生意义。这种"重私德,轻公德""重情理,非公理"的伦理特点,是我国传统文化形成的一个历史重负。现代社会,从破坏环境到"盗公"犯罪,都反映了社会公德意识的薄弱,即是此种文化流弊。良好的社会法治秩序,离不开由公德意识形成的社会氛围。无公德几无正义可言,犯罪控制必须建立强烈的公德意识。

中国传统文化与任何社会文化一样,包括主文化与亚文化多种成分。前者是社会统治者举行和提倡的文化,后者是在社会底层存在的一种大众文化,"俗文化"。犯罪学对文化的研究,将两种文化都列入其中。中国传统文化中的亚文化较复杂,不同历史时期具有不同的特点。典型如帮会文化。它源于封建社会后期丧失土地进入城市的游民阶层。他们或为生存而相互扶持,或为阶级斗争、民族斗争而秘密结社。帮会文化受到社会主文化注重精神力量、注重父子、兄弟血缘关系的影响,建立了以"义"为标志的精神支柱和仿血缘的兄弟关系。近代以来,帮会文化愈演愈烈,在改朝换代的斗争中十分活跃。帮内具有独特的文化规范,如帮规、隐语、文身、入帮仪式等。在现代,港澳台的黑社会组织就是在帮会基础上发展起来的。20世纪80年代以来,帮会犯罪在中国大陆也死灰复燃,成为威胁人民群众安全的主要犯罪形态之一。

4. 民俗文化与犯罪

我们可以把人类的文化分为物质文化、认知文化与规范文化三大类。物质文化是具体、有形的文化,认知文化是人类无形的精神世界,规范文化则是指规范人类行为的调适性文化。民俗文化是一种规范文化。它与法律、制度不同,它以一种民间乡风乡俗的存在形式,以一种习惯的、在长期社会生活中被人们认可的古朴的方式来约束人们的行为。在中国风俗在很大程度上影响着人们的生活方式与行为活动,风俗形成了一定地域的文化氛围,表现为一种大地域通行的、判断人们行为性质的文化标准。在现代社会,传统的民俗文化与现代文化表现为二元性:它既为现代文化的有机组成部分,使现代文化更加丰富和具有特色,健康的民俗文化也很好地发挥了其规范功能,成为法律、道德、制度的有益补充;又可能因为其具有落后的一面,而与现代文化相冲突,其规范功能反而成了犯罪的原因。我国学者曾研究了川西北高原的阿坝藏族羌族自治州的民俗文化。在历史上的嘉绒藏区,有一种"爬墙墙"的风俗,即男女双方事前有所默契,一到夜间,男子便翻墙入内与妇女同居。当地民俗以男女双方是否有过约定与默契作为罚与不罚的标准。有默契则不罚,无默契则要受到牵牛或服砍柴的劳役。然而,这种习俗被犯罪分子利用,以"爬墙墙"为借口大肆进行强奸活动。也门北方的盖哈坦部落,长期从事放牧、狩猎,性格彪悍,好斗。他们认为,劫掠是大丈夫气概,是勇敢。然而,偷窃在这个部落是绝对不允许的,有的对偷窃者实行砍手的惩罚。而在四川阿坝地区的个别牧区山寨则存在"男子汉不会偷窃就是没本事"的陋习,一些人不以偷盗为耻,而以善盗夸耀于人。在我国,落后的民俗文化与犯罪复杂性,还体现在它常常与在我国农村有强大势力的宗教问题相关。民俗又表现为"族规",具有更大的社会危害性。在我国南方一些偏僻地区的农村,男女青年在追求婚姻恋爱自由时,受到家族势力的粗暴干涉,甚至被以违反"族规"为由而按当地陋俗以石绑身沉河,以示惩罚。如此陋习,与国家法律尖锐对立,已经构成严重的刑事犯罪。落后的民俗,需要社会文化以现代文明加以开化,否则必将成为社会法治建设的绊脚石。

5. 宗教文化与犯罪

宗教是人类社会发展到一定阶段的历史现象,对人类行为产生过巨大的影响。论历史,几乎与人类社会一样久远;论信徒,遍及世界五大洲。至今,世界范围内,基督教、伊斯兰教、佛教已经成为世界性的宗教,有的甚至被一些国家尊为"国教"。此外,在世界各国各民族,还存在着无数各自的宗教。在西方,离开了宗教文化,就难以理解西方文化;在我国传统文化中,"儒释道"三家就有两家是宗教——佛教与道教。目前,我国信仰宗教人口达 1 亿人,全国 55 个少数民族,有 20 个民族几乎全部人口信奉某一宗教。宗教对人类文化和人的行为方式影响之深远,是难以估量的。宗教与犯罪,都是十分复杂的社会现象。宗教与犯罪的关系,则要放在具体社会状况下具体分析。

(1)宗教历来是重要的社会控制力量,有一定的预防犯罪的功能。宗教最初源于人类社会在生产力极其低下时对无法解释的自然现象的神秘感与恐惧感。进入阶级社会后,统治者以宗教的"精神鸦片",麻醉承受巨大苦难的劳动人民,从此,宗教成为阶级社会中的一种社会控制力量。宗教之所以能够在一定程度上发挥预防犯罪的功能,是因为真正意义的宗教,在其教规教义中,都有强烈的宗教道德的内容。教人以善恶观念,灌输宽容忍让、仁爱,这对世俗民众心态具有很大吸引力。大多数宗教都讲"责恶劝善",如基督教的"摩西十诫"的后六诫分别为:孝敬父母、不许杀人、不许奸淫、不许偷盗、不许作假证、不许贪恋他人的妻子和财物。佛教教义也具有"善有善报,恶有恶报"的类似内容,遵守教规教义的虔诚的宗教徒,其观念与行为会受到宗教道德的约束而减少犯罪的可能。宗教虽被统治者利用来维护自己的统治,但在客观上与一定程度上是可以起到预防犯罪的作用。但是,宗教的这种功能是十分有限的。宗教本身是人类愚昧时代的产物,体现为一种人的异化,随着科技的发展,宗教的领地正在日益缩小,宗教的社会控制功能愈来愈衰微,甚至成为罪犯虚伪的饰品。

(2)宗教往往由于其具有的社会功能,而被政治所利用,成为政治斗争和犯罪的工具。在欧洲黑暗的中世纪,统治者将"政教合一",利用宗教作为统治手段和迫害人民群众的工具。而在阶级斗争、民族斗争尖锐时期,又往往被利用为政治斗争的工具。1843 年,洪秀全将一本宣传基督教的《劝世良言》,附会为受上帝的"天命",而创立拜上帝会,掀起了革命风暴。清代民间曾长期活跃的道教的一个分支——白莲教,也被反清复明的政治力量利用,借以聚集力量。在现代,宗教在政治斗争中也扮演着重要的角色。在我国,宗教也被国外敌对势力利用来向我国渗透。国内也有人披着宗教的外衣从事非法活动,一些混入宗教界的非法组织、反动教派甚至从事危害国家安全的犯罪活动。这类犯罪行为,虽并非宗教本身性质所致,但证明了宗教无法远离政治,反而可能成为犯罪的工具。

(3)宗教狂热与犯罪具有较密切的关系,在一些宗教徒中,对宗教的狂热泯灭了人类的理性。将宗教教义极端化,排斥其他宗教甚至不信教的群众。世界范围内,宗教冲突不断,并与民族冲突相交织,在世代仇杀。狂热教徒甚至采取极端手段,以爆炸、暗杀、绑架等恐怖手段等对待异教徒,严重威胁一般民众乃至政府官员的安全。印度锡克教与印度教,伊斯兰教与犹太教之间的冲突都曾引起大规模的动荡。

(4)在低素质的群体中,将宗教与迷信、会道门混为一谈,屡屡发生犯罪事故。宗教与迷信,虽然都表现为一种颠倒的世界观,但二者有着根本的区别。宗教有自己的宗教理论,有教规教义,有组织和制度,其活动有一定的场所和程序,经过政府批准的宗教组织才是合法组织。宗教对跳大神、巫婆神汉之类的迷信活动也是视之为旁门左道而嗤之以鼻的。然而,在社会底层,一些群众文化素质低下,只有一些肤浅的宗教概念,根本分不清宗教与迷信的区别,常常将二者混谈。当然,宗教自身的发展过程,就包括了大量迷信成分,也是低素质群体难以区分的重要原因。有些犯罪分子妄称"玉皇下凡",一些教徒也在"驱鬼治病"中诈骗钱财,奸污妇女。会道门是地下活动的反动迷信组织,几经政府取缔。会道门常以宗教为掩护进行非法活动。我国北方某地"九宫道"头目,就在家挂耶稣像,道徒参加基督教聚会,以宗教活动的合法性掩盖非法的会道门活动。

总之,文化的发展是一把双刃剑,既能够推动社会的进步与发展,同时又会带来一系列的社会问题,甚至会引发各种新的犯罪现象的大量出现。

四、家庭、学校与犯罪

(一)家庭与犯罪

家庭作为一种基本的人类生活方式,普遍存在于世界各民族。家庭是以婚姻关系和血缘关系为基础而形成的初级社会群体,是社会肌体的构成细胞。家庭的结构和功能对个人成长与人格形成有着决定性影响,尤其是人格尚未定型的未成年人,最易受环境的支配,而家庭对于尚未走向社会的未成年人来说,是其自出生开始接触的唯一的社会团体,倘若家庭一旦有问题或者是不正常,难免使未成年人形成不良人格,最终导致其走上犯罪的道路。对成年人而言,尽管其人格已基本上定型,家庭无法再对其人格有重大改变性的影响,但是家庭与成年人的行为之间仍然具有明显的影响关系,因此对于成年人来讲,家庭虽不是其人格形成的环境,但仍是其行为形成环境。无论家庭是人格形成环境抑或是行为形成环境,其所以成为犯罪环境,实质上是由于家庭内在关系的异常化而引起的。所以必须先对家庭及相关问题进行分析。

就现代家庭而言,家庭关系一般可以分为亲子关系、夫妻关系及兄弟姐妹关系。

1. 亲子关系

根据家庭结构和家庭功能来分析,现代家庭具备两种最基本的技能,即由于爱情而生成的性与生殖机能,以及由于亲情而生成的养育和社会化机能。前者是以夫妻关系为基础的,而后者是以亲子关系为基础的。一般来说,无子女的家庭,虽然仅有性和生殖机能,但是已有子女的家庭,则除此之外不能缺少养育与社会化机能,社会对于家庭是否正常的衡量,也多侧重于家庭养育与社会化机能是否充分。家庭倘若为发挥其养育机能,那么未成年子女将面临冻馁的状况,育即抚育、养育,未成年子女需要由家庭来抚养,这不单是出于未成年人生理上的原因,而且是社会条件的限制。唯有家庭发挥其抚养和教育的机能,才能使未成年子女形成良好的人格。人非生而圣贤者,所以应对未成年子女予以适当的管教,这种管教职责其父母是不能推脱的。实施家庭教育,有利于启发未成年人的心智和纠正其不良习惯。因此,父母对于有过错的未成年子女,应予适当的教育、惩罚,这是家庭教育所必要的。未成年人若能及早认识反社会过错行为所引起的后果,则以后也必将能认识到反社会行为所引起的后果是要受到法律制裁的。在现代社会中,家庭一般承担着抚养和教育职能,随着社会的发展,抚养和教育职能必将逐步转由全社会承担,那时候,家庭的生育功能除生孩子之外,教育功能就减少了。

2. 夫妻关系

现代家庭是以夫妻之间的爱情为中心而建立的,所以夫妻之间不能缺少爱情,若无爱情则必难继续维持婚姻生活。一般地,家庭内夫妻关系的变化,对未成年子女人格的形成和发展影响很大。如果夫妻之间经常是貌合神离或者互不相容,即使勉强共同生活,但由于子女无所适从,故也不利于其身心的发展;另一方面,夫妻因感情不和,经常发生争吵,容易使子女失去内在的精神安定感,导致子女离家出走,终日在外游荡,在不知不觉中养成各种不良习惯,甚至走上犯罪道路。

3. 兄弟姐妹关系

在家庭中,特别是多子女家庭中,兄弟姐妹之间的关系,可能是非常融洽的,也可能是冲突争执。如果兄弟姐妹之间关系不和睦,则会经常争吵,致使每个人的性格、性情形成阴险、乖戾、内向、沉闷,进而产生反社会倾向,在一定条件下,这种反社会倾向就会生成犯罪行为。

家庭原因是犯罪的重要原因之一,许多犯罪人就是来自问题家庭的,由于受到问题家庭的不良影响从而走上了犯罪的道路。家庭是人的第一个生活的环境,家庭环境对个体的影响表现为复杂的社会化过程的开始。任何时代的社会均通过家庭对个体的发展施加影响,通过这种影响使一个自然人转化为一个能适应特定的社会文化、参与社会生活、履行一定角色行为的社会人的过程,这就是社会化的过程。社会化的内容相当广泛,包括基本生活机能的掌握、社会规范的接受、生活目标的确立、社会角色行为的养成等。家庭是一个人在其中生活最长久的社会组织,人的一生中,绝大部分时间是在家庭中度过的,因此,人的社会化始终与家庭有密切关系。家庭可以说是人格的塑造场,家庭和睦温暖,则是孕育健全人格的良好环境,反之,家庭破裂、冷酷无情,这样的问题家庭,则会导致儿童的人格向着异常的方向发展。具体而言,问题家庭包括以下几种。

(1)缺陷家庭。缺陷家庭,包括父母双亡、有父无母、有母无父以及父母离异等,对未成年人犯罪的影响十分显著。家庭稳定的核心是良好的婚姻基础与和睦的夫妻关系。家庭稳定不仅能够充分发挥其社会功能、降低离婚率、保障赡养老人和教育子女,而且可以减少犯罪,尤其是可以减少青少年犯罪。相反,问题家庭中的缺陷家庭,无疑会在子女幼小的心里造成深深的创伤,进而形成孤僻、忧郁、自卑、憎恨、逆反的心理。根据有关学者用分层整群抽样方法对上海市中小学110名离异家庭的少年儿童调查表明,父母离异致使子女心理素质差的达80%;品德恶劣的有50%;学习成绩不好的占33%。因此,缺陷家庭不利于子女身心的健康成长,容易致使子女走上犯罪歧途。

(2)多子家庭。在多子家庭中,尽管父母双全,但由于子女过多,无法对子女照顾周到,对子女日常生活的反常行为,未能及时注意到,甚至子女走上犯罪道路,而父母却茫然不知。多子家庭一般是与贫困联系在一起的,由于子女多,致使家庭生活贫困,父母每天只顾挣钱养家糊口,无心也无精力来照看子女;另一方面,由于家庭贫困,子女的正当要求得不到满足,因此,未成年子女常常以各种异化的手段来满足自己的需要,由此而实施犯罪行为。

(3)不道德家庭。在这样的家庭中,父母双方或一方对实施不道德的态度或不法行为,往往不加过问,甚至容忍或者默认其所实施的非法行为。在不道德家庭中成长起来的未成年子女有模仿其父母不道德的行为的趋势,而父母由于其本身的不道德行为,对于其子女的行为也无法制止。另外,父母道德,不明是非,也无法教其子女明白事理,容易任其子女的行为发展,走上歧途。

(4)犯罪与精神障碍家庭。家庭中多人犯罪,则家庭成员容易把犯罪行为当作惯常行为,认同犯罪者,或者与其共同犯罪等。父母双方或者一方为精神障碍者,则无法负担管教未成年子女的责任,同时,因为父母精神失常,行为怪异,很容易使未成年子女背上沉重的精神负担,离家出走,在外流浪,因而误入歧途。再者,在有些家庭中,父母子女严重情感对立,子女很容易对父母产生不信任感,不服从父母的管教,不尊敬父母或依赖父母,过早精神独立而误入歧途。

(5)亲情过剩家庭。父母对孩子的溺爱或者过分偏袒子女,极容易使未成年子女娇气甚重、优越任性、蛮横霸道、自私自利、好逸恶劳,进而容易在社会消极因素诱发下陷入犯罪。据湖南省有关部门对近4000名劳改、劳教的违法犯罪青少年抽样调查中,有16.4%的家教属于此种情况。

(6)管教过严家庭。即父母对子女的要求过高的家庭,此类家庭与亲情过剩家庭刚好相反,父母教育子女的手段过于严厉,有的家长在孩子有缺点和犯错误时,不是耐心讲道理,循循善诱,而是暴跳如雷,狠狠打骂。有的家长对孩子期望过高,所谓"望子成龙",但又缺乏具体科学的教育手段,当孩子达不到自己的期望水平时,往往"恨铁不成钢",采取粗暴的教育方式对待孩子,使孩子感觉到家庭里没有温暖,心灵遭受创伤,甚至产生恐惧心理,被迫到家庭之外寻找同情与温暖,于是有的因此被坏人引诱犯罪。还有的家长,不从青少年心理、生理特征出发,没有在必要的时候适当满足他们正当的需要。对孩子的正当需要抑制过度,又不讲清道理,就会使他们产生不满的情绪,甚至采取不正当的手段来达到目的,从而走上违法犯罪的错误道路。

如上所述,问题家庭中的孩子更容易走上违法犯罪的道路,家庭不仅与人格形成有关,而且与行为形成也有密切关系。一般来说,影响行为形成的问题家庭大致包括以下情形:①夫妻关系不和睦的家庭;②夫妻一方有外遇的家庭;③夫妻关系紧张冲突分居的家庭;④有代沟的家庭;⑤与邻里关系不和谐的家庭;⑥兄弟姐妹关系不和睦的家庭;⑦嗜酒如命的家庭;⑧嗜赌家庭;⑨失业者的家庭等。这些问题家庭由于经常性地发生冲突或者面临某种需要短缺,因而常常地引发犯罪行为。据统计,我国目前民事纠纷中有一半以上是离婚案件,而婚姻解体、夫妻离异的原因,以某种社区为例,属于第三者插足的占30%,喜新厌旧的占20%,故意虐待妇女的占25%,属于父母包办、买卖婚姻的几乎不见。据北京市法院系统有关统计,由于第三者插足而引起离婚案件在离婚案件总数中占40%;第三者插足往往导致矛盾激化和诱发犯罪行为,有的虐待、遗弃、伤害配偶,与第三者重婚或者暴力干涉第三者婚姻自由;有的为了达到与配偶离婚的目的,肆意破坏夫妻的感情,制造家庭悲剧,据统计,杀人案件中,因第三者插足而引起的占20%。

(二)学校与犯罪

学校是社会化的重要场所,学校教育是人们特别是青少年从家庭走向社会的桥梁。在学校学习期间是人们特别是青少年获取知识,继承前人经验,形成一定的世界观、人生观和思想道德品质的重要阶段。对于成人来讲,各类成人学校是成人继续社会化的重要途径。良好的学校教育,可以对不良的家庭教育起到矫正和弥补的作用,帮助青少年抵制和消除社会不良因素的影响。但是,学校教育中的弊端就与犯罪特别是青少年犯罪有密切的联系了。

1. 学校环境对个人行为的影响

学校教育的对象主要是青少年,由于他们身心正在发育,并经历一个由简单到复杂、由低级到高级、从量变到质变的发展过程。处在这个时期的青少年在成长过程中具有很大的两面性,一方面表现为各种活动能量的增大,机体需要的增多,性的萌发和成熟,独立性的增强,认识能力的提高,意志力的日趋增强等;另一方面,这个阶段的青少年又在认识上缺乏分析能力,在感情上缺乏自制能力,兴趣、爱好等个性倾向也很不稳定。在这种特殊的成长时期,学校教育在其中的作用就特别重要。如果教育得当,就会形成良好的人格,反之,就可能在人格上出现病态,甚至产生反社会心理。

学校教育对青少年思想品德和良好个性的形成起着关键性作用,学校是专门的教育机构,它担负着社会精神文明建设的重担,从学校教育的职能看,它不仅在于传播人类科学文化知识,更要使受教育对象形成与社会期望相适应的行为规范和道德观念。因此,使青少年提高思想道德水平,增强法律意识,树立远大理想,明确生活目标,应是学校教育的重要内容。把青少年塑造成为社会的合格成员,成为符合社会要求的"社会人",既是物质文明建设的人才,又是精神文明建设的模范,是学校始终不渝的追求目标。

但是,学校本身也是社会的一个组成部分,它不可能脱离社会而存在。学校教育中存在的问题有时并不是学校自身所能左右和克服的,它还受到整个国家和社会大环境的影响。文化知识教育是学校教育的主要内容,对人的社会化的顺利完成具有极为重要的作用,大量事实表明文化水平越低,犯罪的概率就越大。因此有人总结出青少年犯罪的规律是"无知—野蛮—犯罪"的三位一体。

2.不良的学校教育环境与犯罪的关系

(1)贯彻党的教育方针上的失误,"升学教育"和"应试教育"成为主要的教学模式。一些地方在抓重点学校和重点班级的同时,忽略了一般学校和一般班级。为了快出人才,早出人才,采取重点学校和"快班"的培养一批智育基础较好的学生是必要的,但"升学教育"使有些地区的教育部门和学校,在安排师资和教师经费方面,只注意优先照顾重点学校和快班,至于非重点学校和慢班只要不出问题就可以了,有的领导和教师甚至歧视非重点班和慢班学生。由于非重点学校和慢班双差生相对集中,一方面使这些学校和班级中并无劣迹的学生自尊心受到挫伤,失去进取心;另一方面,使那些双差生混在一起,自暴自弃,形成了落后小群体。此种教育模式使学生以考上重点学校和重点班级作为自己的唯一前途,考不上就对前途悲观失望。这些都孕育着青少年走上违法犯罪歧途的危险。

忽视思想政治课教育,有的学校用智育课冲击政治课,不从学生的特点和思想实际出发,教学内容脱离实际,缺乏针对性。政治理论课是培养学生具有远大理想和良好个人品质的重要途径。只重智育而不重德育,只能导致学生的社会化障碍和任何畸形,从而致使部分青年学生走向违法犯罪的道路。

(2)管理学生工作上的失误。有的学校和教师往往忽视抓好学生的日常管理工作。有的学生在中学时期就吸烟喝酒,有的在学校赌博。但有的学校领导和教师却认为这是生活小事,不屑于去管。许多青少年学生就是因为不良行为没有得到及时的矫正,形成不良的行为习惯而堕落犯罪的。学校教育和家庭教育脱节往往导致许多青年学生误入歧途。学校和教师不仅应了解学生在学校的情况,更应通过家访了解学生在家里和在社会上的表现情况,以与家庭教育形成合力,使青少年学生往好的方向发展。然而,有些学校对此却缺乏安排和具体要求,形成了家庭教育和学校教育的真空,使一些青少年学生瞒天过海,走上犯罪的不归路。

(3)教师教育方法的失误。教师是人类灵魂的工程师,但是,有的教师毫无师德和敬业精神,以及必要的教育学知识,有的教师教育学生的方法简单粗暴。主要表现为:对学生冷漠,不关心学生,放弃对学生的思想教育责任;歧视、疏远、讽刺学习成绩不好的学生;用错误的态度来对待学生指出的自己的缺点,寻找机会打击报复学生;对学生中出现的问题,不做调查研究,偏听偏信,以致处理不公等。这些做法,使师生关系紧张,激化师生之间的矛盾,恶化了校园社会环境,致使有些学生走极端,用非法的甚至是犯罪的手段来处理人际关系,使一些青少年学生走上违法犯罪的歧途。

第三节　犯罪的自然原因

从社会学角度看,人类社会存在于现实的自然环境之中,自然环境是人类赖以生存的物质基础,人不能离开一定的自然环境而存在和发展。从犯罪学角度看,我们既要研究社会环境与犯罪的关系,也要研究自然环境与犯罪的关系,因为任何一种犯罪都是在特定的时空领域内发生的,犯罪从一开始就与自然环境有着密切的联系。自然环境是指人类活动所依赖的各种自然条件的总和,包括地理位置、气候、季节、其他自然资源等等[①]。就具体的犯罪而言,犯罪的产生与实施可能借助自然条件,也可能受制于自然条件,而且犯罪现象往往还会因循季节、气候的更替等时间因素的变化而出现有规律的起伏,在不同的地理环境中犯罪也会呈现出与其相适应的特点。对犯罪的自然原因进行分析和研究,具有很强的现实意义,有利于有效地预防犯罪。

一、犯罪的自然原因的概念和特征

犯罪的自然原因是指触犯、促发主体实施犯罪,从而与犯罪现象具有因果关系,作为构成主体存在于活动的外部自然环境的诸因素及其过程,如一定条件下的山川风貌、寒暑气候、昼夜时日以及生物节律等自然因素。有学者认为,犯罪的自然原因中的"自然"不仅仅指气候、地理与时间等原始自然,还包括人类生存环境。就特定个体而言,则是先天既定的生存环境,如"城市死角"、交通工具与设备、村落结构乃至亭台楼阁等人类后天构建而转而变成先天既定的社会性遗留物。犯罪

[①] 张绍彦:《犯罪学》,社会科学文献出版社2004年版,第265页。

的自然原因对行为人实施犯罪行为的影响十分重要,但自然原因不会单方面决定一个人的心理内容、左右行为人的心理变化,因此其对犯罪的产生和实施更多地表现为一种条件作用。在具体犯罪活动中,行为人对特定自然环境的利用往往更具有典型性。

犯罪的自然原因的特征是指为其内部诸因素所同构,而表现其质的规定性的一般共性,是其特质的静止的分割样态。一般来说,犯罪的自然原因表现为以下几个方面。

(一)原生性

犯罪的自然原因具有原生性,体现在其之所以"自然",就在于就特定的犯罪及其主体而言,它们均属先天先验地存在的自在之物。犯罪人虽然可以对"天时地利"这类客观现实进行有意识的利用,但却无法对其随意选择、抗拒与改变,甚至犯罪人的选择还会不断在遭遇自然因素时受挫。对犯罪人来说,昼夜交替、季节更新以及地理环境等自然现象都是先于犯罪人存在的客观现实,是纯粹的自然,具有原生性。同时,一些所谓"城市死角"的人工物,也属于一种物理性的自然或者人工自然,是个体置身其中而无由选择和解脱的作为社会——人文地理的原始背景[1]。从传统的犯罪活动特点看,犯罪自然原因的原生性无疑概括了犯罪自然原因的先验性存在,而且它表明犯罪的自然原因实际上是一种具象性的存在,具有可视性和可测定性。但在现代社会,这种原生性、先验性不宜进行绝对化的理解,在人文自然中,人的长期社会活动实际已对纯自然环境进行了某种程度的改变,只是这种改变是先于犯罪人实施犯罪行为而存在的,是犯罪人无法选择的事实背景;同时,在具体的犯罪中,犯罪人完全可能利用自然环境的可变性实施某种犯罪行为。可见,犯罪的自然原因一旦与社会和个体原因交织在一起,就会使问题变得更为复杂[2]。

相对地理解犯罪自然原因的原生性有利于预防犯罪,使我们可以选择防范范围和预防方式。但由于犯罪行为存在于一定的时空内,而时空是无法选择和改变的,所以原生性意味着预防犯罪只能是对特定罪因结构的形成的阻遏或者拆散;人们不可能消除各种"自然"的必然出现,而只能防止其他因素与之结合,进而形成足以滋生犯罪的情境或者触引、推导犯罪的合力[3]。例如,夜晚的发案率高于白昼,虽然对"夜晚"这种"自然"无法改变,但我们可以采取在街区装上路灯,提高夜行人的可视度,在路旁安装警报装置等方式预防犯罪,最大程度地遏制行为人利用所谓的"自然因素"进行犯罪。

---

[1] 许章润:《犯罪学》,法律出版社2004年版,第177页。
[2] 张绍彦:《犯罪学》,社会科学文献出版社2004年版,第266页。
[3] 许章润:《犯罪学》,法律出版社2004年版,第177页。

(二)间接性

犯罪的自然原因具有关联性,这种关联程度是间接性的。气候、地理和时日中的某些方面之所以能够成为"犯罪的自然原因",盖因这些方面正好暗合或契合了犯罪的某种反社会倾向,或者被害人的某种被害倾向。而这一机制的达成是通过若干中项的间接作用才得以实现的[1],否则,"犯罪的自然原因"这一范畴就不能成立。所以从犯罪人的行为与犯罪实施的关系看,犯罪的自然原因只是刺激性、条件性的原因,其要达到成为"犯罪原因"的程度,必须借助其他因素,而犯罪得以实施的最关键因素是犯罪行为,这正体现了犯罪的自然原因的间接性。例如,在夏季或春夏交接之际多发强奸罪。此时特定的季节因素是因为存在着行为人的特定心理、生理条件和被害人的被害倾向性,才显现出其原因力的,具有明显的间接性。犯罪的自然原因的间接性也决定了犯罪预防的多环节、多层次性的特点。

(三)具象性

从犯罪的自然原因和社会原因到犯罪的文化原因、个体原因,是一个由具象到渐次抽象的原因体系,也是一个从范围广大的背景到置身其中的特定个体的关于犯罪原因的观照视角的逐步浓缩过程。构成犯罪的自然原因的诸多因素往往是具有可视性或可测定性的物理现象,包括具体的自然环境、城乡人文地理、时间事实等。我们通过将犯罪行为置于具体的自然背景之中,对于这一背景的观测和犯罪人行为方式的研究,查明二者的内在关联,从而解说其他因素的作用机制与作用过程,描绘和廓清一个原始自然背景,最终说明罪因结构及其作用机制。

二、时间与犯罪

犯罪之规定及犯罪状态都具有时间特性。任何犯罪行为都是在一定时间内完成的,犯罪人对时间的选择不仅仅表现在实施具体犯罪中对时间的精心安排,也表现在对昼夜、季节等自然周期的利用上;同时,从整个犯罪现象分析,季节性变化、气候变化等时间变化都会影响到某种性质的犯罪率上升,并且整个犯罪率会呈现出有规律的变化。基于犯罪行为的实施一般都有较明显的时间选择性,在不同的季节或时刻,犯罪率和犯罪类型都会有所差异,我们探讨时间与犯罪的关系符合犯罪研究的实用目的。以下从时间因素的四个方面分析其对犯罪的影响。

(一)昼夜周期与犯罪

人类与各种生物一样,都会顺应昼夜交替的自然节律,"日出而作,日落而息",形成自身活动的生物钟。就犯罪而言,也无意识地循沿或者有意识地利用昼

---

[1] 许章润:《犯罪学》,法律出版社2004年版,第177页。

夜的循环而消长涨落,从而表现出自己的昼夜周期曲线。罪种不同,犯罪的昼夜周期曲线也不同,自然性犯罪中犯罪人对作案时间的选择是与人们普遍的生活习惯相反的;大部分法定性犯罪中,昼夜周期与其联系不是那么密切。

1. 犯罪率的昼夜差异性

白天和黑夜对犯罪的发生具有不同的影响。除激情犯外,一般聪明的犯罪人更倾向于秘密性犯罪,这类犯罪的阻力较小,犯罪成功率较大,因此这类秘密作案方式和时间的选择,必然根据普通人的生活规律进行确定,要么在白天,要么在夜晚。经验观察表明,一般来说犯罪人作案多选择在黑夜,夜晚的发案率要高于白昼。一方面,在夜晚,有效的社会控制面相对缩小,防备力量和外在制约因素处于减弱或中止状态,可以为犯罪人利用的作案空间相对扩大,此时实施犯罪易于隐蔽,同时作案现场或周围人员流动稀少,易于作案并逃脱,所以犯罪更易得逞。另一方面,就犯罪与犯罪者而言,夜幕为屏激发和怂恿了其内在的侵害冲动和胆量,并在客观上形成了使犯罪得以掩护的外在条件;就被害人而言,由于夜间处于休息和疲惫状态,抵抗力弱,常陷于疏于、怠于防备或无法防备的被害情境[①],为犯罪者实施犯罪行为提供了契机。因此,盗窃、强奸、伤害、杀人等暴力犯罪的夜晚发案率明显高于白昼。

随着现代生活的紧张节奏和人们对夜生活的重视,即使过去在夜间多发的犯罪也可能转为以白天作案为主,某些犯罪的白天发案率高于夜晚。犯罪人实施犯罪行为不一定完全依据昼夜更替的规律确定,而是根据人们的生活规律变化去寻找其他更便于作案的空隙。如扒窃行为,几乎全发生在白昼,特别是城市上下班高峰期。这源于该时间段为其提供作案机会的社会性接触机会的繁多与这种接触高峰期只存在于白昼这一时间背景的契合。

2. 犯罪的易发时间

据美、日学者的研究,盗窃(除扒窃外)、抢劫、杀人、重伤、强奸、猥亵等犯罪,多在夜间22时以后,其中,盗窃以22时左右为最多,而其他犯罪则多发生在22时至翌日凌晨2时这一时间段。台湾地区的犯罪统计资料表明,盗窃案多发生在9至10时,伤害案多发生于18至19时,杀人案多发生在21至22时。另据武汉市对1981—1985年刑事案件发生时间的统计,整体发案情况以19至24时为最多,在案件类型上,撬窃犯罪易发生在夏季凌晨2至3时,拦路抢劫和强奸犯罪易发生在夏季21至22时[②]。

(二)自然周期与犯罪

自然周期是指包括季节变化在内的各种自然规律的周而复始的生理、自然的

[①] 张小虎:《中国犯罪学基础理论研究综述》,中国检察出版社2009年版,第186页。
[②] 张远煌:《犯罪学原理》,法律出版社2008年版,第310页。

时间段落,主要包括妇女例假、生物节律、月亮盈亏等规律性现象。自然周期是一个相当广泛的概念,其中气温、湿度、雾、雪、风、雨等自然现象都与犯罪有所关联。这种周期直接导致人生理和心理上的相应变化,而表现出其与犯罪的一定程度上的相关性。

1. 生物节律与犯罪

在大约一个月复始一次的生物节律低潮期,人的心理易于出现烦躁不安、情绪低落、悲观失望、判断力和理智减弱等失常现象,此时易发生越轨行为。特别是从事驾驶车船、铁路调度和医疗卫生等需全神贯注工作的专业人员,稍有懈怠便可造成事故,如在生物节律低潮期工作会使事故的发生率往往更高。北京市某汽车公司为全体司机建立了准确的生物节律资料,掌握每一个司机的生物节律,在其低潮期严禁出车,收到了良好效果,从反面说明了这一问题。

2. 妇女例假与犯罪

关于女性犯罪与妇女例假的相关性,已有一些统计印证。妇女在例假期间经常因为生理反应出现心情烦躁、易受刺激、偏于嫉妒、易于疲劳等等身心现象,并出现神经质性的举止失常等行为反应,这可能导致她自身的调控能力减弱,较易与社会发生冲突或冲突程度加剧,所以女性在经期犯罪的人数有所增多。一般来说,女性实施店内行窃、放火、杀人等犯罪行为与经期有重要关系。龙勃罗梭曾经发现以妨碍公务罪被捕的 80 名女性中,有 71 名正值经期,索尔发现在巴黎百货店内行窃的 56 名女犯,有 35 人正值经期[1],但关于妇女例假与犯罪的关系目前缺乏更为系统翔实的数据论证和理论支持,理论界对此尚存争议。

3. 月亮盈亏与犯罪

关于月球运动规律对犯罪的影响,各种研究结果间存在着较大的差异性。但据西方学者研究,月圆之时犯罪率明显上升,反之则恢复常态。对此他们推测,由于人体内 70% 都是水分,根据万有引力定律,月圆之时月亮对地球的引力最大,反之下降,从而形成人体内的"潮汐",以致影响人的心理、精神和行为,该种理论还有待考证。

4. 气候与犯罪

气温、日照、雨、气压、湿度等气候因素也对犯罪有一定的影响。有学者研究表明,平均气温与性犯罪呈显著正相关,可靠度为 95%,平均气温与入室盗窃罪呈显著正相关,可靠度为 95%[2],但气温与犯罪的关系目前缺乏系统性的专门论述。同时,有调查表明我国暴力犯罪主要发生在日照充沛的晴天;性犯罪案件的发生数与

---

[1] 许章润:《犯罪学》,法律出版社 2004 年版,第 180 页。
[2] 张小虎:《中国犯罪学基础理论研究综述》,中国检察出版社 2009 年版,第 185 页。

月降水量呈显著正相关;气压与性犯罪案件呈显著负相关;月均相对湿度与伤害凶杀案件呈显著正相关等等。以上推断和研究均需要更加系统的分析和论证。

(三)社会周期与犯罪

社会周期是指人类活动出现的具有社会性内容,与自然节律相一致的循环往复的时间段落,如周日、固定节假日、上下班周期、旅游高峰期、经济发展的周期性现象等等。犯罪是一种社会性行为,经常受到社会周期对其的影响,并随社会周期的更替而变化。

根据人们社会活动的规律,某些特定的日期与大中城市中某类犯罪率的变化有明显的关联。在我国城市生活中,由于实行周末双休制,重要节日的假期已经延长到一周,甚至10日,使得人们有了更多的社会性接触,社会冲突发生的概率会大于传统单调的工作日,如饮酒纵欲、暴力行为、交通肇事、性侵犯等犯罪行为发生率会增加。同时,在节假日期间,犯罪人会趁人们外出购物度假等时间段入户实施盗窃或者在繁华街道实施扒窃或在街角处趁人不备实施抢夺,以上种类的案件较普通时期多。一般来说,单位发薪日期的前后也是某些犯罪的高发期;民工大潮在一定程度上会影响到某一地区的发案率的高低,在民工潮逐步平息后犯罪率就会下降,并趋于稳定;在周期性活动规律的经济变化,也会在其某一时间段内影响整个犯罪率的变动幅度,经济萧条时,失业人员增加易引发社会不安定因素等;战争也是影响犯罪率的一个重要因素,战争时期往往各种犯罪种类增多,犯罪率也较和平时期高,归根结底,战争是最大的犯罪。

(四)季节周期与犯罪

季节是人们根据气象科学理论与长期的生活经验划分而成的时段。季节的周而复始,决定了人类进行传统物质性生产的基本方式,也决定了传统生活的规律性特点,因此也必然会影响到犯罪的变化。在四季差别分明的地带,犯罪随季节交替而出现的涨落曲线最为明显,一年四季中,冬、夏两季对犯罪的涨落影响最大,春、夏与秋、冬交替即换季之际次之。季节性变化与自然犯罪有较大的关联,与法定犯罪的关联则并不明显。

首先,虽然不同的季节气候条件一般不会影响犯罪的总数,但它对犯罪类型有一定的影响,因此某一类型的犯罪率的高低,会随不同季节中气温、湿度等气候因素的变化而呈现规则性的涨跌。据有关调查结果显示,暴力犯罪如杀人、伤害等通常在夏季发案率最高。有学者对浙江省的暴力犯罪与季节的关联性进行过调查研究,结果表明,地处大陆沿海北纬30度线上的冬冷夏热、四季分明的浙江省,暴力犯罪呈现明显的季节差:暴力犯罪以春季最低,夏季最高,相差达0.8倍,因为夏季气候炎热,人们烦躁不宁、易受刺激,这会导致自我控制能力减弱,出现攻击性倾向,或出现责任性事故。暴力犯罪中强奸罪的季节差最明显,春、夏两季占全年的

2/3,而冬季只占1/9①,究其原因是因为春、夏两季时,作为自然成员的人进入自己生物、心理和社会的苏醒期,经历着一个从逐渐苏醒到全面亢奋的生理过程,此时人的性欲最强,此外,由于春、夏两季女性衣服简单,暴露身体的部分较多,易刺激人的性欲。

其次,随着季节变化人们生活的规律也发生改变,犯罪条件有所不同,从而导致某类犯罪的增加。如冬季气候寒冷,人们户外活动减少,家庭处于相对封闭的状态,此时的盗窃案件就会增多;秋、冬季节扒窃案件会增多,与人们穿着厚重有关,此时行窃不易被察觉。

最后,在不同的季节,昼夜时间的长短变化和微观天气的多变等,都会对犯罪人的作案时间造成影响,从而造成某种类型的盗窃案增多。冬季昼长夜短,清晨多雾,夜晚少见月亮,既增加了作案时间,又便于隐蔽,客观上为盗窃犯罪创造了便利。春秋之际天气骤变会刺激到行为人的犯罪动机,利用天气变化对人们行为的阻碍,犯罪人通常乘隙而入,实施蓄谋性伤害、抢劫和盗窃等犯罪行为②。

三、地理与犯罪

人类的文化因地域不同而各有不同的发展,犯罪现象也会因地理差异而有所不同。地理因素与犯罪的关系,亦即空间因素是如何促发和触引犯罪的问题。地理环境包括自然地理环境(山川、河流等)和人文地理环境(如城市、农村、工矿区等),是社会物质生活的必要条件和自然基础,决定着自然资源的优劣多寡,制约生产部门的分布和类型,对人们的活动方式和心理素质也具有一定的影响,进而影响着犯罪。就具体的犯罪而言,犯罪的产生与实施可能借助、受制于地理环境,在不同的地理环境中也会呈现与其相适应的特点③。在犯罪学中,地理与犯罪的关系主要表现在城乡差别对犯罪的影响、特殊空间的犯罪学意义和特殊人文地理环境与犯罪的关联四个方面。

(一)城市社区与犯罪

现代社会中城市是人口的主要聚集区,尤其大城市的人口密度大,犯罪的绝对值明显高于农村地区。城市的迅猛发展,使其与农村在生活方式、文化模式等方面的差距越来越大,城市社会是一个多元化、高度流动性为特征的社会,它随之而来的是一系列的社会问题,其间犯罪类型的多元化、犯罪手段的技术化等方面都呈现出其所特有的社区性质。

---

① 张小虎:《中国犯罪学基础理论研究综述》,中国检察出版社2009年版,第185页。
② 张绍彦:《犯罪学》,社会科学文献出版社2004年版,第270页。
③ 张小虎:《中国犯罪学基础理论研究综述》,中国检察出版社2009年版,第181页。

1. 城市社区犯罪率高的原因

(1)城市人口密集,社会关系松散,社会流动性大,交通便利,既是导致犯罪增加的因素,又造成了城市地区对犯罪防范和控制的现实困难。此外,非正式的社会监督机制还没有真正发挥出抑制犯罪的作用,这也极有可能导致司法部门对犯罪进行追究时,因取证上的障碍而使犯罪人继续逍遥法外。基于以上各因素的影响,使社区居民对犯罪产生了更重的恐惧心理,也对公共安全机制更加不信任。

(2)现代城市经济发达,物质丰富,为人们获取高价值的物质财富带来了很多机会,于是市场经济中开始出现一些违法行为,甚至存在相当数量的经济犯罪以及与之相关的渎职犯罪。这些犯罪的滋生蔓延,不仅使犯罪在总量上大大增加,而且犯罪扩展到国家对社会管理活动、金融、证券、期货交易等敏感性领域,其智能化、多元化发展使得犯罪的社会危害更深。同时,城市较农村拥有更多的休闲娱乐场所,物质诱惑更多,这极易刺激到犯罪人的内在不良需求,并会导致财产型、淫欲型犯罪。

(3)现代社会生活节奏较快,刺激了人们的竞争意识和超越意识,个人生活压力正日益趋重,以致在社会现实生活中出现一些心态失常、感情冲动的行为表现,人们之间的攻击性对象增加,必然会导致暴力性犯罪的增加;城市流动人口中大都是农民,他们大多精力旺盛、单身、无固定职业、年轻力壮,与留在农村的人口相比,他们相对属于犯罪的高危人群;城市社区内部贫富差距加大会造成利益冲突和矛盾激化,进而对社会治安造成破坏并会引发犯罪。

(4)城市高层建筑物集中,形成了高层建筑物的公用地带、公交桥的底部交叉地区、地铁通道、人行地道、楼梯转角、街巷深处等一些隐蔽处,这些"空间死角"通常是财产型、性攻击犯罪较易得手的地带,被视为犯罪的特殊空间。

2. 城市不同社区环境对犯罪的影响

在城市的不同区域内,犯罪率、犯罪类型的分布状况是有很大差别的。在我国,城区结构功能的不同特点既能决定某一类犯罪的高发点,也能决定整个犯罪率的高发点。虽然当前城市结构不断变化,其规律性尚不明显,但城市不同社区环境对某些犯罪的影响,已经有了经验性结论。

(1)商业区、娱乐区是财产型、淫乐型、暴力型犯罪的高发区。商业区是城市内最繁华的区域,金钱集中,且人口、财物流动性大,易发生抢劫、诈骗等财产型犯罪;同时商业区与娱乐区相连,人口成分十分复杂,娱乐区给人以极大的感官刺激,在享乐中的过分刺激易发生伤害、杀人等暴力犯罪,此外,娱乐区往往也是各种毒品犯罪的高危区。

(2)经济开发区、高新技术开发区、金融区以及各种交易性场所,是经济诈骗犯罪和其他经济犯罪集中发案的地区。这些地区治安相对稳定,犯罪多为诈骗、贪污、骗税、非法集资等财产型、经济型犯罪①。

（二）农村地区与犯罪

从整体上看，农村人口流动较小，居民之间的联系也较为固定，他们的社会活动面较为狭窄，人际关系确定，民风相对淳朴，所以农村地区的犯罪类型较城市犯罪简单，犯罪率也较城市犯罪率低得多。

1. 农村地区环境与犯罪

根据地理位置，农村地区可以分为城市外围的农村环境和边远的农村环境，沿海发达地区的农村环境和内地农村环境，集镇环境等不同区域。由于经济、文化、风俗等的差异，不同的区域的犯罪率和犯罪高发类型也有很大差异。有学者指出，在边远农村腹地，传统型犯罪较为常见；在集镇地区，犯罪率要高于边远地区，并且犯罪类型也更加多样，该地区人口流动性大，经济较为发达，治安情况更加复杂，其犯罪率可能会比城市部分区域要高；在沿海发达的农村地区，经济发达，人们生活活动范围大，社会关系更为复杂，经济型犯罪将接近于城市犯罪，但侵犯人身的犯罪率远低于边远农村地区。

2. 农村犯罪与城市犯罪差异的原因

一般来说，农村的犯罪率远低于城市；在犯罪类型方面，农村地区暴力型犯罪率较高，城市以财产型犯罪较多，且犯罪率与城市的规模成正比。造成这种状况的原因有以下几个方面。

(1) 社会组织与社会控制的差异。首先，由于现代都市都是人口密集的文明中心，在现代竞争、超越意识的激励和事实上适者生存的残酷竞争机制等外在环境的推动、逼迫下，各种利益冲突开始显现并逐步激烈。农村社会变迁相对缓慢，社会矛盾较少，竞争不够激烈，且表现形式单一。其次，现代城市有较严密的社会调控系统，居民文明程度较高，暴力犯罪少，而农村地区感情质朴，法律意识淡薄，常诉诸武力解决矛盾。最后，现代城市居民观念较为开放，其性犯罪和财产型犯罪比农村地区多。

(2) 经济类型及其发达程度的差异。现代城市工商发达，物质丰富，交通便利，经济关系复杂，较易滋生财产型犯罪。农村地区相对城市贫困，不存在复杂的经济关系，居民的物欲相对较淡薄，故其财产型犯罪较少。

(3) 风俗民情的差异。农村社会较城市对风俗民情的保留更加完整，因此在农村社会中人情关系浓厚，民风淳朴，有"远亲不如近邻"的守望相助的传统，更有"打抱不平"的古道热肠之举，无形中制约了犯罪的发生，并且农村地区传统道德

---

① 张绍彦：《犯罪学》，社会科学文献出版社2004年版，第276—277页。

观念强烈,形成了对犯罪的普遍谴责的道德氛围,从心理上制约了犯罪的发生①。城市地区接受开放的观念,传统观念较为淡薄,强调个人自由,人际关系相对疏远,这无助于制约犯罪,并且现代城市居民往往有一种"各扫门前雪"的淡漠意识,对犯罪无可厚非,视若无睹,姑息犯人,这样就加剧了犯罪行为的发生。

以上城市与农村地区在犯罪上的差异原因只是一部分,其他的因素还有待我们深入考察和论证。上述城乡犯罪的差别在发达国家和少数发展中国家有逐渐缩小、趋同的趋势,但在绝大部分发展中国家则依然如故。

(三)特殊空间与犯罪

特殊空间,是指相对城乡时空实体而言,比较微小、容易滋生犯罪的固定或者流动的局部自然地理或者人文地理环境。如"城市死角""流动空间",以及城乡接合部和独居住宅,偏远的矿山、工厂区,国、边境地区等。

1. 城市死角

建筑物的密集和各类公用设施的齐全是城市的重要特征,也是城市繁荣和城市居民生活便捷的重要保证;但城市的这一特征同时又很容易形成社会防范控制方面的一些死角,使一些地域成为利于实施犯罪或犯罪后潜逃和隐匿的空间②,该类地域一般被称为城市死角。城市死角,特指都市中具有触引、便利或者隐匿犯罪的有利环境、社会控制力所不及的空间,如立交桥桥洞、地下过道、地下停车场、地铁、电梯间、转角、厕所、公园、流动人口聚居地等等。这些空间因其特殊的地理因素,不仅有利于作案,而且为社会难以控制,因此成为犯罪多发地带。此外,城市居民上班家中无人值守时,也常发生盗窃案件,也可以视为城市死角的特殊形态。

2. 城乡接合部和社会控制真空地带

城乡接合部是城、乡交流的咽喉和关卡,处于"三不管"地带,是外来人口聚集区,同时也是杀人、抢劫、强奸等暴力犯罪的高发区。这些地区处于区域管理的接合部位,社会管理方面不易调节,容易出现脱节现象,治安管理显得较为薄弱,往往在一定程度上成为社会控制的薄弱或真空地带。在城乡接合部,本地的闲杂人员较多,外来暂住人口也逐步增加,人员成分复杂,居住密集,为流窜作案和逃犯提供了藏身之处,也是不法分子进行窝赃、销赃、制假贩假的理想场所。

3. 独居住宅

独居住宅包括单身一人的独居室和远离住宅群的独立住户。这类居住形式者不仅易遭罪犯的袭击,其本身也为居住者提供了社会无法监控的便利作案场所。据中国某市对478名独居青少年的调查,其中有81名具有犯罪活动,比非独居青

---

① 许章润:《犯罪学》,法律出版社2004年版,第185—187页。
② 张远煌:《犯罪学原理》,法律出版社2008年版,第316页。

少年的犯罪率高16%。此外,在现代城市,由于成年男女上班,家中无人值守,或只留孤身老人在家形成间隔性独居,也易招致罪犯的袭击。

4. 流动空间

流动空间主要指商店、市场、旅馆、车站、码头、体育场馆、影剧院等经贸繁荣、人员流动频繁的空间,铁路、公路、航空、港航、海上和火车、城市公共交通工具内,也是盗窃、诈骗、拐卖人口、抢劫、寻衅滋事等犯罪较易发生的地区,且大多以流窜作案为主要犯罪手段。这些地方人口流动性大,鱼龙混杂,人员来往复杂,极易发生盗窃案件。近来由于高速公路的快速发展和长途公共汽车的广泛使用,使长途"大巴"成为抢劫、猥亵、伤害、杀人、强奸等犯罪活动的新的犯罪多发空间。

5. 偏远的矿山、工厂区

偏远的矿山、工厂区远离城市,自然景观单调,兼具城乡接合部的一些特点,缺乏文化娱乐活动和消遣场所,或存在男多女少的人口比例非正常失调,青壮年居多。他们精力旺盛,体力充沛,但知识程度与其体力往往不相平衡,缺少适当的自制力,闲暇时好勇斗狠,常常以酗酒和嫖赌等打发单调的时光,因此,由此引发的强奸、猥亵等性犯罪和伤害、斗殴等暴力犯罪易多发,犯罪率高于其他地区。[①]

6. 山区、林区、水网地带

山区、林区、水网地带地理形势较为特殊,这也决定了不仅某些犯罪只可能发生在该类空间,也决定了其犯罪率、犯罪原因、作案手段等均与一般地区有所差别,从而要求采取特别的预防犯罪措施。如破坏森林资源、渔产资源犯罪,就多发生在该类地区。[②]

7. 国、边境地区

国、边境地区是国际或地区间人员往来和货物流通的通道,具有外来人口比重大、人员流动频繁、商贸发达、信息灵通等特点。因其特殊的地理环境因素,国、边境地区易成为走私、贩毒、抢劫、间谍、偷渡等犯罪活动的多发地,同时也是国际流窜犯罪分子的重要聚集地。随着全球化的不断加快,犯罪也逐渐实行全球网络化,跨国、边境的有组织犯罪也随之增加。

第四节 犯罪的个体原因

犯罪的产生,不仅有社会原因、自然原因,而且有犯罪者的个体原因。犯罪作

---

① 张小虎:《中国犯罪学基础理论研究综述》,中国检察出版社2009年版,第183页。
② 许章润:《犯罪学》,法律出版社2004年版,第192页。

为一种社会现象,必然受到多种社会因素的制约,但就犯罪行为而言,在相同的自然、社会及文化环境中,对犯罪的不同种类和不同的停止形态,仅从社会原因、自然原因等外在原因出发并不能做出完美的解释。在同样的外部因素的作用下,为什么绝大多数人能够遵纪守法不犯罪,而有的人则频频犯罪?究其主要原因就是犯罪行为的个体原因在起作用,要解释犯罪现象,也就不能不深入研究犯罪人的个体原因。事实上,在犯罪学的历史上,人们早就开始了对犯罪人个体的研究,以龙勃罗梭为代表的犯罪人类学派,以弗洛伊德为代表的心理学派,以胡顿为代表的犯罪生物学派,都以犯罪人的个体原因作为研究核心,以探求个体方面的因素对犯罪的影响。德国学者李斯特也试图说明个体原因在犯罪中的决定作用。他认为,犯罪个体是社会因素和生物因素共同作用形成的,但生物因素占主导地位。由于他们都把先天因素看成是犯罪人个性形成的决定条件,而忽视甚至否定后天的作用,导致很难正确合理地说明个体原因与犯罪的关系①。

犯罪行为是由人实施的,各种消极的社会现象只有具体作用于个人,才能最终对犯罪产生影响和发生作用。犯罪作为一种个人的特殊行为,是主观与客观相互作用的结果。现实社会生活中各种犯罪现象之所以呈现出不同的规律,各个犯罪行为在具体的情节和过程中之所以表现出一定的差异,在很大程度上都与犯罪人的个人因素有关。所以,离开对犯罪发生的个体原因的研究,就无法揭示各种犯罪因素如何作用于个人并使之成为罪犯的一般规律;就不能全面、彻底地了解犯罪现象的本质,从而也就无法全面了解和说明犯罪产生的原因。因此,研究犯罪的个体原因是整个犯罪原因论不可忽视的一个重要组成部分。它对于深刻认识犯罪现象,对于全面认识犯罪产生的原因进而对犯罪的预测和预防都有重要的意义。在我国,由于犯罪学研究的兴起是为了解决20世纪80年代初急剧出现的犯罪问题,而且投入犯罪学研究的人员专业面相对狭窄,因而,过去一段时间一直没有对犯罪的个体原因给予足够的重视。近年来,此种状况虽有一定的改善,但对犯罪的个体原因的研究还需进一步深化和加强②。

犯罪的个体原因是指存在于犯罪人方面的各种不良心理及其他促发犯罪的个体特征。个体原因不是单一的、简单的,而是同社会自然因素一样,是多层次、多内容的复杂结合,产生犯罪行为的个体原因主要有心理因素、生理因素和个性特质等。个体原因的生理因素,涉及人格变态、年龄、性别、精神疾病等;人的个性特质包括气质、性格等多方面内容。下文将从这三个主要方面进行具体分析。

---

① 张旭:《犯罪学要论》,法律出版社2003年版,第163页。
② 张旭:《犯罪学要论》,法律出版社2003年版,第162页。

一、个体的心理因素与犯罪

个体的心理因素,是指支配和影响犯罪人实施犯罪行为的各种心理因素的总称。与犯罪个体原因中的其他因素相比,个体的心理因素具有自己独特的作用,即任何犯罪行为都是在犯罪人的犯罪心理支配下实施的,个体原因的其他因素最终都要通过犯罪人的心理活动发生作用而最终导致犯罪行为的发生,所以,我们对犯罪个体原因中的心理因素进行系统的研究是十分有必要的。个体的心理因素与犯罪的关系主要考察个体犯罪心理的形成,其形成机制和一般规律主要表现为:个体犯罪心理的形成,是个体对社会信息进行选择的结果;是内外因素相互作用的结果;是由量变到质变、部分质变到心理总体结构总体质变的过程。

导致犯罪人实施犯罪行为的个体的心理因素涉及许多方面,而且是错综复杂、相互联系、相互作用和相互影响的,其中最主要的原因是错误的人生观和道德观、过度膨胀的私欲和人格障碍等。

(一)错误的人生观与犯罪

人生观是指人们对人生的根本看法和态度,也就是对人类生存的目的、价值和意义的看法。人们在社会中所处的位置不同,认识不同,就形成了不同的人生观;人生观不同,就会有不同的思想情感和对事物的不同态度,在观察和处理问题时就会有不同的观点看法。随着政治、经济、文化、科技、社会等各方面因素的发展和变革,人们的思想和价值观念发生了巨大的变化。一些人丢弃了原有的以集体和社会为本位的人生观和价值观,并逐渐形成了错误的人生观和价值观[①]。错误的人生观从个人主义出发,在个人犯罪行为的诸因素中起主要的作用,表现为自私自利,损人利己,认为人是生来自私的,人生最大的乐趣和幸福就是吃喝玩乐,崇尚享乐主义。错误的人生观主要表现为以下几种形式。

1. 拜金主义和享乐主义思想与犯罪

拜金主义思想作为一种价值观念是资本主义商品经济的必然产物。我国实行改革开放的经济政策,实行市场经济,虽与资本主义的商品经济有所区别,但仍有一些共性。随着商品意识的传播,商品的范围也日益扩大,人们所需要的很多东西,如名誉、地位、婚姻等都被涂上了商品的色彩,这就使得金钱的魔力超出了它本身所具有的价值。在拜金思想的影响下,人们的物欲、金钱欲、享受欲日益膨胀,把吃喝玩乐作为人生的唯一乐趣和终极追求,思想领域也出现了一定程度的混乱状态。首先,一些人的价值观和行为取向被严重地扭曲,越来越朝着功利化、物欲化的方向发展。他们信奉金钱万能,视金钱为至高无上的东西,"一切向钱看""人为

---

① 康树华、张小虎:《犯罪学》,北京大学出版社2009年版,第147页。

财死,鸟为食亡""有钱能使鬼推磨"的拜金主义思想在社会生活中泛滥,充斥在一些人的头脑之中,成为他们的生活信条和行为准则。其次,人们在评价一个人是否成功时,常常以其经济地位作为衡量标准,把金钱看作是成功的标志,这就势必更加导致人们的功利倾向——崇拜、追逐金钱。再次,由于市场经济固有的一些属性和弱点,使人们的经济收入出现了多样化并且收入差距也逐步拉大,这种状况在一定条件下,使得一些人为了追求最大的非法经济利益而不择手段,不计后果,有的甚至铤而走险,肆无忌惮地实施生产、销售伪劣商品和走私、经济诈骗、制毒贩毒等犯罪活动。最后,在当今一些青少年的观念中,把谋求巨额金钱作为人生的最大目标,在这种错误的价值观指导下,由于不满足于金钱相对匮乏的现状,为了满足这些贪婪的欲望,为了得到更多的金钱财富,他们会不择手段,并不惜损害国家、集体和他人的合法利益,以诈骗、盗窃、抢劫、绑架等犯罪手段夺取钱财,在犯罪的道路上越走越远。这类犯罪能占全部青少年犯罪的2/3以上。由以上可见,拜金主义思想的盛行是导致多种严重刑事犯罪特别是侵财、贪财型犯罪迅猛发展的心理基础[1]。

享乐主义人生观以自我为中心,认为世界上唯有自己是值得信赖的。这种人胸无大志,没有理想,追求醉生梦死的腐朽生活,对于国家建设、社会的需要全然不顾。与拜金主义思想一样,享乐主义也是一种道德的滑坡。随着改革开放和市场经济的实行,人们的传统观念不断受到形形色色的西方外来文化的冲击,特别是以互联网为代表的传媒技术的迅猛发展,更强化了这种冲击。伴随着拜金主义思想的泛滥,再加上现实中对孩子过分溺爱的家庭教育,过于注重"分数"的学校教育和越来越商业化的社会教育的影响,有一部分人出现了道德滑坡,滋长了喜新厌旧的心理,排斥和否定中华民族的传统美德,崇尚西方社会中的一些腐朽的东西。尤其是有些青少年,缺乏正确的世界观、人生观,盲目地向往和追求资本主义国家的生活方式,把吃喝玩乐当作幸福人生的唯一目标,并滋生了低级的趣味观。在他们中间流行着以享乐主义为中心的生活哲学,"人生在世,吃穿二字""今朝有酒今朝醉""宁在花下死,做鬼也风流"。认为只有尽情享受才不枉活一世,甚至一味追求西方的"性解放""性自由"的生活方式,为了享乐,可以不顾人格和尊严。在这种错误观念的驱使下,一旦不能用正当手段得到财富供自己挥霍时,就有了犯罪活动的实施,有的人也因"无聊""寻求刺激"而进行故意伤害、杀人、抢劫等暴力犯罪,有的进行强奸、卖淫、吸毒等享乐型违法犯罪[2]。

2. 亡命主义的英雄观与犯罪

在拜金主义和享乐主义思想的影响下,其他的一些错误思想也日益滋生,并逐

---

[1] 康树华、张小虎:《犯罪学》,北京大学出版社2009年版,第147页。
[2] 康树华、张小虎:《犯罪学》,北京大学出版社2009年版,第149页。

渐演变成犯罪的动机。由于青少年正处于人生观逐步形成的过程中,抵御不了这些不良因素的影响,对勇敢、英雄和亡命徒,高尚和低级下流,真诚友爱和哥们儿义气等问题认识不清,观念模糊,随之产生了亡命称霸的英雄观。他们一旦受到批评处罚时,就会产生不满情绪,认为别人干涉自己的"自由",在逆反心理和报复心理的驱使下,大打出手,甚至行凶杀人、放火,丝毫不计后果;在所谓的"哥们儿"利益受到损害时,畸形的江湖义气使他们愿为"朋友"两肋插刀,对其他人则显得冷漠无情[1]。

3. 道德滑坡与犯罪

道德是一种对于是非、好坏、善恶的行为准则及其意义的认识。由于一些人的道德水平低下,文化教育不足,或道德情感异常,道德认识水平低劣等心理成分的存在,容易使不良行为产生。他们精神空虚,意志薄弱,经不起利诱或暴力的威胁,或者由于盲目的攀比造就了极端的个人主义,也极易走上犯罪的道路。

4. 法律意识淡薄与犯罪

法律意识淡薄也是造成犯罪的一个重要缘由。虽然当前我国公民的法律意识较过去有了很大的提升,但同社会主义现代化建设的需要和社会主义法治国家的要求还相差甚远。普通民众尤其是一些农村地区的人民,他们深受传统价值观和风俗习惯的影响,法律意识缺失,使其实施犯罪行为还不自知或自认为所实施的不是重罪或错把一般违法行为认为是犯罪,他们与人发生矛盾时更多的是依赖约定俗成的风俗习惯而不诉诸法律。同时也有一些党政领导机关工作人员漠视法律,以权压法,以言代法,滥用职权,甚至徇私枉法,敲诈贿赂,贪污受贿,把自己置于法律之上或法律之外[2]。

(二)个体心理失衡与犯罪

个体心理失衡是指社会中的某些成员在一定时期内与其所处的实际生活环境不相适应的一种心理现象,是当前我国犯罪状况严重化的一个重要心理因素。应该说,个体心理失衡极易造成人与人或人与社会之间的抵触情绪。一般而言,心理失衡并不一定会导致犯罪,它可以通过多种途径得到缓解和释放,如自我控制、自我攻击等,但达到严重程度的个体心理失衡却极易导致一些人犯罪意识和犯罪动机的产生,进而促使他们去实施违法犯罪行为。

1. 社会分配不公引起的心理失衡与犯罪

从改革开放以来,我国的经济建设取得了巨大的成就,人民生活水平显著提高。但在社会主义市场经济体制和允许多种分配方式共存的分配制度下,很容易

---

[1] 莫洪宪:《犯罪学概论》,中国检察出版社2003年版,第246页。
[2] 康树华、张小虎:《犯罪学》,北京大学出版社2009年版,第150页。

造成社会的分配不公现象进而造成贫富差距拉大和人民的心理失衡。假如一些人是通过违法犯罪手段如走私、偷税、生产销售假冒伪劣商品获取钱财的,就会加深其他人的心理不平衡。此外,部分先富起来的人在生活上的肆意享受,加上媒体对其不恰当的宣传和引导,促使了社会整体的高消费和互相攀比的心理,这在一定程度上就对心理失衡的产生起到了催化作用。在心理失衡的人中,有的因为法制观念不强、自制力弱、好逸恶劳、贪图享受等各方面条件的限制而不能够用合法手段达到所追求的目标,这就容易产生仇视、报复社会的念头。在失衡心理的影响下,这些人就开始实施盗窃、抢劫、诈骗等犯罪去攫取公私财产,从而实现社会财富的"再分配"。这种状况使得财产犯罪的数量迅速增加,并且越来越多地与暴力性犯罪联系在一起,同时,一些针对社会的带有报复性和发泄性的放火、爆炸、投放危险物质等犯罪也日趋增多。

就目前看来,心理失衡最为严重的当属一些中青年农民和下岗工人甚至一些初入社会的大学生。

首先,虽然当前我国国民的整体生活水平得到了很大的提高,但城乡差距仍旧很大,改革开放后迅速发展的致富高期望和客观现实之间存在巨大落差的严酷现实,对一些农民特别是进城务工农民的心理造成了相当大的冲击,其心理的失衡、梦想一夜脱贫的心切以及对传统道德的背弃,强度之大要远远超过城市居民,同时城市的富足和高消费刺激了他们不正常的消费欲望,高消费的欲望和低收入的现实构成了突出的矛盾。由于不能正确认识和适应这种差别,再加上他们的人身权利和就业、就学、医疗、福利等权利也得不到保障及其他一些内外因的影响,使他们产生一种"仇富"心理,并成为其犯罪的深层心理因素。目前,虽然农村的犯罪率低于城市,但在犯罪的人员结构中,农民的犯罪比例是最高的。

其次,一些下岗工人曾经长期捧着铁饭碗,一旦流入失业队伍,部分人也易产生失衡心理,认为社会不公正对待他们,进而挟恨报复社会,实施恶性犯罪行为[①]。

最后,初入社会的大学毕业生受到过高等教育,优越心理较强,但他们一旦进入社会,各种横向和纵向的竞争使得较高的期望值和生活水平较低的现实之间的矛盾凸显出来,使其失衡心理逐步产生。有的人为谋求高品质生活和满足同龄人之间的攀比心理,不惜违法谋取钱财,走上犯罪的道路。

2. 腐败引起的心理失衡与犯罪

腐败引起的心理失衡主要是针对国家工作人员的犯罪心理,他们对公权力的滥用导致了各种形式的腐败。腐败问题在当今社会越来越不可忽视,"有权不用,过期作废"成为一些国家工作人员的信条,他们铤而走险,用手中的权力谋取私利,疯狂地实施贪污受贿、挪用公款、滥用职权等职务犯罪活动。据一项以某市市

---

① 康树华、张小虎:《犯罪学》,北京大学出版社2009年版,第150页。

民为对象所做的关于腐败问题的社会调查表明,85.9%的被调查者认为,改革开放以来腐败现象越来越多;59.2%的被调查者认为,与西方国家的腐败现象相比,我国的腐败现象更为严重。我们必须认识到,腐败的蔓延严重阻碍了国家的方针、政策的有效执行,造成了经济秩序的混乱,阻碍了经济的进一步发展。更甚者,腐败现象的发展还模糊甚至扭曲了一些人的世界观、人生观、道德观和价值观,使他们丧失了远大的理想和抱负,丢弃了正确的信念,自觉或不自觉地迈向腐败的队伍中去。虽然近些年来我国对腐败现象的打击力度很大并取得了显著的成果,但腐败现象并没有得到最根本的遏制,甚至出现了"攀比腐败"和"炫耀腐败"的现象,这些情况都令人忧虑。

腐败本身是一种犯罪,但它更挫伤了人民群众的积极性和创造性,使人们对整个国家、社会和个人前途持悲观态度,并导致一些人的心理失衡,这对多种犯罪的增加造成了直接影响。许多犯罪人正是怀着对社会上腐败现象的担心、不满和报复心理而走上犯罪道路的。例如,《检察日报》2002年7月17日报道的"高中生撕票'反腐'"案件,曾引起了人们的广泛关注。安徽省太和县某中学的两名高中生发现其同班同学李某经常驾车上学,花钱大手大脚,后又得知其父是某镇党委书记,便认为李某的钱来路不正,于是两人就绑架并杀害了李某。此后,两人多次持被害人李某的手机与其家人联系,索要赎金100万元。据其中一人交代,在作此案之前,他已预谋购枪绑架县领导人。他说:"腐败现象全国都存在,我是一个农民的小孩,很看不惯这种现象,我就是用这种手段报复他父母,他这样死得不亏。"[1]他们之所以犯罪,除了自身心理不健全,行为不理智外,"对反腐败失去信心"(太和县检察院一检察官语)、将失望转变为仇恨也是一个重要的心理因素[2]。由此可以看出,腐败引起的心理失衡与犯罪有很大程度上的联系,我们应正视这个现象,早日解决腐败问题。

(三)个体需要与犯罪

需要是人对客观事物的要求在人脑中的反映,是人类一切行为最深层的动力。心理学理论认为,需要以一定的方式影响着人的认识、思维和意志等心理活动,并推动人去实施某种行为。需要决定行为人的动机,是产生人的思想活动和心理活动的动力及基础,也是其个性积极性的源泉。需要主要有以下特点:需要是具体的,总有指向的对象;人的需要是没有止境的,是人类一切活动的心理源泉,总是促使人不断追求新的满足;需要具有紧张性,越感到缺乏,越想得到满足,就越觉得需要;需要具有驱动性,是驱动个体行为的内驱力[3]。需要的分类有很多种,主要的

---

[1] 康树华、张小虎:《犯罪学》,北京大学出版社2009年版,第150页。
[2] 康树华、张小虎:《犯罪学》,北京大学出版社2009年版,第153页。
[3] 张绍彦:《犯罪学》,社会科学文献出版社2004年版,第243页。

有以下几类:按人类生存发展需要的起源可分为生理需要和社会需要;按需要的对象可分为物质需要和精神需要;按需要的范围界限可分为合理需要和不合理需要。

1. 马斯洛的需要层次理论与犯罪

美国人本主义心理学的奠基人亚伯拉罕·马斯洛于1843年提出了需要层次理论,为探讨人类行为的动机提供了有力的分析手段。他认为驱动人类的是始终不变的、遗传的、本能的需要,这些需要是人类真正的内在本质。他主张在人的价值体系中存在着不同层次的需要,根据需要在人类发展进程中出现的顺序由低到高分为几个阶段,用阶梯形式将人从出生就存在的基本生理需要逐级上升到更为复杂的心理需要。按照马斯洛的理论,人的需要系统由低到高分为五种:生理需要(对食物、饮料、氧气、睡眠、性、住所等基本生存的需要)、安全需要(对秩序、安定和生活中的确定性的需要)、归属和爱的需要(追求与他人建立友情和在自己的团队里求得一席之地)、尊重与威望需要(包括自尊与来自他人的尊重)、自我实现的需要(希望自己的潜能得到充分发挥)①。

需要对犯罪心理的发展变化起着极为重要的推动作用。犯罪人往往都是在需要的不断追求和满足中将个人的需要、欲望无限制发展,以致脱离现实具体的客观条件,与社会的要求处于对立状态,最终导致犯罪行为的发生。

(1)生理需要与犯罪。人的生理需要是与生俱来的,它反映了人对自己生命所必需的客观条件的要求。人的生理需要受人的生物需求的制约,同时也受社会生产、生活条件和法律道德的制约。绝大部分犯罪都和生理需求有关,因为他们往往将生理需要放在首位或优势地位,当运用合法手段不能达到时选择用非法犯罪手段达到生理需要的满足。实践中,一些人为了满足自己的各种欲望,选择实施形式各样的犯罪行为,如盗窃、诈骗、走私、贩毒、抢劫、绑架等等。其中有一些人,尤其是处于生长发育期的青少年,情绪极易冲动,加上受一些色情文化的影响,过早接受两性方面的刺激,易实施强奸等性犯罪②。

(2)安全需要与犯罪。犯罪人只有保证了自身的安全,才能享受犯罪所获取的利益。他们在犯罪活动中受到两种心理因素的影响,即既要达到犯罪目的,又要不暴露犯罪行为以逃避惩处。在这种心理支配下,犯罪人会把犯罪风险降到最低程度,以达到自我保护的目的,满足其安全需要。在现实中,出于安全需要实施犯罪的不在少数,如有的人不堪忍受他人的长期虐待而杀死对方,有的人出于对自身和他人的安全考虑,大义灭亲,将作恶多端、危害乡里的逆子杀死等等。此外,在团伙犯罪、有组织犯罪中,也很注重安全需要,因为在团伙犯罪内部,各个犯罪人在作

---

① 张远煌:《犯罪学原理》,法律出版社2008年版,第332页。
② 康树华、张小虎:《犯罪学》,北京大学出版社2009年版,第154页。

案时会产生一种"罪责扩散"心理①,虽然共同作案,但个人只负责部分刑事责任,从而增加他们的作案安全感和勇气,这样的犯罪对社会的危害性也更大。

(3)归属和爱的需要与犯罪。人处在社会之中,需要各种各样的爱,因此爱的内涵是十分丰富的。一般爱分为本能的爱和社会性的爱,此处着重说明前一种,它主要指男女间的爱情及性爱,以及亲属间的情爱,通过这些爱会使他们产生一种归属感。但有的人则以爱情的名义去实施盗窃、抢劫、诬陷、诽谤等犯罪,有的人出于对子女、家人的亲情而干涉婚姻自由,或当子女犯罪时窝藏包庇他们。这样与犯罪联系起来的爱并不是我们所推崇的。

(4)尊重与威望需要与犯罪。尊重与威望需要主要是自尊的需要,具体指一个人希望尊重自己,不向别人卑躬屈膝,并凭借自己的能力、成就和地位等来获得他人和社会的尊重、认可,不容许别人歧视、侮辱的一种心理状态。自尊的需要对犯罪的影响主要体现在三个方面:第一个方面,自尊心受损能令人产生报复、嫉妒心理。这类人的自尊心由于某种需要不能满足而受到伤害,继而会产生不满和怨恨等情绪,这种紧张情绪若不能得到及时缓解,最终会引发恶念并最终导致诬告陷害、伤害、杀人等犯罪行为的发生。例如,2004年2月发生的曾轰动全国的云南大学学生马加爵杀人案。他就是由于过于贫困的现实导致自卑,而自卑又导致了过度的自尊,一旦这种自尊遭受伤害,便会进行疯狂的报复。第二个方面,自尊的需要能使人产生虚荣心理。心理学上认为,虚荣心是自尊心过于强烈的表现,是为了取得荣誉和引起普遍注意而从物质或精神层面表现出的一种不正常心理状态。这类人易产生焦躁情绪,若任其发展,可能会为了满足虚荣而犯罪。如有些青年女性沉迷攀比,追求虚荣,为快速得到金钱,不惜实施卖淫、盗窃、诈骗等犯罪行为。第三个方面,自尊心受损还能使人产生逆反心理。逆反心理是一种对事情所做的反应跟当事人的意愿或多数人的反应正好相反的心理现象。对于一些自尊心很强但又缺乏自理、成绩很差的在校学生,当他们受到批评教育时,如不能正确认识自身的不足,就容易迁怒于学校和社会,更甚者走上与社会对抗、与人民为敌的歧途,实施众多违法犯罪活动②。

(5)自我实现的需要与犯罪。自我实现的需要主要是指实现个人理想、抱负,最大限度地发挥自己的潜能,完成与能力相符的事情从而得到自我最大满足,是人类个体需要中的最高层次。虽然当前开放的形势对满足个人自我实现的需要起到很大的推动作用,培养了他们敢于独创天下、实现自我的意识,但同时也应看到,严峻的社会竞争环境对一些青少年心理上造成了很大打击。他们对形势估计过于乐观,易产生不切实际的实现自我实现的需要和对自我力量的过高估计,当这种希望遭遇实际能力不足和年龄较小的严酷现实时,他们的狂热急切心理就容易在正常

---

① 康树华、张小虎:《犯罪学》,北京大学出版社2009年版,第154页。
② 康树华、张小虎:《犯罪学》,北京大学出版社2009年版,第155、156页。

的发展途径上受挫,部分甚至会激起违法犯罪行为的发生。

2.犯罪人的需要的特征①

(1)需要层次的相对低级性。虽然满足物质或性的需要是个体得以发展和延续的基础,但如果一直将这种生理需要置于优势地位,不以追求更高级需要创造条件为目的,并在一定程度上不受高级需要的调控,就容易实施超出道德规范、违背法律的行为。这类人身上存在着一种较为普遍的不良需要倾向:精神空虚,情趣低下,过分追求低级需要的满足,缺乏教养,追求腐朽、低级下流的性生活、性刺激,视"吃、喝、玩、乐"为人生需要的全部追求。他们对高级需要的冲动被严重弱化和抑制,并由此导致社会认知内容的偏离性和情境体验的庸俗性。

(2)需要结构的不平衡性。这种不平衡性不仅仅表现在各需求层次间的不平衡,还表现为行为人对某一层次中的某种需要过分强烈,如过分追求自尊和威望、过分追求自我等等。对这类需要的膨胀,容易忽视获得需要的手段的合法性和正当性,也易产生犯罪的后果。

(3)需要内容的反社会性。这类需要一般属于高层次的精神需要,犯罪人的该种需要与社会需要处于对立的地位。如过分追求个人主义和无政府主义等等,这类需求不利于国家和社会的稳定,因为其本身的反社会性注定了其实现手段的违法性。

(4)挫折反应的非理智性。当个人的需要完全超出了社会现实,受到各方面制约和限制而实现需要的行为受到干扰时,一些人就会产生挫折心理。作为一种普遍的社会心理现象,其本身并不具有致罪性,但如果行为人的反应具有非理智性,就易造成违法犯罪行为的发生,而这也是区分犯罪人与非犯罪人的标准之一。在各种挫折反应方式中,最容易与犯罪相联系的有三种:攻击性反应,即指向外部的惩罚,用语言或行动向别人宣泄不满和愤怒;倒退性反应,即因不适应当前的生活环境而重复以前成功的行为以满足需要;固着反应,即需要满足受挫时因找不到其他适当的反应方式而退化到儿童时期的幼稚、本能反应。

(四)人格障碍与犯罪

从变态心理学的角度分析,现实社会中的犯罪人绝大多数都是人格正常者,但同时也存在一定比例的人格障碍者。人格障碍又称变态人格、人格异常或病态人格,是介于精神疾病与正常人格之间的一种行为特征或人格适应缺陷,是人格在发展和结构上的明显偏离正常,不能适应社会生活的心理状态。人格障碍者的特征主要表现为年幼无知、个性有严重缺陷、行为严重失去控制等等。在欧美国家曾有学者做过统计,有人格障碍的罪犯能占到所有罪犯的1/3左右,由此看出,人格障碍与犯罪联系极为密切。不同人格障碍的类型与犯罪的联系可分为以下几种。

---

① 张远煌:《犯罪学原理》,法律出版社2008年版,第333页。

1. 偏执型人格障碍与犯罪

偏执型人格障碍表现为固执己见,行为偏激,多疑,心胸狭窄,易妒,不计后果等。这类人自我评价过高,否定别人的意见,经常把别人原本中性或友好的表示看成敌对的行为,很难与人相处,甚至会伤害他人。该种类型的人格障碍又可分为三种:被迫害妄想、钟情妄想和嫉妒妄想,其中以被迫害妄想的发病率最高。偏执型人格障碍的人常常自我估计过高,对自己认为的事物坚信不疑,一旦在他们妄想的事件中不能用社会认可的方式解决问题的话,他们可能就会采取一些违法犯罪手段,一般这类型的人严重的话容易发展为偏执型精神分裂症。

2. 情感型人格障碍与犯罪

情感型人格障碍表现为情绪跳跃性波动,极不稳定。其表现形式也可分为三类:有的情绪抑郁,表现为孤僻怪异、沉默寡言、胆小怕事,对世事无兴趣、缺乏信心,但在受到强烈精神刺激或药物刺激下会出人意料实施暴力行为;有的性情狂躁,亢奋、喜怒无常,在情绪被刺激后很容易做出伤人毁物的行为;还有的抑郁和狂躁交替发作,有时狂喜,有时忧郁寡欢,很不稳定,这在心理学上又称作双向情感障碍。

3. 反社会型人格障碍与犯罪

反社会型人格障碍又称为悖德型人格障碍,表现为思想、行为方式和社会伦理道德准则相对立,且固执己见,对人冷酷无情,尖酸刻薄,心狠手辣,对社会无责任感,极度自私自利,缺乏悔改之心,敏感多疑等等,这类人往往对所有人均不信任,甚至带有不同程度的仇视敌对心理,甚至向他人实施报复陷害。该类型的人最易实施政治型、暴力型及财产型犯罪,且常常犯罪成癖,对社会危害极大,因此最易引起犯罪学的关注。

4. 意志薄弱型人格障碍与犯罪

意志薄弱型人格障碍主要表现为遇事无主见,优柔寡断,多愁善感,面对挫折一蹶不振,偶尔能够做决定也不能坚持到底。这类人往往缺乏自信和主动性,认为自己不如别人,敏感好猜疑。他们很容易受外界影响,暗示性和模仿性较强,在周围事物的影响刺激下,如果压抑过度易出人意料地爆发攻击性破坏行为。据国外文献报道,该类型的人服用麻醉剂成瘾和滥用精神药物的较多。他们还很容易上当受骗,缺乏对坏人坏事应有的抵抗能力,一旦犯罪也不能认真吸取教训,易再犯,所以重新犯罪率较高。

5. 怪癖型人格障碍与犯罪

怪癖型人格障碍表现为其嗜好与众不同,具有为一般人很难理解和道德法律所不允许的异常而且顽固的爱好,即使受到惩处,事后仍我行我素。最常见和最易导致违法犯罪的有偷窃癖、纵火癖和谎言癖三种。盗窃癖者不是为经济目的而盗窃,只是将其作为一种乐趣,纵火癖者的动机也不是破坏报复,只是从物品被烧毁中单纯获得精神的极大满足,谎言癖者现实中多为骗取他人财物,而不论数量多寡,他们说谎无目的性,仍旧只是寻求心理满足。

6. 轻佻型人格障碍与犯罪

轻佻型人格障碍表现为举止轻狂浮躁,嬉皮笑脸,厚颜无耻,缺乏应有的羞耻心、同情心、荣誉感、怜悯感,其虚荣心特别强,常自我炫耀,阿谀奉承,谄媚他人。此类型犯罪多为财产型犯罪和性犯罪。

7. 性变态型人格障碍与犯罪

性变态型人格障碍又称性变态、性倒错或性心理行为障碍,主要表现为对于正常的性生活通常没有要求,甚至心怀恐惧,旨在寻求性对象和性满足方式的异常。这是一种特殊的人格障碍形式,该类人大多能够认识自己行为的性质和后果,仅为性心理和性行为异常,事后或被发现后往往痛心疾首,悔恨万分,但他们自我控制和自我保护能力较差;变态性行为方式离奇、怪诞,通常具有强迫性和反复性,但是并非时时发作。这种人格障碍极易导致犯罪行为的发生,如同性恋者因情变引起的自杀和情杀;施虐狂或受虐狂已经完全失去了男女之间性行为的意义,容易构成强奸杀人等暴力犯罪;恋童癖、恋物癖易导致猥亵儿童和盗窃犯罪的发生。其他的性变态型人格障碍还有色情狂、异装癖、恋尸癖、窥阴癖、易性癖、摩擦癖、露阴癖、性窒息等等。

二、个体的生物因素与犯罪

犯罪个体原因中的生物因素是指影响犯罪心理形成和犯罪行为发生的犯罪人个体解剖生理方面的特点,如年龄、性别、遗传、精神疾病等。生物因素包括生理因素和病理因素,前者指人类正常的生命机能活动,主要指年龄、性别、遗传等;后者是人类异常的生命机能活动,指精神疾病等。当前我们对于犯罪的生物因素的研究还比较欠缺,除年龄、性别、遗传、精神疾病外,还有血型、肾上腺素、胰岛素等激素的水平、生物化学因素等其他方面需要进一步研究。犯罪行为的发生固然有其自然和社会环境方面的因素,但在同一外部条件下,为什么仍有人胆敢去实施犯罪呢?我们认为,这是犯罪人的生物因素起了一定作用,尽管我们并不能将大多数犯罪行为的发生简单地归结为生理因素。最早从生物学方面寻求犯罪原因的是意大利著名犯罪学家、刑事人类学派的代表人物龙勃罗梭,他提出的天生犯罪人理论曾盛极一时,虽后来因其不合理性逐渐被淘汰,但仍对犯罪学的发展起到了一定的推动作用。我们之所以要研究生物因素,是因为人在具有社会属性的同时,也是一个有血有肉的自然有机生物体,不能够忽视和否认。犯罪人的生物因素为犯罪心理的形成提供了必要的生理基础,在一定程度上也影响着犯罪人的心理特征[1]。

生物因素对犯罪主体的主观原因的形成具有不可忽视的作用。因为它"是伴随着一般原因和条件影响犯罪发生的现象。它对犯罪的发生既不是必然的,也不是必要的,但它对犯罪有一定的影响作用"[2]。因此,生物因素属于犯罪原因的关联因素。

(一)年龄与犯罪

年龄与犯罪密切相关,年龄的大小是影响犯罪心理和犯罪行为的因素之一。年龄与二者之间的联系,主要是以个人在不同年龄阶段所具有的不同的生理、心理和社会特征为中介的,这些特征使得个人在不同的年龄阶段进行犯罪行为的可能性有着明显的差异。这种差异既体现在犯罪数量方面,也体现在犯罪种类方面,所以我们要针对年龄对犯罪的影响进行定性和定量分析,这对研究犯罪原因的关联因素有重大意义。我们一般将人的一生划分为三个阶段,即青少年期、成年期和老年期。不同年龄阶段的犯罪人身心发育状况和社会阅历的不同,会直接影响到他们各自犯罪率的高低和犯罪类型、犯罪行为方式及犯罪结果的差异。通过对不同年龄段的犯罪状况的分析,可以确认在一定时期内犯罪的初发年龄段和高发年龄段及其在未来一定时期内的变化趋势,进而考察不同年龄段的犯罪人犯罪的共同原因和特殊原因,为有针对性地提出防治不同年龄阶段的人实施犯罪的对策提供依据[3]。

1. 青少年期与犯罪

青少年期大多是指14～25岁的年龄阶段。在这一年龄阶段,青少年身心发育最快,心理不稳定,这是一个人从幼稚走向成熟的过渡时期,同时也存在着诸多矛盾。个体需要的不断增长与心理发育的相对迟缓之间的矛盾;性冲动与道德法律的制约方面的矛盾;独立意向增强与认识能力较低及对父母的依附之间的矛盾;社会不良影响与青少年抵制能力不足之间的矛盾等等,都表现得较为突出[4]。过渡阶段的青少年处在人生道路的关键时刻,生理发育渐渐成熟,精力旺盛,体力充沛,活动量大,好奇心强,可塑性大,但同时由于他们的人生观和世界观尚未完全定型,认识较为片面,容易产生逆反心理,感情冲动,不计后果,自控能力差。他们身处复杂的社会中,对事物的判断和鉴别能力较弱,易受外界不良因素的影响,误入歧途,从而最终走上犯罪的道路。

在我国,长期以来,青少年期一直是犯罪的高发年龄阶段。根据中国青少年犯

---

[1] 张小虎:《中国犯罪学基础理论研究综述》,中国检察出版社2009年版,第174页。
[2] 康树华:《犯罪学通论》,北京大学出版社1996年版,第363页。
[3] 张远煌:《犯罪学原理》,法律出版社2008年版,第299页。
[4] 康树华、张小虎:《犯罪学》,北京大学出版社2009年版,第139页。

罪研究会最新统计资料显示,2007年我国青少年犯罪总数占到了全国刑事犯罪总数的70%以上,其中14岁至18岁的未成年人(俗称"90后")犯罪又占到了青少年犯罪总数的70%以上。目前我国未成年人犯罪的初始年龄与20世纪70年代相比也普遍提前了两三岁,十三四岁以下少年犯罪的比例在不断上升,不少青少年罪犯从10岁或11岁就开始小偷小摸,稍大一点就已经能"小人作大案"了。尤其要指出的是,初始犯罪年龄在犯罪学上具有重大的意义,犯罪人初犯年龄越小,其再犯的可能性就越大,矫正起来也就越困难。目前青少年犯罪低龄化的趋势,必然带来我国重新犯罪率的升高,据统计,我国青少年重新犯罪率20世纪80年代为7%,90年代上升到17%,现在还在继续上升。这一情况十分严峻,需要我们高度重视,以防止这种趋势愈演愈烈,避免其继续蔓延和恶化。

青少年犯罪具有其独特的特点:从犯罪类型看,青少年犯罪以盗窃、抢劫、伤害、杀人、强奸等财产、暴力和性犯罪为主。据统计,在刑事案件中青少年作案所占比例为:盗窃占60%,抢劫占76%,伤害占80%,杀人占42%,强奸占69%,其中,盗窃在青少年犯罪中占有较大比重。近年来,由于网络的迅猛发展,与网络有关的犯罪也在青少年中时有发生,犯罪手段也更加成人化和智能化,更加狡猾。在青少年犯罪中,其目的一般带有盲目性和随意性,同时,在犯罪形态方面一般以团伙性犯罪居多,这都是由其自身的生理特点决定的。

2. 成年期与犯罪

成年期犯罪,又称为中年期犯罪或壮年犯罪,成人犯罪。成年期一般指25~60岁的年龄阶段。在这一阶段中,人一般都已成家立业,心理、生理都已发育健全且稳定,思考问题更加全面和深入,有健全的人生观和价值观,他们意志坚强,能明辨是非,善于控制自己的情感,多数人能抵御外界不良诱惑,所以该年龄段的人一般较难形成犯罪心理,其犯罪率也相对较低。

成年与青少年相比,之所以会犯罪,主要有两方面的表现:首先是青少年时期的恶习的延续和发展,其次是主观因素变化、意志薄弱和客观条件的影响使其失去抵抗能力[①]。成年期犯罪的特点主要有:犯罪心理上的诡秘性、预谋性和多样性较为突出,犯罪人中累犯、惯犯较多;该类人犯罪类型以利用职权的经济犯罪和智能化的暴力犯罪为主,如贪污贿赂、渎职案件,精心计划的恶性杀人、强奸、劫财、骗财案件等。他们犯罪手段较其他年龄段的人狡猾,所以侦破此类案件有一定的难度。

3. 老年期与犯罪

老年期是指60岁以上的年龄阶段,他们犯罪具有较强的年龄特征。这类人大多已从工作岗位退休,社交活动也随之减少,因此这一年龄段是犯罪率最低的一个年龄层次。在生理上老年人身体器官功能逐渐衰退,精力和体力严重下降,反应迟

---

① 莫洪宪:《犯罪学概论》,中国检察出版社2003年版,第254页。

钝,情感单调,孤独感增强,对旧的经历记忆犹新,对新的经历容易遗忘,他们往往表现出自我中心、幼稚、偏执等特点。由于其攻击力减弱,他们很少实施暴力犯罪,但多发生轻微犯罪或性犯罪,如盗窃、放火、投毒、诱骗、教唆、威胁、强奸(多为幼女)等,犯罪对象为反抗能力较差的妇女、儿童、残疾人、病人等。虽然老年人犯罪占刑事犯罪总数的比例较小,但同样不可忽视,由于我国人口基数大,老龄化速度较快,老年人犯罪的绝对数仍不容轻视。

(二)性别与犯罪

在社会生活的方方面面都能体现出男女之间的性别差异,犯罪亦然。犯罪的性别差异往往是由男女之间的心理、生理差异造成的,进而影响到人的行为。同时我们也应当看到,性别对于犯罪的影响虽不能完全排除两性在身体构造、心理素质、社会角色等自然因素方面的作用,但性别本身并不是影响犯罪的绝对原因,更没有与性别绝对联系的犯罪种类存在,强奸罪的实行犯除外。实际上,男女两性犯罪的基本因素是一样的,都是多种因素共同作用的结果,我们对此应该有清晰的认识。

两性在犯罪上的差异主要体现在以下方面。

(1)在犯罪数量上,虽然在各国人口比例中,男女基本持平,但男性犯罪明显多于女性。根据资料反映,当今发达的工业化国家中,犯罪女性大致为罪犯总数的10%~20%,在发展中国家则是3%~5%,尽管女性犯罪所占比例有逐年增加的趋势,甚至在少数国家比例偏大,也从未超过30%。在我国,总的来说,女性犯罪所占比例远低于男性。

(2)在犯罪类型上,男性和女性在财产方面的犯罪同样突出,但同时,二者又有很大的不同。由于女性天生的体力弱、攻击性弱的生理特点和社会环境对女性的影响,她们实施的犯罪往往是不需要强大体力的软性犯罪和消极性犯罪。一般男性犯罪集中在杀人、抢劫、强奸、重伤等暴力性犯罪,而女性多为卖淫、诈骗、重婚、伪造、投毒等非暴力犯罪。台湾学者林纪东在《刑事政策学》一书中对女性犯罪作过如下归纳:女性几乎完全不发生的犯罪,为强盗、强奸、恐吓、强制猥亵、过失伤害、渎职等;女性犯罪数甚少的犯罪,如脱逃、暴行、伤害、骚扰、伪造有价证券、盗窃、诈骗等;女性犯罪率甚高的犯罪,为放火、失火、杀婴、遗弃和堕胎[①]。此种分类虽不能准确反映现代社会中女性犯罪的特点,但其分类方式和出发点是可取的,也揭示出了男性和女性在犯罪种类上的差异。

(3)在犯罪手段上,由于他们生理状况、社会地位不一样,其思维方式和行为方式也有很大不同。男性犯罪往往具有很强的攻击性、对抗性,使用的器具也较粗笨、杀伤力大,如刀、斧等;女性作案多数是间接的,具有一定的隐蔽性,她们使用暴

---

① 张远煌:《犯罪学原理》,法律出版社2008年版,第292页。

力的较少,使用各种工具的也较少,所以通常财产型犯罪中男性侧重抢劫,女性侧重诈骗。由于性别的差异,男性与女性在犯罪方式上各体现出不同的特点,与男性犯罪相比,女性犯罪具有较为突出的几个特点:作案手段的非暴力性;犯罪行为过程的渐进性;较明显的逆变倾向性;以单独作案为主。

(4)在犯罪的因果关系上,性别的差异也较为明显。尤其是女性犯罪,多以恋爱、家庭矛盾、邻里纠纷、婚姻问题、贪图小财小利等为缘由,她们图谋报复而犯罪的比率较高。在这类犯罪中,因果关系明显,犯罪对象往往较为明确,多为平时所熟识,早有矛盾和纠纷的人,如亲属、邻居、恋人、公婆、丈夫、子女等。在女性犯罪中,很少有犯罪对象是素不相识者,无缘无故的激情犯罪也较少。

(三)遗传与犯罪

遗传是生物的一种属性。遗传信息是以"密码"的形式储存在构成基因的DNA分子中的。犯罪的谱系学研究发现,在早发犯罪者和累犯、惯犯中多具有较高的遗传因素。龙勃罗梭在其天生犯罪人理论中就强调遗传对犯罪的影响,他早期把犯罪原因归为隔代遗传,虽后来遭到批判,但我们不能否认其理论中的合理性。英国现代心理学家艾森克(Eysenck)认为:"由犯罪父母遗传的一些因素增加了子女犯罪的可能性这种观点尤其适用于习惯性犯罪。在遗传因素面前,不利的环境因素充当着产生反社会行为的催化剂。"就目前看来,关于遗传和犯罪的关系,学界尚存在诸多不同看法,主要有以下几种。

1. 孪生子论

孪生子即俗称的双胞胎,他们相似的外表和言行使人们认为对他们的研究可以证明遗传与犯罪之间的联系,因此,孪生子成为犯罪遗传生物学的一个独特研究视角。遗传因素在犯罪中所起的作用主要是通过对孪生子的研究来证实的。孪生子分为同卵孪生子和异卵孪生子,前者是由一个受孕的卵子分裂而成的,两个孪生子具有完全相同的基因型,具有相同或极其相似的遗传素质;后者是由两个卵子和两个精子同时受孕的结果,两个孪生子在遗传素质方面具有较大差异,其相似性远低于同卵孪生子。学者认为在同样的环境中孪生子之间表现型的差异反映了遗传因素的影响,也就是说只要孪生子中的一个成为罪犯,那么由于遗传的原因另一个成为罪犯的概率就比较大,这就是犯罪学家所说的"孪生子论"[①]。

在早期对孪生子的研究中,他们的犯罪历史一致率较高,近期更为广泛的研究却表明了这种犯罪一致率的降低,但我们仍可以认定,遗传因素在犯罪形成过程中起着重要作用。例如,我国黑龙江省双城市一对DNA遗传物质完全相同的范姓同卵双胞胎兄弟,在分离多年而事先又没有任何联系、互不知晓的情况下,多次离奇地同时在相距十几千米的两个不同地点实施抢劫或者强奸犯罪,且二人的作案手

[①] 张小虎:《中国犯罪学基础理论研究综述》,中国检察出版社2009年版,第179页。

法如出一辙,而且,在其犯罪之前,他们的父亲和哥哥曾先后犯盗窃罪并被判刑①。但是,遗传仅能使某些人以一种具有较高犯罪概率的方式,对某种环境做出预先确定的倾向性反应,通过分析孪生子的方法确定遗传与犯罪的关系并不十分准确,因为某些情况下,孪生子中一方极易实施犯罪,而另一方则是奉公守法的公民。

2. 基因与犯罪

基因是具有特定的DNA序列、决定一个生物物种的所有生命现象的最基本的因子。由于当前研究的局限性,犯罪的复杂性和基因型与表现型之间关系的复杂性,目前并无明确的"犯罪基因"一定会导致犯罪的说法,但基因异常往往会增加某些犯罪的可能性,并且基因只有通过同环境进行复杂的相互作用才会表达出来②。基因研究发现同性恋、易性癖、对待挫折的态度等与犯罪密切相关的因素都与基因有关。一些科学家也采用基因分析法对犯罪行为进行解释,但直到今天,学者们仍就针对人的侵犯性和暴力性进行的生物学研究存在很大争议。英国布里斯托尔大学的乔纳森·伊万斯(Jonathan Evans)博士在对基因与人类自杀行为进行研究时偶然发现了"冲动基因"。他在对400名研究对象进行了心理测试和遗传基因扫描后发现,只有那些行为冲动的人才有这种与众不同的基因,并且,这种基因13%的人身上都有。伊万斯博士给这种基因取了5-HT2C的代号,并认为这种基因可以预测哪些人有自杀的倾向。一方面,"冲动基因"是通过抑制人的大脑中某些特定区域里的血清素使得他们变得较易冲动,易酗酒、赌博,甚至故意伤害自己,激情犯罪的比例较高。另一方面,拥有这类基因的人又富于创造力和决策力③,这又可以合理利用以推动社会的发展和进步。

3. 染色体与犯罪

染色体是具有固定形态的遗传物质存在形式,一条染色体是一条卷曲的、由蛋白质包裹的双链DNA,它是动植物细胞核内载有遗传基因的物质,决定着个体的遗传特征。人类的体细胞中共有23对染色体,其中只有1对是控制性别遗传的性染色体,女性正常的性染色体构成是XX,男性是XY。目前,关于染色体与犯罪的关系方面最引人关注的是染色体异常理论,该理论认为性染色体异常与犯罪的关系的研究主要集中在染色体构成的异常上。异常构成的染色体分为两类。

(1) XXY型,又称为"克兰费尔特综合征"。与此相类似的异常染色体还有XXXY,XXXXY,XXYY,XXXYY等。这类染色体异常者的异常行为较多,他们在收容所、同性恋者、低能者机构中的比例较高,具有这种综合征的男性,易于实施性犯罪和自杀行为。

---

① 陈显春:《孪生兄弟的DNA奇案》,载《法律与生活》2007年第2期,第39—42页。
② 康树华、张小虎:《犯罪学》,北京大学出版社2009年版,第144页。
③ 康树华、张小虎:《犯罪学》,北京大学出版社2009年版,第144页。

(2) XYY 型。该类型染色体的男性被称为"超男性"。在犯罪遗传生物学中,往往更注重该种染色体异常与犯罪的关系,因为学者发现具有 XYY 型特质的人较常人更经常性地表现出攻击性,所以更容易犯罪。学者们经过分析研究,得出了如下结论:XYY 型男性在犯罪人中具有较高的比例;XYY 型男性初犯年龄偏低;多余的 Y 性染色体大大增加了个人的攻击性,使人容易实施暴力性犯罪行为,故又称"犯罪染色体"。同时其他的一些研究也指出,XYY 型犯罪人更易于实施财产犯罪,也有研究证实,XYY 型男性并没有预期的攻击性,但较常实施性犯罪[①]。应当注意的是性染色体异常作为临床医学上一种比较少见的现象,带有异常染色体的犯罪人在所有犯罪人中的比例也是很低的。并且据推测,带有 XYY 型染色体的男性犯罪者只占所有男性犯罪人的 1%~2%。虽然当前的研究有很大的局限性和不合理性,但随着科学的不断发展,越来越多的基因和染色体功能将得到认识,这对我们进行遗传与犯罪的关系研究也将起到巨大的推动作用。

(四) 精神疾病与犯罪

精神疾病是犯罪原因中的一个特殊部分,应属于生物因素中的病理因素。有资料表明,我国精神病患病率为 1.26%,患者总数已过千万,在整个刑事案件中,约有 10% 是精神病人所为。精神病人犯罪已成为当今重要的社会问题,越来越受到人们的重视。精神病是人体由于各种内外因素所引起的高级神经中枢机能紊乱和失调的一种大脑疾病。主要表现为认识、情感、意志和行为等心理功能障碍或精神状态的极度异常。精神病种类的很多临床表现多种多样,但仍存在一些共同特征,如将自己与现实生活隔离,不能与周围的人互相沟通交流,以病态信念歪曲客观现实;经常出现幻觉、妄想、情感倒错、行为冲动等,严重者伤人毁物,甚至会危害社会。但并不是所有人在发病时都会实施违法犯罪行为,而导致犯罪最常见的精神病类型有精神分裂症、偏执性精神病、狂躁抑郁性精神病、癫痫性精神病、癔症性精神病、精神发育不全等。以上几类通常是人格障碍发展较为严重时演变出来的病症,这些精神疾病发病时经常出现意识障碍、错觉、幻觉、妄想、情感障碍,进而导致意志和行为异常。在这些精神障碍的影响下,患者容易丧失辨认能力,不能控制自己的行为,往往容易实施伤害、杀人、纵火等危害社会的行为。

三、个体的个性特质与犯罪

个性特质又称个性特征、个人的心理特征,是指个人先天固有的生理类型和出生后的各种外界因素长期共同作用而形成的独特而稳定的心理特征,如性格、气

[①] 李伟:《犯罪学的基本范畴》,北京大学出版社 2004 年版,第 68 页。

质、能力等方面①。从犯罪现象上来看,世界上没有个性绝对相同的人,每种个性均有其自身的优势和劣势,由于每个人的遗传性状和所处环境、所受教育的不同,就必然导致人与人之间在行为方式上的种种差异。通过对各种犯罪现象的分析,我们可以看出,个性的优劣和个体行为的差异与犯罪人的不同犯罪行为之间的差异有着密切的联系。

(一)性格与犯罪

性格是指一个人对周围现实的态度和与之相适应的行为方式上所表现出来的比较稳定的个性心理特征。这是个性心理特征中最核心的部分。性格(character)一词来源于希腊语,原意是特征、特性、属性。性格可以说是人的个性特征中最为突出的一个方面,它的形成是遗传和外部环境因素共同作用的结果,每个人长期形成的对周围环境的反应和较为固定的行为方式,就是性格个性。人的性格一旦形成,就很难再发生重大的改变,俗话说"江山易改,本性难移"就是指此,同时在生活中,每个人的性格都不尽相同,有的甚至截然相反,如内向与外向、合群与孤僻、软弱与刚强等等。性格是一个复杂的心理系统,其构成部分间相互联系,彼此制约,作为一个有机结合的整体,性格的结构包括对现实的态度特征、理智特征、情绪特征、意志特征。

性格贯穿一个人的全部心理活动,也调节着其整个行为方式。正如恩格斯所说,人的性格不仅表现在他做什么,而且表现在他怎样做。性格有其独有的特征:①性格是个性的重要内容,代表一个人对现实社会的总的态度和行为方式,具有很强的稳定性;②性格是带有一定社会倾向性的个性品质,通常人们用道德的观点来衡量评价它;③性格不是单某种个别的心理特征,而是多种心理特征在某人身上独特的有机结合,体现个人独特的风格,不与他人相同;④性格形成的生理基础是先天遗传的神经类型特征和生活环境影响的"合金"。恩格斯说:"人的性格是先天组织和人在自己的一生中,特别是发育时期所处的环境这两方面的产物。"②

性格不同于气质,它可以通过对社会的态度和行为表现出来,可以影响一个人的道德品质并可导致一定的行为后果,而不良的性格可导致犯罪。如好吃懒做,贪图享乐安逸的人经常发生盗窃、贪污、抢劫等犯罪行为;性格粗暴的人往往易发生伤害、杀人的犯罪行为。对犯罪人而言,其性格也具有独特的表现。

(1)在对待现实的态度上,对社会、集体、他人和自己缺乏责任感,对待他人冷酷无情、损人利己,生活态度轻率,没有正确的行为动机,自我中心突出,唯我独尊,道德水平低下,缺乏社会责任心。

(2)在性格的意志特征上,其行为虽有明确的目标,但对自己的行为缺乏调

---

① 莫洪宪:《犯罪学概论》,中国检察出版社 2003 年版,第 258 页。
② 张绍彦:《犯罪学》,社会科学文献出版社 2004 年版,第 245 页。

节、控制,任性,鲁莽,自制力差,抱侥幸心理,受挫折能力差,攻击性强,报复心重。

(3)在性格的情绪特征上,情绪突发性强,波动大、难以控制,喜怒无常,易受感染,神经质突出,心境变化多端。

(4)在性格的理智特征上,对待客观事物的态度和认识偏颇,对社会规范的无知,明显地固执,易钻牛角尖,易受暗示,对自我能力错误估计;但同时在实施犯罪活动时,经验丰富,计划周密。

犯罪人正是由于以上这些性格特征,才易产生犯罪行为。性格深刻影响着一个人的行为方向和行为强度,所以我们应正视性格形成的影响因素,为未成年人创造健康的家庭环境以利于其成长和正常性格的形成,对已经形成不良性格的人,尽可能地帮助他们进行心理治疗和干预,排除性格异常,以防止不良性格而导致的各种不良行为及违法犯罪行为的发生[①]。

(二)气质与犯罪

气质,是指高级神经活动在人的行动上的外部表现,是人的典型的、相当稳定的个性心理特征。组成某个人气质的各种心理特点,主要体现在心理过程(活动)的强度、速度、稳定性及指向性。气质(temperament)最早由被西方尊为"医学之父"的古希腊著名医生波克拉底提出,后又经完善和整理,形成了"体液学说",认为人体中有四种液体——血液、黏液、黄胆汁、黑胆汁,这四种体液的不同配合,会导致人的不同气质的形成。不同的人有不同的气质,在此基础上,他们把人分为胆汁质、多血质、黏液质、抑郁质四种基本气质类型,后来内容有所变化,但这四种称谓延续了下来。

气质的生理基础是高级神经活动类型,气质是其外部表现。根据神经过程的特点的不同结合,可将高级神经活动分为四种基本类型:不可遏止型、活泼型、安静型、抑制型,相对应的,气质类型也分为以下四类。

1. 胆汁质(不可遏止型)

胆汁质属于战斗类型。这类人情感发生迅速、强烈而持久,有明显的外部表现,动作发生也很强烈、迅速,但往往不能有效控制自己的行为,性情急躁,容易冲动,"冷热病"重,易激动不易平静,"肝火盛",具有外倾性,这类气质的人往往发生激情犯罪。

2. 多血质(活泼型)

多血质属于敏捷好动的类型。该类型的人感情发生迅速而易变,动作迅速,机智、敏捷、活泼好动,富有朝气,富于感染力,善于交际,但缺乏持久的耐力和毅力,兴趣易变,易动摇,不踏实,具有外倾性,这类气质的人犯罪前常有一定计划和对

---

① 康树华、张小虎:《犯罪学》,北京大学出版社2009年版,第163页。

策,但执行起来常常漏洞百出。

3. 黏液质(安静型)

黏液质属于沉静类型。这类型的人反应缓慢且不易暴露,沉默寡言,很少有强烈的外部表现,缺乏灵活性,惰性较强,固执,因循守旧,但同时又善于忍耐,爱思考,注意力不易转移,态度持重,刚毅、实干,具有内倾性,这类气质的人犯罪往往会经过长时间精心周密的计划。

4. 抑郁质(抑制型)

抑郁质属于呆板而羞涩的类型。该类型的人感受能力强烈,易动感情,善解人意,待人谨慎,忠于职守,常表现为行动迟缓,腼腆,怯懦,有些孤僻,具有内倾性,这类气质的人常常因绝望情绪发生自杀或扩大性自杀行为。

气质类型无优劣之分,每一种都有积极和消极的两面性,对人的行为有一定的影响。当一个人在外界不良因素作用下走上犯罪道路的时候,气质对于主体接受不良因素的类型和方式有着重要的影响,气质的特征也会在不同主体各自的犯罪类型上反映出来。总之,气质类型与犯罪有着密切的联系,气质类型在一定程度上影响着犯罪的发生,对犯罪行为类型和犯罪方式也有一定影响。各种气质类型的消极方面都对我们不利,必须加以克服和改造,否则一旦任其发展就很容易造成恶性膨胀进而导致发生犯罪的危险。同时,尽管人的气质类型有以上四种,但现实情况的复杂多变,单一的气质类型只占少数,往往会产生几种气质类型的混合,所以我们应充分认识并分析气质类型的复杂性,仔细研究气质与犯罪的关系,这对我们及时调整侦查策略和侦破案件具有重要的意义。

(三)能力与犯罪

能力,是人综合素质的体现,是人们完成一定活动的具体方式及顺利完成一定活动所必备的心理特征。一个人能力的大小总通过其平时的活动显现出来,能力不是天生的,而是以先天生物因素为基础,经过不断学习而逐渐形成的。能力的基本特点是:能力具有独特性,即每个人都有不同于他人的能力;能力的心理特点不同于其他特点,它仅仅符合某种活动的要求。一般来说,能力包括智力和技能两个方面的内容。

1. 智力与犯罪

智力又称智能,属于一般能力,是指人认识、理解客观事物获得知识(学习)并运用知识、经验等解决实际问题的能力,具体包括记忆、观察、思维、反应、判断、创造等方面的能力。智力往往通过各种心理活动和适应行为表现出来。作为一种个性心理特征,它的高低不能直接决定犯罪与否,但智力制约和影响着人的思想和行为活动方式,与犯罪有着一定的联系。智力可分为一般、低下和优秀三种,其中低下和优秀在人群中占少数,大多数人的智力一般。智力一般的会实施犯罪被认为最为普遍,在此不作详细论述,但实践证明,智力低和智力高的人都有可能犯罪,只不过他们在犯罪的类型和手段上有很大的区别。一般而言。智力低下者的文化程度较低,所以其犯罪手段较原始,易实施暴力犯罪;智力高者因其文化程度较高,犯罪手段就比较狡诈,多实施经济犯罪。

(1)智力低下与犯罪。智力低下又称为智力缺陷、智力落后或智力障碍,是指人的智力在发育过程中没有达到正常水平,多由先天性遗传缺陷或成长发育阶段的各种后天因素所引起。智力低下按由轻到重可分为愚鲁(轻度)、痴愚(中度)和白痴(重度)三个等级,其中愚鲁最常见,白痴则相对较少见。愚鲁一般表现为注意力分散,思维散漫,记忆力弱,联想机制差,判断分析能力差,缺乏兴趣。这类人由于智力缺失,很容易被人利用,上当受骗参加各种违法犯罪团伙,或受教唆实施非法犯罪活动;同时也表现为容易产生缺乏理智的行为,已有欲求就立刻以行为满足,可能会用暴力手段实施强奸。痴愚者思维迟钝,情感幼稚,意志行动受直观和本能支配,缺乏主动性,只能参加简单劳动,情绪波动不易控制,容易因兴奋产生激情发作和冲动行为,导致伤害、毁财等犯罪的发生。白痴的智商在25以下,生活完全不能自理,情感反应极为原始。因其智力严重低下,较少实施犯罪行为。

(2)智力优秀与犯罪。智力优秀不等同于不犯罪,他们由于各方面的能力较一般人强,大多受过良好教育,具备一定的专业知识,所以犯罪以故意居多。智力优秀者实施犯罪多有思考、有预谋,犯罪手段先进,方法隐蔽,犯罪容易得逞,犯罪后常常销毁罪证,犯罪不易被发现和侦破。从实践来看,智力优秀者实施的大多是诈骗、贪污、受贿、挪用、伪造、计算机以及危害国家安全等犯罪。在当前社会转型时期,人的思想变化较大,智力优秀者钻体制和法律的漏洞,实施的犯罪往往危害性大,侦破难,数量也有逐年增多的趋势,应当引起我们的高度重视。

2. 技能与犯罪

技能又叫特殊能力,指掌握和运用专门技术的能力,是经过反复的联系而逐渐熟练并得以巩固的行为方式。在实际案件中,犯罪人通常利用自己特殊的能力优势,进行犯罪和逃避打击。如熟悉制版和雕刻的人进行伪造票证、印章等;精通计算机技术的通过修改程序等技能破译密码进行挪用公款和贪污犯罪。技能和习惯相似但仍有不同,了解技能犯的一些特点,对我们深入考察犯罪技能和犯罪习惯对犯罪行为的影响具有重要的意义。

第六章

犯罪预防

一般而言,有什么犯罪原因的理论和学说,就会有什么犯罪预防的理论和措施,犯罪预防因而不过是特定的犯罪原因理论和学说的临床应用。同时,犯罪预防是一种旨在拆解罪因结构、堵遏致罪因素的社会控制活动,犯罪预防本身是一种人类自我调节的自组织行为,它会牵扯到关于秩序和规则的方方面面,这也使得犯罪预防具有更为强烈的实用与实践特性,并且倚恃这一特性。

第一节 犯罪预防概述

一、犯罪预防的概念

（一）关于犯罪预防的称谓

在犯罪学的研究中,人们对犯罪预防部分的称谓是不一样的,如犯罪控制或遏制犯罪、犯罪对策、刑事政策等,我国学者多用犯罪预防来表述。虽然关于犯罪预防部分的具体称谓有所不同,但涉及的内容都是如何采取各种社会和法律措施以达到减少和遏制犯罪的目的,可以说每一种表述方法都有其一定的理论基础。

称犯罪预防部分为"犯罪控制"或"遏制犯罪"的学者,大都认为犯罪在任何社会都是存在的,提出消灭犯罪或类似的要求都是不切实际的幻想,犯罪只能在一定程度上加以控制。的确,历史证明在以往的社会形态下,犯罪是不能彻底消灭的,而只能通过各种方法和手段加以限制和减少。但在一定的历史时期不能消灭犯罪并不等于不能预防犯罪。犯罪作为一种极其复杂的社会现象,主要是由各种社会因素决定的,其形成和产生同其他诸多社会现象之间具有因果性、相关性,甚至关系极其密切;有些犯罪还和各种自然因素有密切的关系,如有的犯罪具有季节性、时间性、地域性等特点。如果我们正确认识到这些犯罪的特点，积极主动地采取防范措施，至少可以预防一部分犯罪的发生。实际上，所谓犯罪控制或遏制犯罪，也都是以一定的控制犯罪方法为手段，以实现防止犯罪的发生为目的的。

"犯罪对策"的提法明确表明了自己的研究内容，即如何运用各种手段和犯罪做斗争。但犯罪对策的范围非常宽泛，并不能突出防止和减少犯罪发生这一特点。而"刑事政策"一词具有多种含义，一般认为，刑事政策是指国家立法机关、司法机关根据我国国情和犯罪状况制定或运用的预防犯罪、惩罚犯罪以及矫治犯罪人的各种刑事对策。因此，我们采取犯罪预防的表述方法，认为犯罪预防一词和犯罪预防的措施、目的联系更为密切，能够为更多的人理解、接受并可避免产生较多歧义。

(二)犯罪预防的概念和特点

"预"是事先，"防"是防备，预防及事先防备。这是我国所有辞书对"预防"一词的公认的解释。我们认为，所谓犯罪预防，是指国家、社会(群体、组织)和个人所采取的旨在消除犯罪原因、减少犯罪机会、威慑和矫正犯罪人，从而防止和减少犯罪发生的策略与措施的总和，具体包括两个方面的内容：①对"人"的预防，也叫对犯罪主体或主观方面的预防，是指通过全社会的工作和活动从根本上消除产生犯罪的思想根源或转变犯罪人主观上已经形成的犯罪意念，从而使犯罪行为或结果不再发生的一种预防措施；②对"物"的预防，也叫对犯罪客体物(指犯罪行为所指向的特定对象)的预防或犯罪客观方面的预防，还有人称其为制度预防，是指通过防范制度和具体的防范技术措施，暂时或永久性地中止犯罪行为与结果的发生，或使犯罪结果在一定程度上得以控制的一种预防措施[①]。犯罪预防是一个不同于犯罪控制和被害预防的概念，它有自己独特的含义和研究范围。

我们认为，犯罪预防(crime prevention)与犯罪控制(crime control)是两个不同的概念。一般认为，犯罪预防是指对犯罪的事先防范活动，即旨在消除犯罪原因，避免犯罪发生的各种社会组织与管理、建设与发展活动。它着眼于犯罪原因的消除，主要目的在于使犯罪无从发生。而犯罪控制是指在犯罪行为发生后或过程中采取的不使犯罪行为继续发生或再次发生，并防止犯罪数量和质量超出正常范围(也叫社会所能容忍的范围)的硬性抑制手段，如公安机关实施的社会治安管理、司法机关对犯罪和犯罪人的刑事惩罚、威慑和改造；社会团体、组织以及公民个人的自我防卫等等。它着眼于对犯罪场(包括现实场和心理场)的控制，主要目的和作用在于消除犯罪目标，减少犯罪机会，加大犯罪的风险和成本，强化犯罪人和潜在犯罪人以及社会公众对国家权威和刑罚的畏服，促使人们对社会规范和社会秩序的遵守与维护，从而把犯罪控制在正常范围内。犯罪预防与犯罪控制的根本区别在于：犯罪预防是对犯罪的积极避免和主动出击，犯罪控制是指对犯罪的被动防

[①] 莫洪宪：《犯罪学概论》，中国检察出版社 2003 年版，第 321 页。

守和事后处置。

和犯罪预防概念相联系的还有被害预防。犯罪预防和被害预防是一个问题的两个方面,二者的区别在于着眼点不同。犯罪预防着眼于社会共同体对犯罪的主动出击,被害预防则着眼于犯罪被害人或潜在被害人的自我防卫,以免遭被害。被害预防要求被害人和潜在的被害人自觉发现和消除自己本身存在的易于招致犯罪侵害的因素或采取保护性措施,以防止自己被害,从而实现减少犯罪的目的[①]。从另一角度而言,被害人或潜在被害人的自我防卫也可以视作公民个人或社会团体、组织对犯罪预防活动的参加;反之,社会共同体对犯罪的主动出击式的犯罪预防,也可以视作社会共同体为免遭犯罪的侵害而采取的自卫行动。由此,犯罪预防和被害预防之间不存在本质上的以及基本目标上的差异。因此,可以说犯罪预防包括了被害预防,被害预防是犯罪预防的一个部分或者说补充。

犯罪预防是一系列预防犯罪策略和措施的综合体。犯罪预防需要一整套专门性的可操作的策略、措施和步骤,但是,犯罪预防并非仅限于专门性策略和措施的操作和运用。犯罪预防不仅需要设定和运用刑罚、监狱等正式的控制手段,而且需要动用舆论、传统、风俗习惯等非正式的控制手段。从本质上讲,犯罪预防是一个有着丰富内容并由某种终极社会价值所引导的漫长而艰难的过程,它是人类社会不断自我组织、自我完善和自我进步的过程本身。犯罪预防具有以下特点。

(1)犯罪预防是以对犯罪原因与条件的调查研究、科学分析为前提的。致罪因素或称产生犯罪的原因是犯罪赖以生存的前提条件和基础,没有致罪原因也就不可能产生犯罪,也无从或勿用进行犯罪预防了。

犯罪原因不清楚或者所得出的结论不正确,就不能采取有针对性的预防犯罪的措施,因而犯罪预防只能建立在对犯罪原因与条件调查研究与科学分析的基础上,离开犯罪原因谈犯罪预防,只是一句空话。因为犯罪的产生,是由于犯罪原因与条件引起的,而犯罪作为一种社会现象,它是一个人的行为所造成的结果,因此,预防犯罪的发生,就是要设法限制、消除引起犯罪产生的原因与条件。可以简单地说,犯罪预防就是针对犯罪原因与条件所采取的一系列措施。因此,也可以说消除产生犯罪的一切主客观因素是犯罪预防极重要和不可缺少的特征。

(2)犯罪预防是针对犯罪原因与条件所采取的一系列措施。所谓"一系列",是针对或者说是建立在犯罪原因的错综复杂性的基础上而采取的相应措施。犯罪原因是一个多质、多层次、多系统的综合体,并且各个犯罪因素之间,各个子系统与子系统之间,子系统与母系统之间,都存在着内在的联系。所以,犯罪预防必须调动社会上一切积极的因素,运用各种手段,采取社会性和专门性的防治措施。所谓社会预防,就是指动员全社会力量,运用教育的手段、道德的手段、习俗的手段、舆

---

① 张晓秦、赵国玲:《当代中国的犯罪与治理》,北京大学出版社2001年版,第156页。

论的手段乃至行政的手段等,对犯罪进行防范活动,如家庭预防、学校预防、社区预防以及预防工作中形成的人民调解、社会帮教、工读教育等。所谓专门性预防,就是指国家设置的专门机构,如公安机关、人民法院、人民检察院、监狱等,对犯罪进行的防范活动。上述这些机构的专门性工作非常重要,在犯罪预防中具有特殊的地位和功能,但仅靠这些专门机构是不行的,犯罪原因的复杂性决定了犯罪预防必须取得广大群众的支持,这样的犯罪预防才有坚实的基础,才更易于取得良好的效果。总之,犯罪现象本身既然是多个系统的综合体,是多种因素形成的"综合病症",对其应对的策略,必应是综合治理的方针,对付它的措施必应是一系列措施和各种手段的运用。

(3)犯罪预防的目的是防止、遏制和减少犯罪。根治犯罪所采取的综合治理方针和对付犯罪所采取的一系列措施和运用的手段,目的都在于破坏、割断或削弱犯罪与产生犯罪的原因之间的因果联系,使原因不能决定或不能引起它的相应后果。因果关系的客观性,就在于因果之间引起与被引起的内在联系,破坏、割断、削弱了这种联系,犯罪必然会被防止、遏制和减少。这也正是研究犯罪预防的理论意义和实践意义。同时,犯罪作为一种极其复杂的社会现象,同其他事物一样,有其发生、发展和变化的规律,经过大量的调查研究,经过深入细致的分析研究,这种规律性是可以认识和掌握的,从而就能够采取一系列有针对性的犯罪预防措施,有效地防止、遏制和减少犯罪的发生。

二、犯罪预防的重要性、可行性和局限性

(一)犯罪预防的重要性

犯罪是一种恶行,必须对犯罪加以预防和控制。如果我们不涉及对具体犯罪行为的评价,也不讨论诸如人类关于"罪"的观念是如何从古老的禁忌观念中衍生而出的这一复杂的文化人类学问题,那么,无论是从道德情感上讲还是从事实上讲,犯罪都是一种应当予以排除的社会恶害。它不仅会给社会和公众造成巨大的物质损害、人身乃至生命损害,而且会造成深刻的精神和心理方面的损害。例如,导致被害人以及全体公众产生犯罪恐惧心理,使社会陷入道德混乱或价值崩溃与犯罪率持续上升之间相互推助的恶性循环之中,进而动摇政府的政治威信和公众的政治信念等。如果犯罪得不到有效的、合理的预防与控制,其最终结果必将是现存统治秩序的瓦解,甚至整个人类共同体的自毁。因此,犯罪在本质上是对现存社会的一种恶行,现存社会基于共同的道德情感,出于维护社会共同体的安全,必然要对犯罪加以防范。也正因为如此,预防和控制犯罪是任何社会、任何政府所不能不为、不得不为的事情。具体而言,犯罪预防的重要性体现在如下几个方面。

1. 犯罪预防是治理犯罪的最根本途径

治理犯罪的对策很多,但最根本的是预防犯罪。在犯罪预防的实践中,我国总

结出了打、防、改、管、教、建等一整套具有完整系统和内在联系的综合治理方针,其中,防范、教育、管理、建设措施属于防,是在犯罪发生之前,防患于未然的措施;打击和改造属于治,是在犯罪发生之后防患于已然的措施,两者都起着预防犯罪的作用,一个是事前预防,一个是事后预防。防优于治,防是在犯罪发生之前阻止犯罪的发生,使社会不受到危害,是罪前治本的措施。治是在犯罪发生之后,对罪犯进行的惩罚与改造,是罪中和罪后的惩罚、矫治和治标的措施。要想有效地防止、遏制和减少犯罪,必须采取"打防结合,预防为主"的方针。

2. 犯罪预防有利于避免和减少犯罪给社会造成的损失

犯罪是自从人类社会产生以来出现的一种一直威胁、困扰和破坏人类生产、生活和安全的严重社会问题。犯罪早已成为世界性公害,它对人类的威胁,尤其是在物质上和精神上所造成的损失,已大大超过了战争,是社会的一种严重的毒瘤。已然的犯罪给人类社会造成十分巨大的危害,已成为当今社会发展的最大阻力,因此,搞好犯罪预防,防止、遏制和减少犯罪的发生极其重要。任何犯罪一旦给社会造成实际的危害和损失,即是罪犯因此受到了最严厉的惩罚,也无法挽回已造成的损失,但如果将预防犯罪的工作做在犯罪发生之前,控制与减少犯罪行为的实际发生,就可以减少许多不必要的损失,同时也可以减少国家司法机关在犯罪发生后为了揭露犯罪、惩罚与改造罪犯所耗费的人力、物力和财力等必须付出的代价。显而易见,事前预防犯罪的发生,较之事后惩罚罪犯更为有利,更具有积极、主动的意义。

3. 搞好犯罪预防,有利于稳定社会秩序,维护社会治安

如果犯罪频频发生,不仅会破坏社会生活,使社会成员处于惊恐状态、缺乏安全感,而且还会影响社会的政治、经济、文化和军事等事业的健康发展,导致社会的混乱,严重干扰和破坏社会主义现代化的进程,即使在案发后能够及时予以打击,抓获罪犯,给人们心理上一定的慰藉,也难以消灭犯罪发生的实际影响。因此,无论是对社会的近期发展,还是对社会长远的发展目标,犯罪预防都是极其重要、不可缺少的。

如前所述,犯罪预防包括预防和治理两大领域,涉及犯罪前、犯罪中和犯罪后的各个预防环节,如果能够切实将犯罪预防的各项措施落实到位,必能发挥出预防犯罪应有的功能。一是一般预防犯罪,使全体社会成员普遍增强守法和防范的意识;懂得自觉依法约束自己,避免走上犯罪的道路;主动采取各种措施,防止遭到犯罪的侵害。二是重点预防作用,使那些有可能犯罪的人和已经具有轻微违法犯罪行为的人防微杜渐,悬崖勒马,不至于恶性升级,危害社会。三是特殊预防作用,不仅将罪犯改造成为新人,而且可以警戒与威慑社会上的潜在犯罪人。

4. 搞好犯罪预防,有利于社会主义物质文明和精神文明的建设

社会主义物质文明的重点内容,是发展社会主义生产力,并在此基础上努力提

高人民的物质生活水平,而这一任务的实现需要有一个安宁稳定的社会环境作保证,否则无法进行生产建设。预防犯罪的工作做好了,不仅为现代化建设创造了良好的社会治安环境,而且也为国家经济建设集中了资金。这就需要我们搞好犯罪预防,从而加快我国经济建设的步伐。社会主义精神文明建设的根本任务,是培养有理想、有道德、有文化、守纪律的社会主义公民,要完成这个任务,光靠做思想工作不行,必要时也要使用一些法律手段和行政手段。犯罪预防就是我们促进社会主义精神文明建设的综合手段之一。只有把犯罪预防搞好了,犯罪现象被防止、遏制和减少了,才更有利于促进社会主义的精神文明建设。

犯罪预防与两个文明建设是一种辩证统一的关系,犯罪预防有益于两个文明建设,两个文明建设又是犯罪预防的根本性措施与保障。只有搞好犯罪预防,才能促进社会主义物质文明建设和精神文明建设;反过来,物质文明和精神文明建设又是预防犯罪的必要前提和基本保障。由此可见,犯罪预防是社会主义物质文明和精神文明建设的必然要求。此外,犯罪预防还具有十分重要的国际意义。犯罪是不受国界限制的,犯罪已经成为全人类必须共同面对的严重问题,"二战"以来的犯罪浪潮一浪高过一浪,联合国专门设立了预防和控制犯罪委员会及预防犯罪和刑事司法处。在预防犯罪和刑事司法领域加强国际合作,不仅是各个国家维护国内秩序统一稳定的需要,也是建立和维护国际新秩序的需要。搞好犯罪预防工作,必将对推动和促进整个人类的和平、进步与发展起到十分巨大的作用。

(二)犯罪预防的可行性

1. 犯罪预防可行性的争论

犯罪是否具有预防可能性,是犯罪学家自犯罪学产生以来就争论不休的问题。该问题是一个关涉到犯罪的本体论和认识论的问题。犯罪现象能不能消除?犯罪是可以预防的吗?或者说,犯罪在何种程度上是可以预防的?对该问题的回答隐含着回答者对犯罪的本质及其原因的特定的理解。这一问题也是一个实践性问题,因为,对这一问题做何认识将直接影响到对预防犯罪活动具体目标的确定。这一问题也是一个关于犯罪预防的价值判断问题,言下之意,犯罪预防是否是值得一为的事情?犯罪预防活动除了减少和防止犯罪这一实践性问题之外,是否还另有更高层次的价值追求?出于不同的犯罪观,对上述问题就有不同的看法。有的西方学者认为,罪犯是天生的,或者至少是生理因素、自然环境、社会因素的综合结果,因此,犯罪是不能预防的,充其量只能实现行为遏制和现象控制。甚至有的学者认为犯罪是一种永恒的自然现象,预防和消除犯罪是根本不可能的。如法国社会学家迪尔凯姆认为,犯罪并非社会病理现象,而是与社会共存亡的一种正常的、必然的现象。犯罪的发生是不可避免的,消除犯罪的唯一条件是当集体意识完全支配个体意识时,但是这样的社会是不存在的。迪尔凯姆不仅不认为犯罪是一种病态的现象,他还认为犯罪对社会的稳定和发展有特殊的功能,社会也需要犯罪来稳定、促进社会发展。由此，迪尔凯姆总结了犯罪的两个最主要的功能：增强和重新增强社会的集体意识、增进社会发展。

随着犯罪率的不断攀升，世界各国尤其是西方国家的学者不得不重新认识犯罪现象和考虑预防犯罪的问题，相继提出了一系列的预防犯罪的理论和实践措施，如社会防卫论、三级综合预防论、"TAP"（time of arrival of police）论、情报论、环境预防论等等。时至今日，越来越多的西方学者认为，犯罪是可以进行预防的。犯罪预防可能性问题的焦点在于犯罪根源可否铲除，犯罪现象能否在人类社会中消灭。马克思曾经提出"犯罪和现行统治都产生于相同的条件"的论断，我国不少学者将此视为对犯罪的本质及其产生与消亡规律的经典性解释，并据以推导出如下结论：犯罪现象作为一种法律事实或作为阶级社会所特有的一种社会历史范畴，终将随着共产主义社会的到来和私有制以及阶级斗争的消亡而最终消灭。

在这一问题上，我们认为，犯罪是一种社会历史现象，只要认识到犯罪运动的规律，找出犯罪形成的原因和条件，预防犯罪、减少犯罪是可能的。因此，我们同意以下观点。

（1）犯罪现象在一定程度上是可以控制和预防的。所谓"可以控制"，是说可以把犯罪的质与量控制在一定范围以内，而使其不超过社会所能容忍的限度；所谓"可以预防"，是说犯罪原因可以被逐渐地克服和减少，从而使犯罪得以避免；所谓"在一定程度上是可以控制和预防的"是说我们只能部分地、相对地做到控制和避免犯罪，而不能全部地、绝对地消灭犯罪。

（2）在阶级社会，哪些行为属于犯罪或不属于犯罪，是统治者和立法者通过立法进行的选择和标定，作为一种法律事实的犯罪由此而生。从这一角度说，犯罪可以随着某些前提的具备，如生产力水平的极大提高和生产方式基本矛盾的不断解决而趋于消灭。但是，从整个人类文明史来看，在人类进入阶级社会前，即已存在某些违规犯禁的事实，它们与人类自身存在相伴随，也与阶级社会中作为法律事实的犯罪现象一脉同源。从这个角度说，随着文明的进步，作为一种法律事实的犯罪的命名或许会改变（或许不再称之为"罪"，而称作其他），但该种现象作为与人类命运相伴随的一种社会事实，却可能恒久存在。

（3）作为法律事实的犯罪现象的消亡，也仍将是一个相当漫长的渐进过程。在作为法律事实的犯罪得以消亡的前提具备之前，即使是犯罪的局部控制和预防，也只能"在一定程度上"实现。其根源有两点：首先，人们对犯罪原因以及犯罪根源的认识尚相当有限，有关犯罪根源和原因的理论和学说大都还未能摆脱假说甚至猜测的性质。人类关于犯罪的认识将包容于并且取决于人类对自身的认识，而"人类自身之谜"远未得到全部揭示。其次，历史表明，在任何国家和地区，犯罪都没能得到避免，不但未能避免，而且随着现代化社会的到来而"水涨船高"。由此看来，我们不得不承认：犯罪现象至少在阶级社会中尚是一种难以避免的现象或常态现象。

(4) 不能因预防和消灭犯罪的过程漫长和艰巨而丧失信心,那将意味着对人类自身的绝望。放弃与犯罪做斗争,意味着社会的倒退和人类的自甘堕落。

(5) 控制和防止犯罪可能性的大小以及犯罪预防的实际效果,在很大程度上取决于社会的性质以及政府的决策和作为。

2. 犯罪预防可行性的根据

我们认为,犯罪不但可能预防,也是可行的,主要基于以下理由。

(1) 犯罪规律的可知性,为犯罪预防提供了科学的依据。马克思主义认为,犯罪是一种历史的社会现象,是客观存在的事物,有着其自身发生、发展和变化的规律,其规律是可以认识的。认识的途径是通过实践、认识、再实践、再认识……这一无限循环往复的认识过程,逐渐克服主观与客观、认识与实践之间的矛盾,不断发现和认识真理,揭示事物发展变化的规律,最终达到对事物本质的认识。人类社会的全部活动,都是建立在客观世界具有可知性的原理基础之上的,只有建立在这一基础之上,才有可能对错综复杂的事物有清醒的认识,对犯罪的认识也是如此。

任何犯罪行为的发生都有一定的发展过程,这个过程是有一定的规律的。犯罪行为是犯罪心理的外化,正在走上或将要走上犯罪道路的人,在其工作、学习、待人接物等等的日常行为中,往往有某些不正常的反映。这为我们认识犯罪的发生提供了线索。当我们在大量的调查研究基础之上,经过深入细致的分析研究,认识和掌握了这些规律之后,就可以在日常生活中有针对性地采取一切必要的措施,减少和削弱致罪因素的影响,增加或强化积极因素的作用,从而有效地控制和防止犯罪结果的发生,达到预防犯罪的目的。犯罪规律的可知性,为我们进行犯罪预防提供了科学的理论依据。

世界上一切事物都是互相依赖、互相制约的,事物的这种联系表现为因果联系,犯罪这种社会现象的出现,同其他事物一样也是和某种事物存在着因果联系的。犯罪现象是社会政治、经济、思想、文化等多种原因综合作用的结果,只要寻找出犯罪发生的原因,进而采取相应的措施,控制、破坏或消除形成犯罪的原因与条件,割断或削弱犯罪原因与犯罪结果之间的因果联系,便可以减少或防止犯罪现象的数量和犯罪行为的发生。

一般犯罪有规律可循,那么偶然性的犯罪是否也有规律呢?偶然性犯罪具有突发性的特点,给人以难以捉摸的感觉。但是偶然性犯罪的规律仍然是有迹可循,是可以认识的。因为偶然性是和事物发展的必然性相联系的,它并不是孤立的社会现象,仍然有一个从量变到质变的发展过程,只不过它的发展变化过程短暂而已。比如某些行为的骤然变化,从大家心目中的乖孩子、好学生突然成为残忍的杀人犯、强奸分子,或者从某一种犯罪行为跳跃到另一种犯罪行为,如从赌博中突变成抢劫杀人犯,从恋人、好友到仇人、凶手。这些行为表面上看是偶然的、突发的,经过调查,这种偶然性、突然性始终是受内部隐藏着的规律支配的,只要我们运用量变引起质变这一事物发展的普遍规律,就能从偶然性中找到必然性。

(2)人的社会属性使犯罪预防具备了可能性。人类之所以在本质上区别于动物,是因为人具有社会性这一本质属性。动物的行为是由其先天的遗传决定的,是与生俱来的,所以其行为方式几乎是不能够改变的。而人类虽然也受先天遗传因素的影响,但是人具有学习能力,通过后天的学习,可以进行一些复杂的高级行为。人类真正社会意义上的行为,是可以超越人的本能的,它会随着社会环境因素的变化而变化。人性的可变性,决定了人类自身的个性特征和行为方式会随着社会环境的变化而变化。犯罪行为作为人的社会行为之一,同样会受到社会环境因素的影响,因而可以通过社会干预加以预防。

(3)社会机制内部蕴藏着抵御犯罪的巨大社会力量。犯罪是人们深恶痛绝的一种社会丑恶现象,它不仅危及全社会,而且还牵涉到千家万户,甚至社会上生活着的每一个人。任何一个生活在社会中的人,都无法绝对避免遭受到犯罪的袭击或伤害。这在一定意义上必然会引起全社会对犯罪现象的公愤,从而汇聚成一股抵御和反对犯罪的巨大社会力量,这就为我们进行犯罪预防提供了坚实可靠的力量上的保证。

(4)人类已经积累了大量的犯罪预防的一些成功经验、方法和措施,这是我们进行犯罪预防的手段上的保证。国内外的实践均已证明,犯罪是可以预防的。新中国成立后,在党和政府的领导下,我国取得了犯罪预防和罪犯改造的巨大成就,有些方面也曾为国际社会所震惊。国际上,有些国家已将犯罪预防作为同犯罪做斗争的首要任务,使用先进的、现代化的科技手段进行犯罪预防,并取得了显著的实际效果和社会效果;越来越多的国家在研究和制定犯罪预防战略。

(5)现代社会科学技术的快速发展为犯罪预防提供了技术保障。科学技术作为第一生产力,不断推动着社会经济的发展和人们物质生活水平的提高,为减少和控制犯罪的发生奠定了物质基础。一方面,科技的进步和社会经济的发展,可以改善人们的生活水平,促进人们科学文化素质的提高,从而在一定程度上减少犯罪行为的发生。另一方面,科技的发展也为犯罪预防提供了先进的物质、技术手段。尤其是以计算机技术为代表的现代科技,极大地促进了犯罪预防从可能性向现实性的转变。现代社会要想有效地预防和控制犯罪,就必须占有大量翔实的信息资料并掌握先进的犯罪预测工具。而通过现代通信技术和电子计算机设备可以收集犯罪信息,分析、储存信息并建立犯罪信息库,使科学的犯罪预测成为现实,从而达到准确有效预防犯罪的目的。同时,电子监控技术的发展大大加强了社会的控制和防范能力。现代生物科学技术如 DNA 技术的发展为发现和揭露犯罪提供了更加科学的依据,打破了一些心存侥幸的潜在犯罪者逃避惩罚的企图,充分地发挥了刑罚的一般预防和特殊预防的功能。

(6)国际性犯罪预防的合作与交流为犯罪预防提供了有利的国际条件。自从犯罪产生以来,人类社会为预防犯罪进行了长期的努力,世界各国为此做了大量的工作,取得了多方面的经验。当今世界各国犯罪日益严重的发展趋势,促进各国为犯罪预防进行了更加广泛的努力,犯罪预防的研究不只限于本国范围之内,而是跨出国界,进行国际交流与合作。自 1955 年以来,联合国每 5 年召开一次预防犯罪和罪犯处遇大会,其中一项重要议题就是交流预防犯罪的经验,制定预防犯罪的战略。国际刑警组织在预防和制止犯罪方面也进行了广泛的合作。各国司法部门、学术团体及其他有关组织为预防犯罪更是进行了广泛的接触、合作与交流,其内容越来越丰富。

总之,犯罪预防的国际合作,为打击、预防跨国犯罪创造了有利的条件,为预防犯罪经验和理论的交流创造了便利条件和开辟了更广阔的前景,也为我国的犯罪预防提供了国际经验,大大增强了预防犯罪的可能性。

(三)犯罪预防的局限性

虽然犯罪预防是控制犯罪的一种最基本和最重要的途径与手段,但是由于犯罪预防活动的作用范围和实际效果要受到诸多方面因素的制约,所以,任何犯罪预防活动和措施都只能尽量减少犯罪的发生或尽量减轻犯罪的实际危害程度,而不能奢望通过犯罪预防来根除犯罪。具体而言,犯罪预防存在以下几方面的局限性。

1. 犯罪行为表现形式的多样化,使犯罪预防不可能对所有犯罪都起到预防作用

在实践中,犯罪行为的表现形式是多种多样的,犯罪发生的领域和诱发犯罪的原因也各不相同,犯罪预防理论所研究或者制定出的方法不可能对所有的犯罪形式都具有同等的预防作用。某些犯罪因其性质的特殊性决定了通过预防方法不足以有效地制止该犯罪的发生。如恐怖活动犯罪等带有强烈政治色彩的犯罪行为,只有通过严厉的打击和制裁活动才可能及时制止危害结果的发生或防止危害结果的扩大。而对于能够通过预防方法予以积极影响的那些犯罪,因其表现形式的不同,预防的效果也会出现较大的差异。例如,对于一般的盗窃犯罪,通过加强巡逻、加固门窗、安装警报装置等措施,可以对预防入室盗窃起到十分明显的效果。而对于其中的职业犯罪者、惯犯和犯罪动机强烈者,这些预防措施都不足以抑制或打消其犯罪欲望。

2. 犯罪人之间的人格差异,使犯罪预防措施难以产生同等的预防作用

由于不同的个体具有不同的人格或者个性特征,他们对同样的预防措施的感应能力会有很大的差别,所以 样的预防措施并不能够产生同等的预防效果。比如加强公民的思想道德建设、加强法制宣传教育这一类的社会预防性措施,对于人格尚未完全定型的青少年来说,具有比较明显的正面引导的效果;但是,对于人格已基本定型的成年人而言,其正面的效果则会相对地弱化,不足以矫正业已形成的不良心理。另外,犯罪行为作为社会行为的方式之一,常常成为某些社会成员抗议社会不公或解决所面临的矛盾和冲突的手段。有些人在面临冲突等问题时往往会自觉地选择通过犯罪这种方式来解决。这类自觉犯罪者在一般情况下犯罪意志比

较坚定,相对温和的事前预防措施很难阻止其实施犯罪行为。

3. 犯罪预防的目标在某些情况下与人类所追求的其他价值目标相矛盾

人类社会的进步常常要以付出一定的代价为条件。人类在追求某一价值目标时,常常在价值体系内部和实践活动方面出现与其他的价值目标相互冲突的情形,从而影响所追求的价值目标的实现,这在社会发展过程中是难以避免的。例如,商品经济的发展不仅会刺激人们对金钱的欲望,成为一些犯罪的诱发因素,还会产生人员、资金、财产的频繁流动,给预防和控制犯罪带来很大的困难。但是,商品经济又是社会发展不可逾越的阶段,从自然经济状态发展到商品经济状态,是人类社会的极大进步,只有在商品经济高速发展的基础上,才能有效地缓解社会的基本矛盾,从而使社会更加民主、自由和富足,实现人类的伟大理想。又如,家庭作为社会的基本细胞,它的解体是青少年犯罪的一个重要的诱因。因此,致力于家庭的和谐与稳定,是预防青少年犯罪的一项根本性措施。但是结婚自由与离婚自由又是公民的一项正当权利,国家不能因为家庭解体影响到青少年犯罪而剥夺人们的离婚自由。因此,当社会中某些价值观念与社会实践活动同犯罪预防发生冲突时,就需要我们从宏观全局上通盘考虑,不惜使犯罪预防的目标让位于其他价值目标,这是社会发展中的必然现象①。

4. 犯罪预防的手段有其局限性

由于犯罪现象的特殊性、复杂性以及犯罪规律把握方面的局限性,不可能保证所有的犯罪预防手段都是科学和符合实际的。而且,即使提出的犯罪预防措施或手段是符合实际的,也可能因为这种手段付出的代价过高而无法广泛地采用,从而影响到其预防作用的充分发挥。如警察的巡逻对于及时发现犯罪、降低巡逻区域内的犯罪率具有明显的效果,但是这种预防形式往往导致犯罪活动在时间和空间上的转移,即犯罪活动可能会相对突出地在巡逻的间歇时间或巡逻较少的地段发生。为了更有效地预防犯罪,就必须扩大巡逻的范围,提高巡逻的密度,但是,警力和财力在任何时候都是有限的,警察的巡逻只能在十分有限的重点区域内进行,而不可能遍及全社会的每一个角落。

三、犯罪预防的基本原理

(一)犯罪预防与人类社会自我发展相同步的原理

这一原理是从犯罪原因理论中直接推导而来的。犯罪原因研究表明,犯罪现象是人类社会肌体的一个"赘生物",它的产生和存在肯定与人类和社会自身的某

---

① 辛科:《犯罪学》,法律出版社2015年版,第248页。

些弱点、缺陷或弊端有关。反过来说,从总的趋势看,犯罪现象的减少和避免,将最终取决于人类和社会的不断进步和完善。犯罪现象的多寡与人类文明的进步成反比,人类和社会不断自我进步和完善的过程,就是犯罪现象逐渐被克服和避免的过程。因此,从本质上说,犯罪预防的理论应当是一套关于社会规划和人性塑造的理论,预防犯罪实践应当是一个社会改革和人性完善的实践过程。

根据上述原理,在预防犯罪实践中应当注意以下两点。

(1)预防犯罪应当首先着眼于人与社会的自我完善,而不应当单纯或过分地依赖于强硬的社会控制手段。人与社会的完善,不是一种终极状态,而将是一个漫长而几无止境的人类的自觉过程;与此相应,预防犯罪也不会有一个大功告成或毕其功于一役的"终点站",而将是通过人类社会不断进步、完善而不断得到消解的漫长过程。所谓人的完善,具体表现为人的思想境界、道德修养、文化水准以及心理素质等方面获得充分而健全的发展。所谓社会的完善,具体表现为生产力水平和社会物质财富的丰富程度极大提高,社会基本矛盾以及其他一系列社会矛盾不断得到解决,民主与法制真正建立,正义与公平充分实现,人的物质和精神需要能够不断地获得满足,人的个性能够获得充分发展的空间和条件。一句话,表现为社会物质文明、精神文明和政治文明程度的极大提高。就现行社会而言,具体表现为追求人与社会的完善并赖以减少犯罪条件的社会规划和社会政策。

(2)预防犯罪的专门性规划、策略和措施,必须与社会建设与发展的总体规划、政策和措施相协调、相配合,并成为后者的有机组成部分。

(二)社会控制适度原理

这里所说的社会控制,是指用以约束个人或群体行为,使之符合社会规范的任何正式或非正式的影响力。法律、规章、道德、舆论、传统、礼仪等,都是社会控制的具体形式和手段。社会控制是防止和遏制越轨行为以及违法犯罪行为便捷而且实效明显的工具,任何社会都是其特定的或普遍的社会控制形式。然而,社会控制的强度并非越大越好。过强的社会控制不仅会使社会失去活力,而且可能会造成社会的病态,如忽视个人权利,压抑个人自由和人的个性,容忍或纵容官僚主义和长官意志等。过强的社会控制可以使公众屈从权威并使社会呈现出表面上的稳定,但是从长远来看,它创造的不会是一种理想的社会状态,它对于社会长期健康稳定与发展,将弊大于利。社会控制必须保持适度,所谓适度,就是必要而且正当。

社会控制保持适度,需要着重处理好以下几对关系。

1. 社会控制与社会自由的关系

控制与自由显然是一对矛盾,前者总是意味着对后者的限制和牺牲,后者则被要求在前者限定的范围和框架内来实现。一种理想的社会状态是在控制与自由之间保持适度的均衡。在这种社会状态之下,既保持一定强度的社会控制,又不因此而过多地限制人们的自由;人们既能感受到社会权威和社会规范的存在和压力,又不会因此而感受到个人权利被伤害、舆论渠道受阻塞、人的主体资格被否定和私生活领域被剥夺。一切都在有序而充满活力的运行之中。尤其重要的是,应当认识到,在社会政策和社会管理的价值取向上,自由与控制之间的关系不可颠倒,自由是一种值得追求和捍卫的价值,控制则只是用以实现某种价值(包括自由在内)的手段之一。控制与自由的适度均衡状态,有利于形成和谐的社会气氛,从而避免个人与社会权威、个人价值与社会价值之间的紧张和冲突,避免发生较大规模的社会动荡和政治上的过激行为。

2. 社会控制与人的需要的满足之间的关系

社会控制意味着不使人随心所欲、为所欲为。这里包含两个方面:一方面是对个人的自由加以适当限制,另一方面是对人的欲望、需要以及本能适当抑制和引导。二者均有其深刻的人性基础,是人性的一种自身规定。也就是说,人类一方面具有人之为人的欲望、需要和本能,另一方面,人类为了维护社会秩序和自身的尊严,又必须创造一系列规范来约束自己的欲望、需要和本能。然而,在基本价值取向上,犯罪预防以及社会控制活动都不应当构成对人的基本需要的剥夺或过分压抑。出于维护社会秩序和伦理原则的需要而适当地约束人的需要、欲望和本能冲动,是正当的,但那种旨在"存天理,灭人欲"的绝对禁欲主义的社会控制则构成了对人性的压抑和否定。大力发展社会生产力,发展社会经济文化事业,不断满足人民群众的物质、文化需要,是避免社会矛盾和防止犯罪以及其他反社会行为发生的前提和基础;在机会和财富都较为"稀缺"的条件下,为了维护人类固有的道德原则,对社会分配进行合理的调节和对贪欲以及某些悖德行为加以抑制,则是维护社会秩序的次选的和辅助的手段。

3. 外在控制与自我控制之间的关系

社会控制可以分为外在控制和内在的自我控制两个方面。前者是社会施加于个人的外在权威或影响,后者是个人凭借自身的理性和内心的道德原则(这些道德原则是社会规范的内在形式)而进行的自律或自我约束。二者的相对平衡是个人适应于社会的基本条件,其中任何一个方面过强或者过弱,都可能造成个体人格障碍或精神疾病,导致危害社会行为或越轨行为发生。人的自我控制能力的形成,是社会化和个人自我修养的结果,因此,理想的犯罪预防和控制,应当首先从人的社会化和个人自我修养开始。

(三)结构整合与价值整合并举原理

犯罪现象是社会冲突(矛盾)以及社会解组状态的结果或表现之一,因此,缓解社会矛盾和冲突,避免社会解组,使整个社会协调一致、具有强大凝聚力,便成为防范和控制犯罪的重要途径。使社会形成协调一致、具有强大凝聚力的过程,在社会学中称为社会整合。社会整合包括结构整合与价值整合两大方面。

所谓结构整合,是指对社会各部门、各阶层之间的关系加以协调和处理的过程,其作用在于避免或缓解社会矛盾与冲突,使社会"机器"平稳地运行。它包括功能关系的协调和利益关系的调整两个方面。功能关系的协调主要表现为努力提高社会各部门、各方面之间的有机连接和彼此合作的程度,减少社会摩擦和社会损耗。协调功能实现的关键在于民主与法制建设。利益关系的调整主要表现为对社会财富以及合法成功机会的合理分配,其作用在于避免或缓解社会阶层和社会群体之间的利益冲突。在既定的社会制度之下,调整利益关系的关键在于正确处理公平与效率的关系。

所谓价值整合,亦即文化整合和规范整合,是指确立、重整统一的社会价值准则和社会规范,并使之得到共同的信守。这种统一的价值准则或社会规范,就是作为社会之魂的文化传统、国民精神和社会主流思想(意识形态)。它的存在,可以保证社会凝聚力的存在和全体社会成员在精神以及行动上的一致;它的丧失或崩溃,意味着社会失范或社会解组状态的出现,在这种状态下,犯罪以及其他越轨行为的增多便成为一种必然。就我国而言,价值整合的关键,是正确理解和处理对传统文化的继承发扬与对外来文化的借鉴吸收之间的关系、传统文化的保持与现代化之间的关系以及传统文化与马克思主义理论中国化之间的关系。

在我国当前,民主与法制建设、公平与效率是结构整合的两个关键性问题;在现代化进程中如何避免社会失范则是价值整合的一个关键性问题。民主与法制建设问题是一个正在逐步解决之中的老问题,公平与效率问题以及社会失范问题,则是改革开放以来日渐显露或日趋严重的新问题。这些新、老问题的存在,在很大程度上可以用来解释我国近年来犯罪现象增多的原因。因此,无论是从预防犯罪角度来说,还是从一般的社会组织角度来说,实行结构整合与价值整合并举是必要的。

(四)成本-效益原理

从犯罪经济学角度来说,国家和社会用于犯罪预防方面的支出和费用,是国家和社会为对付犯罪而付出的成本或代价(cost),犯罪及其损害的减少则是其预期收益(benefit)。因此,在犯罪预防策略的制定和措施的选择上,存在着经济规律,需要进行成本-效益分析。

在对犯罪预防进行成本-效益分析时,需要从以下方面进行比较和选择:如果将用于预防犯罪的费用用于其他社会事业(即减少在预防犯罪方面的投入),其收益将会更大还是更小呢? 在多种可供选择的预防犯罪措施中,究竟哪一种措施或者哪一种措施配置的效益更佳呢? 刑罚对于犯罪究竟有没有威慑作用? 或者说,国家和社会运用刑罚手段来对付犯罪,将大笔财力和资源用作刑事司法系统的经费,从成本-效益分析上看是否值得? 当然,要想对上述方面做出精确的比较和选择几乎不可能。然而,在某种精确的比较和选择方法被发明出来以前,至少有必要在观念上做一番价值判断。

事实上,每一种犯罪预防策略和理论,都是基于某种价值判断而做出的选择。

通过价值判断,至少可以得出以下结论:从长远来看,通过社会政策的调整来解决社会问题,消除犯罪原因,较之单纯通过刑罚遏制和监狱行刑来减少犯罪,其成本更低而效益(效果)更佳;通过增加教育投入,发展教育事业,提高全民族整体素质并为每个公民提供平等的合法成功机会来减少犯罪的发生,较之通过税收政策、社会福利政策等调节社会分配来减少犯罪的发生,其成本更低而效益(效果)更佳。

四、当代国外犯罪预防理论与实践

(一)法国的社会预防理论[①]

社会预防理论是犯罪社会学派所共同倡导的犯罪预防理论。该理论主张,犯罪是各种社会因素共同作用于行为人的结果。所以,犯罪预防应当从社会方面入手。这一理论的基础是马克·安塞尔所倡导的"新社会防卫思想"。马克·安塞尔强调,刑法不是唯一的,甚至不是主要的对付犯罪的工具。他认为,首先要对预防予以极大的注意,通过预防抑制或者消除诱发犯罪的因素,其中包括特殊预防和一般预防。而且,预防行动的作用日益显著,特别是在未成年人犯罪和处于危险状态的青少年方面。其次,还应超越刑罚的范围,同时也应用民法、行政法、社会法以及教育、卫生和社会福利组织等方法,对犯罪形势和冲突形势加以解决或处理。社会预防理论充分认识到了刑法制度在惩治犯罪方面的局限性,因此,它强调将犯罪预防放在首位,注重预防与惩罚的结合,广泛寻求刑罚以外的治理犯罪的各种方法。

基于社会预防理论,法国学者提出了许多预防犯罪的具体措施。归纳起来,主要有以下几个方面。

(1)改善社会氛围和生活环境的措施。如广泛宣传教育,增强公民的社会治安意识,新闻媒介对犯罪预防工作的积极参与;加强对外籍人的管理,加强对流浪人口的安置和接待;加强社区工作管理,提高社会工作人员的素质与地位,协调社会工作者的行动;加强对酗酒、吸毒者的治疗以及这方面的预防工作。

(2)加强对青少年的保护工作。法国犯罪学界主张,应在法国家庭普及公民权利与义务教育,普及家庭法知识教育,以明确青少年的法定权益与义务;加强对那些处于危险状态的青少年的管教工作;对青少年进行起码的职业培训教育等。

(3)改善行政管理的措施。法国犯罪学家强调,改善行政管理是预防犯罪的重要一环。他们认为,要改善现有的犯罪统计体系,使之趋于完善,逐步提高犯罪统计的可信程度;改善各警察局的公共关系与咨询服务机构;改善警察与政府机构,尤其是地方政府机构的关系,加强讯息沟通,加强互相配合协作等。

---

① 辛科:《犯罪学》,法律出版社2015年版,第346页。

(4)改革司法制度的措施。法国犯罪学界强调,司法机构应积极参与犯罪预防工作,参与犯罪预防政策的制定与执行;各法院要大力推行公益劳动,即让犯罪者走出牢房,到法院指定的地点或单位从事一定的社会服务劳动,在劳动过程中逐步适应社会正常生活;对被害人的地位和权益应给予高度重视,对被害人进行精神上和物质上的帮助,加强对被害人的经济补偿或援助。

(5)设立常设的犯罪预防机构。法国犯罪学界建议,应设立固定的犯罪预防机构,如在全国范围内设立全国预防委员会,同时设立全国预防犯罪基金等。上述建议在法国有相当大的实际影响,很多建议已被法国立法采纳或已付诸实施,并已取得了一定的成效。

(二)美国的"二级预防"模式

美国的犯罪预防模式的主流观点是寓防于控、以控达防,突出控制在防止犯罪中的作用,认为犯罪是很难进行全社会性预防的,只能对其加以控制,即美国的犯罪预防模式强调的是对犯罪条件的控制。这种犯罪预防模式由两部分构成:即常规预防和非常规预防。常规预防,是指国家司法机构履行其专业职能活动而进行的犯罪预防,又称犯罪控制。常规预防体系包括警察、法院和矫正机构。而非常规预防,是指民间的犯罪预防活动[①]。

常规犯罪预防主要分为以下三个层次。

(1)一般预防。即发现各种孕育和滋生犯罪的自然环境和社会环境,对其加以改善和控制。可采取的方法具体包括环境设计、邻里照看、一般威慑、私人保安以及对犯罪和预防犯罪进行的教育。其中,环境设计是为了增加犯罪实施的难度,使人们能够更容易地对犯罪进行监视,如提高建筑物的可见度、增加照明灯等照明设备以及在自己的财产上做记号以便认领等。邻里照看、公民巡逻则是为了加强居民对其所居住地区的控制能力,从而提高犯罪行为被发现的可能性。另外,私人保安也是维护社会稳定和预防犯罪的重要力量。

(2)提前预防。即鉴别潜在的犯罪人和犯罪高发区域并进行早期的干预。其主要措施包括:鉴别和预防已经表现出犯罪征兆的人,以便早期干预;在犯罪高发区,进行社区预防;对轻微违法人员实行转处,尤其对于不良青少年的转处问题,应将其交给刑事司法系统外的其他机构处理,如通过旅游、娱乐和运动等方式改造青少年等,注重发挥学校、父母和社区管理人员的重要作用。

(3)防止再犯。即针对已经实施了犯罪的人,预防他们再重新犯罪。这一层次的预防大部分属于刑事司法系统内部的工作。其主要措施有:逮捕、起诉、监禁、治疗和矫正等。运用刑罚的方式剥夺犯罪人再犯罪的能力,通过矫正和治疗措施防止再犯,充分发挥刑罚的威慑作用。这三个层次的预防与民间预防活动相互配

---

① 董士昙:《犯罪预防模式研究》,载《山东警察学院学报》2014年第1期,第89页。

合,形成了一个完整的犯罪预防体系。

(三)英国的情景预防理论①

情景犯罪预防,又称情境犯罪预防,是由英国学者罗纳德·克拉克等倡导的一种犯罪预防的理念,它是指通过直接管理、设计和调整等方式,建立一种特定的预防犯罪环境,在犯罪易发区或高发区,通过减少犯罪的机会而预防犯罪。犯罪行为同其他社会行为一样,是个体人格对外在情景的一种具体反应。情景犯罪预防就是通过改造可能发生犯罪的情景,减少犯罪机会,实现预防犯罪的目的。近年来,情景犯罪预防的有效性,得到了国际社会的认可。

情景犯罪预防最初来源于环境预防犯罪观。从预防犯罪的角度,建筑学家和地理学家提出了从城市建筑设计、土地使用和空间分布的角度寻求影响犯罪因素的观念,认为犯罪人根据环境机会和情境抑制因素选择犯罪的时间和地点。因此,侧重于通过环境设计和一定的监视系统来减少犯罪机会,预防犯罪的发生,这种观点被称为环境犯罪学或环境预防犯罪观。典型的代表是 20 世纪 70 年代纽曼(Newman)提出的"防卫空间"理论和杰夫瑞(Jeffery)提出的"通过环境设计预防犯罪"的理念。他们从技术角度提出的防范犯罪的措施是情景犯罪预防的开端。

情景犯罪预防的理论基础是理性选择理论和日常行为理论。

1. 理性选择理论

这一理论是美国犯罪学家瑞克·科尼西和罗纳德·克拉克从研究整个犯罪事件(包括犯罪行为、犯罪动机和犯罪情景)的角度出发而提出的。所谓"理性",是指犯罪人对犯罪信息的处理和对犯罪的选择评估;"选择"是指犯罪人做出的犯罪决定。根据这一理论,一个人犯某一罪行是他做出理性决定后的结果,即是他衡量这一行为的风险和收益后,根据各种情况决定实施某种特定的犯罪行为。

2. 日常行为理论

根据该理论的代表人物美国犯罪学家科恩和费尔逊的研究,社会上总是存在着大量具有犯罪动机的潜在犯罪人,对我们而言,需要知道的是他们决定实施犯罪的目标及范围。该理论认为,第一个犯罪行为都是以下三个因素的集合体:①有犯罪倾向和犯罪动机的犯罪人,如没有工作的青少年;②适合的目标,如便于运输的财物;③缺乏预防潜在犯罪人犯罪的有能力的保护人,如亲友、邻居的照看等。而人们的日常工作和生活方式影响着这三个因素,如果在一定时空内,三个因素都得以加强,则犯罪就趋向于增加;如果这三个因素一定,人们日常工作和生活方式为潜在犯罪人提供了更多的机会,则犯罪也会增加。

情境预防的关键在于通过环境设计和管理来抑制潜在犯罪人的犯罪决断以达

---

① 辛科:《犯罪学》,法律出版社 2015 年版,第 349—352 页。

到预防犯罪的目的,由于大多数犯罪人犯罪与否和其成功与否取决于情境的使得程度,所以情景预防主要应通过以下三个方面来进行。

1. 增大犯罪代价

为了使犯罪人的犯罪成本增加,减少其犯罪的机会,一般至少采取四种措施。

(1)目标加固。增加目标的坚固程度,设置障碍,这一方面可以增加机会犯罪人的犯罪难度,使其主动放弃犯罪;另一方面可以延长犯罪人的行为时间,增加犯罪人被发现和被捕的可能性。

(2)入口控制。限制特别地区,如住宅或购物中心的入口。

(3)转移犯罪人,即采取措施迫使潜在犯罪人离开潜在的犯罪目标,减少他们接近犯罪目标的机会。

(4)控制和管理犯罪工具和装置,如通过枪支等的管理来控制暴力犯罪。

2. 增加犯罪风险

通过增加或改善多种形式的监督来提高逮捕率,不仅要依靠技术设备还要依靠人的参与,即通过技防和人防监督来预防犯罪。人的监督主要有三种形式:①正式监督,即由专业执法人员实施对财产的保卫、对案件的侦破和对犯罪分子的威慑;②雇员监督,即由单位内的一雇员来实施的监督;③自然监督,即由一般市民在日常生活中进行自然监督,以保护人身与财产的安全。

3. 减少犯罪收益

从减少犯罪所期待的利益入手,如减少赃物的价值。主要有四项措施:①移走潜在的犯罪目标;②财产标志法;③转移犯罪诱因;④建立规章制度,建立管理和控制人们行为的规则。

英国在情景预防领域中先行一步。在英国,出于防范犯罪的考虑,对于建筑物的环境设计都有比较规范的要求,并且城市每建设一座新的房舍,均须征询警察局专职犯罪预防警官的意见,并应采纳犯罪预防警官的建议,因而在新建社区中犯罪率大都较低。

第二节 犯罪预防的分类与内容

从内容上讲,不同的犯罪预防理论对犯罪预防内容有不同的理解,犯罪预防是犯罪学研究的归宿和目标,为了寻求有效遏制和防范犯罪的对策,必须对犯罪预防的内容进行研究,但也不能仅限于对具体预防措施的探索。所有的犯罪预防措施应当组成一项浩大的系统工程,如果缺少体系理论的考虑,势必顾此失彼,影响整个犯罪预防工程的效率和质量,如不考虑犯罪预防体系(crime prevention system)应当具备的内容和特点,必将会影响犯罪预防的方向。因此要把犯罪预防措施构建成一个什么样的体系,需要考虑以下问题。

一、犯罪预防内容体系的特点

犯罪预防内容体系,简单地说又叫犯罪预防体系,它是指参与预防的各种力量、各种手段、各种举措围绕着犯罪预防这个共同目标有机联系、协调运行的工作体系,包括宏观犯罪预防和微观犯罪预防。宏观犯罪预防以社会预防、心理预防、治安预防、刑罚预防等为主要内容;微观犯罪预防以家庭预防、学校预防和社区预防为主要内容。

犯罪预防内容体系同其他工作体系一样,都具有一些共同的基本特点。

(一)整体性

整体性是系统的生命及最大的外显特征。整体性要求把有联系的各个组成部分加以系统化,形成一个整体并运用于实践,则可以发挥单个组成部分单独无法发挥的作用。

(二)有序性

有序性是任何一个科学体系都必须具备的一些原则性特征,它表明系统的联系和关系并不是杂乱无章的,而是按照一定的规则和程序展开的。有序性既可避免系统的混沌无序,又可发挥系统的整体和谐功效。例如,在宏观犯罪预防体系中,社会预防、心理预防、治安预防、刑罚预防彼此之间不是杂乱地组合,而是有序地排列,依其在预防犯罪中的不同地位和作用,构成四道紧密相连的防线。社会预防是第一道防线,它起着减少和消除犯罪原因和条件的作用,是铲除犯罪根源、净化社会环境、保障每个公民顺利地完成社会化过程的根本措施,同时也是一切预防措施的基础。心理预防是第二道防线,它从人的心理着手,通过消除全民与个体的不良违法心理、阻遏形成犯罪心理结构和破除犯罪心理结构、矫正变态人格心理,使每个公民都具有良好的心理因素,从而不至于走上违法犯罪的道路。治安预防是第三道防线,它通过日常的治安行政管理,对社会全面的监管、控制和治安处罚,以及对轻微违法犯罪人员的收容教育和行为矫正,从而实现防止违法行为发生,或者阻遏违法行为向犯罪行为的转化,以及终止和中断犯罪行为的发生和完成,使失足者不至于滑向犯罪的深渊。刑罚预防是第四道防线,它主要是对实施了犯罪行为的犯罪人采取的最严厉的强制制裁措施,以表明国家对该行为的谴责态度和否定评价,并通过刑罚适用和执行过程中的死刑处决、监狱监禁方式、惩罚与改造罪犯,防止犯罪人重新犯罪,并以此警告和教育社会上的其他公民。刑罚预防是最后一道防线的预防措施,属于一种补救的预防措施,同时也为社会预防、心理预防和治安预防创造了条件,起到最后把关与安全阀的作用。

(三)层次性

任何一个科学体系都是有结构的,而结构又是分层次的。层次反映出体系内部的主从关系和协作配合关系及其各自的功能。宏观犯罪预防中的社会预防、心理预防、治安预防、刑罚预防和微观犯罪预防中的家庭预防、学校预防和社区预防不仅是有序的,而且是有层次的。对于消除整个犯罪现象而言,社会预防、心理预防是最根本的、最一般的预防措施。这两项预防措施不以具体的犯罪行为变化而变化,具有一定的稳定性,属于全社会水平上的预防措施,即一般性预防措施,在整个犯罪预防体系中属于第一层次,是治本之策。对于防止个体犯罪行为人违法与再犯罪,治安预防和刑罚预防是两项有效的、直接的控制、阻遏、惩罚与改造的措施,它们随着犯罪现象和行为的变化而发生变化,具有可变化性,属于专门性的预防措施,在整个预防犯罪的体系中居于第二层次,是治标之策。

(四)动态性

体系虽然具有相对的稳定性,但又和其他事物一样,是不断发展变化的,它没有固定不变的模式,我们需要根据情况的变化,调整结构,合理布局,实行动态管理。动态性是系统保持平衡的源泉,犯罪预防体系要想保持防止犯罪的高效益,必须是针对不断发展变化的罪因结构呈现出动态的随机的能动性反映。任何犯罪对策都是针对犯罪原因或犯罪原因结构体系设置的,而犯罪原因或犯罪原因结构体系是处于动态变化与运动发展过程中的,当然,作为防治犯罪体系工程的犯罪预防体系,理所当然应当是运动的、发展的、变化的,并时刻呈现出一种高度灵敏及反馈迅速的动态结构形式,以便更及时、准确地预防犯罪、打击犯罪和惩罚改造罪犯。

(五)综合性

也就是说,体系是各种力量、各种手段、各种措施的综合体。概括起来说,我们的犯罪预防体系实质上就是社会治安综合治理的工作体系,它融打、防、教、管、建、改为一体,以群众预防、专业预防和技术预防相结合为主要内容,实行在各级党委和政府的统一领导下各单位、各部门齐抓共管的领导制,运用政治的、经济的、行政的、法律的、教育的等各种手段,进行一般预防、重点预防和特殊预防等活动,在打击和预防犯罪,维护社会治安秩序中发挥着重要作用。

二、犯罪预防措施选择的依据

从理论上讲,科学的犯罪预防对策体系,必须建立在对犯罪现象及其原因的科学认知基础上。这就像治疗疾病一样,要想同犯罪进行有效的斗争,必须先找到病因才能够对症下药。犯罪预防体系作为整体的预防犯罪对策,应该针对各种诱发和形成犯罪的原因,采取措施,形成具有一定稳定结构的和有效的预防犯罪体系。

现代犯罪科学研究表明,犯罪原因不外是客观社会原因和主观心理原因两大块。犯罪作为一种社会现象,它的存在是由社会原因(包括政治、经济、文化、教育等)综合作用的结果,犯罪作为一种人的行为则是行为人犯罪心理(包括生理、心理等)的外化。因而要想预防犯罪就必须针对犯罪现象产生的社会原因和犯罪行为发生的心理原因,相应地采取社会预防和心理预防措施。社会预防和心理预防是针对最一般的最普遍的犯罪规律而言的,属于全社会的一般性预防措施。如果将社会预防和心理预防搞好了,也就是将社会犯罪原因和个体心理原因减少、削弱和控制住了,那么,社会上的犯罪现象必将大大减少。然而社会上有少数人或相当一部分人要越过社会预防和心理预防的防线,实施违法犯罪行为。这就不能有效地单纯依赖社会预防和心理预防措施,而是应该有针对性地对违法犯罪行为进行惩戒与防范。

犯罪科学研究成果告诉我们,社会上之所以发生犯罪行为,从根本上看是犯罪人失去了正常的自我控制和社会上对这种犯罪行为失去了社会控制的结果,因而社会要获得稳定,赢得安宁,除了依靠社会预防和心理预防的一般预防措施以外,还必须运用国家的专政机关对违法犯罪行为进行打击、惩罚和改造,以增强社会控制和行为人个体心理控制的能力,从而实现对行为人的犯罪预防。根据量变、质变规律,犯罪行为人一般是从不良行为到违法行为再发展到犯罪行为的运动轨迹,针对社会管理失控和个体心理失控的程度,采取防范、制裁与惩罚改造的专门性预防措施,做到层层设防,以实现对社会行为人尤其是不良和违法犯罪人的控制。专门性预防措施在我国是由公安机关承担并具体操作的治安预防和刑罚预防。

三、犯罪预防的分类

根据不同的原则和标准,从不同的角度出发,可以对犯罪预防做出不同的分类。

(1)以犯罪预防发生的时间段为标准,可以将犯罪预防分为犯罪前的预防、犯罪中的预防和犯罪后的预防。犯罪前的预防是指在犯罪行为和犯罪结果还没有发生的阶段,针对犯罪主体而采取的思想教育转化工作及其他相应措施的预防。犯罪中的预防是指在犯罪行为和犯罪结果正在发生的时段,针对犯罪主体而采取的防卫、护卫及其他相应措施的预防。犯罪后的预防是指在犯罪行为和犯罪结果发生后的阶段,针对同一主体而采取的惩戒、处理、教育,使其今后不再重犯的预防。实际上犯罪后的预防就是重新犯罪预防。

(2)以犯罪预防发生的空间为标准,可以将犯罪预防分为家庭预防、学校预防和社区预防。所谓家庭预防,是指以家庭为屏障,利用家庭的一切优势和积极因素展开的对犯罪行为和犯罪结果的抵御。所谓学校预防,是指以学校为阵地,利用学校的各种优势和积极因素,加强对学生的道德、情操、思想和人格的培养,传播犯罪预防观念和方法的一种犯罪预防方法。所谓社会预防,是指以社会为防线,通过对社会结构的调整和完善,消除和减少犯罪原因和条件,从而尽最大可能地减少犯罪行为与结果的发生的一种犯罪预防方法。

(3)以犯罪预防的形式为标准,可以将犯罪预防分为制度预防、设备预防和人力预防。人力预防又可分为巡逻预防和护卫预防。所谓制度预防是指通过建立制度规定而进行的犯罪预防,如建立防范制度、建立出入制度、建立保密制度、建立交接制度、建立值班制度等。所谓设备预防,也叫技术预防,是指通过专门的预防设备和预防技术措施进行对犯罪预防,如安装警报器、防盗门、摄像头等设备。所谓巡逻预防,是指通过建立巡逻体制或网络,对特定目标和不特定目标所进行的犯罪预防。所谓护卫预防是指通过一定人力、方式和措施对特定人或特定物实施的护卫和看守型的预防。

(4)以犯罪预防的方法为标准,可以将犯罪预防分为社会预防、心理预防、治安预防和刑罚预防。治安预防是指公安机关对具有违反治安管理行为的人采取的监督、控制、教育、处罚等措施,从而减少犯罪行为和结果发生的一种犯罪预防方法。心理预防是指利用心理学原理,通过对某些人不健康心理的矫治,以及对其健康人格的培养,使其放弃反社会心理和犯罪意念,从而达到防止犯罪行为和结果发生的一种犯罪预防方法。刑罚预防是指国家司法机关运用刑罚手段,揭露、惩罚和改造犯罪,从而教育其不再重犯,并震慑和警诫其他人的一种犯罪预防方法。

(5)以犯罪预防的规模为标准,可以将犯罪预防分为宏观预防和微观预防。宏观预防是指从宏观或整体的角度采取较大规模和较大范围的犯罪预防措施进行犯罪预防的工程或体系。它主要包括立法预防、司法预防和行政预防三个大的方面。所谓立法预防是指采取立法措施对犯罪进行的预防,如制定犯罪预防的专项立法等。所谓司法预防是指采用司法手段对犯罪进行的震慑性防御,如实行严打、增强打击力度等司法措施。所谓行政预防是指采用行政命令的方式、措施和手段进行的预防,如制定犯罪预防责任制、将治安防范和行政领导人的政绩相联系等。微观的预防是指从微观或部分的角度采取的较小规模和较小范围的具体犯罪预防措施进行的预防,主要包括家庭预防、学校预防、社区预防、个人预防、调节预防、帮教预防和技术防范预防等。

(6)以犯罪预防的主体为标准,可以将犯罪预防分为社会预防和刑事预防。所谓社会预防是指社会各界共同参与的消除和削弱引起犯罪的因素和条件,从而防止、控制和减少犯罪的社会活动。社会预防的参与主体非常广泛,包括各党委和政府部门,包括各基层组织,包括家庭、学校等。社会预防的范围很广泛,包括深化政治、经济体制改革,大力发展生产力,包括加强文化市场的管理和新闻舆论的导向作用,包括改善家庭、学校教育、强化社区控制和防范机能,包括加强对特种行业、娱乐场所的管理等等。社会预防的手段、方式、方法多种多样,包括保护性预防、指导性预防、治理性预防、被害预防等。刑事预防是指国家专门机关通过刑事立法、刑事司法打击犯罪,惩罚、教育和改造违法犯罪人的活动。刑事预防涉及的内容,包括刑事立法的政策原则的确定和立法实践活动,包括揭露犯罪事实和犯罪人,包括犯罪的追诉、刑罚和刑事处遇措施的科处和执行等。刑事预防的核心内容是打击犯罪,包括集中打击和经常性地惩治犯罪。

(7)以犯罪预防的对象为标准,可以将犯罪预防分为一般预防和特殊预防。这里讲的一般预防和特殊预防不同于刑法学中刑罚的目的理论中所讲的一般预防和特殊预防,犯罪学中的一般预防和特殊预防具有比刑法学中的预防理论更广泛、更丰富的内容。犯罪学中的一般预防可以理解为以社会一般公众为对象,针对犯罪产生的诸多社会原因而采取的综合性预防措施。在某种意义上可以说,除了针对特定的个人及产生犯罪的个体因素而采取的专门预防措施以外的预防措施,都属于一般预防的范畴。所谓特殊预防是指国家、社会和公民个人运用各种社会资源,旨在减少和消除产生犯罪的个体因素而采取的犯罪预防措施[①]。

(8)以犯罪预防所涉及的领域不同为标准,犯罪预防还可以分为总体预防和分类预防。总体预防也可以理解为全局性预防,它是指为限制和消除产生各类犯罪和引起个体违法犯罪心理的一般社会原因而进行的预防活动。犯罪的总体预防以犯罪产生的一般社会原因为对象,所涉及的领域极其广泛,包含的内容也特别丰富,如发挥价值导向的社会功能,引导人们树立正确的道德观和价值观;加强社会控制,减少犯罪机会等等。分类控制是相对于全局性的整体预防而言的,它是指从客观需要出发,针对犯罪是主体、犯罪事实的手段及犯罪事实的场合与领域的特殊性而采取相应的预防措施而进行的预防活动。分类预防尽管只着眼于局部,但由于选取的角度和服务的要求不同,也涉及许多方面:如根据犯罪实施主体职务、年龄、性别、状态进行的主体预防;根据犯罪发生的场合、领域、阶段进行的特定预防;根据犯罪的基本类型、行为方式进行的专门预防;等等。在每一类预防中,又可以视不同的情况,满足不同的需要而进一步划分出更详细的类别。

此外,根据犯罪预防的性质,犯罪预防措施还可以分为政治措施、经济措施、教育措施、文化措施、舆论宣传措施、行政措施、法律措施、技术防范措施等等。

四、犯罪预防的主要内容

(一)社会预防

1. 社会预防的含义

犯罪学研究证明,犯罪作为人类社会的一种伴生现象,从本质上说犯罪属于反社会现象或社会异常现象,它的存在、发生在很大程度上是由人类社会自身的矛盾和人自身的弱点造成的,犯罪现象减少或者消灭,取决于文类社会自身的自我克服

[①] 张旭:《犯罪学要论》,法律出版社2003年版,第254页。

能力和自我完善程度。人类社会对犯罪进行的这种自我克服活动就是社会预防。但我们不能把犯罪的社会预防抽象为单纯的社会发展与建设活动,期待着有朝一日犯罪现象在社会完善过程中会自然而然地消灭。而是应当有意识地在社会的发展、进步与预防犯罪之间建立起有机的联系,使宏观的社会发展进步过程具体化为犯罪预防的措施和手段。从某种意义上讲,所有的犯罪预防措施和预防活动都具有社会性,都可以称之为社会预防。但这里所讲的社会预防是作为犯罪预防体系中的一个层次来讲的,它是犯罪预防体系中的一个重要内容。所谓社会预防,是指针对犯罪现象产生的社会原因和条件,国家采取一系列旨在减少和消除这些原因和条件的措施,通过对社会结构的调整与完善,是社会健康和谐发展,消除和减少弊病,从而达到预防、遏制和减少犯罪发生的这样一种犯罪控制活动。

犯罪的社会预防概念及其理论贯穿着"社会设计"的理念。这种理念要求力争创造一个完善的社会环境来抑制和克服犯罪。社会的健全与完善,是杜绝和减少犯罪现象的根本性前提;犯罪现象得到最大限度的抑制和减少,是社会完善过程的客观收获之一。除了创造和实现社会的健全与完善之外,不存在其他更为科学有效、简便易行的社会预防措施。完善的社会加上完善的人,是预防和减少犯罪的最为理想的条件。为了更好地理解犯罪预防的含义,应当注意以下几个问题。

(1) 社会预防的目的和实现途径。社会预防活动包括经济和社会的规划与发展的方方面面,核心目的在于通过作为社会管理者的国家以及政府各职能机构、社会组织和社会群体的有目的的建设性活动,创造出一个具有高度物质文明和精神文明、人的个性能够得到充分发展、处于良好的组织状态和有序运行之中的社会,并使犯罪现象最大限度地得到抑制和减少。

违法犯罪行为通常是由不以立法者意志为转移的经济因素造成的,因此重在大力发展生产力,加快国民经济的发展,无疑是首要的一环,这是犯罪预防的根本措施。在制订科学的国民经济和社会发展规划之中,应当把犯罪预防规划作为其中的重要组成部分。在政治上发扬社会主义民主和健全社会主义法制,正确处理好人民内部的各种矛盾,发展安定团结的政治局面,是搞好犯罪预防的另外一个重要方面。大力推进科学技术和教育事业,建立文明的社会主义道德风尚,是预防犯罪的根本性措施。使我国社会主义精神文明建设和社会主义物质文明建设同步发展,这是犯罪预防的重要保证。推广军民联防,综合治理社会治安,健全治保、调解组织,制定村规民约,落实社会治安责任制,建立和谐的社会,这是犯罪预防的社会基础。

社会预防的内容和措施具有广泛性和多样性。犯罪的社会预防涉及以社会发展和完善为目标的社会组织管理过程、社会规划和发展过程、社会改革和调整过程等方方面面,涵盖了国家经济建设、民主政治建设和文化建设的全部方针、政策和措施。可以说,预防犯罪是与社会完善同步前进、高度统一的。社会完善是实现预防和克服犯罪的前提,预防犯罪是社会完善的标志和结果之一。对犯罪采取社会预防措施的过程是社会建设与完善过程中的一个方面。

（2）社会预防的主体。社会预防的主体是作为社会组织管理者的国家及其各级职能部门和各种社会组织、社会群体。

（3）社会预防的客体。社会预防的客体,即社会预防的作用对象,是指社会预防的主体实施的一系列犯罪预防措施所直接指向的对象,包括社会的制度、结构、文化及作为行为发生的时空条件的社会环境。

在社会预防主体对社会(制度、结构及环境)施加影响的过程中,主体和客体之间有机地联系在一起。社会预防的过程和措施,始终包容了国家政权以及社会群体和组织的自觉的自我监督、自我调整和自我完善,因此,国家以及社会群体和组织在作为社会预防主体的同时,也成为社会预防的对象之一。

（4）社会预防和社会发展整体规划的关系。社会预防的提出和形成,一直以来都遵循这样一个指导思想:最好的社会政策就是最好的刑事政策。社会预防措施中包括但绝不等于以国家政权为支撑点的硬性社会控制,社会预防只是社会整体规划中的一个重要组成部分。在社会预防措施体系中,除了那些直接用于控制社会局面和解决具体社会问题的手段之外,大多数措施都不像刑罚以及其他强制措施那样,是为对付犯罪等反社会行为而专门设定的,虽然这些强制性的专门预防措施在犯罪预防中的作用是非常重要的。在制定社会发展规划和社会政策时必须专门考虑预防和减少犯罪的社会预防规划。

（5）社会预防是一种积极的、主动的治本性预防措施。与刑罚预防和治安预防相比,社会预防是一种积极预防和治本措施。社会预防旨在从根本上消除犯罪现象赖以产生和生存的社会原因和条件,并不着眼于对犯罪行为的事后惩罚和强制。社会预防犹如对社会这部庞大机器的精良设计、制造和全面的维护,可以有效减少社会"损耗"或"故障"的发生;刑罚预防及治安预防则犹如对机器故障的"大修"和对人体疾患的治疗[①]。

刑罚预防和治安预防等专门的犯罪预防措施,需要国家和社会在人力、财力、物力等方面做出专项投入,其实际效果也很难估量。但是,无论投入多少,实际上都是社会发展的一笔额外负担和成本。而社会预防则力图把犯罪以及其他社会问题化解于社会自身发展和完善的过程之中,无须额外投入。因此,社会预防的综合成本更低,综合效益更优。

2. 社会预防的功能

所谓社会预防的功能,即社会预防措施所应当具有的客观效用。社会预防功能的真正发挥意味着预防犯罪这一主观目的的实现。

（1）社会建设功能。社会预防的社会建设功能,是指社会预防措施对于社会

---

① 魏平雄、赵宝成、王顺安:《犯罪学教程》,中国政法大学出版社 1998 年版,第 376 页。

经济、政治、文化的建设、发展与完善的积极意义和促进作用。

由于预防犯罪与社会发展进步的内在要求是一致的、在进程上是同步的,因而社会预防的许多具体措施直接表现为社会政治、经济、文化等方面的建设性措施。例如,社会政治体制与经济体制的选择和调整、社会和经济发展的规划与决策、传统文化的保持与扬弃等等,这些既是社会发展与完善的内在要求,也是犯罪社会预防的内在要求。反过来,那些看似纯属用以维护社会有序运行的"堵塞性"手段,如对经济领域的违法行为进行的防范和制裁,其终极目的仍然是保障和促进社会的发展。

总而言之,社会预防措施对犯罪的防范目的包含于社会建设目的之中,而社会的充分进步与发展,既是克服犯罪的大前提,又是克服犯罪的最终结果。

(2) 社会整合功能。所谓社会整合(social integration),其基本含义是使社会成为一个具有共同价值和凝聚力的有机整体,并增强公众对社会共同价值的遵从和顺应的过程和结果。社会整合就是调整或协调社会中不同因素的矛盾、冲突和纠纷,使之成为一个统一、和谐的体系。在这个整合的过程中,社会各相离而又有联系的单位,通过相互顺应,遵守相同的行为规范而达到团结一致,形成一个均衡的体系。社会整合的实现,意味着公众对社会共同价值的遵从和顺应。

社会整合的相反过程和状态是社会解组(social disorganization)、社会失范(anomie)或社会解体(social disintegration)。社会解组、社会失范以及社会解体是产生社会问题包括犯罪问题的主要社会原因,社会整合的任务与结果就是避免社会出现解组、失范或者解体。

社会预防措施的社会整合功能表现在多个方面,主要为犯罪预防与社会整合的双向互动:犯罪现象在社会整合中得到避免和克服,因而犯罪预防要求社会整合;反过来,基于犯罪预防而采取的社会行动又提醒并推动了社会整合。例如,通过政治体制改革,加强民主与法制建设,加强廉政建设,实现制度整合,可以增强人民群众对党和政府的拥护与信任感,从制度上消除社会解组或解体的隐忧;通过道德与文化建设以及社会规范的确立和完善,实现文化整合和规范整合,可以促使人们信守社会共同价值准则,避免社会失范状态的出现,缓解文化冲突带来的社会震荡;通过制定科学的国民经济和社会发展规划以及适当的公共政策,可以从政策上消除产生社会问题的可能性,还可以提高人民群众的物质文化生活水平,使人民群众认识到社会主义制度的优越性,增强中华民族的自豪感;通过对阶级关系、利益分配关系和人际关系的适当调整,实现结构整合,可以避免或缓和不同社会阶层之间的冲突和对立等等。

(3) 社会控制功能。所谓社会控制(social control),是指社会为了保证其成员遵守社会规范,维护社会秩序,而施之于个人或群体的影响和制约。社会控制可以分为正式控制和非正式控制两种,前者指由政府、警察、法庭等官方机构依据法律赋予的职权而进行的制度化控制,后者则指凭借舆论、禁忌、礼仪、习俗等形式进行的非制度化控制。

社会预防措施的社会控制功能是显而易见的,犯罪的社会预防与社会控制之间是一体两面、相互推助的关系。社会预防体系中的某些措施本来就属于严格意义上的社会控制手段,如政府行政执法部门的行政执法活动以及有关行政法规本身。作为社会预防主体的国家与政府、社会组织(如工会、妇联、企业、学校)、社会群体(如家庭、邻里、社区),都是超个体的社会控制力量,它们通过组织管理、纪律约束、法律强制、舆论谴责等形式制约着个人,使个人遵从社会规范。并且,社会预防的各项具体措施和手段,无不传递着或者直接表现为一定的社会规范与价值,这些规范与价值一旦为个体所内化,便会转化为个体进行自我控制的内在力量。

犯罪的社会预防要求社会控制,社会控制则可以期待通过防范犯罪和违法行为而得以实现。

(4)社会化功能与社会心理调节功能。社会化功能和社会心理调节功能是社会预防措施所具有的积极心理影响的两个方面。

社会预防措施的社会化功能,表现为社会预防措施对社会成员的个性形成与发展具有积极影响。这主要表现在两个方面:一是通过一系列社会预防活动与措施,可以创造一个为个体所能适应并有利于个性发展的社会微观环境和宏观环境。二是社会预防活动具有一种传递社会价值和实现社会教育的功能,社会预防主体采取一定的措施,将社会价值与规范传授给社会成员,这些价值和规范一旦内化为个体人格的核心,便可以导致个体对社会的适应与顺应。

社会预防活动的社会心理的调节功能,是指社会预防活动对社会群体及个体的情绪、需要、矛盾以及心理冲突可以起到的慰藉、缓解、调适和恢复平衡的作用。良好的社会预防措施总是能够起到缓解社会矛盾和心理冲突的作用,在一定程度上调适个人或群体的情绪与需要。唯其如此,这些措施才能够真正起到预防犯罪的作用。例如,一项新出台的社会政策,不但公正、透明,而且能够为社会心理所承受,它就可以起到避免社会矛盾出现或激化,从而减少犯罪以及其他反社会行为发生的作用。

3. 宏观社会预防和微观社会预防

社会预防可以分为宏观社会预防和微观社会预防,它们分别由若干不同具体措施构成。

(1)宏观社会预防。宏观社会预防是以社会整体为单位的全局性的犯罪预防活动,其目的在于创造一个能够最大限度地抑制和克服犯罪现象的宏观社会环境。

宏观社会预防有两个显著的特点:①它与社会物质文明、精神文明以及政治文明建设进程相统一,因为社会犯罪现象的消长最终取决于"三个文明"建设的整体水平的高低;②它集中表现为国家(主要是作为执政党的共产党和中央政府)凭借政治权力并通过一定的社会决策机制、社会行政机制来对整个社会进行组织、引导、规划和建设。

1) 社会改革——社会本体的建设与完善。社会本体(具体说是社会制度、经济、文化及其结构)的建设和完善,是社会自我克服犯罪的物质基础和精神基础。社会本体建设和完善的主要途径是社会改革,具体包括以下几个方面。

第一,"三个文明"建设协调进行,提高社会物质文明、精神文明和政治建设的综合水平。社会犯罪状况如何,与物质文明、精神文明和政治文明的发展水平之间存在着复杂的联系。从历史上看,社会犯罪率的降低不完全取决于物质文明、精神文明和政治文明发展的绝对水平,更不完全取决于"三个文明"中某一方面的片面发展(这种片面发展实际上最终是不可能的),而是取决于"三个文明"发展的协调程度和综合水平的提高。物质文明、精神文明和政治文明中任何方面的片面发展,都只是抑制犯罪、培养善行的必要条件,而不是充分必要条件。物质文明、精神文明和政治文明之间是一种相互支撑、相互制约的关系。犯罪学的研究得出一条重要的规律是,社会犯罪率的降低取决于"三个文明"协调发展和综合水平的提高。按照历史唯物主义的基本原理,这一规律就表现为生产力与生产关系、经济基础与上层建筑必须相互适应和统一。

第二,深化社会管理体制改革,克服社会弊端,不断完善社会制度。社会管理体制是在社会基本政治制度和经济制度下社会经济、文化、教育等方面的具体管理制度和形式。与社会基本政治经济制度相比,社会管理体制属于较为具体的制度层面。从历史上看,在任何一种社会制度和国家政权之下,既不可能无一例犯罪,也不可能人人皆为罪犯,但是,社会基本制度的性质如何,有时的确与犯罪问题联系得异常紧密。社会管理体制上存在的一些重大弊端和缺陷,会严重妨碍社会生产力的迅速发展,并作为诱发犯罪的制度性因素,从而深刻影响着社会治安形势。社会管理体制的改革和完善,不仅是社会运动和社会主义社会自我完善的重要形式之一,而且是预防犯罪的重要措施之一。社会管理体制改革在预防犯罪上的意义,主要表现在以下几个方面:首先,它本质上是一种社会规划活动和对社会运行机制的调整活动,有助于形成一种社会政治和经济的良性运行机制和对社会的政治经济领域内违法犯罪行为的抑制机制;其次,它有助于创造出一个高效能的政府,提高政府的社会行政能力,从而使国家政权和社会制度最大化地发挥其社会整合和社会控制功能;再次,它旨在建立一个民主、法治、科学、公正、尊重人的价值与尊严的社会,这样的社会及其政府不仅会赢得公众的拥护和顺从,而且有助于人的心理平衡和人格的健全发展;最后,它可以大大解放生产力,迅速提高社会生产率,使人民群众的物质、文化需要不断得到满足。

第三,正确引导社会文化变革,实现社会价值的重整和统一。这里所说的文化,是指作为一种国民精神或共享价值的精神文化。文化不但以"社会潜意识"的形式深刻影响着文化共享者的个人行为和态度,而且作为社会精神因素深刻制约着该社会的结构(体制)模式。当然,文化也以不同于任何其他社会因素的独特方式影响(诱发或者抑制)着犯罪。因此,探讨犯罪原因,必须深究其文化之源;研究犯罪预防,必须寻求社会文化变革之路。当前,我国正经历着深刻的社会变迁,无论是从适应社会管理体制改革角度还是从预防犯罪角度考虑,社会文化变革都势在必行。

具体来说,我国社会文化变革的目的和任务主要有以下两个方面:一方面,在继承和保有传统文化的基础上,剔除其中的糟粕,借鉴、吸收外来文化中的精华,创造出一种适应时代要求的新的中华文化、一种和谐文化。这是传统文化的内容与性质的变革,有助于进一步改善国民精神。另一方面,这种文化变革,应当在正确估价中华传统文化以及外来文化(目前主要是西方文化)的基础上进行。在对中外文化的扬弃过程中实现社会价值的整合与统一,使全社会形成一个共同的价值目标,从而增强社会的有序性和团结程度。犯罪学研究表明,人的行为(尤其是犯罪行为)不仅受一定文化特质的制约,而且更多地取决于社会(或社会价值)的整合程度。通过适当的社会文化变革,来实现社会文化的整合或重建,避免出现社会失范状态,减缓文化冲突,防止违法亚文化群的形成,对于预防犯罪有着重要意义。

第四,恰当调整阶级关系,改善人际关系,制造宽松的政治气氛。调整阶级关系和人际关系是社会改革的一个特殊领域。阶级关系和人际关系是社会结构的组成部分,社会改革必然引起或包含对阶级关系和人际关系的调整。正确处理各种矛盾,保持和谐的人际关系,是社会安定的重要条件之一。调整阶级关系,就是在恰当地估计阶级力量对比变化和阶级斗争形势的前提下,对阶级之间和阶级内部的关系进行政策法律方面的调整。调整阶级关系的目的在于缓和阶级斗争的紧张形势,使阶级矛盾和人民内部矛盾控制在社会统治秩序所能允许的范围之内。人际关系是人们在直接的物质和精神的交往中形成的一种非政治关系,如亲属、同事、师生、朋友等关系。人际关系实际上是个人生活的直接环境和情感氛围。它在很大程度上影响着个人的行为方式,不少犯罪行为与不良的人际交往均与各种人际矛盾或纠纷有着密切联系。保持正常的、亲密融洽的人际关系,不但是人格获得健康发展的重要条件,而且有助于减少和避免多种矛盾和纠纷。

2)社会政策——社会问题的控制阀。社会政策是国家和(或)执政党制定的,旨在协调社会关系,避免或解决社会问题,保证经济与社会平稳、均衡发展的方针、原则和计划的总和。它包括经济政策、人口政策、社会保障政策、文化教育政策、民族政策等多个方面。社会政策是政党和政府用以组织、管理社会的重要手段和工具,社会政策的制定和执行过程,就是党和政府对社会的组织管理过程。

社会政策有着重要的预防犯罪价值,具体表现如下。

第一,就社会政策本身来说,它是一种社会关系"调节器",它的正确或错误将直接影响社会秩序的稳定与否。

第二,比较而言,社会政策的预防犯罪价值优于刑事政策,前者可以治本,后者则只能治标。刑事政策是国家用来对付犯罪的专门手段,其主要目的和作用是通过对犯罪行为的事后回顾(惩罚、报复和矫正)来实现对犯罪的特殊威慑和一般威慑。刑事政策无法触动产生犯罪的原因和条件,其一般威慑和特殊威慑的作用也相当有限。社会政策虽不是对付犯罪的专门手段,但对于犯罪却具有明显的治本作用。社会政策的基本目的和作用在于调整、润滑社会关系,以避免和减少社会问题的发生,而这些社会问题往往是诱发犯罪的远因或近因。

但是社会政策的完善是一件相当复杂的事情。从过程上看,完善社会政策,首先需要有一个民主、科学的决策机制,这涉及政治体制问题;然后需要有一个高效能的行政机构将政策付诸实施,这不仅涉及政治体制,而且涉及政府的执政能力。要想完善社会政策,需坚持以下几个原则。

原则一:经济与社会协调发展。经济与社会协调发展,应当是社会政策的一个基本宗旨。在犯罪预防领域中,坚持经济与社会协调发展原则的具体体现是,制订科学的国民经济和社会发展规划,并使预防犯罪规划成为它的一个组成部分。

原则二:效率与公平兼顾。在社会生活中,效率与公平是一对难以处理的矛盾。如何协调效率与公平的关系,不仅是经济政策,而且是所有社会政策所经常面临的一道难题。社会发展史证明,单纯强调其中某一方面而忽视另一方面或者以牺牲某一方面为代价而换取另一方面,都难以构建一个理想的社会;但是,若将二者置于同等的地位,虽然理想,却又难以实际做到。较为现实的做法是,根据实际情况需要,将其中某一方面摆在优先地位,同时兼顾另外一方面。这样做既可以使社会保持一定的活力,又可以避免社会矛盾的激化。

原则三:内在一致。所谓内在一致,就是各项社会政策在总的价值目标上保持一致,在内容上协调统一、前后连贯,而不是政策多变、朝令夕改、长官意志。坚持这一原则,可以避免因社会政策的频繁变更或相互矛盾而出现社会动荡,还有助于引导社会公众对社会形势做出清醒的价值判断、形成较为成熟的社会价值取向和稳定的社会心理。

原则四:成本-效益。成本-效益原则也可称为最优化原则。这一原则要求,特定的社会政策必须是为实现特定社会目标而做出的最优选择,即按照这种政策行事,能够以最小的社会成本(代价)实现最大的社会效益。对社会政策进行成本-效益分析,可以影响决策者对社会治安问题重要性的判断和对治世手段的选择,在社会决策中,对犯罪及其预防进行成本-效益分析,具有更加直接的犯罪学意义。

3)道德、法制和政府行政——社会控制的三种主要力量。道德、法制和政府行政是社会控制的三种主要力量。要想较好地组织社会,使之保持稳定有序的状态,这三种社会控制力量的适当运用是必要的。作为三种主要的社会控制力量,道德、法制和政府行政总是与责任、强制和制裁联系在一起。社会控制要强调的正是通过道德、法制和权力(政府行政)等力量的强制和制裁来实现对社会的较好的组织和控制。

道德是一套评价善恶的规则和标准。从客观上讲,它凭借社会舆论等道德评价和制裁而得以执行;从主观上讲,它通过个人的良心以及对道德责罚的畏惧而得到遵从。运用道德力量预防犯罪,主要表现在两个方面:一是加强道德建设和道德教育。道德建设是指对道德规范体系的确立;道德教育是指对道德规范的宣传和灌输。道德教育除了政治信念的灌输,更主要的是对基本伦理规范的传授。二是道德规范的执行,主要表现为普遍的社会监督和舆论谴责。

法制,是指国家和政府制定的用以调整社会关系,管理经济发展以及其他社会公共事务的法律、法规和制度的总和。道德是一种非正式的社会控制力量,法制则是一种正式的社会控制力量。法制的社会控制作用在于它确定了行为的是与非、可与否、合法与非法的标准,划定了人的自由的范围,赋予并且限定了国家机关(尤其是行政机关)的权力,使国家处于一定程度的法治状态,在一定程度上减少了权力的滥用。此外,它还预告了特定行为的特定法律后果和责任,使人们能够较为清醒地进行行为选择。法制完善是社会完善重要标志之一。

政府行政是政府依法对具体社会公共事务实施组织和管理的过程。政府行政对于保证社会秩序的有条不紊起着相当重要的作用。

(2)微观社会预防。微观社会预防是指以社区、群体和公民个人为单位而进行的预防犯罪活动。其主要目的在于消除犯罪机会和条件,减少自身被害的可能性。

1)环境设计与防卫空间。通过环境设计来预防犯罪,是一种具有较强应用性的犯罪预防方法。这一方法的主要目的在于利用工程建筑学方法来规划和建设物理环境,创造一个不利于犯罪发生的防卫空间。换言之,通过环境设计来预防犯罪,目的在于控制和消除犯罪发生的空间场和时间场。

通过环境设计预防犯罪的方案,其科学基础是犯罪行为发生具有一定的生态分布规律或曰时空分布规律。犯罪的类型和发案率高低总是与具体的时空条件相联系,这表明特定的时空条件对于犯罪行为的发生具有诱发或刺激作用。由此得出的结论之一是,应当通过环境设计来消除作为犯罪诱因或强化物的时空条件。

2)群体和个人对犯罪预防的参与。社区(community)、群体(包括组织)和公民个人是社会的基本单位。在社会生活中,它们既要接受政府的统一组织管理,又要积极地实行自组和自治;在预防犯罪活动中,它们既要支持和配合预防犯罪的国家行动,又必须作为主体而采取积极的自卫行动。社区、群体(包括组织)和公民个人对犯罪预防活动的积极参与,是预防犯罪的国家行动的必要补充。

社区可以被定义为由聚集在某一地域并且有着共同的集体情感的人群所构成的社会单位。社区具有重要的社会组织功能,历来是社会控制的基本单位。群众自治是指群众有组织进行的自我管理和自我保护活动。其具体形式主要有:治安联防;人民调解;共青团、妇联、工会等群众自治组织对其成员进行各种组织和教育活动。企业、事业单位以自我管理和自我保护的形式参与预防犯罪活动。企业、事业单位的自我保护的具体形式主要有:在法律和政策规定的业务和职责范围内开展经营和业务活动;建立、健全工作纪律和经营管理制度;加强对本单位职工和工作人员的管理和教育;加强本单位的治安保卫工作,建立单位治安保卫组织和人民调解组织,健全治安保卫制度,积极协助公安、司法部门调查和处理本单位内部发生的违法犯罪案件。公民作为社会的主体,有责任以实际行动参与犯罪预防活动。公民个人参与犯罪预防活动的具体形式包括:遵守法律和社会道德规范,自我约束;增强自我防卫意识和能力,采取必要的财产保护和人身保护措施以及报警求助措施,减少被害的可能性;要勇于与犯罪行为做斗争。

(二)心理预防

犯罪行为是个体在特定的社会背景和具体情境下发生的选择性行为,具体犯罪行为的发生,是行为人相对自由意志选择的结果,要受行为人的理性和个性倾向的影响。因此,在强调犯罪社会预防的重要性的同时,也应当重视犯罪心理预防的重要性。

1. 犯罪心理预防的概念

犯罪的心理预防,是指通过对人的健康人格的社会培养和自我修养,增强人的社会适应能力和自我控制能力,使人能够在特定的社会背景和具体情境下做出符合社会法律和伦理规范的行为选择。犯罪心理预防是一个有助于社会成员养成健康人格的过程和措施,是人的社会化和个性化过程,可以收到避免犯罪行为发生的"综合性效益"。心理预防概念的提出,有其人性和事实上的依据。需要指出的是,强调犯罪的心理预防,并不是要把犯罪现象作为一种纯心理现象来对待,也不是把犯罪预防完全寄希望于一套纯心理学的技术或手段。实际上,犯罪心理预防,是犯罪预防体系中的一个方面、一道防线,它与社会预防一起构成了犯罪预防体系的两个基础性层次,二者相互补充,相得益彰。强调犯罪心理预防,意在强调预防犯罪的基础不仅在于社会的完善,而且在于人的内在完善。

2. 犯罪心理预防的特点

犯罪心理预防的原理和特点如下。

(1)核心目的在于人的完善、人的内在充实和健全人格的养成。心理预防的核心目的是通过对健康人格的培养和养成来实现对犯罪行为的预防。对于健康人格的概念,不同的学者有着不同的理解。但人格获得健康发展的标志之一,是主体具有良好的社会认知能力和社会适应能力。人格健康者总是表现为能够冷静地应对外界环境的压力与诱惑,能够建立起良好的社会交往关系,并且能够使自己的价值得到实现、创造力得到发挥。换言之,他们总是能够以积极的姿态、合乎规范的行为方式来获得自我实现。

(2)强调自我控制与外在社会控制之间的相对均衡。心理预防特别强调人的内在自我控制与外在社会控制之间的相对均衡。人格的形成和改变取决于外部环境(即社会)的塑造(教化)和人的自我养成(内省和自我修养)。犯罪心理预防理论承认人的内在自我控制的重要性,并以增强人的自我控制能力为最终目的。自我控制能力是作为精神性存在的人所特有的一种能力,它是由人的道德感、社会责任感、良心、羞耻心等组成的一套自我调节和行为缓冲机制,能够使人在复杂的情境中和在行为发生的临界点表现出充分的理智和冷静,不发生过激行为。上述前提下,特别强调人的内在自我控制与外在社会控制之间保持相对平衡。二者的彼此"适度",是维持这种平衡的基本条件。犯罪预防的真谛,在于实现个人与社会的相互协调、内在自我控制与外在社会控制的相对平衡,一句话,在于个人与社会的均衡良性互动,培养健康、充实的人格,是实现上述协调与平衡的关键。

(3)以个体社会化与个性化为基本内容。犯罪心理预防是一个过程,确切地说,是指人的社会化过程和个性化过程。个体社会化和个性化是犯罪心理预防的基本内容。这个过程包括社会对个人的教化过程和人的自我修养过程两个方面,而不是仅仅指纯心理学技术或心理学措施的集合。

(4)以精神和心理上的正常人为主要对象,追求的是对犯罪行为的积极避免。心理预防是一种积极预防,以非犯罪的正常人格者为主要对象、以个体社会化和个性化过程为基本内容。在这一过程中,人既是对象,也是主体。在心理预防中,既为对象也为主体的,主要是未犯罪的正常人,而不是罪犯、变态人格者或者精神病患者。

(5)犯罪心理预防主要是事先预防。意识决定行为,行为导致后果。个体的犯罪意识,即不健康或者偏激的心理,必然会导致其过激甚至犯罪行为的发生,而犯罪行为又会直接产生危害他人或社会的后果。犯罪的心理预防就是要从犯罪的源头上抓起,即注重树立个体健康正确的意识和心理状态,从根本上杜绝犯罪活动产生的土壤和前提,从而打消主体的犯罪念头以达到预防犯罪的目的,不给社会和其他人造成任何危害和损失[①]。

3. 犯罪心理预防的功能

犯罪心理预防的功能,是指犯罪心理预防具有的价值和效用。通过以下价值和效用的实现,可以间接地收到预防和减少犯罪的效果。

(1)人格的塑造和养成。犯罪心理预防的过程和措施具有人格塑造和养成功能,即心理预防过程和措施对个体人格的形成与发展具有建设性的影响。这是心理预防的最基本价值和效用,它的实现期待于社会的教化和人的自我修养这两方面的活动。

(2)心理调节。犯罪心理预防的过程和措施具有一定的心理调节功能,主要表现为它能够帮助个人建立起一套内在的自我调节和自我控制机制。

(3)主观激励。犯罪心理预防的过程和措施具有主观激励功能,即具有唤起

---

① 辛科:《犯罪学》,法律出版社2015年版,第271页。

人的主体意识、社会创造性及自我完善意识的功能。

(4)推动社会进步。犯罪心理预防依赖于社会的进步与完善,因此,它又具有了间接地促进社会进步和完善的功能。犯罪心理预防需要社会的进步和完善;反过来,社会对于培养其合格的成员必须担负起应有的责任。

(5)社会控制。犯罪心理预防的过程和措施具有社会控制功能。犯罪心理预防的主要内容是个体的社会化和个性化,实现社会控制的较好形式是个体的社会化与个性化的相互统一、外在社会控制与个体自我控制的相对均衡。

4.犯罪心理预防的基本途径

(1)社会化——社会对个体人格的塑造。个体社会化过程的顺利完成,是犯罪心理预防的基本途径之一。所谓社会化(socialization),又称社会教化或社会教养,是个人借以学习社会规范和价值、生产生活知识和技能,并形成个性(人格)特质的过程。为了保证个体社会化过程的顺利完成,使个体形成健全的人格并成为符合社会规范、适应社会生活的社会成员,实现犯罪的心理预防目标,应当特别强调以下三个方面的工作:①不断完善社会,创造一个有利于人格健康发展的社会文化环境,这是心理预防的基本途径之一,这种社会文化环境的基本特征是民主、科学、公平、正义、讲究法制、充分尊重人的价值、能够充分满足人的物质文化需要;②传授社会文化和社会规范,掌握社会规范、学习社会文化,是参与社会并成为合格社会成员的一个重要条件,因此,社会向其成员传授该社会的文化与规范以及社会成员对该社会文化和规范的学习与内化,就成为社会与个体之间的双向互动过程,在这个过程中,人格得以塑造,社会控制和心理控制得以实现;③开展心理卫生和心理健康咨询活动,心理卫生工作和心理健康咨询活动,是维护心理健康、培养健全人格的重要途径,因而也是犯罪心理预防的重要途径。

(2)自我修养——人格的自我养成和完善。随着年龄的增加和社会化过程的进行,人逐渐由降生时的"生物个体"成长为"社会个体",逐渐形成了较为清醒的自我意识,并在此基础上形成并发展着自己的良心和整个人格结构。人的自我意识的形成,标志着他的自我观察、自我评价、自我修养和自我控制能力的形成。对于形成了较为清晰的自我意识的成熟个体来说,凭借理性和自我意识,积极地进行自我修养和自我完善,增强自我控制和自我调节能力,是健康人格自我养成的途径之一,也是犯罪心理预防的基本途径之一。

(三)治安预防

1.犯罪的治安预防的概念与特点

犯罪治安预防,是指由专门的社会控制力量运用国家赋予的权力,控制犯罪行为实施所需要的或者可能利用的外部条件,发现和制止犯罪行为的实施,防止和减少犯罪对社会的危害的各种行政措施。

犯罪治安预防是以犯罪的可知性为基点的。犯罪作为一种人的行为,一种在现实社会中实际发生的现象,总是要通过作用于客观外界的举动在现实中表现出来,总是要受到客观条件和规律的制约,总是要在现实社会中留下自己的足迹。犯罪治安预防,正是利用犯罪行为这一特点,凭借特殊的公共权力,通过管理、改善和控制可能被利用来实施犯罪或掩护犯罪的环境因素,来消除、减少犯罪机会,并运用特殊的公共权力寻找犯罪的迹象,阻止可能犯罪的人实施和完成犯罪。因此,犯罪治安预防与犯罪预防的其他措施相比,有如下特点。

(1)针对性。犯罪治安预防是对特定的人、特定的行为、特定的场所或特定的行业实施的预防性措施。它具有很强的针对性,具有明确的施控对象。它的目标十分明显,即防止具有犯罪倾向的人实施犯罪或者完成犯罪。这个目标决定了犯罪治安预防不是泛泛地针对一切人,而只是针对具有犯罪可能的人;不是针对犯罪产生的原因,而是针对犯罪实施的过程和条件。

(2)专门性。犯罪治安预防既然是有针对性地预防犯罪,它就必然要主要依靠专门的社会控制力量来进行。这种专门的社会控制力量,在我国,主要是拥有行政处置权的治安行政管理部门。

(3)强制性。犯罪治安预防是在犯罪行为准备到犯罪结果出现这个阶段上采取的一种专门化预防措施,所以与其他犯罪预防措施相比,犯罪治安预防不可不带有强制性。

(4)有效性。犯罪治安预防的主体是国家专门的治安行政管理部门,预防对象具有很强的针对性,预防措施也是在犯罪行为准备实施到犯罪结果出现这个阶段上采取的一种具有强制性的专门化的行政措施,所以与其他犯罪预防措施相比,犯罪治安预防具有立见成效的特点。这项工作做好了,可以直接减少犯罪的实际发生,使一定时间、一定区域内的犯罪率明显降低。

(5)长期性和艰巨性。犯罪治安预防是通过对犯罪行为的外部条件的控制来预防犯罪的,它虽然可以有效地减少犯罪机会,对犯罪行为人产生威慑力,使其产生畏惧进而放弃或终止犯罪,从而降低犯罪的成功率。但是却不能减少、消除或避免犯罪产生的内部条件或内因,即社会矛盾和社会问题。犯罪治安预防措施的采用使犯罪发生率降低这种现象只是暂时的,在没有消除或改善促使犯罪产生的原因的情况下,犯罪控制一旦放松,犯罪的发生率又会明显上升。因此,治安预防只能治标、解决局部问题,这也就决定了犯罪治安预防工作的长期性,不可能只靠几次严打、专项整治就解决犯罪问题,就完成犯罪治安预防工作的任务。

而犯罪治安预防的这种长期性又决定了它的艰巨性。由于犯罪治安预防工作不可能解决犯罪的深层次问题,预防对象极其复杂和危险,其预防措施又带有明显的强制力,所以在实施过程中,有时人们难以理解和支持,这就需要治安管理部门和执行人员要付出更大的精力和努力,要做艰苦细致的思想教育说明工作,并要有长期努力的思想和打算。因此,犯罪治安预防具有长期性和艰巨性。

2. 治安预防的任务及其功能

(1)治安预防的任务主要有以下几项:①预防和发现各种违法犯罪行为;②预防与查处治安灾害事故;③惩戒和教育违反治安管理的人。

(2)治安预防的功能。治安预防的功能是指治安管理作为开放系统,其整体对外所起的主要作用及正面社会效应,具体体现在以下几个方面。

1)行为规范与导向功能。所谓规范功能,是指通过治安管理法律规范的制定、颁布施行与广泛宣传,让人们知道什么是国家允许做的,什么是国家不允许做的,从而约束自己的行为。所谓导向功能,是指治安管理的法律规范为人们提供了一个维护社会治安秩序和公共安全的行为标准和尺度,具有判断、衡量人们的行为的功能。

2)惩戒与教育功能。治安预防的目的的实现,很重要的一条途径就是通过处罚违法行为人,来有效地制止和预防违法犯罪行为的发生。

3)社会公共安全的维护与保障功能。治安预防的直接目的是防范与控制违法犯罪行为,其根本目的则是维护统治阶级的统治秩序。

3. 治安预防的措施及其特点

治安预防的措施,是指治安预防的主体为了实现治安预防的目标,达到社会治安的目的,依法对社会治安秩序实行控制管理的各种手段的总称。治安预防的措施按其性质和作用可以划分为惩戒措施、管理措施、专业措施、教育改造措施和技术措施等。

(1)惩戒措施。惩戒措施是指公安机关依法所具有的治安管理处罚和治安行政强制措施。

(2)管理措施。管理措施是指公安机关在治安管理中广泛应用的行政管理、行政审批、监督检查和禁止、取缔等内容。

(3)专业措施。专业措施是指相对于治安预防的其他措施更具有治安管理功用的专业性措施,如治安调查、巡逻、守望、堵卡和盘查等。

(4)教育改造措施。教育改造措施是指以国家政权和警察的强制力为后盾,以教育人、改造人、预防违法犯罪为目的的一种特殊的教育手段。主要包括:治安防范教育、社会帮教和监督改造。

(5)技术措施。技术措施主要是指公安机关采用的现代通信技术、警用监控技术、报警技术、安全检测技术等等技术与手段。

上述预防措施除具备一般行政管理手段的共同特征外,还具有以下特点:①强制性,治安预防措施是以警察权力为依托的,而警察权力在一定程度上就是国家权力的象征;②多样性,治安预防措施要想实现对社会的控制与防范,应采用多样化的措施和手段。包括行政的、法律的、教育改造的、公安专项的等;③互补性,治安预防的各项措施之间存在明显的互补性。

4. 犯罪治安预防的地位

犯罪治安预防是犯罪预防的一系列活动中具有专门性的一项预防措施,是犯罪预防的一个方面。它通过对具有犯罪倾向或者决意要实施犯罪行为的人采取有效的防范措施,使之没有机会实施犯罪或者完成犯罪。因此,对于预防犯罪的目的而言,这是一种极为有效的手段。这项工作做好了,就会大大降低犯罪的发案率,这对于维护社会的稳定、促进经济文化的发展具有重要意义。所以,犯罪治安预防在犯罪预防体系中具有不容忽视的地位。

虽然犯罪治安预防在犯罪预防体系中具有重要的地位,但是它不可能完全取代犯罪预防的其他预防措施。因为犯罪治安预防只是犯罪预防的一个环节、一个方面、一项措施或一种手段,它无法在犯罪产生的各个阶段都发生作用,而且犯罪治安预防的主要功能是治标而不是治本,它既不能从根本上消除犯罪产生的社会基础,也不能使具有犯罪倾向的人完全打消犯罪的动机和念头。因此,犯罪预防不能完全依赖于治安预防,它的预防作用也是有限的,需要与其他预防措施相互配合,才能充分发挥防控效果。

5. 实施犯罪治安预防应当注意的问题

在实践中运用治安控制手段预防和减少犯罪,应当注意以下问题。

(1)犯罪治安预防措施的采取要符合犯罪预防的总体要求。犯罪治安预防的各种具体措施的设置和采用应当充分考虑是否有利于或者是否能够有效地预防犯罪。不能只从局部或眼前的效果来评定,而应从全局和长远的利益来权衡。因为有些犯罪治安预防措施虽然在局部上或者在某时某地有助于减少犯罪,但是如果从总体上来看,它可能引起更大范围的社会矛盾或者可能激起更多人的犯罪意图,它的有用性就可能被其自身的有害性所淹没,因而就不应当作为预防措施来施行或者不能够长时间、大范围施行。所以,在选择犯罪治安预防措施时,应当充分考虑它可能产生的社会效果,使之服从于预防犯罪的总体要求。

(2)犯罪治安预防措施的采取要兼顾公共利益保护与个人权利保障。犯罪治安预防措施是通过对重点人员、重要场所、特定物品和特殊行业的治安行政管理,来控制犯罪行为实施的机会和成功的概率,从而达到预防和减少犯罪之目的。而犯罪治安预防措施的具体实施,必然会对公民个人的活动产生一定的影响,或者限制、干预其活动,或者要求其做出或放弃某种行为等,这些都与个人的权利息息相关。这就要求在采取犯罪治安预防措施时必须要充分考虑对公民合法权益的保障,即犯罪治安预防应当尽可能地在保障公民的合法权益不受侵犯的情况下进行,即使为了有效地控制犯罪而不得不采取某种行政措施,也要避免因行政权力的滥用而对个人权利造成不应有的侵犯。亦即,不能为了公共利益保护的需要而忽视个人权利的保障。

(3)要注意犯罪治安预防手段与其他犯罪预防手段的配合。犯罪治安预防只是犯罪预防的一种手段,必须与其他手段相结合才能更好地实现犯罪预防的目的。如在微观控制的场合,注意犯罪产生的具体原因,采取疏导手段,做好法制宣传和思想教育工作,才能使犯罪治安预防措施得以顺利有效地实施。如果不强调各种犯罪预防手段的相互配合,犯罪治安控制同样难以有效地预防和减少犯罪[①]。

(四)刑罚预防

1. 刑罚预防的概念和特征

刑罚预防是指国家刑事司法机关在对犯罪人的犯罪行为及其危害,通过适用刑罚所实现的一般和特殊预防目的的专门性强制措施及其防治活动。刑罚预防具有以下特征。

(1)刑罚预防的主体是专门的国家机关。刑罚预防的主体是享有刑事立法权的国家权力机关和享有刑事司法权的国家司法机关。在我国,只有全国人民代表大会及其常务委员会才有权制定刑事法律、规定刑罚的种类及其具体运用的原则、制度和量刑标准,规定适用刑法的机关、程序和执行,规定特定时期适用刑法的基本政策。享有刑事司法权的国家机关是公安机关、国家安全机关、检察机关和人民法院以及监狱机关。

(2)刑罚预防的工具是刑罚。刑罚是国家用以惩罚犯罪、制裁犯罪人的一种最具强制性的法律制裁手段。刑罚作为一种法律手段,是国家意志的表现,刑罚的运用必须由专门机关严格依照法律的实体性和程序性规定进行。运用刑罚来预防犯罪,包括三个方面的活动:一是制定刑事法律,设置刑事司法系统;二是适用刑罚惩罚犯罪、改造犯罪人;三是通过刑罚适用的实例教育公民不去犯罪。

(3)刑罚预防的对象包括犯了罪的人和没有犯罪的人。刑罚预防是针对特定的犯罪人的一种特殊预防,但同时对社会的潜在犯罪人和其他社会公民发挥着一般预防的作用。

(4)刑罚预防以刑罚目的为目的,包括特殊预防和一般预防,既是为了教育改造已经犯了罪的人,使他们不致再犯罪,同时也是为了震慑意欲实施犯罪的人,使他们放弃将要实施的犯罪。

2. 刑罚预防的功能

刑罚预防的功能是指刑罚预防手段在其设置和实施过程中所能发挥的防治犯罪的作用及效应。刑罚预防在整个预防犯罪体系中,依其作用对象不同,具有两个方面的预防功能:特殊预防和一般预防。

(1)特殊预防。所谓特殊预防,是指国家司法机关通过揭露犯罪行为并对犯罪人适用和执行刑罚所具有防止罪犯再犯的能力。由于特殊预防是针对特定的犯

---

① 许章润:《犯罪学》,法律出版社2016年版,第318页。

罪人在实施了犯罪行为之后所采取的惩治、预防措施,所以又称为"个别预防""罪后预防"或"再犯预防"。

特殊预防功能作用的对象,是已经实施了犯罪行为,给社会造成了严重危害的应受刑罚处罚的罪犯。特殊预防的功能,主要是通过威慑、剥夺犯罪能力、感化教育、惩罚与改造相结合来实现的。运用刑罚的惩罚性及其所产生的威慑效应预防犯罪,是人类最久远的做法。惩罚是一切刑罚的共同特征,也是实现刑罚预防功能的必要手段,刑罚的惩罚作用表现在对犯罪人的物理强制和心理影响。剥夺犯罪能力是通过对犯罪人再犯能力的剥夺,预防其再犯。

(2)一般预防。一般预防是指国家司法机关在制定和适用刑罚时,对社会一般公众所产生的预防犯罪的作用与能力。由于一般预防是针对犯罪人以外的没有实施犯罪行为的不特定社会公民,所以又叫"犯前预防"。一般预防是刑罚预防所追求的扩大效应。

一般预防功能作用的对象十分广泛,包括了除犯罪人以外的一切社会公众。主要可以归纳为以下几类:潜在犯罪人、被害人、法盲、守法公民。对应不同的预防对象,一般预防的功能效应发挥着不同的效果。

1)对潜在犯罪人具有一般威慑效应。刑罚威慑效应的结果,可能是增强潜在犯罪人的自我控制力、消除犯罪的侥幸心理、抑制犯罪动机和犯意、阻止犯罪决意形成或遏制犯罪心理外化为犯罪行为。

2)对被害人及其家属具有安抚效应。这种效应能够预防被害人及其家属由复仇心理而造成新的犯罪。

3)对法盲具有一般辨别效应。辨别效应是指刑罚作为统治阶级对犯罪行为的一种否定评价和严厉谴责,能够促使人们辨别自己行为的性质,认识是非善恶,摒弃刑罚所否定和谴责的行为。

4)对守法公民有鼓舞效应。及时揭露和制裁罪犯,准确而恰当地适用刑罚,就能够给社会公民以鼓舞,从而激励他们自觉地同犯罪行为做斗争。

3. 刑罚预防的重要环节——监狱

监狱在刑罚预防中扮演着重要的角色,作为国家的物质附属物和暴力机器,它是国家存在的象征之一和对敌专政的重要手段。国家设立监狱,并用铁窗、高墙和严密的武装警戒赋予其外表,目的就在于拘禁触法犯科、严重危害社会的犯罪分子,用物理形态的方式将此与正常的公众社会隔离开来,防止其再次实施犯罪行为。这就是一种特殊预防,监狱工作是刑罚特殊预防的重要领域。

刑罚的特殊预防的整体功能的发挥,是制刑、求刑、量刑和行刑等四个环节综合作用的结果,监狱工作不外是行刑环节的一部分,也是最重要的一部分。就刑罚预防来看,对罪犯的特殊预防功能的实现,是通过公安机关侦查破案、检察机关审查公诉、人民法院定罪量刑和监狱等行刑机关惩罚改造等四道工序来实现的。监狱处于第四道工序,起到最后的把关作用。

监狱在刑罚预防体系中,不仅起着极其重要的特殊预防的角色,而且也发挥着一般预防的作用。监狱在将已被人民法院定罪量刑之后的罪犯集中关押在其中的同时,也在向社会宣告犯罪者必将受到剥夺人身自由的刑罚惩罚的痛苦,无疑给社会树立了一个榜样,警戒那些潜在的犯罪者不要模仿。总之,监狱具有刑罚预防所期待与追求的防止犯罪的能力与作用。一切监狱的设置及其目的均是为了防止罪犯重新犯罪,警戒与预防社会上的潜在犯罪人实施犯罪行为。

4. 刑罚预防的基本途径

刑罚具有预防犯罪的功能,这种功能主要是通过以下三种途径来实现的。

(1)合理地制定刑罚,并做好法制宣传。刑罚设置的合理性对于刑罚作用的发挥具有十分重要的意义,它直接关系到社会成员对刑罚的认可程度。如果一个国家的刑罚制度被普遍认为是公平、合理、必要的,人们对刑法的遵循程度就会大大提高。相反,如果刑罚过轻或过重,则会导致社会成员对刑法的反感甚至抵触,刑罚预防的效果就会大打折扣。另外,还要做好法制宣传工作,使人们普遍知晓对各种犯罪应适用的刑罚种类及其轻重,促使人们在自己的行为选择中考虑刑罚的有关规定,权衡犯罪行为可能给自己造成的不利后果,从而抑制其内心的犯罪冲动,以达到刑罚预防犯罪的目的。

(2)准确地适用刑罚。司法机关在刑事诉讼的过程中,对已经发生了的犯罪按照刑法的规定及时严格地适用刑罚,不仅实际剥夺了犯罪人再次犯罪的能力或机遇,使其在一定时间内不致实施新的犯罪,还可以对准备实施犯罪或者正在犯罪边沿犹豫的人产生威慑,使其从中看到刑罚的威严,不敢以身试法,从而实现一般预防和特殊预防的目的。

(3)严格执行刑罚,教育改造犯罪人。严格按照人民法院的判决对犯罪人实际执行刑罚,强迫其改恶从善,是发挥刑罚功能的必要环节。执行刑罚的过程,既是对犯罪人进行教育改造的过程,也是发挥刑罚的威慑力进而实现一般预防的过程。只有通过刑罚的具体执行,将刑罚对犯罪人的惩罚展现在全体社会成员面前,才能充分地显示出刑罚本身所具有的属性,使社会成员切实地感受到刑罚的严厉性,从而达到一般预防的效果。如果离开了刑罚的实际执行,刑罚的适用就会成为空谈,其预防功能也无法实现。

5. 刑罚预防的局限

虽然刑罚具有预防犯罪的功能,但是对犯罪的预防绝不能完全依靠刑罚来实现。因为刑罚预防犯罪的作用是受一定的条件、范围、对象制约的。从宏观上看,刑罚并不能够消除犯罪产生的社会根源和经济根源,因而不可能从根本上预防和消灭犯罪。在强调刑罚对犯罪的预防功能时,切不可将其绝对化,不能将刑罚视为防止犯罪的万灵药,认为有了刑罚就可以对付一切犯罪。历史上的重刑主义就是把刑罚的预防功能绝对化,以致刑罚走向了自己的反面,成为激化矛盾、诱发犯罪的因素。所以,对于刑罚应保持谦抑主义,谨慎地适用刑罚,对于通过其他犯罪预防手段就可以有效预防的行为,尽可能不适用刑罚。

从微观上看,在犯罪的具体环节上,刑罚的预防功能也会受到诸多限制。刑罚无法对所有准备实施犯罪的人都产生预防作用。例如,对于法盲而言,其犯罪冲动不会因为刑罚的存在而受到抑制;而对于熟知法律的人,如果其存在能够逃脱刑罚的侥幸心理,则同样不会因为刑罚的存在而不去实施犯罪行为。此外,如果一个人认为犯罪所得大于犯罪所失,那么他也不会因为惧怕刑罚而不去进行犯罪。对于一些激情犯罪的人而言,在犯罪之前很少甚至未曾考虑其行为可能受到的刑罚处罚。所以,我们不能指望刑罚可以预防一切犯罪。

即使在刑罚能够发挥作用的场合,刑罚预防作用的发挥也并不完全取决于刑罚的有无和适用与否,而是在很大程度上取决于刑罚的必要性和公正性以及具体个人对刑罚的认识。总之,在强调刑罚对犯罪的预防功能的同时,我们也应当保持清醒的认识,不能过分夸大刑罚在预防犯罪中的作用,更不能将刑罚视为预防犯罪的唯一途径。

6.刑罚预防中应注意的问题

在适用刑罚的过程中,要充分发挥刑罚对犯罪的预防功能,必须注意以下问题。

(1)刑罚的不可避免性。刑罚的预防功能是通过其对犯罪人的惩罚来实现,没有实际的惩罚,刑罚的威慑力就难以体现,其预防功能就不可能真正发挥。如果刑罚具有不可避免性,使犯了罪的人总是受到刑罚的制裁,便会加深人们对"刑罚是犯罪的必然后果"的认识,从而自觉地或被迫遵守刑罚所传递的禁令。正如贝卡里亚所言,"对于犯罪最强有力的约束力量不是刑罚的严酷性,而是刑罚的必定性,这种必定性要求司法官员谨守职责,法官铁面无私、严肃认真,……即使刑罚是有节制的,它的确定性也比联系着一线不受处罚希望的可怕刑罚所造成的恐惧更令人印象深刻。因为,即便是最小的恶果,一旦成了确定的,就总令人心悸"[①]。刑罚的不可避免性,对于已经实施了犯罪的人而言,可以使其相信刑罚是犯罪的必然后果,从而不敢再实施犯罪;而对于企图实施犯罪的人而言,可以使其因为逃避刑罚的可能性很小而不敢贸然地实施犯罪。相反,如果有很多人实施了犯罪而没有受到刑罚的制裁时,犯罪人就会更加无视刑法,更加肆意地实施犯罪;企图实施犯罪的人则会抱着侥幸心理贸然去实施犯罪,而守法的人则会因犯罪人得不到应有的刑罚而对刑法失去信心。所以,应当使刑罚的适用具有不可避免性,只有这样才可能最大限度地发挥刑罚对犯罪的预防功能。

(2)刑罚的及时性。对于犯罪人及时适用刑罚,可以使人们体会到犯罪与刑

---

① [意]贝卡里亚:《论犯罪与刑罚》,黄风译,北京大学出版社2014年版,第73页。

罚之间因果关系的必然性,对于充分发挥刑罚的预防功能具有积极的意义。贝卡里亚也曾指出,"惩罚犯罪的刑罚越是迅速和及时,就越是公正和有益";"犯罪与刑罚之间的时间隔得越短,在人们心中,犯罪与刑罚这两个概念的联系就越突出、越持续,因而,人们就很自然地把犯罪看作起因,把刑罚看作不可缺少的必然结果"[1]。对犯罪人及时适用刑罚,不仅可以阻止其继续实施新的犯罪、防止其养成犯罪恶习,从而减少对社会的危害,还可以加深人们对犯罪与刑罚之间因果联系的认识,增强刑罚的威慑力,并且及时消除被害人的复仇心理,防止其实施报复性的犯罪。

(五)家庭预防

家庭是社会的细胞,是人类社会生活的基本组织形式。一个人从出生到长大成人,大部分时间是在家里度过的,父母是孩子的启蒙老师,父母的言行举止和对子女的教育方法,对孩子的成长有着重大的影响。家庭环境是一个人生活和成长的首要环境,家庭环境如何,直接决定和影响着子女的健康成长和发展。一个人的社会化过程始于家庭,基本生活技能的掌握,社会规范的接受,生活目标的确定,生活方式的形成,社会角色的培养等,最初都是在家庭中形成的。因此,家庭环境的状况如何对于人的一生发展有着重要影响。家庭教育和家庭环境与未成年人犯罪关系密切,家庭教育不当和家庭环境不良,不利于未成年子女身心的健康成长,甚至可以直接或间接地导致未成年人犯罪。

由于家庭是以婚姻关系和血缘关系作为联系其成员纽带的社会群体,其控制力较强。因此充分利用家庭的这种控制力,就能有效地预防犯罪。所谓家庭预防,是指通过发挥家庭的教育功能抑制和减少犯罪的一种犯罪预防的方法。

家庭预防的内容,主要包括家长对子女的犯罪预防和家长(或长辈)自身的犯罪预防。其任务是防止家庭成员犯罪和家庭受到犯罪侵害。在一个家庭中,家长处于核心地位,负有教育、管束和保护(监护)子女的责任。家庭犯罪预防的核心内容,就是家长预防子女违法犯罪。家长应充分运用自己的影响力以及权利与义务,采取科学的教育方法和教育态度,正确地引导、培养、教育子女,使他们树立正确的世界观、人生观、道德观、劳动观和价值观等,使子女从小就开始形成良好的个性品质,有分辨是非、善恶、美丑、正义和非正义的能力,要知法、懂法、守法,从而起到预防犯罪的作用。同时,家长还要加强自身的修养,以身作则,言传身教,行为检点,从严要求自己,敢于为正义而斗争,既为子女树立榜样,以影响子女,又要防止自己走上违法犯罪道路。

(六)学校预防

在现代社会中,学校是绝大多数人的必经之路。一个人的一生中有很多时间

---

[1] [意]贝卡里亚:《论犯罪与刑罚》,黄风译,北京大学出版社2014年版,第58页。

是在学校度过的;而这一段时间一般又正是人的世界观形成的关键时期。如果能在学校受到良好的教育,那么他就有可能成为一个情操高尚,于国家于社会有益的人;反之,如果学校教育不力或不利,他就有可能走上歧途,违法犯罪。因此,学校预防是继家庭预防之后的犯罪预防的又一道重要防线。

学校是专门教育人的地方,是青少年社会化的重要场所,其根本任务是对受教育者进行有目的、有计划、有组织的系统教育,使他们完成社会化的全过程,树立起正确的人生观和世界观,获得良好的个性修养和知识,成为有理想、有道德、有文化、守纪律、法制观念强、爱劳动、爱祖国、爱人民、爱党、爱社会主义制度、讲奉献的一代人和社会需要的人才。学校教育不但在提高全民族的素质,创造社会主义高度文明上,具有举足轻重的地位和作用,在犯罪预防和搞好社会治安上,也起着不可或缺的关键性作用。

学校通过良好的教育活动,有效地发挥预防犯罪的作用,是预防犯罪领域中普遍预防和基础预防的重要环节。因此,加强学校教育和管理,减少教育措施的失误,是学校预防犯罪的重要方面。其中,尤其应强调以下问题:①重视和发展教育事业,提高全民族的文化素质。在加强中、小学教育的同时,抓好成人教育;②学校和教育应根据未成年人的特点,加强学生品德、法制和人生观教育;③以身作则,遵纪守法,热爱学校,忠诚教育事业,实行家访制,进一步了解学生的状况,同家长、社会密切配合,共同教育好学生;④学校应当配合家长和社会组织做好社会帮助工作,就地转化顽劣学生等等。

(七)社区预防

社区(community)是指以一定的地理区域为基础的社会群体的聚居处。也就是有一定群众生活的地方社会。村庄、乡镇、街道、市区、郊区、大都市等都是规模不等的社区。所谓社区预防,就是以社区为基点,根据犯罪行为和社会违法与不良行为的实际情况、特点和规律,通过社区组织、社区行动、社区文化,以及改变社区环境等多种途径和方式,从时间、空间和人等多维度对犯罪行为、违法行为、不良行为进行预防,制止和处理相配合的犯罪预防模式①。社区预防是预防、遏制和减少犯罪的重要手段和发展方向,是一项复杂的系统工程。

社区是社会的细胞,具有不可忽视的特点。作为社会细胞的社区,它是各种社会对策的出发点和归宿。社会治安问题的发生与解决主要在于社会的基层——社区。社区预防的理论根据,首先是,社区作为一种地域性的社会生活共同体,具有经济功能、社会化功能、社会控制功能、福利保障功能和社会参与功能,通过遏制社区成员违反社区规范和价值观念的行为,可以稳定社区秩序,保持良好的社会风尚,从而达到预防、遏制、减少犯罪的目的,其次是,每个人都生活在特定的社区内,

---

① 康树华:《犯罪学——历史·现状·未来》,群众出版社1998年版,第198页。

个人犯罪行为的实施,从犯罪动机和欲望的产生,犯罪技能与手段的培养选择,犯罪机会的创造直到实施犯罪,都离不开社区环境。因此,在社区内采取多种方法,实现对有犯罪危险性的人和滋生犯罪环境的控制,进而预防、遏制犯罪的发生是可行的。

第三节 社会治安综合治理

社会治安和犯罪问题是社会政治经济思想文化等各方面存在的消极现象的综合反映。作为一种复杂的社会现象,解决社会治安和犯罪问题必须动员全社会力量,广泛发动和组织群众,实行社会治安综合治理。社会治安综合治理,是在党的领导下,根据我国的实际情况确立的解决违法犯罪问题的基本战略方针,是具有中国特色的治安方略。从20世纪80年代初开始,我国法学界、伦理学界、社会学界就对社会治安综合治理进行过多次讨论。从社会学的角度考虑,实施社会治安综合治理就是综合运用社会制约的各种手段,诸如动用军事力量抵御外来侵略,运用法律手段调整各种社会关系,惩治各种犯罪,运用多种工具进行宣传,调动社会舆论、发动群众自治组织以及教育设施等的力量,发挥社会风尚、习惯的作用,来调整解决不属于法律范围的各种社会矛盾等等。从系统论的角度考虑,社会治安综合治理就是一项伟大的社会系统工程,是由相互联系、相互作用的多种不同要素组成的一个复杂整体。全面、正确地理解和贯彻执行社会治安综合治理的方针,对于政治稳定和维护社会治安稳定,对于构建和谐社会,对于把我国建设成为具有高度物质文明和高度精神文明的社会主义现代化国家,具有重要的意义。

一、社会治安综合治理的基本含义

(一)社会治安综合治理的概念

首先必须清楚"社会治安"和"社会治安综合治理"这两个概念的基本含义。社会治安概念,从宏观方面讲,有关国家政权的巩固,国防安全的保卫,抵御外来的侵略,保卫人民生产、生活秩序,教学、科研秩序,国家机关和工作人员的工作秩序等,都属于社会治安的范畴。从微观方面讲,有关社会的公共交通秩序、环境和卫生秩序,游乐场所、影剧院等文化设施的秩序,社会公共财产的安全和人民个人的生命财产安全的保障,公民住宅安全的保障,与社会上各种犯罪和违法现象做斗争的状况,防火灾、水患等消防工作的秩序,以及家庭生活秩序等等都属于社会治安的范畴。社会治安综合治理的概念,是在社会治安概念内涵的基础上产生出来的,内容十分丰富。总其精神,就是通过国家政权、法律及其设施、道德规范、教育、群众监督、社会舆论、社会风尚、习惯等手段,达到社会秩序的安定和社会成员之间相互关系的和谐这种局面。这对于何种性质的社会,都是需要的。具体地讲,社会治安综合治理,就是在各级党委和政府的统一领导下,组织机关、工厂、学校、部队、街道等全社会各方面的力量,实行政法机关的专门工作和群众工作相结合,运用政治的、经济的、思想的、教育的、文化的、道德和法律的等手段,预防犯罪,打击犯罪,改造罪犯,挽救失足者,教育和保护青少年,不断消除产生犯罪的原因和条件,增强防范,减少犯罪,维护社会治安,搞好犯罪治理工作,保障社会主义建设的顺利进行。

(二)社会治安综合治理的基本任务、工作要求和目标

社会治安综合治理的基本任务,是在各级党委和政府的统一领导下,各部门协调一致,齐抓共管,依靠广大人民群众,运用政治的、经济的、行政的、法律的、文化的、教育的等多种手段,整治社会治安,打击犯罪和预防犯罪,保障社会稳定,为社会主义现代化建设和改革开放创造良好的社会环境。

社会治安综合治理的工作要求,是各级党委和政府都要把综合治理提到重要议程,健全社会治安综合治理的领导机构和办事机构,定期研究部署工作;各部门、各单位齐抓共管,形成"谁主管谁负责"的局面;各项措施落实到城乡基层单位,群防群治形成网络,广大群众法制观念普遍增强,敢于同犯罪行为做斗争。

社会治安综合治理的目标可分为三个层次:第一是社会治安综合治理的最终目标。综合治理的最终目标是:从根本上减少违法犯罪现象,维护社会稳定。第二是社会治安综合治理的主要目标。根据中共中央、国务院《关于加强社会治安综合治理的决定》的规定,综合治理的主要目标是:社会稳定,重大恶性案件和多发性案件得到控制并逐步有所下降,社会丑恶现象大大减少,治安混乱的地区和单位的面貌彻底改观,治安秩序良好,群众有安全感。第三是社会治安综合治理的具体目标。总体目标和主要目标是从大的方面、大的范围衡量综合治理工作优劣的标准,具体到一个地区、一个部门,其目标还应具体化,并突出自身的特点。根据综合治理的范围和工作任务,可以按"打击、防范、教育、管理、建设、改造"六个方面确定目标。只有全面、均衡完成六个方面的目标,才能圆满地完成综合治理工作的主要任务。

(三)社会治安综合治理的特点

社会治安综合治理方针具有以下特点。

(1)社会治安综合治理是在各级党委和政府的统一领导下进行的。党的统一领导是社会治安综合治理的关键。因为社会治安尤其是犯罪综合治理工作量大、涉及面广,是一项庞大的系统工程,要调动各个部门、各个单位、广大人民群众的力量,要采取各种手段、措施和方法,要达到预防和减少犯罪的目的,没有一个统一的指挥领导中枢是不行的。中国共产党的性质、任务、宗旨和纲领决定了党在我们社会主义建设各项事业的领导核心地位,社会治安综合治理也不例外,社会治安综合治理的任务只能在共产党的领导下才能完成。

(2)社会治安综合治理需要动员全社会的力量。由于社会治安尤其是违法犯罪问题,是社会各种矛盾的综合反映,对其治理工作涉及打击、防范、教育、管理、建设和改造的各个方面,仅靠某一个或几个部门是难以解决的。只有在各级党委和政府的统一领导下,组织和依靠各个部门和各人民团体,发动亿万群众共同参与社会治安工作,即全党动手、全民动员,齐抓共管,才能实现。

(3)必须采用多种方法、手段和措施治理。社会治安综合治理实质上是一项教育人、挽救人、改造人的系统工程,要做好这项工作,根本的方法是走群众路线。不能只靠哪一个部门,而是要靠全党全社会;不能只用哪一种方法,而是要采取千百种方法;不能只抓一阵子,而是要长期坚持。也就是说,综合治理工作不仅是多种参与主体的结合,而且是多种治理手段的综合。多年来,社会治安综合治理工作实践已经总结出一些较为有效的手段、措施和原则,如政治手段、经济手段、文化手段、行政手段等,以及坚持"谁主管谁负责"的原则,严格实行目标管理责任制,打综合治理整体战,实行重点治理等措施。

(4)综合治理的对象具有多元性。从作用的人来讲,包括犯罪人、治安违法人、潜在犯罪人和不稳定的社会成员;从作用的事来讲,包括社会犯罪案件、治安违法案件、治安灾害事故;从作用的行为来讲,包括犯罪行为、违法行为、违纪行为乃至不道德行为;从工作范围来讲,包括打击、防范、管理、教育、改造和建设等。此外,综合治理的目标具有一定的层次性、综合性。仅就通过治理所要达到的目标而言,不仅要打击犯罪,而且要改造罪犯,挽救失足者,控制和减少犯罪的因素和条件,预防犯罪,减少犯罪,争取社会风气、社会治安秩序的稳定好转。

社会治安综合治理最基本的特点应是它的"综合性",即要组织、动员各种力量,对于多元的对象,在多层次目标的指引下,采用综合措施整治社会治安状况,维护社会治安。违法犯罪这种现象是主、客观多种因素互相影响、共同作用形成的"综合征",只能运用综合手段加以治理。也就是说要以多层次、多渠道、多方面、多方式和多方法的社会系统工程进行治理,才能收效。任何单位或部门如果各自为战,都不可能收到良好的预防效果。这也是我们社会治安综合治理工作的事实依据和理论依据。综合治理的方针,全面、正确地处理了我国社会治安实践中存在的惩罚罪犯与改造罪犯、打击犯罪与预防犯罪、专门工作与群众工作等方面的相互关系,是解决我国治理犯罪问题和实现社会治安秩序好转的基本对策。因此,我们应当正确把握社会治安综合治理的特点,深入领会其精神实质,促进综合治理各项措施的全面贯彻和落实。

二、社会治安综合治理方针的地位及其形成与发展

(一)社会治安综合治理在犯罪预防体系中的地位

社会治安综合治理是我国犯罪预防的总方针。所谓犯罪预防方针,是指规范

与指导预防犯罪活动的工作指南和行动方向。由于犯罪原因的极度复杂性、多变性,犯罪预防工作相应具有艰巨性与困惑性,因而应有一定的方针予以指导。正确方针的指引与导向,可以使犯罪预防工作做到事半功倍。

综合治理也是我国预防犯罪实践的基本模式[①]。所谓犯罪预防模式,是犯罪预防标准化、制度化的基本实践形式。从结构上看,它表现为特定的犯罪预防主体、策略和措施的综合配置和具体运作,每一个国家都将依据其特定的犯罪状况、社会经济状况以及文化传统来采用适当的犯罪预防模式。

20世纪70年代末80年代初,我国犯罪率上升、社会治安状况明显趋于恶化。这种现象是我国改革开放之初的各种社会矛盾的一种综合反映。针对我国社会治安状况趋于恶化的现实情况,并且基于社会治安状况恶化是我国各种社会矛盾的综合反映这一基本认识,党中央、国务院提出了犯罪和其他社会治安问题实行综合治理的方针。这一方针的基本内涵和要求是:在各级党委和政府的统一领导下,动员和组织全社会的力量,运用政治的、法律的、行政的、经济的、文化的、教育的等多种手段,打防结合,标本兼治,对违法犯罪问题进行综合整治,从根本上预防和减少犯罪,维护社会秩序,保障社会稳定。综合治理方针不仅明确了我国犯罪预防实践的总战略和总目标,而且设定了我国预防犯罪的具体制度、原则、主体和措施。因此,综合治理不仅被作为我国20世纪80年代初以来的基本刑事政策和预防犯罪的基本方针,而且它实际上也规定了自身的实践形式,找到了适合于中国国情和犯罪预防一般规律的预防犯罪途径,规定了中国犯罪预防的基本实践模式即综合治理本身。可见,综合治理既作为犯罪预防的基本方针和指导思想,也是具体的实践模式和标准,具有很强的实用性。

犯罪预防的综合治理方针,既具有鲜明的中国特色,又适应犯罪预防的一般规律和要求。自18世纪后期以来,在不同时期,西方国家曾先后推行强调运用刑罚来威慑犯罪的威慑模式(或惩罚模式)、强调对罪犯进行矫正并使之"更生"的矫正模式(或医疗模式)、强调通过环境控制或空间防卫而减少犯罪发生机会的情景控制模式等。我国犯罪预防的综合治理模式不同于上述形式中的任何一种。首先,综合治理强调各种手段的综合运用和全社会的统一行动来预防犯罪,而西方国家的犯罪预防则过分依赖刑罚以及刑事司法机关的力量,或过分强调某种专门的技术性手段(如刑罚、矫正或情境控制)的运用。其次,综合治理是一种开放性的、全方位的犯罪预防模式,它虽然也注意对具体犯罪人、犯罪行为和微观环境的控制,但更注重对宏观环境的改造和社会自身的完善;西方国家犯罪预防模式则过分注重对具体犯罪人、犯罪行为和微观环境的控制,而忽视对社会自身的改造。再次,综合治理模式的提出和确立,是基于一种明确的社会政治理想和对治理犯罪的

---

① 许章润:《犯罪学》,法律出版社2007年版,第311页。

乐观主义态度,因而它强调打防结合、标本兼治,所表现出来的是一种积极的预防犯罪姿态;与此相反,西方国家犯罪预防模式则基本上是消极防卫,因而只讲报应、威慑或者个别化矫治,而对所预防犯罪的可能性则透露出一种悲观态度。当然,综合治理与西方国家的各种预防犯罪模式也不是一种截然的相互排斥关系,西方国家犯罪预防的许多成功经验和做法值得我国在综合治理实践中借鉴和吸取。

(二)社会治安综合治理方针的形成与发展

综合治理方针是在20世纪70年代末80年代初这一特定的历史背景下提出和形成的。当时,我国社会的基本状况是,改革开放刚刚开始,社会转型正处于启动期,与此相伴随,社会治安形势的明显恶化,社会道德秩序、经济秩序出现严重混乱,犯罪率尤其是青少年犯罪率急剧上升,严重刑事犯罪明显增多,导致社会治安状况恶化,破坏社会稳定。在这种严峻的现实面前,党和政府必须做出应有的决策来解决社会问题。

1979年6月,针对青少年犯罪率明显上升的情况,中宣部、教育部、文化部、公安部、国家劳动总局、全国总工会、共青团中央、全国妇联等八家单位联合向党中央提出《关于提请全党重视解决青少年违法犯罪问题的报告》,报告中提出:"必须实行党委领导,全党动员,书记动手,依靠学校、工厂、机关、部队、街道、农村社队等城乡基层组织来进行教育。全党都来重视关心青少年的工作,把它作为一项重要的政治任务,抓紧抓好。"同年8月,中共中央批转了这个报告,并在批转通知中明确指出:"从现在起,各级党委都要把加强对青少年的培养教育,包括解决其中极少数人的违法犯罪问题,放在重要议事日程上来。主要领导同志要亲自过问,党委分管青少年工作的同志,要督促、帮助共青团组织把这一项工作认真抓起来。还要统一组织宣教、政法、财经等部门和工会、妇联等人民团体齐心协力,有计划有目的地进行调查研究,及时交流情况,总结经验,按照各自的职责范围,努力做好工作,切切实实抓出成效来。"该批转通知要求,解决青少年的违法犯罪问题,必须实行党委统一领导,全党动手,书记动手,依靠学校、工厂、机关、部队、街道、农村社队等城乡基层组织,把宣传、教育、劳动、公安、文化等部门和工会、共青团、妇联等和社会各方面力量统一起来,通力合作,着眼预防、教育、挽救和改造,认真解决青少年违法犯罪问题[①]。同时绝不能就事论事,而应当同加快经济发展,加强思想政治工作,健全民主与法制,搞好党风、民风、狠抓青少年教育等工作结合进行。在这里虽未使用"综合治理"一词,但显然已包含了较为清晰的综合治理思想。

1981年5月,中央政法委员会召开了京、津、沪、穗、汉五大城市治安座谈会,讨论了当时我国社会治安的形势、任务、政策和措施,座谈会纪要中强调,解决社会治安问题,必须各级党委来抓,要全党动手,实行全面"综合治理"。首要任务是搞

---

① 康树华、张小虎:《犯罪学》,北京大学出版社2011年版,第209页。

好党风,并从政治、经济、文化、教育等方面加强工作,克服社会上的歪风邪气,大大减少犯罪现象,建设良好的社会秩序。这是最早见于中央文件中的有关社会治安综合治理的表述。中共中央批转了座谈会纪要,对"全党动手,实行全面综合治理"的提法予以了肯定和确认,至此,综合治理作为我国预防犯罪和治理治安的总方针被确定下来。中共中央以及中央政法委员会等中央有关部门在以后下发的有关文件和所做的有关指示中,对综合治理的内容做了进一步的阐发和完善。此后,党中央、国务院对社会治安综合治理工作年年部署,并且结合实践经验对综合治理的概念、任务、措施、重点等重要问题作了进一步阐述。

1991年1月15日至22日,全国社会治安综合治理工作会议在山东烟台市召开。党中央和国务院的20多个部门的负责同志,各省、自治区、直辖市主管政法工作的负责同志和政法委员会的负责同志参加了会议。会议在回顾总结过去10年社会治安综合治理工作的基础上,深入研究社会治安综合治理的任务、工作范围,解决了政策原则、落实措施、领导体制等重大问题。为党中央、国务院和全国人大常委会随后做出的关于加强社会治安综合治理的两个决定,提供了比较成熟的决策方案,大大提高了各级党委、政府、人大对综合治理的重视程度,推进了综合治理的法律化、制度化,把综合治理的全面落实推上了一个新的台阶。

1991年2月19日,中共中央、国务院做出了《关于加强社会治安综合治理的决定》,对社会治安综合治理的特殊重要性、任务、要求和目标、工作范围、"谁主管谁负责"原则、领导责任制、公安机关在社会治安综合治理中的职能作用等,做出了明确规定。1991年3月2日第七届全国人民代表大会常委会第十八次会议通过了《关于加强社会治安综合治理的决定》,明确指出:加强社会治安综合治理是坚持人民民主专政的一项重要工作,也是解决我国社会治安问题的根本途径;社会治安综合治理必须坚持打击和防范并举,治标和治本兼顾,重在治本的方针;要善于运用法律武器,搞好社会治安综合治理;各部门、各单位必须建立综合治理目标管理责任制,做到各尽其职、各负其责、密切配合、互相协调;加强社会治安综合治理,必须发动和依靠广大人民群众;要把社会治安综合治理的责任与单位和个人的政治荣誉、经济利益密切结合起来,建立奖惩制度;社会治安综合治理工作由各级人民政府统一组织实施,各部门、各方面齐抓共管,积极参与。决定以法律的形式不仅规范化地表述了综合治理概念的内涵,而且具体规定了它的实践原则、工作制度以及措施手段。该决定标志着我国的综合治理的总体思路和战略已经成熟,社会治安综合治理工作也日益走向法制化、规范化。

1991年3月21日,中央社会治安综合治理委员会在北京成立,主任是乔石,副主任是任建新和王芳等。该委员会的主要任务是,贯彻执行党的基本路线、方针、政策和国家法律,根据国民经济和社会发展的总体规划及社会治安形势,指导和协调全国的社会治安综合治理工作。中央社会治安综合治理委员会成立以后,不仅组织召开了一系列的委员会会议和有关社会治安工作的专项会议,而且还独自或组织与联合中央和国务院有关部门制定并发布了一系列的部门规章与文件。这些规章与文件的制定与颁布,使中共中央、国务院和全国人大常委会颁布的两个决定规定的内容,更加具体化,更有操作性,基本上使社会治安综合治理工作做到了有法可依,有章可循,使此项工作迈上了规范化、科学化与法制化的轨道。

1992年中共十四大通过的《中国共产党章程》,第一次把"加强社会治安综合治理,保持社会长期稳定",作为中国共产党的一项重要任务写入了党章的总纲,提高了社会综合治理方针在国家政治生活的权威性。1996年2月,中共中央、国务院在《关于加强社会治安综合治理的决定》明确规定了社会治安综合治理的基本任务、主要目标和工作范围。同年3月,中央社会治安综合治理委员会审议通过了《1996—2000全国社会治安综合治理五年规划》,提出了未来五年社会治安综合治理工作的指导思想、总体目标和工作重点。

中央办公厅于2001年9月5日发布的《中共中央国务院关于进一步加强社会治安综合治理的意见》以及2002年11月4日发布的《中共中央办公厅、国务院关于转发〈中央社会治安综合治理委员会关于加强社会治安综合治理防范工作的意见〉的通知》成为新世纪指导社会治安综合治理工作的重要文件。各级党委、政府和综合治理部门在中国特色社会主义理论思想的指导下,按照构建社会主义和谐社会的要求,坚持"打防结合、预防为主、专群结合、依靠群众"的方针,落实综合治理的各项措施,在实践中也创造了很多行之有效的经验和做法如平安建设等,使治安问题从源头上被解决和治理,消除各种社会矛盾和治安隐患,形成了"标本兼治、重在治本"的长效机制,有力地维护了社会的稳定与和谐。

平安建设作为社会治安综合治理在新形势下的创新与发展,也是构建和谐社会的具体举措,是中央对"平安山东""平安浙江"等地方性实践确认而形成的制度。2005年12月5日,中共中央办公厅、国务院办公厅转发了《中央政法委员会、中央社会治安综合治理委员会关于深入开展平安建设的意见》以及中央综合治理委员会于2006年11月20日和2007年4月19日,先后下发的《关于深入开展农村平安建设的若干意见》和《关于深入推进农村平安建设的实施意见》等文件,将平安建设提升到国家战略高度,旨在以平安建设为契机,动员社会力量,采用多种方法,完善社会保障和服务体系,加强城市与农村的管理,缓和甚至消除社会矛盾,保障人民利益,维护社会稳定与平安,是对社会治安综合治理的完善与充实。2006年10月11日,党的十六届六中全会所作的《构建社会主义和谐社会若干重大问题的决定》明确指出:"加强社会治安综合治理,增强人民群众安全感。坚持打防结合、预防为主、专群结合、依靠群众的方针,完善社会治安防控体系,广泛开展平安创建活动,把社会治安综合治理措施落实到基础,确保社会治安大局稳定。"构建社会主义和谐社会为社会治安综合治理提出了新要求、融入了新理念、带来了新内容:拓宽了思路,着眼于调动积极因素、坚持标本兼治、重在治本以及坚持重在创新、重在建设;拓展了范围,实现政治稳定、经济稳定、社会秩序稳定人心安定;明确了重点,提高维护社会安定和服务经济建设的能力、化解纠纷的执行能力以及预防为主、标本兼治的决策与协调能力等。

党在多次会议中,都强调要创新完善社会综合治理体制。十八届四中全会指出要深入推进社会治安综合治理,健全落实领导责任制。完善立体化社会治安防控体系,有效防范化解管控影响社会安定的问题,保障人民生命财产安全。依法严厉打击暴力恐怖、涉黑犯罪、邪教和黄赌毒等违法犯罪活动,绝不允许其形成气候。依法强化危害食品药品安全、影响安全生产、损害生态环境、破坏网络安全等重点问题治理。十八届五中全会指出,加强和创新社会治理、建设平安中国,要完善党委领导、政府主导、社会协同、公众参与、法治保障的社会治理体制,完善社会治安综合治理体制机制。在党的领导下,一系列文件的出台以及实践中的运用与创新,使得我国的社会综合治理工作在法律的保障下得到创新、发展与完善,走上规范化、科学化、制度化道路,并且取得了良好的社会效果。

(三)社会治安综合治理方针形成的基本依据

首先,犯罪原因的多元性、复杂性决定了预防方针的综合性。犯罪学罪因理论研究表揭示,犯罪行为和犯罪现象形成的原因,均不是某一种或某几种因素造成的,而是错综复杂的各种社会的、经济的、文化的、教育的、生理的、心理的和自然环境乃至被害人因素综合作用的结果。因此治理犯罪尤其是预防和控制犯罪,不能也不可能只依靠某一方面的力量,采取某一单项措施就可以做到的,只有针对犯罪行为和犯罪现象形成的综合性原因,动用全社会的力量,采取有的放矢的综合性措施,才有可能实现。犯罪原因的多元性、复杂性决定了预防与治理犯罪的综合性。只有采取思想的、政治的、经济的、行政的、法律的各种措施和多种方式的综合治理,才能有效地预防和减少犯罪。

其次,犯罪原因的系统性要求预防犯罪必须实行综合治理系统工程。犯罪原因不仅具有综合性,而且还具有系统性,各因素的致罪作用不是静止的、单一的、孤立的,而是运动地、综合地、有机地结合在一起的。各种犯罪因素依据各自在罪因系统中的作用力、作用范围、作用距离的大小、远近,可以分成不同的层次结构,个体犯罪行为的发生和整体犯罪现象的形成,都是相应的罪因结构系统发挥功能作用的结果。因此,预防犯罪的措施也必须具有瓦解和消融此类系统结构的能力和功能,这种能力的形成和实现只能依据针对罪因结构建立起来的预防犯罪系统所发挥的功效。如果犯罪预防的各种力量与各项措施没能形成一个整体,不具有系统作用的功能,即使采取的对策再多,使用的力量再大,也不会发挥出形成系统后的扩大化的综合效能,不会对罪因系统结构产生根本性的治理作用。另外,预防犯罪工作的综合性、艰巨性、广泛性也决定了预防犯罪工作必然是一个巨大的社会系统工程,并且必须遵循系统科学的原理,建构起预防犯罪的系统工程并使其高效率地运作。因此,预防犯罪这一巨大系统工程必须以同样具有系统性的综合治理为指导方针。

最后,社会主义制度和中国共产党的领导为综合治理方针的实施,提供了可行性。我国是建立在生产资料公有制基础上的社会主义制度,确立了人民当家做主的民主政治制度,国家与人民的利益是一致的,为从根本上贯彻执行综合治理方针提供了巨大的物质保障和群众基础。作为执政党的中国共产党通过其建设中国特色社会主义的领导核心地位,有能力充分发挥其动员和组织全社会、全体人民的作用,领导和协调各部门、各单位,齐抓共管,解决包括犯罪在内的各种社会问题,把综合治理方针由理想变为现实。

三、社会治安综合治理的基本环节

社会治安综合治理是一项宏伟的社会系统工程,它涉及众多部门,包括诸多环节,需要做许多工作。其中最重要的是对犯罪的预测、预防、处理和对罪犯的改造,这是社会治安综合治理的四个基础环节。抓住了这四个主要环节,就可以把社会治安综合治理的全局理顺,并将其贯穿、连接起来,从而带动综合治理其他各项工作协调发展。因此,我们应加强对这些基本环节及其相互关系的研究和理解,建立起不同层次的、配套的"预测""预防""处理""改造"的工作体系,以使我国社会治安综合治理的方针得到全面执行。

(一)科学的犯罪预测是预防犯罪的必要前提和重要组成部分

关于犯罪原因的研究,使我们掌握了犯罪之所以发生的客观规律,以此为指导,结合我国社会发展各个不同时期的政治、经济形势和文化、思想状况,就可以对社会违法犯罪的态势,做出科学的预测。应当看到,只有对犯罪做出科学的预测之后,才能使犯罪预防工作做到事前心中有数,事中有的放矢,事后展望未来,以取得预期的治理效果。做好犯罪预测,首先应做好犯罪调查统计工作,针对一定时间、一定范围内的犯罪类型、数量,做好科学的统计工作,得出全面而准确的数据,再依照一定的方法予以处理,分析犯罪活动的规律,结合当时的政治、经济形势和文化、思想状况,为未来一定范围内犯罪现象的种类、数量以及发展趋势等做出科学的符合实际的长期、中期、短期的犯罪预测;另外应以过去的犯罪数据为基础,探索犯罪现象的规律性,推测出犯罪发生的趋势,并采取有针对性的防治措施,以预防犯罪的发生。

(二)预防违法犯罪是社会治安综合治理的基本措施

与对犯罪的处理和对罪犯的改造等环节相比,犯罪的预防基本上是一种事前的、积极主动的、治本性的综合治理措施。切实搞好犯罪预防,才可以做到"防患于未然",既可以避免和减少犯罪给被害人造成的物质损失和精神损失,又可以使一些人免陷罪戾,同时可增强社会的安全感,促进社会主义的物质文明建设和精神文明建设。从目前治理犯罪的整体工作进程看,犯罪预防的整体工作仍很薄弱,起不到相应的作用。这可能和以下几种因素相关：社会由静态转为动态，原有的社会控制模式和预防犯罪的方法起不到相应的作用；政法机关忙于打击已然的犯罪，无暇顾及事前的犯罪预防；预防犯罪工作目前尚未找到合理的、科学的方法和理论予以指导。在实践中，做好社会治安防范工作应当要落实各部门、各单位的责任，加强基层基础建设和安全创建，积极发动群众、加强流动人口管理以及对青少年的教育管理等。

（三）依法打击犯罪是社会治安综合治理的重要环节

教育、预防不是万能的，在当前的社会历史条件下，还不可能完全杜绝犯罪现象。既然有犯罪活动，就必须有惩罚。依法打击犯罪是维护社会治安，保护人民群众生命、财产的安全，保障社会主义现代化建设顺利进行不可缺少的条件。同时，打击犯罪也是预防犯罪的一种特殊手段。依法准确及时地打击犯罪，不但可以制止犯罪分子继续进行犯罪活动，还可以震慑、警戒社会上其他不稳定分子和危险分子，使之不敢轻举妄动，以身试法，同时还可以教育广大人民群众与违法犯罪现象做斗争。打击犯罪和预防违法犯罪是相辅相成的，打击犯罪和预防犯罪的关系，犹如治病和防病的关系。虽然从长远来看预防违法犯罪具有更积极的意义，但对已经发生的犯罪行为必须予以打击，才能够分化瓦解和改造犯罪分子，震慑和警戒社会上潜在的犯罪分子，还公众一个基本稳定的社会治安秩序。

（四）对罪犯的处理应立足于改造

在处理中，依据我国刑法的规定，除了对极少数罪行极其严重、被认为没有改造可能性的犯罪分子依法判处死刑外，对绝大多数罪犯，我们都应立足于改造。随着社会的发展和进步，人们对罪犯的认识也趋于理性化，由同态复仇的报复走向预防与教育改造，对大多数罪犯采取了较宽容的态度，认为他们是可以改造的。通过刑罚的实施，主要是剥夺自由的监禁刑，对他们进行惩罚、剥夺其再犯可能性的同时，也注重对其教育改造，对其犯罪心理和行为进行矫正，消除其犯罪心理，改恶从善，将罪犯改造成为遵纪守法的新人。我们应当树立这样的信念：在依法对犯罪分子予以惩罚的前提下，通过教育和劳动等手段，依靠完善而科学的就业政策、福利政策等社会政策，使其重新回归社会，是可以把罪犯改造成为对社会有用的人才的。立足于对罪犯的改造，也体现了行刑的人道化，有利于保障人权，也能更好地预防犯罪的发生。

以上几个环节相互联系，前后衔接，环环相扣，协调统一，构成了我国社会治安综合治理的系统工程和"预测""预防""处理""改造"的工作网络体系。它们之间只有侧重点的不同，没有根本目标的分歧。不可以人为地将各个环节割裂开来，更不可把它们对立起来。不可以只搞预测、预防，而不搞处理、改造，这样无法应对现阶段必然存在的犯罪现象；反过来，也不可以只要处理和改造，而不要预测和预防，这样同样不会从根本上解决犯罪问题。四者之间缺失任何一个环节，或者四者之间相互脱节,都必定会削弱社会治安综合治理的整体效应。

建立"预测""预防""处理""改造"的工作体系,对于实现国家的长治久安和最佳治理效果具有重要意义。

首先,建立"预测""预防""处理""改造"的工作体系,有利于社会各部门的职责明确,相互配合,提高工作效率。社会治安综合治理是涉及众多部门的一项复杂的社会工程,如果没有完整、科学的工作体系,势必会产生工作漏洞或重复工作,甚至发生相互推诿等现象,给违法犯罪分子造成可乘之机。只有把各部门的工作纳入"预测""预防""处理""改造"的工作体系中,各负其责,互相配合,环环相扣,首尾相继,才能提高工作效率,收到实效。

其次,建立"预测""预防""处理""改造"的工作体系,有利于预防和减少犯罪。这种工作体系,纵的方面有对犯罪的预测、预防、处理和改造;横的方面有宏观预测和微观预测,家庭预防、学校预防和社区预防,社会帮教、教育改造和劳动改造等具体措施,这就形成了一个纵横交错、多层次、多渠道、多方位,互为条件、彼此补充的系统网络,从而使我们有可能对出于有违法犯罪可能、准备违法犯罪、实施轻微犯罪、由轻到重、反复作案以及犯罪之后拒不服罪等不同阶段的违法犯罪人员都有相应的合理处理方法。这样,从战略、战术上体现出社会治安综合治理的精神,可以最大限度地预防和减少犯罪,争取社会治安的尽快好转。

最后,建立"预测""预防""处理""改造"的工作体系,有利于社会治安综合治理方针的贯彻落实和整体效应的发挥。党和政府在20世纪80年代初就明确提出了对社会治安综合治理的方针,并且已收到相当的效果。但是,我国社会的犯罪率一直未能稳定下降,除客观因素外,这在一定程度上与没有建立科学、完整的工作体系,社会治理许多环节没有落实有关。建立"预测""预防""处理""改造"的工作体系,实际上就是要把社会治安综合治理作为一项全社会的系统工程来设计和实施,使社会治安综合治理方针具体化、制度化和系统化。这对于安定社会和实现社会的长治久安,搞好犯罪治理工作,都具有重要和深远的意义。

四、社会治安综合治理的基本原则

社会治安综合治理的基本原则,是指导给定治理工作的具体规范和准则。预防犯罪作为庞大而艰巨的社会系统工程,涉及社会的一切领域,因而要想卓有成效地对犯罪予以防治,必须具备一定的基本原则作指导。

(一)物质文明建设与精神文明建设相结合的原则

物质文明建设与精神文明建设相结合的原则,是指预防犯罪不仅需要物质文明建设的成果,而且还必须重视和发展精神文明建设的作用,只有把二者有机地结合起来,不片面强调某一方面,才能最大限度地实现预防和减少犯罪的目标。

物质文明建设是预防犯罪的根本途径和必要前提。所谓物质文明是指人类社会生产和生活条件进步的状态。物质文明建设的核心是大力发展生产力,不断满足人们日益增长的物质文化生活的需要。如果不充分发展社会生产力,必定会影响教育、科学、文化事业的发展,容易引发一系列社会矛盾,诱发个人主义,促使某些人产生犯罪意念,实施犯罪行为。只有迅速提高社会生产力,才能逐步满足迅速增长的社会需要,解决就业、就学、住房、物价等社会矛盾和社会冲突,为预防、减少犯罪提供前提条件和物质基础。

精神文明建设是预防犯罪的又一途径和基本保障。精神文明建设包括思想道德建设和教育科学文化建设。其根本任务是适应社会主义现代化的需要,培养有理想、有道德、有文化、守纪律的社会主义公民,提高整个中华民族的思想道德素质和科学文化素质。大量犯罪现象的存在和落后的思想文化是分不开的,提高人们的文化素质,减少犯罪现象的发生,必须大力加强精神文明的建设,进行思想、道德、理想教育,建立良好的社会风尚,提高全民族的科学文化水平,开展各种健康有益的活动,抵制不良思想、文化的侵蚀。

实践证明,两个文明建设的程度高低与犯罪数量的增减是成反比关系的,随着社会物质文明和精神文明建设程度的不断提高,犯罪数量会向越来越少的方向发展,这是一条不以人们意志为转移的客观规律。然而如果片面强调或忽视了文明建设的某一方面,预防犯罪就不可能达到预期的目的。如果片面强调物质文明建设,即使社会生产力水平再高,思想意识跟不上,犯罪率也不会降下来,单纯的物质文明精神并不能从根源上消除犯罪产生的思想根源。同样,片面强调精神文明建设,忽视物质文明建设,或者在生产力水平不高的情况下,过分地依赖精神文明相对独立的一面,也是不对的。因为产生犯罪的最根本的因素是经济根源,更何况精神文明的建设还必须要求物质文明建设提供的物质基础和经济条件做保障。因此,只有把物质文明建设与精神文明建设有机地、辩证地结合起来,才能最大限度地预防犯罪、减少犯罪现象的发生。

(二)打防并举、标本兼治、重在治本的原则

打击和防范并举,治标和治本兼顾,重在治本,是我国犯罪预防的一项重要原则。

治标预防与治本预防相结合的原则,要求预防犯罪不仅要采取治标预防的防治措施,而且要运用治本预防对策,只有把二者有机地结合起来,科学地发挥出各自应有的功能和作用,才能使预防犯罪的目标真正地实现。治标预防,从广义上讲是针对显示犯罪现象出现的问题,就犯罪去解决犯罪问题的一种现实防治措施。从狭义上讲主要是指政法公安机关的日常防范管理工作,以及对犯罪行为的惩罚打击措施。治本预防,从广义而言是指针对犯罪现象产生的基本原因而采取的事先防治措施。从狭义而言是指对犯罪行为人的思想改造与行为矫正。

具体说来,此项基本原则的要求:打击各种危害社会的违法犯罪活动,依法严惩严重危害社会治安的刑事犯罪分子;采取各种措施,严密管理制度加强治安防范

工作,堵塞违法犯罪活动的漏洞;加强对全体公民特别是青少年的思想政治教育和法制教育,提高文化、道德素质,增强法制观念;鼓励群众自觉维护社会秩序,同违法犯罪行为做斗争;积极调解疏导民间纠纷,缓解社会矛盾,消除不安定因素;加强对违法犯罪人员的教育、挽救、改造工作,妥善安置刑满释放人员,减少重新违法犯罪。这项原则着重解决了打击与防范、治标与治本之间的关系,并同时确定了我国犯罪预防工作的基本目标和方向。

根据这一原则,从手段上讲,打击(治标)与防范(治本)是犯罪预防不可偏废的两个方面;从目标与方向上讲,治本是目标、是方向,打击(治标)应当从属并服务于治本。治标预防和治本预防是预防犯罪有效措施的两个方面,一个解决现实的犯罪问题,一个解决长远的犯罪现象;一个治标,一个治本。不可片面强调或忽视某一方面,不可人为地把二者割裂开来。单纯强调治标预防,重视现实问题的防治,以为打击和惩罚威慑犯罪分子,即使在短时期内犯罪率有所下降,并不能从根本上解决犯罪现象存在的问题,也不能真正把罪犯改造为新人,也就是说只强调治本不能解决产生犯罪现象的实质问题。反之,如果片面强调治本预防,认为只要搞好根本性的防治措施,就能短时间内收到良好的效果,这种想法也是不对的。因为治本预防对策具有迟效性和长期性。由此可见,必须辩证地看待治标预防和治本预防的关系。一般而言,以治本预防为主,治标预防为辅,但如果社会治安形势恶劣,就必须强调和重视治标预防,但在现实防治的同时,还必须兼顾到根本性预防的实施、改造罪犯措施的落实,只有这样才能使预防犯罪的现实目标和长远目标结合起来,保证预防犯罪的真实有效。

(三)专门机关与群众路线相结合的原则

这是我国犯罪预防工作一贯坚持的原则。这一原则是我党的民主作风和群众路线的体现。实践证明,犯罪预防工作如果单纯依靠公安政法等专门机关,而没有广大人民群众的参与、支持和进行自我管理,是难以充分奏效的,因此,必须坚持专门机关与人民群众相结合的原则。

这一原则要求,在犯罪预防和综合治理工作中,公安政法等专门机关必须发挥骨干作用和承担起主要任务,同时广泛发动和组织群众,取得广大人民群众的支持与配合,并指导人民群众进行自我管理和自我防卫。在发动和组织群众方面,各级党委和政府应承担起应有的责任。各级人民政府应当动员和组织城镇居民和农村村民以及机关、团体、企事业单位建立群众性自防自治的治安保卫组织,开展各种形式的治安防范活动和警民联防活动;市、县人民武装部门要积极组织民兵参与维护社会治安;要加强基层组织建设和制度建设,把各项措施落实到基层单位,形成群防群治网络;要充分发挥村民委员会、城市居民委员会维护社会治安的积极作用;地方各级政府要切实加强对群众性治安保卫组织的指导和监督,治保组织应严格依法办事,保护公民的合法权益。

(四) 系统化原则

系统化原则是指预防犯罪措施应该遵循和符合系统原理,建立高质量、高效率的防治犯罪的系统工程。犯罪不仅是一种复杂的社会现象,也是一种个体的心理现象,防治犯罪的系统也应当是一个与犯罪原因系统相吻合的系统工程。但是需要注意的是,犯罪预防系统的设置和建立,必须遵循和符合系统原理,否则也无从发挥防治对策的整体功能和最佳的预防功效。具体说来要做到以下几点。

(1)必须根据系统科学的原理和预防犯罪工作的实际需要,建构具有整体性的犯罪预防系统。系统的整体性是指事物至少由两个或两个以上要素组成,其特征是系统整体功能之和大于各部分的简单相加。从现代犯罪科学研究理论和实践来看,预防犯罪的措施已有多种,如刑罚措施、治安措施、家庭措施、学校措施、社区措施等,以及其他如教育、行政、道德、法律、科技等一系列社会政策的调整措施,但从每一项单独发挥的效能来看,都明显不足。因此,我国在预防犯罪的工作中,一定要考虑到涉及犯罪的一切领域,尽可能把一切措施有机结合起来,充分发挥各措施之和的最大综合效用。

(2)犯罪预防系统中各措施之间必须具有结构性。结构性也就是有序性、层次性,它是一切系统必须具备的属性,是系统功能发挥整体效益的前提条件。预防系统要想有效,就必须具有结构性,在犯罪预防系统内部各措施之间具有层次性,按一定的顺序进行排列,在某个特定时期有主有辅,在具体情况下有针对性地适用。

(3)犯罪预防系统各措施之间需具备协调性。协调性是指系统内部各要素之间以及系统与外部环境之间的彼此联系、相关一致。犯罪预防的对策措施既然必须是一个庞大的综合体系,要想保持系统的整体有效和有序协调,就必须要有统一的组织机构加以调整与部署,以保证彼此之间的信息畅通、互相配合,真正实现预防措施的协调一致,并能及时根据反馈信息情报以及社会环境的发展变化,做出必要的决策调整和规划。

(五) 法制原则

这一原则有以下具体要求。

(1)犯罪预防活动必须依法进行,做到有法可依、有法必依、执法必严、违法必究,犯罪预防的任何一项措施都不应当构成对社会主义法制的破坏。

(2)犯罪预防必须实现规范化和法制化,即必须制定相应的制度和规范,使犯罪预防成为有关单位和人员的法定义务。我国全国人大常委会已经通过了《关于加强社会治安综合治理的决定》(1991年3月);中央社会治安综合治理委员会以及其他有关中央部门分别或联合制定了综合治理的有关制度或规定,例如,中共中央社会综合治理委员会、中共中央纪律检查委员会、中共中央组织部、中华人民共和国人事部、中华人民共和国监察部联合做出了《关于社会治安综合治理委员会领导责任制的规定》(1993年11月14日);中央社会治安综合治理委员会做出了《关于社会治安综合治理工作实行"属地管理"原则的规定》(1991年12月)、《关于实行社会治安综合治理一票否决制的规定》(1991年12月)以及《中共中央国务院关于进一步加强社会治安综合治理的意见》(2001年9月)和《中共中央办公厅、国务院关于转发〈中央社会治安综合治理委员会关于加强社会治安综合治理防范工作的意见〉的通知》(2002年11月)等;各省、自治区和直辖市也陆续制定了适用于本行政区的《社会治安综合治理条例》。这些均表明我国社会治安综合治理及犯罪预防工作已经开始步入法制化、规范化的轨道。

要想加快犯罪预防工作的法制化进程,还需要注意以下几点:①大力加强犯罪预防工作的立法建设,使所有的犯罪预防工作都能够有法可依;②进一步完善现有法律、法规,使它们彼此协调一致,充分发挥法律预防的功能;③加强执法队伍的组织建设和法制监督,保证司法工作人员严格依法办事;④大力开展法制宣传教育活动,运用多种形式,促使广大人民群众知法、守法,自觉地维护法律秩序,形成良好的法制环境。

(六)党委和政府统一领导原则

党委和政府统一领导,是综合治理的基本原则之一。与之相配套并由其派生的次级原则是综合治理的属地管理原则、目标责任制原则、一票否决原则等。

综合治理工作是一项宏大的社会系统工程,为了保证其顺利进行,必须坚持党委和政府的统一领导。实践中,综合治理工作实行党委和政府统一领导,专门办事机构具体指导和协调,各部门、各单位各负其责的领导体制。其具体要求是:犯罪预防和综合治理工作实行"条块结合、以块为主"的属地管理原则,各级党委和政府在思想政策、组织协调和具体工作上对综合治理实行统一领导,并设立专门的领导机构(综合治理委员会)具体组织实施,以保证各部门、各单位各负其责,齐抓共管,积极参与。各级党委和政府应当采取组织措施,协调、指导有关部门和方面做好综合治理工作,并且要建立综合治理目标管理责任制和领导责任制,把抓好社会治安综合治理工作、确保一方平安作为各级党委、政府和各部门领导干部的任期目标之一,并同政绩考核、晋职晋级和奖惩直接挂钩。各级人大常委会对政府的社会治安综合治理工作实行监督和检查,县级以上的社会治安综合治理领导机构对本辖区内的各部门、各单位行使综合治理一票否决权。

社会治安综合治理委员会是综合治理工作专门的组织领导和办事机构,并对同级政府以及党委负责。根据有关规定,从中央到地方各省(自治区、直辖市)、市、区(县)都要建立社会治安综合治理委员会,城市街道、农村乡镇以及机关、团体、部队、企事业单位也要相应地设立专门的综合治理领导和办事机构(如综合治理领导小组或推进小组等)。

中央社会治安综合治理委员会成立于1991年3月21日,是党中央、国务院领导全国综合治理工作的常设机构和办事机构,负责组织、协调指挥全国的社会治安综合治理工作。2011年中央在社会管理创新的背景下,将中央社会治安综合治理委员会更名为中央社会管理综合治理委员会,2014年中共中央为了集中精力抓好平安建设,决定将中央社会管理综合治理委员会恢复为中央社会治安综合治理委员会。其主要职责是:根据全国社会治安状况,就有关的方针、政策和重大措施向党中央、国务院提出决策建议;对一个时期的全国社会治安综合治理工作做出部署,并督促实施;指导、协调、推动各地区、各部门落实社会治安综合治理的各项重大措施;总结推广综合治理实践经验,表彰先进,推动后进,深入调查研究和理论探索,探索综合治理工作的新路子;办理党中央、国务院交办的有关事项。

五、社会治安综合治理的主体

在我国,预防犯罪是整个社会的共同责任,动员整个社会力量是社会治安综合治理的一个基本内容和要求,因此,不论是作为社会组织管理者的国家(包括作为执政党的中国共产党),还是作为社会组成部分的社会团体、组织以及公民个人,都应当是预防犯罪的行动主体。国家、团体组织、公民个人共同构成了综合治理的力量体系。上述主体在综合治理活动中各处于不同的地位和担负着不同的责任,国家(包括执政党)始终居于主导地位并承担主要责任,其他社会团体、组织和公民个人则以其积极自卫和努力同犯罪做斗争的实际行动参与到综合治理中来。总的来讲,党组织在犯罪预防中起着领导作用;国家机关在犯罪预防中起着主导作用,其中,司法机关在犯罪预防中起着强制作用;群众团体、企事业单位及群众性自治组织是党和政府联系群众的纽带,在犯罪预防中也起着非常重要的作用;而广大的人民群众则在犯罪预防中起着最基础的作用。

(一)党和国家的中央领导机关

对于预防犯罪来说,一个好的政府的存在,比任何具体的预防犯罪措施都更为重要,因为好的政府不仅本身就是预防犯罪的重要条件,而且它有能力采取适当的措施来防范犯罪。而坏的政府不仅其存在本身就是一种恶或者恶行的诱因,它甚至可以以国家或者社会的名义"合法地"实施犯罪或制造犯罪(如第二次世界大战期间的法西斯杀戮、某些国家作为政府行为的制造毒品、官僚体制下的政府官员贪污腐败等),它所采取的某些看似有效的预防犯罪措施主要是服务于为其政权所需要的政治控制形式。

在我国犯罪综合治理工作中,党和国家的中央领导机关起着特别重要的作用。它们不仅要通过制定专门的方针、策略和措施来领导、指挥综合治理的全局,而且要通过全部社会经济决策和立法来影响全国的社会治安形势和犯罪态势。可以这样认为,广泛发动社会力量和综合运用各种措施只是综合治理工作的表浅层次,党和国家的中央机关制定科学的国民经济和社会发展规划并对社会实施有效的组织管理才是综合治理的真谛和高级层次。因此,综合治理工作的成败实际上是对执政党和中央政府的政治形象和国家管理能力的一种考验。

(二)地方党委和地方国家权力机关、政府机关以及政协机关

地方党委和地方国家权力机关、政府机关以及政协机关,是地方国民经济与社会发展的决策者和组织者,它们将通过其全部社会决策和社会行政活动、法律监督与民主监督活动来促进本地区经济与社会的建设和发展,积极推动本地区社会治安状况向好的方向转变。作为地方国家权力机关的地方人民代表大会,在综合治理工作中的作用主要体现在通过制定和颁布地方性法规、审查和批准本行政区域内的国民经济和社会发展计划以及预决算报告、对同级政府的行政活动以及同级法院和检察院的司法活动实施监督,来促进和保证地方民主与法制建设,保证地方国民经济和社会的健康发展。地方政协机关在综合治理工作中的作用主要体现在通过参政议政和对政府等国家机关的活动实施民主监督来影响地方经济与社会发展的决策及其实施,并进而影响地方社会治安形势。

地方党委和地方政府对本地区的综合治理工作起着关键性的作用,表现之一是通过其全部的社会决策来影响本地区的社会治安形势朝好的方向发展;表现之二是对综合治理工作实行直接的组织和领导;表现之三是通过具体的党务和行政活动直接参与到综合治理活动之中。地方综合治理工作由地方政府具体落实和指挥,并且直接融于和体现于地方政府方方面面的行政活动之中。因此,地方政府的决策成败以及工作成效如何,对本地区综合治理工作的成败以及社会治安状况的好坏具有最直接的影响。

地方政府的各职能部门根据综合治理的统一要求并结合自身的职能,参与综合治理工作。监察部门以及工商行政管理机关、物价部门、税务部门、海关部门和质量监督检查部门、卫生检疫部门等行政执法部门的行政执法活动,与公、检、法等政法机关的司法活动兼济互补,起到防微杜渐、弥补制度漏洞的作用。民政部门通过加强基层政权和群众性自治组织建设,指导制定村规民约,发展社会保障和社会福利事业,做好城市救助、养老敬老、强制禁戒等社会工作,来起到社会"安全阀"的作用。劳动部门通过做好社会安置就业工作(包括为刑满释放人员提供就业机会),做好劳动争议仲裁工作,加强劳动用工和劳务市场的管理,来起到避免社会冲突发生和社会矛盾激化、从而加大社会稳定系数的作用。文化、新闻出版、广播电视等部门通过为社会提供健康向上的高品位的精神产品和加强文化市场管理,起到净化社会文化环境,统一社会价值标准和稳定社会心理的作用。教育行政部门通过大力发展教育事业、管理社会教育秩序、指导学校教学以及会同公安部门办好工读教育等,来传递和统一社会价值标准,提高全民道德与文化素质,使广大人民群众形成清醒的民主与法治意识,增强对官僚主义、腐败现象和其他违法犯罪现象的抵御和斗争能力。

(三)国家政法机关

国家政法机关是与犯罪做斗争的专门机关,也是综合治理的骨干力量。在综

合治理中,它们承担的主要任务是打击、威慑和改造犯罪。

1. 公安机关、国家安全机关以及武警部队

公安机关是社会治安工作的主管机关和刑事侦查部门。其主要任务和职责是:做好对社会面的控制,堵塞违法犯罪漏洞,及时发现和制止危害社会治安秩序的行为;指导和监督国家机关、社会团体、企事业单位和重点建设工程的治安保卫工作,指导治安保卫委员会等群众性组织的治安防范活动,开展治安联防、群防群治活动,对存在治安隐患的部门和单位及时提出治安建议,督促整改;监督管理计算机系统的安全保护工作;对危害社会治安秩序的行为依法予以治安处罚;对被判处拘役、剥夺政治权利等刑罚的罪犯执行刑罚,协助司法行政机关对被判处管制、宣告缓刑、假释以及暂予监外执行的罪犯实施监督并对违反治安管理规定和重新犯罪的社区矫正人员及时依法处理;做好对吸毒人员的强制戒毒和对卖淫妇女的收容教育等工作,办好工读教育,开展社会帮教活动;及时发现和侦破刑事犯罪案件;依法行使侦查、预审、执行逮捕等职权。

国家安全机关是国家安全工作的主管机关。它与公安机关,按照国家规定的职权划分各司其职,密切配合,维护国家安全。对于危害国家安全的行为,国家安全机关依法行使侦查、预审和执行逮捕以及法律规定的其他职权。

人民武装警察部队是维护国家安全和社会治安的重要武装力量。它的主要职责和任务是对国家重要机关、场所和重大活动担任外围警戒和巡逻;对国家边境口岸担任巡逻守卫;协助监狱押解罪犯,协助公安机关抓捕逃犯,镇压危害国家政权和危害国家安全的叛乱、暴乱和其他社会骚乱。

2. 检察机关

检察机关是国家的法律监督机关。检察机关的职权和责任是:对国家机关及其工作人员的活动是否合法实施法律监督,包括刑事检察、法纪检察、经济检察、监所检察等;代表国家对应当公诉的刑事案件提起公诉;对法律规定由人民检察院直接受理的犯罪案件进行侦查;法律规定的其他职权和责任,如对存在的违规乱纪现象的单位和部门提出检察建议,以督促改正。此外,检察机关还应当积极进行法制宣传活动和参与社会帮教活动。检察机关的上述工作和活动对于促进社会主义民主与法制建设,预防和打击违法犯罪,维护国家政治秩序和社会公共秩序的稳定具有重要意义。

3. 审判机关

审判机关代表国家行使审判权,审判机关的具体职责包括:①对刑事案件行使审判权,通过对犯罪分子的及时审理和准确适用刑罚,可以起到惩罚和威慑犯罪的作用;②对民事案件、经济案件和行政案件行使审判权,通过对上述案件的依法审判,可以起到稳定社会关系、避免矛盾激化的作用;③审判机关有权对不需要开庭审判的民事纠纷和轻微刑事案件进行庭外处理,有责任对人民调解委员会的工作

进行指导,有权就某些事项或个人的错误行为向有关单位和部门提出促其纠正和处理的司法建设,有义务开展法制宣传和参与社会帮教活动。这些工作和活动对于预防和减少犯罪都有着现实意义。

4. 司法行政机关及监狱

司法行政机关是负责司法行政事务的国家机关。其主要职责和任务是:负责政法教育和政法干部的管理与培训;组织实施法制宣传,指导各地方、各行业法制宣传、依法治理工作和对外法制宣传;负责指导监督律师工作、公证工作并承担相应责任,负责港澳的律师担任委托公证人的委托和管理工作;负责人民调解委员会的组织建设和业务建设;指导、监督基层司法所建设、基层法律服务和帮教安置工作;监督管理全国的法律援助工作;监督和指导全国监狱执行刑罚、改造罪犯的工作;负责指导管理、组织实施社区矫正工作等等。

监狱管理是司法行政机关的重要职责。监狱机关负责对被判处自由刑的罪犯执行刑罚,实施惩罚和改造。监狱在综合治理中的主要作用表现为以下两个方面:①通过对违法犯罪者的拘禁,实现刑罚目的和国家法律的权威,威慑社会上的不稳定分子;②通过对违法犯罪者的教育改造,促使其痛改前非,不重蹈违法犯罪覆辙。有必要指出的是,我国于2013年11月15日公布的《中共中央关于全面深化改革若干重大问题的决定》提出,废止劳动教养制度,相应的司法行政机关监督指导全国劳动教养的职责不复存在,现在只负责对监狱内的罪犯的惩治与改造工作。总的来说,司法行政机关的上述工作和活动,对于加强社会主义法制建设、维护社会的稳定有着重要意义。

(四)群众团体、企事业单位以及群众性自治组织

工会、共青团、妇女联合会等是共产党领导下的团结教育群众的社会团体,是党和政府联系群众的桥梁和纽带。在对犯罪的综合治理中,群众团体也发挥着重要作用。

上述群众团体应当对其成员和所联系的群众加强思想道德教育和法制教育,组织他们积极开展各种健康有益的文化体育活动,抵制各种腐朽思想、文化的侵蚀;开展社会公益活动,提供各种咨询服务,帮助群众正确处理工作、学习、婚恋、家庭等方面的问题和纠纷;协助有关部门做好对有轻微违法犯罪行为的青少年以及刑满释放人员的帮教工作;配合有关部门打击、查禁拐卖、绑架妇女儿童以及吸毒、赌博、卖淫、嫖娼等违法犯罪活动和社会丑恶现象,保障妇女儿童的合法权益,净化社会环境。各企事业单位应当认真落实治安责任制,健全规章,加强治安保卫,搞好本单位的治安防范工作。同时,要及时发现和消除不安定因素,适当调处民间纠纷,积极协助公安、司法机关查处本单位以及社会上的违法犯罪案件。

居民委员会、村民委员会及其人民调解委员会、治安保卫委员会,是群众性自治组织。它们对润滑社会关系、维护社会团结和稳定有着重要作用。它们在综合

治理中的作用主要是：调解、疏导民事纠纷，防止矛盾激化；开展社会工作和社区服务，帮助解决居民家庭等方面的困难以稳定社会心理；开展警民联防活动，建立群众性的治安联防队，加强楼间村头的巡逻守望；协助公安、司法机关查处违法犯罪活动。

（五）公民

公民是社会的主体和国家的主人。社会的安危治乱与每一位公民的自身利益息息相关，因此，每一位公民都有责任和义务参加对社会治安的综合治理活动。公民个人在综合治理中的作用主要表现在两个方面：①进行自我修养和自我控制，遵守法律和道德规范；②树立社会正义感和社会责任感，勇于同违法犯罪行为做斗争。广大公民作为社会的成员，只有积极参与社会治安综合治理，发挥自身的创造性，共同致力于犯罪的预防与打击，才能营造良好、和谐的社会环境，为个人的生存与发展提供外在保障。

六、社会治安综合治理的措施体系

（一）犯罪预防措施的一般分类

犯罪预防措施可以按照不同的标准划分出不同的层次和种类。这里对一些较具代表性的划分方法做简要介绍。

1. 犯罪防范措施与犯罪控制措施

犯罪防范和犯罪控制被认为是对付犯罪的两种基本的策略。

犯罪防范（crime prevention）是指在犯罪发生以前采取的旨在减少犯罪发生可能性的措施和活动。犯罪防范措施指向环境和个人两个方面。所谓环境，既包括宏观社会文化环境，也包括微观的社区和群体环境；所谓个人，既包括具有高度犯罪可能的个人，也包括一般的社会公众。不过，在西方学者的犯罪预防理论中，由于过分强调防范措施的可操作性，或者由于受其阶级立场所决定，犯罪防范所指向的环境和个人通常特指微观环境和具有高度人身危险性的个人。总的来讲，作为与犯罪控制模式相对的一种社会反应方式，犯罪防范模式侧重于对犯罪的事先防范，防止犯罪行为的发生，排斥对犯罪人的报应、威慑、剥夺以及矫正。

犯罪控制（crime control）则指刑事司法系统对犯罪的事后干预和介入。在犯罪发生后，它试图通过对犯罪和犯罪人的惩罚、报应、威慑或矫正来防止犯罪人继续犯罪和重新犯罪。犯罪防范与犯罪控制是犯罪预防在不同阶段的表现，也决定了二者在时间、具体目标、对象以及措施等方面都存在着不同，但是都是预防犯罪的措施。

2. 正式控制与非正式控制

有的学者将犯罪预防措施分为正式控制（formal control）和非正式控制

(informal control)两种,前者是一种国家管理活动,表现为正式的社会机构(如警察部门)根据法律授权而从事的职能性活动,后者是一套社会自治组织或自我调控机制,表现为能够影响人的行为的日常性的外界反应,如舆论、风俗、禁忌、礼节等;因前者而形成的是社会法律秩序和政治秩序,因后者而形成的是社会自然秩序。随着文明的进步和国家机器的日渐强大,一个总的趋势是正式控制越来越强化,非正式控制则越来越弱化,与此相应的是犯罪现象愈来愈成为一个难以解决的社会问题。然而,事实证明,单纯地信赖正式的社会控制很难有效地抑制犯罪和越轨行为的发生和增多,而非正式控制在这方面则有着难以估量的作用,因此在犯罪预防中必须重视对后一种控制形式的运用。如何重新启动非正式机制来预防越轨和犯罪行为,是当前预防犯罪实践的一大课题。

3. 控制模式、医疗模式与社会基因模式

有的西方学者将犯罪预防的理论和实践中的做法归纳为三种基本模式,即控制模式、医疗模式和基因模式。这三种模式分别强调刑罚等外在控制形式、对犯罪人的矫正与劝导、对人的外部环境的改善等措施的运用。控制模式认为,犯罪是一种理性行为,是具有自由意志的犯罪人权衡利弊之后做出的选择,因此,审判、监禁以及奖赏等措施可以影响到人的行为,并对犯罪起到控制作用。医疗模式认为,犯罪行为起因于行为人遗传、生理以及心理上的病态或者异常,因此,要像对待病人一样对待犯人,并施之以矫正、治疗、教育教诲等措施,防止其重新犯罪。社会基因模式认为,犯罪是一定社会经济环境的产物,因此,要通过改善社会经济环境来预防犯罪。三种模式是在对犯罪原因不同认识的基础上,分别提出的有针对性的预防犯罪的模式。

4. 三级预防模式

"三级预防模式"是由西方犯罪学者提出来的一种犯罪预防模式,这种模式是由公共卫生(public health)领域中对疾病的三级预防模式借鉴而来。其中:初级预防(primary prevention)是针对犯罪的各种诱因和条件而采取的措施,这些措施如果真正有效,便可以杜绝犯罪的发生。如通过广泛的社会工作、社会教育、社会改革以及通过环境设计等来预防犯罪。二级预防(secondary prevention)是针对那些具有人身危险性的潜在犯罪人而采取的措施,如对有不良家庭背景、不良表现或者曾有越轨行为或者犯罪行为的个人采取适当的教育和管束,以减低这些人的犯罪内驱力。三级预防(tertiary prevention)是指对已经实施犯罪的人的事后干预和介入,如对犯罪人的监禁、矫正和帮教等;其目的在于防止重新犯罪。这三级预防模式具有一定的层次性,在不同时间、针对不同的对象,适用不同模式。

与三级预防模式相似的一种观点是将犯罪预防划分为罪前预防、罪中预防和罪后预防三个层次。

5. 减少犯罪机会、改善社会控制和刑事立法调整

20世纪六七十年代以来,美国在犯罪问题上流行三种主要观点,即使人受害观点、社会混乱观点和立法观点,并基于这三种观点形成了一系列具体的犯罪预防策略。

使人受害观点认为,犯罪意味着使人受害,因此,消除犯罪目标和减少犯罪机会便应当成为预防犯罪的一项基本策略。这一基本策略包括以下具体策略和手段:自卫策略(即提倡公民进行自我保护的策略,如巩固目标)、邻里防卫策略(如公民巡逻和公民监督报告)、空间防御策略(如通道控制、监视设计、加强社区居民的非正式监督等)以及警察社区策略(强调通过警民协作来控制犯罪)。

社会混乱观点认为,犯罪是社区正常秩序混乱和社会水平下降的表现,公民的恐惧心理是对这种混乱和下降(而不是对具体犯罪行为)的一种反应,社区是犯罪的根源,因此,应当通过改善社区环境、加强社区控制来预防犯罪。

立法观点认为,犯罪意味着"非法",法律在犯罪的认定中起着至关重要的作用,因此,预防犯罪的手段要么是通过立法而使行为合法化,要么是通过立法而使行为犯罪化,前者称为非犯罪化(或非刑事化)策略,后者称为犯罪化(或刑事化)策略。

(二)我国综合治理的措施体系

全面动员社会各方面力量是综合治理的基本要求之一,除此之外,综合治理还有一系列具体措施,这些具体措施可以分为经济的、政治的、行政的、文化的、教育的、法律的等种类。从作用与目的角度,综合治理措施还可以分为打击与防范、管理与建设、教育与改造等环节和层次。本书中,根据犯罪预防措施的作用水平,将其划分为社会预防、心理预防、治安预防和刑罚预防四个层次和环节。

1. 社会预防

社会预防是指旨在使社会健康有序地发展和运行,减少或消除社会弊端与漏洞,避免或解决社会问题,消除社会矛盾,从而减少或控制犯罪发生的社会规划、调整与完善的过程,以及通过特定的机构、群体或组织进行的社会整合、社会管理与社会控制活动。

社会预防强调的是社会的完善,其任务和目的在于创造一个有助于抑制犯罪的宏观和微观社会环境。从内容上看,它主要表现为党和政府对社会的领导和组织管理。

2. 心理预防

心理预防是指对健全人格的社会培养和个体的修养过程,这个过程以防止和减少犯罪发生为其隐含目的之一。心理预防强调的是人的完善,通过塑造健全的个体,使个体在具体的情境下能够做出正确的行为选择。从内容上看,心理预防包括个人的自我修养和社会对个人的培养教化两个方面。

3. 治安预防

治安预防是指以公安保卫部门等专门的社会控制力量为主体,广大人民群众协同进行的旨在维护公共秩序和国家安全的社会管理和控制的活动。治安预防的作用和目的在于及时发现和制止违法和犯罪行为,尽可能地减少犯罪的条件和机会。从性质上看,治安预防主要属于公安保卫部门强制性的社会行政管理行为。

4. 刑罚预防

刑罚预防是指国家通过刑罚的设立、适用和执行来遏制犯罪和改造犯罪人的活动。刑罚预防的作用在于发挥刑罚的威慑和道德教育功能,使社会危险分子不敢犯罪,使被判处刑罚的罪犯不愿或不能再次犯罪。刑罚预防主要表现为国家立法机关、审判机关以及监狱机关的设刑、量刑和行刑活动。

社会预防、心理预防、治安预防和刑罚预防构成了我国预防犯罪的四道防线,这四道防线在作用水平上存在着一定的差序之别。从理论上讲,完善的社会加上完善的人,是预防和杜绝犯罪最为理想的条件,因此,社会预防和心理预防应当是预防犯罪的首选策略和措施,而治安预防和刑罚预防则是不得已而为之的补救性措施。

第四节 犯罪人的矫治

对犯罪人的矫治,是在刑罚执行过程中进行的。从世界范围内看,根据刑罚执行场所与方式的不同,犯罪人的矫治分为狱内矫治(又称为监禁矫治)和社区矫正。狱内矫治是对实施犯罪行为的罪犯关押于监狱等封闭机构,剥夺其人身自由,在与社会隔绝的情况下,对罪犯实行惩罚和改造相结合、教育和劳动相结合,将罪犯改造成为守法公民,以预防和减少犯罪。随着行刑理念的社会化、人道化与轻缓化,在社区内对罪犯进行矫正逐渐受到各国的青睐,并成为西方发达国家主要的行刑方式。社区矫正是将罪犯置于开放的社区,在基本不影响其正常生活与工作的情况下,运用社区的力量,通过对罪犯的人身自由或者其他权利进行一定程度的限制、提供公益劳动等方式,对罪犯进行的矫正。

一、狱内矫治

在刑罚的执行过程中对犯罪人进行矫治,是刑罚预防的一个重要环节,是发挥刑罚特殊预防功能的基本途径。刑罚的各种执行方法,都可能促使犯罪人正确认识刑罚传达的禁令,从而在以后的行为选择中抑制犯罪冲动。对于防止再犯来说,发挥刑罚的个别预防功能最关键的是在监狱等场所执行自由刑的过程中对犯罪人进行矫治。因为,自由刑在实际执行的刑罚中总是占有很大的比重,而且被执行自由刑的人一般都是犯有较重罪行、具有犯罪倾向的人。在自由刑的执行过程中对犯罪人进行良好而有效的矫治,就可能大大减少再犯率,显示出刑罚的个别预防效果。

(一)矫治犯罪人的一般原理

1. 可改造理论

犯罪学的理论研究表明犯罪并不是某些人与生俱来的天性,而是在后天的社会生活实践中受到某些不良因素的刺激或熏陶而形成的。犯罪分子既然可接受不良因素的影响而形成犯罪意念,那么也一定会在良好条件作用下改变犯罪心理而形成守法意识。因此,犯罪意识是可以改变的,犯罪习性是可以戒除的,犯罪人是可以改造的。对犯罪人的矫治,正是利用个人心理和行为的可变原理,通过对犯罪人的心理治疗和行为管束来消除犯罪意识、改变犯罪习性的。

2. 能动影响理论

犯罪人是具有不同程度的消极品质的个体,他们实施犯罪行为本身就表明他们不会积极主动地去接受良性条件的刺激,从而进行自我心理调整。因此,要想矫治犯罪人的犯罪心理结构,转化他们的消极品质,就不能采取消极等待的态度,而必须积极为其创造良好的学习、劳动和生活环境,主动而明确地进行知识传授、思想疏导和行为训练,只有这样才能对他们进行有效的矫正。

3. 多因素理论

人作为社会成员与多方面存在着联系,同时也接受着来自多方面的影响。这不仅要求我们从更广阔的范围去考察犯罪人的犯罪心理,也要求我们必须从多个方位采取措施,对犯罪人的心理进行矫治、匡正和康复。

4. 综合治理理论

犯罪人的犯罪心理、消极品质的形成是多因果的,这必定决定了对犯罪人的犯罪心理措施也应当是多内容、多形式、多途径的。我们必须从多个方面对犯罪人施加矫正影响,对他们进行复合刺激。比如,将矫治工作向前延伸,把公、检、法机关的影响与监内执行刑罚结合起来;将矫治工作向外延伸,把社会帮教和监内教育结合起来;将矫治工作向后延伸,把监内改造与社会安置工作结合起来。从更多的层次,对犯罪人进行矫治。

(二)犯罪心理矫治

对犯罪人的矫治过程,实质上也就是在刑罚的执行过程中充分发挥其个别预防功能的过程。在自由刑的执行过程中,有针对性地对犯罪人进行思想教育,帮助其消除犯罪心理,改造犯罪习性,就是对犯罪人的矫治。对犯罪人的矫治,主要包括两个方面:一是犯罪心理的矫治;二是犯罪习性的矫治。

犯罪心理不仅是指犯罪人在实施犯罪行为过程中的内心活动,而且主要是指促使犯罪人实施犯罪行为的思想意识(即反社会的生活态度)。具有犯罪心理的人,在遇到适当环境时,其犯罪心理便会促使其实施犯罪行为。因此,对犯罪心理的矫治,是防止犯罪人再次犯罪的重要途径。犯罪心理矫治是指通过教育和灌输,帮助犯罪人改变反社会的生活态度,消除犯罪的思想根源,培养守法意识。也就是按照社会化的要求,遵循心理发展的规律,对因触犯刑律而被判处刑罚者的犯罪意识、消极品质和精神失常进行改造、匡正和康复的过程。

1. 犯罪心理矫治的意义

对犯罪人进行心理矫治,具有重要的意义。

(1) 可以把消极的社会个体转变为积极的社会个体。犯罪人由一个普通公民发展到触犯国家法律的犯罪者,说明他们在需要、认识、情感、意志和人格等方面已存在不良品质,可以说服刑的罪犯是消极的社会个体。在监狱等多种手段的配合下,对犯罪人的不良心理结构、观念、精神疾病进行矫正和治疗,以转变、改善和提高其身心素质,使他们以一个积极的社会个体的身份回归社会,对社会做出应有的贡献。

(2) 犯罪人心理矫治为犯罪预防体系中其他预防措施得以充分发挥作用提供有利条件。心动于中而行于外,人的心理支配行动。对犯罪人的心理矫治,将对刑罚预防、狱政管理、劳动改造和教育改造等,都会产生积极的影响。如解决了犯罪人的认罪心理,可以提高刑事惩罚的质量;矫正了需要结构,可以调动劳动改造的积极性;改善动机和兴趣,可以提高教育改造的效果等等。可以说,对犯罪人的心理矫治是实施其他惩罚和改造措施的基础性工作。反之,其他预防措施的有效实施,也会有利于对犯罪人的心理矫治。

(3) 犯罪人的心理矫治是普及和提高全民精神文明的重要方面。社会主义精神文明建设的目标在于全民族的素质的提高,其中就包括犯罪人这个层面。因此,对犯罪人进行心理矫治,借以提高他们的思想道德、心理素质和身心健康水平,恰恰是普及和提高全民族精神文明水平工作的重要方面。

2. 犯罪心理矫治的基本内容

犯罪心理矫治的内容,应当根据犯罪心理的特点来确定。任何犯罪心理都是共性与个性的统一。各个犯罪心理的共性,主要表现在两个方面。其一是反社会的生活态度。许多犯罪的发生,都是犯罪人不能正确处理个人与社会、与他人的关系的结果。在社会中生活的每个人,在自己的生活经历中总会同社会、同他人发生各种各样的矛盾和冲突。当个人的需要、好恶与社会和他人的需要、要求之间发生冲突时,具有反社会心理的人,总是以个人的好恶、需要所引起的冲动行事而不顾社会和他人的利益和要求。这是许多犯罪得以实施的重要原因之一,也是许多犯罪人的思想特征。其二是有缺陷的意识结构。这种有缺陷的意识结构主要表现为:思维方式片面,易过分看重某些矛盾,以致选择极端的解决方式;自我抑制力薄弱,易受冲动驱使,以致不顾社会规范的约束鲁莽行事;性格好胜固执,易受环境影响,以致在不良刺激面前不能正确选择行为。犯罪心理的个性是因各个犯罪人而异的,只有具体分析各个犯罪人的犯罪心理才能认识其个性,了解其具体内容。因此,犯罪心理矫治的基本内容应当包括三个方面。

(1)改善生活态度。作为犯罪心理矫治的共性,首先应当抓好人的社会性的教育。反社会的生活态度使许多犯罪人不能正确处理个人与社会、与他人的关系,以致走上犯罪的道路。矫治犯罪心理,应当通过摆事实、讲道理,帮助犯罪人认识人类社会存在和发展的基本前提,教育他们正确对待社会生活中的各种矛盾和冲突,遵守社会生活的共同规则。改善犯罪人的反社会的生活态度,最重要的方法是进行法制教育,帮助他们认识法律在现实社会中存在的必要性和法律适用的严肃性,教育他们在处理个人与社会、与他人的关系时不得违犯法律的规定,不得实施危害社会的行为。

(2)培养健全的意识结构。对犯罪人进行矫治,应当着力帮助其克服意识结构中的缺陷,促使他们养成冷静、全面地思考问题的习惯,帮助他们加强意志力的培养,提高自我抑制能力,注意消除性格上的缺陷,正确引导犯罪人的好胜心理。只有培养起健全的意识结构,才有可能在外界刺激或犯罪诱惑力面前有效地控制自己,不至凭一时冲动,置国家法律于不顾,去实施犯罪行为。

(3)消除思想障碍。犯罪心理往往是犯罪人在自己的生活经历中由于受到某种或某些因素的作用而不能正确对待形成的。犯罪心理矫治的中心环节,也应当是针对促使各个犯罪人形成犯罪心理的主要因素,进行疏导或引导犯罪人正确认识这些因素,帮助其消除思想障碍,以便排除其形成和维持犯罪心理的精神支柱。

3. 犯罪心理矫治的基本方法

犯罪心理矫治的基本方法,是在强迫改造的过程中,利用犯罪人在刑罚执行过程中所受到的心理压力,进行强制性的思想灌输和有针对性的说服教育。这包括集体灌输和因人施教两个方面。

(1)集体灌输。集体灌输是指在一定范围内把犯罪人组织起来,集中进行强制性教育。集体灌输主要是针对犯罪心理的共性进行的。它在内容、步骤和要求上可以做出统一安排,这有助于发挥教员的主导作用,解决矫治人员不足的矛盾。同时,集体灌输具有一定的声势和威力,也具有一定的严肃性,容易造成一种使犯罪人不得不重视的气氛,从而促使犯罪人接受教育,并在集体中陶冶和改造自己。集体灌输是强制进行的,但是在教育内容和具体方法上仍然要支持以理服人和循序渐进的原则。要坚持摆事实、讲道理,理论联系实际地灌输正确思想,反驳犯罪人普遍存在的错误认识。

(2)因人施教。因人施教是指根据各个犯罪人犯罪心理的个性特点,选择最适宜的内容和方法,进行有针对性的教育。因人施教时应当分析研究具体犯罪人形成犯罪心理的具体原因,掌握犯罪人维持犯罪心理的症结所在,然后才能对症下药。

因人施教可以单个进行,也可以分类进行。单个施教应当在矫治主体与矫治对象之间建立了良好的心理反应和心理接触的基础上,抓住时机,选准突破口,进行启发教育。分类施教应当根据犯罪人在犯罪性质、恶习程度、年龄、性别、职业方面的特点,确定有针对性的教育内容,选择适当、有效的教育方法,分类进行教育,帮助他们消除各自的犯罪心理。

4. 犯罪心理矫治的辅助措施

社会生活的复杂性决定了它对人的影响不可能是单一的。任何人的心理都必然受到来自社会生活若干方面的影响。犯罪心理,除了受到矫治工作的影响之外,也必然受到来自其他方面的影响。因此对犯罪进行心理矫治时,必须注意吸收可能影响犯罪心理的其他因素,以强化心理矫治的效果;同时也必须注意来自其他方面的干扰,防止其削弱心理矫治的效果。这便是重视心理矫治辅助措施的必要性。对犯罪人进行心理矫治时可能采取的辅助措施,主要包括以下几个方面。

(1)利用社会力量协助矫治。如邀请社会知名人士结合自己的身份和成就向犯罪人讲解人生的意义和成功的乐趣,启发犯罪人关心自己的前途;邀请犯罪人原来所在单位的领导介绍本单位的情况,解决犯罪人离开原单位时所关心的或遗留下来的问题;组织重新回到社会后在工作中做出了成绩的劳改释放人员回监狱向犯罪人现身说法,以帮助他们增强改恶从善、重新做人的勇气和信心等。利用社会力量对犯罪人进行教育,具有启发犯罪人接受矫治、树立矫治好的榜样,强化矫治的作用。

(2)利用家庭力量协助矫治。家庭的社会性(一种特殊的社会组织形式)和自然性(以婚姻和血缘关系为纽带)的结合使它对家庭成员具有特殊的影响力,特别是家庭共同生活所形成的心理定式使家庭成员对犯罪人的教育极易被犯罪人所接受。因此,在犯罪心理矫治的过程中,应当注意利用家庭的力量对犯罪人进行规劝、教育,以配合犯罪心理矫治。当然,家庭成员对犯罪人的影响力是受犯罪人以前同家庭成员共同生活时的感情融洽程度制约的。

(3)帮助犯罪人学习科学文化知识,掌握生产技术。作为犯罪心理矫治的辅助措施,帮助犯罪人学习科学文化知识,可以提高他们的文化素质和分析、思考问题的能力,有助于他们克服思维的片面性,消除由于各种认识错误而导致的思想障碍;帮助他们掌握生产技术,则可以增强他们重返社会后自食其力、靠劳动生活的信心。

(4)强化狱政管理,创造有利的矫治环境。犯罪心理矫治是在特殊的场所里进行的。在这些场所里,具有各种犯罪心理的人共同生活在一起,很可能互相感染,强化犯罪心理,甚至形成黑社会的群体意识。因此,要在这种场合里对犯罪人进行心理矫治,就必须强化狱政管理,严格监视纪律,严厉制裁犯人中的邪恶势力和传播犯罪思想、传授犯罪技术的犯罪人,创造一个能相互监督、相互帮助的矫治集体。有了这样一个集体,就能互相帮助,发扬正气;互相监督,鞭挞邪恶;反矫治的言论和行为便得不到同情、包庇和支持;接受矫治、悔过自新的人便会受到鼓励和支持。这无疑是加速犯罪人接受心理矫治的有利环境。

加强狱政管理,还有助于建设一个安静整齐、清洁美化的生活环境。这对陶冶情操,消除杂乱肮脏的处所可能产生的消极、颓废的情绪和烦躁不安的思想,具有积极的作用。狱政管理应当坚持依法办事的原则,既要立足于改造和严格管理,又要实事求是地解决犯罪人的问题,尊重犯罪人的合法权利。树立良好的狱政管理形象,便可以促进犯罪人的心理矫治,而不良的狱政管理形象本身就可能使心理矫治的成果毁于一旦。

(三)犯罪习性矫治

犯罪习性矫治的目的是改造惯犯,减少再犯率。犯罪习性是指实施某种犯罪已成习惯的动力定型和性格特征。具有犯罪习性的人往往在实施犯罪的时候,没有明显的意志选择过程或者意志选择无力抑制犯罪冲动,犯罪行为表现为一种嗜好或者"身不由己"的习惯动作。如有的惯窃犯,看见别人的钱就"手痒",盗窃已经不是一个在犯罪与不犯罪之间进行意志选择的问题,而是如何窃得别人的钱财而不被发觉的问题。即使有的惯窃犯在盗窃之前也可能慑于刑罚的威力而想到不实施犯罪,但是由于已成习惯而无法抑制这种性格倾向。因此,矫治犯罪习性是一项非常艰苦的工作。然而这对于预防犯罪人再次犯罪又具有极为重要的意义。

1. 犯罪习性矫治的条件

(1)场所条件。犯罪习性的顽劣性使犯罪主体不可能在无拘无束的状态下自觉接受矫治。所以矫治犯罪习性必须在特定的场所进行,以造成适应矫治的环境。这种场所只能是执行刑罚的机关在刑罚的执行过程中,在严格的管束下,才能有效地强制犯罪的人接受习性矫治。

(2)心理条件。犯罪习性矫治,离不开犯罪心理矫治。只有通过行之有效的心理矫治,使犯罪人真正认识到自己已经养成的犯罪习性的危害性和违法性,并且下决心戒除和纠正这种犯罪习性时,犯罪习性矫治才能收到应有的效果。

(3)时间条件。犯罪习性不是在一朝一夕养成的,犯罪习性的矫治也不可能在短时间内完成。有些犯罪人,在严密的监管环境里可以暂时控制自己的犯罪习性不使其发作,但是在一段时间之后,这种被压抑的犯罪习性又会以疯狂的方式得以发泄。因此,犯罪习性矫治,必须在相对长的时间里进行。没有必要的时间保障,犯罪习性矫治就很难奏效。

2. 犯罪习性矫治的基本方法

犯罪习性矫治的基本方法包括两个方面:①限制原有的动力定型和性格特征对行为的支配力量,使之在犯罪人身上逐渐淡化以致消除;②反复实践新的行为规范,逐渐形成新的动力定型和性格特征。

(1)限制原有的动力定型和性格特征。对于具有犯罪习性的人来说,犯罪行为通常是遵循"动力定型"规律实施的,思想认识所起的作用往往是有限的。所以对犯罪人的习性矫治,应当在心理矫治的配合下进行行为矫正,即在相应刺激反复出现的情况下,通过严格的管束限制犯罪人的行动自由或者剥夺其犯罪能力,使其强烈的冲动没有发泄的机会。这种相应的刺激可以是犯罪人日常生活环境中自然存在的,也可以是为矫治某种犯罪习性特设的。但是不论哪种情况,都应当在特定犯罪人可能受到这种刺激的场合进行严密的监视和严格的管束,甚至在必要的时候动用有关器械限制或剥夺其行为能力,以阻止犯罪习性对犯罪人行为的支配。这样长时间的反复进行,就可能打破犯罪人原有的动力定型和性格特征,使"看见钱财就手痒",使一听批评就要出拳头的人在听到批评时能够控制自己的拳头。这种矫正运用得好,可以有效地矫正其行为习惯;运用得不好,则可能使犯罪习性在这种刺激面前变得变本加厉,所以,必须在严密监管的条件下进行。

(2)反复实践新的行为规范,形成新的动力定型。作为犯罪习性矫治的另一方面,应当抓好新的行为规范的训练、严格的纪律训练、健康的集体生活训练和精神文明训练。严格的纪律训练,可以促使犯罪人培养适合社会要求的动力定型,以抵消犯罪的动力定型,养成遵纪守法的习惯。健康的集体生活训练和精神文明训练,可以养成新的性格特征,消除具有犯罪倾向的性格特征,适应社会生活需要。长时间地进行这种训练,便可以使犯罪人由逆反变为顺应进而变为自觉的生活习惯,形成新的动力定型系统。同时,这种训练也有助于培养犯罪人的自我抑制能力,使其在新的犯罪刺激或诱惑面前,有可能通过自我抑制来控制自我,不去实施犯罪。

犯罪习性矫治,应当贯彻行为矫正与心理矫治相结合、个别矫治与集体矫治相结合、强制矫治与鼓励犯罪人自觉矫正相结合的原则,讲求实效,使刑罚的执行过程真正成为个别预防的过程。

3.犯罪习性矫治的辅助措施

犯罪习性矫治的辅助措施,主要是严格狱政管理和加强劳动改造。狱政管理对于防止犯罪意识传播和犯罪习性蔓延具有至关重要的意义。只有严格的狱政管理,严密监视和控制犯罪人的活动,才有可能创造良好的矫治环境,促使犯罪人接受矫治。否则,犯罪习性矫治的效果就会在犯罪群体的暗中抵触中化为乌有。

生产劳动既可以帮助犯罪人树立新的人生观,引导其走向新的生活方式,也有助于消除懒惰散漫、投机取巧、好逸恶劳等恶习,培养良好的生活习惯和品质。同时,有规律、有秩序的集体劳动,还可以充实犯罪人的矫治生活,使之没有过多的时间和精力沉溺于原有的犯罪习性之中;并且可以帮助犯罪人消除他们特有的"孤独感",增进对别人的了解和信任。这对于牵制原有的犯罪习性发生作用和培养新的行为习惯和性格特征,无疑具有积极的意义。

二、社区矫正

社区矫正与传统的监禁矫正方式相对,是一种在社区中对罪犯执行刑罚的制度,源于西方英、美等国家,已经有百余年的历史,并成为西方发达国家的主要行刑方式,也是一种目前在国际社会中得到快速发展的刑罚措施。我国的社区矫正是对发达国家和地区的社区矫正实践和研究成果的学习和借鉴,自 2003 年实行试点以来,取得了很大成效,对我国刑事执行制度产生了重大影响,当然,我国的社区矫正制度尚需进一步完善。

(一)社区矫正的概念、特征以及意义

1. 社区矫正的概念

社区矫正的理念来源于 19 世纪末近代学派的行刑社会化思想。以龙勃罗梭、加罗法洛、菲利和李斯特为代表的近代学派,从不同角度对犯罪原因进行探讨,否认了古典学派的意志自由论,提出了意志决定论,主张根据犯罪人的具体情况,采取有针对性的措施,防止犯罪人再次犯罪危害社会。近代学派认识到了监禁刑的弊端,提出了保安处分等非监禁刑罚措施对罪犯进行改造。"二战"后,在呼吁人权保障的背景下,20 世纪 50 年代兴起了罪犯再社会化思潮,以安塞尔为代表的新社会防卫派强调对犯罪人人权的保障和回归社会的思想。20 世纪 70 年代以来的恢复性司法,明确提出了社区矫正的理念,主张通过加害人与被害人之间的沟通和社会力量的帮扶,修复被犯罪破坏的社会关系,达到预防犯罪的后果。

我国的社区矫正首先是地方开始探索进行的,2002 年 8 月,在上海的徐汇区、普陀区和闸北区在各自一个街道里开展社区矫正的试点工作,次年在这三个区全面展开并扩大到浦东、卢湾两区,并得到了北京市的积极响应,于 2003 年 7 月,在东城区、房山区、密云县也启动了该项工作。2003 年 7 月最高人民法院、最高人民检察院、公安部、司法部(以下简称"两院两部")联合发布的《关于开展社区矫正试点工作的通知》,对社区矫正的概念、特征、实施方式、适用对象、参与主体、矫正目的等从司法层面进行了规范,并确定北京、上海、天津、江苏、浙江、山东等省市为开展社区矫正试点的省市。2005 年 1 月,"两院两部"联合下发了《关于扩大社区矫正试点范围的通知》,决定将河北、内蒙古、黑龙江、安徽、湖北、湖南、广东、广西、海南、四川、贵州、重庆 12 个省(区、市)列为第二批社区矫正试点地区。加上首批试点的 6 个省(市),全国已有 18 个省(区、市)开展了社区矫正试点工作。由于社区矫正试点工作取得了明显成效,达到了预期目标。为推动社区矫正工作深入发展,经中央政法委批准,最高人民法院、最高人民检察院、公安部、司法部决定,从 2009 年起在全国试行社区矫正工作,并联合发布了《关于在全国试行社区矫正工作的意见》。自此,我国的社区矫正管理模式在全国范围内确立并展开。当然,社区矫正真正合法化并获得立法承认,主要体现在我国刑法和刑事诉讼法中,它们以立法形式确立了社区矫正的身份。

根据2003年7月"两院两部"联合发布的《关于开展社区矫正试点工作的通知》,社区矫正被定义为是与监禁矫正相对的行刑方式,是指将符合法定条件的罪犯置于社区内,由专门的国家机关在相关的社会团体和民间组织以及社会志愿者的协助下,在判决、裁定或决定确定的期限内,矫正其犯罪心理和行为恶习,并促进其顺利回归社会的非监禁刑罚执行活动。社区矫正工作是积极利用各种社会资源、整合社会各方面力量,对罪行较轻、主观恶性较小、社会危害性不大的罪犯或者经过监管改造、确有悔改表现、不致再危害社会的罪犯在社区中进行有针对性管理、教育和改造的工作。

2. 社区矫正的特征

社区矫正是一种在专门机关和社会力量一起参与的情况下,对被矫正对象或称为社区服刑人员在社区内进行教育改造的一种刑罚执行方式。总的来说,社区矫正具有惩罚性、非监禁性、社区参与性和惩罚缓和性等特征。[1]

(1)惩罚性。社区矫正的惩罚性是指社区矫正是对犯罪人的一种惩罚,是一种刑罚执行和制裁方式。社区矫正是在确认个人实施犯罪行为后,由审判机关和国家其他有关机关判处和采取的一种刑事制裁措施,是对实施犯罪行为的个人进行的刑法意义上的否定性评价和谴责。社区矫正的对象实施是犯罪行为的个人,对没有犯罪的人不能适用;社区矫正的对象要遵守法律、行政法规,服从监督与管理;社区矫正的对象的人身自由和行动受到一定限制,如离开所居住的市、县或者迁居,应当经有关机关批准;社区矫正对象的一些权利不能行使,如被管制的犯罪人未经执行机关批准,不得行使言论、出版、结社等权利;要履行一定义务,如报告自己的活动情况;违反了相关的监督管理规定要承担一定的惩罚性后果,如撤销缓刑、假释,收监执行。社区矫正相对于监狱矫治对犯罪人的人身限制较少,惩罚较轻微,但是这并不能否认社区矫正的惩罚性。

(2)非监禁性。非监禁性是指将社区矫正的对象置于开放的社区而非监狱等封闭机构执行刑罚,这也是社区矫正的根本特征之一,也是社区矫正与传统的剥夺人身自由的监狱矫治的主要区别之一。非监禁性意味着,被适用社区矫正的犯罪人,仍然可以居住在自己的家庭中,在一定的范围内过着自由的生活;人身自由可能受到一定的限制,但是仍然保留着很大的行动自由;他们的工作和日常生活不会受到服刑的很大干扰,基本与往常的生活状态相同,从事自己的工作,和家人在一起正常生活。通过减少对罪犯活动自由的限制,扩大其与外界社会的各种联系,增强罪犯与社会的沟通、相处的能力,不削弱或者恢复其社会适应能力,有利于罪犯

---

[1] 郭建安、郑霞泽:《社区矫正通论》,法律出版社2004年版,第7—10页。

重新回归社会。

(3)社区参与性。社区参与性是指社区矫正对象与社区中的社会生活密切结合的特征,也是监狱矫治与社区矫正的重要区别。社区矫正在承认专门机构的组织、领导作用的前提下,强调动员社会的力量与资源,帮助犯罪人重新回归社会。一方面让社区矫正对象的矫正活动在社区中进行,积极参加所在社区的活动,通过在社区中进行不同内容的公益劳动,如植树造林、打扫卫生等,为社区的维护和发展尽自己的力量,并接受社区的监督;另一方面,社区为矫正对象的矫正和改造、教育活动提供帮助,让被矫正的人充分利用社区资源进行矫正,包括动员广大社区居民积极参与社区矫正活动,聘请志愿服务者、一些专业人士等开展社区矫正活动,还可以利用当地的机构设施等为社区矫正对象的矫正活动提供监督与帮助。这样,积极鼓励社区矫正对象融入社区和社区接纳、帮助被矫正人,实现二者之间的密切联系与双向互动,有利于矫正对象顺利回归社会。

(4)惩罚缓和性。惩罚缓和性是指社区矫正措施对犯罪人的惩罚程度较轻。与监禁刑相比,社区矫正并不长期、持续地剥夺矫正对象的人身自由,只是在一定条件下、特定时间范围内限制其人身自由,而且在社区内执行刑罚,并不会对其正常生活造成很大的干扰,给矫正对象及其家人带来的痛苦程度要远远低于监狱矫治。不过这也和社区矫正的对象有关,社区矫正的对象包括被判处管制、宣告缓刑、假释以及裁定暂予监外执行的犯罪人,总的来说是罪行轻微,主观恶性较小,社会危险性不大或者经过监管改造、确有悔改表现、不致再危害社会的罪犯,对这些对象采取社区矫正符合罪责刑相适用原则。

3. 社区矫正的意义

我国长期以来的重刑主义传统,注重监狱发挥净化社会功能的文化传统和刑事政策,导致我国刑法建立了以自由刑为核心的刑罚体系,这和西方国家20世纪中叶后逐渐扩大的非犯罪化、非刑罚化以及轻刑化的发展趋势形成了巨大反差。社区矫正作为一种先进、人道、有效的刑罚方式,顺应了刑罚制度文明发展的历史趋向,社会矫正的引入将对我国的以监禁刑为主的刑罚制度产生重大影响。

(1)有利于提高罪犯改造质量。与传统的监禁刑相比,社区矫正更注重对罪犯的改造,其非监禁的执行方式对罪犯改造质量的提高有很大的帮助。在社区矫正中犯罪人仍然生活在社区中,从事自己的工作或者学业,与家庭和社会保持着密切联系,这种开放的环境以及家庭和社会资源提供的强大的支持系统会增强犯罪人改造的积极性和能动性。在社区中执行刑罚,避免了监狱环境的污染。监禁刑将罪犯罪与社会隔绝开来,剥夺其侵害社会的能力和条件,但是,将众多犯罪人关押在一起,必然会产生交叉感染,使罪犯犯罪心理更加牢固,犯罪手段更加老练,犯罪技能更加发展。而社区矫正在较好的社会环境下进行,避免了监狱的消极影响,有利于改造。另外,社区矫正利用社区资源开展有关改造活动,对罪犯进行监管与帮助。作为一种刑罚执行方式,要对犯罪人采取一系列的监管措施,对其人身自由、行动以及权利等进行一定的限制,感受到惩罚的痛苦,预防再次犯罪,同时对犯罪人提供经济、社会、工作、家庭等方面的帮助,提高他们的技能和社会适应能力,使其更好地回归社会,做守法公民。

(2)体现了行刑社会化,有利于罪犯回归社会。对犯罪人适用刑罚,不只是因其实施的危害社会的行为而进行单纯的惩罚,惩罚只是手段,主要目的在于对犯罪人进行教育改造,使其成为守法的社会人,重新回归社会,而不致再危害社会。长时间的监禁,使犯罪人与世隔绝,缺乏与现实生活的联系,使他们难以融入社会生活中,造成回归社会的一大障碍;此外犯罪标签的存在,使犯罪人被社会其他成员所排斥、摒弃,与守法社会疏离,造成回归社会困难,甚至再次犯罪,这就导致监狱矫治与犯罪人的社会化之间产生矛盾。对于不需要监禁或者不再需要监禁的罪犯,将其直接或者在刑罚结束前一段时间内放到社会上,对其实施社区矫正,在开放的社区中,一定的监督考察下与社会、他人接触,在社会力量的帮助下逐步了解社会、熟悉社会、适应社会、学习群体文化、承担社会角色、学习生活技能、完善自我观念等,从而顺利地过渡到普通公民的生活,顺利回归社会,预防、减少犯罪。

(3)有利于合理配置行刑资源,降低行刑成本。长期以来人们对刑事犯罪的处罚所持的观点是"不进监狱就不算判刑",在这种意识的支配下,加上传统的重刑思想的影响,使我国在刑罚的选择方式上通常以监禁刑的监狱矫治为常态,而对于管制、缓刑、假释、监外执行制度,在实践中很少适用[1]。随着社会的发展,犯罪人数的增加,通过监禁的方式执行刑罚的成本会越来越高。传统的监禁刑的执行,需要国家投入巨额资金建造监狱,而且要为监狱系统的运行支付更加庞大的资金,包括大量监狱工作人员的费用、设施维护和运行费用、犯人生活费用等,此外还可以节省监禁犯罪人后产生的罪犯家庭以及被害人家庭生活等相关问题所需的资源。实行社区矫正的情况下,大大节省了国家资源,节省了建设监狱以及监狱运行的费用等,减轻了监狱的负担,而且有利于将监狱有限的人力、物力、财力用于非通过监禁手段不能改造的犯罪分子的教育改造,有利于资源的合理配置,提高改造效率。

(4)体现了刑罚人道主义精神。人道主义是一个历史概念,是起源于欧洲文艺复兴时期的一种思想体系,认为人本身以及自我实现是最高价值,所以要重视人、关怀人、尊重人、善待人,承认并尊重人的主体地位,是一种以人为本的世界观。具体到刑罚领域,对犯罪人的刑罚适用也应体现人道主义精神。一般认为刑罚人道主义精神包括以下三个层次:①关心和改善罪犯的物质生活和环境条件,包括衣、食、住、医疗、卫生等,保障犯罪人的基本物质生活需求,这是行施人道主义的最基本层次;②尊重罪犯人格,维护罪犯的人权,在保障其物质需求的同时,注重对其

---

[1] 辛科:《犯罪学》,法律出版社2015年版,第334页。

人格尊严以及其基本权利诉求的尊重与维护,是行刑人道主义的较高层次;③使罪犯的人格得到改造并健康发展,实现其作为人的价值,它要求国家行刑机关着眼于犯罪人人格的完善,并与社会同步发展,这是行刑人道主义的最高层次①。社区矫正将罪犯置于社区中进行矫正,对其人身自由进行一定的限制,但是并未影响到其正常的生活,其仍然拥有正常的家庭生活、稳定的就业环境和生活环境,体现了对人的主体性的承认与尊重,也是尊重与保障人权的宪法精神的体现。

(5)体现了宽严相济的刑事政策。宽严相济的刑事政策是我国的基本刑事政策,根据该政策,要根据犯罪的具体情况,实行区别对待,做到该宽则宽,当严则严,宽严相济,罚当其罪。对罪大恶极、危害严重的罪犯处以死刑,对情节较轻、主观恶性不大的罪犯,避免监禁矫正而采用社区矫正,体现了我国宽严相济的刑事政策精神。刑罚轻缓化倾向,与我国宽严相济的刑事政策确立的刑罚价值取向也是相吻合的,同时也有助于我国宽严相济的刑事政策的贯彻和落实。从世界范围内看,刑罚体系呈现出以死刑为中心到以肉刑为中心,再到自由刑为中心,在西方发达国家已经形成以非监禁刑为中心的刑罚体系,刑罚从严厉走向轻缓化。由于宽和轻缓的刑罚更能彰显人性,体现了人道与人文精神,因此成为刑罚的发展趋势。在现代社会,刑罚的轻缓化更能唤起人们对法律的认同和信仰,激发人们守法的自觉性,更容易为社会大众所接受。社区矫正既反映了刑罚的轻缓化,又体现了宽严相济的刑事政策。

(二)我国现行的社区矫正制度

1. 社区矫正制度的法律完善

从2003年社区矫正制度在我国一部分省(市)试行,2009年在全国全面推行,至今在我国也经过了十余年的发展,其间"两院两部"出台了一系列规范性文件、全国人民代表大会以及常务委员会通过法律的制定对社区矫正进行完善。特别是2011年2月25日中华人民共和国第十一届全国人民代表大会常务委员会第十九次会议通过的《中华人民共和国刑法修正案(八)》,规定对判处管制、宣告缓刑、裁定假释的罪犯依法实行社区矫正,这是我国首次以基本法律的形式规定社区矫正,这也标志着社区矫正在法律层面得到认可。2012年3月14日第十一届全国人民代表大会第五次会议通过了《关于修改〈中华人民共和国刑事诉讼法〉的决定》(第二次修正),根据新《刑事诉讼法》第258条明确规定:"对被判处管制、宣告缓刑、假释或者暂予监外执行的罪犯,依法实行社区矫正,由社区矫正机构负责执行。"2012年10月26日,第十一届全国人民代表大会常务委员会第二十九次会议通过了《全国人民代表大会常务委员会关于修改〈中华人民共和国监狱法〉的决定》,根据新《监狱法》第27条规定:"对暂予监外执行的罪犯,依法实行社区矫正,由社区

---

① 陈士涵:《人格改造论》(下卷),学林出版社2001年版,第677页。

矫正机构负责执行。"自此,我国三大刑事法律即刑事实体法、刑事程序法以及刑事执行法都确立了社区矫正的法律制度①。2012年"两院两部"制定了为进一步规范社区矫正工作,在深入调研论证和广泛征求意见的基础上出台了《社区矫正实施办法》,为社区矫正的实施提供了较为可行的操作规范,使我国的社区矫正得到进一步完善与发展。2014年8月,"两院两部"联合出台《关于全面推进社区矫正工作的意见》,对全面推进社区矫正工作做出整体部署,指出要充分认识全面推进社区矫正工作的重要性和必要性、确立全面推进社区矫正工作的指导思想和基本原则以及全面推进社区矫正工作的主要任务。

社区矫正是一项重要的非监禁刑罚执行制度,充分体现了社会主义法治教育人、改造人的优越性。全面推进社区矫正,健全社区矫正制度,是维护社会和谐稳定、推进平安中国建设的迫切要求,是完善刑罚执行制度、推进司法体制改革的必然要求,是体现国家尊重和保障人权、贯彻宽严相济刑事政策的内在要求。经过数十年的实践以及法律完善,社区矫正具备了较好的工作基础,法律制度初步确立,领导体制和工作机制逐步完善,机构队伍建设明显加强,保障能力进一步增强,社会参与积极性不断提高,逐渐被社会大众所理解和接受。社区矫正工作进展至2014年11月,全国共有社区服刑人员73.1万人,从2003年开始试点至今,已经累计接收211.3万人,社区服刑人员矫正期间再犯罪率一直处于0.2%以下的较好水平②。社区服刑人员家庭生活正常,有利于社会稳定,取得了良好的法律效果和社会效果。我国的社区矫正法正在讨论确定中,即将正式出台。

2. 社区矫正制度的内容

从社区矫正制度通过试点在全国逐渐建立到在法律层面的完善,出台了一系列规范文件中,从中我们可以了解到社区矫正制度的基本框架内容即社区矫正的主体、对象以及具体实施。

(1)社区矫正的主体。根据2003年通知确定的社区矫正的概念,社区矫正是专门的国家机关在相关社会团体和民间组织以及社会志愿者的协助下进行的,具体来说是司法机关负责日常管理,公安机关负责监督考察,被称为确认了工作主体与执行主体"两个主体",法院、检察院等密切配合社区矫正的实施,充分发挥基层群众自治组织、社会团体和社会志愿者的作用,积极参与和协助社区矫正的试点工作。2010年,司法部成立了社区矫正管理局,作为社区矫正工作专门的指导管理机构。《刑法修正案(八)》只是笼统地规定对判处管制、宣告缓刑以及裁定假释的

---

① 申心刚:《我国社区矫正制度的确立与完善》,载《天津师范大学学报(社会科学版)》,2015年第3期,第52页。

② 参见http://www.scio.gov.cn/zxbd/tt/Document/1385959/1385959.htm,最后访问日期2017-06-07。

罪犯实行社区矫正,由社区矫正机构负责执行,架空了公安机关的执行主体地位,但对于社区矫正机构的具体内容却没有规定。2012年"两院两部"出台的《社区矫正实施办法》对法律规定的主体进行了细化,明确规定司法行政机关是社区矫正工作的执行主体。但是随后出台的新《刑事诉讼法》以及新《监狱法》仍然延续了"社区矫正机构"的规定,对具体是哪一个机构、是否为司法行政机构未置可否。但是目前实践中社区矫正工作的开展主要依靠规定比较详细的《社区矫正办法》,由县级司法行政机关社区矫正机构对社区矫正人员进行监督管理和教育帮助,司法所承担社区矫正日常工作。公安机关只是对违反治安管理规定和重新犯罪的社区矫正人员及时依法处理,与法院、检察院一样辅助司法行政机关进行社区矫正。并规定社会工作者和志愿者在社区矫正机构的组织指导下参与社区矫正工作,有关部门、村(居)民委员会、社区矫正人员所在单位、就读学校、家庭成员或者监护人、保证人等协助社区矫正机构进行社区矫正。由于法律规定的不明确,《社区矫正办法》作为"两院两高"制作的规范性文件,法律位阶较低,所以关于司法行政机关作为社区矫正的执行主体的合法性还存在争议。

(2)社区矫正的对象。根据相关规定,试点的社区矫正适用于五类对象:被判处管制的、被宣告缓刑的、被暂予监外执行的、被裁定假释的以及被剥夺政治权利,并在社会上服刑的。并规定在符合上述条件的情况下,对于罪行轻微、主观恶性不大的未成年犯、老病残犯,以及罪行较轻的初犯、过失犯等,应当作为重点对象,适用上述非监禁措施,实施社区矫正。而根据刑法修正案八以及新刑事诉讼法的规定,对被判处管制、宣告缓刑、假释或者暂予监外执行的罪犯,依法实行社区矫正,由社区矫正机构负责执行,而被剥夺政治权利的仍由公安机关负责执行,可见这两大法律并没有把被剥夺政治权利的罪犯纳入社区矫正的范围。由于《刑法》和《刑事诉讼法》的效力高于"两院两高"制定的规章,所以就目前来说,我国社区矫正的对象仅限于被判处管制、宣告缓刑、假释和暂予监外执行四类罪犯。此外,就剥夺政治权利而言,主要是剥夺罪犯政治资格,其参与政治活动以及国家管理的资格,包括选举权与被选举权,言论、出版、结社、游行、示威、集会自由等政治权利,与限制人身自由的社区矫正的特征不同。所以,将其从社区矫正制度中分离出来具有一定的合理性。

(3)社区矫正的具体措施。根据《社区矫正办法》等规范性文件的规定,在社区矫正工作中应当做好以下工作。

1)做好社区矫正前的评估工作。对罪犯在社区内进行矫正,直接影响到社会居民的安全,因此在决定适用社区矫正前,要对罪犯进行调查评估,考虑对社区安全的影响。人民法院、人民检察院、公安机关、监狱对拟适用社区矫正的被告人、罪犯,需要调查其对所居住社区影响的,可以委托县级司法行政机关进行调查评估。受委托的司法行政机关应当根据委托机关的要求,对被告人或者罪犯的居所情况、家庭和社会关系、一贯表现、犯罪行为的后果和影响、居住地村(居)民委员会和被害人意见、拟禁止的事项等进行调查了解,形成评估意见,及时提交委托机关。委托机关根据调查的情况,对被告人、罪犯的犯罪情节、主观恶性、人身危险性以及适用社区矫正后对所在社区的影响等进行综合评估的基础上,决定是否对特定的被告人、罪犯采取社区矫正进行教育改造。真实可靠的调查评估是社区矫正有效的前提和基础,也是维护社区安全和实现社区矫正目的的保障。

2) 坚持对社区矫正对象进行教育改造。社区矫正作为一种刑罚执行方式,是通过对矫正对象进行教育改造达到预防犯罪的目的。教育改造要具有针对性,司法所应当在对社区矫正人员被判处的刑罚种类、犯罪情况、悔罪表现、个性特征和生活环境等情况进行综合评估的基础上,制定有针对性的监管、教育和帮助措施,并且根据矫正的情况对矫正人员实行分类管理。有效的矫正措施是进行社区矫正的核心,主要包括:组织社区矫正人员参加公共道德、法律常识、时事政策等教育学习活动,增强法制观念、道德素质和悔罪自新意识;组织有劳动能力的社区矫正人员参加社区服务,修复社会关系,培养社会责任感、集体观念和纪律意识;根据社区矫正人员的心理状态、行为特点等具体情况,应当采取有针对性的措施进行个别教育和心理辅导,矫正其违法犯罪心理,提高其适应社会能力;应当根据社区矫正人员的需要,协调有关部门和单位开展职业培训和就业指导,帮助落实社会保障措施。

3) 严肃处理违反规定的社区矫正对象。社区矫正的惩罚性就决定了在矫正对象违反了相关的监督管理规定时,要采取一定的强制性措施,达到教育改造、预防犯罪的目的。对于犯罪的人,仅靠思想教育是不行的,难以达到教育改造的作用。因此,在社区矫正中,对于违反规定矫正人员,必须要严肃处理,促使其遵守法律,认真服刑,矫正其犯罪心理和行为,真正悔过自新,弃恶从善,成为守法公民。根据《社区矫正实施办法》的规定,社区矫正机构发现社区矫正人员有违反监督管理规定或人民法院禁止令情形的,应及时派员调查核实情况,收集有关证明材料,提出处理意见。社区矫正人员有下列情形之一的,县级司法行政机关应当给予警告,并出具书面决定:①未按规定时间报到的;②违反关于报告、会客、外出、居住地变更规定的;③不按规定参加教育学习、社区服务等活动,经教育仍不改正的;④保外就医的社区矫正人员无正当理由不按时提交病情复查情况,或者未经批准进行就医以外的社会活动且经教育仍不改正的;⑤违反人民法院禁止令,情节轻微的;⑥其他违反监督管理规定的。

缓刑、假释的社区矫正人员有下列情形之一的,由居住地同级司法行政机关向原裁判人民法院提出撤销缓刑、假释建议书并附相关证明材料,人民法院应当收到之日起一个月内依法做出裁定:①违反人民法院禁止令,情节严重的;②未按规定时间报到或者接受社区矫正期间脱离监管,超过一个月的;③因违反监督管理规定受到治安管理处罚,仍不改正的;④受到司法行政机关三次警告仍不改正的;⑤其他违反有关法律、行政法规和监督管理规定,情节严重的。暂予监外执行的社区矫正人员有下列情形之一的,由居住地县级司法行政机关向批准、决定机关提出收监执行的建议书并附相关证明材料,批准、决定机关应当自收到之日起十五日内依法做出决定:①发现不符合暂予监外执行条件的;②未经司法行政机关批准擅自离开居住的市、县(旗),经警告拒不改正,或者拒不报告行踪,脱离监管的;③因违反监督管理规定受到治安管理处罚,仍不改正的;④受到司法行政机关两次警告,仍不改正的;⑤保外就医期间不按规定提交病情复查情况,经警告拒不改正的;⑥暂予监外执行的情形消失后,刑期未满的;⑦保证人丧失保证条件或者因不履行义务被取消保证人资格,又不能在规定期限内提出新的保证人的;⑧其他违反有关法律、行政法规和监督管理规定,情节严重的。

3. 我国社区矫正制度存在的问题以及完善措施

可见我国现行的社区矫正制度,主要是依托《社区矫正办法》建立起来的,由于该办法规定比较简单,社区矫正及相关的配套政策和措施又缺乏法律方面的系统而完善的规定,使得社区矫正这一新兴事物失去国家层面强有力的法律支撑和保障。由于无法可依,不仅会使这一制度的合法性备受质疑,而且在实践中产生了诸多问题缺乏法律的制约与保障,不利于社区矫正在实践中的适用和开展,大大降低社区矫正的实际效用,也无法实现社区矫正设立的初衷。

法律规定的不明确,导致司法行政机关作为执行主体的合法性产生争议,此外,现实中司法所存在任务量大、人员力量不足、专业素质相对较低的情况,不利于社区矫正工作的顺利开展;现有法律明确对被判处管制、宣告缓刑、假释或者暂予监外执行的四类罪犯,依法实行社区矫正,适用范围较为狭窄,又加之重刑观念的影响,在实践中社区矫正的适用率相当低;社区矫正的主要特征在于社区参与性,但由于市民社会发育不足和社区建设不完善,目前社区矫正主要依靠司法行政系统工作人员推行,民间组织、社区志愿者、社区居民介入有限,社区成员的参与意识、包容意识有待提高;实践中,法院、检察院、公安机关、司法所等部门之间的沟通机制并不畅通,并未实现资源的共享与工作的协调,工作衔接不及时,经常在法律文书的送达、被矫正对象的交接以及监管方面存在漏洞,对被矫正对象的监管存在真空状态[①];实践中,无论犯罪的原因是什么,矫正的对象是成年人还是未成年人,矫正措施的内容主要是公共道德、法律常识、时事政策等教育学习活动,社区服务主要是从事简单的公益劳动,形式单一、空洞,缺乏针对性、多元性;2012 年财政部、司法部出台了《关于进一步加强社区矫正经费保障工作的意见》(财行〔2012〕402 号),对于开支范围、经费保障以及管理进行了规定,但没有统一的标准,难以落实,实践中缺乏财政的支持以及社会力量的援助等。

所以,社区矫正制度的完善方面还有很大的空间。对执法主体的明确规定,对

---

① 钱凯:《社区矫正制度反思与重构》,载《人民论坛》2015 年第 35 期,第 57 页。

其工作方式、人员以及设施配备、权责,建设一支专业化、高素质的执法队伍,对与其他部门的分工负责、相互配合方面进行规制,确保工作衔接,防止"漏管""脱管"现象;适当扩大社区矫正的适用范围,扩大到主观恶性较小、危害不大的过失犯、未成年犯以及轻罪犯等,根据党的十八届三中全会的精神,废除劳教制度,完善对违法犯罪行为的惩治和矫正法律,健全社区矫正制度,以扩大社区矫正适用范围;顺应时代的要求树立轻刑化的行刑理念和"罪犯融入社会的"行刑社会化理念,加强对社区矫正的宣传,增加社会大众对社区矫正制度的认同和法院的适用率,积极鼓励志愿者以及社区力量的参与;借鉴国外的先进经验,建立并完善审前社会调查程序,明确其法律地位,为社区矫正工作的有效开展奠定基础;根据社区矫正的对象在犯罪性质、主观恶性、犯罪原因、年龄、性别等方面的不同,依据科学的标准对其进行分类管理,完善社区矫正措施的内容,对被矫正对象采取有针对性、多样化的措施,如电子监控、中途之家、家庭拘禁、社区服务令等;在立法上对于社区矫正的费用提供保障,在地方财政不足以支持的情况下,确保国家财政对社区矫正的拨款,并且鼓励多渠道引入资金,规范资金的使用。

  为了解决社区矫正在法律规范以及实践中出现的种种问题,推广社区矫正的适用的同时,提高社区矫正的法律效果以及社会效果,要求建立统一的社区矫正法以促使社区矫正工作的规范化、法制化的呼声一直很高,也受到国家层面的高度重视。2013年11月,党的十八届三中全会通过的《中共中央关于全面深化改革若干重大问题的决定》明确提出,要"健全社区矫正制度"。2014年4月,习近平总书记在听取司法部工作汇报时明确指出,社区矫正已在试点的基础上全面推开,新情况新问题会不断出现。要持续跟踪完善社区矫正制度,加快推进立法,理顺工作体制机制,加强矫正机构和队伍建设,切实提高社区矫正工作水平。2014年10月,十八届四中全会通过了《中共中央关于全面推进依法治国若干重大问题的决定》,该决定明确提出了我国将制定社区矫正法。2016年4月22日,十二届全国人大常委会公布了2016年立法工作计划,根据该计划,《社区矫正法》列入2016年10月份初次审议的法律案。所以,一直备受期待的我国的《社区矫正法》将在不久后成为现实,推动我国社区矫正制度完善,为建立我国特色的刑罚制度建立基础。

犯罪学各论

● 下编

第七章

毒品犯罪

毒品问题是当今国际社会面临的一个严重社会问题。受国际毒潮泛滥和国内涉毒因素影响,我国不断加大禁毒工作力度,但我国毒品犯罪仍呈发展蔓延的趋势。一方面是境外毒品渗透加剧和国内毒品来源增多的高压,另一方面是鸦片类等传统毒品继续发展和冰毒、摇头丸等新型毒品迅速蔓延的考验,禁毒工作面临的形势依然严峻。《2016年中国毒品形势报告》指出,截至2015年年底,全国现有吸毒人员234.5万名,其中,滥用海洛因等阿片类毒品人员98万名,占41.8%;滥用合成毒品人员134万名,占57.1%,滥用其他毒品人员2.5万名,占1.1%;被查获一次且无戒毒史的偶吸人员106.9万名,复吸(成瘾)人员127.6万名,分别占45.6%和54.4%;男性200.7万名,女性33.8万名,分别占85.6%和14.4%。吸毒人员低龄化特征突出,不满18岁的有4.3万名,占1.8%;18岁到35岁的有142.2万名,占60.6%;36岁到59岁的有87万名,占37.1%;60岁以上的有1.1万名,占0.5%。可见,我国的禁毒宣传教育、深化禁吸戒毒、打击毒品犯罪、易制毒化学品管制、禁毒国际合作等工作任重道远。

第一节 毒品犯罪的界定

众所周知,毒品犯罪危害甚大。1987年6月,联合国提出了"珍爱生命,远离毒品"的口号,并将每年的6月26日定为国际禁毒日。2007年国际禁毒日的主题是"控制毒品",2008年主题是"依法禁毒,构建和谐"。可见,毒品犯罪已然是人类社会健康肌体上的毒瘤,必须加以预防和遏制。而作为研究起点的毒品犯罪概念至今还尘埃未定,无疑阻滞了理论和实践的前行。严重扩张的毒品犯罪态势,亟须解决尚争议的概念。毒品的内涵与外延不同于毒品犯罪,而毒品犯罪不能游离于毒品之外。毒品宜采用列举概括式的违法性认定,毒品犯罪可以从规范的形式概念和事实的本质概念探悉之,特别是毒品犯罪的实质概念,即犯罪学上的界定必须牢固树立起来。

一、毒品的定义

在搞清毒品犯罪概念之前,必须明确界定什么是毒品。若没有对毒品做出科学定义,而盲目定论毒品犯罪,则缺失坚固的根基。我国对毒品概念之探讨,由于研究的视域不同,定论不一。刑法学界对毒品的定义,主要采取三种方式。

(1)列举式。仅就毒品的种类加以列举,不做任何概括说明。如《刑事法学大辞书》中将毒品定义为长期吸食、注射后能使人逐渐成瘾的制品,如鸦片、海洛因、吗啡、高根、金丹等[①]。

(2)概括式。不具体列出毒品的名称,而是直接盖棺定论。该种方式表述不一,但都没有游离于概括式之外。如认为毒品系"指吸食后能使人成癖上瘾并有害其身体的麻醉物品"[②]。也有学者认为,最准确的毒品定义是指根据国际公约规定的受控制的麻醉品和精神药品[③]。

(3)列举概括式。即明列毒品种类再加上高度概括的评价之语。列举概括式的定义模式一方面体现在我国刑事法典里,比如我国1997年《刑法》第357条开宗明义规定:本法所称的毒品,是指鸦片、海洛因、甲基苯丙胺(冰毒)、吗啡、大麻、可卡因,以及国家规定管制的其他能够使人形成瘾癖的麻醉药品和精神药品。另一方面凸显于行政法规中,比如我国2008年6月1日实施的《禁毒法》第2条所规定的毒品,照搬我国刑法典的内容,关于毒品的界定没有变化。

笔者认为,上述三种定义模式都竭力揭示出毒品的内容和范围,昭显毒品的基本特点,但也不难看出存在某种局限性。列举式定义比较具体、明确,一目了然,但不能反映出毒品的全部种类,也没有指出毒品的实质特征,更无法与其他药品或嗜好品相区别。概括式定义将毒品概括为麻醉药品或精神药品,有些定义也概括了毒品的特征,但该种定义的法律特征不明确,甚至将毒品与有毒药品混为一谈,使毒品范围有扩大化之嫌。列举概括式方法,指明了毒品主要种类及特征,便于司法实践中认定和操作。但是,根据其定义,在我国鸦片、海洛因、冰毒、吗啡、大麻、可卡因是毒品,而国家规定管制的其他能使人成瘾癖的麻醉药品和精神药品也是毒品,国际公约规定的受控制的麻醉药品和精神药品也是毒品,前者是一国法律的规定,后者是国际社会的统一标准,虽然概念明确、内容确定,但是因其附着的内容过

---

① 杨春洗、马克昌:《刑事法学大辞书》,南京大学出版社1990年版,第664页。
② 马克昌、杨春洗、吕继贵:《刑法学全书》,上海科学技术文献出版社1993年版,第729页。
③ 崔敏:《毒品犯罪发展趋势与遏制对策》,警官教育出版社1999年版,第34页。

多,范围广泛而不易了解,列举的方式所用文字冗长。因此,笔者认为,不妨避学说之短,取各家所长,参照国际公约之规定,结合我国立法之现状,给予毒品以较宽泛的定义。也就是说,不能狭隘地列举限定某些毒品种类为毒品,而阻却以后新出现的毒品类型,也不能广义总括毒品特质,无限伸展毒品范围,而扩大毒品法网,对于毒品定义模式宜采取列举概括式,只不过用语上更简洁明了些。要严格区分出毒品和合法的药品,毒品与毒药,毒品与违禁品的界限。

从国际社会对毒品的界定而言,多采取列举概括式。一般分为世界各国所达成的国际禁毒公约和各个国家的特殊立法对毒品的评判。以国际禁毒公约为例,截至目前共计有10多个,至今仍然有效和执行的主要是1971年2月以来联合国通过的三个国际禁毒公约。此外,还有一些一般性的国际条约也包含有禁毒条款①。我国已经先后加入了该三个国际禁毒公约,声明保留的条款除外。"麻醉药品"系指《1961年麻醉品单一公约》及《修正1961年麻醉品单一公约的1972年议定书》附表一或附表二所列的任何天然或合成物质。"精神药物"系指《1971年精神药物公约》附表一、二、三或四所列的任何天然或合成物质或任何天然材料。就各国关于毒品的立法而言,对毒品表述以列举概括式居多。代表性的有:法国新《刑法》第222-41条规定:"依《卫生法典》第L627条之规定,作为毒品分类的物质或植物,为本节规定意义上的毒品。"②其中,大麻就是毒品之一。意大利、瑞士、泰国等国家刑法都规定有滥用麻醉品罪,该处的麻醉品就是指鸦片、吗啡、可卡因等。英美刑法有制造、占有毒品罪,其中英国《1971年滥用毒品罪法》将毒品分为甲、乙、丙三级。甲级包括可卡因、海洛因、鸦片等;乙级包括安非他明、大麻、可待因等;丙级包括苯非他明、匹吗啉等。这里可以发现,国际上没有因为毒品随着社会的发展变化而放弃界定,同时不会因为毒品是相对的概念而混用该词。

其共同点是:①划定出毒品的种类,不包括烟、酒、茶、咖啡及挥发性溶剂等对人体形成依赖的物质;②明确了毒品的范围,不包括毒药,比如砒霜、氰化物等对人体毒害性的物质;③阐明了毒品的作用,排除了医学和用于科学研究等合理使用"毒品"的情况;④表明了毒品的违法性质,即脱离国际公约和一国的禁止性法律或者受控性的法规制约,带着负面价值和越轨的痕迹。总之,毒品不是一个无色无味中性名称,而是含有贬义的僭越社会规范的用语。而这样的语汇不是不可判定的尺度边缘,完全可以通过扼要列举、高度概括明定其含义。进一步说,从毒品性质的演变也可推导出其应有的蕴涵。以我国为例,深受两次鸦片战争侵害的中国人,逐渐认识到毒品的危害,从最初的消遣到家破人亡,国衰民怨,从林则徐虎门销烟到新中国成立初期的

---

① 许桂敏:《扩张的行为与压缩的解读:毒品犯罪概念辨析》,载《河南省政法管理干部学院学报》2008年第5期,第90页。

② 罗结珍译:《法国新刑法典》,中国法制出版社2005年版,第70页。

禁绝毒品的战役,毒品日益成为死亡的代名词。整个社会已经认识到,毒品的成瘾性、毒害性以及违禁性,最终造成毒品心理依赖性的危害很难消除,使用者毒瘾发作,经常失去理智导致违法犯罪。这里笔者不赞同这样的观点,认为毒品是把双刃剑,用之得当,则去病消灾,用之不当,则祸国害民。因为,按照最初对毒品的粗浅认识,或者是药品或者是日常消费品,未尝不可视为双面性的物质。然而,发展到后来,毒品的违法性已经成为不需证伪的事实,此时再论毒品的积极和消极影响,严重背离了毒品内含的本质要素。如是作为人类治疗疾病的精神药品和麻醉药品之物,不能称之为毒品,而是药品。药品的内涵与外延远远大于毒品。

根据我国先后加入的三个国际禁毒公约和我国颁布的相关法规,在世界范围内被禁用和限制使用的麻醉药品有128种,精神药品有104种,共232种。列举出的这些药品不能一概称之为毒品,必须附上特殊的违法标签才能成为毒品。即合法性的麻醉和精神药品是药品,不合法的麻醉药品、精神药品才是毒品。比如,吗啡用在正当的医学镇痛之上,不能认为是毒品,而是药品。我国的禁毒法规定,根据医疗、教学、科研的需要,依法可以生产、经营、使用、储存、运输麻醉药品和精神药品。注意,该处没有称之为毒品。作为普通常识,人们"谈毒色变",禁毒、拒毒,可作为毒品本身特定违法化的佐证。从毒品的社会危害性也可折射出毒品不是泛指一切药品,而是典型的有害性毒物。

就毒品对个人的侵害来说,由于反复使用毒品使身体机能状态改变,中枢神经系统发生变化,久而久之形成依赖性,之后出现体内慢性中毒,产生各种不适症,甚至造成精神错乱、中毒死亡。毒品对社会的侵害而言,败坏社会风气、损耗社会的财富。吸毒往往导致吸食者心理变态,为了毒品他们可以不顾一切,哪怕抛妻弃子,残害父母,出卖自己的肉体。吸毒者不仅身心健康受损,而且易感染和传播多种传染性疾病,尤其是性病与艾滋病。毒品污染了健康正常的社会环境。同时由于沾染毒品,社会一方面丧失了强壮的劳动力,缺少为社会创造价值的人员,另一方面为了戒毒需要增加社会的投入,无形中加大了社会的负担。"仅云南一省近年就拨出数百万元人民币作为戒毒经费,用于举办各种戒烟所、戒烟班。同时,国家每年还要拨出大笔经费用于建立缉毒队伍,培训缉毒人员"。毒品对国家的侵害不言而喻,破坏和谐安定的政治、经济、文化局面,易诱发其他违法犯罪行为。可见,毒品不是寻常的毒物,不是无价值评判的药品,不是一般所理解的"是药三分毒",而是具有禁止和控制前提下的带有危害性的特定物。那种凡能使人成瘾的物质,不论其被管制与否,都可称之为毒品的观点是错误的①。实际上,一切列入国家管制的麻醉药品和精神药品,一旦被非法使用便是毒品。笔者据此认为,毒品

---

① 童振华、徐嗣苏:《就毒品概念的界定与〈毒品学〉作者商榷》,载《中国药物滥用防治杂志》2003年第1期,第61页。

应定义为:毒品,是指鸦片、吗啡、可卡因、冰毒等具有违法性和有害性被国家禁止和限制使用的具有瘾癖的麻醉药品和精神药物。

二、毒品犯罪的概念

顾名思义,毒品犯罪是建立在毒品概念基础上,同时又受刑事法律犯罪的概念、特征及其作为一个种类罪的概念与特征的限制。扩大之,则是在犯罪学意义上具有社会危害性和惩罚性的违法行为。当今世界,毒品的种类很多,不论哪种毒品,介入刑事法中来,都要具备刑法的严重社会危害性、刑事违法性和应受刑事惩罚性特质。因此,毒品犯罪是专门的法律用语,而不是医学或者社会学等学科范式中毒品概念的简单切割与分离。纵然在犯罪学界面上,它也有迥异于其他学科的属性,不同于刑法上的规范法律概念。

在贩毒暴利和毒品消费增长的刺激下,我国的毒品犯罪活动十分猖獗,职业化、家族化程度越来越高,并有向集团化、现代化和国际化发展的趋势。毒品犯罪分子的作案手段也更加隐蔽,狡猾多变。受国际毒潮泛滥和国内涉毒因素影响,虽然国家不断加强禁毒工作力度,但我国毒品犯罪仍呈发展蔓延的趋势,既面临境外毒品渗透加剧和国内毒品来源增多的双重压力,也面临鸦片类传统毒品继续发展和冰毒、摇头丸等新型毒品迅速蔓延的双重压力,禁毒工作面临的形势依然严峻。因此,如何认定毒品犯罪成为我国的当务之急。

毒品犯罪立法的演变透视出我国对毒品犯罪的重视程度,也可管窥毒品犯罪的概念。2007年12月29日,第十届全国人大常委会通过了《中华人民共和国禁毒法》,先前的《全国人民代表大会常务委员会关于禁毒的决定》同时废止。《禁毒法》第59条至第69条的十项条文中,对涉及禁毒的违法犯罪进行了规定,其中列举的多种行为,在我国现行《刑法》中都规定是犯罪行为。同时,也规定了不构成犯罪,需要给予治安管理处罚的行为。该法的用语是:有下列行为之一,构成犯罪的,依法追究刑事责任;尚不构成犯罪的,依法给予治安管理处罚。该法所列举的行为主要有:走私、贩卖、运输、制造毒品的;非法持有毒品的;非法种植毒品原植物的;非法买卖、运输、携带、持有未经灭活的毒品原植物种子或者幼苗的;非法传授麻醉药品、精神药品或者易制毒化学品制造方法的;强迫、引诱、教唆、欺骗他人吸食、注射毒品的;向他人提供毒品的,包庇走私、贩卖、运输、制造毒品的犯罪分子,以及为犯罪分子窝藏、转移、隐瞒毒品或者犯罪所得财物的等。

我国1997年《刑法》关于毒品犯罪的相关罪名有:第347条走私、贩卖、运输、制造毒品罪,第348条非法持有毒品罪,第349条包庇毒品犯罪分子罪和窝藏、转移、隐瞒毒品、毒赃罪,第350条走私制毒物品罪和非法买卖制毒物品罪,第351条非法种植毒品原植物罪,第352条非法买卖、运输、携带、持有毒品原植物种子、幼苗罪,第353条第1款引诱、教唆、欺骗他人吸毒罪,第353条第2款强迫他人吸毒罪,第354条容留他人吸毒罪,第355条非法提供麻醉药品、精神药品罪等。可见,我国是采取双重立法模式对毒品犯罪予以预防和控制。违反禁毒法的行为包括毒品违法行为和犯罪行为。违反刑法有关毒品犯罪规范的行为仅是一种毒品犯罪行为。我国刑法典并没有对毒品犯罪明确定义,只是列举出若干毒品犯罪的罪名,从中可以看出定义的艰难。但是,学者们力图给出科学的答案,于是出现了如下观点:第一种观点认为,所谓毒品犯罪,是指违反禁毒法规,破坏禁毒管制活动,应受刑罚处罚的行为①。第二种观点认为,毒品犯罪是指违反麻醉药品、精神药品管理法规,非法走私、贩卖、运输、制造、使用毒品以及与此直接相关的破坏国家禁毒活动的行为②。第三种观点认为,除吸食、注射毒品是违法行为之外,其他违反国家毒品管制法规,进行与毒品有关的危害社会秩序和公民身心健康,依法应受刑罚处罚的行为都是毒品犯罪③。所有这些定义的共同点是把毒品犯罪放置在规范法学中予以评价,即入罪与出罪、此罪与彼罪、违法与犯罪的认同上。

值得肯定的是,上述三种定义,毒品均是中心词语,蕴含着违法的内在属性,只不过在毒品犯罪的外延上有所差异。第一种观点是广义上的毒品犯罪,不论新型毒品出现与否,都囊括其中,前瞻性浓缩用语较为完满地回答了毒品犯罪。但是,其口袋式解释容易导致扩大犯罪之嫌。第二种观点是狭义的毒品犯罪,用列举式限定了非法走私、贩卖、运输、制造、使用毒品破坏禁毒活动的行为为毒品犯罪。当然,局限性也很明显,因为我国刑法典所规定的毒品犯罪类型不仅仅是这几种,新颁布的禁毒法所规定的毒品违法犯罪行为也远远超出了该定义范围。所以,该定义具有明显的时代落伍痕迹,不符合我国当前毒品犯罪的客观现状和现行立法的规定。第三种观点一律排斥了吸食、注射毒品行为的犯罪性,无疑违反了罪刑法定原则,比如我国刑法典有强迫吸食、注射毒品罪。即使采用无被害人犯罪之说,但如果我国刑法典明确规定了该种行为是犯罪行为,就不能任意非犯罪化处理。除非重新修改刑事法律。据此,笔者认为,若从定罪量刑角度分析,毒品犯罪不妨采用折中的方式,围绕着我国刑法有关毒品犯罪的具体罪种的规定,结合刑法犯罪及其构成的理论,即不扩大也不缩小定义该类罪,同时采取列举概括式明晰和总结毒品犯罪的特有属性与外延。即毒品犯罪是指违反我国禁毒法律、法规,非法进行走私、贩卖、运输、制造毒品等破坏禁毒管制活动,应受刑罚处罚的行为。该种定义是就毒品犯罪的规范性而确定的。

笔者认为,毒品犯罪概念可分为形式和实质概念两种类型。毒品犯罪的形式概念特指我国刑法所规定的有关毒品的犯罪构成,亦即前述的刑法学毒品犯罪概

---

① 赵秉志、于志刚:《毒品犯罪》,中国人民公安大学出版社2003年版,第55页。
② 桑红华:《毒品犯罪》,警官教育出版社1993年版,第9页。
③ 崔庆森、陈宝树:《中外毒品犯罪透视》,社会科学文献出版社1993年版,第27页。

念。毒品犯罪的实质概念特指该类犯罪的社会危害性。即在犯罪学意义上的违反我国禁毒法律、法规,非法进行的麻醉药品、精神药品活动,具有社会危害性的违法、犯罪行为。正如上文我国《刑法》第347条至第355条所规定的毒品犯罪内容。毒品犯罪的实质概念超出了形式概念的内涵与外延。行为人的行为只要符合我国刑法有关毒品犯罪的各个具体犯罪的构成要件,不消说,该行为就是触犯刑律的毒品犯罪行为。当然,这里存在毒品的定性定量司法认定问题。违反刑事的毒品犯罪行为是犯罪学上毒品犯罪的概念组成部分之一。因此,如要对毒品犯罪进行鉴定,满足了什么是毒品犯罪之后,还要考量为什么是毒品犯罪。换句话说,符合刑法的毒品犯罪也一定充分满足了犯罪学上的毒品犯罪。只不过该处的毒品犯罪除了触犯刑律的犯罪行为之外,还有失范、越轨的违法行为。毒品犯罪是一个外延极广的概念,在许多国家,毒品犯罪并不是刑法学的概念,而是犯罪学的概念。因此,笔者更多探讨实质化的毒品犯罪概念。

诚如研究的领域有别,就某一问题的认定有不同的表述一样,毒品犯罪的概念就其实质而论是超脱出刑法语境而独立存在的价值事实。犯罪学上的毒品犯罪概念受制于社会的评判,而法律上的毒品犯罪取决于法律的评价。如果法律没有将其犯罪化,任何人都不能将其视为犯罪,这种行为也就不具有犯罪的意义,无非是说明观察问题的出发点不同,结论会有不同,也就是相同词语所表达的概念反映出的事物并不是同一的。在社会生活中,由于价值标准的多样性,就形成了多种论域的犯罪概念。不同论域之间,犯罪概念所指称的对象、本质和其他属性、内容和形式等都不同。毒品犯罪的概念就其实质概念而论,其对象和内容、表现形式有别于我国刑法所规定的毒品犯罪。这里,毒品犯罪的对象既有人也有物。毒品犯罪的犯罪对象具有多样性。因为大部分行为直接以毒品为对象,有的是与毒品有着密切的联系。笔者赞同将毒品犯罪的对象分为三类:毒品;与毒品有直接联系的物或人;作为自然人的他人。

具体而言,以毒品为犯罪对象的有:走私、贩卖、运输、制造毒品;非法持有毒品;吸食、注射毒品;窝藏、转移、隐瞒毒品。以作为自然人的他人为犯罪对象的有:容留他人吸食、注射毒品或者介绍买卖毒品;强迫、引诱、教唆、欺骗他人吸食、注射毒品;向他人提供毒品。

与毒品有直接联系的物或人为犯罪对象的包括:非法种植毒品原植物;非法买卖、运输、携带、持有未经灭活的毒品原植物种子或者幼苗;非法传授麻醉药品、精神药品或者易制毒化学品制造方法;为犯罪分子窝藏、转移、隐瞒犯罪所得财物;包庇走私、贩卖、运输、制造毒品的犯罪分子;在公安机关查处毒品违法犯罪活动时为违法犯罪行为人通风报信;阻碍依法进行毒品检查;隐藏、转移、变卖或者损毁司法机关、行政执法机关依法扣押、查封、冻结的涉及毒品违法犯罪活动的财物;在麻醉药品、精神药品的实验研究、生产、经营、使用、储存、运输、进口、出口以及麻醉药品药用原植物种植活动中,违反国家规定,致使麻醉药品、精神药品或者麻醉药品药用原植物流入非法渠道;在易制毒化学品的生产、经营、购买、运输或者进口、出口活动中,违反国家规定,致使易制毒化学品流入非法渠道;娱乐场所经营管理人员明知场所内发生聚众吸食、注射毒品或者贩毒活动,不向公安机关报告;娱乐场所及其从业人员实施毒品违法犯罪行为,或者为进入娱乐场所的人员实施毒品违法犯罪行为提供条件;未经批准,擅自从事戒毒治疗业务;戒毒医疗机构发现接受戒毒治疗的戒毒人员在治疗期间吸食、注射毒品,不向公安机关报告;强制隔离戒毒场所、医疗机构、医师违反规定使用麻醉药品、精神药品;公安机关、司法行政部门或者其他有关主管部门的工作人员在禁毒工作中有下列行为之一的:包庇、纵容毒品违法犯罪人员的;对戒毒人员有体罚、虐待、侮辱等行为的;挪用、截留、克扣禁毒经费的;擅自处分查获的毒品和扣押、查封、冻结的涉及毒品违法犯罪活动的财物的。这一类犯罪对象不是直接针对毒品,但是和毒品都有着千丝万缕的联系,要么是毒品原植物、制毒所用的原料、未经灭活的毒品原植物种子或者幼苗、制毒方法,要么是毒品犯罪分子、毒品犯罪所得的财物,要么是负有禁毒、戒毒职责的特定机构和人员。

以上三类也是犯罪学上毒品犯罪所包含的内容,就其本质属性而论,都具有社会危害性。从中可以看出,犯罪学的毒品犯罪的类型和表现形式大大超过了刑法学上的毒品犯罪,也即意味着犯罪学上的毒品犯罪完全涵盖了刑事法律上的毒品犯罪。因为,该处的具有社会危害性的特质包括一般的违法性和严重到触犯刑律的犯罪性,同时社会危害性的承担后果除了构成犯罪依法承担刑事责任外,尚有违法之行政制裁。但是不能据此就无限扩张毒品犯罪的概念,笔者认为,犯罪学上的毒品犯罪应以我国行政法规禁毒法为依托,参照我国加入的反禁毒国际公约,既不能扩大,也不能缩小,如果有广义和狭义概念之分,那么广义概念限定在我国禁毒法和加入的国际公约范围之内,是指实施与毒品相关的具有危害社会的应受制裁的行为。这也是毒品犯罪的实质概念。狭义概念就是指刑法学上的毒品犯罪,也是形式概念。

第二节 毒品的特征与种类

当今世界,毒品的种类繁多,毒品的特征明显。即便是毒品的特质具有共通性,但因各国刑事立法的差异,也导致毒品犯罪的类型有别。根据法律规定,划分为麻醉药品和精神药品的毒品;根据产生的时间,分为传统毒品和新型毒品;从毒品的危害程度上分类,可以分为"烈性"毒品和软性毒品。

一、毒品的特征

特征是被研究现象的属性或特性,通常指某一物质自身所具备的特殊性质,是区别于其他物质的基本征象和标志。毒品具有以下四个基本特征。

1. 成瘾性

毒品的成瘾性是毒品的本质特征,也称作依赖性。成瘾性是指由于反复使用某种药物而产生的躯体依赖或心理依赖,或者兼而有之的状态,有的还产生耐药力。依赖性分为生理依赖性和心理依赖性。生理依赖性是指由于反复用药使身体机能状态改变,中枢神经系统发生生理、生化变化,用药者必须连续使用,以保持身体机能状态的相对稳定。停用药物后会发生撤药综合症状,当再度用药时,症状消失。由于反复使用该类药物,因此产生了耐药性。据研究,鸦片类毒品所产生的生理依赖性最为强烈,在第一次用药后就可能出现,用药者一般在停药 8～12 小时后表现出一系列中毒症状。生理依赖性的产生及其程度除了与吸毒者自身个体的生理、心理特点有关外,还与所使用药物种类、用药时间、频率和剂量等因素有关。心理依赖性是指用药者心理上强烈渴望使用某类药物,使之兴奋或避免不舒服。心理依赖性的产生有两方面因素:一是由以往用药所体验到的某种效果或感受驱使,用药者为了不断追求这种效果或感受而产生继续使用该药的强烈欲望;二是为逃避停药时出现的烦躁、不安等心理反应而渴望继续用药。毒品的心理依赖性虽然表面上不如生理依赖性明显、强烈,但极难根除,它是吸毒者在生理脱瘾后复吸率居高不下的最重要原因。成瘾性是毒品的特性,也是导致滥用的主要原因,但这种依赖性的产生及其程度的大小并不完全由该药物本身决定。因为用药者的个人的生理、心理、精神状态等因素也是药物依赖产生的重要原因。因此,不能简单地将依赖性或成瘾性归于药品本身。

2. 毒害性

毒品的毒害性是其后果特征。毒害性与成瘾性相联系,成瘾性导致毒品滥用者长期使用,因而就使在滥用这些药物之后出现体内慢性中毒,产生各种不适症,对人的神经、大脑、呼吸、消化道、心血管有明显的损害,甚至造成精神错乱、中毒死亡。毒品的心理毒性源于药物的心理依赖性,是指毒品进入肌体后作用于大脑的神经系统,使人产生一种特殊的精神效应,驱使其不顾一切地寻求和使用该药物。这种心理依赖性的危害很难消除,特别是它的使用者难以自制,将寻觅毒品为生存的唯一目标,以致失去理智导致违法犯罪。毒品泛滥不仅对吸毒者本人,而且对家庭、对社会都有极大的危害。吸毒者不仅身心健康受损,而且易感染和传播多种传染性疾病,尤其是性病与艾滋病。毒品对家庭的危害主要是对家庭经济的消耗、对家庭成员间亲情的疏远以及对子女教育的影响。

3. 耐受性

耐受性是指不断使用同一种或同一类药物后,药用效果会出现退化现象,机体对该药物的反应迟钝、变弱,必须不断增加剂量才能获得与以前相同的药效。由于毒品的药物耐受性,几乎每个吸毒者都会经历逐步增大吸毒量、缩短吸毒间隔时间以及改变吸毒方式的过程。

4. 违法性

毒品的违法性是毒品的法律特征。毒品的违法性表现在它是受国家管制或禁止滥用的特殊药品。毒品的范围包括麻醉药品和精神药物,这两类药品都具有双重性,药用能镇痛和作用于中枢神经系统,对其使用不当或滥用,则使人产生药物依赖性,损害身体健康。国家有关药品的管理法律法规是判断这些药品是否滥用的依据。凡违反上述规范的规定,用于非医疗、科研目的而制造、运输、贩卖、走私、使用麻醉药品和精神药物时,这些药品即属毒品;反之,则是药品。毒品的违法性还表现在,它是法律规范明文禁止滥用的药品。我国《刑法》规定,走私、贩卖、运输毒品,非法种植毒品原植物,制造毒品,非法持有毒品,引诱、教唆、欺骗、强迫他人吸食、注射毒品以及非法提供毒品的行为都是犯罪行为,必须予以严惩。

毒品的四个特征是互相联系、缺一不可的。其中,成瘾性和耐受性是毒品区别于其他毒物的自然特征;由此产生的对吸毒者本人、家庭及社会的巨大危害则是毒品的后果特征;为了消除毒品的危害,法律必须要规范和限制人们对这一类物质的生产、制造、销售和使用,对涉及毒品的违法犯罪活动严加惩处。因此,违法性是毒品的法律特征。同时,只有国家有关麻醉药品和精神药物管理法规规定管制的两类药品,才是刑法意义上的毒品。

二、毒品的分类

常见的毒品种类有鸦片类、大麻类、可卡因类、苯丙胺类等。鸦片类毒品主要包括鸦片、吗啡、海洛因等;大麻类毒品主要包括大麻烟、大麻脂、大麻油等;可卡因类毒品主要包括古柯碱、盐酸可卡因等;苯丙胺类毒品主要是指苯丙胺类的兴奋剂。另外,还有一些其他类型的毒品。下面依据划分的不同标准,归纳为如下几种类型。

(一)根据法律规定,划分为麻醉药品和精神药品的毒品

1. 麻醉药品

麻醉药品是指对中枢神经有麻醉作用,连续使用易产生生理依赖性的药品。主要包括以下几种。

(1)鸦片。鸦片俗称大烟、烟土,呈条状、板块状,光滑柔软,有油腻感,呈黄色或金黄色,是历史久远的毒品。早在17世纪期间,远东地区就有人种植罂粟,并有人从吸食鸦片中寻求快乐。19世纪末20世纪初,鸦片开始流行世界。鸦片在医学上称作阿片,具有镇痛、止咳、止泻等作用,但经常使用产生躯体和心理双重依赖,使人骨瘦如柴,丧失劳动能力,思维能力减弱,不能做任何创造性工作。其原植物是国家法律严禁非法种植的罂粟。罂粟一般高1.5米左右,春、夏季开花,花朵颜色极为艳丽。花瓣脱落后十余天,球或椭圆形的果实成熟,果内白色浆汁是加工

鸦片的原料。当果实成熟时,划破表皮,流出汁液自然凝固晒干后形成生鸦片。经熟制后呈黑色,成为可直接吸食的鸦片。割过浆的罂粟壳也是国家规定管制的麻醉药品。近年来,我国一些地方仍有非法种植罂粟的违法行为,一些不法商人把罂粟壳作火锅底料,使人成瘾。

(2)吗啡。吗啡在鸦片中含量约10%,是鸦片中起主要麻醉作用的生物碱,也是自然存在的最好的麻醉药品。发明于1840年,是一种具有强烈毒性的毒品。少量使用可有麻醉、镇痛、催眠作用,使服用者产生一种超脱舒适感,但亦造成精神上的不安、苦闷。吗啡成瘾性很强,其心理依赖表现为:感情迟钝、情绪多变,记忆力下降,注意力不集中等;躯体依赖表现为食欲不振、体力衰弱、心悸、头昏、多汗、协调运动障碍、性无能等症状。吗啡还产生耐药性,须不断地增大使用量。将鸦片与1/2的水搅拌后加热,并加入氧化钙(生石灰),便可将鸦片液分解为吗啡和少许可待因。吗啡呈白色、浅黄色、棕色或无色的结晶性粉末,味苦、能溶于水。作为毒品三大母体之一,鸦片中含有20余种生物碱。其中主要有吗啡、可待因、罂粟碱、那可汀等。经人工合成可制成海洛因、杜冷丁(哌替啶)等。

(3)海洛因。海洛因是吗啡的双乙酰基衍生物,是吗啡的半成品,俗称白面、白粉、四号等,是鸦片类毒品中危害最大的品种,多为白色、无色、浅灰褐色和褐色粉末,目前被世界各国列为"头号毒品"。海洛因发明于1898年。其性能与吗啡相同,但比吗啡强约数倍。成瘾比吗啡快,使用两三次,便可上瘾。成瘾者一旦停止使用,就会产生严重的戒断症状,主要表现为:肌肉、骨骼以及颅内疼痛,胸闷、烦躁、极度疲倦、时寒时热,甚至抽搐、神志不清、呼吸困难、精神恍惚、昏昏欲睡等,严重者还可因呼吸中断而死亡。我国以吸食海洛因为主的吸毒者,大约占70%以上。海洛因是吗啡发现后医学发展的必然产物,麻醉效用相当于吗啡的2.5倍。10千克鸦片只能提炼出1千克海洛因。海洛因由于化学处理方法不同,有白色、淡灰色、深褐色等,味微苦,可溶于水。因其毒性大而失去医疗价值。

(4)大麻。大麻是指印度大麻中几种含有毒生物碱的变种,属于草麻科种类。大麻是一年生植物,该植物的某些部分含有四氢大麻酚的物品。大麻树脂中四氢大麻酚的含量为4%~12%。大麻油是用溶剂采用浸出方法反复提取大麻草或大麻树脂而获得,其中四氢大麻酚的含量为20%~60%。大麻是世界上使用人数多、传播范围最为广泛的毒品,被称作"穷人的毒品",有较强的心理依赖性,但躯体依赖性和耐药性不明显,因而被作为一种"软性"毒品。大麻,分大麻烟、大麻脂、大麻油。大麻脂略带黏性,大麻油为黑黏稠的液体。用者初期会产生错觉,情绪激动,行动异常,好斗;继而会产生焦虑猜疑,倦怠昏睡。吸食过量通常导致精神失常,因而常易诱发车祸和暴力犯罪。

(5)可卡因(古柯碱)属于可卡类。主要包括可卡叶、可卡糊、可卡因以及含有可卡生物碱的制剂。它于1855年首次从可卡叶中提炼成功,是一种烈性毒品。最初在美国使用,后蔓延至世界许多地方。可卡因可亢进交感神经末梢之兴奋性,作用于循环系统可导致脉搏加快、血压升高、瞳孔放大,随即出现周身舒适温暖、心身均觉愉快之感。在兴奋期,愿与人交往,毫无疲倦之意,但兴奋期只有几十分钟,随后转入抑制状态,疲乏、头痛并处于极度痛苦之中。连续使用后慢性中毒,可致脉速、耳鸣、幻听等症状,还可感到皮肤上似有小动物在爬动,十分难受,同时对事物思考能力受损,心理失去平衡,严重者可丧失意识,呼吸麻痹而死亡。可卡类毒品以古柯灌木的树叶为原料。可卡叶中含有 0.5%~1.5% 的可卡生物碱,具有加快新陈代谢、刺激神经系统的作用。可卡因被医疗界作为麻醉药使用,但因其毒性大且极易上瘾而为医学慎用,其又是一种强有力的大脑兴奋剂,是国际禁毒组织称为"百毒之王"的有机化合物。

2. 精神药品

精神药品是指直接作用于中枢神经系统,使人兴奋或抑制,连续使用能产生依赖性的药品。精神药物主要包括以下几种。

(1) 致幻剂毒品。该类毒品主要包括麦角二乙胺、仙人球毒碱、蕈类致幻毒剂等等,麦角二乙胺为烈性致幻毒品,皮下注射 LSD 剂量 35 毫克或口服 0.05 毫克后 12 小时,可使人产生特有的幻觉障碍和情绪与思维改变,产生迷幻作用。仙人球毒碱是从仙人掌中提炼出来的毒物,吸毒者服用这种以药粉、药丸或液体形式存在的毒物后,能产生超常幻视和幻觉,在精神、意识上丧失支配能力陷入近似精神分裂症状况。蕈类致幻毒品是化学家们从不同的毒草中提取不同毒素制成的致幻毒品。食用这类毒品后产生明显精神障碍,瞳孔扩大,血压降低,强烈的色彩幻觉。吸食过量则致人死亡。其他致幻毒品有巴比妥、二甲氧基甲苯丙胺等等。

(2) 兴奋剂毒品。作用于中枢神经系统的兴奋剂类毒品,除可卡因及其衍生物外,还包括苯丙胺类药物,如安非他明、甲基安非他明、苯异丙胺、芬太尼等。安非他明刚开始作为治疗嗜睡、肥胖和增强活力的药品进入市场,但很快导致滥用,大剂量使用表现为精神亢奋,暴躁易怒。甲基苯丙胺又叫"冰"毒,由于其形状呈结晶体,与普通冰块相似,故称之为"冰"。又被称为"软性"毒品。

(3) 抑制剂毒品。抑制剂是指对于中枢神经系统具有抑制镇静作用的精神活性物品。抑制剂的作用是直接中枢神经的活动而产生的,而海洛因、大麻脂等药品对中枢神经的作用是通过对神经传导的阻断产生的,因而是间接的。这便是麻醉药品和精神药品在药理上的主要区别。抑制剂毒品主要包括巴比妥酸盐类和非巴比妥酸盐类。前者主要有异戊巴比妥、烯丙异巴比妥、仲丁巴比妥等;后者主要有安眠酮(甲喹酮)、利眠宁(氯氮)等。在我国,这类药物以布桂嗪、安非拉酮、利眠宁等为主,这类药物的经常服用者有严重的撤药综合征,随着慢性中毒伴发严重精神障碍,可能并发呼吸衰竭或惊厥而导致生命危险。

上述毒品种类和范围并非一成不变,随着科学技术的进步和工业及化学工业水平的提高,一些天然植物毒品经过添加或催化某些化学物品后,可以提炼出高纯度的毒品;也可以合成新的具有药物依赖性并导致滥用和造成危害的毒品。例如,海洛因从鸦片中提炼时就必须借助化学品醋酸酐、丙酮、乙醚、甲基乙基酮或甲苯;合成安非他明精神药物依赖苯乙酸、1-苯基-2-丙酮化学品。这些化学品被称为易制毒化学品。

(二)根据产生的时间,分为传统毒品和新型毒品

传统毒品是指流行较早的海洛因、鸦片、吗啡等天然毒品、半合成毒品的毒品。天然毒品是直接从毒品原植物中提取的毒品,如鸦片。半合成毒品是由天然毒品与化学物质合成而得,如海洛因。新型毒品是相对于鸦片、海洛因、大麻等传统毒品而言的一类毒品,在我国主要从20世纪末21世纪初开始在歌舞娱乐场所中流行。主要是人工化学合成的致幻剂、兴奋剂类毒品,是完全用有机合成的方法制造的合成毒品,如冰毒。一般而言,新型毒品还是毒品,是由国际禁毒公约和我国法律法规所规定管制的、直接作用于人的中枢神经系统,能够使人形成瘾癖的新类型麻醉药品和精神药品。

从世界范围看,新型毒品首次出现于1919年的日本。当时,日本一位化学家在世界上第一次合成了后来被称之为冰毒的甲基苯丙胺。"二战"期间,为了鼓舞士气,防止疲劳,将甲基苯丙胺作为药物施用于士兵中。战后,日军将库存的这些药物投放市场,造成20世纪50年代的疯狂滥用。20世纪60年代的欧美国家,主要在夜总会、酒吧、迪厅、舞厅中滥用这类毒品。20世纪90年代后,以冰毒、摇头丸为代表的"舞会药"在全球范围流行开来,渗透进社会各阶层中。新型毒品一般包括四类:①以中枢兴奋作用为主,代表物质包括甲基苯丙胺、甲基卡西酮类;②以致幻作用为主,代表物质包括5-二甲氧基苯丙胺、氯胺酮(俗称K粉)等;③兼具兴奋和致幻作用,代表物质是MDMA(俗称摇头丸)等;④以抑制食欲为主,包括苯甲吗啉、苯双甲吗啉等。

冰毒通用名称是甲基苯丙胺。外观为纯白结晶体,晶莹剔透,故被吸毒、贩毒者称为"冰"。由于对人体的中枢神经系统具有极强的刺激作用,且毒性剧烈,又称之为"冰毒"。冰毒的精神依赖性极强,已成为目前国际上危害最大的毒品之一。滥用方式主要为口服、鼻吸。吸食后会产生强烈的生理兴奋,能大量消耗人的体力和降低免疫功能,严重损害心脏、大脑组织甚至导致死亡。吸食成瘾者还会造成精神障碍,表现出妄想、好斗等。

K粉通用名称是氯胺酮。静脉全麻药,有时也可用作兽用麻醉药。一般人只要足量接触两三次即可上瘾,是一种很危险的精神药品。K粉外观上是白色结晶性粉末,无臭,易溶于水,可任意与饮料、红酒勾兑并服下。服药开始时身体瘫软,一旦接触到节奏狂放的音乐,便会条件反射强烈扭动、手舞足蹈,"狂劲"一般会持续数小时甚至更长,直到药性渐散身体虚脱为止。氯胺酮具有很强的依赖性,服用后会产生意识与感觉的分离状态,导致神经中毒反应、幻觉和精神分裂症状,表现为头昏、精神错乱、过度兴奋、幻觉、幻视、幻听、运动功能障碍、抑郁以及出现怪异和危险行为。同时对记忆和思维能力都造成严重损害。

摇头丸,以 MDMA、MDA 等苯丙胺类兴奋剂为主要成分,由于滥用者服用后可出现长时间难以控制随音乐剧烈摆动头部的现象,故称为摇头丸。外观多呈片剂,形状多样,颜色多。摇头丸具有兴奋和致幻双重作用,在药物的作用下,用药者的时间概念和认知出现混乱,表现出超乎寻常的活跃,整夜狂舞,不知疲劳。同时在幻觉作用下使人行为失控,常常引发集体淫乱、自残与攻击行为,并可诱发精神分裂症及急性心脑疾病。

在我国,新型毒品不是一个法律概念,而主要是指相对于鸦片、海洛因、大麻和可卡因等传统毒品而言的,主要指人工合成的致幻剂、兴奋剂类毒品,是由国际禁毒公约和我国法律法规所管制的直接作用于人的中枢神经系统,使人兴奋或抑制,连续使用能使人产生依赖性的毒品。新型毒品大多为片剂或粉末,吸食者多采用口服或鼻吸式,具有较强的隐蔽性。冰毒、摇头丸等新型毒品的吸食者一般由于在吸食后会出现幻觉、极度的兴奋、抑郁等精神病症状,从而导致行为失控,容易造成违法犯罪。此外,由于摇头丸、K 粉等新型毒品多泛滥于酒吧、夜总会之类的娱乐场所,又被形象地称之为"俱乐部毒品""休闲毒品""假日毒品"。

滥用海洛因、鸦片、吗啡的吸毒者,毒瘾发作时,涕泪交流,大哭大叫,难受之状犹如万箭穿心,四肢痉挛,大小便失禁,不死不活倒地昏睡。滥用冰毒、摇头丸者,因其具有强烈的中枢兴奋作用,引起焦虑和紧张,易产生错觉及被迫害的感觉而引发暴力行为。同时,经常服用会导致记忆力减退和长久性失眠;过量服用将引发全身性衰竭并死亡。新、老毒品只是反应快慢不同,对人体的危害性没有差别。实际上,同等剂量的新型毒品比传统毒品毒性和成瘾性更强烈,服用这些毒品会使心跳加快、血压升高、体温急剧上升、心血管功能衰竭,甚至导致死亡。另外,如果连续使用这类兴奋剂,会导致人脑的神经细胞受到严重损伤,甚至退变,导致精神病发作,机体的其他系统功能也都会受到严重的损伤。

新型毒品与传统毒品本质上都有成瘾性、违法性和危害性,只不过因其制作方式和吸食方法不同,而加以区分。换句话而言,即使有区别,也不能消弭二者的毒品特质。新型毒品大部分是通过人工合成的化学合成类毒品,而鸦片、海洛因等麻醉药品主要是罂粟等毒品原植物再加工的半合成类毒品。所以新型毒品又叫"实验室毒品""化学合成毒品"。新型毒品对人体主要有兴奋、抑制或致幻的作用,而鸦片、海洛因等传统的麻醉药品对人体则主要以"镇痛""镇静"为主。新型毒品大多为片剂或粉末,吸食者多采用口服或鼻吸式,具有较强的隐蔽性,海洛因等传统毒品多采用吸烟式或注射等方法吸食滥用。冰毒、摇头丸等新型毒品吸食者一般由于在吸食后会出现幻觉、极度的兴奋、抑郁等精神病症状,从而导致行为失控造成暴力犯罪,海洛因等传统毒品吸食者一般是在吸食前犯罪,由于对毒品的强烈渴求,为了获取毒资而去杀人、抢劫、盗窃。

(三) 根据毒品的危害程度,分为"硬性"毒品和"软性"毒品

吸毒者根据吸毒后的承受程度,习惯把毒品分为软性毒品和硬性毒品。一般

不容易上瘾的叫作软性毒品，而容易上瘾的就称之为硬性毒品。但是,不要误以为软性毒品不易成瘾,比如摇头丸之类的毒品,虽然叫作软性毒品,但是它们对中枢神经系统的破坏比海洛因和吗啡等更剧烈,而且成瘾性也更高。软性毒品区别于天然提纯的毒品,如罂粟,也不同于化学合成毒品,如冰毒,一般包括摇头丸、K粉、大麻。硬性毒品如海洛因、吗啡、冰毒等。由于前文已有论述,此处略。

第三节 毒品犯罪的立法

关注毒品犯罪的立法无疑从另一个侧面解读防控毒品犯罪对策,或者是从立法角度分析毒品犯罪的成因。法律肯定不是为了实现某一已知目的而创制出来的,而毋宁是因为它能够使那些依据它而行事的人更为有效地追求他们各自的目的而逐渐发展起来的①。我国毒品犯罪的立法始终坚持从严禁毒、坚决遏制的立场。刑事立法上几乎涵盖了毒品行为的各个方面,涉毒罪名和刑事处罚上都较为齐备。但是瑕不掩瑜,毒品是按照数量还是依照纯度计,吸食行为非罪化是否妥当等问题引起的争论,无疑是力促刑法更加完善的呼声。

一、毒品犯罪数量论的评析

我国1997年《刑法》关于毒品犯罪配置在第6章第7节中,共计11个条文12个罪名。如第347条走私、贩卖、运输、制造毒品罪,第348条非法持有毒品罪,第349条包庇毒品犯罪分子罪和窝藏、转移、隐瞒毒品、毒赃罪,第350条走私制毒物品罪和非法买卖制毒物品罪,第351条非法种植毒品原植物罪,第352条非法买卖、运输、携带、持有毒品原植物种子、幼苗罪,第353条第1款引诱、教唆、欺骗他人吸毒罪,第353条第2款强迫他人吸毒罪,第354条容留他人吸毒罪,第355条非法提供麻醉药品、精神药品罪等。《中华人民共和国禁毒法》共计用10个条文列举了涉毒行为,比如《禁毒法》第59条到第69条对涉及禁毒的违法犯罪进行了规定。其中列举的行为既有触犯我国刑法的犯罪行为,也有不构成犯罪仅给予治安管理处罚的行为,只不过是行为社会危害性与人身危险性程度上的差别,行为内容几乎与刑法表达一致。《禁毒法》是这样表述的,有下列行为之一,构成犯罪的,依法追究刑事责任;尚不构成犯罪的,依法给予治安管理处罚。主要有走私、贩卖、运输、制造毒品的行为,非法持有毒品的行为,强迫、引诱、教唆、欺骗他人吸食、注

---

① [美]弗里德利希·冯·哈耶克:《法律、立法与自由(第一卷)》,邓正来等译,中国大百科全书出版社2000年版,第177页。

射毒品的行为等等。需要注意的是,我国刑法对毒品犯罪的定性定量评价是只看毒品数量,而不计量纯度。如果是走私、贩卖、运输、制造毒品,无论数量多少,都应当追究刑事责任。

首先,依照我国《刑法》规定,毒品的数量以查证属实的走私、贩卖、运输、制造、非法持有毒品的数量计算,不以纯度计算,这样的立法规定,就当下而言,存在缺陷,必须变通。笔者认为,唯数量论本质上违反了我国刑法罪责刑相适应的基本原则。每个人都深知,以毒品的成瘾性而言,毒品的危害在于一旦沾染上,很难脱瘾,毒品的纯度越高,毒理作用越强,人对毒品的依赖程度越深,对社会造成的危害和冲击越大。在毒品种类相同,毒品数量相当,唯独毒品的纯度不同情况下,其社会危害性是完全不能等同的。高纯度的毒品社会危害性远大于低纯度的毒品社会危害性。假设衡量行为人刑事责任大小,不考虑其他因素,仅仅以毒品数量多少作为风向标,未免陷入了僵化的公正报应和扭曲的罪刑均衡框架中。显而易见,对毒品犯罪的定罪量刑,若要始终贯彻罪责刑相适应这一刑法的基本原则,就要充分考虑不同纯度毒品之间的差异,不能仅仅以数量多少定罪量刑。如非法持有9克纯度50%的海洛因不构成犯罪,而非法持有10克纯度5%的海洛因则构成犯罪,而前者只需稍加稀释即可获得10倍于后者的毒品,前者的社会危害性明显大于后者。

其次,适当引入纯度论有利于刑罚目的实现。无论是一般预防还是特殊预防,刑罚目的不外是追求国家运用刑罚与犯罪博弈的最后功效,达成报应主义与功利主义的最终平衡。剥夺与惩罚,教育与警示无非是维护良好的社会秩序。可是立法若设计不合理,徒增了实现刑罚目的的困难,就如毒品犯罪的唯数量论,国内学者批评道,立法上规定毒品的数量不以纯度计算,显然是不合理的。如果不做毒品含量鉴定,对纯度高的和纯度低的同样处刑,看似发挥了刑罚严惩的作用,但忽略了被告人行为危害程度的差异,实际上恰恰有失公正[①]。从司法操作层面而论,毒品犯罪以数量计,便于简单掌握和节约司法成本。但是,随着毒品犯罪在我国屡打不绝,毒品犯罪的步步进逼,还固守立法的刚性条款,就显得难以应付复杂的毒品态势。目前,我国已经由20世纪的毒品过境国变成了毒品消费大国和部分毒品的生产国。最高人民法院的统计显示,2009年全国法院一审审理的走私、贩卖、运输、制造毒品案件共计45 388件,同比上升了16.52%。毒品犯罪目前已经成为继盗窃、故意伤害、抢劫、交通肇事罪之后的第五大常见多发罪名,并且是近年来上升幅度最为明显的犯罪之一[②]。这样的数据从一个侧面反映了,毒品犯罪仅凭毒品

---

① 李希慧:《惩治毒品犯罪刑事立法不能滞后》,载《检察日报》2009年6月26日。
② 李玉萍:《毒品犯罪案件审理中的几个问题及对策》,载《人民法院报》2010年6月23日。

的数量定性和处罚遏制不了毒品泛滥势头,尤其是毒品的掺杂使假现象不断涌现,唯数量论更暴露出一些立法问题。近年来,大量新型毒品出现掺假掺杂的情形。毒贩为了谋取更大的利益,开始在掺假上大动脑筋。有证据证明,一般毒品交易价格越低,纯度也就越低,甚至个别案件的毒品纯度仅为千分之几。纯度高的毒品的危害性与纯度低的显然有很大不同,前者存在进一步掺假从而扩大传播面的可能,社会危害性也更大。这种情况下,如不做毒品含量鉴定,就按照毒品数量计,对纯度高的和纯度低的毒品犯罪同样处刑,可想而知,刑罚目的怎能得到实现?如果对含有杂质的毒品不折算成纯净毒品,而把杂质也算在里面,不但会导致对犯罪人处刑过重的不良后果,而且也达不到一般预防和特殊预防的效果。毒品纯度与数量同样是重要的犯罪事实。如果毒品的种类、数量和其他因素基本相同,人民法院应对涉案毒品纯度较高的被告人给予较重的刑罚,而对涉案毒品纯度较低的被告人给予较轻的刑罚。

最后,司法实践已突破了立法壁垒。在我国除了传统的毒品海洛因、大麻毒品类型外,又增加了新型的合成毒品冰毒等,滥用海洛因问题尚未得到有效遏制,滥用合成毒品问题却在快速发展蔓延。毒品犯罪的新情况和新问题迫使司法实践不断摸索,寻找新的应对之策。最终,最高人民法院和最高人民检察院出台的一系列文件调整了毒品立法的内容。新型毒品广泛传播,新型毒品掺杂掺假问题也十分严重,通常是很多种成分混杂在一起,若不进行毒品含量鉴定,就无法准确量刑。比如含有毒品成分甲基苯丙胺的摇头丸,往往是将毒品原料磨碎、压烂以后,再加入其他杂质加工而成。假如不考虑含量问题,就以实际查实的摇头丸的数量作为毒品的数量予以量刑,显然十分不恰当。于是,实务部门为了避免此类问题造成执法的不统一,相继出台了审理毒品犯罪的指导性文件,逐渐展开了毒品纯度对量刑的影响工作。

第一个是最高人民法院2000年4月4日印发的《全国法院审理毒品犯罪案件工作座谈会纪要》。根据该纪要的有关规定,应由有关专业部门确定涉案毒品的毒效、有毒成分的多少、吸毒者对该毒品的依赖程度,充分考虑其瘾癖性、戒断性、社会危害性等酌情量刑。因条件限制不能确定的,可以参照相关毒品非法交易的价格等因素,决定对被告人适用的刑罚。除非在数量上和毒性上超过有数量标准的毒品外,一般不宜判处死刑立即执行。该纪要首次承认了毒品纯度可作为适用刑罚尺度。

第二个是2007年11月8日,最高人民法院、最高人民检察院、公安部联合制定了《办理毒品犯罪案件适用法律若干问题的意见》(简称《意见》),《意见》第4条明确提出,可能判处死刑的毒品犯罪案件,毒品鉴定结论中应有含量鉴定的结论。该意见再次重申并肯定了毒品纯度在司法认定中的作用。

第三个是2008年9月《全国部分法院审理毒品犯罪案件工作座谈会纪要》。为了进一步加强毒品犯罪案件的审判工作,依法惩治毒品犯罪,最高人民法院于

2008年9月在辽宁省大连市召开了全国部分法院审理毒品犯罪案件工作座谈会并形成了该会议纪要。纪要指出,毒品数量是毒品犯罪案件量刑的重要情节,但不是唯一情节。若毒品数量达到实际掌握的死刑数量标准,经鉴定毒品含量极低,掺假之后的数量才达到实际掌握的死刑数量标准的,或者有证据表明可能大量掺假但因故不能鉴定的,可以不判处被告人死刑立即执行。该纪要切实体现了贯彻宽严相济的刑事政策,尤其是打破了刑法毒品数量至上的樊篱,继续坚持不能忽视毒品纯度的做法。

笔者认为,暂且不论意见是否超越法律之雷池,纪要之名是否有法律效力之嫌,仅仅从出台文件的频率看,确实反映出实务部门处理毒品犯罪的无奈与困惑,究其症结在于立法的制衡与刻板。不论怎样,立法已经被实践开了天窗,从此以后,司法部门办案有了依据并一直延续下来。从实践成果看,除了严格降低了以往毒品犯罪死刑数量外,还对非法持有毒品罪正本清源了,因毒品含量鉴定的结果可能会使一些本来被确定有罪的被告人最终会被宣告无罪。实践出真知,既然已经探索出切实可行的办法,笔者以为,完全可以将已经成熟的司法经验转化为完善的立法规定,比如,一方面修改刑法的相关内容,对毒品的定罪量刑可以数量和纯度兼顾,不唯数量单一化;另一方面毒品数量可以用纯度折算,排除毒品掺杂掺假数量很大而纯度特别低的情况进入犯罪圈。如此才可彻底解决毒品的立法滞后与现实需求迫切的矛盾。当然,不同种类毒品的换算,要求确定某一种类的毒品作为基准物。即便不作为参照折算,不同毒品应有不同的相对纯度标准值也可。

二、吸食行为罪与非罪的点评

我国的毒品犯罪没有自己吸食毒品的行为,构成犯罪的行为受限于引诱、教唆、欺骗他人吸毒的行为,强迫他人吸毒的行为和容留他人吸毒的行为。这里,笔者以毒品犯罪具体行为为考察点,就是否需要改变原有立法现状,将非罪化的吸毒行为入罪化谈一谈一己之见。

其实,笔者持否定态度,认为没有必要规定为吸毒罪,非罪化是最好的选择。因为现行立法模式下,犯罪是严重危害社会的行为,一旦触犯刑律面临的处罚就很重。本来我国就饱受重刑重罚的诟病,在重刑化的立法并且没有保安处分相配套的情形下,吸食毒品行为就是一种无被害人的违反社会公序良俗的违法行为,依赖行政的禁毒法完全可以化解其社会危害性,完全没有必要划入犯罪中来。具体阐述如下。

(1)吸毒行为非罪化符合我国的刑法精神。法国思想家孟德斯鸠认为,法律是人类的理性,各国的法律是人类理性在特殊场合里的适用。因此,法律和地理、地质、气候、人种、风俗习惯、宗教信仰、人口、商业等等都有关系,而这些"关系"综合起来就构成所谓"法的精神"①。人、人的权利和自由是最高价值。因此,以人为本是人权精神的主旨,人权精神成为法律精神的核心。众多的国际人权条约、国际性宪章,如《联合国人权宣言》《公民权利和政治权利国际公约》《经济、社会和文化权利国际条约》等都充分体现了这一点。在正义的指引下,自由与秩序的关系、公正和功利的关系为刑法精神之体现。刑法以对个人行为的限制和禁止来保护社会秩序,以对犯罪行为的惩罚来保护个人自由。在对自由与秩序的选择上,刑法应当以个人自由为第一位,以社会秩序为第二位,并在此前提下力求个人自由与社会秩序之间的均衡。国家在通过刑法解决各种利益与国家根本制度的关系问题时,如在解决国家保护何种利益时,必须严谨科学。如果将吸毒行为犯罪化处理,难免产生小罪坐大牢的弊端,造成国家刑罚权力无限扩张,过度侵害个人自由。此外,效率也是当今刑法精神的应有之义。效率是在法律的规制、设定、导引和保障下,以最少的社会资源消耗取得最大的利益,从而实现社会资源的合理配置,促进整个社会高效和谐的发展。当然,效率的高低最终是由社会生产力的状况决定的,而这种高低不同的效率状况恰恰成为法律规制、设定不同社会主体权利和义务的标准,成为对资源、利益进行分配的依据。可见,效率较为深刻地反映了当代法律的内在精神实质。因此,效率是刑法精神的目标。吸毒行为非罪化恰好满足了刑法精神的效率需求。

(2)吸毒行为非罪化体现了我国刑法的谦抑性。由于多种原因,我国一直处于犯罪高发期。为了扭转这种态势,人们更多寄希望于完善刑法,编织缜密法网打击犯罪。但是,时至今日,我国的犯罪率仍然居高不下,犯罪人数持续上升。信赖膨胀刑法、扩大犯罪圈、增加刑罚量来解决犯罪问题,只能是美妙的幻想。因此,我国应当摒弃重刑重典,走除罪化和轻缓化之途。一些行为不需要规定为犯罪的,就尽量不要作为犯罪来规定。吸毒行为原本就是一种轻微违法行为,即便现在吸毒人数扩大也没有必要行刑法利剑求一时斩毒魔之快,更何况在世界毒品犯罪越演越烈的大背景下,单凭刑法之力难以彻底实现关爱生命、远离毒品之使命。这是因为,刑法对毒品犯罪的预防与控制并不是万能的,它作为社会调控的手段之一,希冀借助刑罚取得排害效果,期许刑罚构筑起阻却犯罪的屏障。若一味仰仗刑法遏制犯罪,这是不切实际的想法。刑法是配合其他法律的补充性刑法,是免除恶害性的最后手段,当且仅当施用于维持社会秩序的必要限度内。可谓刑法的谦抑性主旨。换言之,刑法不应将所有的违法行为都划归为犯罪并加以刑事制裁,仅应以有刑罚必要性的行为予以刑法规制即可。确实,我国的一些治理毒品做法折射出刑法的谦抑原则。比如,实行综合治理的禁毒战略,把禁毒作为一项复杂的社会系统工程和长期的战略任务,综合运用法律、行政、经济、文化、教育和医疗等多种手段,

---

① [法]孟德斯鸠:《论法的精神》(上),张雁深译,商务印书馆1961年版,第20页。

动员和组织全社会力量参与禁毒斗争。确定"四禁"并举、堵源截流、严格执法、标本兼治的工作方针。坚持禁吸、禁贩、禁种、禁制,控制非法供应和防止滥用并重,禁止和打击一切从事毒品违法犯罪活动。可见,从刑法的谦抑性出发,完全没有必要将吸毒行为犯罪化,依靠法律等多种综合治理手段才可将吸毒行为控制在人们容忍的程度内。

(3)吸毒行为非罪化满足了现实国情需要。毋庸讳言,吸毒行为是犯罪化还是非犯罪化曾争论不休过。如今,非罪化不可更改的事实已经证明,吸毒行为没有犯罪化的必要性和可能性。试想一下,有着13亿人口的大国,吸毒人数每年保守估计为几十万人,若将吸毒行为入罪,会有多少人被判刑入狱呢?泱泱大国岂不是成了罪犯海洋?社会的稳定与国家的安全又从何而来呢?通常认为,吸食毒品的行为是一种社会病态,应该把吸食者当作病人看待,采取强制戒毒和辅助救治相结合的措施。在我国,吸毒行为除了治安处罚、强制戒毒外,再有就是积极治疗。新中国建立60多年来,从没有任何一部法律或者决定将吸食毒品行为犯罪化。1950年2月,中华人民共和国政务院颁布了《关于严禁鸦片烟毒的通令》,限令吸食烟毒的人按期登记并定期戒除,违者予以处罚。这里的处罚没有指明是刑事处罚。此后,新中国成了世界上真正的无毒国。随着改革开放,毒品沉渣泛起。国务院颁布了《精神药品管理办法》和《麻醉药品管理办法》。1979年刑法典以专门条款规定毒品犯罪。1982年《关于严惩严重破坏经济的罪犯的决定》对《刑法》毒品犯罪的处刑作了修改补充。1987年《海关法》第47条也规定了毒品犯罪。1988年《关于惩治走私罪的补充规定》将走私毒品定为犯罪。1990年《关于禁毒的决定》是我国颁布的一部系统的禁毒行政立法,较为详细地规定了毒品犯罪。1997年《中华人民共和国刑法》吸收了《关于禁毒的决定》中的主要条款并进一步完善补充,设定了毒品犯罪专门章节。2008年《禁毒法》正式取代了《关于禁毒的决定》。在禁毒法出台前后,人们对吸毒行为入罪还是非罪的争论十分激烈,最终还是保留了一贯做法,吸毒行为非罪化尘埃落定。其实,从宽严相济刑事政策出发,吸毒行为非罪化也是符合我国现状的,同时也体现了立法的理性抉择。禁毒立法对吸毒行为的非犯罪化与我国宽严相济的刑事政策相吻合,并突出体现了对吸毒者的人文关怀,避免将众多的涉毒人群烙上犯罪者的标签。宽严相济刑事政策,在化解社会矛盾,建设和谐社会的基础上,更注重树立宽缓的立法思想。宽缓是相对严厉而言,宽严两者可同时并存,也可单独存在,互不排斥,并不是非此即彼的关系。非犯罪化处理是宽严相济刑事政策的宽缓体现,一方面是立法上不予以犯罪规定;另一方面是司法上对犯罪情节很轻、数额很小的案件,移交有关部门处理,不以犯罪对待。以宽济严,防止打击扩大化。当然,吸毒行为拒斥犯罪化并不预示吸毒行为的合法化,吸毒按照我国的现有法律规定,被视为一种应当受到法律制裁的违法行为,对于吸毒人员可以给予警告、罚款、拘留、没收、强制戒毒等处罚。

第八章

商业贿赂犯罪

最近几年,商业贿赂犯罪愈演愈烈,其危害性引起全社会的共鸣。惩治与预防商业贿赂犯罪成了社会刻不容缓的重任。事实上,打击商业贿赂犯罪的斗争也取得了一定成效。2006年我国正式拉开了重拳出击商业贿赂的大幕,一方面是政府的要务之一,另一方面又是廉政建设和反腐败的主战场。2008年11月,最高人民法院、最高人民检察院《关于办理商业贿赂刑事案件适用法律若干问题的意见》出台,为打击商业贿赂犯罪的实践指明了方向,同时也为学理上的探索提供了现实司法支持。随着我国打击腐败的力度逐渐加大,刑法有关贪污贿赂犯罪的立法也悄然改变,排除唯数额论、贿赂对象为物质性利益等,都是有成效的做法。本章围绕商业贿赂犯罪概念、成因与预防问题展开讨论。

第一节 商业贿赂犯罪的界定

商业贿赂犯罪作为高发的犯罪新类型,搞清其概念,才能有的放矢,正确预防和打击商业贿赂活动。然而,商业贿赂与商业贿赂犯罪毕竟是不同的概念,正确区分这两个概念对正确适用法律具有十分重要的意义。要了解商业贿赂犯罪必须弄清什么是商业贿赂,而要厘清商业贿赂尚需结合国内外有关研究现状,才能得出较恰当的结论。特别是我国有关商业贿赂犯罪处理和认定中尚有一些模糊做法,理论探讨与司法实践还有一些脱节,亟须深入研究。因此,本节笔者从概念入手,辨析商业贿赂犯罪的定义与内涵。

一、国外有关商业贿赂的概念

借鉴他山之石,可以攻玉。笔者首先以比较研究方法,对国外的有关商业贿赂立法规定加以综合,借以引出对我国的立法与定义之启示。其实,统揽国外的做法,可谓各有千秋,概念迥异。这主要是因为每个国家商业贿赂犯罪的状况不同和采取的刑事政策差异造成的。

国际社会对商业贿赂犯罪反应强烈,出台了统一的国际法律文件。为了加强反商业贿赂犯罪的国际合作,2003年10月31日第58届联合国大会审议通过了《联合国反腐败公约》,这是全球合作,联合反商业贿赂的重要国际法律文件,具有里程碑意义。该公约规定,以下贿赂行为规定为犯罪,即贿赂本国公职人员、贿赂外国公职人员或者国际公共组织官员、私营部门的贿赂,就是说,直接或者间接地向上述有关人员许诺、提议给予或者实际给予不正当好处,以使相对方违背职责作为或者不作为;或者是上述三类人员直接或间接为其本人或者其他人员索取或者收受不正当好处,以作为其在履行职责时违背职责作为或者不作为的条件。商业贿赂是贿赂的一种,贿赂的本意自然也包含了商业贿赂的内涵。根据该公约第15条、第16条和第21条规定,行贿行为包括许诺给予、提议给予或者实际给予,受贿行为表现为索取不正当好处或者收受不正当好处,没有谋取利益和实际是否获得利益之说。贿赂的行为方式既有作为,也有不作为。

以英美法系国家而论,他们没有成文法典专门规定商业贿赂犯罪。商业贿赂常常规定在其他法规中。比如,美国1977年颁布的著名的反腐败法——《海外反腐败法》,商业贿赂详细规定在该部法律中。当然,在美国联邦刑法典中也规定了一种商业贿赂的形式:对银行贿赂的处罚规定。新加坡虽然属于英美法系国家,但由于该国以反腐和重罚腐败闻名,所以也有专门的反贿赂法之例外做法。比如,新加坡除了刑法典中规定贿赂犯罪外,1960年出台了配套立法《反贿赂法》[1]。美国一般有商业受贿罪和商业贿赂罪之说法,而加拿大则认为秘密回扣行为就是商业贿赂罪[2]。美国规定贿赂范围是各种有价值的东西,加拿大是金钱、对价物品、职位、住所、雇用、贷款、奖赏或者任何利益。新加坡规定得更为仔细,既有任何形式的财产或财产方面的利益,也有任何公职、合同,甚至是任何其他服务、恩惠或者此类利益。

大陆法系国家对商业贿赂犯罪的规定,既有成文法典刑法典有关贿赂犯罪的规定,也有通过专门行政法加以规定的情形。比如,德国的《反不正当竞争法》第12条就是对职员贿赂的规定,在商品交易中,行为人以竞争为目的而给工业企业人员或受托人提供、许诺或授予一种利益,以不正当方式换取优惠给付的情形。日本也有非刑事法律规定的商业贿赂行为,主要有《不当赠品及不当表示防止法》《不公正的交易方法》《商法》等法律范本。

---

[1] 刘涛等译:《新加坡刑法》,北京大学出版社2006年版,第145页。
[2] 《加拿大刑事法典》,卞建林译,中国政法大学出版社1999年版,第250页。

大陆法系国家成文刑法典中有关商业贿赂犯罪的规定,其罪名各有不同。比如,日本有公务贿赂的行贿和受贿规定;意大利关于贿赂犯罪规定得很翔实,既有索贿、职务受贿等受贿规定外,还有行贿的详细规定,比如公务行贿、司法行贿、教唆行贿等①。《俄罗斯联邦刑法典》第204条规定了商业贿买罪②。

总体看,大陆法系国家有关商业贿赂犯罪的主体都没有限制,就是一般主体。比如,《瑞典刑法典》在第20章设有专门的"滥用职位罪及其他",其中雇员受贿罪的雇员不加任何限制,适用于董事会、行政部门、宗教、团体、执行法定任务的人等等③。德国、日本、法国等也是如此做法。有关贿赂内容上不限于财物,比如意大利是财产或者其他利益,法国是任何好处④。行为方式上包括作为和不作为,有的国家还规定事前受贿和事后受贿。比如,《韩国刑法典》第129条事前受贿和第131条事后受贿的规定。日本、韩国刑法典里还有斡旋受贿的定罪量刑之规定。

笔者认为,国外有关商业贿赂犯罪的立法综述起来,无非是以下几点值得我们参考。

(1)关于贿赂的对象,一般不仅仅限于财物,而是财物和不正当利益居多。《联合国反腐败公约》就采纳了不正当好处说,法国是任何好处。因为商业贿赂犯罪本质上是权力与私利的交易,非物质性利益也是交易的筹码,其危害性可以和物质性利益相等同,对此不能放纵,国外的这些做法昭示了决不姑息商业贿赂的决心。目前,我国立法上已经承认了物质性利益说,不再局限于财物。

(2)有关商业贿赂犯罪的行为方式上,不仅仅只有为他人谋取利益的作为规定,还有通过消极的不作为方式谋取利益之规定。各国刑法典里大多明确表示了作为和不作为两种方式,显示了受贿形式多样,防止挂一漏万。比如,瑞典刑法典规定,在行使行政职权时,以作为或者不作为,故意或者过失不履行职责的,处罚金或者监禁。联合国反腐败公约里更是特意强调了作为和不作为。

(3)商业贿赂犯罪的犯罪主体上,不受任何制约,没有特殊主体之限定。因为市场经济的主体地位是平等的,没有高低贵贱之别,也没有什么所有制不同待遇有别。只要是相同地位的主体,在商业活动中实施相同性质的贿赂行为,都以商业贿赂犯罪论处。比如,反腐败公约中有斡旋受贿的规定,没有特别主体限制,包括公职人员和其他任何人员。

---

① 《意大利刑法典》,黄风译,中国政法大学出版社1998年版,第99页。
② 《俄罗斯联邦刑法典》,黄道秀译,中国法制出版社1996年版,第104页。
③ 《瑞典刑法典》,陈琴译,北京大学出版社2005年版,第38页。
④ 《法国刑法典》,罗结珍译,中国人民公安大学出版社1995年版,第154页。

二、我国有关商业贿赂的定义

商业贿赂行为如果没有触犯刑律,达到严重社会危害性程度,是不可能构成商业贿赂犯罪的。因此,商业贿赂行为涵盖了违法行为和犯罪行为。而我国最早关注商业贿赂行为,是打开国门、改革开放、实行市场自由调节之后,作为一般的违法行为看待的。我国有关商业贿赂的概念,较早可以追溯到1993年9月2日全国人大常委会通过的《中华人民共和国反不正当竞争法》。该法首次规定了经营者"私对私"贿赂的民事责任、行政责任。在商业活动中首次用不正当竞争法制裁商业贿赂违法行为。该法第8条禁止性规定为:"经营者不得采用财物或其他手段进行贿赂以销售或购买商品。在账外暗中给予对方单位或者个人回扣的,以行贿论处;对方单位或者个人在账外暗中收受回扣的,以受贿论处。经营者销售或者购买商品,可以明示方式给对方折扣,可以给中间人佣金。经营者给对方折扣,给中间人佣金的,必须如实入账。接受折扣、佣金的经营者必须如实入账。"通过该条款的规定,可以看出,首先是通过禁止性规范划清了什么是商业贿赂,接着继续补充完善商业贿赂的典型形态,回扣的认定,最后是对折扣、佣金等非商业贿赂行为的排除法规定,意在强化商业贿赂的回扣与合法的折扣、佣金的法律界限。由此得出,通过《反不正当竞争法》引申出的商业贿赂概念,就是指在市场交易中,经营者采用财物或其他手段在账外暗中给予对方单位或者个人,以获得交易机会或有利于交易条件的不正当竞争行为。

国家工商行政管理局1996年11月15日发布的《关于禁止商业贿赂行为的暂行规定》,比较明确地界定了商业贿赂的概念。该规定第2条明确规定:"经营者不得违反《反不正当竞争法》第8条规定,采用商业贿赂手段销售或者购买商品。本规定所称商业贿赂,是指经营者为销售或者购买商品而采用财物或者其他手段贿赂对方单位或者个人的行为。前款所称财物,是指现金和实物,包括经营者为销售或者购买商品,假借促销费、宣传费、赞助费、科研费、劳务费、咨询费、佣金等名义,或者以报销各种费用等方式,给付对方单位或者个人的财物。第2款所称其他手段,是指提供国内外各种名义的旅游、考察等给付财物以外的其他利益的手段。"可见,我国工商行政管理部门第一次以部门规章的形式明确了商业贿赂的概念:商业贿赂是指经营者为销售或购买商品而采用财物或者其他手段贿赂对方单位或者个人的行为。

通过以上的法律、部门规章的规定,笔者对商业贿赂的概念有以下几点认识。

商业贿赂是在商业经营活动中为谋取利益而进行的贿赂行为,既是商业行为,又是不正当竞争行为。它具有违法性,它违反了国家有关法律、法规。同时,还具有社会危害性。在商业贿赂行为构成犯罪的情况下,应依法追究刑事责任。

同时,通过以上有关法律的规定,可以发现,商业贿赂更多着眼于商业行贿,据此可以得出,商业贿赂是指经营者在经营活动中采取秘密手段向交易对方的负责人、代理人、采购人员以及对交易业务具有决定权的人提供个人收入或以其他手段,引诱他们在交易过程中做出有利于行贿者的决定,从而争取交易机会和交易条件,以挤掉同业竞争者或使其占有经营优势的一系列行为。

此外,通过相关法律、规章的规定,商业贿赂包含有如下基本要素:①商业贿赂的主体不是单一的,而是多元的,商业贿赂中,商业活动交易的双方,一方是商业行贿或被索贿方,另一方是商业受贿或索贿方,并且商业贿赂的双方既可以是单一的个人或单位,也可以是复数的个人或单位;②商业贿赂的范围既包括行贿,又包括受贿,这是由商业贿赂主体多元性决定的。介绍商业贿赂存在于商业贿赂中,但并不具有独立的法律意义与地位;③商业贿赂双方都是直接故意行为。行贿方为了在商业交易活动中取得利益而给予财物或其他利益,受贿方索取财物或其他利益,或收受财物或其他利益而为他人谋取利益;④商业贿赂的内容具有广泛性,商业贿赂的内容既包括财物,也包括财产性利益以及其他非财产性利益;⑤商业贿赂是具有法律意义的概念。尽管商业贿赂的概念仅为部门规章所确立,但不能抹杀《反不正当竞争法》是商业贿赂的基本法律渊源。

笔者得出的如上推论和总括式评价,并不能说,这样的认识就一定得到公认,因为商业贿赂的概念至今还没有一个统一的说法。国内外就这个问题表述不一,差异较大。比较有代表性的观点如下。

(1)美国《布莱克法律词典》认为,商业贿赂是贿赂的一种形式,是指竞争者通过秘密收买交易对方的雇员或代理人的方式,获取优先于其竞争对手的竞争优势。《布莱克法律词典》是这样定义商业贿赂的。"商业贿赂:①由于违反由雇员、合作方、受托人或者代理人所担负的忠诚义务而故意索取或者收受交易的利益;②一个公正的评估人对利益的接受,这种接受可能影响了商品或者服务的评价;③与代理人或预定买方的雇员以获取商业竞争上的优势贿赂。"

(2)《元照法律词典》将商业贿赂定义为"在不公平的商业活动中,买卖一方以给付对方雇员或代理人利益的方式击败竞争对手的行为"①。

在我国,有关商业贿赂的学说仁者见仁、智者见智。有的采纳狭义说,有的坚持广义说。

持狭义的定义学者认为:商业贿赂是指在商业活动中,经营者为销售或者购买商品、提供或者接受服务,违反国家规定,给予对方单位或者个人财物,或者在商业活动中,一方利用职务上的便利,接受对方所送财物或者违反国家规定收受回扣、手续费的行为②。持广义概念的学者认为:可将商业贿赂分为商业行贿和商业受

---

① 薛波:《元照英美法词典》,法律出版社 2003 年版,第 253 页。
② 黄太云:《严控权力人行为,惩治经济腐败》,载《人民法院报》2006 年 7 月 25 日。

贿而分别进行界定。所谓商业行贿,是指商业活动主体在确立交易之前、之中或之后,为竞争交易机会,直接或间接向交易相对人(包括交易相对人及其负责人、代理人、工作人员和对交易业务有决定权的人)以及对商事交易业务具有决定性影响的人,许诺给予、提议给予或实际给予其不正当好处的行为。商业受贿是指商事活动主体或者对商事的交易业务具有决定性影响的人,在确立商事交易之前、之中或之后,直接或间接索取或者收受不正当好处,以作为其与之确立交易或促成交易的条件的行为[①]。

笔者认为,对商业贿赂的界定主要应凸显商业贿赂的法律特征,还要结合我国商业贿赂的严酷现实和国外的立法经验,故此完全可以采取广义商业贿赂说。但必须注意商业贿赂行为只能发生在市场交易活动中。商业活动是关于商品或者服务的市场交易活动,商业贿赂的发生须以市场交易活动为基础。行为的目的必须是想要通过贿赂的方式促成交易成功或取得利益。商业活动的终极目的是获利,因而实施商业贿赂的主观目的应当为促成交易成功或取得利益。行为的主体可以是经营者也可以是购买者。即商业贿赂的主体不仅包括经营者,也包括贿赂涉及的另一方单位或者个人。

笔者认为要给商业贿赂下一个科学的定义,可以从广义和狭义两个不同角度来界定。狭义的商业贿赂行为,重点在于强调经营者的"行贿"这一不正当竞争行为;广义的商业贿赂行为,同时强调经营者的"行贿"行为和相对人的"受贿"行为。狭义的商业贿赂行为,其实施主体只能是经营者;广义的商业贿赂行为,其实施主体可以是一切参与商品交易的主体,包括国家机关、事业单位在内,只要其参与商品交易活动。商业贿赂是商业行贿与商业受贿的集合。

自然,在本书立论过程中,笔者还是赞同广义的观点,并坚守商业贿赂是最广义的行为,既有商业受贿也有商业行贿,主体不要求特别限定,贿赂方式多样化,既有实行行为,又有预备的许诺、提议行为。因为从我国《刑法修正案(六)》和司法解释的规定,广义说更加全面和贴切。另外,商业贿赂行为本意就该包括商业受贿行为和商业行贿行为,这种对偶型的违法行为是不可分割的。如果不顾科学地分开,也不利于对商业贿赂现象的把握和掌控。

三、我国商业贿赂犯罪的概念

前文介绍了商业贿赂的概念和基本构成要件,似乎很明白无误了。那么什么是商业贿赂犯罪呢?如何理解商业贿赂犯罪呢?其实明确了商业贿赂的概念,并

---

① 卢建平等:《商业贿赂犯罪及其刑事实体立法规制——以联合国〈反腐败公约〉为视角》,载《社会科学战线》2007年第1期,第234页。

不意味着同时也就明晰了商业贿赂犯罪的概念。即使商业贿赂犯罪建立在商业贿赂基础上。如上所述,商业贿赂是具有特定法律意义的独立的法律概念,而商业贿赂犯罪并非是刑法上独立的某种具体犯罪的概念,它是个罪的集合体,是种类罪。商业贿赂犯罪当前常在两种情况下使用:一种是指因经营者因买卖商品而采用财物贿赂对方单位或个人,或者贿赂对方的主管部门或国家工作人员,而构成的行贿犯罪、受贿犯罪;另一种是仅指《刑法》第163条和第164条规定的贿赂犯罪。依第一种理解,那么商业贿赂犯罪就涵盖了《刑法》所规定的全部贿赂犯罪。依第二种理解,仅在非国家工作人员受贿罪、对非国家工作人员行贿罪的层面上使用商业贿赂犯罪的概念。由于分歧较大,最终影响了商业贿赂犯罪定义的认定。笔者倾向于第一种观点,商业贿赂犯罪不仅包括典型的商业贿赂,还包括普通的商业贿赂犯罪,同时商业贿赂犯罪与商业贿赂罪有根本的不同。阐述如下。

犯罪是指具有社会危害性、由刑法明文规定、应受刑罚处罚的行为。"犯罪"这一概念较为强调抽象的否定评价意义。罪,是指某个具体的刑法分则规定的犯罪,或某一种类的犯罪。其中,某个具体的犯罪,称为个罪。某一种类的犯罪,称为类罪。刑法分则中的具体罪名,即为个罪,如受贿罪、行贿罪等。而刑法分则中的类罪,也表述为某某罪,而非某某犯罪,如危害国家安全罪、贪污贿赂罪等。理论与实务中,我们习惯将商业贿赂构成犯罪的称为商业贿赂犯罪或商业贿赂罪。事实上,在我国刑法中商业贿赂罪并不独立存在。因此,商业贿赂罪的提法是没有刑法根据的。而商业贿赂犯罪的提法,如果作为与商业贿赂违法相对应的概念,并无不当,特别是在犯罪学上具有独立存在的价值。但是,如果作为刑法意义上的类罪,同样是没有刑法根据的。由此可见,商业贿赂罪或商业贿赂犯罪的概念,在刑法罪名体系中,无论是个罪罪名,还是类罪罪名都是不存在的。这与我国刑法规定的滞后性和分散性有很大关系。当然,将与商业贿赂有关的犯罪统称为商业贿赂犯罪,在学理上也并非不可以,尤其是为了刑事政策的需要,为了维护公平竞争的公共利益需要,可以凝练概括为商业贿赂犯罪。如同人们习惯将与经济有关的犯罪称为经济犯罪一样。商业贿赂犯罪的概念还是可以接受的,但称之为商业贿赂罪是不合适的,容易给人以一个具体罪名的误解。

由于商业贿赂犯罪既非规范的法律术语,又非刑法上具有个罪或某类罪归纳的法定罪名概念。因此,对商业贿赂犯罪概念的准确界定较为困难,同时由于认识的不一致,而导致司法适用上的混乱。事实上,我国刑法学界对商业贿赂犯罪的概念做了多种归纳与解释。一种观点认为,没有必要定义商业贿赂犯罪,这没有得到多数人的响应。大部分观点还是认为有必要积极探讨商业贿赂犯罪的概念,毕竟理论上摸索要反映现实的需要,更要为实践提供指导。但是,如何界定商业贿赂犯罪,成为犯罪学者和刑法学者纷争不已的问题。自然,所有的犯罪都是一种复杂的社会现象,某种行为是否规定为犯罪,受制于该国的国家性质、文化传统、国情、理论研究等影响。一个犯罪概念的确定,既有立法上规范定义,也有理论上争鸣观点。

笔者主张,对商业贿赂犯罪给出一个明确的概念很有必要,一是认识需要,二是打击犯罪的需要。

最高人民法院、最高人民检察院关于执行《中华人民共和国刑法》确定罪名的补充规定(三)确定了第163条和第164条罪名为非国家工作人员受贿罪和对非国家工作人员行贿罪。我们通常称其为纯正的商业贿赂罪,或者典型的商业贿赂犯罪。另外还有一些不纯正的商业贿赂罪,如《刑法》第385条、第386条规定的"受贿罪""行贿罪",第387条规定的"单位受贿罪",第392条规定的"介绍贿赂罪"等,又被称为普通的商业贿赂犯罪。该八种个罪既侵害了国家公务的廉洁性,又危害了市场经济秩序,是公务类贿赂犯罪和商业贿赂犯罪交叉重合的领域。划分标准主要是看是否只能发生在市场交易领域中。但这些罪都属于广义的商业贿赂罪的范围。八种个罪的观点得到了司法解释的确认。最高人民法院、最高人民检察院《关于办理商业贿赂刑事案件适用法律若干问题的意见》(2008年11月颁布)明确规定,商业贿赂犯罪涉及刑法规定的以下八种罪名:①非国家工作人员受贿罪(《刑法》第163条);②对非国家工作人员行贿罪(《刑法》第164条);③受贿罪(《刑法》第385条);④单位受贿罪(《刑法》第387条);⑤行贿罪(《刑法》第389条);⑥对单位行贿罪(《刑法》第391条);⑦介绍贿赂罪(《刑法》第392条);⑧单位行贿罪(《刑法》第393条)。当然,随着立法和司法解释的出台,我国贿赂的对象已经扩大到了物质性利益。

因此,笔者认为,所谓的商业贿赂犯罪是指单位或者个人在商业活动中,为谋取不正当利益,违反国家规定,故意进行贿赂交易的不正当竞争,情节恶劣、后果严重的行为。

第二节 商业贿赂犯罪的成因

人为什么犯罪的问题,这是刑事法律科学必须回答的基本问题,在犯罪学上称为"犯罪的原因"。当代犯罪学理论就这一基本哲学命题展开了庞大而复杂的理论研究,形成了刑事古典学派、刑事实证学派等理论体系。刑事古典学派认为,犯罪的原因是由人的自由意志所决定的,是人们趋利避害的本性之体现。刑事实证学派则否认人有自由意志,认为犯罪是人的素质和环境的产物。如意大利的龙勃罗梭认为,人是否实施犯罪行为,不是其自由意志选择的结果,不是对其快乐和痛苦进行比较的结果,而是天生的、隔代遗传的结果。而菲利则认为犯罪的原因除了人类学的原因以外,还有社会和自然条件的原因。他认为,"考虑到人类行为,无论是诚实的还是不诚实的,是社会性的还是反社会性的,都是一个人的自然心理机制和生理状况及其周围生活环境相互作用的结果,我特别注意犯罪的人类学因素或称个人因素、自然因素和社会因素"①。冯·李斯特认为,在社会环境和外界刺激的条件下,才能对犯罪形成一定的作用。社会的各种弊端如果不能被消灭,犯罪则不可能被根除,而在社会各种弊端中,大众的贫困是犯罪的主要内容,也是"培养"各类犯罪的基础。商业贿赂犯罪作为一类具体的犯罪行为,既有犯罪学上所说的犯罪产生的共同原因,又有它自己的特点。

就商业贿赂犯罪的发展历史演变看,该罪古已有之。延续至今,商业贿赂犯罪又成为热点问题,随着商业贸易发展和商事活动的活跃,其所呈现出的新特点和新趋势引起人们广泛讨论。任何犯罪现象的产生,都是由一定的量变因素积聚而促成,"冰冻三尺,非一日之寒"。本节从犯罪形成的显性原因,即社会原因、经济原因、文化原因视野分析商业贿赂犯罪产生的多维背景。

一、商业贿赂犯罪产生的社会原因

没有人类就没有社会,没有社会就没有犯罪。人本质上是具有动物性和社会性的双重属性,在人与人密切交往组成的社会关系中,人的社会性或者说合乎规范性的行为更容易得到人们普遍认同、社会的承认。但不可否认,人类社会不是尽善尽美,人自身也是善恶交织,于是越轨或者犯罪作为社会冲突的表现形式到现在也没有消失。犯罪产生的社会原因,就是分析影响犯罪现象产生、发展和变化的各种社会矛盾和社会消极因素。犯罪是一种社会事实,是社会各种因素作用的产物。笔者认为,影响商业贿赂犯罪滋生蔓延的社会原因主要如下。

(一)社会风气恶化引发商业贿赂犯罪

不可否认,商业贿赂犯罪产生的社会原因有很多种,比如经济和政治状况、法律环境、社会伦理、道德、社会意识形态的影响,制度对商业贿赂犯罪的控制状况等,这些因素对商业贿赂犯罪都有一定的作用。就人的个体成长过程看,从来没有一个生长在真空之中丝毫不受污染的人。从犯罪人价值观、人生观、个人偏好的形成,到生理、性格的完善等,也受到外部环境的熏陶。一句话,所有这些因素都离不开社会环境的耳濡目染。笔者在这里重点论述社会风气恶化引发商业贿赂犯罪的问题。在众多的原因中,社会风气作为一种大环境,与商业贿赂犯罪的产生密不可分,两者体现的是一种作用与反作用的关系。可以说,社会价值失范,道德滑坡导致商业贿赂犯罪的产生和扩大;反之,这种不正常的商业贿赂犯罪现象又进一步加剧价值失范,削弱道德规范对人们行为的约束力。

社会风气是社会外化表现,是社会意识在人们的行为或行动中的综合的、普遍

---

① [意]恩里科·菲利:《犯罪社会学》,郭建安译,中国人民公安大学出版社2004年版,第143页。

的、主导的和稳定的表现。社会风气既有不断的流动变化性,也有稳固的坚韧性,它是特定时代的政治、经济、文化的综合反映,具有鲜明的现实性和时代性。社会风气本是一个中性词汇,运用得当则国强民安,世风日下则误国伤民。可以说,好的社会风气,如诚实守信、大公无私、艰苦奋斗、助人为乐、勤劳致富等,孕育着健康高尚的道德情操因素,具有强大的生命力。它对社会的物质、精神、文化生活起着强大的推动促进作用,能形成美好的文化氛围,能塑造良好的行为规范。败坏的社会风气,如拉关系、走后门、拉帮结派、官僚主义、拜金主义、攀比风气、利己主义等等,裹藏着庸俗、偏见、污浊的社会文化沉渣,腐蚀人的灵魂,助长各种不道德的行为,可能让人误入歧途。

现在通行的一句话是讲正气树新风,可见正直洁净的社会风气对我们扬善弃恶起了潜移默化的作用。而邪恶污浊的社会氛围很难想象能营造出积极向上的国势来。以当今的社会风气而论,由于贪污、贿赂、权钱交易等腐败现象的出现,非法获取占有,或者不劳而获得到物质利益,对一些人来说,不以为耻,反以为荣了。纷纷效仿者,步其后尘者甚多,拜金成为一种社会潮流和风气。这样的社会风气下,大量的商业贿赂犯罪出现,毫不为奇。商业贿赂犯罪违背市场经济中平等互利、诚信无欺的基本原则,破坏市场秩序、妨碍公平竞争。企业为了争取交易机会而不惜重金进行贿赂,而投入贿赂的资本越高,越向制假售假靠拢,于是不正商风流行,加剧了社会风气腐朽。对于个人来说,价值崩溃就是道德之堕落。

拜金主义古已有之,如今在商品经济条件下愈演愈烈。它以崇尚金钱和物质利益为基本特征。在商品经济不断得到发展的今天,金钱所能体现的价值和带来的效益被人们所重视。社会经济活动及其他民事、政治、文化生活不同程度地染上金钱色彩。更由于许多社会丑陋现象的滋生,金钱与物质在许多不应起作用的场合却出乎意料地发挥出有效的功能,这无疑使一些人更加增强了获取金钱的欲望。当这种欲望积累到一定程度,遇有方便条件或机会,意志薄弱者会铤而走险,或以合法的途径,或投机,或触犯刑律而去"淘金"。从而使一些人因拜金无度走上了犯罪的道路。其中一些人就把罪恶之手伸向了商业活动之中。

(二)社会管理制度与商业贿赂犯罪

商业贿赂犯罪滋生的社会原因另一重要因素是社会管理。此处社会管理简单地表述为变化中的社会管理制度和人们参与社会管理的活动。社会管理的完善与否和商业贿赂犯罪有着密切的关联。

不得不承认,一定时期的社会必然伴随着与该社会发展相适应的社会管理机制。该种社会管理无法天然出现和自发行动,而是由于社会物质发展变化,社会管理也不断处于动态的发展中。特别是生产力大递进、经济大变革转折时期,社会管理会出现空档与漏洞。新的社会管理体制和制度尚未建立,旧有的方式和方法还在制约着社会的发展,这个时候,无疑为新型的商业贿赂犯罪创造了便利条件。

社会管理监督制度的完备,是防止商业贿赂犯罪侵袭的防火墙。而我国社会监督管理机制还较为落后,面对瞬息万变的商业活动,忽左忽右,有时显得捉襟见肘。首先,政府的触角太长,角色错位。对于市场经济,政府应侧重宏观调控,尽量放宽市场经营者的手脚。实际上,政府的规划调控、监督角色过弱而执行角色过强,特别是在行政许可、行政合同领域,政府的干预过于强烈,发生商业贿赂犯罪的概率偏高。政府角色错位,一方面会导致精力过散,另一方面则会干扰经济运行的正常秩序,扭曲市场信息,为商业贿赂犯罪创造了适度空间。

权力监督机制弱化,为商业贿赂犯罪铺平了道路。为了更好地对权力进行监督,重大事项需要集体研究,让大家行使决策权,不能个别权力集中的人独断专行;加强财务、政务公开,对各种款项收支使用情况,必须公开翔实内容,自觉接受广大干部职工的监督;要建立集体领导、民主决策、分工负责的制度;建立重要情况通报和报告制度;充分发挥内部纪检监察部门职能作用,每个部门、每个人员的权力真正受到监督。设立举报箱、公开举报电话、聘请廉政监督员主动接受人民群众的民主监督,虚心接受新闻媒介的舆论监督等。如果参照上述做法一一落实到位,可以断言,商业贿赂犯罪定会自动消失。

诚信财会制度的缺失,为商业贿赂犯罪提供了便利条件。我国还没有建立西方那样完善的诚信财会制度,更没有企业诚信守法提醒制、警示制、公示制社会信用体系。如果企业信用分类监管健全,那么个别企业实施了商业贿赂犯罪行为,立即把它拉入信誉的黑名单,让它永世不得翻身。而不是金蝉脱壳、改头换面、继续立足于商业活动中。对财务违法行为、中介机构的监督检查需要加大力度,防止做假账。健全金融监管制度,加强票据管理,规范和减少商业活动中的现金交易。建立失信惩罚机制,完善金融监管体系,促使市场经济主体完善自律控制机制,不给商业贿赂犯罪留下立足之地。

企业垄断行为为商业贿赂犯罪开了后门。商业贿赂的根源在于对物的垄断。包括经济垄断和权力垄断。在反垄断法中主要有经济垄断和行政垄断。反垄断有助于建立公平的竞争机制,而垄断则破坏了自由公平的市场竞争秩序,妨碍全国统一市场体系有序发展。比如某省人大代表、卷烟厂厂长、党委书记刘某某在担任卷烟厂厂长时,批准收购杨某的烟叶,1996年至1997年间,烟厂付给杨货款2000余万元。杨某为感谢刘的关照,特送一本60万元的存折。这是公用企业利用其优势从事商业贿赂等不正当经营活动的一例,引起了社会的普遍不满。垄断行业之所以能够通过商业贿赂的手段限制竞争,关键在于自身的垄断地位。这种垄断地位不仅是计划经济体制的产物,而且在社会主义市场经济体制下仍在施展威风。

运用社会制度防治商业贿赂犯罪是一项浩大的长期工程。从制度本身意义上讲,制度不是孤立的,包括法律制度,社会监督制度以及商业制度等多方面。只有完善了各项制度,并切实发挥了作用,才能减小商业贿赂犯罪的冲击力。

(三)社会政治因素与商业贿赂犯罪

犯罪是任何社会都固有的现象,即使我们处于社会主义阶段,犯罪还是会存在的。社会政治因素是犯罪社会原因的要素之一,商业贿赂犯罪与社会政治因素的关系,就在于有了某种政治原因而导致了犯罪。

社会政治因素主要包括社会的政治制度和法律制度。因为政治制度和法律制度是其基本组成部分和表现形式,二者又相辅相成,它们在商业贿赂犯罪中共同起作用。

(1)对自由与民主的保障与否会影响到犯罪的增多与减少。如果一个社会享有充分的民主与自由,人民的意志自由得到真正的表达,对社会的不满能得到一个合理宣泄途径,对社会深层敌意的犯罪行为就会减少。比如,商业贿赂犯罪不能不说和长官意志、个人大权独揽有很大的关系。

(2)法律体系不健全,司法体制不能有效运转,国民的法律意识淡漠也容易滋生犯罪。比如,商业贿赂犯罪的出现和商业运作法律体系不完备,商业管理制度不健全有一定关系。

(3)对权力分配和有效制约不顺畅,成为滋生犯罪的土壤。权力关系是政治因素的关键轴心,权力的基本特征是强制与服从。如果人们能自觉普遍服从权威,对社会或许有力。但是权力不加制约,无有效监督制约,不但难以树立权威,即使建立了权威,也是特权和强权,不能深得人心[①]。商业贿赂犯罪作为犯罪的一种新类型,其蔓延发展与权力腐化成正比,腐败是滋生犯罪的温床。

二、商业贿赂犯罪产生的经济原因

经济是社会生活的基础,按照辩证唯物主义观点,经济基础决定上层建筑。经济制约或者推动着某种社会现象的发生、发展与消亡。在任何社会里,社会的基本矛盾都是生产关系和生产力、上层建筑与经济基础的矛盾,最集中的体现就是该社会的社会关系状态。由于社会基本矛盾的根基在于社会生产力,考察人类社会的犯罪现象,即使是商业贿赂犯罪,也要探究社会的生产力发展水平高低与犯罪之间的关系。犯罪,无论是作为群体犯罪现象还是作为个体犯罪现象,其根源都是生产方式的自身矛盾,与生产发展的一定历史阶段、一定的生产力相联系。经济条件是人类赖以生存和发展的最基本的物质基础,经济基础是社会发展形态和社会制度的决定因素,因而经济因素对人们的思想和行为起着决定性的影响作用。利益驱动,或者说对物质产品和精神产品的需求,是人们行为的基本动力。同样,经济状况对犯罪行为也毫不例外地具有直接而重大的决定作用。

商业贿赂犯罪正是对经济领域中,利益驱动下的病态社会现象的体现。公司、企业或者其他单位的工作人员,在经济活动和经济往来中,账外收受回扣,这种回

---

① 许桂敏:《商业贿赂犯罪研究》,郑州大学出版社2008年版,第40页。

扣往往以各种名目出现,诸如手续费、好处费、劳务费、辛苦费、茶水费、咨询费、顾问费等;或者接受非物质的利益,如提供高级待遇、提供住房、进行经济担保、提供豪华旅游观光、设立债权等等。后者如迁移户口、帮助出国、调动工作、晋级、晋职、安排子女升学、提供性服务等等。

市场经济必然衍生商业贿赂犯罪。随着社会经济的发展,社会结构及其社会成员需要的改变,就会出现与此对应的犯罪形态。无论是在犯罪类型的数量或者犯罪本身的质量上,还是新的犯罪类型出现上都会有较大的变动。我国的商品经济和世界上其他国家一样,都要有成本核算、投入产出、多赚与少赔等商品意识和交换、市场、功利、竞争等价值观念。每个人都尽力少投入多产出,赚取最大利润。而商业贿赂犯罪是最少投资和最低成本,短平快的获取更多利润的纯利类型,比任何可选择的合法投入更易获得暴利的行为。

在市场经济条件下,竞争一方面促进了社会进步,另一方面又出现了不择手段牺牲他人利益获取个人利益的局面。损人利己、欺诈、豪夺等商业贿赂犯罪都带有商品经济阴暗的痕迹。市场经济的积极和消极的影响在商业贿赂犯罪中有所体现。商业发展神速和繁荣是市场经济积极的作用。而为富不仁,只要能发财管他什么制约则是市场经济的消极影响。比如,唯利是图意识的作祟,与商业贿赂相关的某些工作人员能捞就捞、不捞白不捞思想很顽固,以非法手段牟取非法暴利数额之巨大令人咋舌。商业贿赂犯罪上百万元、上千万元的大案要案越来越多,呈上升态势。再比如,一切向钱看观念支配下,钱的多寡是财富和地位的象征,追逐金钱成为人们奋斗的目标。为了累积更多的金钱,有的人不惜以身试法,进行犯罪活动。商业贿赂犯罪的蔓延也受这样的价值观影响。

在社会主义市场经济条件下,人们思想观念活跃,追求和实现利益的意识增强,拜金主义、享乐主义和极端个人思潮异常活跃。因此既要看到市场经济充分发展给我国社会带来的喜人变化,也不要忘记市场经济自然携带的病毒对我国社会的攻击。我国经济20多年的快速增长积累起来的矛盾日益显化,城乡之间、区域之间、产业之间以及不同阶层人群之间的差距不断拉大。各种利益关系更趋复杂,工业化、城镇化、市场化、信息化、国际化和经济结构调整加速,多种经济成分并存,就业方式和分配方式多样化,所有这些导致的发展不平衡问题日益突出。由于市场竞争日益激烈,加上体制的不健全,为了获得利益,采取违反公平、平等、诚实信用的市场竞争法则的不正当竞争行为,与其他市场交易主体相互勾结,甚至与党和国家机关工作人员、国有企业、公司、事业单位人员相互串通,实施各种商业贿赂行为。这些都是我国现阶段经济进程的必然反映。

三、商业贿赂犯罪产生的文化原因

文化原因是引起商业贿赂犯罪重要的原因之一。商业贿赂犯罪是社会文化的一个侧面的反映,是一定文化的产物。当把犯罪作为一种社会现象而不是具体的行为进行深入分析时,文化就显示出了其特殊的影响。按照文化的人类学解释,是一个社会所具有的生活方式或行为模式以及决定这些生活方式、行为模式的世界观、价值观、信仰、行为准则等。

人与动物的区别在于人是有文化的能够用语言交流的高级动物。因此,人一旦实施了危害社会的越轨行为,甚至违反刑事法律的犯罪行为,都能在行为背后寻觅到文化的痕迹。文化是人类在社会历史发展过程中创造的物质财富和精神财富的总和。文化是人们在认识客观事物、改造客观世界的活动过程中,所形成的物质成果和精神成果的总和。文化作为人类的劳动成果,是信息整合的结果,是信息的集合体。文化承载着丰富的信息,源源不断地向外输送。不同的人面对同一文化现象,会产生各个不相同的信息反应,从而产生不同的行为效果。"如果不懂发生犯罪的文化背景,我们也不会懂得犯罪。"[1]文化环境,是指存在于人类主体周围并影响主体活动的各种精神文化条件的总和。构成文化环境的主要要素是教育、科技、文艺、道德、宗教、哲学、民族心理、传统礼仪等。文化环境是主体自身意识、精神活动的产物。这种活动是在特定的社会环境中进行的。所以,文化环境隶属于社会环境,是社会环境的组成部分。文化环境可以直接影响个人的行为,从而导致其走向违法犯罪的道路。如果文化环境充斥着社会公众对待商业贿赂犯罪的默认、纵容、消极,那么商业贿赂犯罪就被市场溺宠为一种有效的营销手段。

(1)文化环境可以直接提供具体的行为方式。人是在某种意识或人格力量的支配下实施某种行为的,但其具体的行为方式并不是人本身固有的,而是在后天文化环境的作用或启示下产生的。如外资企业为了打开中国市场,除了熟悉法律、政策等显性规则外,外商还必须深谙中国商业环境文化。在这个意义上,"灰色交易"对他们来说是一种合理的腐败行为。在业绩与利益面前,没有几个厂商能在其中独善其身,有些跨国公司甚至已经形成一整套成熟的适应中国本土市场的"异化"策略。跨国公司在其母国或者其他西方国家能够做到恪守法律,到了中国却认同了灰色交易的"潜规则"。一个典型的例子就是"德普医疗回扣事件"。美国DPC公司的子公司天津德普公司向中国的医疗机构行贿162.3万美元,换得这些医疗机构购买其产品,从中牟利200万美元。2005年5月美国司法部门以行贿的罪名,对美国DPC公司罚款近480万美元。天津德普公司受我国的商业情形的影响,在本国不敢贿赂,但在中国为了追求利益自己也进行商业行贿。

(2)文化环境可以提供具体的行为准则。某些情况下,人的生物、心理行为随着时间的流逝会转化为文化性的行为。文化环境向人们揭示:生理行为必须受文化环境的约束,而文化环境在本能的支配下,最终可能会转化为犯罪行为。因此有

---

[1] 严景耀:《中国的犯罪问题与社会变迁的关系》,北京大学出版社1986年版,第3页。

商业领域的亚文化是商业贿赂现象的孵化器之说,更有"就商业领域的亚文化而言,所信奉的是利益高于一切的价值观。疯狂地追求利益被认为是天经地义的。在为数不多的商家看来,利益是硬道理,为了追求利益最大化,可以不讲任何道义的巧取豪夺"之深刻剖析。

通常主流文化或者说文化的一致性,要求社会中的每个成员都有义务遵守大家公认的文化准则,包括习俗和道德规范、法律文化。犯罪不是别的事物,而是文化的一个侧面反映,同时因为文化的变化而发生变异。文化的变迁无非是文化的内容增减引起了社会结构改变,它是社会变革的先导。尤其在社会急剧变革时期,文化的无序引起了社会的失控和失范,越轨行为随之急剧增长。文化变迁所引起的文化冲突就是不同内容、不同模式的文化相互接触、碰撞过程中所产生的矛盾和对抗。

我国是闻名世界的文化古国,文化源远流长,一脉相承。我国又是多民族融合的大家庭,不同的民族各具本民族的文化特色,多姿多彩的文化相互交织。我国当下正处在从统购统销的计划经济转型为民主、开放的市场经济交替时期,文化的更迭与新旧交替更显示了文化的多重化。所有这些决定了我国文化内涵的丰富及复杂性。换句话说,我国的文化变迁与文化冲突具有更强的广度、深度和强度。文化冲突大致有两种表现形式:一种是地大人多而出现的以汉民族为主的文化与少数民族文化之间的认同,特别是在人口大量流动的情况下,所谓的移民文化的介入和当地文化的冲突。另一种是我国改革开放后而出现的本土新旧文化的冲突及其本国传统文化与从国外传播进来的外来文化的冲突。这些文化冲突都会造成适应社会的困难,引发犯罪。文化冲突还能够导致商业贿赂犯罪心理的形成。行为规范的冲突,是文化冲突对商业贿赂犯罪心理影响的反映。文化冲突的加剧,会导致一些人产生多种不良心态,比如心理承受能力降低、私欲恶性膨胀、畸形的补偿心理等。在某一适合条件下,这些不良心理体验会转化为商业贿赂犯罪心理,产生商业贿赂犯罪动机,并进而实施商业贿赂犯罪行为。

第三节　商业贿赂犯罪的防控

在犯罪学上,犯罪预防通常是旨在使社会健康有序地发展和运行,减少或消除社会弊端与漏洞,避免和解决社会问题,从而减少或控制犯罪发生的社会规划、调整与完善的过程,以及通过特定的机构、群体或组织进行的社会整合、社会管理与社会控制活动。可见,这是一项系统综合的预防之策。商业贿赂犯罪的预防,就是国家、社会、个人共同行动起来,为保证国家社会经济秩序有效运行,为防止商业贿赂危害行为继续蔓延,为维护市场公平竞争的有序进行,而采取的预防与控制的各种措施总称。商业贿赂犯罪的预防不能单靠某一次专项打击就一劳永逸,而是要以"打防并举、标本兼治、重在治本"治理犯罪的战略思想作为指导,采取多种对策进行综合治理。社会各方面关系的协调发展,是削弱犯罪原因,控制犯罪发生的基本保障。因此,遏制商业贿赂犯罪的对策不可能是单一的,而必然是多元的。打防结合,重在预防,加强社会治安综合治理是治理商业贿赂犯罪的基本政策和方针。

一、廉政建设与犯罪控制

廉政建设本身是预防商业贿赂犯罪的重要一环。自然,反腐败必然要付出一定代价,特别是经济体制尚不成熟和政治体制尚不完善的阶段,即使调动所有的社会力量,采取全民动员的运动形式,也仅仅可能做到对腐败的明显遏制,而不可能彻底消除腐败。但是,没有一个良好的政风和清廉的政治环境,不可能挖断商业贿赂犯罪的保护链。

廉政的基本含义可以理解为"为政清廉公正"。其对立面是贪污、腐败。贪污、腐败主要指,一是经济上的贪污,受贿,敲诈勒索,弄权舞弊,中饱私囊;二是政治上的腐败,贪赃枉法、曲解案情、拉帮结派等等。这两个方面都同一定的职务和权力相联系,因此,"廉政"的基本要求是:政权机构和政府官员均需清廉公正。几乎所有的国家都无一例外地把清正廉洁作为官府对官吏行为的基本要求之一,其差别只是在实现的方式上。在我国古代,人们对廉政的实现主要寄托在两种方式:一种是道德教化。我国古代号称以德治国,儒家学派相信人的本性是善良的,一切恶行都是后天环境造成的。所以,儒家始终把道德教化放在首位,并为此设计了多种教化的方式和途径,反复对官员们进行从善教育,希望每一个人都成为超凡脱俗的圣人。另一种是通过对腐败官吏的严惩来警示。重刑惩贪是我国古人信奉的又一法宝。历代统治者为了治贪,均高举重刑的大旗,想尽一切办法,用尽一切手段。但是除了有几个清官之外,都未从根本上真正实现吏治的清明。明代的朱元璋亲自制定的《明大诰》是将以上两点有效地结合在一起,最能体现我国古代廉政特色的法典。

尽管在我国古代廉政建设方面,强调以防范为目的的正面制度建设,其所创立的监督制度也称得上发达。但是从总体上而言,其重视的是道德教化和重刑惩罚两种方式,使人们从内心产生清廉的个体良心需求,变成一种发自内心的价值选择。有了这样一种牢不可破的内心需求,人们在外在行为上才会无坚不摧。于是,清廉变成了官员的一种观念性道德。西方社会长期以来,特别是经过了近代文艺复兴运动之后,思想家们一再强调,廉政固然是对政府的一种道德要求,但这种道德不能通过观念性的道德而实现,必须借助制度性的道德来实现,即通过法律与制度使人无法不道德,并最终实现廉政,而不是仅凭良心道德保持为官清廉。

从法律的角度讲,廉政的实现首先是一个法律制度问题,这是由法律本身的特性决定的。同其他社会规范相比,法律具有规范性、强制性、程序性等特点。它通过对为政者权利和义务的规定,以国家意志的方式为所有的为政者明确了其必须遵守的基本行为模式,指导人们行为。对于这些行为模式,凡是认真遵守的,国家都会进行表彰和鼓励,胆敢违背的,也会按照预先设定的程序给予惩罚。由于法律的这些特点,从而使它与其他社会规范相比,在廉政制度建设方面显示出了极大的优势,汇聚为一点就是所有从政人员必须清楚:有法可依,执法必严,违法必究,不纵不枉,有错必纠。

在现代法治社会,法律具有至高无上的权威,法律是至尊法宝,法律是解决一切问题的最终方法和手段。"立法者把可耻的和邪恶的确凿事实以及其他好的事情加以罗列和分类。任何人,如果他不打算竭尽全力戒绝邪恶行为和做好事,那他就不知道,他正在用这些行为,以最无礼和可恶的态度来对待他的灵魂——他所拥有的最神圣的东西。"[①]从基本法律制度着手,才能从根本上解决腐败问题。腐败是对公权力的滥用,也就是说,廉政的核心是公权力的组成结构和公权力的行使问题。必须从法律制度方面去思考,怎样设定公共权力,如何行使公共权力,怎么样实现从实体和程序两个方面做出明确的界定和防范。权力的设定和权利的行使,以及行使的方式必须经过法律明确的规定,未经法律赋予的权利以及法定的行使方式都是非法的。笔者认为,刑法是最有强制力和威慑力的公法,在所有的法律手段失效后,必须要及时运用刑法进行严厉的规制,甚至动用死刑、无期徒刑这些严苛的刑种遏制官员的腐败堕落。

总之,商业贿赂犯罪虽然是发生在商业活动中,但与官员的腐败有很大关系。政府机关及其工作人员滥用职权、以权谋私,利用职权参与或者干预商业企业事业单位经营活动,谋取非法利益,索贿受贿。作为商业企业内部制度的不健全,制度不透明,监督失控,流于形式等,不能及时纠正商业贿赂之风。因此,打击商业贿赂和廉政建设密不可分。反商业贿赂犯罪就是反腐败,这也是中央将商业贿赂纳入反腐败体系的重要原因,治理商业贿赂成为反腐败的新战场。

不可否认,由于我国市场经济体制尚不健全,公共权力与市场的边界不清,国有经济主体占据主导地位,还存在很多性质不明的行政事业性资产、经营性资产,造成职务贿赂与商业贿赂的交叉和重合,成克杰受贿案、厦门远华案都是例证。因此商业贿赂作为腐败的表现形式,腐败一息尚存,商业贿赂犯罪就不会自动退出历史舞台。廉政建设尤显刻不容缓和任重道远。

二、宣传教育与预防犯罪

现阶段商业贿赂犯罪的发展和盛行,固然离不开社会的大犯罪场,但是同当前

---

① 柏拉图:《法律篇》,张智仁、何勤华译,上海人民出版社2001年版,第136页。

我国社会上对商业贿赂犯罪的不重视也有着重大的联系。我国在建设社会主义市场经济制度的同时，人们对商业活动的认识往往出现有偏差，而正是这种思想认识的偏差，成为商业贿赂盛行的主观原因。若要从根本上"正本清源"，就必须从思想认识上抵制犯罪，加强宣传教育，提高全社会和商业从业人员的法制观念。

舆论和商业贿赂犯罪文化的关系很密切，良好的舆论教化会使商业贿赂犯罪降低，人们秉性诚实守信、公平竞争的教诲，不奸不赌。问题是，我国社会中还残留着浓厚的有利于商业贿赂犯罪生长的氛围，这更需要舆论发挥其应有之力。社会舆论是一种普遍的、隐蔽的强制力量。它传播信息迅速及时、覆盖面大、权威性强，而且生动直观，容易为人接受，因而在群众中有巨大的影响力。社会舆论借助于特定事件、人物和现象的品评，或用诚实、高尚、正义等语词做出肯定的评价，或以丑恶、虚伪、卑鄙等语词做出否定的评价，在人们的思想中产生深刻的道德影响。它能够在人们心目中迅速起到定向作用，使人们产生情绪上的波动和生理上的反响，从而调整和控制人们思想行为的发展方向，从而让人们形成一定的道德观念，敦促其向社会道德规范所许可的轨道社会化。从另一方面讲，社会舆论对不道德的行为具有强大的谴责力，对不道德行为进行纠偏。这在一定程度上对不道德行为者予以约束，促使其不断克服缺点，改正错误。但社会舆论本身是社会大众对一个现象整体性的评价意见，人们本着自身自有的道德观念对事物进行评价，若人们本身的道德观念与法律有冲突，就会对事物产生与法律有冲突的评价。

商业贿赂犯罪在中国的盛行与中国社会对商业贿赂犯罪特别容忍有关。因为，中国社会特有的文化传统使中国社会首先是一个熟人社会，在这个社会里人们首先想到的是关系，在某个部门、机关认识什么人，而不是优先考虑按照规则和制度办事。而找到关系，找到人以后，送礼就是必然的手段了，而且在我国礼物馈赠是很平常的，人与人沟通感情的常用手段就是送个小礼物，逢年过节，亲人、朋友都要互相馈赠礼物。这样，人们在日常的经济交往中，就理所当然认为托人办个事送点礼送点钱是正常的，而送点小钱可以理解，对送点大钱，就睁只眼闭只眼了。

从古至今，我国都对商人存有一些歧视，现在还有"无商不奸"这样的说法，人们一提到商人，就说商人心理复杂，对人不真诚，到处耍滑头，这样无非是给商人们都贴上了"奸商"的标签，而有些商人就直接心理暗示自己，不想尽一切办法敛财就不是商人。所以商人们对自己行贿受贿的行为可以容忍，而社会大众对商人的这种行为也觉得见怪不怪，认为是正常的现象了。

道德和法制的力量是组织社会的有效力量，它们可以使之保持稳定有序的状态，是维持社会稳定的助推器。所以，在商业贿赂犯罪的教育宣传预防中，就不可不论及这两种重要的社会控制力量。加强对全社会的宣传教育，就要加强道德建设和法制建设，进而提高全民的法制观念。

在我们的现实生活中，报纸、图书、杂志、影视、广播等传播媒体对于人们的价值观和生活方式的选择有着重大的影响。他们不仅可以使得优良的道德宣传教育得以更好地延续和传承,并且可以迅速而广泛地反映社会上的各种新风气、新时尚,还可以很好地在社会上宣传法律思想、法律知识,以提高人们的法律意识和法制观念。在现代社会,教育传播技术日益发达,从某种程度上说,抓好了对新闻出版事业以及文化市场的管理,也就是抓住了引导和控制社会的钥匙,提高人们的防范犯罪意识就指日可待。

在宣传教育的内容方面,要注重抓两个方面:一是要规整人们的道德规范。教育要包括基本道德的学习,比如树立正确的自我完善观、诚实守信的为人处世准则。还要有责任感、良心感、羞耻心、怜悯心以及尊重他人的教育和学习;美的观念和美的情操的学习;劳动观念和劳动技能的学习等等。在这之中,基本道德的学习显得尤为重要。二是法律方面的规范内容。大多数的犯罪人都有一个特性,就是法律知识贫乏、法制观念淡漠。道德规范的宣传和教育是在教人们如何做一个"好人",而法制教育则告诉我们如何不成为"坏人"。加强法制教育,使人们了解法律、法规的强制性,明白犯罪后的严重后果,从而使某些想犯罪的人不敢犯罪。

三、商业贿赂犯罪的综合预防

治理商业贿赂是一项涉及面广、政策性强、十分复杂的系统工程,是一项长期而艰巨的任务。只有树立正确的指导思想,才可能有正确的思路和对策措施。要用科学的态度实事求是地分析判断当前贿赂与反贿赂斗争所面临的严峻形势,还要用全面、系统、协调的思维方式谋划治理商业贿赂的各项工作。为此,要加强社会合作,提升综合治理惩治与预防商业贿赂犯罪。由于商业贿赂涉及市场经济的各个领域,单靠一个或几个部门治理收效甚微,因此,治理商业贿赂要立足立法、执法、司法各个环节,同时还要立足商业贿赂高发领域的主管行政部门,全方位、立体式地综合考虑,构建治理商业贿赂的长效体制。

有效治理商业贿赂的前提是要了解商业贿赂发生频率高、数量大的领域究竟在哪里,这样,才能找准病灶,对症下药。惩治与预防商业贿赂犯罪不是某一个部门的内部事情,不是某个领域单打独斗就能控制住商业贿赂发展态势,必须齐心合力,集中力量,共同出击。

2006年,中央确定了六个商业贿赂治理领域:"一是工程建设,二是土地出让,三是产权交易,四是医药购销,五是政府采购,六是资源开发和经销。同时,还要抓好银行信贷、证券期货、商业保险、出版发行、体育、电信、电力、质检和环保九个方面的治理工作。"这些领域是我国商业贿赂犯罪的高峰区,必须遏制住龙头,才能震慑住全社会的犯罪趋势。

(1)工程建设领域。该领域商业贿赂问题主要表现在规划审批、工程招标投标、项目预算决算等环节上。

(2)土地出让领域。该领域可能发生商业贿赂的几个主要环节有:办理建设单位的建设用地申请审批、处理征地安置、协调解决用地矛盾等环节,土地项目的招投标环节,土地测绘环节。同时,本单位的基建工程管理单位、基建工程项目部也是职务犯罪的高发地带。

(3)产权交易领域。在国有企业改制过程中,国有资产流失已经成为一个普遍现象。行为人利用目前的法律和政策的漏洞,用贿赂作为手段大肆侵吞国有资产,同时国有资产的管理部门的工作人员,尤其是手中握有相关权力的人员,利用职务之便,收受相对人的贿赂。

(4)医药购销领域。医药购销是商业贿赂的重灾区,2006年3月30日卫生部公布了治理医药购销商业贿赂五大重点,这五个方面也是医药购销商业贿赂的主要表现领域:①医疗机构领导及有关人员,在药品、医用设备、耗材采购活动中收受生产、经营企业或销售人员以各种名义给予的财物;②医疗机构的医务人员在临床活动中收受生产、经营企业或销售人员以各种名义给予的财物;③医疗机构接受药品、医用设备、医用耗材等生产、经营企业或销售人员以各种名义给予的财物,不按财务制度如实记载,私设小金库,用于私分;④医疗机构的有关人员在基建工程、物资采购、招标等活动中,收受有关企业和经销人员以各种名义给予的财物;⑤卫生行政机关工作人员利用权力,在医药购销和工程招标等活动中,收受有关企业和经销人员以各种名义给予的财物。

(5)政府采购领域。在这个领域中,以下几个方面是商业贿赂发生的重点区域:①公务用车方面;②政府采购计算机设备;③大型科学仪器设备的采购。政府采购最突出的问题还是采购制度不到位,交易不透明,损失了政府肥了个人。

资源开发与经销领域,这个领域的症结集中在:①官煤勾结;②政府官员投资入股。政府是当地资源开发的保护伞和幕后股东,正因为利益均沾,造成商业贿赂犯罪剧增和重大责任事故频发。

(一)刑事法律制度的综合治理

在日常生活中,宽容是一种美德,但宽容腐败是一种恶德。为遏制商业贿赂犯罪猖獗的势头,现阶段的刑事政策上必须坚持宽严相济,区别对待。

1.刑事立法上

应扩大商业贿赂犯罪案件的入罪率。我国刑法典及其相关的司法解释,对商业贿赂犯罪的罪与非罪的认定标准十分严格,门槛很高。比如,受贿罪的构成要件中,要求受贿的对象只能是"财物",客观方面必须利用了"职务之便",主观方面必须有"为他人谋利益"或"为他人谋取不正当利益",主体必须是法律规定的几种人,符合所有这些条件,才有可能构成犯罪行为。这就使相当一部分商业贿赂行为无法入罪并被追究刑事责任,无形中降低了打击商业贿赂犯罪的力度。而在世界上其他国家和联合国反腐败公约里,对腐败永远说不。不正当好处,不管是否有为他人谋取利益等都可能触碰贿赂的电网,稍微有一些贪图职务便宜之行为,都可能沾上腐败之名。比较我国现行刑法,其定性加定量的立法模式,法网细密,阻挡了反商业贿赂的步伐。目前,虽然有司法解释,但尚没有纳入立法中来。比如,最高人民法院、最高人民检察院《关于办理商业贿赂刑事案件适用法律若干问题的意见》规定,商业贿赂中的财物,既包括金钱和实物,也包括可以用金钱计算数额的财产性利益,如提供房屋装修、含有金额的会员卡、代币卡(券)、旅游费用等。

2. 商业贿赂案件

应该由检察机关统一查处。目前我国刑事诉讼法规定,公司、企业人员受贿罪和向公司、企业人员行贿罪由公安机关侦查,受贿罪、单位受贿罪以及斡旋受贿罪等贿赂犯罪由检察机关负责侦查。而这种规定不仅不利于集中人力物力、提高办案效率,而且对于我国宝贵的司法资源来说也是一种浪费;而这种专业的分工对于群众来说如何进行判断是一件很让人头疼的事情,会导致多头举报或者线索分散,影响对商业贿赂案件的及时查处,也会让犯罪分子有机会串供或者逃逸;而且商业贿赂案件是对于执法机关来说有着经济利益的案件,因此有时会导致有利益的时候,两机关都争相介入,而无利益或者说有难度的时候又都不愿意给自己惹麻烦,最终贻误战机或者放纵犯罪。因此,笔者认为商业贿赂犯罪应该由检察机关统一查处。理由如下:相对于公安机关而言,检察机关具有更加丰富的反贿赂的经验和更加成熟的工作机制、更加专业的反贿赂侦查人员,而且公司、企业人员受贿罪与对公司、企业人员行贿罪本来在1997年修订刑法之前就是由检察机关查处的;而国际上的通行做法也是由检察机关专门对贿赂犯罪进行集中惩治。在我国香港地区,廉政公署负责查处贪污贿赂犯罪,就包括各种形式的商业贿赂犯罪。

3. 刑事诉讼程序上

应履行职责,不纵不枉。根据中央治理商业贿赂领导小组的要求,公安机关要建立健全主要负责人负总责,分管领导、办案部门负责人、案件侦查组负责人和侦查人员分级负责的侦查工作责任制。严格办案考核制度和办案过错追究制度,对不认真履行办案职责,瞒案不报、压案不查的,对重大过失,致使案件主要违法事实失实、证据缺失造成严重后果的,对在办案工作中以案谋私、徇私枉法、执法犯法的,要依法从严处理,并根据情况,追究有关责任人员的领导责任。同时,要加强对查办案件工作的法律监督,坚决防止以罚代刑、以纪代刑、有案不立、有罪不究,防止漏罪、漏犯、重罪轻判、有罪判无罪、判决生效后不按规定执行,以及违法减刑、假释、保外就医等问题。

4. 严格执法

提高商业贿赂犯罪的查处率。目前对商业贿赂犯罪的查处缺乏"公平",法上有法、法外有法和法内无法很可能成为选择性执法、法外徇私与权力寻租的借口。商业贿赂查处率低,一些贪官形成了侥幸心理:受贿了未必会被发现,发现了未必会立案,立案了未必能查清,查清了未必就起诉,起诉了未必能判刑,判刑的未必判实刑,判了实刑的未必真正执行。因此,提高商业贿赂案件的查处率,必须严格执法,统一执法执纪依据,清理法上之法、法外之法。因为商业贿赂较一般的犯罪更具有隐蔽性,而且其作案手段往新型化方向发展,侦查工作难以突破。为了实现提高查处率的目的,可以采取一些特殊的侦查手段(如扩大秘密侦查的权限),或者降低指控的证明要求,实施有限度的举证责任倒置等。在查处率的问题中自然就牵涉监督的问题,到底由谁来监督司法机关,商业贿赂案件目前公安机关负责的可以由检察机关来监督其有些案件不立或者拖延的问题,那么检察机关负责的那一部分又该由谁监督,或者按笔者前面所说最终由检察机关负责全部的商业贿赂案件的侦查的话,由同一个机关的两个不同部分——侦查部门和监督部门之间是否会有利益牵涉问题,恐怕都是我们不得不考虑的,所以要提高商业贿赂犯罪的查处率,一个重要的难题恐怕就是如何监督的问题。再由检察机关自我监督明显是很不合适的,但是目前的机制恐怕也只能依靠党的监督了,这也是我们司法机制改革迫切需要进行的原因之一。

5. 在商业贿赂犯罪案件中贯彻宽严相济的刑事政策

商业贿赂案件的发生有着多种多样性,其中不乏因为商业某一领域内的"潜规则"而不得已而为之的相当一部分人。因此,在司法活动中,要注意区别对待,将商业贿赂犯罪的组织策划者与一般参与人员区别对待,将受贿人与行贿人、介绍贿赂人区别对待,将收受贿赂的人员与主动索取贿赂的区别对待,宽严相济,该宽则宽,该严则严,对于有法定从轻、减轻处罚情节的,要从轻、减轻处罚,给予犯罪分子改过自新的机会;而对于党政干部和国家公务人员参与到商业贿赂犯罪的行为,则要从严治理。在刑罚的适用上对于死刑在商业贿赂犯罪的应用要加以严格的限制。而对于一些相对情节较轻的商业贿赂犯罪,则逐步向刑事责任承担的多样化和轻刑化靠拢,这也很符合目前刑罚人性化、轻刑化的理论思潮和大多司法人员的心理。同时辅以对于贿赂犯罪财产刑的处罚。

(二)完善信访举报制度和奖励举报制度

商业贿赂犯罪是一种新型经济犯罪,主要表现为在经济活动中,经济参与一方依靠贿赂行为去引诱对方与之发生交易,而不是在平等公平的条件下竞争。此种行为妨害了市场的公平竞争原则,直接导致了其他经营者失去了交易的机会。这一现象严重妨碍了国家的正常发展,因而世界各国政府无不重视对其的打击与预防。在我国,随着社会主义市场经济的发展,我国的商业贿赂犯罪也呈现不断上升的趋势。为了遏制这一现象的蔓延,保护我国社会主义市场经济秩序的正常运转,有必要采取各种措施预防商业贿赂犯罪的发生,而在各种各样的预防措施中"举报制度"无疑发挥了重要的作用。因此,进一步完善信访举报、奖励举报制度,健全举报的利益激励机制和保障机制,依法保护举报人的合法权益将是我们的明智选择。

举报制度是我国改革开放后为配合反腐败斗争而建立的一项制度。它的建立,有力地推动着反腐败斗争向纵深发展。举报是指公民选择一定的方式,就其知道的违法犯罪人和违法犯罪事实向有关的国家机关检举、报告,并请求依法受理、查处的行为。举报权是我国《宪法》赋予公民的一项重要的民主权利,是公民对国家工作人员进行民主监督,同违法犯罪行为做斗争的最重要的手段。1994年5月7日最高人民检察院通过的《最高人民检察院奖励举报有功人员暂行办法》,开宗明义提出为了鼓励人民群众举报贪污、贿赂等犯罪,特制定本办法。明确规定,举报国家工作人员贪污、贿赂、挪用公款、偷税抗税等经济犯罪和"侵权"、渎职等法纪犯罪的大案要案,经侦查属实,被举报人被依法追究刑事责任的,对举报有功人员和单位给予精神、物质奖励。对举报经济犯罪的有功人员和单位,按其贡献大小和追缴赃款赃物数额发给奖金。有重大贡献的,要给予重奖。奖励情况要适时向社会公布,以弘扬正气,扩大影响,激励群众举报积极性。宣传报道奖励工作,要注意保密,非经本人同意,不得公开受奖人的姓名、单位。该办法的出台,开创了我国与贿赂犯罪做斗争优先保护举报人的先河,为深入打击国家工作人员犯罪奠定了群众基础。

信访举报是公民社会反商业贿赂最直接的参与方式。制止腐败最好的方法是使人们相信他们正在受到密切监控,有可能受到告发并受到惩罚。畅通信访渠道,特别是行业内部要建立反应敏捷、处置及时的信访机制。通过信访预防和查处商业贿赂行为,建立保护举报人制度,努力保护举报人,为举报人严格保密,不得以任何形式泄露举报人的真实身份。对在发现和查处商业贿赂中做出突出贡献的公民、非政府组织,有权分享政府对于商业贿赂的罚款所得,并给予物质和精神方面的奖励,提高公民社会参与反商业贿赂的积极性。

举报制度作为我国民主政治的一项重要内容,它的完善对于发扬社会主义民主、加强社会主义法制、推进反腐败斗争、搞好党风廉政建设等发挥着十分重要的作用,从而有利于从根本上促进改革开放和社会主义市场经济建设的顺利进行。目前,举报已成为人民群众参与反腐败斗争最经常、最直接的方式。针对以上列举的商业贿赂犯罪的特点,让我们来探讨一下举报制度在预防商业贿赂犯罪中的优势作用。

首先,举报制度可以有效发现商业贿赂犯罪现象。由于商业贿赂犯罪的隐蔽性,使得国家有关机关发现案件比较困难,即使能够发现案件,也往往由于证据不足而难以使犯罪分子绳之以法。与此不同的是,举报制度的情况来源于广大的人民群众,群众的眼睛是雪亮的,走群众路线就会获得情报和线索。由于商业贿赂的行为和行为者就生活在群众中,人民群众的数量优势可以充分发挥。我们的老一辈革命家的群众路线已经被无数次地证明是正确的,我们在现阶段仍然可以充分发挥人民群众的力量。由于人民群众无处不在,这样就使得商业贿赂犯罪暴露在阳光下。举报制度的建立创设了一种新的信息获取渠道,是一种低代价的、有效克服信息不对称的制度。举报增强了公权能力,有利于遏制腐败。

其次,举报制度可以增强舆论压力。由于商业贿赂已经成为一些行业的"潜规则",使得人们的道德观念发生扭曲。商业贿赂的蔓延使得人们认为这是不成文的规定,大家都那么做,没什么丢人的,这就使一些经营者的自我约束力下降,法律失去了原有的心理强制力。而充分发挥举报制度的作用,使人们认识到商业贿赂行为是法律禁止的不道德的行为,增强舆论压力和经营者不去做的心理强制力,从而可以有效预防商业贿赂犯罪的发生。

再次,举报制度的建立和完善,将推动我国的政治民主化和法制化进程。举报是通过群众直接参与监督和依法行使自己的民主权利来实现社会监督。它通过公民的政治参与,在发挥群众对政府监督功能的同时,也是疏导民情、发泄民意的重要渠道。同时公民在政治参与过程中,民主意识、法律意识不断增强,公民政治素质不断提高,为我国民主政治建设提供了稳定的政治环境和主体保证。人民群众民主意识的增强可以起到制约国家权力的滥用,这就对涉及国家工作人员,利用人民赋予的权力进行商业贿赂犯罪起到遏制作用。

最后,建立举报制度,有利于降低法律监督的成本,提高监督效率和监督效果。法律监督作为维护法制统一和尊严的一种法律制度,对于防止权力滥用、腐败问题产生和保护公民合法权益等发挥着十分重要的作用。公民举报作为公民监督的主要形式,有着其他监督方式不可比拟的优点。由于受经济发展水平的制约,国家的司法资源是有限的,面对越来越严峻的犯罪形势,我国的司法资源显得力不从心。而举报制度是通过人民群众为国家机关提供了获取案件线索来源,有力地配合了国家机关监督,减少了国家机关监督的工作量,节约了监督成本,提高了监督效率和效果,从而更有助于预防商业贿赂犯罪。

(三) 建立产权代理人制度

该制度是为了预防商业贿赂行为而增设的一项民事法律行为。基于商业贿赂产生的根源在于受贿者非"被交易权利"的真正所有人。因此,从理论上来讲,治理贿赂的根本办法就是不要代理人。但是,这是不可能的,"代理人"交易是必不可少的。没有代理就没有现代社会。因此,在许多交易中,代理是必需的。我们认为,治理商业贿赂犯罪的基本对策选择,可以概括为以下三个方面。

(1) 加强和完善对代理人的选拔、任命和监督制度。委托代理存在的问题,从我国现在的实际情况来看,最为严重的不是私有产权型的委托代理问题,而是国有产权型委托代理问题。问题集中在国有产权代理人的选拔、任命、监督制度、机制和程序不健全,同时国有产权型委托代理转化成私有产权型委托代理的问题。或者说,要用解决私有产权型委托代理问题的研究成果,解决国有产权型委托代理问题,就必须解决好从"人民"到"政府"、从"政府"到"官员"这个过程中的委托代理问题。

但是,这个过程中的委托代理问题,不能运用制度经济学中解决私有产权型委托代理问题的理论成果来实现,而有必要借助"公共选择理论"的研究成果。而借鉴的核心内容就是,由谁代表人民,由谁代表政府,这些必须由人民自己选择;代表人民和代表政府的官员是否合格,必须由人民做主;人民认为不合格的官员,就得有有效机制令其退出。最终的结语是,只要解决不了国家产权代理人的选拔、任命、监督问题,就不可能解决好商业贿赂问题,也不可能妥善解决好国有企业的效率低问题和腐败问题。

(2)强化代理人与被代理人之间的激励机制相容。所谓代理人与被代理人之间的激励机制相容,就是指在经营中,通过建立相关制度,使代理人与被代理人之间利益在代理人的任何行为选择下,都能一利俱利,一损俱损。而加强这一机制,则包括两个方面的意思:一方面就是要使这种利益相关性或相容性所涵盖得尽可能完整,不要有遗漏;另外一方面就是要使二者之间利益的相关性程度提高,即在"一利俱利、一损俱损"的前提下,不能使代理人有机会通过损害自己小利,而通过使与被代理人交易的第三人获得大利,然后代理人从第三人那里获得大于自己损失的利益的机会。

因此,强化代理人与被代理人激励机制的相容性,就是处理好三个问题:第一个问题,充分考虑代理人与被代理人对经营收益的贡献程度,确定代理人与被代理人之间的收益分配;第二个问题,对代理人对被代理人利益损害的可能选择,尽可能通过制度设计增加其损害行为的成本,减小其损害行为的收益;第三个问题,通过制度设计,增加对代理人损害行为的发现概率,如强化对代理人的监督制约机制。

(3)完善代理人竞争市场。通过代理人之间的相互竞争机制,约束代理人的机会主义行为,完善代理人竞争市场。代理人与被代理人之间,从理论上来讲,存在着一种双向选择的关系,而这种选择关系本质上是一种交易,是一种代理服务与代理报酬之间的交易。代理报酬是代理服务的价格,也是代理人与被代理人对经营收益的一种分配。如果市场提供同等服务水平代理人的供给多于需要,就会形成代理人之间的竞争。在同价格下,为获得职位,一些代理人就必须要么降低报酬而服务水平不变,要么是报酬不变而要提高服务水平。这样的竞争就使代理人不得不减少损害被代理人行为的主动性。

因此,从一定意义上,我们也可以把代理人接受商业贿赂看作是一种在代理报酬不变,而代理服务市场供给发生变化时,对代理报酬的一种调节。这种调节是种"机会主义"的"投机"行为,但也是一种对报酬价格与代理服务市场供求关系不平衡的一种反映。因此,一方面完善代理人服务的竞争,另一方面完善代理人的有效流动,并设计动态平衡的代理人服务报酬制度,才能有效促进代理人行为的自我约束,从而有效解决代理人损害被代理人利益的机会主义"商业贿赂"行为问题。

第九章

网络犯罪

网络犯罪是伴随着计算机网络广泛进入社会生活而出现的,它包括利用网络的犯罪、以网络为对象的犯罪、在网络平台上的犯罪。网络犯罪打破了传统犯罪的模式,对刑法管辖权、规则体系、治理模式等都提出了新挑战。网络犯罪作案方式简单、扩散快、技术特征鲜明、危害大,理应受到更大关注。对网络犯罪的治理,应该内外结合、预防优先,以提升网络技术手段作为根基;加强社会参与,减少被害;增强网络伦理教育;推动国际合作,参与国际规则制定。只有这样,对网络犯罪的治理对策才能赶上该类犯罪的发展速度。

第一节 网络犯罪概述

一、网络犯罪的概念

相比于其他类型的犯罪,网络犯罪属于新兴类型的犯罪。网络犯罪自然是伴随着互联网的兴起而产生的。中国的互联网时代起始于20世纪90年代中期,仅几年时间,互联网便迅速普及。进入21世纪以来,网络已完全融入个人生活。工作、学习、休闲,人类几乎一刻都离不开网络。智能手机普及、新媒体层出不穷,各种信息爆炸式增长,人类的生活体验由于网络而无限扩充。近年来,大数据、云计算以迅猛之势进入社会的各个领域,依赖大数据人们可以了解各领域的一手信息,体验互动感;"云计算"标志着另一个趋势的产生,这意味着数据和程序不再仅仅着眼于自己的电脑,而是着眼从网络中的数据存储器上下载,这主要是依赖使用者自身准确的命令,甚至都不知道供应商是谁①。这些新型网络技术扩展了人们的眼界,为生活带来了便利,人类生活因网络而改变。

计算机犯罪的提法比网络犯罪早。结合刑法的犯罪定义,一般认为,所谓计算机犯罪,就是在信息活动领域中,利用计算机信息系统或计算机信息知识作为手段,或者针对计算机信息系统,对国家、团体或个人造成危害,依据法律规定,应当予以刑罚处罚的行为。也就是说,无论利用还是针对计算机信息系统,或者以计算机知识为手段行为的,都可以构成计算机犯罪,这是一种类概念。1994年2月18日国务院颁布的《中华人民共和国计算机信息系统安全保护条例》第2条规定:所谓计算机信息系统是指由计算机及其相关的配套的设备、设施(含网络)构成的,按照一定的应用目标和规则对信息进行收集、加工、存储、检索等处理的人机系统。由此可见,计算机信息系统是由计算机作为信息载体的系统。上述条例是我国规范性文件中较早地对计算机信息系统进行界定的条文,从该条文可以看出,计算机信息系统是一种交互系统,通过人与机器的联结,完成对信息的处理。对该系统的攻击破坏,是最典型的计算机犯罪。

网络犯罪与计算机犯罪是否具有相同含义,还存在争论。有论者认为,所谓网络犯罪,是指计算机技术发展到高级阶段的产物,它从本质上讲就是计算机犯罪,网络犯罪与计算机犯罪是同一现象在不同发展阶段的称谓②。该观点就属于将网络犯罪与计算机犯罪等同看待的代表。诚然,伴随着网络的普及,计算机犯罪就呈现出了不同表现形式。但这种观点的诞生较早,当时网络的发展远没有现在这么充分。使用计算机犯罪的称呼,给人的印象是,该类犯罪只能依赖于计算机设备,是针对计算机硬件设备的犯罪,无法体现出网络犯罪的时代性、联网性。

网络犯罪与计算机犯罪最大的不同在于要在网络空间中进行,不是单纯针对计算机硬件的犯罪行为。网络空间不同于传统的公共空间,因为后者看得见、摸得着,边界明确,有明确的受众,行为的影响力在一定范围内;而网络空间是虚拟平台,匿名、无边界、影响力更大,但却没有明确的形态,更没有日常的大众性。网络空间也称为电子空间、虚拟空间或赛博空间(cyberspace一词的音译)。计算机网络是用电缆、光缆、无线电波或其他物理链路,将地理上分散的计算机信息系统连接起来的资源共享系统。也就是说,网络将单个的计算机连为一体,成为庞大的信息系统。根据联网计算机的规模和范围,网络空间分为三个层次,即局域网、城域网和广域网,我们熟悉的因特网是全球范围内发展最广最快的网络。

对网络犯罪的界定要结合网络的上述特性进行。综上所述,网络犯罪,是指以

---

① [德]埃里克·希尔根多夫:《德国刑法学:从传统到现代》,江溯、黄笑岩等译,北京大学出版社2015年版,第380—381页。
② 赵秉志:《新千年刑法热点问题研究与适用——中国法学会刑法学研究会2000年学术研讨会论文选集》(上册),中国检察出版社2001年版,第382—383页。

一定网络技术手段为支撑,以网络为工具或对象,或者在网络平台实施的,一系列危害社会行为的总称。

二、网络犯罪的表现形式

网络时代的网络犯罪会给社会各方面造成极大危害。网络病毒蔓延会瘫痪计算机的正常使用,网络黑客攻击会窃取一国的机密信息,并导致数据丧失;利用网络实施诈骗、编造传播虚假信息的犯罪更是层出不穷,不法人员采用各种新手段,编制虚假链接、短信,一旦点击进去,就立即产生财产损失的后果。

腾讯研究院 2016 年 1 月 6 日发布的《中国网络生态安全报告(2015)》表示:"当前网络犯罪猖獗。在众多案件中,网络诈骗首当其冲,是主要且高发的犯罪类型。"除此之外,根据该报告显示,目前,网络黑产链条孵化成熟,正在向组织化和集团化发展:上游黑客技术实施木马开发和代理、网络攻击、制作钓鱼网站、盗取用户数据库、整合社工库;中游是黑产犯罪团伙,利用木马和钓鱼网址进行网络盗窃、利用社工库进行网络诈骗、利用网络攻击进行敲诈勒索;下游周边犯罪组织包括洗钱团伙、取钱团伙、收购游戏点卡或话费等赃物卡团伙、贩卖身份证团伙等[①]。该报告反映出我国当下网络犯罪的一些新特点,即利用网络为媒介进行的财产类犯罪仍为主流,网络犯罪呈现组织化发展趋势。在该类犯罪中,犯罪人往往先通过网络手段获取公民个人信息和数据,紧接着实施其他类型侵财犯罪,之后进行财产转移和处理。网络是犯罪人的犯罪工具,也是其犯罪罪行始终依赖的媒介。正是由于有了计算机网络,犯罪过程变得更加简洁,犯罪效率也得以提升。

在现实中,网络犯罪主要表现为三大类,即利用网络实施的犯罪、以网络为目标的犯罪、在网络空间中的犯罪。其中前两类是原有分类中已有的网络犯罪类型,后一种是近年来新归纳的网络犯罪类型。

利用网络实施的犯罪是指那种把网络当作犯罪工具进行的各类危害社会的犯罪行为。该类犯罪主要包括盗窃、诈骗、赌博、诽谤、销售违禁品等多种危害行为,侵犯的法益多种多样。以网络为目标的犯罪主要指以破坏、入侵网络为目的而实施的各类犯罪行为。这类犯罪主要包括制造、传播网络病毒,攻击网络服务器,入侵网络信息系统等多种危害行为。在网络空间中的犯罪,是指在网络这一虚拟空间中实行的,方法与形式不同于在传统物理空间中,但也造成极大社会危害性的行为。如网络传播虚假信息、在网上侮辱诽谤他人、传授犯罪方法等。

根据 2000 年 12 月 18 日全国人大常委会通过的《关于维护互联网安全的决

---

① 《2015 中国网络安全报告发布 网络诈骗最常见》,参见 http://it.sohu.com/20160109/n434014374.shtml,最后访问日期 2017-03-21。

定》,网络犯罪主要分为五大类型:涉及互联网运行安全的网络犯罪,涉及国家安全和社会稳定的网络犯罪,涉及社会主义市场经济和社会管理秩序罪的网络犯罪,涉及个人、法人和其他组织的人身、财产等合法权利的网络犯罪,利用互联网实施其他构成犯罪的行为。这种分类与刑法分则的分类类似,主要以犯罪的客体和形式对网络犯罪进行归纳。在这五种类型中,后三种主要是利用网络实施的犯罪,网络只是其使用工具,目的为了实施其他犯罪行为。在非利用网络的场合,这些犯罪也存在,只不过现在利用了网络,改变了犯罪形式。前两种主要是针对网络本身的犯罪,网络既是其行为平台,也是其攻击对象。

除此以外,还有些学者归纳出了其他一些网络犯罪的表现。比如,网络软暴力犯罪、网络恐怖主义犯罪等。

网络"软暴力"犯罪主要是指编造、传播虚假信息,侵犯公民隐私、名誉权利等犯罪行为[1]。该类行为看似情节轻微,但却直接侵犯其他公民的基本权利,影响社会秩序。近年来,编造虚假的飞行安全、公共场所爆炸等案件时有发生,利用网络大肆散布他人个人信息,将网络平台当作个人的发泄场所的案件则更数不胜数。这类行为破坏社会秩序,影响公众个人正常生活,进而侵犯普通公民其他权利,值得警惕。本质上看,该类犯罪与暴力犯罪相对,专指那些非直接采用暴力手段,但能引起社会恐慌,达到暴力犯罪效果的犯罪。由于该类犯罪实施的方式简便,行为人隐蔽性强,但对其治理经验不足,应对能力较弱,导致该类犯罪呈现多发之势。

网络恐怖主义兴起使得各国安全形势更加严峻。网络恐怖主义犯罪是恐怖活动发展到新阶段的表现形式,具有科技性、恐怖性、扩散性等特点。恐怖组织利用网络传播极端主义、恐怖主义音视频文件,他们利用社交网络发布诱导性信息,招募恐怖人员,传达恐怖活动指令,网络平台成了极端主义发声的场所。恐怖分子通过培养大量"黑客",攻击政府、组织公用网络,造成数据被篡改,大量服务器拒绝服务,极大影响政府机关的正常工作和广大民众的正常生活,还给全社会带来恐慌气氛。

以当下扰乱世界的恐怖组织"伊斯兰国"(IS)为例。"伊斯兰国"通过社交网络发送恐怖攻击动员信息和战术建议,使追随者成为执行的主角。"伊斯兰国"不再直接策划与指导,而是提供攻击信息、行动知识教育、发布战略目标与任务的信息协助者,追随者则成为恐怖行动的执行者[2]。在新时代,网站成为宣扬极端主义思想的主战场,论坛、留言板成为相互交流恐怖行动经验、招募人员、互相聚集的平台,而社交网络则为恐怖分子在第一时间联络行动、躲避抓捕提供了机会。网络在

---

[1] 卢建平:《中国犯罪治理研究报告》,清华大学出版社2015年版,第115—116页。
[2] 江焕辉:《欧美国家"独狼"式恐怖袭击的发展》,载《军事文摘》2016年第15期,第6—8页。

恐怖活动中扮演者不光彩的角色,恐怖活动的效率因为网络而得以提升。

电子商务是以电子技术为手段,利用互联网、广播电视网和电信网等电子信息网络的产生、流通和消费的活动,以实现商务过程的电子化、数字化①。电子商务的发展促进了商品、服务流通的便利,改变着普通人的生活。电子商务的发展同样给网络犯罪人以"可乘之机",利用电子商务平台销售不合格商品,进行非法网络营销、诈骗,提供虚假链接等,都可能造成普通网民财产损失,并进而造成其他严重后果。

网络软暴力犯罪、网络恐怖主义犯罪、电子商务中的犯罪,本质上都属于利用网络的犯罪,犯罪人以网络为信息传播工具,实现其破坏社会稳定,侵犯他人权益的目的。在未来一段时间内,这几类犯罪会逐渐增多,这与它们联系时代紧密,与日常生活关系大,作案方式多变有关,应当严加防范。

总体而言,网络犯罪的分类以上述三分法为宜,这种分类涵盖面广,能够包含所有范围。新兴的网络犯罪类型伴随着现代生活方式而兴起,应该受到重视。

三、网络犯罪的特征

网络犯罪具有特殊性,它的发展快、影响广,比传统类型犯罪相比,它更具有时代特征。网络犯罪是发展中的犯罪,其特征也在变化。对网络特征的全面把握,有助于增强网络犯罪治理的针对性。

(一)网络犯罪的主体呈现低龄化趋势,犯罪手段呈现智能化特征

网络犯罪的主体以青少年为主,青少年同时也易成为网络犯罪的被害人。根据报告,网络犯罪主体呈现低龄化特征,参与网络犯罪的未成年人增长迅速。2014年,参与网络犯罪的主体中,14岁未成年人的比例已上升至20.1%,而2010年这一比例为12.3%②。与此相对应,随着社会对青少年犯罪问题的重视,据《中国法律年鉴》(1991—2012年)统计,青少年罪犯占罪犯总人数百分比逐年下降,到了2010年,青少年罪犯比例降到了30%以下,而2011年青少年罪犯的比例仅为26.86%。网络犯罪中青少年比例的上升与青少年犯罪在整体犯罪比例中的下降呈现鲜明对比,这说明,网络犯罪已成为青少年犯罪所选的高发犯罪类型。网络犯罪的多变性与青少年追求好奇的特点相结合,会产生正向与反向的多重效果。

网络犯罪的行为人往往智商较高,对新事物有好奇心,理解力较快。无论是攻

---

① 郝文江、武捷:《电子商务中新型犯罪现象剖析》,载《专题研究》2010年第8期,第16页。

② 康登慧:《中国网络犯罪人员呈低龄化趋势》,参见 http://world.people.com.cn/n1/2016/0622/c351610-28469927.html,最后访问日期2016-03-21。

击、侵入网络的犯罪,还是利用网络实施的其他犯罪,都要对网络运行、网络安全、网络操作有基本的认识和理解。攻击重要领域高精尖行业需要有"黑客"技术,对该类犯罪行为来说,技术手段很重要。据美国官方人士称,1995年曾有多达25万人次企图闯入五角大楼计算机系统,其中65%(即16.25万人次)获得成功①。连美国这样的经济科技高度发达的国家都无法及时避免网络黑客的攻击,可见这类犯罪多么猖獗又多么难以防范。网络犯罪人都懂得一定的网络技术,有些人的技术还非常高超,他们积极研究网络漏洞,学习网络原理,编写网络程序,赶在网络规则出来之前实施犯罪行为,具有很强的敏锐性。

值得注意的是,网络犯罪的主体有向普通网民发展的趋势。网络犯罪发展的初期多是专业网络人士或具备专门网络知识的人,随着网络普及,网络内容审查不及时,"黑客教程""黑客手册"在网上都能找到,有更多的普通网民加入犯罪队伍中,使得网络犯罪人更难被识别。

网络犯罪的上述特点使得其不断吸引"新人"参与,犯罪手段也在不断翻新,阻止青少年加入网络犯罪队伍成为当务之急。

(二)网络犯罪作案方式简单,没有特定的犯罪过程

网络犯罪摆脱了特定的时间空间束缚,对犯罪人体型、身材也没有明确要求。只要有移动设备,可以连接网络,犯罪即可实施。

传统犯罪如实害犯、危险犯等,通常有一个犯罪的过程。从犯罪预备,到犯罪的实行开始,再到犯罪结果发生,不是一瞬间发生的。而网络犯罪则不然,在经过前期大量技术性准备后,犯罪的实施往往一瞬间即可完成,犯罪结果的扩散面之广、损失之大则是不可估量的。网络信息传输是无形的,通过网络,犯罪的目的即可迅速达到。

这里的作案方式简单主要指外观形式上的,因为网络犯罪人大多前期对网络技术有了充分的钻研,具体作案时经常是按一下按钮、操作一串代码,操作方式平静简单。网络犯罪的犯罪过程具有迅速、快捷、难被发现的特点,这对案件的治理造成了困难。

(三)网络犯罪属于新兴犯罪,社会危害性大

网络犯罪伴随着计算机、网络这些新生事物而产生,犯罪学的古典学派、实证学派、综合学派等,诞生之时都未预料到网络犯罪的特性。这就使得网络犯罪突破了传统犯罪的防治领域,诱发出很多新课题。

网络犯罪的形式各异,侵犯的法益多样,网络犯罪作为一类犯罪的整体称谓,并不侵犯传统的单独一类法益。不能按照刑法分则的体系分类,将网络犯罪单纯看作妨害社会管理秩序罪一种,在实践中,利用网络进行的犯罪各种各样,有可能

---

① 张远煌:《犯罪学》,中国人民大学出版社2015年版,第123页。

侵犯公民的财产权、人身权利,甚至公共安全。以网络为对象的犯罪,会破坏网络正常使用,影响公民生活,并进而影响国家、社会安全;以网络为工具的犯罪,一般会侵犯公民财产权,妨害社会管理秩序;在网络平台实施的犯罪则更加多样,会侵犯公民的各类权利。

作为新兴犯罪,它就具有其他犯罪的混合特征。传统上的盗窃采用平和秘密手段,利用网络的盗窃更让行为人察觉不到,但却能造成严重的损失;传统上的诈骗利用一套完整的"骗术",又要扮演又要撒谎,才能达到预期效果,而利用网络的诈骗同样要欺骗让对方产生错误认识,但却可以利用网页、链接等虚假内容骗人上钩,波及的被害人和可造成的财产损失更广;传统上破坏一个城市的通信设施要通过层层关卡,入侵形式复杂,而在网络上,"黑入"系统,篡改代码并完成攻击,可能只需很少的时间……网络相当于为犯罪活动插上了便捷的翅膀,对社会治理犯罪提出了更高要求。

网络犯罪的社会危害性大体现在其受众广泛、易于扩散。各行各业的工作、生活都已离不开网络。网络变化发展很快,在"互联网+"时代,网络的特征由"联"向"互"转变。网络犯罪的根本性变化是"点对点"的犯罪行为成为主流[①]。这一方式表明,网络犯罪也正在"全面普及",每个普通网民都可能被犯罪人盯上,网络犯罪侵害的范围在扩展,传统上可产生的犯罪在网络上也都可以产生。这种侵害范围无论从被害人还是犯罪客体上看,都很广,波及的面很宽。如同"蝴蝶效应",看似微小的行为就能产生巨大的影响,影响整个社会稳定。

第二节 网络犯罪的成因

互联网最早于1969年起源于美国,可以说互联网是20世纪最伟大的发明之一。时至今日,互联网正日益改变着整个人类社会的面貌。网络的发展是一把无形的双刃剑,随之而来的是一些新型的犯罪现象。在网络犯罪的研究中,犯罪原因一直处于核心地位。网络犯罪是各种因素综合作用的结果,对其防控的对策也应该是各种手段的综合运用。

一、网络犯罪的动态原因

网络犯罪有着复杂的成因,要有效治理预防网络犯罪,就要明确网络犯罪的生

[①] 于志刚:《网络、网络犯罪的演变与司法解释的关注方向》,载《法律适用》2013年第11期,第19页。

成机理,有针对性地分析原因,寻找对策。

分析网络犯罪的成因,要把握一般犯罪原因的共性和网络犯罪的特殊性。作为新类型犯罪,网络犯罪与时代发展、科技进步密不可分,是时代造就了该类型犯罪。从动态看,网络犯罪产生和多发的原因主要有以下几方面。

(一)网络作为工具和媒介广泛进入社会生活,犯罪人由此看到机会

网络的使用频率在这几十年中得到了爆发式增长,政府机关办公、企业生意合作、高校学术科研、日常生活娱乐、消费服务,每项活动都离不开网络。似乎一夜之间,每人每天的生活都得和网络打交道。平板电脑特别是智能手机的广泛普及,让个人随时都能收到来自全球的信息,手机端已成为中国国民占比最高的上网终端。这一切都意味着,网络广泛进入社会生活,没有网络的世界让现代人变得寸步难行,生活质量也会下降。

犯罪与时代的发展是同步的,人类新型的生活方式也让犯罪人看到了新"希望"。在商务领域,各种交易要通过网络谈判、提交,这就使得犯罪人有了施行侵犯财产罪的机会。线下的传统侵犯财产罪主要依靠犯罪人的体力、"手艺"、蛮干的特点明显;而在网络上,侵犯财产罪更拼智力,犯罪人通过建立虚假网站、设置虚假链接、骗取个人账户信息等完成犯罪,网络平台为犯罪的转变创造了条件。

可见,社会大众对网络的依赖促进了犯罪人对网络的利用,网络的自身发展伴随着网络犯罪的不断发展。只要网络不断进步,而网络安全管理滞后于网络技术的进步,则网络犯罪不可避免。

(二)网络安全管理方面尚不健全,存在漏洞

现有的网络管理体制还未建立完善,网络软硬件存在漏洞,这些问题落后于犯罪的发展速度,导致网络犯罪层出不穷。

在我国,关于网络安全的立法兴起较晚,而且比较零散。很多新情况、新问题都没有得到及时规制。《中共中央关于全面推进依法治国若干重大问题的决定》提出,要加强互联网领域立法,完善网络信息服务、网络安全保护、网络社会管理等方面的法律法规,依法规范网络行为,这为全面推进网络空间法治化规划了蓝图。我国至今没有一部专门的网络立法,管理网络管理的规定层级低,涵盖的内容少。《网络安全法(草案)》正在征求意见,它属于国家整体安全观构建的一部分,但是即便该部法律通过,它也主要在"安全"领域发挥作用,对层出不穷的其他类型网络犯罪并没有针对性。而我国刑法长期以来只有破坏计算机信息系统罪、非法侵入计算机信息系统罪等几个专门罪名,之后通过修正案又大幅增加相关罪名,这说明我们应对网络犯罪的经验效率还显不足。

网络社会具有"虚拟性",在这一社会,不能完全套用现实社会的规则。虚拟社会面临严重的制度失范问题,也就是社会解体理论强调的社会生活中没有一套

现存的社会规则和规范来指导人们应该如何行动,就会引起社会失范,导致社会问题的出现①。网络的迅猛发展与规则的循序渐进已产生矛盾,没有规则,就会有更多的"犯罪探索"出现。

除了明确的规则,网络管理领域在技术、设施、软硬件方面也不尽完善。网络技术的发展关注于方便民众的生活,却不经意忽视了堵塞可能的漏洞。便利与安全,在技术的革新中,互相争夺地盘。网络的域名管理权和先进网络安全技术的研发都在美国等发达国家,中国参与全球网络治理的力度尚待加强,一旦缺乏完善先进的网络管理"硬件",则网络犯罪的实质治理就成了"空中楼阁"。

(三)犯罪人期望通过网络犯罪改变犯罪形式,获得更高收益

社会生活的变迁带来了犯罪形式的变迁。从农业时代到工业时代,再到信息时代,犯罪的发展也随着时代在变化。这一过程显示的是,旧的犯罪形式逐渐衰落被淘汰,新的犯罪形式紧跟,犯罪随着新媒介的出现而改换形式,目的仍旧为了获得利益。有了新的简便的获利方式,犯罪人就会跟进,这是犯罪与社会的互动表现。

犯罪饱和率原理告诉我们,一个社会的犯罪情况总体上稳定,犯罪形式与该社会的发展是一致的。网络犯罪能通过减少体力、降低风险的方式让犯罪变得更容易,当然会让更多犯罪人参与其中。根据一些案件的统计,一些原为计算机及网络技术和信息安全技术专家的职务人员也铤而走险,其作案所采用的手段则更趋专业化。以多变的专业化犯罪形式对抗犯罪的审查,侵犯更广阔的法益,对犯罪人来说是划算的。

以网络诈骗为例,行为人可以利用网络群发短信,编造虚假信息,利用虚假链接套取被害人通信录信息,侵害他人隐私。这种方法比过去实施类似犯罪的方式便捷、成本低,由此带来的可能收益却是可观的。新形式"有利可图",会吸引更多的犯罪人参与。

以简便的方式获得犯罪收益,且产生广泛的影响,对犯罪人来说有吸引力,这种成本—收益分析为犯罪生成创造了动力。

(四)行为人好奇心强,网络伦理意识淡薄,易被害

由于互联网的"虚拟"特性,现实世界中的法律、道德规范在这一全新社会空间中几乎无法发挥作用,而适应网络空间的新规则尚未有效建立,导致网民在思想上形成了网络是个"无规则、无道德空间"的错觉,引发了大量网络犯罪现象②。网

---

① 曹琳琳:《试用社会解体理论分析网络犯罪的成因及对策》,载《网络安全技术与应用》2011年第12期,第66页。

② 谢应霞:《大学生网络犯罪的成因及预防对策探析》,载《理论界》2010年第2期,第81页。

络社会是虚拟、匿名的,行为人的发言、行动不像现实生活那样直接就被锁定,网民产生了在网络上无论干什么都不用负责的错觉,部分网络行为被放大,原本在现实生活中不敢做的越轨行为却在网络中显现,并且肆无忌惮。网络的开放性、宽容性在愉悦广大网民的同时,也让部分网民任意发泄,没有丝毫顾忌。很多网民认为,网络里的自己并非真实的自己,"我"不用为"我的行为"负责,于是其胆子越来越大,走向法律的边缘。网络社会与线下社会的区别让行为人产生了明显的区别对待心理,他们会根据相对人的反应、社会的反馈来决定行为方式,使犯罪行为被隐蔽起来。

从被害人方看,很多网络犯罪的被害人不懂得基本的网络知识,无法识别基本的网站真伪情况,对网络信息的传播渠道也缺乏了解。通过网络短信、邮件发送的虚假链接,被害人不加识别,看上面的提示就直接点开,缺乏对网络安全的关注。很多犯罪人注意到这一点,网络犯罪的双方处于"一强一弱"的状态,双方地位不均衡,导致被害一方持续受损。

犯罪是互动的结果。被害人在犯罪学意义上具有被害性、互动性、可责性[①]。被害人陷入网络,又不了解网络,最容易造成"被害性"。没有被害人一方的跟进,网络犯罪也不可能成功。

网络犯罪的生成是动态的过程,多种因素在犯罪生成中共同起作用。上述因素中,行为人的"内因"起主导作用,行为人期望获得更高收益,当其看到了网络这块新开发的领域存在漏洞,法规也不健全,又欠缺网络伦理规范约束的情况下,就会选择利用其已有的网络知识,"侥幸"尝试,将动机转化为行动。

二、网络犯罪治理的原因

网络犯罪的治理比传统类型的犯罪更艰难,富有挑战性。网络犯罪在犯罪方式、证据形式、发展形态、治理结构方面都存在明显不同,这都为犯罪治理带来了新要求。

(一)网络的自身特性使得该类犯罪传播范围广、难以控制

网络的产生让人类社会消除了对时空的依赖。只要电子设备接入网络,无论身处何地何方,都能发布信息、操作网络,这就使得网络犯罪行为人摆脱了犯罪地的限制,只要有操作平台,随时随地都能进行犯罪活动。

互联网信息传播没有边境的界限,一国、一地的信息通过网络就能传到世界各地,这种扩散性是前所未有的。网络内容瞬息万变,数量庞大,不受专门审查,一旦传播出去即便再删除,造成的影响也无法完全消除。

[①] 许章润:《犯罪学》,法律出版社2016年版,第102—105页。

传统犯罪比如暴力性犯罪,犯罪发生的过程与被害的过程往往是统一的,无论犯罪行为地还是犯罪结果地经常出现重合。网络犯罪则不然,服务器所在地、网络接入地、网络传播地、犯罪结果地经常不在同一个地方,这就对犯罪的管辖造成了冲击。网络犯罪人往往采用跨国犯罪的模式,利用国内外监管存在"中空"地带而实施犯罪,从而增加监管打击难度。

近年的网络犯罪都有上述特性,它们有组织、有计划,以"小动作"造成"大影响",形成黑色产业链。网络犯罪的"神出鬼没"使得事先预防难以起效,而事后的惩戒已难以消减已造成的危害。

(二)网络犯罪的技术性使得该类犯罪侦查困难,处理不及时

网络犯罪案件侦查中的障碍包括发现、确定网络犯罪案件困难;收集、保全网络犯罪证据困难;电子证据法庭采信困难等等[1]。这些障碍从证据发现到证据审查、证据认定全都存在,几乎涵盖侦查全程。

在程序法方面,一般的证据规则、侦查原则、管辖制度以及司法协助和引渡制度如何适用于办理网络犯罪的许多问题并没有很好解决。刑诉法的程序性规定都以传统犯罪为依据,对网络犯罪的应对还不充足。网络犯罪证据大多存于电子介质如程序、数据等无形信息中,这些都难以保存。即便网页上记载的数字、信息也容易被删改,其原始性难以证明,有些犯罪甚至不留下痕迹。由于网络载体的特性加之其技术发展的要求,对网络犯罪的取证固定要比传统的物证、书证难得多。

2012年我国刑事诉讼法修正,电子证据正式成为法定的证据类型,这为我国证据制度的完善迈出了坚定一步。2016年9月,最高人民法院、最高人民检察院、公安部发布了《关于办理刑事案件手机提取和审查判断电子数据若干问题的规定》,它包括一般规定、电子数据的收集与提取、电子数据的移送与展示、电子数据的审查与判断、附则等五部分。该规定对网络平台信息,包括微博、微信内容可以成为证据做出了明确规定。通过这些内容的完善,网络犯罪的证据收集认定将"有章可循",未来网络犯罪侦查的困难将在实践中逐步得到缓解,但网络犯罪的取证质证毕竟不同于传统犯罪,还会遇到新问题,需要在实践中解决。

(三)网络技术的发展更新使得犯罪模式花样翻新,现有法律应对不足

俗话说"道高一尺,魔高一丈",网络技术的迅猛发展、代际更新为犯罪提供了更多机会。网络犯罪模式随着网络的发展而发展,比特币、社交媒体、智能移动平台,这些新业态一旦进入生活,跟其相关的犯罪形式同样伴随而来。我国并未制定专门的网络刑法,在刑法典中,网络犯罪的专门条文是2014年以后逐渐增多的,其针对性还有赖于实践的检验。

---

[1] 靳慧云:《试析网络犯罪案件侦查中的障碍》,载《中国人民公安大学学报》2003年第19卷第5期,第89页。

相比于变化多端的社会,立法总是滞后的,在网络领域更是如此。犯罪的发展速度一定程度上超过了立法者的预期,更何况立法审议的程序要求也要求立法要慎重,这就使得法律应对的不及时更加凸显。

比如,已有不法分子可以利用技术,对股票交易所的服务器进行攻击,通过减缓服务器运算速度,不法分子可以掌握某只股票的实时交易信息,并能够在服务器处理交易前"做手脚",实现渔利或影响某只股票的正常交易[①]。像这种网络技术,已全面影响到正常的证券交易,具有技术上的高超性。与此类似,分布式拒绝服务(DDOS)这种攻击的影响危害更大。它是指利用合理的服务请求来占用过多的服务资源,从而使合法用户无法得到服务的响应。它借助于客户/服务器技术,将多个计算机联合起来作为攻击平台,对一个或多个目标发动DDOS攻击,从而成倍地提高拒绝服务攻击的威力。生活依赖于网络服务,而技术成为其犯罪的手段,以变化的技术攻占有限的网络资源,这种行为在短期内就会对全社会都造成严重危害。

网络犯罪在主观要件、客观行为要件、共犯表现形式、犯罪停止形态以及犯罪的定量评价等方面,均产生了有异于传统刑法理论的具体形态[②]。传统刑法均建立在物理空间、传统社会的结构之上,缺乏对网络犯罪针对性的应对规定。而网络犯罪变革了空间、信息、交流的样态,数字的极具膨胀、数据的管理方法都无法完全套用传统刑法。相比网络技术的突飞猛进,刑法立法的更新有限,无法及时跟进。

有人认为,应对刑法做扩张解释,即针对网络领域的治理适用传统刑法对公共空间的治理进行。但是,网络空间毕竟不同于线下的公共空间。直接适用传统刑法应对网络犯罪,显得灵活性不够,且有侵犯人权、违背公民的预测可能性之嫌。如何将看不见、摸不着的数据代码当作现实生活的财产、言论,为立法、司法人员提出了新课题。

(四)网络空间的特殊性使得人类的社会结构面临变革,但网络空间规则和治理模式却未完全形成

网络空间不同于传统的公共空间,它看不见摸不着,在网络上发声、植入程序、撰写代码,不像在公共广场发言、喊话那样直接深入人心,也难以像后者那样直接让周围人感知到行为的影响力。这并不是说,网络空间的影响力不大不快,恰恰相反,网络空间的影响力更大,只是其运作方式以"悄无声息"的方式进行,起初不被人所关注。

国际范围内关于网络的规则还在完善中,而网络空间的治理模式在我国还需要各部门协调。"单打独斗"的方式无法应对网络时代的挑战,但管理部门过多又

---

① 《揭秘网络犯罪黑色产业链"年产值"超千亿》,参见 http://news.sina.com.cn/c/nd/2016-08-17/doc-ifxuxnak0423727.shtml,最后访问日期2017-03-21。

② 赵秉志:《治理网络犯罪迫在眉睫》,载2016年7月20日《人民日报》。

会造成管理分散、都不负责的情况,且各部门缺乏对网络充分了解的专门人才。总体看来,我国对网络空间的治理手段单一匮乏,机制不完整,不能很好与民众沟通并维护民众利益。

第三节 网络犯罪的防控

大数据给公众及网民带来极大便利,改变了其思维模式、行为方式、生活空间,使他们由政治人、经济人、社会人发展成为"数字人",从而形成了"第五空间"的新型社会共同体。治理网络犯罪,是新时代维护社会秩序的基本要求,也是革新犯罪治理的必经阶段。

与其他犯罪治理类似,对网络犯罪的治理也要秉持预防重于事后惩罚的理念,以堵塞网络犯罪漏洞,防患于未然作为治理的主轴。这是因为,网络犯罪的社会危害性相较于其他犯罪,更不可控,犯罪结果一旦造成也难以恢复。事后的处理难以起到威慑作用,对全社会来说,抑制网络犯罪的持续发生才是更重要的。

网络犯罪的产生、发展的一系列过程表明,要把握网络犯罪的最新发展趋势,以其传播快、影响大、跨国性、高智能性特点为切入,有针对地治理网络犯罪。技术、法律、道德、经济等手段应当由内而外,多管齐下,综合作用。

一、网络犯罪的总体防控

(一)提升网络技术,建设网络监管体系

网络技术的提升是治理黑客攻击、病毒入侵的重要举措。防火墙、杀毒软件、实时监控技术,这类手段的升级更新可以有效防止大规模病毒爆发和对网络的攻击。目前一些西方发达国家已做出了一些尝试,如"发信域名认证"技术、"发送端阻止"技术等,这些先进技术我国都可学习引进,同时根据我国的实际情况,可将自主研发的重点放在安全内核技术、防火墙技术、加密路由器技术、数据加密技术、网络地址转换器技术、身份认证技术、网络反病毒技术等方面,这些技术的突破能够从技术层面维护我国网络的安全,建立网络的"准入"机制。网络犯罪人作案迅速,手段隐蔽,往往躲在"暗处",通过上述技术手段的巡查拦截,能准确阻止犯罪人作案,增加其犯罪成本。在技术层面,我国要积极向发达国家学习,并开发自己的网络防攻击技术,国际合作必不可少。

2015年11月11日,据环球网报道,英国国家犯罪局(简称NCA)与英国政府通信总部共同建立了一个新机构Joint Operations Cell(简称JOC),其职能定位为"真正的创新发展"型组织。该组织的作用在于以家庭为单位监控网络犯罪活动,特别是打击那些与儿童相关的犯罪行为。监控网络犯罪活动是为了履行打击犯罪

职责,维护网络秩序。该项措施相当于增加了官方监控的"眼睛",让网络犯罪及时曝光,及时被处理。这种措施的实施会在一定程度上侵犯公民的隐私,公民的自由利益受到一定减损,但为了保障基本网络安全,维护民众基本的生存生活条件,这是法律不得不采取的举措。在自由与安全价值的选择中,安全优先,拥有了安全才会拥有其他。

在未来的工作中,必须加大我国网络防御技术与设备的研究开发投入,尤其是加密、数字签名、认证、审记、日志、网络监测及安全检查等网络技术和路由器、保密网关、防火墙、超级服务器等重要网络设备以及相关软件。技术手段是遏制网络犯罪的"屏障",发现网络漏洞就要弥补,现有网络有犯罪的可乘之机就要设置拦截、加密手段,这些措施可以达到先期预防犯罪的效果。如果说网络犯罪的治理需要运用多种手段,则网络技术的提升是治理网络犯罪的治本之策,只有让网络防护技术的发展领先于犯罪的发展速度,网络犯罪才能根治。

网络警察是警察队伍中的新兴力量,他们既要拥有计算机相关专业技能,又要具备一定的网络案件办理经验。网络警察有着"火眼金睛",他们具备计算机网络的专业知识,在网络犯罪的案件办理中又逐步积累经验,已成为公安队伍中的一支重要力量。网络警察属于人民警察编制,但其外表上看,与其他警种的警察相差很大。他们经常坐在电脑前,熟练操作各种程序数据,对网站的后台信息了如指掌。网警的工作充满挑战,工作的专门性、特殊性已使其区别于传统的警种。网络警察的工作主要包括:①网络犯罪侦查,主要表现为,在犯罪案件发生后,搜集犯罪证据,查处网络犯罪活动;②日常网络安全监管,主要表现为,协助各机关对网络安全进行管理、监测,建立网络运行安全管理机制,对发现的问题及时处理。网络警察是治理网络犯罪的中坚力量,是"硬实力"。发挥网络警察的主观能动性,协调其与各部门的关系,能有效在"一线"发现违法犯罪的苗头,减少危害。网络警察破案率的提升能够对网络犯罪的产生起到威慑、预防作用,改变犯罪、破案互动格局,提升网络警察破案率,犯罪形势才有助于改变。

网络警察属于网络监管体系中的一个部门,要想全方位维护网络安全,治理网络犯罪,还需建立全方位、有层次的网络监管体系。公安、网监、工商、新闻出版、知识产权、法院等各部门,应当各负其责,并在网络平台监管方面互通信息,加强合作。网络监管体系应由一个部门主要负责,包括日常的协调工作,以避免"令出多门"的情况。

(二)预防被害,加强公民参与

从被害人角度讲,预防网络犯罪要减少与避免被害的可能性。被害人作为网络活动的参与者,除了熟练运用基本网络操作外,还需加强网络防骗意识,增强网络防护的主动性。用网者应该了解网络安全原理,主动维护网络环境秩序。既然使用了网络,就要学习网络、维护网络,主动融入网络社会的生活。对于网络攻击类犯罪,社会大众在使用网络时,应该遵守网络操作规程,遵守单位与公共场所的网络操作规范,及时升级相关防护程序,共同维护网络安全环境。对于网络欺诈类犯罪,普通网民应增强防范意识,对于汇款、转账等请求提高警惕性,留意可疑信息,及时核对网站真伪;对于不同来源、无法核实却又要求金钱交易的信息坚决不进行操作。同时,网民要注意个人信息保护,对于来源不明的网站要求注册个人真实信息的,应果断停止个人信息输入,防止个人信息泄露。对于网络空间中的其他犯罪,网民应当树立网络空间是社会共有空间的认知,网络空间是现代社会人类生存的"命运共同体"理念。网民不是旁观者,只有每个人都"善待"网络空间,把其当作必不可少的生活平台,才能减少危害发生,维护共同的网络秩序。

群众参与同样适用于网络犯罪的防控。每位网民既是网络的使用者,也是网络的监督者。网络环境的破坏、网络犯罪的发生,实际上都损害着普通网民的利益。为了使网络可持续运行,网民发现违法信息、重大谣言、虚假链接、网站被攻击等事件,应尽快向有关部门举报;网络被攻击的单位要有安全用网意识,注意保密工作,重要信息及时备份,并及时报案。在官方层面应设立统一的网络违法犯罪举报平台,便于信息的及时沟通。

网络服务提供商、网络平台维护者要承担起更大责任。违法、犯罪信息的发布都通过网络平台,网络恐怖信息的迅速传播离不开网络平台的作用。针对社交媒体发达、监管乏力的现状,网络服务提供商、网络平台维护者应该肩负起责任,不能放任违法犯罪信息传播。对利用公众平台发布的信息,要起到基本的清理作用,及时删除明显违法信息,并对信息发布人进行警告。网络服务提供商、网络平台维护者掌握大量的网民信息数据,他们要遵守法律和职业道德,对这类信息严加保护。泄露公民个人信息不仅侵犯公民隐私权,还会诱发其他类型次生犯罪。网络服务提供商、网络平台维护者守住这道防线,才能抑制其他犯罪发生。相比于普通的网民,网络服务提供商、网络平台维护者掌握更多的技术,存储着更多的信息,这些都促使其有能力、有可能维护网络环境,保护公民信息,净化网络环境,抑制网络犯罪。

网络法治的完善是预防网络犯罪的基础和保障。针对现有的网络治理法律体系分散、单一、灵活性差的特点,我国要做的是清理已有的法律规范,完善更新规范,建构起层次合理、相互衔接的网络法律体系。在这个体系中,《网络安全法》是基础法,它对整个网络安全的保障、维护应起到统领作用,对网络犯罪的防控有着宏观作用;刑法是保障法,是以刑罚这种严厉性的制裁手段彰显网络犯罪危害性的防线。从地位上看,专门的网络管理立法属于"法律"层面,地位比现有的法规、规章要高,属于基本法;从内容上看,网络基本法要特别加强对青少年的专门保护,规制措施要有针对性,覆盖面要广;同时,该法律既要注重对网络发展环境的维护,又要合理规制网络的不良影响,确保其在法律轨道上运行①。我国可以考虑制定专门的网络刑法单行法,这种单行刑法将各种网络犯罪分类规定,涵盖面广、内容明确、针对性强,会更有效地规制网络犯罪。在网络基本法与网络刑法之间,我国其他行政、民事法律法规,应该针对网络的新情况,做出新的管理规定。网络犯罪的治理应当前移,要让更多的网络违法行为在前一阶段就被发现,不要等到发展为犯罪了再来打击。

2015年6月,第十二届全国人大常委会第十五次会议初次审议了《中华人民共和国网络安全法(草案)》,该草案的公布,表明我国网络安全基本法的立法进程已经加快,体现了当今我国信息网络安全法律体系正在不断完善中。

2015年通过的《刑法修正案(九)》从六个方面完善了我国刑法中的网络犯罪规定:增加规定侮辱、诽谤犯罪的证据提供;增设拒不履行信息网络安全管理义务罪;增设非法利用信息网络犯罪和为他人利用信息网络实施犯罪提供帮助罪;修改扰乱无线电通讯管理秩序罪;增设编造、故意传播虚假信息罪;增加侵犯计算机信息系统犯罪的单位主体②。这种修正从准备行为、帮助行为到证据搜集等,全方位规定各主体在网络中的责任。这些新设的罪名,有些是为了堵塞处罚漏洞,有些是对原有犯罪的明确归类,有些则是完全新设的罪名。网络犯罪方面的大幅犯罪化并不违反刑法谦抑原则,这些罪名符合网络犯罪的发展趋势,且为不可把控的新兴事务保留了空间。如拒不履行信息网络安全管理义务罪中有"经监管部门责令采取改正措施而拒不改正"才构成犯罪,这已考虑到网络信息巨大、过分苛求网络管理者,体现了慎用刑法精神,符合刑法原理。

网络作为犯罪对象、犯罪工具、犯罪空间的共存和融合,对传统刑事法律体系的冲击非常明显,因此也可以思考网络犯罪刑事制裁的独立体系和独立地位问题③。从其他国家经验看,制定专门的网络刑法,有助于全方位维护网络安全,专业、有效地促进犯罪的治理。

(三)在全社会进行网络伦理的弘扬

网络犯罪的发生是互动的结果,而动态的犯罪总离不开社会的土壤。网络犯罪不同于传统的自然犯罪,对社会的感官刺激不那么显著;网络犯罪不采用暴力手段,往往也不直接针对具体的个人,导致该类犯罪在广大民众中并未形成"人人喊打"的局面。且网络犯罪依赖于一定的技术,不是所有人都能完成,因此该类犯罪给社会公众留下了神秘的印象,并未将其与严重的危害性联系起来。在青少年当

---

① 苏明月、焦阳:《越轨少年与网络规制——中美日的比较研究》,载《中国青年研究》2014年第4期,第118页。

② 赵秉志:《中国刑法的最新修正》,载《法治研究》2015年第6期,第10—11页。

③ 赵秉志:《治理网络犯罪迫在眉睫》,载《人民日报》2016年7月20日。

中,"黑客"都是天才、不是犯罪的观点还很有市场。以上这些严肃的现实告诉我们,建立网络秩序、弘扬网络伦理刻不容缓。

社会公德的建立需要一个漫长的过程。在公共场合,不妨碍他人正常行走,不随地吐痰,不乱丢垃圾,主动在公交车上让座,这些看似简单的小事,都是我们从小到大在潜移默化的思维中形成的。网络伦理的形成更为艰难。因为网络作为新兴事物,并不存在长辈与晚辈间长时期的传承教育,网络规则也正在兴起当中,网络失范现象的边界也不明确。网络伦理,是指人们在网络空间中应当遵守的行为道德准则与规范的总和。它本质上是道德,目的在于让参与者从内心形成认可,自觉维护网络环境。

"网络是把双刃剑",对社会对公民都是如此。网络伦理的弘扬在于教育入"心",逐步建立良好的网络秩序。在各级学校和广大青少年中,广泛开展网络伦理教育,通过多样、生动的讲解,让听众明白网络犯罪的危害,告知其行为的"红线",这类教育活动能有效促进网络伦理的普及。在青少年成长阶段,通过课程、展览、互动的方式,让其理解哪些行为是合法有益的上网行为,哪些行为是不可为的危害网络危害大众的行为。

网络伦理教育要趁早,在青少年具备可塑性时,以有效的形式向其传播网络可能带来的危害。网络伦理教育的方式具有多样性,通过发布引导性规范、开设网络伦理课程、家长监督引导、同学互助促进都是可行的方式。

在青少年领域,我国除了强制性、倡导性的法律规范外,引导广大青少年合理利用网络信息也属于在校生学习教育的一部分。2001年11月,共青团中央、教育部、文化部等多部委向社会联合发布了《全国青少年网络文明公约》。教育部在2004年公布的《小学生日常行为规范(修订)》和《中学生日常行为规范(修订)》都要求中小学生不进营业性网吧,不传播不文明网络信息。这些都属于网络伦理教育的一部分,旨在推动促进青少年文明上网。

各级中小学应开设网络伦理课程。早在1979年,贝奈姆(Terrell Bynum)就在美国的大学开设了计算机伦理学课程。美国青少年网络伦理道德教育的内容是全方位的,包括保护知识产权、合理利用信息、保护自身上网安全等多种内容。在中小学,美国各州的网络伦理教育在信息技术教育课程进行。美国的教育模式常采取渗透式,在其他课程的学习中引导学生深入思考,学会合理健康上网[①]。相比较而言,网络伦理教育在我国课程体系中还属于待开发的领域,体制体系还不健全。在传统升学压力的影响下,网络类课程被排斥,甚至在有些地区,为了文化课,不惜完全禁止学生上网,这与现代公民的素质是不相符的。另外,即便开设网络类课程

---

① 陆伟华:《中美学校的网络伦理教育比较研究》,载《教育探索》2009年第9期,第152页。

的学校,课程内容也侧重于网络技术、实务操作等,网络伦理内容少之又少。这些都应当做出改变。网络伦理教育、法治教育应成为中小学教育的重要组成部分,设置为必修课,教育形式丰富多样、寓教于乐,让学生切实感受到健康上网、合理上网、主动抑制网络危害的魅力,形成行动的主动性。

家长、同学在网络犯罪预防方面可以发挥应有的作用。家长是青少年成长的"第一教师",家长的言行应起到示范作用,预防不良行为的模仿。家长对青少年网络的监管不是让其时刻观察其子女浏览的网站,也不是简单控制上网时间,而是以身作则、文明上网,并引导子女积极运用网络的有利一面。同学之间相互的影响力更大,大家相互学习、相互模仿行为,周边的氛围会影响其行为选择。因此,应在校园塑造良好的上网环境,堵塞网络漏洞。

从被害预防角度看,犯罪人利用网络进行网络犯罪,犯罪预防同样可以利用网络。只要让对犯罪控制的力量"跑得更快",就能取得战胜犯罪的成绩。网络犯罪防控部门、组织可以利用新媒体传播网络犯罪危害、常见手段、预防技巧等相关知识,宣传的方法要有趣多样,增强吸引力,这样同样可以获得点赞和关注。一些网络"大V"、公众号已做出很好的尝试,现在需要改进的是,拓展信息的传播覆盖面,让各年龄层的群体、更广大地域的网民都能吸收接受。可在校园、社区开展预防网络犯罪的讲座,让网络犯罪防范知识成为必备素质。网络伦理教育应融合在犯罪预防当中,相对于消极的犯罪被害预防,网络伦理属于积极的维护网络秩序,它们共同构成了抑制网络犯罪的个人防线。

(四)加强网络犯罪执法的国际合作

为有效遏制网络犯罪,国际社会着手进行电子信息网络相关的立法工作,许多国家和国家组织如联合国、经济合作与发展组织、欧盟和八国集团等,积极寻求打击网络犯罪的国际合作,其中最有成效的是欧洲委员会的工作。自20世纪80年代,欧洲委员会开始《网络犯罪公约》的准备工作,随后数易其稿,最终于2001年11月23日由欧洲理事会的26个欧盟成员国,以及美国、加拿大、日本和南非等30个国家的政府官员在布达佩斯正式通过了全球第一个国际性的《网络犯罪公约》(Convention of Cybercrime)。《网络犯罪公约》列举了四种行为为网络犯罪,分别是:①侵入计算机系统,危害数据的完整性、机密性和可用性的行为;②利用计算机进行的盗窃、诈骗和伪造行为;③与网络内容有关的犯罪行为;④侵犯知识产权罪①。公约的分类与具体犯罪的规定表明了国际社会共同应对网络犯罪的态度,网络犯罪已成为世界范围内共同防范的对象。

许多西方发达国家已在网络治理方面积累了丰富的经验,各国通过立法、司法等方式完善网络犯罪防控的制度构建。俄罗斯早在20世纪90年代,就设立了信

---

① 高荣伟:《网络安全国际治理经验》,载《检察风云》2016年第11期,第17页。

息安全委员会,还建立了专门的网络战部队,更是在 21 世纪将网络战称为"第六代战争";韩国 2009 年政府部门和主要银行、媒体网站同时遭黑客攻击后,加紧准备组建了网络司令部;日本在 2011 年度建立起一支专门的"网络空间防卫队",以防备黑客攻击,加强了保护机密信息的能力;英国建立了"网络安全业务中心",以保护和监控英国不受国际犯罪团伙和恐怖分子发动的网络攻击的危害[①]。可以说,网络已成为新时期各国博弈的主战场,维护网络安全,需要"国家队"的参与。

可见,网络犯罪是世界各国都面临的问题。中国作为网络犯罪的受害国,经常面临来自境外的网络攻击,应当加强与其他国家在网络治理方面的合作,共同应对挑战。中国政府始终坚持依法打击网络犯罪,坚定维护网络安全。中国法律禁止任何形式的网络攻击和网络商业窃密行为。对网络犯罪说"不",是我们的明确立场。在此基础上,我国应当与其他国家在网络管理、调查取证、联合追逃方面开展合作。在合作中,各国应当求同存异,拒绝"双重标准",开展广泛的交流。

网络世界新领域多,对新事务的治理还没有统一的国际规则,探索性强。在各项规则还不完备时,我国应及时总结实践中的经验,寻求切实有效的方法,积极倡导和参与构建应对网络犯罪行为的国际法律框架,在网络犯罪国际条约制定中争取话语权,主动融入网络犯罪国际法律体系。我国应主动参与网络犯罪相关国际公约的谈判,拒绝防护技术垄断,参与国际网络治理事务。

在不同的国家和地区间,应建立涉及网络犯罪的信息共享机制。各国在不涉密的情况下,要建立及时沟通协调机制,分享相关网络技术,共同维护网络安全。

通过国际合作,我国能够及时掌握网络犯罪动态,科学准确地预测犯罪形势,详细全面地搜集犯罪证据,并且能够集多国之力共同打击网络犯罪,做到"治标更治本",有效并有针对性地遏制网络犯罪的蔓延态势。

二、典型网络犯罪的具体防控

对网络犯罪的治理,应采用上述综合手段,多管齐下,同时要针对不同种类的网络犯罪,采用不同的举措。在犯罪治理当中,需要处理好价值选择的问题。

2015 年 5 月 14 日,江苏省徐州市睢宁县淘宝卖家王某到公安机关报案,称其支付宝账号内余额被盗 3996 元。江苏徐州公安机关侦查发现,犯罪嫌疑人以定做家具名义向受害人 QQ 发送伪造成图片样式的木马程序,利用该木马程序将受害人支付宝账号内余额盗走。该木马程序具有远程控制、键盘记录、结束进程等功能,并且可以避免被主流杀毒软件发现。用户一旦被植入木马程序,用户电脑即被

[①] 魏岳江、薛玉忠、孙立华:《世界各国的网络战部队》,载《国防科技工业》2011 年第 7 期,第 54 页。

嫌疑人监控,当受害人登录网银、支付宝等网站时可以获取受害人的账户密码等信息①。

上述案件是典型的网络盗窃案。其特点是,利用网络程序远程监控被害人电脑,实施盗窃犯罪。这属于利用网络进行的传统犯罪类型,网络是该种犯罪的实施场所、犯罪工具、传输媒介。

对于这类犯罪的治理,应善于运用技术手段,如杀毒软件及时更新以应对新型的病毒、对网络传播恶意病毒的程序及时监控删除;运用法律手段,立法、司法解释与时俱进,对网络中的"财产",网络工具做出扩张解释;行为人自身方面,应当提高防范意识,使用正版软件程序,对陌生链接不点击,及时删除。每位公民作为网络的使用者,应当提高安全上网意识,共同维护合法健康的网络环境。

比如,2016年5月,湖北襄阳公安机关网安部门接群众举报称,本地网民李某某涉嫌通过网络大量贩卖公民个人信息。接报后,襄阳公安机关成立专案组立案侦查。经缜密侦查,专案组抓获郑某某、黄某某、郭某等7人。经查,2009年10月,郑某某等人在襄阳、宜昌两地成立襄阳某信息科技有限公司及宜昌分公司,从事短信营销和微信公众平台制作业务。在公司运营的7年间,该团伙利用其短信营销平台,不断获取客户个人信息,形成了一个多达200余万条的公民个人信息资料库,并将该库中的手机号码信息作为增值业务,提供给向其购买营销服务的客户,非法获利100余万元②。

这类案件是典型的利用网络侵犯公民个人信息的案件。网络时代,个人的信息显得尤为重要。每个人的基础信息关系到工作学习、购房购车、理财消费等各领域,信息之间是连通的,信息的相互绑定使得一个信息泄露就可能酿成严重后果,甚至产生安全隐患。如同本案中的被告人一样,利用新兴的微信公众平台和短信营销平台,就能短时间大量获取公民信息,还被侵犯人可能还浑然不知。

普通公民面对上述案件处在信息不对称的被动地位,我们不了解网络传播原理,对在公众平台注册登记、填写信息就会导致个人信息被利用销售,难以预估及预防。相比而言,犯罪人却已形成相对完整的犯罪链,该团伙利用网络收集公民信息,建立资料库,并再作为中间商,把信息卖出去。从收集到销售都有专人负责,网络是其两端利用的媒介,新媒体平台助其犯罪成本降低。

对这类案件,普通公民应当增强警觉意识,对需要留下个人信息的,要明确该信息的用途、确定信息的专用性;对来源不明的表格,不要留下诸如身份证号、银行卡号这类信息。同时,对于网络平台上使用的密码、口令等,要经常更新,并保留

---

① 《公安部公布打击网络黑客犯罪五起典型案例》,参见 http://tech.qq.com/a/20151113/006437.htm,最后访问日期 2017-03-21。

② 《公安部公布一批网络侵犯公民个人信息犯罪典型案例》,参见 http://www.sic.gov.cn/News/91/6715.htm,最后访问日期 2017-03-21。

好。对于没有权限收集公民个人信息的部门,要对其提高甄别意识,维护好自身权益。

对于特定的网络恐怖主义犯罪,对其防范与预防,要采用各种策略。在这个过程中,如何明确各措施的界限,并划分社会各部分的责任,仍是需要澄清的问题。

(一)保护安全和侵犯公民权利之间如何协调

恐怖主义是非传统安全,它的隐蔽性、扩散性和严重危害性使得常规的摆在面上的安全手段无法起到作用。为了及时获得网络传播的恐怖信息,为了在行动之前阻断恐怖信息的传播,各国不得已采取法益保护前置、先发制人的策略。比如,监听监控特定网络,对特定网络信息进行过滤删除,采用技术手段获取网络后台信息,关闭违法网站或服务器等。这些手段对于防范犯罪当然有效,但问题是,大规模地监控是否会侵犯到公民的隐私权和正常生活呢?

在美国,政府曾推动恐怖主义信息察觉计划(Terrorism Information Awareness Program),以在恐怖活动准备筹划阶段获取个人信息、出行记录、预订信息、信用卡记录等[1]。但是,该计划由于在美国国内争议很大,不得已由国会对此做出严格限制。

其实,即便是预防监控传统的恐怖主义形式,对国民权利一定程度的限制也不可避免。在工业化、信息化的当下社会,各种不安全、不稳定因素增多,保障安全已成为全球首要的趋势。因此,作为不得已手段的政府权力介入个人生活,也只能容忍。

行政法上有比例原则,它包含适当性原则、必要性原则和狭义比例原则三个子原则。适当性原则是指所采取的措施必须能够实现行政目的或至少有助于行政目的达成并且是正确的手段,必要性原则是指在前述"适当性"原则已获肯定后,在能达成法律目的诸方式中,应选择对人民权利最小侵害的方式。而狭义比例原则是指,行政权力所采取的措施与其所达到的目的之间必须合比例或相称。比例原则的核心是控制行政裁量权。即便在面对恐怖主义的威胁时,比例原则仍然不能被废弃;坚持比例原则是合法行政的底线。在安全与自由间,即便首要重视民众的安全,也要尽量减少对民众正常生活的损害,在采取措施时坚持程序正义。

(二)网络恐怖主义犯罪预防的主体责任

网络恐怖主义会带来很多后果,比如削弱一国的经济或者对一国国民造成重大影响[2]。也就是说,网络恐怖主义的危害是全方位的,不论直接还是间接影响,

---

[1] Clay Wilson: *Computer Attack and Cyber Terrorism: Vulnerabilities and Policy Issues for Congress*, "CRS Report for Congress", April 1, 2003, pp.1–31.

[2] Constantin Georgescu, Monica Tudor: *Cyber Terrorism Threats to Critical Infrastructures NATO'S Role in Cyber Defense*, "Knowledge Horizons-Economics", Vol.7, 2015, pp.115–118.

每个个体都有可能成为受害者。

  国家在网络恐怖主义的防控方面主要是制定政策,立法引导,进行全面宏观把握。而企业、社会都应当参加到反恐活动中来,提供技术、人力、行动支持。防范网络恐怖主义应该在全社会形成合力,各负其责,各尽所能,才能切断各阶段的恐怖活动。

  值得注意的是,在2015年通过的《刑法修正案(九)》中,反恐的法网进一步严密。我国《刑法》第120条将资助恐怖活动、准备实施恐怖活动、宣扬恐怖主义极端主义、强制他人穿戴宣扬恐怖主义极端主义服饰、非法持有宣扬恐怖主义极端主义物品都作为犯罪论处,这就从预备到实行、从组织到参与、从活动到物品,都进行了全方位规制。而我国《刑法》第286条、287条的网络犯罪部分,对网络安全管理义务、为他人利用网络实施犯罪提供帮助等也进行了明确规定,这些都在刑法的意义上明确了社会各主体在网络反恐中的责任,可谓与时俱进。

  对网络犯罪的治理,是一项系统工程。全社会各部门、网络运营商、普通网民,都应当广泛参与,做到用网、互网。维护网络就是维护我们未来基本的生活。

第十章

黑社会性质组织犯罪

作为有组织犯罪的一种形态,黑社会性质组织不同于典型的黑社会组织,也不同于一般的犯罪集团。当今世界上许多国家都存在着黑社会组织犯罪或者是具有黑社会性质组织的犯罪活动,这些犯罪组织不断扩张其势力,将其影响力延伸到本国社会生活的方方面面,不仅危害各国人民的政治、经济和文化秩序,还严重影响人们的正常生活秩序。在世界经济全球一体化的今天,黑社会组织及其犯罪越来越呈现国际化趋势的特征,其危害性不断扩大,有人将其称之为"世纪瘟疫",联合国大会将其与贩毒、恐怖主义活动一并宣布为"世界三大犯罪灾难"。

第一节 黑社会性质组织犯罪的概念

一、黑社会的词义剖析

黑社会是暴力与冲突的代名词,是困扰世界各国的一个社会难题。从词源上考察,是来自于英语"underworld"(part of society that lives by vice and crime),意指"下流社会、黑社会"。在汉语中,"黑社会"是由"黑"和"社会"组成的一个名词。其中的"黑"是指"秘密、不公开"的意思。而"社会"有广义和狭义两种概念:广义上的社会是指区别于自然界的整个人类社会,狭义的社会可分为不同层次,小的把一个家庭、一个小规模的群体称为社会;稍大的把工厂、学校、乡村、城市、社区称为社会;更大的把一个国度称之为社会。"黑社会"中的"社会"是"社区"的含义显然不是广义上的概念,是指"生活在一个一个地区的一群有社会关系的人"。社区可大可小,一个学校、一个村子、一个城市,甚至一个民族、一个国家,以至于可以是团结在一个地球上的整个人类。只要其中的人都是由关系结合起来,都是一个社区。

在理论界,学者们也从不同的视角对"黑社会"进行了定义,代表性的观点归纳如下:第一种观点认为,黑社会特指大规模有组织地从事犯罪勾当的邪恶社会势力[1];第二种观点认为,黑社会是有意识地组织起来以达到犯罪目的的社会团体[2];第三种观点认为,黑社会是指三人以上不特定多数人,以获取非法的经济政治利益为目的,与国家政治、经济形势相联系,有稳定的资产和公开的身份,以宗教帮会为主要组织形式,在一定范围内能影响社会生活秩序的,从事职业化、企业化的团体[3]。我们认为,"黑社会"是指社会上暗中进行犯罪活动的各种黑暗势力,如反动帮会,流氓、盗窃集团,走私、贩毒团伙等。其成员多是与主流文化相违背的价值观的人的组合体,他们有相应的资产,有较为稳定的骨干成员,内部强制性的规定,依靠从事违法犯罪活动获得其资金来源的固定组织。

二、黑社会性质组织和黑社会组织的区分

黑社会组织是欧洲的封建社会向资本主义社会过渡时期的社会失范和失控状态下产生的。西方国家最早的黑社会组织便是臭名昭著的意大利西西里"黑手党",此外还有欧洲新生的俄罗斯的黑手党以及东欧国家的黑手党,其活动势力遍布亚、欧、非国家;亚洲的黑社会组织犯罪主要在日本和东南亚国家。日本的黑帮的声势最大,还和其他地区的黑手党联合扩大声势,将其势力扩展到欧洲和美洲国家;非洲的尼日利亚是黑社会组织活动最猖獗的国家,出现如"419"辛迪加等500个黑帮组织,通过盗窃、拐卖儿童、金融诈骗以及毒品交易等非法勾当,建立起黑社会犯罪的巨大网络系统,将其力量辐射到亚洲、欧洲等地区;中美洲及加勒比海地区是黑社会犯罪的"天堂"。哥伦比亚、秘鲁以及玻利维亚作为世界可卡因贸易的源头之一,是毒品犯罪的聚集地,毒品贸易的巨大利润使之趋之若鹜;进入21世纪,曾经销声匿迹的海盗犯罪活动组织开始重新抬头,如索马里海盗作为一群专门在海上抢劫其他国船只的犯罪者,已经对国际航运、海上贸易和海上安全构成严重威胁。

新中国成立之初,鉴于旧社会中的"青帮"和"洪帮"的落后性、封建性和反动性,中国政府采取严厉措施镇压和取缔包括黑社会在内的会道门组织。1951年2月的《惩治反革命条例》第8条规定:"利用封建会道门,进行反革命活动者,处死刑或无期徒刑;其情节较轻者处三年以上徒刑。"1955年8月,全国公安机关采取统一行动的方式坚决制止了反动会道门的复辟活动。通过这一系列活动,尽管反

---

[1] 苏智良、陈丽菲等:《上海近代黑社会研究》,浙江人民出版社1993年版,第2页。
[2] 康树华:《当代有组织犯罪与防治对策》,中国方正出版社1998年版,第26页。
[3] 王作富:《刑事实体法》,群众出版社2000年版,第334页。

动会道门并没有根除,但无论是总体上、活动的规模等都大大减少。尤其是此后的近30年期间,我国社会经济实行的社会主义计划经济体制使得社会结构变得单一,黑社会无法找到其生存的土壤,黑社会渐行渐远,我国大陆地区的黑社会至此销声匿迹。随着20世纪80年代中国社会主义改革的进行,处于社会转型期的中国社会结构发生重大变革,黑社会性质组织又悄然出现且呈愈演愈烈之势。"黑社会(性质)犯罪"一词最早出现在《1986年全国公安工作计划要点》中。彼时正值严打第三阶段,"这一战役……特别要强调打击以下一些犯罪分子,一是杀人、伤害、爆炸、盗枪、抢劫、强奸等严重危害社会的犯罪分子;二是带有黑社会性质的流氓团伙和各种霸头"。此后,黑社会与黑社会性质之类的概念,经常出现在官方文件和法律文件中。但是公安部的文件仅仅用"黑社会性质"来修饰"流氓团伙和各种霸头",其落脚点是流氓团伙,并不是黑社会性质的犯罪。这一时期的黑社会性质犯罪发展很快,犯罪活动猖獗且呈蔓延之势。有资料显示:1990年中国大陆有500多个帮会组织,1992年有黑社会性质组织帮会和联会1800多个,在1996年严打中全国共破获近700个带有黑社会性质的犯罪团伙,抓获其成员5000余人。可见,这一时期我国大陆地区的黑社会性质组织发展的特点是案件的数量激增、大案的比例明显增大、作案手段残忍以及趋于职业化和技能化等等,黑社会性质组织已经达到不得不治理的时候了。因此,1997年颁布实施的《中华人民共和国刑法》规定了黑社会性质组织和黑社会性质组织犯罪,刑法规定了组织、领导、参加黑社会性质组织犯罪、入境发展黑社会性质组织罪以及包庇、纵容黑社会性质组织罪等。

我国《刑法》第294条第1款规定:黑社会性质组织,是指以暴力、威胁或者其他手段,有组织地进行违法犯罪活动,称霸一方,为非作恶,欺压、残害群众,严重破坏经济、社会生活秩序的组织。刑法仅规定了黑社会性质组织犯罪的方法和手段,并没有就黑社会性质组织进行解释。此后,为适应"打黑除恶"专项斗争的开展,2000年12月4日最高人民法院审判委员会第1148次会议通过了《最高人民法院关于审理黑社会性质组织犯罪的案件具体应用法律若干问题的解释》(简称《解释》),对《刑法》第294条的黑社会性质组织进行了解释,明确了黑社会性质组织一般应具有的四个基本特征:组织结构比较紧密,人数较多,有比较明确的组织者、领导者,骨干成员基本固定,有较为严格的组织纪律;通过违法犯罪活动或者其他手段获取经济利益,具有一定的经济实力;通过贿赂、威胁等手段,引诱、逼迫国家工作人员参加黑社会性质组织活动,或者为其提供非法保护;在一定区域或者行业范围内,以暴力、威胁、滋扰等手段,大肆进行敲诈勒索、欺行霸市、聚众斗殴、寻衅滋事、故意伤害等违法犯罪活动,严重破坏经济、社会生活秩序。但是这一《解释》引发实践中对"黑社会性质组织"认定的争论,检察院和法院对"黑社会性质组织犯罪"认定标准不一。

针对这种情况,2002年全国人大常委会对《刑法》第294条中的"黑社会性质组织"进行了立法解释,规定黑社会性质组织应当具备以下四个特征:形成较稳定的犯罪组织,人数较多,有明确的组织者、领导者,骨干成员基本固定;有组织地通过违法犯罪活动或者其他手段获取经济利益,具有一定的经济实力,以支持该组织的活动;以暴力、威胁或者其他手段,有组织地多次进行违法犯罪活动,为非作恶,欺压、残害群众;通过实施违法犯罪活动,或者利用国家工作人员的包庇或者纵容,称霸一方,在一定区域或者行业内,形成非法控制或者重大影响,严重破坏经济、社会生活秩序。2002年全国人大常委会的立法解释为黑社会性质组织的认定提供了法律上的标准,但是并没有就黑社会性质组织给出严格的定义。从我国对"黑社会性质组织犯罪"的相关立法以及司法解释看,目前我国的黑社会组织不同于境外的黑社会组织,司法实务界对涉"黑"案件一般均界定为黑社会性质案件。

理论界对涉"黑"案件性质一直存有争议。自20世纪80年代"黑社会"一词重新回归人们的视野之后,"黑社会"和"黑社会性质"即成为很敏感的词语。各级政府部门及其部门领导人在谈及黑社会犯罪问题时,不再直截了当地使用"黑社会",而是将"黑社会""黑社会性质组织""带黑社会性质的犯罪团伙"等混合使用。自此,绝大多数人对什么是黑社会,什么是黑社会性质组织已经无法区分,中国是否存在黑社会的争论也日趋激烈①。直到1996年3月5日,八届全国人民代表大会第四次会议在《关于国民经济和社会发展"九五"计划和2010年远景目标纲要的报告》中指出:"保持良好的社会治安环境,保障人民群众安居乐业,是各级政府的重要责任。要采取有力措施,严厉打击暴力犯罪、毒品犯罪、流氓恶势力犯罪和带有黑社会性质的犯罪团伙,以及其他刑事犯罪活动。""带黑社会性质的犯罪团伙"首次登入国家正式的文献,并统一了以往对"黑社会""黑社会性质团伙""带黑社会性质帮派"等概念的争议。从此,"黑社会性质组织犯罪"成为新闻媒体、地方文件、学术界以及司法实践部门的统一称谓。

"概念之定义,意为对在什么意义上适用某一特殊用语做出精确的说明"②。根据运用的目的和场合的不同,概念的内涵和外延相应发生变化。在"重庆打黑"进行得如火如荼阶段发生的有关黑社会性质组织犯罪的争议,使人们重新认识到正确界定黑社会性质组织的概念对于准确打击黑社会性质组织犯罪,并在司法实践中贯彻宽严相济的刑事政策的重要意义。

对于"黑社会性质组织"和"黑社会组织"之间的区分,学者之间有不同的观点:有学者认为"黑社会性质组织"是有组织犯罪的初级阶段,而"黑社会组织"是有组织犯罪的高级阶段。黑社会组织犯罪的发展规律是:一般的犯罪团伙→黑社

---

① 邱格屏:《中国黑社会性质组织犯罪之60年回顾》,载《犯罪研究》2010年第1期,第7页。
② [英]艾尔·巴比:《社会研究方法》,四川人民出版社1980年版,第90页。

会性质的犯罪组织→黑社会的犯罪组织①。因此,"黑社会犯罪""带有黑社会性质的团伙犯罪"和"黑恶势力"属于社会邪恶势力在其发展过程中的三个不同的阶段。所谓"黑恶势力",大致还处于拉帮结派的"创业时期",其规模还不是很大,组织还比较松散,成员也不完全固定,特别是在经济上还难以自立,大致处于"找米下锅"的原始阶段。所谓"带有黑社会性质的团伙犯罪",则已经度过了"创业时期",进入了黑社会的初级阶段。而所谓"黑社会犯罪",则是黑恶势力发展的高级阶段和完整形态。它和带有黑社会性质的犯罪团伙的显著区别,就在于它的组织形式更为严密、经济实力更加雄厚、伪装更为巧妙、隐蔽得更深。而另外一种相反的观点认为"黑社会性质组织"和"黑社会组织"没有实质的区别,没有必要再将现行刑法中所称的黑社会性质组织再变更为黑社会组织。毕竟,组织名称之争只是一个虚像,认清这一犯罪的本质才是实像。规定的组织、领导与参加黑社会性质组织罪上。可以说,组织、领导与参加黑社会性质组织罪只是一个虚像,这一组织及其成员实施的具体犯罪才是实像,只有后者才能体现黑社会性质犯罪反社会的本质。

能不能将"黑社会性质组织"从"黑社会组织"中剥离开,关键在于能否将其作为"黑社会组织"的一种不完整形态并与一般的犯罪团伙分开。如果能分开,就保证了其存在的独立性的价值。否则,就没有单独存在的空间。从黑社会犯罪的发展看,我国目前明显的、典型的黑社会犯罪还没有出现,实践中多数是带有黑社会性质的犯罪组织。也就是说,我国的黑社会组织是处于有组织犯罪的初级阶段,其特征和典型的黑社会组织犯罪还是不一样的。

(1)从立法上看,我国《刑法》第294条规定了三个罪名:组织、领导、参加黑社会性质组织犯罪,入境发展黑社会性质组织罪,以及包庇、纵容黑社会性质组织罪等。组织、领导和积极参加黑社会性质组织的犯罪、参加黑社会性质组织的犯罪及其处刑依据。其中,组织、领导和积极参加黑社会性质组织的犯罪,是指组织、领导或者积极参加以暴力、威胁或者其他手段,有组织地进行违法犯罪活动,称霸一方,为非作恶,欺压、残害群众,严重破坏经济、社会生活秩序的黑社会性质组织的行为。所谓"组织"黑社会性质组织,是指为实现成立黑社会组织的非法目的,倡导、发起、策划、安排、建立黑社会性质组织的行为。"领导"黑社会性质组织,是指在黑社会性质组织中处于领导地位,对该组织的活动进行策划、决策、指挥、协调的行为。"积极参加"黑社会性质组织,是指积极、主动加入黑社会性质组织并积极参与策划、实施违法犯罪活动的行为。所谓"有组织",一般是指三人以上结成比较稳定的犯罪组织,该组织具有明确的组织宗旨、纲领、章程或者宣言,组织内部有严密的分工以及严格的纪律等特点。"黑社会性质组织",即指以暴力、威胁或其他

---

① 何秉松:《中国大陆黑社会(性质)犯罪的演变过程、规律及其发展趋势》,载《政法论坛》2001年第1期,第68页。

手段,有组织地进行违法犯罪活动,称霸一方,为非作恶,欺压、残害群众,严重破坏经济、社会生活秩序的违法犯罪组织。第2款是关于境外的黑社会组织成员到我国境内发展组织成员的犯罪及处刑规定。这里所谓的"境外的黑社会组织",是指被境外国家和地区确定为黑社会的组织,既包括外国的黑社会组织,也包括台湾、香港、澳门的黑社会组织。所谓"到中华人民共和国境内发展组织成员",是指境外黑社会组织通过引诱、拉拢、腐蚀、强迫、威胁、暴力、贿赂等手段,在我国境内吸收组织成员的行为。第3款是关于对有组织、领导和参加黑社会性质组织行为或者境外的黑社会组织的人员到我国境内发展组织成员行为,又有其他犯罪行为的,应当如何处罚的规定。第4款是关于国家机关工作人员包庇黑社会性质组织或者纵容黑社会性质组织进行违法犯罪活动的犯罪及处刑规定。这里规定的"国家机关工作人员",是指国家各级党政机关、权力机关、司法机关和军事机关的执行一定职权的工作人员。所谓"包庇"是指行为人利用职权、影响或者向有关机关提供虚假证明,掩盖黑社会性质组织的黑社会性质;"纵容",是指行为人对黑社会性质组织的违法犯罪活动不依法制止,反而给予放纵、宽容。最高人民法院和全国人大常委会先后就"黑社会性质组织"进行了司法解释和立法解释。从立法的原意看,在一般的团伙犯罪和黑社会组织犯罪之间,还是有一定的空间来容纳黑社会性质组织犯罪。

(2)黑社会组织和黑恶势力的概念也是不同的。正如北京大学的康树华教授指出:黑社会势力是具有一定黑社会性质的犯罪集团。其具备的特征有:有一定的势力范围;犯罪的长期化、专门化和职业化;人数较多且稳定;具备一定的经济实力等。可见,黑社会势力和黑社会无论是从组织程度、人员分工还是从严密性上来说,都不如黑社会组织。后者已经具备了和社会运行模式相类似的组织形式和运作方式,是一个独立的"地下社会",是一种具备自己独立的反社会的价值观念和文化心理的反社会的亚文化部落犯罪的本质。

(3)黑社会犯罪的本质特征在于其价值观的反社会性和有组织的暴力性,它首先是以暴力方式圈定一个小范围,然后在这个小团体内部以及其活动的范围内以一种超越国家权力的方式进行"统治"。因此,在黑社会性质组织身上,人们可以观察到两种不同的社会:在组织内部,黑社会成员有着共同的文化和信仰,并且形成特点的亚文化;在组织外部,以一种暴力的方式与现实的国家权力进行对抗,以事实形成的"非法社会"和"合法社会"进行对抗,这两者都是由暴力来支持。其中,支持和保护"合法社会"的有组织暴力称之为国家,支持和保护"非法社会"的有组织暴力称之为黑社会组织。国家是合法的有组织暴力,黑社会组织是非法的有组织暴力。

(4)从我国"黑社会组织"概念的变迁看,"黑社会组织"实际上承担的是一个政治性的概念,而不再仅仅是一个法律概念。作为有组织犯罪的高级形态,它是基于违反法律规定并在一定范围内存在,它对经济的发展、社会的稳定和公私财产安全造成极大威胁,势必会严重危及社会主义制度的稳定。有学者将黑社会组织犯罪和黑社会性质组织犯罪的区分标准归纳为"有组织的暴力"①。但仅凭是否有"有组织的暴力"行为在实践中是很难将两者区分开,因为我国大陆地区目前的黑社会性质组织也大都具有"有组织暴力"这一特征。因此,分析黑社会性质组织犯罪,只能是根据中国现在有组织犯罪的实际状况和中国的具体政治、经济和文化结合来揭示黑社会性质组织和黑社会组织的本质区别。我国是一个社会主义的国家,人民是国家的主人,共产主义是我们主流的、唯一的意识形态。因此,在我们的社会生活中是绝对不可能、也绝对不允许出现能与主流价值观和意识形态相对抗的一种信仰体系。因此,有组织犯罪的初级阶段,如松散的团伙犯罪、犯罪集团等,它们和这个社会的主流价值观念绝对不能是一种相互抗衡的关系,这是为我们社会主义制度绝对不允许的,它们只能是一种"偷生"的关系,需要在现有的空间中寻求一点生存的狭缝;而黑社会性质组织则是有组织犯罪的发展阶段,它和主流社会文化只能是"以寄生的方式达到共生的目的",也就是说,它会在主流的社会中寻求保护和庇护,以达到和正统社会共生;而黑社会组织犯罪,在主流的价值观里是指那些与正统社会相抗衡的大型黑恶势力,是与政府处于对抗性质的。目前我国的黑社会性质组织犯罪显然不具备这个特征。

综上,黑社会性质组织具备了黑社会犯罪组织的某些性质和特征,但是还不具备完整的黑社会犯罪组织的特征,介于中间状态的一种有组织犯罪。这个组织是一个具备自己的犯罪组织亚文化的群体,由严密的组织性、纪律性将众多成员组织起来。通过对外使用暴力、威胁手段或者以其为后盾,控制了一定的社会区域或者行业,从而达到谋取经济利益的目标。此外,还向权力部门进行渗透并逐渐建立起自己的保护伞的半隐蔽的社会群体。

第二节 黑社会性质组织犯罪的特征

我国《刑法》第294条以概括式的方法规定了黑社会性质组织的特征,而实践中的黑社会性质组织犯罪的实际情况却是形态各异,由此带来关于黑社会性质组织犯罪的特征的诸多争议。一方面,有组织犯罪和这个世界上的万物生灵一样,也必须经历一个由弱小到强大、由初级到高级的发展壮大过程。在此期间,它不再仅是对客观存在的社会现象的简单和抽象的概括,而是会深受社会政治、经济的影响并呈现自己的特色;另一方面,不能仅仅根据人们的观念来表达现象,而是应当根据现象本身的特性来表达现象。因此,必须通过对"黑社会性质组织"进行科学的

---

① 徐昱清:《台湾地区有组织犯罪与对策研究》,中国检察出版社2006年版,第30页。

解剖和观察,才能给其做出一个客观和科学的界定。当前中国社会中出现的涉黑案件的不断增多,已经逐渐演变为一股严重威胁人民群众利益和社会主义制度的不可忽视的"邪恶力量",对其所呈现的全新的发展态势和特征进行研究,有必要给予特别的关注。

一、黑社会性质组织犯罪的行为人特征

黑社会性质组织成员在年龄结构、文化素质及犯罪历史记录以及职业等方面大多有着类似的特征。

(1)从其成员的经历看,其骨干成员一般均有前科,多数为刑满释放人员、解除劳教人员和社会闲杂人员;这些骨干分子在组织和网罗一般组织成员时,对那些有作案经验和有反侦查能力的"两劳"释放人员往往能够非常关注。一次次的法律制裁,并没有使这些人员洗心革面,反而激起他们心中对社会的深深的仇恨,他们不断改进犯罪方法和手段,变本加厉地进行违法犯罪活动。这些拥有共同经历和人生观念的不法之徒聚集在一起,在共同的反社会心理作用下,就结合成巨大的犯罪能量,给社会造成了严重的现实的和潜在的威胁。

(2)从成员的文化素质看,80%以上的成员为初中以下文化,极少数成员受到过高等教育,具有一定的文化知识但是又没有进一步进行深造的犯罪分子一般在犯罪集团中占的比例较高。

(3)从行为人的职业结构看,农民和无业人员占绝大多数。这些相类似的出身和经历使得他们形成了共同的价值观念,他们信奉"人不为己,天诛地灭"的人生信条。只要能满足自己一时的欲望,不惜让别人一生痛苦,为了自己痛快,完全可以让无辜的人死于非命。他们相信人生的价值就是"吃喝玩乐",回顾自己的人生历程,认为自己该享受的都享受了,就是实现了自己的人生价值。这种腐朽的价值观念,是维系黑社会性质组织存在的精神纽带。

二、黑社会性质组织的组织结构特征

黑社会性质组织是有组织犯罪的高级形式,在组织结构上,具有稳定性、严密性和人数多的特点。其中,严密性是黑社会性质组织的最重要的特征,具体表现为:组织的内部结构比较严密,成员较为固定,有明确的组织者、领导者和骨干成员,有严格的内部规章制度或者自成一体的犯罪亚文化来控制内部各成员的行为;稳定性是黑社会性质组织的另一个组织特征,即犯罪组织的成员组成相对稳定,组织的运行具有一定的连贯性和延续性,这个就将黑社会性质组织犯罪和临时的犯罪团伙分开;此外,黑社会性质组织的人数较多,且成员之间存在着明确的分工,层次分明。

三、黑社会性质组织犯罪的分布特征

（一）黑社会性质组织犯罪的地域分布

近年来，黑社会性质组织遍布城乡。主要集中在经济较为发达的地区，且存在于大中城市中，且基本上活动范围比较集中。其原因主要在于，黑社会的存在需要一定的经济基础为其后盾，大中城市和交通较为发达的城市不仅为其提供了牟利的可能，其巨大的流动人口还为其提供了充足的人员保障。

（二）黑社会性质组织犯罪的行业特征

总体上看，黑社会性质组织所涉及的领域多数是非法行业，如"黄、赌、黑"等领域。因为这些领域见效快、利润高，是"迅速致富"的捷径，多数黑社会性质组织都要涉及这些领域；其次，黑社会性质组织还会进入合法领域进行活动，由于前述的和"主流社会秩序的共生关系"，会在从事非法领域、迅速致富的同时寄生在传统的社会秩序中。

（三）黑社会性质组织犯罪的种类分布特征

根据来自四川省的数据统计资料分析：四川省20个典型的黑社会性质组织的犯罪种类以涉案次数为序排列如下：故意伤害罪（66），寻衅滋事罪（50），敲诈勒索罪（45），故意杀人罪（30），抢劫罪（23），强迫交易罪（20），聚众斗殴罪（18），非法持有、私藏枪支罪（17），非法制造、买卖枪支、弹药罪（15），绑架罪（14），赌博罪（10），爆炸罪（7），贩毒罪（6），窝藏包庇罪（5），妨碍公务罪（4），偷税罪（4），高利转贷罪（4），贪污罪（2），非法转让、倒卖土地使用权罪（2），扰乱交通秩序罪（1），非法占用耕地罪（1），纵火罪（1）①。

由以上数据可以看出：①黑社会性质组织犯罪的罪名种类繁多，多和利益相关联。②实施暴力是黑社会性质组织犯罪的最重要特征。从图中可以看出，此类案件无论是在数目上、涉案组织数目上均位居第一。③和暴力性犯罪相对应的，涉及经济犯罪的并不太多。可见即使黑社会性质组织参与了一定的合法经营，但还是数目很少。

四、黑社会性质组织犯罪的行为特征

黑社会性质组织的行为特征是，黑社会性质组织犯罪主要是以暴力、威胁或者

---

① 刘黎明、胡御恩：《四川省黑社会性质组织犯罪研究》，载《中国犯罪学会年会论文集（2010年度）》，中国人民公安大学出版社2010年版，第575页。

其他手段,有组织进行多次的违法犯罪活动。犯罪行为的暴力性和多样性表明黑社会性质组织在犯罪规模、能量、手段、社会影响上都要比犯罪集团更为严重、恶劣,应当严厉打击[①]。

(一)行为对外的整体性和有组织性

黑社会性质组织犯罪的暴力行为不同于一般集团犯罪的最重要的地方在于其组织性和整体性,这是黑社会组织力量的最大体现。从黑社会性质组织成立之时,有组织性的暴力行为就是其主要的对外方式,其发展和壮大都是在暴力手段的保护下进行,暴力行为贯穿其始终。在组织内部,暴力行为是其成员获取一定的权力和地位以及获得对外话语权的必要条件,同时也是维持内部秩序和纪律,以形成凝聚力的重要手段;对外,暴力行为体现了高度的有组织性和利益一致性,通过暴力行为获得黑社会性质组织对行业或者地区的垄断地位,以获取更大的经济利益。

(二)行为的综合性和确定性

黑社会性质组织的行为不仅仅是一种行为,而是以暴力行为为主的多种行为的集合体,以实施寻衅滋事、故意伤害、敲诈勒索、抢劫、强迫交易等犯罪活动,犯罪手段是多样的。因此,暴力行为充当手段行为的作用,后者实际上是目的行为,其最终目的是为了攫取暴利。此外,黑社会性质组织的行为的实施范围一般是确定的,有着固定的区域和行业。只有这样,才能在固定的区域内形成自己的势力范围,并以长期的暴力行为对他人形成危害。

(三)手段的公开性和残忍性

黑社会性质组织为了扩大自己的势力,犯罪行为多数是在公开场合之下实施,并且以团伙多人作战的形式出现。这种公开性兼具着多名成员的分工和策划,较一般的集团犯罪危害程度更大。

五、黑社会性质组织犯罪的经济特征

黑社会性质组织在其成立初期,一般都是通过暴力行为和违法犯罪行为获得高额的经济利益,使得该组织能够发展下去。随着原始资本的逐渐积累,黑社会性质组织开始向合法形式转变,通过开公司、办企业等,为自己寻求一个合法的外衣,以掩盖自己的非法行为。因此,实践中黑社会性质组织所获得的利益也并非全部是由非法行为获得的。黑社会性质组织以公司、企业等作为运作工具,不断向生产、经营、流通、服务等经济领域扩张自己的势力,逐渐向"合法化社会"渗透并获得自己的一席之地。如重庆自 2009 年 6 月开展"打黑除恶"专项斗争以来,当地

---

① 卢建平:《有组织犯罪比较研究》,法律出版社 2004 年版,第 19 页。

法院认定涉案的共有 24 个黑社会性质组织,其中有 13 个注册成立了自己的公司或企业,有 5 个黑社会性质组织的公司规模达到 3 家以上,有 5 个黑社会性质组织的资产达亿元以上。黑社会性质组织表面上以合法的形式进行经营,实际从事黄赌毒、高利放贷等违法犯罪活动。其目的在于:①以公司面目向合法经济领域渗透,以掩盖其非法经营活动;②以违法犯罪手段实现垄断经营,以控制一定区域内的一定行业的经济命脉;③公司化"涉黑"组织的"老大"具有法定代表人、董事长、总经理等合法身份,涉案公司运营机制表面与普通公司企业无异,具有迷惑社会的效果;④少数黑社会性质组织的首要分子通过公司、企业等包装,逐渐亲自向权力机关渗透,跻身政协委员、人大代表之列,其隐蔽性更高,更难查办。

六、黑社会性质组织犯罪的社会特征

(一)黑社会性质组织犯罪和整体犯罪发展水平紧密联系

自新中国成立以来,伴随社会政治、经济的发展,犯罪状况也经历了跌宕起伏的发展路程,共经历了五次犯罪高峰:第一次高峰是新中国成立初期到 1956 年社会主义改造的完成,这一时期的犯罪特点是反革命破坏颠覆活动严重,破坏社会主义经济秩序的犯罪比较严重;第二高峰期是 20 世纪 60 年代的社会主义全面建设时期,这一时期的整体犯罪情况是侵犯财产类犯罪增多,犯罪主体的构成变化,多为人民内部的蜕化分子;第三个高峰期是 80 年代初期,这一时期的犯罪类型以强奸、流氓、抢劫等案件最为突出,青少年犯罪成为主要特点;第四次高峰是 20 世纪 80 年代以后,这一时期经济犯罪比较多,曾经绝迹的犯罪类型如有组织犯罪开始死灰复燃,青少年逐渐成为犯罪的主力大军,此次犯罪高峰期的大案要案大约 10 万起,是前三次高峰期刑事案件大案的 2 倍;第五次犯罪高峰是 20 世纪 90 年代以来至今,这一期间的刑事案件的发案率是 80 年代前半期的 8 倍,特别是有组织犯罪案件较以往有了较大的增长。从这几次犯罪高峰期的犯罪对比可以得出这样的结论:有组织犯罪的数量从整体上看是与我国整体犯罪发展水平保持大致相同的趋势的,即使其中出现一些波动也属于正常的情况。可以预见的是,黑社会性质组织犯罪在一定的时间还会存在。

(二)黑社会性质组织犯罪出现由经济向政治领域渗透的趋向

在黑社会性质组织的势力逐步扩张过程中,为了寻求更大的势力范围和发展空间,其组织成员会采用各种方式来达到这一目标。一方面,黑社会性质组织的头目会谋求合法的身份或者一定的社会地位以掩盖其非法行为,并运用这种身份获得更大的经济利益;另一方面也会在当地的政府机关内部寻求保护伞,通过腐败贿赂手段拉拢政府成员,实现内外勾结。一些黑社会性质组织已经不满足来自外部的"保护",不仅对党政官员施行经济上的拉拢以寻求政治保护,更甚的还会腐蚀和控制基层政权,通过各种手段操纵基层政权的选举,从而达到把持基层政权的目的。因此,黑社会性质组织对政治的渗透日益加剧,严重危及我党的执政基础,危及我们的经济秩序和政治肌体,重庆的文强案即是实证。

(三)境内外有组织犯罪的合流成为未来黑社会组织发展趋势之一

自20世纪80年代中期以来,我国的有组织犯罪经历了一个长期发展的过程。曾有学者断言21世纪的前十年是黑社会性质组织犯罪发展的第三个重要阶段,中国大陆的黑社会性质组织将与境外的黑社会性质组织合流,或迟或早发展成为跨国犯罪组织[1]。最高人民法院的《人民法院工作年度报告(2009年)》也指出:2008年的重庆打黑并不是最大、最多的,最多的是河南,河南打黑案有150多起。因此,当前我国大陆的黑社会性质组织犯罪还没有出现外国黑社会组织的规模和实力。但是随着国外有组织犯罪集团对我国的渗透和扩张,国内的涉黑案件也必定在增长。因为从长远看,为了增强自身的实力和势力范围,扩大其生存空间,国内的有组织犯罪集团必定会选择加强与境外有组织犯罪集团的联系与沟通。尤其随着"国际贩毒集团组织和走私集团已经同我国境内的一些犯罪团伙联合起来进行国际走私和贩毒"[2],我国大陆的黑社会性质组织犯罪不可避免会出现国家化的趋势。因此,遏制境内外有组织犯罪的相互作用,防止我国境内的黑社会性质组织向有组织犯罪的高级阶段发展,具有很积极的意义。

第三节 黑社会性质组织犯罪的成因

黑社会性质组织犯罪的产生有着深刻的社会背景,是我国社会转型期的一种特殊现象。作为一种严重危害社会的犯罪类型,其原因是由多元性因素构成的复杂系统,必须对其进行全方位的分析才能揭示隐藏在社会现象表面下的深层次的原因。

一、经济因素

城乡差距和收入差距不断加大,是黑社会性质组织产生的社会经济条件。长期以来,我国的户籍制度是划分城乡的巨大分割线。在这种制度下,本来是平等的人们被人为分为城市居民和农村居民两个层次。无论是发展机会、社会地位以及对社会资源的占有上,这两者都是极端不平等的。尤其随着我国经济的发展加快,

---

[1] 何秉松:《有组织犯罪研究(第一卷)》,中国法制出版社2002年版,第187页。
[2] 谢勇、王燕飞:《有组织犯罪研究》,中国检察出版社2005年版,第151页。

城市与农村在物质基础、文化水平和教育投资方面的差距更在逐渐增大,社会资源进一步向城市倾斜。在这种情况下,随着近年来我国城镇化进程的加快,大量的农民被迫丢掉自己的土地,进入城市中成为城市中的务工人员,中国现在的农村在逐渐缩小和进一步贫困化;另一方面,我国的经济体制改革带动了收入分配体制的变革,在居民之间、社会各阶层之间的收入差距迅速扩大。目前,我国城乡居民之间收入差距达到了 3.43 倍,有的地方甚至达到了 4.13 倍,是西方国家差距的 3 倍[①]。不仅如此,即使同一层次中的人们的收入也在进一步加大。此外,社会上的贫富差距在不断拉大,地域之间的经济发展也严重不平衡,一方面是少数人凭借特权积累巨额财富,另一方面是大量由于企业破产、停工和生产不景气下岗分流的贫困阶层的出现,这在人们之间产生了巨大的心理反差,并进一步引起处于社会底层的弱势群体的心理扭曲,对社会产生强烈的不满心理是犯罪心理形成的关键因素。生存的需要和对社会不满的心态的酝酿和发酵,成为黑社会性质组织招揽成员、宣扬所谓的价值观的基础,两者为了共同的利益需要结合在一起,为黑社会性质组织犯罪创造了前提性条件。

二、动态因素

大量的城市流动人口,为黑社会性质组织提供了人员保障。流动人口是在中国户籍制度条件下的一个概念,一般是指离开了户籍所在地到其他地方居住的人口,目前对此尚无明确、准确和统一的定义。国际上,类似的群体被称为"国内移民"(internal migration)。在改革开放初期,当时的户籍制度对限制人口流动起到很大的限制作用。随着社会飞速发展和户籍制度的逐步松动,流动人口问题逐渐浮出水面成为城市发展中的重大问题之一。

据郑州市公安局统计,截至 2009 年年底,郑州市区常住人口 290 多万人,市区流动人口突破 223 万人,流动人口与常住人口的比例已达到 1∶1.3。10 年前,郑州市登记暂住流动人口仅为 51 万人[②]。城市中庞大的流动人口是推动城市发展的生力军,是中国社会主义经济改革的巨大缩影,折射出居民的迁移意识和方式的重大变化,但城市似乎还没有做好接受这么多人潮的准备工作。一方面,这些失去了自己的土地的或者是不愿再在农村生活下去的新型的"农民"进入大城市中,由于文化、户籍、住房、社会保障等一系列问题,很难真正融入城市的生活。即使在城市中生存下来,其未来也具有巨大的不确定性因素,尤其是在当今城市生活节奏和

[①] 沈明明主编:《改革发展与社会变迁》,华夏出版社 2001 年版,第 73 页。
[②] 商都网新闻:《截至去年底郑州流动人口 223 万 登记暂住仅为 51 万》,参见 http://news.shangdu.com/102/2010/04/20/2010-04-20_414285_102.shtml,最后访问日期 2017-03-21。

竞争的压力逐渐加大的今天,在激烈的竞争中进城的农民工多数只是从事城里人不愿意干的"脏活"和"累活",只能生活在城市和农村的边缘地带,生存的艰难很容易造成这部分人员的心理失衡和敌对情绪;另一方面,流动人口的过于庞大也导致管理上难度加大,社会不稳定因素在逐渐加大。

三、政治因素

大量腐败官员的存在,是黑社会性质组织存续的政治基础。当前,我国政治生活中的一个很重要的问题就是权力腐败越来越严重,已经成为制约我国社会经济发展的重要因素。日益严重的腐败问题,对我国的社会经济发展和社会稳定带来了巨大的隐患,更严重的是其背后隐藏大量的其他犯罪现象,有组织犯罪就是其一。改革开放以来,有组织犯罪在我国的滋生蔓延,很重要的一个原因就是腐败问题。由于黑社会性质组织往往是通过暴力、威胁或者其他行为,在某一个行业或地区称霸一方、欺行霸市、鱼肉乡里,或者是通过大量的非法经营活动逐渐将其势力渗透到各个暴利型的行业中。但如此明目张胆地危害社会的行为,在我国社会主义的环境下想长期生存下去,只靠恐吓、暴力等伎俩是不可能的。因此,黑社会性质组织就必须在现实的政权中寻找靠山,运用贿赂手段腐蚀政府中的败类,让其充当保护伞的作用,以逃避法律的追究,并向政治领域渗透,为自己获得合法的职业、身份等,在该领域取得某些特权,从而保证有组织犯罪的稳定和安全,为最大限度地获取非法利润和顺利地"洗钱"创造条件①。

"保护伞"的普遍化是我国当前黑社会性质组织犯罪的重要特征,也是其能迅速发展、壮大而不被察觉的重要原因。因为权力不仅可以维护和扩大黑社会性质组织,帮助他们获得高额的利益。还能降低其犯罪的成本和风险,提高保护的力量。黑社会性质组织寻求政治保护的方式无非就是拉拢和腐蚀政府官员,几乎每个黑社会性质组织的查办都是困难重重,也基本都有当地政府官员落马。黑社会性质组织和政府官员的勾结是为了谋求经济利益的最大化和犯罪风险的最小化。如重庆打黑行动中,54%的"涉黑"组织有"保护伞",24名国家工作人员因涉嫌包庇、纵容黑社会性质组织犯罪被审查起诉。"保护伞"涉及多个公权力部门,其中公安干警17人,党政及其他部门具有一定社会管理职能的人员5人。"保护伞"包庇、纵容行为主要包括不履行查禁职责、泄露办案信息、安排自首立功掩盖"涉黑"组织犯罪事实、直接运用手中权力阻挠他人查禁等②。

---

① 莫洪宪:《有组织犯罪研究》,湖北人民出版社1998年版,第25页。
② 《重庆的"涉黑"案件审判白皮书》,重庆市高级人民法院2010年4月22日发布。

四、文化因素

犯罪组织的亚文化的存在,是黑社会性质组织产生的文化基础。文化作为人类社会必不可少的有机组成部分,对人类和人类社会的生存和发展具有不可替代的作用①。亚文化(subculture),是指社会文化系统中的某些少数成员或集体所共有的、异于社会中占统治地位的主流文化的非主流的、局部的文化现象,它是整体文化的一个分支,是由各种社会和自然因素造成的各地区、各群体特殊的文化。而犯罪亚文化,就是指由犯罪群体在犯罪活动中逐渐形成的,和主流的文化相对立但为犯罪成员所信奉并遵守的价值观念和行为准则。黑社会性质组织由于具有复杂而严密的系统和行为准则,组织内部等级森严,重要成员基本固定,从而形成了一整套的文化规范和价值观念,表现出最为浓烈的犯罪亚文化色彩。在黑社会性质组织的成员中,相同的价值观念和处事原则对组织成员之间的行为起到一定的协调作用,并成为维系其发展的最重要基础。这是因为:一方面,作为被社会主流文化抛弃和不被认同的个体,黑社会成员迫切需要在社会中寻求自己的归属感和安全感,而黑社会性质组织成员之间具有相同的价值观念,并在此基础上形成犯罪亚文化,满足了他们的这个需要;另一方面,黑社会性质组织亚文化能够增强其成员的凝聚力,在此基础上培养其对组织的忠诚感。因此,黑社会性质组织的内部稳定的结构和严密的体系就是通过犯罪亚文化连接在一起。犯罪亚文化对黑社会性质组织的形成和发展至关重要,不仅提供其文化的基础,还提供了联系的纽带。

第四节 黑社会性质组织犯罪的防控

针对当前我国有组织犯罪的严峻形势,当前和今后一段时期是我国打击和防止此类犯罪的关键时期,因此,其主要防控对策如下。

一、完善立法,坚持宽严相济的刑事政策

重庆打黑中出现的理论争议说明:要想更好"打黑除恶",应当首先完善相关立法。但是如何立法,却不仅仅是一个纯粹法律问题。这是因为,一方面对待黑社会性质组织犯罪必须严密法网,加大打击力度,将黑社会性质组织犯罪扼杀在萌芽

---

① 陆诗忠:《社会学视角中的黑社会性质组织》,载《河南师范大学学报(哲学社会科学版)》2004年第31卷第1期,第86页。

状态;另一方面,仅仅依靠严刑峻法无疑不是解决问题的途径,对待黑社会性质组织犯罪还应当注意刑罚适中。因为和国外关于有组织犯罪的规定相比,我国现行刑法对黑社会性质组织犯罪的相关规定还是比较严格,其认定条件也很苛刻。

二、逐渐缩小贫富差距、充分提供就业机会

由于我国目前的贫富差距在逐渐加大,下岗职工仍然有很多,这些处于社会最底层的人们就成为社会不稳定的因素。因此,首先要制定完善相关的制度和政策,促使劳力资源在整个社会中的最优化的配置和最大化的效益,保证每个社会成员都有通过合法途径改变自己处境的机会,避免由于生活无所依走上犯罪的道路;其次要对现有的分配制度进行改革,不仅要鼓励一部分人通过合法的途径富裕起来,还要重视避免出现两极分化的局面,也要防止社会财富集中在少数人手中,不断采取措施阻隔住财富和贫困的绝对积累;建立完善的社会保障各体系,引导低收入者进行自救,保证低收入者能维系其家庭的最低生活水平,从而对社会产生安全感而不是不安全感,从而从源头遏制住黑社会性质组织犯罪。

三、加强对流动人口的管理与控制,减少黑社会性质组织的人员基础

当前,我国大中城市中外来人口数量很高,成为现代社会的一大特色。流动人口活跃了地方的经济,为地方经济发展提供了巨大的劳动力市场,但也带来一系列问题。

(1)外来人口中很多人是以同乡、同族或者亲戚等形式出现的,这些关系一旦到一个陌生的城市中会更加牢固,他们所具有的同样的特征成为维系他们之间关系的坚固纽带。

(2)这些外来人口由于本身技术和技能知识等的限制,很难在社会中进行高层次的劳动,多数只是从事体力和低收入的劳动。此外,生活在大城市的生活成本是很高的,流动人口中的低收入者很难支撑其在城市的生活。这些人中的一部分,就会成为社会不稳定的来源和因素之一。

(3)加强对流动人员的合法权益的保障,重视对其进行教育使其适应环境。不仅使得其技能上提高,还提高流动人口适应新的环境的能力,并为他们提供必要的生活条件和工作条件。当其合法权益受到侵害时,要及时给予充分的保护,最终使得这部分人减少不平衡的心态,消除不良的影响和团伙作案的不良动机。

因此,我国各级机关应当加强对各自流动人员的控制和管理,以遏制黑社会性质组织犯罪的滋生。对于这部分人口的管理,应当是分工负责、密切合作,随时掌握本地流动人口的发展现状和历史走向,以严防出现带有黑社会性质的或者是称霸一方的非法帮会组织。

四、严厉打击"黄、赌、毒"行业,切断黑社会性质组织的经济命脉

黑社会性质组织多数是以牟取暴利为根本目的,这也是它能生存和发展下去的最重要原因,是维系其成员之间关系的坚固纽带。为此,黑社会性质组织无论是在组织的构成方式、具体犯罪的手法还是犯罪目标的确定等,均是以此为依据并围绕这一目标展开。因此,切断黑社会性质组织的经济命脉,它就无法在现实社会中生存下去。具体的思路如下。

(1)欲从经济上对他们予以毁灭性的打击,就要选取黑社会性质组织获得经济收入的暴利性的行业,如"黄、赌、毒"等。这是因为:一方面,在这些行业中,由于不像正常的经营性行业一样任由人们来正常竞争,黑社会性质组织在这一领域为所欲为并有"专有权";另一方面,"黄、赌、毒"行为本身会引起上游犯罪和下游犯罪的数目激增,伴随近年来的黑社会性质组织犯罪高涨的势头的就是大量涉毒案件的增多。

(2)实践中还要注意在具体的操作中对黑社会性质组织聚敛的大量的非法财物进行收缴,使得组织丧失对其成员的"吸引力",以剥夺组织的再犯能力。

(3)由于黑社会性质组织犯罪总是和腐败犯罪密不可分,没有这些政治保护伞,黑社会性质组织是很难在社会主义国家中长期发展、壮大的。但是充当政治保护伞的实质就是权和钱的交易,因此,没有钱哪来的保护伞呢?

(4)加大对黑社会性质组织犯罪的上游犯罪和下游犯罪的处罚力度,对治理黑社会性质组织能起到"事半功倍"的效果。前者即涉黄、赌和毒等犯罪,后者是洗钱罪等。

因此,彻底摧毁黑社会性质组织的经济基础是根治此类犯罪的关键步骤。

五、加强社会控制力,严厉打击黑社会性质组织犯罪

我国目前处于社会转轨时期,经济的高速发展和旧的社会结构之间出现的不平衡导致社会整合力弱化,这是黑社会性质组织犯罪存在和发展的社会根源。因此,必须加强社会控制。严厉打击有组织性质的犯罪。社会控制是社会组织体系运用社会规范以及与之相应的手段和方式,对社会成员的社会行为及价值观念进行指导和约束①。随着我国政治体制改革和经济体制改革的深化,社会结构发生深刻变化,原有的社会秩序控制体系被打破,这导致社会某些领域内出现暂时的失调现象,从而为黑社会性质组织的存在提供了生存的空间和缝隙。如社会行为的

---

① 郑杭生:《社会学概论新修》,中国人民大学出版社2002年版,第401页。

评价体系不再一致,没有一个权威性的、统一化的行为准则为社会公众普遍认可,社会的整合性就下降,就缺乏凝聚力。同时,我国在由计划经济向市场经济转型的过程中,经济成分开始由单一的形态变得多样化,按劳分配的原则也使得人与人之间开始出现差距。因此,社会上的人群根据经济水平出现分化,文化也开始出现多元化,出现主流文化和亚文化,这为有组织犯罪创造了社会基础。因此,为打击黑社会性质组织犯罪,必须加强社会整合力和社会控制的力度,在社会中重新树立统一的行为准则,使得这个社会重新具有向心力和凝聚力。

第十一章

生态环境犯罪

当前我国的生态环境状况与犯罪形势依然严峻,生态环境犯罪防控体系的构建,可在准确界定生态环境犯罪的概念、属性的基础上,提取生态环境犯罪的外部特征、规范特性与构成特征,并针对生态环境犯罪生成与加剧的经济学、管理学、环境法学、犯罪学、刑法学等方面的成因,提出相应的多元防治对策。

第一节 生态环境犯罪的现状

一、我国生态环境概貌

摸清我国生态环境的家底,准确评定我国生态环境的容量和承载能力,同时对我国环境执法与司法情况进行宏观视野下的梳理与解析,可以为下一步的生态环境犯罪的防控提供实践基础和决策依据。笔者以中华人民共和国环境保护部发布的《2015年中国环境状况公报》为依据,总结如下。

空气质量方面面临形势依然严峻,东部城市和区域 PM2.5 及 PM10 污染负荷高,北方冬季重污染问题十分突出,重点区域大气臭氧污染问题显现。2015 年,全国共有 24 个省(区、市)280 个地级以上城市编制重污染天气应急预案。京津冀地区共发布重污染天气预警 154 次。我国水环境质量不容乐观,2014 年,全国地表水国控断面中劣 V 类水质断面比例 9.2%,基本丧失水体使用功能;24.6% 的重点湖泊呈富营养状态,不少流经城镇的河流沟渠黑臭,近海海域污染状况不容乐观。主要表现为污染物排放量大、水生态受损重、水环境隐患多、农业和农村水污染防治问题突出、饮用水水源地还存在安全隐患。关于国家重点生态功能区县域生态环境状况调查显示,2015 年,在国家重点生态功能区 556 个县域的生态环境状况中,生态环境"脆弱"的县域有 68 个,占 12.3%,集中在防风固沙和水源涵养类型区;"一般"的有 170 个,占 30.6%,集中在水源涵养和水土保持类型区;"良好"的有 317 个,占 57.1%,集中在水源涵养和生物多样性维护类型区。与 2014 年相比,生态环境质量"变好"的县域有 103 个,占 20.1%;"基本稳定"的有 344 个,占 67.2%;"变差"的有 65 个,占 12.7%。全国耕地质量评价成果显示,2014 年全国耕地平均质量等别为 9.97 等,总体偏低。优等地面积为 386.5 万公顷,占全国耕地评定总面积的 2.9%;高等地面积为 3577.6 万公顷,占 26.5%;中等地面积为 7135 万公顷,占 52.9%;低等地面积为 2394.7 万公顷,占 17.7%。

其中,气象灾害和环境突发事件更能直接反映我国生态环境的状况。灾害,是致灾因子在生态环境脆弱性和人类群体脆弱性相结合的条件下,产生的打破社会平衡系统和文化功能,给社会带来重大人员伤亡和财产损失,并产生新的生态环境脆弱性和人类群体脆弱性的自然或社会事件①。气象灾害产生的原因主要有天文事件、地壳运动、奇异自然现象,以及人类的生产生活活动、人类对于环境要素的侵害以及由此衍生的环境问题等。

我国的环境灾害主要表现为洪涝灾害、台风灾害、温度异常灾害、干旱、雪灾、风雹、沙尘、雾霾、地震与地质灾害、海洋灾害、海水入侵、海岸侵蚀和土壤盐渍化。2015 年,全国共有 30 个省(区、市)7641 万人遭受洪涝灾害,农作物受灾 9198 万亩,因灾死亡失踪 400 人,倒塌房屋 15.2 万间,直接经济损失 1661 亿元;全年台风共造成 57 人死亡或失踪,直接经济损失 684.1 亿元;春季,北方地区共出现 11 次沙尘天气过程,其中沙尘暴和强沙尘暴过程共 2 次,全国共出现 11 次大范围、持续性雾霾过程,主要集中在 1 月和 11 月至 12 月,受雾霾天气影响,大量航班停飞、多条高速公路关闭,雾霾天气给交通运输和人体健康带来不利影响;全国共发生各类地质灾害 8224 起,其中滑坡 5616 起、崩塌 1801 起、泥石流 486 起、地面塌陷 278 起、地裂缝 27 起、地面沉降 16 起。造成 229 人死亡、58 人失踪、138 人受伤,造成直接经济损失 24.9 亿元;各类海洋灾害共造成直接经济损失 72.75 亿元,死亡(含失踪)33 人②。

环境突发事件增加凸显了我国生态环境的严峻现实。2015 年,环境保护部调度处置突发环境事件共 82 起。其中,重大事件 3 起(甘肃陇星锑业有限公司选矿厂尾矿库溢流井破裂致尾砂泄漏事件、河北省邢台市新河县城区地下水污染事件、济南章丘市普集镇发生危险废物倾倒致人中毒死亡事件)、较大事件 3 起、一般事件 76 起。从事件起因看,生产安全事故引发的 48 起、交通运输事故引发的 12 起、

---

① 李永祥:《什么是灾害?——灾害的人类学研究核心概念辨析》,载《西南民族大学学报(人文社会科学版)》2011 年第 32 卷第 11 期,第 15 页。
② 中华人民共和国环境保护部:《2015 年中国环境状况公报》,第 71—73 页。

自然灾害引发的 9 起、企业违法排污引发的 4 起、其他原因引发的 9 起,分别占事件总数的 58.5%、14.6%、11.0%、4.9%、11.0%[①]。

分析我国 2015 年环境质量状况可知,当年全国环境质量进一步改善,但是环境污染重、生态受损大、环境风险高等问题仍然突出:空气质量总体呈改善趋势,但污染程度仍较高,部分地区冬季雾霾天气频发高发;颗粒物为主要污染因子,臭氧污染问题日益增多;区域不平衡,部分城市有所反弹;地表水水质稳中趋好,但部分水体污染问题突出;良好水体保护形势严峻;主要污染因子出现分化。造成我国当下环境现状的原因除了天文事件、自然要素的自然演变与异常的气候变化等,更多的是由于人类生产生活活动的逐渐累积,对生态环境整体、各环境要素产生的负效应,以及人类实施的环境失范、违法与犯罪行为对于环境的破坏与污染。

二、生态环境行政执法与司法情况

(一)生态环境行政执法方面

2011—2014 年,我国共出动环境执法人员 924 万余人(次),检查企业 362 万余家(次),查处环境违法问题 3.7 万件。2015 年,环保部门以偷排、偷放等恶意违法排污行为和篡改、伪造监测数据等弄虚作假行为为重点,依法严厉查处环境违法行为。截至 2015 年 11 月底,全国范围内实施按日连续处罚案件 611 件,罚款数额超过 4.85 亿元;实施查封扣押案件 3697 件,实施限产停产案件 2511 件,移送行政拘留案件 1732 件,移送涉嫌环境污染犯罪案件共 1478 件。环保部通报了 15 起污染源自动监控设施及数据弄虚作假案件的典型案例,并组织开展环保大检查,全国共检查企业 158 万家次,查处违法排污企业 5.1 万家、违法违规建设项目企业 7.34 万家。环保部由单纯"督企"向综合"督政"转变,组织对 33 个城市开展综合督查,约谈 16 个市级政府主要负责同志,推动解决了一批突出的环境问题。各省(区、市)和新疆生产建设兵团对 134 个市和 2 个县开展综合督查,对 28 个市县进行约谈、对 19 个市县实施区域环评限批、对 176 个问题进行挂牌督办。环保部首次联合公安部、最高检对两起案件启动联合挂牌督办,形成合力打击环境污染犯罪活动,扎实推进网格化环境监管,全国 67% 的地级市、60% 的县区完成网格划分工作。

(二)生态环境刑事司法方面

2016 年最高人民法院工作报告指出,2015 年,全国各级人民法院共审结污染环境、破坏资源等犯罪案件 1.9 万件,同比上升 18.8%。发布审理环境侵权案件司法解释和审理检察机关提起公益诉讼案件实施办法,各级法院审结涉环保民事

---

① 中华人民共和国环境保护部:《2015 年中国环境状况公报》,第 64 页。

案件7.8万件。2015年1月至2016年9月,全国检察机关共查办生态环境领域贪污贿赂犯罪案件838人,查办渎职犯罪1124人。共批捕污染环境、非法采矿、盗伐滥伐林木等破坏环境资源犯罪嫌疑人14472人,起诉47442人。2015年3月至2016年9月,检察机关共监督行政机关移送破坏环境资源类案件3240件4278人,监督公安机关立案侦查破坏环境资源类案件3391件4067人。根据2015年7月全国人大常委会授权决定,最高人民检察院在部分地区开展公益诉讼试点工作,截至2016年9月底,各试点地区检察机关在履行职责中共发现生态环境和资源保护公益案件线索2221件,办理诉前程序案件1200件,向法院提起民事、行政公益诉讼36件。法院审理后做出一审判决的8件案件,均采纳了检察机关的起诉意见,另有1件民事公益诉讼以调解方式结案,2件行政公益诉讼因行政机关在起诉期间纠正了违法行为,1件民事公益诉讼因出现其他适格主体,由检察机关撤诉。

关于司法实践中发生频繁、危害严重的污染环境罪,北京师范大学法学院《2015年中国"污染环境罪"案件调查报告》称,2013年"两高"《关于办理环境污染刑事案件适用法律若干问题的解释》和新环保法颁布以来,2015年全年,一审判决的污染环境罪案件共计1322个,各级法院受理的污染环境犯罪的案件数量呈"井喷"之势。据该报告团队介绍,2015年全年,二审判决/裁定的污染环境罪案件共计220件。但是,2015年,污染环境罪案件在全国各省(自治区、直辖市)的分布极不平衡。有三个省的一审案件数量为三位数。其中,浙江省的一审案件高达492件,超过全国总数量(1322件)的1/3,处于遥遥领先的位置。河北省一审案件数量为263件,仅次于浙江省。山东省一审案件数量为164件。这3个省的一审案件数量之和约占全国的七成。

2015年,全国突发环境事件共330起,而"后果特别严重"的污染环境罪案件只有19起。报告说,看起来似乎意味着许多本来符合"后果特别严重"的污染环境的行为并未被依法追究刑事责任。根据现行刑法规定,污染环境罪的犯罪主体既可以是自然人,也可以是单位。"在一般公众看来,污染主要是'企业'造成的,因此,污染环境罪应当主要是单位犯罪。然而,2015年,全国各级人民法院审理的1322个污染环境罪案件中,多达1250个(占94.55%)都是自然人犯罪,涉及单位犯罪的只有72个(占5.45%),其中,有71个案件的犯罪主体既有自然人也有单位,有1起案件的犯罪主体只有单位"。报告说,在环境行政处罚中,绝大多数的处罚对象都是单位。然而,在追究刑事责任时,绝大多数的处罚对象都是自然人。一种可能的解释是,实践中,大多数被追究污染环境罪的主体都是小作坊(电镀、皮革、冶炼、酸洗等),这种小作坊根本没有工商执照,打一枪换一个地方,谈不上是单位,只能作为自然人犯罪来处理①。

---

① 郄建荣:《2015年法院受理污染环境犯罪案件现"井喷"》,载《法制日报》2016年9月9日。

第二节　生态环境犯罪的界定

作为兼具环境生态学、社会学与规范法学特性的生态环境犯罪来说，精确界定其内在蕴含、涵括范围与规范属性，既是深入研究生态环境犯罪的前提和基础，同时，其也为揭示与反映生态环境犯罪的内部构造与规范表征，提供了新的理论路径与观察视角。

一、生态环境与生态环境犯罪

（一）"生态环境"的含义

环境（environment）是指某一特定生物个体或生物群体以外的空间，以及直接或间接影响该生物体或生物群体生存的一切事物的总和。由于学科的不同，具体的环境的含义也不同：在环境科学中，环境是指围绕着人群的空间，以及其中可以直接或间接影响人类生活和发展的各种因素的总体。环境是一个非常复杂的体系，至今未形成统一的分类系统。一般按环境的主体、环境的性质等进行分类。按照环境的主体划分，目前有两种体系：一是以人为主体，其他的生命物质和非生命物质都被视为环境要素。这类环境称为人类环境。在环境科学中，多数学者都采用这种分类方法。另一类是以生物为主体，生物体以外的所有自然条件称为环境，这是一般生态学书刊上所采用的分类方法。按环境的性质，可将环境分为自然环境、半自然环境（被人类破坏后的自然环境或人工环境）和社会环境三类[1]。社会环境指人类在自然环境的基础上，为不断提高物质和精神文明水平，在生存和发展的基础上逐步形成的人工环境，如城市、乡村、工矿区等[2]。笔者就采用广义上的环境概念，认为环境包括自然环境、半自然环境（如文化遗迹、旅游胜地等）和社会环境，这也与"环境"的规范含义相一致。

生态，是指生物在一定的自然环境下生存和发展的状态，也指生物的生理特性和生活习性。生态环境，是指生物和影响生物生存和发展的一切外界条件的总和。由许多生态因素综合而成，其中非生物因素有光、湿度、水分、大气、土壤和无机盐类等，生物因素有植物、动物、微生物等。在自然界，生态因素相互联系、相互影响，

---

[1] 盛连喜：《环境生态学导论》，高等教育出版社2002年版，第33—35页。
[2] 陈百明：《何谓生态环境？》，载《中国环境报》2012年10月31日第2版。

共同对生物发生作用①。生态系统,就是在一定空间中共同栖居着的所有生物(即生物群落)与其环境之间由于不断地进行物质循环和能量流动形成的统一整体。

生态与环境既有区别又有联系。生态偏重于生物与其周边环境的相互关系,更多地体现出系统性、整体性、关联性,而环境是生态系统的载体与自然资源的来源,环境主要相对于主体而言,更强调以人类生存发展为中心的外部因素,更多地体现为人类社会的生产和生活提供的广泛空间、充裕资源和必要条件。具体到"生态环境"的表述,从国内的情况看,大致有四方面的理解:①认为生态不能修饰环境,通常说的生态环境应该理解为生态与环境;②认为当某事物、某问题与生态、环境都有关,或分不太清是生态还是环境问题时,就用生态环境,即理解为生态或环境;③把生态作为褒义词修饰环境,把生态环境理解为不包括污染和其他问题的、较符合人类理念的环境;④生态环境就是环境,污染和其他的环境问题都应该包括在内,不应该分开。

笔者认为,"生态"与"环境"两词在其基本内涵上相互重叠、相互交叉、互相融合,作为联合词组的"生态环境"一词无论是在语法上还是在内涵上都有其合理性。生态环境是包括人在内的生命有机体的环境,是生命有机体赖以生存、发展、繁衍、进化的各种生态因子和生态关系的总和。生态的内涵是生物与环境之间的相互关系,包含生物、环境和关系三个要素。环境只是其中一个要素。生态是关系,环境是客体,两者应是并列关系而不是偏正关系。可将"生态环境"的内涵概念一分为二。在一般情况下用"生态与环境(ecology and environment)",在强调两者相互交融密不可分时用生态环境(ecological environment)。"生态环境"是"生态与环境"或"生态或环境"一词的简写②。生态环境不同于单一的物理因子,它是主体与客体间的相互作用,是生命在有限的时空范围内所依存的各种生态关系的功能性整合。如果把自然环境和生物都当作一维单元的话,生态环境则是两者间的二维互动关系③。

"生态环境"的用法,一方面可以反映生物主体与其外部环境的能量交换与信息流动状况,另一方面,可以为环境犯罪之对象范围、环境犯罪因果关系、环境犯罪主体的框定与确证,提供具有科学基准的技术前提与基础。在我国《宪法》第26条和国务院、最高人民法院、最高人民检察院的年度工作报告以及其他规范性文件中,都可以看到大量的"生态环境"的提法和用法。况且,有学者通过对国际学术

---

① 中国社会科学院语言研究所词典编辑室:《现代汉语词典(第7版)》,商务印书馆2016年版,第1169页。

② 蒋有绪:《不必辨清"生态环境"是否科学》,载《科技术语研究》2005年第7卷2期,第27页。

③ 王如松:《生态环境内涵的回顾与思考》,载《科技术语研究(季刊)》2005年第7卷2期,第28页。

研究对于"生态环境"的适用频次的实证统计,证实了"生态环境"适用的一定程度的普遍性,这表明生态环境一词不只在大陆和台湾,在欧美日和世界各地都在不同程度地被使用。因此,"生态环境"的提法不仅具备语义学、环境生态学的理论与技术支撑,而且具有坚实的规范依据和实践基础。"生态环境",是"生态与环境"和"生态或环境"的集合体,因此,可将"生态环境"定义为:在生态系统中除了人类种群以外的,相对于生物系统的全部外界条件的总和,它包含了特定空间中可以直接或间接影响生物生存和发展的各种要素,其是在生态系统边界内影响生物状态的所有环境条件,适宜人类生存和发展的物质条件的综合体。同时,需要强调指出的是,由于本文采用广义的环境概念,"生态环境"的规范表现就是我国《环境保护法》第2条对于"环境"之含义的界定。

(二)生态环境犯罪[①]的概念

从上述对于"生态环境"的提法之科学性的探讨中可知,"生态"与"环境"的含义并不完全相同,而"生态环境=生态与环境+生态或环境",那么就有必要深入剖析"生态犯罪"和"环境犯罪"之间的相互关系。

有观点认为,到目前为止,还没有被学界广泛认同的环境犯罪的定义,而且其将"生态犯罪"和"环境犯罪"作为同一个概念对待。还有观点在对生态犯罪进行分类时,也将"生态犯罪"和"环境犯罪"作为同一个范畴使用。与之相反的观点认为,"生态"与"环境"存在异质性。对比"生态"与"环境"这两个概念,不难发现两者存在以下性质上的区别。

(1)两者环比中心不同。"环境"概念的界定一般以人类为中心,即以人类为本位展开研究,而"生态"则以生物体为中心,以生态系统为本位思考问题。"环境"以人类为中心的特质导致它脱离不了以人类的利益为优先的思维定式。"生态"恰恰能够弥补"环境"的这一点不足。"生态"较"环境"的优势均源于两者价值理念上的区别,这是文字本身含义决定的,不能通过扩大解释来解决,否则有违罪刑法定原则的本意。

(2)两者牵涉变量不同。"环境"一般只牵涉人和环境两个变量,主要是分析人和环境之间的关系,人改变环境,环境反作用于人类,无论如何,两者往往在一个时间点上,具有平面化的特点。而"生态"则牵涉到时间、空间和能量三个变量。"生态"研究每一个具体的生态要素的演进进程,描述出能量按照生产者—消费

[①] 目前在不同的国家和地区,针对生态环境的犯罪,使用的概念存在着一定的差异。"环境犯罪"是目前国际上较为通行的说法,而英国和日本则是倾向于使用"公害"一词,在俄罗斯立法和学界中则通常使用"生态犯罪"。我国学界在这一概念的使用上则并未取得一致意见,有使用"危害环境罪"的,亦有少数学者采用英国和日本的概念。参见赵智慧:《生态刑法研究》,广西民族大学2009年硕士学位论文,第3页。

者—分解者的顺序回归自然而完成一个循环的过程。这种时间、空间、能量的三维思考，是认识论与哲学中的时空观中的生态学表现，比环境概念更深刻地表明了人、物质之间的时空关系①。另外，加入时间这个变量，使"生态"较"环境"更加立体，更加契合当前的生态局面。具体来说，很多生态问题的出现都是因为人类没有考虑到时间这个变量，只考虑眼前的利益，没有考虑长久利益（比如没有考虑子孙后代的利益，即代际利益）的结果。

基于上述"环境"与"生态"的区别，该学者指出，生态犯罪将生态利益考量进去，能够扩大生态犯罪的可容量，更加有利于保护生态安全和生态系统的平衡发展。相比之下，由于"环境犯罪"以人类为中心的价值理念，导致它虽然也可以将人类的生态利益考量进去，但除了人类以外的其他生物体的生态利益得不到应有的保护，对于生态系统的保障力度小，不符合当前生态危机频发的现实需要②。

笔者认为，生态环境作为一个生态系统与环境之间不可分割的客观实在，以及深刻揭示生物内生态系统与其周围所处环境之间的交流、转换、共生关系的环境生态学科技术语，涵括了最广泛的对危害生态环境之最严重情形进行刑事规制的客体范围，决定了"生态环境犯罪"提法的科学性与必要性，把"生态"与"环境"进行简单割裂，以审视其生态学意义与法学意义的观点，是片面的形而上学观点。因此，本文以"生态环境犯罪"为研究的总体视域与对象，相应地，文中所说的"生态环境犯罪"，就包括"环境犯罪"与"生态犯罪"的总括性范畴。

关于生态环境犯罪的概念，存在许多观点。

1. 犯罪学上的环境犯罪定义

（1）环境犯罪是指违反环境保护法规，破坏自然环境和自然资源，情节严重的行为。

（2）环境犯罪是自然人或非自然人主体，故意、过失或无过失实施的污染大气、水、土壤或破坏土地、森林、草原、珍稀濒危动物等生态环境和生活环境，具有现实危害性或实际危害后果的作为和不作为行为。

（3）环境犯罪是自然人或单位违反国家法律、法规规定，故意或者过失实施污染土地、水体、大气等生态环境，或者非法开发破坏矿产、耕地、森林或者其他林木，危害野生动物、植物、水产品等自然资源，情节严重的行为。③

2. 刑法学上的环境犯罪定义

（1）环境犯罪，是指违反环境法规，破坏环境生态系统，情节严重，依法应受刑事处分的行为。环境犯罪并非是一个具体的罪名，而是一类犯罪的总称，它包括许

---

① 焦艳鹏：《刑法生态法益论》，中国政法大学出版社2012年版，第35页。
② 李文杰：《生态刑法与环境刑法的区分》，载《人民论坛》2015年第14期，第108页。
③ 高西江：《中华人民共和国刑法的修订与适用》，中国方正出版社1997年版，第710页。

多个罪,如果将其规定在我国的刑法分则中,则应独立成章。

(2)环境犯罪,是指违反环境保护法规,破坏环境生态系统,情节严重,依法应受刑罚处罚的行为。

(3)环境犯罪,是指自然人、法人故意或过失地违反环境保护法和有关刑事法律的规定,造成环境严重污染或破坏,导致人身伤亡或公私财产重大损失的行为①。

3."危害环境罪"或者"生态犯罪"的定义

(1)危害环境罪的定义应为:自然人或法人违反环境保护法规的规定,故意或过失超标准排污或不合理地开发资源、破坏环境和生态平衡,造成严重后果或有造成严重后果危险的行为。

(2)危害环境罪,是指违反环境保护法律,破坏国家环境管理制度,故意或过失地实施危害环境及人体健康和重大公私财产,情节严重的行为。

(3)如果我们把这些危害环境犯罪的行为加以抽象概括,就可以把危害环境罪界定为:违反环境保护法律,故意或过失地从事危害或可能危害环境或人体健康的活动,情节严重的行为②。

(4)生态犯罪,概言之,就是破坏生物生存和发展环境、破坏各生物系统之稳定平衡关系的现象和行为。破坏环境、破坏自然资源、破坏生态平衡,也就是生态犯罪这个概念下的主要内容。生态犯罪学或犯罪生态学应是一个关于如何保护生态环境、预防和惩治生态犯罪的知识体系③。由上可知,"危害环境罪"与"生态犯罪"的所指意涵,与"生态环境犯罪"相当。

4.国外学者对环境犯罪概念的不同观点

有美国学者认为,环境犯罪是没有授权或者因疏忽违反了法律因此受到刑事起诉和刑事处罚的行为。这种行为对人们的身体安全和健康以及环境本身造成了伤害或者伤害的危险。在英国,有观点认为,环境犯罪应该包括可能合法或者被授予许可证但是引起了重大环境损害的行为④。

考辨以上环境犯罪的概念可知,环境犯罪的概念可分为"(狭义)刑法学"意义上的环境犯罪概念和"犯罪学"意义上的环境犯罪概念两个方面。"(狭义)刑法学"意义上的环境犯罪概念其"刑法学"侧面表现为——"违反环境保护法规"(环境犯罪行政从属性的体现)、"故意或者过失地"(罪过形式)、"情节严重或后果严

---

① 王秀梅:《环境犯罪刑事立法》,载《河北法学》1996年第14卷第1期,第20页。
② 王灿发:《我国惩治环境犯罪立法亟待解决的几个问题》,载《中国法学》1996年第1期,第89页。
③ 冯树梁:《生态犯罪学论纲》,载《河南公安高等专科学校学报》2007年第5期,第19页。
④ 侯艳芳:《环境犯罪构成研究》,山东大学2009年博士学位论文,第8页。

重"(危害结果)、"应受刑事处罚或者刑事制裁"(刑事可罚性)等刑法表征要素,"犯罪学"意义上的环境犯罪概念则主要从社会学、法学之结合的面向,揭示环境犯罪行为对诸多环境要素的"危害性"特征。如"经济目的或其他人为原因"(犯罪原因)、"超标准排放废物或不合理地开发利用资源"(环境犯罪之危害行为)、破坏生物生存和发展环境、破坏各生物系统之稳定平衡关系(危害后果)、必须由国家和社会采取适当对策和措施进行防治的行为(强调对环境危害行为需加以防治的属性)等。

我国《刑法》第13条关于犯罪的概念的内涵对社会危害性、刑事违法性、应受刑罚处罚性作了明确规定。在学理上,我国刑事法学界对于环境犯罪的概念的界定,大多是从刑法意义上对生态环境犯罪进行定义的,而且这些定义之间存在着是否凸显环境犯罪的行政从属性、罪过类型、规制范围、规范属性等方面的差别。环境犯罪的刑法学定义,需要反映环境犯罪的规范性构成与特征,而且,刑事立法或者注释刑法学意义上的环境犯罪定义,还存在着是否强调其定义的刑事违法性与应受刑罚处罚性的问题。而犯罪学意义上的环境犯罪概念是从社会学、法学、心理学、生物学、统计学等多方面维度进行研究的,因此,与刑法学意义上的环境犯罪概念不同,其表现出犯罪学概念的社会学、法学等特性。有学者就此指出,一方面,如果犯罪学仅仅从社会意义上去理解犯罪,否认犯罪是一种社会法律现象的事实,那么,犯罪学所定义的"严重危害社会的行为",在实践中的范围将是极其模糊和难以捉摸的。尤其在我国,正是刑法上的犯罪的典型性,使犯罪学能够以此为参照确定自己的研究范围和研究重点;另一方面,作为犯罪学探讨犯罪原因和寻求犯罪对策事实基础的犯罪测量资料,传统上主要依据的是刑事执法机关的犯罪统计,而这种统计也是以刑法规定的犯罪为基础的。可以说,离开了犯罪的刑法定义,犯罪学将难以准确描述犯罪现象,从而也难以完成自己的研究任务[①]。总之,对环境犯罪的概念进行刑法学与犯罪学的融合,是十分必要的。生态环境犯罪不仅包括生态刑事法律规定的生态环境犯罪,也包括生态刑事法律尚未规定,但对生态环境造成破坏,尚未达到刑罚处罚程度的环境失范行为、环境行政违法犯罪行为。

犯罪学以犯罪现象、犯罪原因与犯罪对策作为研究对象,就其研究对象属性方面的内容来说,唯一存在混淆的就只是如何理解"犯罪"。刑法学对"犯罪"的研究旨在法律文本本身,重点是对具体行为是否构成犯罪的价值判断,进而较好地将规范适用于现象之中。与刑法学相反,犯罪学对"犯罪"的研究,旨在通过犯罪这一现象本身,寻求更好的预防和治理犯罪的对策,重点是对整体犯罪现象的认识,进而为规范此类犯罪提供可供参考的措施。可以将对犯罪的研究具体化为,刑法的

[①] 张远煌:《犯罪理念之确立——犯罪概念的刑法学与犯罪学比较分析》,载《中国法学》1999年第3期,第135页。

"犯罪"是法定犯罪,犯罪学的"犯罪"则不仅限于法定犯罪,还包括准犯罪行为、待犯罪化行为以及除犯罪化行为等等①。对于生态环境犯罪的本质含义与涵括范围而言,也是如此。笔者认为,犯罪学意义上的生态环境犯罪概念,是指自然人或者非自然人主体,故意、过失或无过失实施的破坏环境、污染环境,进而对环境、人体健康或者公私财产造成较大危害或者重大危害之虞,需要国家或社会采取适当对策或措施加以防控的现象或者行为。本概念祛除了刑法学概念中的"违反环境行政法规"的从属性前提,以及环境犯罪行为的危害程度必须达致应受刑罚处罚的程度,这是由环境污染行为的多样性、环境危害的隐蔽性、不易测量性、环境危害因果关系的认定疑难,以及生态环境犯罪防控机制的综合性等因素决定的。

二、生态环境犯罪的属性

从语义学的角度来看,"属性"是指事物所具有的性质、特点②。在西方哲学中,一般指实体的本性,即属于实体的本质方面的特性。在马克思主义哲学中,属性指事物本身固有的性质。在逻辑学上,其是指对象的性质和对象间的关系,包括状态、动作等。属性可分为特有属性和共有属性等③。环境犯罪的属性,就是环境犯罪之规范或者社会学面向,并反映环境犯罪之性质和特点的征表。环境犯罪的规范属性,主要体现在环境犯罪的行政犯或刑事犯归属,以及环境行政违法和环境刑事违法的界定,以及两者之间的科学衔接两个方面。对环境犯罪属性进行犯罪类型的考察与行政从属性的界定,可以为环境刑法之生态立法主义理念的确立,以及生态环境犯罪的惩罚和预防,提供规范基础与理论前提。

(一)生态环境犯罪属性的论争

生态环境犯罪的属性,主要是围绕环境犯罪的法定犯或者行政犯性质,以及环境犯罪的从属性进行探讨的。

一般认为,法定犯与行政犯具有大致相同的内涵,有观点就认为,自然犯与刑事犯、法定犯与行政犯的概念大体相同。可以从伦理道德的关系上区分自然犯与法定犯,自然犯是指在侵害或威胁法益的同时明显违反伦理道德的传统型犯罪。法定犯是指在侵害或威胁法益但没有明显违反伦理道德的现代型犯罪。环境犯罪主要属于法定犯,又称为行政犯,即违反行政性法律法规中禁止性规范,并由行政

---

① 向准:《刑法学之外的犯罪学属性界分》,载《华北电力大学学报(社会科学版)》2016年第2期,第44页。

② 中国社会科学院语言研究所词典编辑室:《现代汉语词典》,商务印书馆2016年第7版,第1215页。

③ 《辞海》编辑委员会:《辞海》,上海辞书出版社2009年第6版彩图本,第2095页。

法律法规中的刑事法则所规定的犯罪①。

还有观点认为,环境犯罪属于自然犯,即自然犯说。这种观点认为,环境犯罪到底是自然犯还是法定犯,这是个基本问题,关系到环境犯罪的罪恶根源,关系到环境犯罪故意的成立是否以违法性认识为前提,关系到环境犯罪的违法程度。自然犯和法定犯的区分,是以是否违背社会伦理道德为标准的。而从人类社会历史发展的轨迹来看,社会伦理道德不是始终如一的,其内容和形式随着社会经济的发展不断变化。在不同的发展阶段,社会伦理道德的含义、构成都是不一样的。现代伦理道德是以商品经济为基础的,这种经济条件下,科学技术高度发达,人类具有了强大的改造自然的能力,在没有预设规则对人类活动进行规范的情况下,环境问题应运而生,逐渐成为关系人类生存的基本问题,而保护环境成为人类共有的诉求,成为现代伦理道德的应有内容。环境犯罪因"明显违背伦理道德"而为一般社会正义所不容,而不是因为"维护行政管理秩序的需要"而成为法律所禁止的行为,因此环境犯罪具有非常明显的自然犯属性。

另有观点认为,环境犯罪兼有自然犯和行政犯的属性,即双重属性说。其认为,环境犯罪的伦理非难性(即自然犯属性),主要表现为违反国民的伦理价值观。首先,某些环境犯罪与生俱来具有危害社会、危害他人的反社会性和反伦理性,如盗伐林木罪。其次,环境犯罪不同于其他单纯满足国家行政管理需要的行政犯,如经济犯,他破坏了人类生存的根基——环境,在人类权利需求生态化的情况下,环境犯罪一开始便遭受人们伦理道德观念的谴责。再次,环境犯罪违背了现代社会的基本生活秩序——环境道德观。环境道德观的核心是环境公平观。环境公平包括代内公平、代际公平与种际公平。最后,伦理道德观念不是一成不变的,他会随着社会的发展而发展。一定社会时期的行政犯在历史变化后可能变成自然犯,而原来的自然犯也可能随着社会的发展而出罪。在此过程中,可能导致一些新型犯罪在行政犯和自然犯属性归属上模糊不清,传统行政犯与自然犯截然对立的分类已经随着社会的发展而变化,行政犯的自然犯化呈不断增加之势。从某种意义上说,行政犯、自然犯的分类已经演变成行政犯、自然犯与混合犯的犯罪分类。环境犯罪即属兼具自然犯与行政犯双重属性的混合犯。环境犯罪的行政属性,主要通过刑事立法中违反环境行政规范的注意义务体现出来。

环境犯罪兼具自然犯属性或者环境犯罪行政犯的自然犯化,并不否定其行政从属性。应当说环境犯罪的行政犯属性才是其最本质的属性。因为:①环境犯罪离不开环境行政法律法规,环境违法是环境犯罪成立的前提和基础;②有些环境犯罪的自然犯属性不是很明显。如破坏野生动植物罪,因为对其的破坏行为的危害带有长期性、潜伏性并不危及自身的利益和眼前利益,其伦理恶性的谴责将是后代

---

① 张梓太:《环境法律责任研究》,商务印书馆2004年版,第296页。

人的事情,故其入罪主要是出于国家行政管理秩序的需要①。

有观点将生态属性、自然犯属性和长期潜伏性,也作为环境犯罪的属性②。与上述相对的观点认为,环境犯罪的属性不宜用自然犯、法定犯理论架构分析。其认为,在当前中国的社会条件下,在某种程度上可以说,人们缺乏一种相对确定的道德价值体系,因此,以道德异常作为区分标准的自然犯、法定犯理论,在中国缺乏得以扎根的人文土壤,简单、生硬地使用该理论来解决某些问题的做法是难言正确的,这种现象的存在更是令人担忧的。如在讨论环境犯罪的属性时,非常简单地以实害理论的逻辑起点,认为实害大的就是自然犯罪,或认为环境犯罪兼具自然犯与行政犯性质的犯罪,或者说环境犯罪是法定犯罪正在向自然犯罪转化的典型。这种不加深思地套用学史上出现过的学说的做法是危险的,也是不负责任的,在深层上是一种法律工具主义倾向的体现,这种做法对于我国刑法的实质发展是没有任何好处的,也必然是不值得提倡的。因此,环境犯罪根本属性不宜用自然犯、法定犯另类分析。将环境犯罪视为行政犯(或者具有自然犯、行政犯双重属性的犯罪)并具有行政从属性的观点是不正确的,应当改变,即应保障环境犯罪的独立性③。

笔者认为,传统刑法理论认为的环境犯罪属于行政犯或法定犯的观点,正在面临现代社会经济社会的"生态中心主义"思潮对于刑法理念的强烈冲击。在这个过程中,环境犯罪仅属于行政犯的观念正在遭受侵蚀并在一定程度上被弱化。然而,环境犯罪认定与处罚需借助甚或依赖环境行政法之具体规范和执法理念的事实,仍然没有改变,也就是说,环境犯罪依然属于刑法学意义上行政犯的理论范畴。通常从自然犯与法定犯以及环境犯罪从属性的视角,对生态环境犯罪的界定,主要是从狭义刑法学意义上的视角,而不是犯罪学意义上的。从形式上看环境犯罪的行政犯属性,与从实质解释角度来看环境犯罪的自然犯属性,都不否认环境行政法律法规在犯罪认定与施行刑罚,都需要"参考"甚至"依据"前置的环境行政法规的现实处境。相对于自然犯,对于环境犯罪属于法定犯的界定,可以为环境犯罪的构成要件的完善与刑事预防,提供更为重大的路径导引价值。自然犯与法定犯的区分,主要是附着于刑法与伦理道德之间的理论纠缠而发展起来的,而环境犯罪之行政从属性的判断,则是基于环境犯罪认定的依据与施以刑罚的参考,来切入论题的。不管环境犯罪的属性为何,其都不能否认环境犯罪的行政从属特性,因为,这是两个不同面向的问题。同时,生态环境犯罪之所以具有不同于其他类罪的性质之一,就是生态环境犯罪的生态属性,以及对民众财产权益、生命健康权益经由生态环境"过滤"的间接影响性。这是生态环境犯罪之社会学、生态学意义上的表现。因此,环境犯罪的属性属于不同视野下的属性复合体,对其进行多视角的观

---

① 蒋兰香:《环境犯罪基本理论研究》,知识产权出版社 2008 年版,第 82—85 页。
② 周峨春、孙鹏义:《环境犯罪立法研究》,中国政法大学出版社 2015 年版,第 7—12 页。
③ 赵星:《环境犯罪论》,中国人民公安大学出版社 2011 年版,第 91—92 页。

察,可以让我们对环境犯罪得出一个全景式的展现,并且可以为环境犯罪的成因与防治对策的后续分析与观察,提供一个多样化的思维面向。

(二)生态环境犯罪的犯罪学属性——生态属性

在经济与科技飞速发展的今天,我们需要一种全新的环境哲学观念和环境伦理观念,也需要一种与之匹配的法哲学,作为防控环境犯罪的根本指导理念,从而促进社会、经济和生态环境协调发展,既顾及当代人也顾及后代人,既顾及人类社会也顾及自然环境。在这一环境大生态观和环境可持续观的理念指引之下,环境犯罪的前规范属性,主要表现为其以"生态本位"为基础的"生态属性"。

环境犯罪的生态属性主要体现在,生态环境系统内部子系统之间的相互作用与传导,所引发的环境损害的放大、转化从而使得对于环境损害的行为、程度、结果样态、因果关系等的认定的复杂化。环境犯罪的生态属性决定了其损害结果在受害主体、空间范围、时间长度等方面的不确定性。

环境犯罪的生态属性还表现在,虽然生态环境本身可能具备一定的自我净化能力,然而环境危害结果的潜伏性、严重性、累积性以及环境犯罪产生与加剧原因探寻的失能,已经超越了环境系统本身所能处理的环境要素的损伤,这部分超过的环境损害的破坏强度尤其之大,有可能造成环境遭受侵害后难以恢复到原状,有些甚至可能导致环境损害无法逆转的严重情况。

环境犯罪的生态属性,实际上就是环境犯罪的社会学和环境生态学属性,其位于环境犯罪的规范属性之前,揭示了环境犯罪存在的社会基础与产生的生态背景。环境犯罪之成因的剖析与环境犯罪的防控,都必须以环境犯罪的生态属性作为观察的视角与所采取措施的依照。因此,环境犯罪的防治,应以社会学与经济学的方法如植被的恢复、被污染水源的治理、经济赔偿为主,必要时辅以梯次推进的行政与刑事强制措施。

(三)生态环境犯罪的刑法属性——行政从属性

由前述可知,环境犯罪的客观方面对于环境行政法规具有某种程度的依赖性,也就是刑法理论所说的环境犯罪的行政从属性。依据刑法理论看来,这种行政从属特性,就是将环境犯罪归入行政犯的一个充分的理由。换句话说,环境犯罪的行政从属性,就是其作为行政犯的具体表现。有观点就认为,由于环境行政法和环境刑法的配合适用,环境刑法具有了行政从属性的特点,环境犯罪被当然地认为是一种行政犯[1]。由此,对于环境犯罪作为行政犯的研究,就转向了对环境犯罪的行政从属性的探讨。

我国学界对于环境犯罪的行政从属性的定义,一般以我国台湾学者郑昆山提出的概念为基础,其认为,环境犯罪的行政从属性,是指依据环境刑法条文规定,其

---

[1] 李希慧等:《环境犯罪研究》,知识产权出版社2013年版,第71页。

可罚性的依赖性,取决于环境行政法或基于该法所发布的行政处分而言。其他定义与此都大同小异。他们都强调了环境犯罪的定罪对于环境行政前置法的依赖性。其具体涵义有:环境犯罪,通常以违反环境行政法上的要求或未获得环境保护行政机关的许可为前提;环境保护行政机关的行政许可或核准,往往能够排除严重危害环境行为的犯罪性;环境刑法对于犯罪的认定和处罚须参照相关环境行政法规或环境行政命令。我国《刑法》中体现出来的环境犯罪的行政从属性,大部分属于相对行政从属性,即环境犯罪的成立除了要违反行政法律规定的定性要求之外,还需要满足定量方面的要件。绝对行政从属性,是指单纯违反环境保护行政法律(包括法律、法规、规章和政府有关禁止性的规定)有关规定的行为即构成犯罪,而无须考虑犯罪构成的定量因素,或者定量因素只是作为量刑的一个情节。如我国《刑法》第341条第1款"非法猎捕、杀害珍贵、濒危野生动物罪"的规定。

环境犯罪行政从属性的从属方式,表现为环境刑法规范中的"空白罪状"。它是"刑法分则性条文中基本罪状的一种,是立法者对行为要件应参照相关规范或制度予以确定的具体犯罪构成的类型化表述"[1]。其主要表现形式有:①"违反国家规定",如《刑法》第338条"污染环境罪"的法条规定;②"违反……法规",如《刑法》第340条"非法捕捞水产品罪"的法条规定;③"违反……的规定",如《刑法》第343条"非法采矿罪"的法条规定;④"未经国务院有关主管部门的许可",如《刑法》第339条第2款"擅自进口固体废物罪"的法条规定。《刑法》第96条明确指出,本法所称违反国家规定,是指违反全国人民代表大会及其常务委员会制定的法律和决定,国务院制定的行政法规、规定的行政措施、发布的决定和命令。就我国目前的刑法规范来看,行政从属性中的"行政",指的是行政法规范和行政许可,不包括环境政策。根据本条规定,刑法参照使用的国家规定,只应限于法律及国务院做出的行政法规、行政措施、行政决定与命令,不包括地方性法规、政府规章、部门规章及其他规范性文件[2]。

空白罪状中,并非所有的具体犯罪构成要件都是空白的,只要行为要件因在刑法分则性条文中未予以表述,就属于"空白要件"。也就是说,环境刑法中的空白罪状有两种表现形式,完全空白罪状和不完全空白罪状。前者是指刑法分则条文对具体的犯罪构成行为要件未添加任何限制,而仅指出了违反的法律法规和行为要件的空白罪状。如《刑法》第344条"非法采伐、毁坏国家重点保护植物罪"的规定。后者是指刑法分则条文中对具体的犯罪构成行为要件做出类型化表述,但仍须参考其他有关的法律、法规或制度才能予以确定。如《刑法》第340条"非法捕

---

[1] 刘树德:《罪刑法定原则中空白罪状的追问》,载《法学研究》2001年第23卷2期,第40页。

[2] 庄乾龙:《环境刑法定性之行政从属性——兼评〈两高关于污染环境犯罪解释〉》,载《中国地质大学学报(社会科学版)》2015年第15卷第4期,第55页。

捞水产品罪"的规定。同时,应注意:"违反……法规"本身不能独立成为空白罪状,而是证明该条文有可能是空白罪状的标志。有"违反……法规"表述的条文并非都是空白罪状。空白罪状能独立成为罪状的根本原因,就在于刑法条文中的规定的具体犯罪构成的行为要件的确定,必须参照其他有关规范或制度,不能在刑法条文本身得到确定,而不在于刑法分则性条文是否有"违反……法规"的表述①。空白罪状具有灵活性和保护刑法典相对稳定的功能。空白罪状可以协调刑法的通识性与环境法的专业性。空白罪状可以较好地衔接刑法典与环境行政法规范。对于环境犯罪空白罪状明确性不足的问题,可以通过严格执行具有定量因素规定的条款、司法解释的补充、相对弱化环境犯罪的行政从属性、加强"但书"规定的适用、司法者法律解释能力的提升等方式予以完善②。另外,还应注意,空白罪状应当符合环境犯罪刑事政策。刑法应当重视环境法的风险预防原则,有关司法解释应在借鉴环境污染物或环境安全标准的基础上,制定环境犯罪的入罪标准,以体现重在预防的价值取向。

环境犯罪行政从属性的从属内容主要包括:术语概念的从属性,如破坏环境资源保护罪中,对于何为"环境",刑法并未做出明确说明,这依赖于《环境保护法》对"环境"的定义;行政行为的从属性,如排放、倾倒或者处置有毒物质、非法猎捕、杀害国家重点保护的珍贵、濒危野生动物等;行政法规的从属性,是指环境刑法规定中的环境破坏行为的可罚性以行政法规的违法等为前提,必须依靠其确定的这种意义上的从属性。实际上,上述三种类型的从属性,是环境犯罪行政从属性的具体化,环境刑法规范中所使用的术语概念、环境行为类型、行政法规的所指范围,必须与环境行政法之间保持静态的对应和动态的一致。

环境犯罪的行政从属性,虽然在有效支持环境行政管理,实现国家环境经济政策,支持环境保护与开发行为,保持刑法稳定性,增强刑法弹性,提高刑法打击新型环境犯罪适应力等方面,具有不可替代的作用,然而,环境犯罪的行政从属性,毕竟仅揭示了其客观方面的部分特征,若过分重视行政从属性,反而不利于环境犯罪的防控,因此,在以环境行政违法行为作为环境犯罪认定的参照基础的同时,必须对其进行刑法意义上的规范"过滤"和"提取",这样,才能更有效实现环境犯罪促进经济、社会、环境协调发展的机能。

(四)生态环境犯罪行政犯属性的"自然犯化"

传统观点认为的(刑法上)环境犯罪属于行政犯的论断,是在行政犯与自然犯或称为刑事犯的二分法基础上提出来的。然而,这种僵硬的二分法,现在却呈现出融合的趋势,环境犯罪的行政犯属性有被解构的可能。

---

① 杜琪:《论环境刑法的行政从属性》,武汉大学2010年博士学位论文,第41—42页。
② 赵星:《环境犯罪论》,中国人民公安大学出版社2011年版,第97—101页。

环境犯罪行政犯色彩的褪色,与"生态中心主义"的绿色生态观以及可持续发展观之新型环境伦理的确立有关。我国的环境伦理观正处于从"人类中心主义—生态中心主义—可持续发展观"的递次进抵与重叠交叉的复杂局面,即我国生态中心主义在还没有完全被民众普遍信仰并切实践行的同时,超越生态中心主义的绿色发展理念又扑面而来。绿色发展理念是在"可持续发展"思想的基础上发展而来的,其是以正确处理经济发展与环境保护之间关系为核心的一种新型发展思想。绿色发展理念是对可持续发展观的继承和发展,是可持续发展观的当代化、具体化和中国化。总的来说,经济社会发展理念的生态化与绿色化的色彩愈来愈浓,这些都对我国环境行政立法与执法以至环境刑事立法与司法产生了巨大影响。其突出表现为,新修订的《环境保护法》以绿色发展理念为导向,相对全面地践行了绿色发展的核心要义。在绿色发展理念的影响下,新法不仅在立法内容上有所创新,明确规定了"经济社会发展与环境保护相协调、保护优先",而且还从立法技术上予以创新,通过"立法目的+环境保护国家战略+经济社会发展与环境保护相协调策略+保护优先等原则+若干制度+违法责任"的全新立法技术,对环境保护与经济社会发展的关系问题进行了全面的立法解答,以我国环境保护领域最具基础性、综合性的立法,"牵头"贯彻了绿色发展理念[1]。

新《环境保护法》除了在总则中对环境与经济关系进行原则性调整外,还通过相关制度,落实这种新常态的"协调关系",并通过违法责任条款保障该"协调关系"在实践中的顺利实现。其还完善了相关具体制度,规定了环境保护的经济政策,同时,改革了环境质量标准的制定方法,提高了环境处罚标准,授予了环境执法部门以查封、扣押权,规定了行政考核机制、人大监督机制等[2]。

虽然,新的《环境保护法》还存在着效力等级不高、公民环境权没有得到足够凸显、没有触及环境保护监督管理体制、与相关环境法律体系之间缺乏协调、义务行为模式设置过多、处罚权未能完全下放等立法上的不足之处,以及执法中的机构设置不科学、环保执法易干预、引咎辞职难实现、强制措施有难度、公众参与难保障等问题,但毋庸置疑的是,我国新的《环境保护法》将环境保护优先作为经济社会发展的前提,把环境保护作为经济社会发展的内生动力,跨越式地提出了环境、经济、社会永续发展的目标、实现途径、实现方式与保障措施,在一定程度上克服了单纯强调"生态优先主义"对于人文关照不足的弊端,是贯彻绿色发展理念、促进经济社会可持续发展的有益的尝试与创新。这表明,社会各界对于生态环境保护的理念已经达成了基本共识。《环境保护法》作为环境刑法依据的前置法,其绿色、

---

[1] 竺效、丁霖:《绿色发展理念与环境立法创新》,载《法制与社会发展(双月刊)》2016年第22卷第2期,第185页。

[2] 常纪文:《新〈环境保护法〉:史上最严但实施最难》,载《环境保护》2014年第42卷第10期,第25页。

可持续发展的理念,必然会深刻影响到环境犯罪的行政犯属性,即环境犯罪已经造成了对于公众"绿色、永续、共享"的环境伦理道德观的侵犯,环境犯罪的自然犯化的发展趋向愈加明显。

环境犯罪的自然犯化趋向,对环境犯罪的防控产生了重大影响。大陆法系刑法理论的通说认为,违法性认识不是刑事犯故意的要件,而是行政犯故意的要件。随着环境伦理道德观的转变,环境危害行为的实行者对于其行为是否"违法"的认识可能出现偏差,司法者在认定其罪过心态时,必须对这种变化加以重视,并依此对其做出其出罪或入罪的刑法判断。司法者据此评断的标准的转变,某种程度上就是环境犯罪自然犯化的司法征表。

第三节　生态环境犯罪的特征

特征表明了一事物区别于他事物的特别显著的征象、标志①。生态环境犯罪的特征,包括了生态环境犯罪的环境生态学、社会学、环境行政法学、犯罪学与刑法学的多方面特性。对生态环境犯罪的特征进行深入分析,可以为后续生态环境犯罪的成因、对策的挖掘与整合,找寻出一条区别于其他类型犯罪的独特路径。生态环境犯罪的特征,可分为外部特征、规范特性与构成特征,其中,生态环境犯罪的外部特征与规范特性,表现为生态环境犯罪可能引致的客观方面的环境、社会损害与规范法学意义上的特有属性,而生态环境犯罪的构成特征,则是对其司法认定的刑法标准与根据。

一、生态环境犯罪的外部特征与规范特性

由于犯罪学上的犯罪概念其外延包含了立法学上的犯罪概念,且犯罪学对于环境犯罪的研究结论,可以为坏境犯罪的立法完善提供实证根据,故研究环境犯罪的犯罪学特点,是展开环境犯罪立法完善研究的重要前序性工作之一。研究环境犯罪的犯罪学意义上的特点,有助于揭示环境犯罪区别于其他类型犯罪的特性,有助于把握刑法对具体的环境犯罪设置的条件,有助于理解为什么对环境犯罪施以不同于其他犯罪的特别处遇。

(一)生态环境犯罪与科学技术、经济发展密切相关

环境犯罪与科学技术、经济发展的相生相伴、形影不离,导致了可容许理论的产生和广泛应用,一定程度的环境危害是"被允许"的。环境犯罪是有益的经济活

---

① 夏征农、陈至立:《辞海》,上海辞书出版社2009年,第2231页。

动的副产品,并非纯粹的单独的"恶"。环境犯罪大多是日常生产和生活的附随行为,是与各种创造社会财富、增进公众福利的生产活动过程中的副产品。而此种"环境风险"有时又以科学的外衣达到合法化。污染环境就是随着科技的发达引起的:一定时间产生的污物的量大于自然环境的自净能力限度。若要杜绝污染,就必须停止生产、放弃发展;要想经济发展,就必须忍受一定程度的环境污染和自然资源的消耗。这就决定了人们对环境犯罪的态度的暧昧。正是环境犯罪与其他犯罪不同,是生产和生活活动的副产品,所以环境犯罪呈现继续(持续)性、反复性发生的特点。从科技应用的角度看,环境犯罪既是科技进步的产物,又是科技不十分发达的产物。① 同时,环境犯罪的产生与加剧也是经济的产物,这主要是源于环境犯罪发生的贪利性动机,这使得环境犯罪可能引致的环境风险某种程度上成为"被容许的风险"。

尤其是在环境污染场合,环境犯罪的主体对生产或者活动过程中产生的污染物负担着一定的处理义务,但是为了降低生产成本,就不加处理地故意或者过失地直接排放污染物于自然环境之中,或者不愿投资以更新技术设备而使用落后的技术设备进行生产,造成了污染物的超标准排放或者导致了环境资源的破坏。

(二)生态环境犯罪的社会危害性极大,环境犯罪所造成的社会危害性或无法预知、弥补和逆转,有时呈现出明显的跨区域性

科学检测表明,某些污染物质,如毒性极强的杀虫剂,不仅会对当地生态环境造成危害,还会随着鸟类等动物的迁徙,对远在几千米之外的自然环境造成危害。由于这些污染物质大都不易分解,具有极强的稳定性,在经过常年积累之后能够久久存在于生态系统之中。一旦人类接触到这些有毒物质,就会对自身生命和健康造成危害。要想有些环境污染和环境破坏恢复到以前的状态简直不可能。诸如重金属污染、地下水的污染、物种的灭绝、土壤的沙漠化等都是很难恢复或者根本无法恢复的。即便在某种程度上对其进行修复,也要花费巨大的人力财力。如果污染导致了某些物种的灭绝,那就是永远都不能得到恢复。

生态犯罪的核心特征是破坏了生态系统的平衡,同时,其还通过对生物及其生存与发展的环境进行破坏而直接或间接影响到人类的利益。生态环境损害在"时间上和空间上都没有限制,不能按照因果关系、过失和责任的既存规则来负责,不能被补偿或保险"。环境犯罪行为所带来的损害既包括实际危害,例如,财产的损害、生命健康的危害,环境的破坏等,也包括对刑法所保护的法益造成的现实威胁,即虽未造成现实损害,但具有造成损害的现实可能性。这种可能的损害称之为"风险",此种风险往往具有无法预知性,一旦转化为实际的危险,它所带来的损害

---

① 牛忠志:《环境犯罪的立法完善——基于刑法理论的革新》,西南政法大学2013年博士学位论文,第12页。

将是无法弥补和逆转的。这显然是比具体的财产损失和人身伤亡更严重的后果①。

由于生态环境具有国际性,所以生态环境犯罪也具有国际性。发生在国际领域或跨国界的生态犯罪其国际性自不待言。即使是发生在一国国内,虽然对各国的危害程度因距离等情况而有差异,但是由于全球的生态环境是一个整体,此种行为仍将会危及全球的生态安全利益。跨区域环境污染这一现实的教训已深刻地告诉我们:对任何一个环境要素的污染或者破坏都会对其他环境要素产生影响,进而导致生态的平衡,引发严重的环境问题。

(三)生态环境犯罪具有环境犯罪行为的隐蔽性,侵害对象和危害后果的持续性、间接性、广泛性和不确定性,以及较高的"犯罪黑数"

环境犯罪的隐蔽性体现在四个方面。第一,环境犯罪行为作为一种社会现象以及经济现象的违法性的投射,相对于其将环境成本变相转嫁给社会从而间接地产出经济效益来说,具有相当的隐蔽性和欺骗性,不易于为人们觉察甚或被有意或无意地忽略,要进行严格的价值判断才能揭示其危害性。第二,环境犯罪行为本身具有隐蔽性。环境犯罪的主要表现形式为企业非法排污,而企业非法排污所采取的手段多是修建暗渠、暗管或采取渗透等方式。这些手段不仅能够蒙骗一般的公众,就连专业的环保监察人员都很难发现。第三,环境犯罪危害结果具有隐蔽性。传统犯罪多直接作用于被害人身体或财产,其危害后果是显而易见的。而环境犯罪产生的危害后果并不具有即时性,需要很长时间才能逐渐显现。一方面,多数环境犯罪所产生的有害物质,尤其是有害废气和废水,都通过空气、水流、土壤等介质得到了稀释,从而为环境犯罪行为人提供了天然的屏障。除非是造成了人员伤亡,一般情况下犯罪行为持续数年之久都无人知晓。另一方面,环境犯罪中所产生的有毒有害物质往往需要通过时间的积累才能达到一定的数量,从而对患者产生危害②。第四,由于各国经济发展的不平衡,发达国家采用诸如一些向欠发达国家输出"洋垃圾",兴办化工、纺织、造纸和钢铁等高污染企业这样的隐蔽性和欺骗性手段,将本应由其承受的环境损害后果以合法的方式转嫁到发展中国家,这本质上是一种环境殖民化,同时,这也是环境犯罪隐蔽性的另类表现。

环境危害的后果具有持续性。传统犯罪一般都具有即时性,即危害结果往往不存在潜伏期、也不可能持续长久地存在,而生态犯罪所造成的生态危害,如水土流失、土地沙漠化、资源枯竭、生态失衡、气候变暖、坏境污染等都要经历一定的潜伏期,即从行为发生到结果的显现要经过很长一段时期,而且危害结果出现后,又往往不会立即消失,危害长期持久地存在。环境危害后果的间接性,是指环境危害

---

① 范红霞、李巧玲:《生态风险社会背景下中国环境犯罪的刑法规制》,载《求实》2015年第1期,第85页。

② 邓琳君:《环境犯罪预防论》,华南理工大学2015年博士学位论文,第31—32页。

行为首先对环境整体构成危害,然后,再经由饮水、食物、空气等环境要素作用于人类。也可以说,环境犯罪对生命健康和财产权等传统法益的侵害具有间接性。

环境犯罪具有侵害对象和危害结果的广泛性和不确定性。首先,环境犯罪是通过环境这一中介作用于人和物,它的侵害对象比较广泛。其次,环境犯罪具有整体性和共有性,侵害行为一旦造成具体损害结果,就必然损害不特定多数人的生命健康、财产以及其他利益,程度也较严重。再次,环境犯罪所导致的犯罪后果的显现往往需经过漫长而又复杂的过程,而且,犯罪所侵害的对象在短时间内也经常难以确定。这种犯罪对象和危害结果的不确定性决定了其有可能侵害的对象的广泛性[1]。

犯罪黑数,是已经实际发生而因种种原因未被发现和未被纳入官方犯罪统计之中的那部分犯罪案件数。生态犯罪具有较高的"犯罪黑数"。由于生态犯罪具有因果关系复杂,环境危害行为具有隐蔽性,危害后果潜伏期长,行为又往往依附于被社会所肯定的追求经济利益、促进生产发展和社会物质进步的经济行为,人们往往无法深刻认识生态犯罪行为的危害性,进而意识不到生态犯罪行为的存在,当然也不会报案。即使认识到犯罪的发生并报了案,也会因为刑事追诉机关对环境科学与技术掌握的欠缺,或者缺乏危害行为是被控告人所为的直接证据,而使刑事追诉无法进行。所以,生态犯罪具有了较高的犯罪黑数[2]。

(四)生态环境犯罪的危害机理复杂,具有潜伏性、滞后性以及由此引发的危害时空的隔隙性、生态环境犯罪因果关系的复杂性,由此导致生态环境犯罪司法认定的困难

环境犯罪具有潜伏性与累积性。由于污染物的种类很多,并且污染物的性质在环境中迁移、扩散和转化。有些污染物排放需要积累到一定量或者一个阶段才能显现出来,有些污染物本身危害性不大,但与其他物质发生化学反应就生成另外剧毒物品。环境犯罪一旦既遂,一般情况下危害结果会特别严重,同时也会产生巨大的社会危害性。比如震惊世界的"八大公害"污染事件,就造成了严重的人员伤亡和重大经济损失,后果十分严重,而且要消除环境犯罪所造成的危害要相当长的时间。众所周知,对环境的污染所造成的生态环境的恢复,常常需要很长的时间,花费大量的成本,却不一定能恢复如初。而且,环境犯罪的危害行为与危害结果具有时空的间隙性。在环境污染情况下,被污染了的水域、污染的空气将顺江、河、海而下或者随风而去,其结果:破坏环境资源行为所造成的危害往往踏出国门,漂洋

---

[1] 王蕴哲、翟子羽:《环境犯罪的刑罚配置与完善》,载《人民论坛》2013年第5期,第122页。

[2] 张敏:《生态犯罪研究》,中国政法大学2004年硕士学位论文,第19页。

过海,或者跨国联洲①。

导致环境遭受污染或破坏的原因复杂多样,危害后果的发生可能基于多种因素或条件,污染型生态犯罪更是如此。

首先,对于排放的物质的危害性确认困难。许多物质是否有危害性在当时的知识水平下可能未有定论,而污染物在进入环境后,经历物理的、化学的及生物学的作用,与环境中不同的物质之间累加、相克、协同增效作用,形成种种多层次的次生物质。对于这些新形式的物质危害及转化机理效应更是无法了解。其次,行为与危害结果之间关系错综复杂,一因多果、多因一果、数因数果的情形普遍存在,在污染行为实施的当时危害行为与危害结果具有明显跨地区性,而且有些污染物质是否能导致某种危害结果在科学上无法证明。最后,危害结果呈现复杂性。由于生态环境自身的复杂性,同样的原因可能产生不同的结果样态。疫学的因果关系理论、间接反证法、因果关系推定法虽然已被多数国家刑法所采用,但也难以保证不出现认定失实的情况。

由于生态犯罪侵害的法益是生态安全,其危害生态安全的行为又必须达到一定的严重程度,包括情节严重、后果严重。由于利益驱动和出于对地方经济发展的扶持保护的考虑,面对污染生态环境和破坏生态环境的犯罪,有关行政管理部门往往不愿管、不敢管,听之任之,或者采取行政处罚、赔偿等方式予以处理,罚不当罪,失之于宽。司法机关在查办生态犯罪案件时存在一定的取证难、鉴定难与认定难情况,其主要原因有:一是查处生态犯罪案件的线索依赖于环保职能部门提供,即使是公安机关主动发现的线索或群众举报的线索都需要依靠环保部门监测机构出具权威监测报告,认定是否够得上刑事立案标准;二是环保部门向公安部门移交的作为证据的监测结论,要申请省级环境保护行政主管部门的认可;三是查办生态犯罪案件涉及很强的技术性因素,公安机关缺乏这方面的专业人才,给查处生态犯罪案件的工作带来一定的困惑,这也是惩治生态犯罪不力的重要因素。公安机关只有与环保部门加强协作与配合,相互支持,才能取得良好的实效②。

(五)生态环境犯罪的道德谴责性不强,犯罪实施者具有侥幸心理,罪责感淡漠

环境危害行为的施行者罪责感淡漠的原因之一,是生态环境犯罪实施者具有逃避处罚的侥幸心理。生态犯罪呈现出的复杂性、抽象性以及社会对该类行为所持的矛盾心理与司法机关的态度,对危害环境行为的实施产生了消极的促长心理,行为人觉得反正危害环境行为难以发现,发现也是自己运气不好或者即使发现也不会遭到严惩,与其羞羞答答,不如明目张胆,带着逃避法律制裁的侥幸心理恣意

---

① 牛忠志:《环境犯罪的立法完善——基于刑法理论的革新》,西南政法大学 2013 年博士学位论文,第 11 页。
② 邓国良:《生态犯罪惩治与预防的路径之思考》,载《理论导报》2014 年第 1 期,第 31 页。

违反环境法规。

依据传统观点,环境犯罪就是属于与道德无关的"法定犯"。可以说,较之杀人、抢劫犯罪来说,公众对环境犯罪所带来的危害给予了很大的包容。有人认为要想发展经济,提高生活水平,就必须大力发展工业,至于其所带来的一些负面后果可以忽略不计。他们认为环境犯罪行为并非纯粹的恶意加害,而是为了发展经济和改善生活产生的附随品。同时,对于环境危害行为的犯罪化并加以处罚,还受公众环境知识水平、对环境危害的认同等因素的限制。因此,他们认为要想发展经济就必须忍受环境污染所带来的危害。这种对环境犯罪的暧昧态度决定了环境犯罪的道德谴责性不强。此外,环境犯罪具有一定的复杂性,而公众环境知识水平有限,并不能很好地认识到环境犯罪所带来的危害。这也是导致环境犯罪缺乏明显道德谴责性的重要原因。环境犯罪的这种与经济发展、经济活动相伴而生的特性,以及环境犯罪对生命健康和财产权等传统法益侵害的间接性,是许多环境犯罪缺乏明显的道德谴责性的主要原因[①]。近年来,随着自然环境的日益恶化,人们逐渐意识到良好生活环境的重要性,因而对环境犯罪所带来的危害有了更切身的体会,也因此对环境犯罪行为有了更多的谴责。这就是刑法理论中所说的"法定犯的自然犯化"。

(六)生态环境犯罪主体具有广泛性,大部分为单位犯罪,生态环境犯罪被害人具有特殊性与复杂性

生态犯罪的主体包括自然人、单位和国家。国家只在特定的国际环境污染责任中构成环境犯罪的主体。如国际性的海洋污染、大气污染、酸雨、外层空间的开发与利用产生的污染、核能利用所造成的污染以及污染转嫁等。但是国家主体承担刑事责任的方式比较特殊,只能承担道歉、终止不法行为、赔偿等,不能对其施以自由刑与生命刑。生态环境犯罪与人类的经济活动关系密切。大量的污染生态环境和破坏性开发、利用自然资源都是由公司、企业或其他经济组织在生产经营过程中违法造成的。而对珍稀、濒危野生动物的捕杀,有组织犯罪首当其冲。环境犯罪的主体以单位犯罪为多[②]。环境问题与经济活动和技术运用的密切关联性,使其更有经济动机、组织能力、技术实力去实施环境犯罪,这客观上导致环境危害事件的单位主体多于自然人主体。当今社会,人类的生产活动的社会化趋势日益加剧:由分散的小规模的个体生产,转变为集中的大规模的社会生产;生产的社会化趋势导致了社会化的大生产;在生产社会化的前提下,"大生产"显然是指社会化程度高、规模大。这是社会的进步、社会分工越来越细的必然结局。生产的社会化和社

---

① 牛忠志:《环境犯罪的立法完善——基于刑法理论的革新》,西南政法大学2013年博士学位论文,第13页。

② 刘晓莉:《生态犯罪立法研究》,吉林大学2006年博士学位论文,第127页。

会化的大生产,决定了环境犯罪的主体以单位犯罪为多,尤其是污染类环境犯罪或者大型的资源破坏性环境犯罪。环境犯罪的主体包括公司、企业、事业单位、机关、团体等。

与传统犯罪被害人相比,环境犯罪中的自然被害人呈现其特殊性,这种特殊性体现在三个方面:①环境犯罪被害人范围的难以确定性;②环境犯罪被害人主体构成的复杂性,环境犯罪被害人除了传统意义上的自然人,还包括一些极为特殊的主体,如还未出生的后代人使用环境要素的能力;③环境犯罪被害人的群体性,而且被害人在相当大程度上属于缺乏侵害抗拒能力的社会弱势群体,较之传统犯罪,环境犯罪涉及面更广。近年来,我国环境犯罪由城市向农村蔓延,由东部向西部转移,其危害后果也主要由社会弱势群体承担。这些弱势群体被害后的恢复能力和维权能力弱。相反,环境犯罪中的加害方多为有一定社会影响力,在经济、科技、信息甚至法律地位上都有优势的企业或企业集团。

环境犯罪被害人的复杂性,是指被害人主体除了可以是当代自然人外,还可能是单位、国家,甚至是"全物种"。国家被害的情形,如在"洋垃圾"进口事件中,国家为保障我国民众的生命财产安全而处置洋垃圾而动用国家财政,最终受害人是国家。全物种被害的情形:随着科技的日新月异,人类征服的足迹已向大洋深处、地球两极和外层空间延伸,如影随形的,是环境污染问题。上自大气高层下至地下水,从城市到乡村,从陆地到海洋,从动物到植物,甚至从人迹罕至的南北极到大洋深处,都检测出污染物质。这些环境犯罪的被害人很难说是哪个人、哪个团体或哪个国家,因此这类被害人明显是全物种[①]。

二、生态环境犯罪的构成特征

生态环境犯罪的构成特征,是指对严重环境损害行为进行犯罪认定,并使其区别于其他犯罪所采用的刑法标准或者规格。对环境犯罪的成立条件进行刑法学上的界定,是确立环境犯罪多元防控体系需要考虑的物质基础,也是环境犯罪的预防机制得以良性运行的刑法保障。按照我国刑法学界通行学说的观点,认定与处罚生态环境犯罪的刑法学标准,是由犯罪客体、客观方面、犯罪主体、犯罪的主观方面构成的环境犯罪"四要件犯罪构成体系"。

(一)客体要件

犯罪客体,是指刑法所保护而为犯罪行为所侵犯的法益。因而,环境犯罪的客体,是指环境刑法所保护而为环境犯罪行为所侵犯的法益,法益就是指法(律)所保护的利益或价值。环境犯罪作为类罪名,其侵犯的客体应是将所有环境犯罪高

---

① 李华:《环境刑事诉讼启动程序研究》,中国海洋大学2012年博士学位论文,第24页。

度概括后所形成的一个比较抽象的同类客体。刑法理论上对于环境犯罪之客体的讨论,一般指的是环境犯罪的同类客体。

我国刑法学界早年环境犯罪客体的观点主要有:公共安全说(即不特定的多数人的生命、健康和公私重大财产的安全)、环境保护管理制度说、环境法律关系说、环境社会关系说、双重客体说(如生态关系与社会关系)、复杂客体说(环境权+健康权,或者所有权+人身权+环境权,国家环境资源保护管理制度+生命、健康和重大公私财产安全)、环境权说[①]。

近几年,我国学界或者提出了具有新的含义的环境犯罪的客体,或者对以往环境犯罪客体的含义进行了重新阐释,比如,提出了环境犯罪的同类客体是环境利益、环境犯罪的客体是环境权、环境犯罪客体应当是复杂客体、生态犯罪的客体应当是生态安全等等。

上述学说从不同视角对环境犯罪的客体进行了多元面向的界定,体现了论者不同的价值取向,相对来说,环境权说处于多数说的地位。笔者认为,不管是环境关系说、环境秩序说、环保制度说、公共(生态)安全说、人类利益说,还是上述学说的折中或者综合说,都可以归结为人类在良好的生态环境下生产生活的权利。所有外在行为对于环境生态本身或者对于人类自身权益的侵害,都会直接或者间接影响着人类的生存繁衍和发展,完全脱离人类的生存发展来抽象地谈论或者认定环境利益,是环境关照的滥情与环境民粹主义的表现。因此,环境犯罪的客体应界定为公民的环境权,这里的环境权是以人类的利益为核心的,蕴含有自然属性与法律属性,是涵括自然法与制定法意义上的环境权,是蕴含着人类生态权利与环境法益的双重权益,是自然人享有适宜、健康和良好生活的环境,以及合理利用环境资源促进自身生存、完善和可持续发展的基本权利。

环境权的内容包括实体上的公民生命权、健康权、财产权、日照权、通风权、安宁权、清洁空气(水)权、观赏权,以及利用或享用其他环境要素的权利,以及程序上的环境权包括环境知情权、环境参与权与环境救济权[②]。环境权的主体为当代自然人,不包括非人类体、单位(法人)及其他组织、国家。从功能上看,环境权兼具生态功能和财产功能;从内容上看,环境权是精神权利和物质权利的统一。环境权包括环境享受权以及与之有关的生命权、健康权和财产权。环境权的对象是环境,其是指与人类生活密切相关的、影响人类生存和发展的各种天然的和经过人工改造的具有审美价值的自然因素的总体[③]。

[①] 刘斌斌、李清宇:《环境犯罪基本问题研究》,中国社会科学出版社2012年版,第106—109页。

[②] 蒋兰香:《环境刑法》,中国林业出版社2004年版,第58页。

[③] 李希慧等:《环境犯罪研究》,知识产权出版社2013年版,第63、67页。

(二)客观方面

环境犯罪的客观方面表现为:违反有关环境保护的法律规定,污染或破坏环境组成要素,危害人类生命、健康的行为①。环境犯罪的客观方面包括环境犯罪的行为模式、危害结果、因果关系、客观形态等,另外环境犯罪作为法定犯的一种,还具有作为行政从属性表现之一的空白罪状(本章将其置于环境犯罪的规范属性内容中进行探讨)。

1. 行为模式

依据不同分类方法以及观察视角的不同,环境犯罪的行为模式可以从不同侧面进行分析。这种行为可以是作为,也可以是不作为。主要观点如下。

(1)环境犯罪行为可分为两类。①污染环境犯罪,即自然人或法人非法向环境输入大量物质或能量,超过了环境的自净、调节机能,引起环境质量下降,造成严重或有造成严重后果的危险行为,如污染大气罪、污染水域罪、污染陆地罪等;②破坏环境犯罪,即自然人或法人在开发利用自然环境的活动中,非法从自然界取走某些资源、物种、改变或破坏自然环境的原有面貌、形状以及其他非排污性活动,超过了环境的自我调节及平衡机能,情节严重的行为,如非法捕杀野生动物罪、非法砍伐野生植物罪、盗伐滥伐林木罪、破坏草原罪、破坏矿藏资源罪、破坏水产资源罪、破坏名胜古迹罪、破坏特定景观罪等②。

(2)在现行法中,根据环境刑法规范的保护目的以及危害行为和危害结果的组合形式,可将环境犯罪分为三种类型。即污染型环境犯罪(第338条、第339条第1款、第339条第2款),破坏自然资源型环境犯罪(第342条、第343条、第345条第1~3款)和危害生态安全型环境犯罪(第340条、第341条、第344条)③。

(3)按照其对环境损害的程度与其可能造成的环境利益损害的样态进行划分,可将环境犯罪行为分为三类:污染环境行为、破坏环境行为、违反环境监管秩序的行为。

环境污染是指由于人们在生产建设或者其他活动中产生的废气、废水、废渣、粉尘、恶臭气体、放射性物质以及噪声、振动、电磁波辐射等对环境的污染和危害,使环境质量恶化,影响了人体健康、生命安全,或者影响了其他生物的生存和发展以至生态系统良性循环的现象。

环境破坏指由于人们对环境不合理的开发利用活动所造成的现象,如水土流失、土地沙漠化、耕地锐减、森林蓄积量下降、矿藏资源遭破坏、地面塌陷、水源枯

---

① 赵秉志等:《环境犯罪比较研究》,法律出版社2004年版,第47页。
② 李卫红:《环境犯罪论》,载《烟台大学学报(哲学社会科学版)》1996年第9卷第2期,第23页。
③ 李希慧等:《环境犯罪研究》,知识产权出版社2013年版,第70页。

竭、野生动植物资源和渔业资源日益减少等①。主要罪名有非法捕捞水产品罪,非法猎捕、杀害珍贵、濒危野生动物罪,非法收购、运输、出售珍贵、濒危野生动物、珍贵、濒危野生动物制品罪,非法狩猎罪,非法占用农用地罪,非法采矿罪,破坏性采矿罪,非法采伐、毁坏国家重点保护植物罪,非法收购、运输、加工、出售国家重点保护植物、国家重点保护植物制品罪,盗伐林木罪,滥伐林木罪,非法收购、运输盗伐、滥伐的林木罪,走私珍贵动物、珍贵动物制品罪以及走私珍稀植物、珍稀植物制品罪。

违反环境监管秩序的行为,是指非法转让、倒卖土地使用权罪,违法发放林木采伐许可证罪,环境监管失职罪,非法批准征用、占用土地罪,非法低价转让国有土地使用权罪和妨害动植物防疫、检疫罪。

(4) 依据环境犯罪行为是否一定要以违反环境行政法规为前提,环境犯罪的立法规定方式为:依附型、交叉型、独立型。

依附型的立法模式强调环境犯罪行为的成立以违反环境行政法规为前提,只要某一主体实施了违反环境行政法规的行为,就意味着实施了环境犯罪行为。根据所违反的环境行政法规不同,依附型的立法模式所规定的环境犯罪行为可以分为三种类型:①没有经环境准入许可的环境犯罪行为;②违反环境规划、监控、检测的环境犯罪行为;③违反其他环境行政法规的行为。

交叉型的立法模式要求构成环境犯罪的行为一方面要具备行政违法性,也即行为必须首先或是违反了环境行政法规,或是不具备特定的环境准入资质;另一方面,还要求该行为造成了环境的危险或者危害。

独立型立法模式,是指某些特定的环境犯罪行为不以违反环境行政法规为前提,只要证明特定的行为引起了环境污染的结果,就可以认定环境犯罪行为成立。从目前各国立法来看,采用这种模式的条款很少。

不同形式的环境犯罪行为的严重程度亦有所不同。独立型的立法模式所规定的环境犯罪行为最为严重,而交叉型次之,依附型大致属于行政犯的范畴,从而形成前后衔接的环境犯罪行为体系。反观我国《刑法》第338条至第345条有关破坏环境资源保护的犯罪,从行为的规定方式上看,基本上都采用"交叉式"的立法模式,也就是说,环境犯罪行为的构成既要违反有关的行政法规,又要达到违反刑法的程度②。

笔者认为,可以从两个层面来理解与界定环境犯罪的行为模式。第一个层面,依据环境犯罪行为与环境行政违法行为的关系,将环境犯罪行为分为依附型、交叉型、独立型,首先确定环境犯罪的规范属性,为环境犯罪客观方面的要件认定确立

---

① 韩德培:《环境保护法教程》,法律出版社2012年版,第4页。
② 张旭、高玥:《环境犯罪行为比较研究——以刑事立法为视角》,载《吉林大学社会科学学报》2010年第50卷第1期,第120页。

依据与参照物。第二个层面,基于构建全方位、多层面环境犯罪防控体系的需要,坚持广义环境犯罪的学术范畴,将属于我国刑法典其他章节关涉环境犯罪的罪名也纳入环境犯罪的范围①。这样,环境犯罪的行为模式就包括了四种行为模式:①破坏生态环境资源的行为;②污染环境的行为;③危害生态安全型环境犯罪(第340条、第341条、第344条);④违反环境监管秩序的行为(仅包括国家工作人员职务犯罪的部分)。

我国刑法对于环境行为模式的规范规定存在着诸多问题,主要表现为:行为类型缺少环境犯罪危险犯的设定、行为对象涵盖范围不足,对破坏或污染湿地资源、造成土地严重沙化和盐碱化的行为以及噪声污染尚没有纳入刑法调整的范围;环境犯罪行为模式的体系地位被错置,使得非法转让、倒卖土地使用权罪,非法批准征收、征用、占用土地罪,违法发林木采伐许可证罪,非法低价出让国有土地使用权罪,以及走私珍贵动物、珍贵动物制品罪,走私珍稀植物、珍稀植物制品罪,走私废物罪等被规定于其他章节的犯罪中②。对此,应对刑法典中破坏环境资源犯罪的有关规定进行立法上的修改。

2. 客观形态

故意犯罪在施行过程中可能会受到各种因素的影响和制约而停止下来,呈现出不同的表现形态和结局,这些不同的表现形态和结局,就是故意犯罪的停止形态。其又可分为故意犯罪的完成形态(即犯罪的既遂形态)与故意犯罪的未完成形态(又可分为犯罪的预备、未遂、中止形态)。依据我国刑法的通行观点,犯罪既遂形态的类型包括结果犯、行为犯、危险犯、举动犯。结果犯,是指不仅要实施具体犯罪构成客观要件的行为,而且必须发生法定的犯罪结果才构成既遂的犯罪。行为犯,是指以法定犯罪行为的完成作为既遂标志的犯罪。危险犯,是指以行为人实施的危害行为造成法律规定的发生某种危害结果的危险状态作为既遂标志的犯罪。举动犯,也称即时犯,是指按照法律规定,行为人一着手犯罪实行行为即告犯罪完成和完全符合构成要件,从而构成既遂的犯罪③。

我国《刑法》中的环境犯罪包括环境本体犯罪和环境关涉犯罪。环境刑法规制和防范的对象,既包括已造成的实害或已经高度现实化的危害,也包括环境危害行为可能引起的慢性危害和远期危害。实害犯较之危险犯来说,显然将环境危害行为的处罚时间推后,处罚的范围也较危险犯收窄。实害犯虽然强化了刑法的惩

---

① 王运召:《环境犯罪分级惩罚机制与二元制裁体系的对接与协调——基于环境损害程度的"量定"》,载《郑州大学学报(哲学社会科学版)》2016年第3期,第20页。

② 张旭、高玥:《环境犯罪行为比较研究——以刑事立法为视角》,载《吉林大学社会科学学报》2010年第50卷第1期,第121页。

③ 高铭暄、马克昌:《刑法学》,北京大学出版社、高等教育出版社2016年,第149页。

罚功能,但却弱化了刑法的预防功能①。再加上我国环境问题的严峻性以及环境本身价值的充分考虑,以及仅以行为完成作为环境犯罪行为犯定罪模式可能导致环境危害的无可挽回性,增设危险犯是环境犯罪刑事立法修正的当务之急。当然,鉴于环境危险犯设置可能引致的重刑主义风险,限定环境犯罪危险犯的入罪范围是非常必要的。具体来说:

(1)对环境污染方面的犯罪,应规定危险犯的犯罪形态。根据《刑法》第338条的规定,重大环境污染事故罪是结果犯,以向土地、水体、大气排放、倾倒、处置危险废物的行为造成重大环境污染事故,致使公私财产遭受重大损失或者人身伤亡的严重后果为该行为构成犯罪的必要条件。如果没有发生污染事故,则该行为不构成犯罪,如此规定不利于保护生态环境,应借鉴外国刑事立法经验,将环境污染方面的犯罪修改为危险犯的犯罪形态较为适宜,这里的"危险",指的是违反国家规定,向土地、水体、大气排放、倾倒、处置危险废物,有可能造成范围广、程度深的环境污染或破坏,或者可能给他人生命、健康和公私财产造成严重的危险。污染环境犯罪造成的危险状态是"具体的危险状态",具有可预测性,是客观存在的,而不是主观臆想的。

(2)对环境废物方面的犯罪,也应规定危险犯的犯罪形态。根据有关环境犯罪危险犯的设置,从惩治环境犯罪的需要和现实出发,宜将走私废物罪中的"情节严重",擅自进口固体废物罪中的"造成重大环境污染事故,致使公私财产遭受重大损失或者严重危害人体健康"修改为"足以严重危害环境,损害国家和公民环境利益";将非法处置进口的固体废物罪修改为危险犯,同样也增加"足以严重危害环境,损害国家和公民环境利益"。这样,既有利于保护环境,又使得三个犯罪行为具有内在的统一性,也有利于提高司法效率②。同样,这里的"足以"表明,关于环境废物方面的危险犯应规定为具体的危险犯。

(3)在犯罪形态上也应当注意差别化问题。污染型环境犯罪是向环境输入污染物超过环境承载能力而破坏环境平衡的行为,存在环境自净能力的缓冲区域,宜设置为具体危险犯;破坏型环境犯罪从环境中攫取过度资源而导致环境系统失衡的行为,环境受到损害后往往难以自我修复或修复周期较长,宜设置为情节犯,并根据具体情况不同分别规定具体危险犯和实害犯③。

3.因果关系

刑法上的因果关系是危害行为与危害结果之间的引起与被引起的关系,环境

---

① 陈晓明:《环境刑法论纲》,载《法治研究》2015年第2期,第25页。

② 赵秉志:《环境犯罪刑法立法完善研究》,载《中国环境法治》2008年第1期,第223—224页。

③ 钱小平:《环境刑法立法的西方经验与中国借鉴》,载《政治与法律》2014年第3期,第141页。

犯罪的因果关系是指由环境危害行为所引致的环境危害结果或者由其产生的环境法益受到侵害之危险或威胁的关系。由此,基于与结果犯分类相对的行为犯的认定中,就不存在其因果关系之说。这里对于环境犯罪之因果关系的讨论,都是在司法适用上的意义上进行的。

对于直接破坏自然环境的犯罪来说,由于其是直接借由环境危害行为对环境要素进行侵害,由此引致的破坏环境危害行为的物化特质及其与危害结果之间的直接关联性、即时性、(大部分破坏环境犯罪)有形性,通过社会一般人认识的"常识、常理、常情",一般适用传统的因果关系理论,就可以相对容易地判断出因果关系的具体情态。而违反环境监管法规的环境危害行为,所造成的环境法益侵害的危险,在环境犯罪刑事立法上,已被推定为一定会对相应的环境法益造成危险或威胁,并且直接违反环境保护管制的犯罪,要求危害行为"情节严重"才成立,进而,判断行为本身情节的轻重即可①。然而,污染环境型犯罪与上述两种类型的环境犯罪存在不同的罪责结构,即污染环境行为与环境危害结果之间的关系,存在间接性、危害后果显现的滞后性、关联度的薄弱性、隐蔽性以及较高的技术牵涉特征。有鉴于此,对环境污染型犯罪的因果关系认定进行深入探讨,是十分必要的。

污染环境犯罪的因果关系比较特殊、复杂,具体表现有:①造成环境污染的原因物复杂多样,同一危害后果可能是由数个不同行为主体排放污染物所引起;②各种污染物排入环境后,它们相互之间以及它们与各种环境要素之间会发生诸如毒理与病理转化、扩散、活性增减、生物降解和积累等化学、物理、生物的反应和作用;③许多环境污染行为不是即时完成,而是持续久长。环境危害后果的发生与环境污染违法行为实施之间间隔较长,因果关系呈现出不紧密性和隐蔽性②。

环境犯罪特殊的发生机理使因果关系具有了隐蔽性、复杂性、高科技性等特点,无法适用传统刑法因果关系论——如条件因果关系、相当因果关系等查明从污染源排放直至污染结果发生的具体经过。因此,刑法意义上的因果关系的认定需依据刑事政策的需要和刑法的规范特征,对前置性的民事侵权因果关系论进行必要的刑事改造。因此,也就有了当今在学界取得共识的疫学因果关系理论与间接反证以及推定规则的适用③。

疫学因果关系主要是为了解决公害犯罪的因果关系而提出的。疫学,是研究疾病的流行、群体发病的原因与特征,以及预防对策的医学分支学科。与临床医学以诊断、治疗单个患者为目的相对,疫学以多数群体为对象,通过调查疾病的发生状态,探讨该疾病的存在原因、扩散过程及预防方法。其对原因的解明有助于刑法

---

① 侯艳芳:《环境犯罪构成研究》,山东大学2009年博士学位论文,第102页。
② 李卫红:《环境犯罪论》,载《烟台大学学报(哲学社会科学版)》1996年第2期,第23页。
③ 李希慧等:《环境犯罪研究》,知识产权出版社2013年版,第82页。

因果关系的认定。根据疫学理论,符合以下四个条件就可以肯定某种因子与疾病之间具有因果关系:①该因子是在发病的一定期间之前起作用的因子;②该因子的作用程度越显著,患病率就越高;③该因子的分布消长与疫学观察记载的流行特征并不矛盾;④该因子作为原因起作用,与生物学并不矛盾。概括起来说,某种因子与疾病之间的关系,在医学上、药理学上即使得不到科学证明,但根据大量的统计、观察,能说明该因子对产生疾病具有高度的盖然性,就可以肯定其因果关系[①]。然而,疫学的因果关系理论只是解决了认定公害犯罪的所遵循的标准问题,在刑事司法实践中,仍需要相应的证明方法来依据本准则证实环境危害行为与危害结果之间的因果关系。

笔者认为,因果关系推定原则中的推定,不是举证责任倒置下的完全推定,而是控诉方在对因果关系的证明程度客观上无法达到科学证明的前提下,对高度盖然性因果关系所给予的一种法律肯定。利用推定的方法只不过是对因果关系的证明方法,推定规则的适用依据仍然是疫学因果关系的理论支撑。对环境犯罪因果关系进行推定时,还必须保证对环境犯罪因果关系的认定合乎现有的科学法则与流行病学知识,不与之相矛盾和冲突。环境犯罪因果关系推定原则并非有罪推定,而是因果关系存在可能性的增强。既然环境犯罪因果关系推定只是证明程度的推定,且以科学的疫学理论和反证理论作为支撑,推定法则显然没有超出罪刑法定和无罪推定的范围,应该符合法律的要求。

(三) 主体要件

关于环境犯罪的犯罪主体的讨论,主要聚焦于对具体环境罪名中自然人犯罪主体的身份、国家机关与单位犯罪的认定,以及国家能否成为环境犯罪主体的论争。

1. 环境犯罪的自然人主体

环境犯罪的自然人主体,是指具备刑事责任能力、实施了危害环境行为且应当承担刑事责任的自然人。《刑法·分则》第6章第6节"破坏环境资源保护罪"中的所有犯罪都可由自然人实施,即只要年满16周岁且具有刑事责任能力的自然人,就可成为上述犯罪的主体。而且,除了破坏性采矿罪外,其余犯罪的主体均为一般主体。破坏性采矿罪的犯罪主体限于取得采矿许可证的自然人和单位,只能是特殊主体。这意味着,没有取得采矿许可证的自然人不能构成该罪[②]。我国刑法典规定的环境犯罪中的非法转让、倒卖土地使用权罪,非法批准征用、占用土地罪,非法低价转让国有土地使用权罪,环境监管失职罪以及违法发放林木采伐许可证罪的犯罪主体只能是自然人。环境犯罪其他罪名的犯罪主体则既可以是自然

---

① 张明楷:《外国刑法纲要》,清华大学出版社2007年,第130页。
② 蒋兰香:《环境刑法》,中国林业出版社2004年版,第95页。

人,也可以是单位。我国《刑法》第407条、第408条、第410条规定的犯罪主体要求具有特殊的身份。第407条规定的违法发放林木采伐许可证罪的主体必须是林业主管部门的工作人员,第408条规定的环境监管失职罪的主体必须是负有环境保护监督管理职责的国家机关工作人员,第410条规定的非法批准征用、占用土地罪和非法低价转让国有土地使用权罪的主体必须是国家机关工作人员[①]。

2. 环境犯罪的单位主体

环境犯罪的单位主体,是指实施了危害环境犯罪行为,应当承担刑事责任的公司、企业、事业单位、机关和团体。在法律上不具有独立责任能力的组织,具有独立法律责任能力的单位内部的二级单位、内部机构、附属性组织等都不能成为环境犯罪的单位主体。对于上述情形,应当对实施严重环境危害行为的自然人直接依照刑法的相关规定处罚,或者对该组织所属的具有独立法律责任能力的单位处罚。应注意的是,这里的单位包括一人有限责任公司和国家机关。

作为破坏环境资源保护罪的单位主体,其成立的条件必须具备以下三点:①破坏环境资源罪的行为的实施必须出自单位的整体意志;②破坏环境资源保护罪的行为人,只能是单位直接负责的主管人员和其他直接责任人员;③破坏环境资源保护罪的行为人是为了单位的利益而实施的,否则其就属于自然人犯罪。在破坏环境资源保护罪中,所谓"直接负责的主管人员",是指代表单位做出实施破坏环境资源保护罪的决定,并直接策划、指挥、组织或者实施该类犯罪的单位内部的领导人员。"其他直接责任人员",是指在直接负责的主管人员的授意、组织、指挥下,积极参与单位破坏环境资源保护的犯罪活动,对犯罪的实施、完成起积极推动作用的单位内部成员。由于单位过失犯罪对危害结果持否定态度,其内部责任人员具有不同于故意犯罪的特点,因此,在过失污染环境的犯罪中,"直接负责的主管人员"是指在业务活动中,疏忽大意或者过于自信,做出错误决策、决定,或者直接指挥、命令单位内部工作人员实施导致污染环境结果发生的行为的单位内部的领导人员;"其他直接责任人员"是指在业务活动中,在直接负责的主管人员的指挥、组织、命令下,其行为直接导致污染环境结果发生的单位内部成员。一般来讲,"直接负责的主管人员"多为单位内部的高级管理人员,"其他直接责任人员"多为单位内部的中低级管理人员或一般职员[②]。直接负责的主管人员的认定要求相关主管人员或者说领导人员需具备避免环境危害的"注意义务"。"其他直接责任人员"的认定也要求其具备避免环境危害的"注意义务"。

---

① 侯艳芳:《环境犯罪构成研究》,山东大学2009年博士学位论文,第113页。
② 李永升:《破坏环境资源保护罪的构成特征探究》,载《现代法学》2005年第27卷第2期,第135页。

3. 法理上一般认为国家不能成为国内法的犯罪主体

但国家能否成为国际环境犯罪的主体,目前尚处于争论之中。但是,国家究竟以何种形式承担违反国际义务的犯罪的刑事责任,以何种方式承担这种责任,国际社会尚未取得一致见解。从有关国际条约、惯例和国际实践中可以看出,国家责任形式主要有终止不法行为、赔偿、恢复原状、补偿、道歉、保证不再重犯和国际赔偿。国家刑事责任的主要形式,有学者认为应是限制主权、恢复原状、赔偿和道歉①。

国家作为抽象的实体本身没有意识,根本不可能承担剥夺生命刑、剥夺自由刑的刑罚处罚。国家的刑事责任与国家的责任并非同一概念,要求国家终止国际犯罪行为、赔礼道歉并保证不再重犯、赔偿、罚金、没收财产、国际制裁、剥夺国际社会成员身份以及限制主权等方式,除了罚金外,都不具有刑事制裁性质,都不是刑罚,也就根本不是国际犯罪刑事责任的承担方式。国际犯罪中国家不能承担刑事责任,但并不免除国家的一般国际责任②。现有的国际刑法公约中,尚未出现过把国家作为国际犯罪主体的明文规定。国际法委员会《关于国际责任的条文草案》至今都未在联合国大会上通过。且该条文草案所提出的国家刑事责任的主张,在各国代表及国际刑法领域的转嫁学者之间均存在诸多争论③。因此,国家目前还不能成为国际法上的刑事责任主体,但可以承担国际法上的民事责任。

虽然未来将国家作为国际环境犯罪的犯罪主体是必要且可能的,但国际环境刑事立法和国际刑事司法的现状,以及国际政治经济实力的强弱对比,却提醒我们,将国家作为国际环境犯罪的主体,可能会面临立法匮乏和司法判决执行无力的双重困境。如果最基本的国际法原则被强权和霸权国家肆意践踏,从国际环境刑法上确立国家应当承担国际环境犯罪的刑事责任这样一个原则,只能为强权和霸权国家在环境领域的为所欲为提供进一步的借口。一些学者坚持的"终止不乏侵害""恢复原状""罚金"等所谓针对国家作为犯罪主体的国际环境犯罪的国际刑罚手段,也只能对弱国实施,因为这些都需要外交手段的配合,而"弱国无外交"的局面近年来非但没有改观,反而有加剧的趋势④。

(四)主观方面

根据对于我国《刑法》中规定的环境犯罪罪名的当然解释,环境犯罪包括故意犯罪和过失犯罪两种情况。环境故意犯罪中大多数追究经济利益的动机,使得间

---

① 赵秉志、王秀梅:《国际环境犯罪与国家刑事责任的承担》,载《法学》1998年第4期,第24页。

② 王虎华:《国家刑事责任的国际法批判》,载《上海社会科学院学术季刊》2002年第4期,第83页。

③ 刘斌斌、李清宇:《环境犯罪基本问题研究》,中国社会科学出版社2012年版,第82页。

④ 郭建安、张桂荣:《环境犯罪与环境刑法》,群众出版社2006年版,第262页。

接故意犯罪占了绝大部分,同时,也不能排除行为人基于仇视社会、泄愤、想出名等扭曲心理,而成立直接环境故意犯罪的情况。有学者认为,抗拒环保监管罪的主观方面通常表现为直接故意,破坏资源罪的主观方面以间接故意为主,而污染环境犯罪的主观方面则往往是一种类似于传统的过于自信的过失。在环境犯罪的四种分类中,抗拒环保监管罪是典型的行为犯。抗拒环保监管罪的主观方面只能是直接故意。破坏资源犯罪的主观方面不适宜规定为过失犯罪,而至少是间接故意才能定罪。污染环境犯罪的主观方面应当规定过失犯。污染环境犯罪的主观方面通常是过于自信的过失。犯罪过失在构成上主要可以概括为预见义务和规避义务两个主观因素。在环境犯罪,将污染环境犯罪的犯罪形态规定为危险犯,而将其主观方面规定为过失犯,符合整个刑法理论的发展趋势①。

还有观点认为,环境犯罪的心态中包括有"双重罪过"的情形,如污染环境罪的罪过心态即为"双重罪过","故意和过失"应为本罪的构成要件的主观要素②。相反的观点认为,司法解释关于污染环境罪共同犯罪的规定与最高院公布的环境犯罪典型案例的裁判文书,证明了该罪系故意犯罪的结论。通过过失心态观点和混合心态观点的"破"与故意心态观点的"立",得出污染环境罪无论在立法上还是在司法上都是故意犯罪的结论③。笔者认为,依据我国现行刑法的规定,贸然地引入"双重罪过"或"复合罪过"的观点,缺乏法律与实证方面的支撑,是不妥当的,依据现行刑法的通行学说,可以认定污染环境罪的罪过心态为故意,包括直接故意和间接故意。

上述对于环境犯罪之罪过的认定,是在有关为行为人犯罪心态提供证明的各种主客观事实能够被查清或已然被证实的基础上进行论述的。在司法实践中,鉴于案情的复杂性、诉讼程序的缺陷、证据搜集的技术能力不强,以及案件事实认定时各种社会因素的干扰,有时是无法精准界定案件事实和行为人的犯罪心态的,如果无差别地对行为人进行从轻或从无的认定,又有可能会放纵犯罪。加之,对环境犯罪危害结果预见、因果关系认定的司法疑难,导致对于实施严重环境危害行为人的主观罪过的判断非常困难。再加上环境犯罪的行政从属性特征,以及加大对环境犯罪防控与惩治力度的需要,因此,在环境犯罪中适用严格责任的呼声渐起。强有力的观点认为,应借鉴英美刑法中的"严格责任理论",在允许反证的基础上,推定实施严重环境危害行为的行为人罪过心态的存在,以减轻公诉者的证明负担,以

---

① 张梓太:《环境犯罪归责的主观要件分析》,载《现代法学》2003年第25卷第5期,第72页。
② 秦鹏、李国庆:《论污染环境罪主观面的修正构成解释和适用——兼评2013"两高"对污染环境罪的司法解释》,载《重庆大学学报(社会科学版)》2016年第22卷第2期,第153页。
③ 姜文秀:《污染环境罪的主观心态》,载《国家检察官学院学报》2016年第24卷第2期,第108页。

更加有效地打击环境犯罪。

发轫于英美刑法体系的"严格责任",具有实体法与程序法层面的双重价值和意义,"严格责任"是指不论行为人是否具有犯罪的意图,也不问其犯罪的意图如何,只要能够证明行为人实施的行为是为法律所禁止的,那么就可以追究该行为人的刑事责任[①]。依据是否允许被告人提出辩护理由,可将"严格责任"分为绝对严格责任与相对严格责任,在英美国家中,绝对严格责任仅适用于法律规定的轻罪,一般限于处以罚金,也有少量被处以轻度的自由刑,在刑事司法实践中适用的大多数是相对严格责任。相对严格责任,指不必证明行为人对某一个或某几个事实要件(行为、结果、伴随情节等)存在主观过错就可定罪,但是,对于这些要件以外的其他要件,控诉方仍然必须证明行为人具有主观罪过;并且,对于免除控方证明责任的那些要件,行为人可以提出"无过失"等理由进行抗辩。对于严格责任犯罪,英美国家有实体和程序的双重约束,以避免发生结果责任和客观归罪的情况:实体上,严格责任只存在于那些法律明确规定为严格责任犯罪,或者判例确定无须证明犯罪心态的案件中;程序上,免除控方对犯罪某些事实要件的证明责任,但同时允许行为人提出法定的辩护理由而免责[②]。严格责任在实体法层面表现为犯罪行为以及推定过错,严格责任在程序法层面表现为举证责任倒置和辩护理由。

笔者认为,严格责任的适用具有促进环境立法固有的公共利益目标、作为提高环境风险保护措施质量的制止措施、增加起诉的容易程度、增加威慑效果与污染者付费原则一致的功能与作用。而且,环境犯罪认定中间接危害结果、因果关系、行为动机、违法性认识等主客观事实界定或认定非常困难,适用严格责任可以降低公诉机关的举证难度,增加诉讼效率,因此,在环境犯罪领域适用严格责任是必要且有意义的。然而,鉴于严格责任犯罪认定有可能给人以有罪推定的认识误区,以及让不具有法学素养的行为人承担举证责任可能带来的不公正,必须对环境犯罪中严格责任的适用给予适当的限制,主要表现为:①严格责任适用的前提是"主观罪过不明确",即虽然可以确定环境违法行为人存在主观过错,但是依据刑法理论、刑法规范与现有证据,无法清晰认定其罪过心态;②严格责任适用的主体,必须对自然人犯罪和单位犯罪有所区隔,对单位犯罪可以适用严格责任,而对于自然人犯罪来说,严格责任仅适用于可能判处行为人短期自由刑(三年以下有期徒刑、拘役、管制)及罚金的环境犯罪;③对污染环境罪,应当适用严格责任。

---

① 江岚:《英美刑法中的严格责任及其借鉴》,武汉大学2014年博士学位论文,第37页。
② 王永杰:《严格责任论以英美刑法为中心》,载《现代法学》2007年第29卷第1期,第144页。

第四节　生态环境犯罪的成因

目前,我国对环境犯罪生成原因的研究较少,即使偶有部分研究也只是碎片化的仅反映其某个侧面的简单介绍,缺乏对于环境犯罪产生与加剧的体系化、专门化的深层次论述。国外对环境犯罪产生的原因研究相对成熟,从其研究现状看大致可分为以下四种不同的观点[①]。

(1)对危害环境犯罪原因的研究应集中于犯罪行为本身,包括影响行为人决意犯罪及促使行为人实施环境犯罪而非他罪的内在起因。这种观点又有"理性选择说"和"例行活动说"两种理论。前者认为理性是指犯罪人会衡量特定条件下犯罪成功与否的心理特征。环境犯罪的实施者是基于对案发概率、合法处理与违法处理间费用差异,以及技术上专门知识的考虑而决定是否实施危害环境犯罪的。"例行活动说"是以犯罪行为的特征剖析环境犯罪的,其认为,危害环境犯罪的发生是由于社会进步过程中出现的"有动机的犯罪人、适当的犯罪客体、阻却犯罪发生的守护因素不存在"三种要素相互作用的结果。

(2)现代科技发展是危害环境犯罪产生的原因。

(3)认为人口的增长与都市化是环境犯罪产生的原因。

(4)认为市场机能失调、道德伦理与文化传统是环境问题生成的起因。我国环境犯罪产生的原因与外国虽无本质的区别,但是由于社会制度、基本国情、文化传统的差异,我国环境犯罪产生与加剧的原因还是表现出自身的独特个性。

一、生态环境犯罪生成的相对必然性

当前,我国正处于新型工业化、信息化与传统制造产业、传统农业复杂交错的经济社会发展架构中,前工业化的历史使命尚未全面完成,新的科学技术形态的出现,又对我国的产业发展提出了新的挑战,这就使得我们在提升自身之生活品质与持续发展能力的同时,需同步关爱与人类发展相互依存的自然环境。人们对于功利价值的过分追逐、科学未知领域探索的困难、人类发展与环境互动机理的复杂性、对于传统粗放型经济增长模式的依赖,构成了环境犯罪生成与防治的动力机制与技术障碍。从某种意义上说,只要这种人类价值的功利追求和科学技术自身的复杂程度、发展的外部负效应之间的博弈持续存在,环境犯罪的社会土壤和技术困

---

① 金晶:《我国环境保护刑事立法的完善》,华东政法大学2013年博士学位论文,第36—45页。

境就不能彻底得到根除。也就是说,环境犯罪的生成与蔓延与经济社会的发展是如影随形、相伴而生的,只不过在不同的历史时期、不同阶段的经济社会发展水平,其会呈现出不同的表现样态与发展态势。

高科技在给人类带来经济社会发展的同时,也为人类制造了潜在的风险,其中就包括了由此可能引发的环境风险。环境风险只是行为导致环境破坏或环境危机的一种可能。它是对行为可能导致的后果的一种客观认识,这种客观认识是基于人类对自身行为的经验性的总结和反思。人们对环境风险的认识是一个动态的过程,在这一过程中发挥作用的始终是科学知识和技术①。而科技知识作为人类生产力的强大工具,以及科学技术一定程度上存在的技术风险,会进一步促进环境风险的生成或加剧,但是这又是人类探索未知世界与完善人类永续的生存与发展必然要付出的代价,鼓励科技发明的冒险与创新精神,某种程度上会带来技术风险的传播与蔓延,而法律制度则可将此风险控制在必要的范围之内,因此,可以说,环境风险是与人类社会发展相伴而生的,某种程度上其可以被抑制或防治,而无法也没必要彻底消灭。这就为我们对环境犯罪的防控,指出了一个基本的理论假定与实践前提。

二、经济发展理念的偏差

环境犯罪产生的经济学原因,可以从两个面向进行理解:一方面,环境犯罪是特定主体实施环境犯罪行为的经济动机,即由于追求经济利益而枉顾其环境犯罪行为带来的巨大危害。另一方面,利用经济学的原理和方法分析环境犯罪的产生原因。经济学是以假设人类是有理性且为最大利益的追求者为前提的。同样,用经济学理论分析犯罪原因,也是假设犯罪人是具备足够理智对外来刺激做出反应的人,犯罪人都是理性的计算者,犯罪前都进行利弊的权衡、得失的计算。这种权衡与计算的基础,是行为人会理性思考其实施环境危害行为的成本付出及由此可能带来的赔偿,以及刑罚后果可能性与现实性的比较。如实施环境危害行为可能带来的物质利益(包括建造和运行污染防治设施的消极收入)、准备环境犯罪的相关费用,以及可能导致的受到刑罚处罚的可能程度与由此带来的刑罚成本(包括罚金刑的数额、被监禁带来的收入的减少、可能丧失的进行合法行为带来的预期利益)等。环境犯罪人在这方面表现得尤其明显。行为人实施污染行为的目的不是为了污染环境,而是在对实施污染、破坏环境行为得来的物质利益,与遵守环境管制法规所带来的隐性或显性成本进行损益的经济比较后,仅关注其行为的经济收

---

① 张亚平:《环境风险的刑法应对》,载《河南大学学报(社会科学版)》2015年第55卷第2期,第42页。

益而有意忽略其外部负效应的反映。当其对于环境的外部危害的程度达致一定的"量"时，就需要动用刑事手段对其进行强力的控制。

不可否认的是，某些产生环境危害的生产、消费行为与新的科学技术、新的商业运营模式，对于推动社会经济发展的具有积极作用，这时，政府就需要通过对于环境承载能力与经济发展所带来环境风险之间的动态博弈的计算（主要是经济损益值的计算），使其引发的环境风险，控制在环境生态系统可以通过"自净机制"祛除的范围之内。这个范围就表现为各种环境法规设定的各类环境许可和监管标准。司法实践中，鉴于社会发展理念的扭曲、环境犯罪技术追责手段的匮乏、环境危害后果显现的滞后性与间接性、环境治污成本的转嫁给社会等原因，使得环境犯罪的刑罚成本与准备犯罪的成本很低，而行为人由此获得的积极收入与消极收入很高，由此助长了环境犯罪的蔓延。政府可以对污染企业去除治污费用的超额收益中获得税费收入，由此得到更好的政绩表现，因而，政府某种程度上，可能与涉污单位形成经济利益共同体，进一步诱发或助推环境危害行为的高发与蔓延。

三、观念障碍的羁绊

其主要表现为发展理念的扭曲、偏颇政绩观的影响，以及环境犯罪的行政犯属性所带来的对于犯罪伦理评价的漠视。以往以"人类中心主义"为主的环境伦理观，只有人才是价值判断的主体，自然是客体，造成了人类对于其所栖身的自然环境的过分索求，破坏了人与自然和谐相处的"共生理念"。

"人类中心主义发展理念"在政府治理行为的表现形式之一，就是官员片面追求经济发展政绩观的"唯经济论"。对此，学界又发展出"非人类中心主义"的发展理念对其加以修正。非人类中心主义环境伦理观，是针对人类中心主义环境伦理观而言的，具体包括动物解放论、动物权利论、生物中心论，以及生态中心论等诸种学说。非人类中心主义环境伦理观的提出，其主要的理论意图在于打破人类中心主义视角根深蒂固的自满。但是依据"非人类中心主义"的观点，就出现了一个悖论：如果不承认人的价值的优越性，当人的基本需要与其他生命的基本需要发生冲突时，就很难为人的生存或基本需要具有优先性这一选择提供辩护；而如果承认人的价值的优越性，又很难与人类中心主义划清界限。因此，非人类中心主义环境伦理观与它的现实选择之间，往往存在着逻辑上的不一致性。但是，非人类中心主义环境伦理观，基于现实的可行性承认人类利益的优先性，但是这种优越性究竟与人类中心主义环境伦理观有何差异、其是否违背了非人类中心主义的理论原则等问题,困扰着非人类中心主义环境伦理观的发展[①]。因此,应建立一种折中的可持续发展的环境伦理观。即"人类应享有以与自然相和谐的方式过健康而富有生气生活的权利,为了公平满足今世后代在发展与环境方面的需要,发展的权利必须实现"。可持续发展环境伦理观不仅承认自然具有工具性价值,而且承认自然本身具有内在价值。可持续发展环境伦理观的理论基础,是人与自然和谐统一,此和谐统一的前提是肯定自然的内在价值和人对自然的能动作用。

虽然有观点认为,环境犯罪是刑法手段解决环境问题而被法律所禁止的行为,属于行政犯的范畴,其与伦理道德的联系虽然不如自然犯,但同样具有相当程度的反伦理性。也就是,环境犯罪在造成环境要素生态危害性的同时,也破坏了人与环境要素之间以及人与自然之间的生态伦理道德关系,具有生态伦理非难性。但是由于环境犯罪的规范评价的行政从属性与复杂技术特征,除非是受到现时环境侵害或威胁的民众,对于环境犯罪的看法还是无法激起像自然犯罪如杀人、强奸、放火等相当的伦理责难。

四、政策误区与错误的政绩观

我国在很长的一段历史时期,都奉行以经济建设为中心的社会经济政策,在这种政策理念引导下,各种破坏环境、污染环境的现象和行为层出不穷,造成了生态环境的严重破坏和民众的生命、健康、财产的重大损失。并由此引发了发展经济与环境保护之间的矛盾,这就需要国家出台相应的宏观调控政策,适时适度地推进"人类发展中心主义"到人与自然和谐相处的"可持续环境发展观"的跨越,以平衡两者之间的利益诉求与发展目标。环境刑事政策作为环境犯罪防治的政策工具之一,也暴露出了诸多问题,如环境刑事立法政策价值取向上偏向人本主义价值,淡化非人本主义价值,环境犯罪刑法预防功能的缺失(突出表现就是环境犯罪各罪名的结果犯的主导地位,行为犯或危险犯设置缺乏),环境犯罪保护范围的狭窄,没有涵盖对噪声、动物虐待、海洋生态环境等的特别刑事保护,以及环境行政执法与司法裁量出现偏重于维护地方经济动能的现象。这些问题的出现使得刑法的预防机能与最后保障法的性质无法得到充分的发挥。

环境刑事政策,是指国家以实现预防、控制、惩戒环境犯罪为目的,依据当前我国国情、国际形势和国内需求以及犯罪态势针对环境犯罪行为和犯罪人制定的在立法、司法、执法层面的刑事一体化方略和具体措施的总称。我国环境犯罪问题突出和刑法治理环境犯罪无力的根源,在于改革开放以来我国过分重视经济、社会发

---

① 侯艳芳:《环境刑法的伦理基础及其对环境刑法新发展的影响》,载《现代法学》2011年第33卷第4期,第116页。

展,强调以经济建设为中心,忽视了环境作为人类整体存在范畴的重要性。我国刑法制定时受到"以经济建设为中心"和"人类中心主义"立法观影响,对环境法益价值认识不足,在环境犯罪刑事立法、司法、刑罚执行上趋于保守,未能正确落实刑事政策的基本要求。因此,我们需要在环境立法、司法以及刑罚执行中对宽严相济的刑事政策予以贯彻[1]。并确立符合环境犯罪特点的特殊的环境刑事政策。

我国目前的环境治理机制主要受政府主导,一些地方政府为了政绩和局部的经济利益,选择牺牲环境利益。唯GDP的地方政府考核标准体系,使一些基层政府只顾GDP的增加,不顾环境污染带给当地居民的切身影响,不从国家大局出发,也不考虑子孙后代的长远利益,不严格执行相应的法律法规,甚至阻碍环境执法行为,客观上纵容了环境犯罪的发生,给人民和国家的利益造成了极大的危害。错误的政绩观使得一些地方政府为实现地方经济的发展和需求,会采用一些方法规避法律的强制性规定,或通过向环保行政部门施压来维护一些危害环境的企业,以维持地方经济的畸形增长[2]。还有一些地方政府在引进外资时,受眼前经济利益的驱动,盲目引进纳税比较多而污染严重的项目,不进行事先的环境影响调查和评价,进而使生态环境付出沉重的代价。不正确的政绩观也助长了地方政府对于环境安全隐患的保护主义思想泛滥,这主要由于我国税收的分税体制,使得地方政府为了取得更多税收,某种程度上容忍涉污企业的环境污染行为,或者不能采取强力铁腕措施关停污染严重的企业,以纵容其取得更多利润,支撑税收的缴纳。而且环境监管机关治理污染企业手段之一的罚款,也被地方政府认为是将应为财政收入的钱变为了行政罚款,是"左口袋的钱,放进右口袋",两者之间没有实质区别,因而有意或无意地放纵环境犯罪行为。

五、生态环境犯罪生成与加剧的行政立法因素

(一)立法指导思想偏离环境保护的基本要求

主要表现为重视事后治理,忽视事先预防。如重视建设项目的环境影响,忽视战略、政策、法律、规划的环境影响,尽管《环境影响评价法》将评价对象从建设项目扩大至规划,但其评价范围仍然过窄,战略、政策、法规仍被排除在评价对象之外,而且对规划的环境影响评价也是不完全的(该法并未规定对国民经济和社会发展计划进行环境影响评价);重视环境立法,忽视环境法律规范的实施,主要体现在两个方面:一方面,立法本身对法律规范的可操作性重视不够;另一方面,在实

---

[1] 董邦俊、王法:《环境犯罪刑事政策及其运行机制研究》,载《湖北社会科学》2015年第6期,第149页。
[2] 戴静:《环境犯罪分析》,华东政法大学2012年硕士学位论文,第28—29页。

践中存在不同程度的"有法不依"的情况,有关部门对已有制度实施不力[①]。

(二)环境法律责任主体范围相对狭窄,环境监管条块分割严重

根据我国的经济社会发展现状以及环境法律责任追究的实际情况发现,目前我国主要以追求直接涉污企业的环境法律责任为主,为涉污企业直接或间接提供违法支持的单位如消费者、银行、投资者、销售商等其他相关主体,以及政府环境治理责任的规定很少。环境保护责任的承担主体不应当限于企业、公司等经济组织,还应当包括政府组织、非政府组织等其他组织和个体。同时在《环境保护法》中,相关规定也表现出"重"政府环境职权"轻"政府环境职责、"重"政府环境管理"轻"政府环境服务、"重"行政相对人的环境责任"轻"政府的环境责任的问题[②]。而且我国除了环境保护行政主管部门以外,港务、渔政、交通、农业、水利等几乎只要和环境有关系的行政机关,都享有一定环境保护监督管理权限。而且这些统管部门与分管部门之间的执法地位是平等的,统管部门对分管部门具有"规划"和"协调"的职责,但并不享有领导、监督的职权。这会影响到各个环境监管部门之间的执法监督合力的形成,而且部门之间的"执法缝隙"问题还可能造成管理主体虚位的现象。同时,我国环境行政监督管理机构是建立在行政区划的基础上的,人为割裂了生态环境的系统性和整体性,造成多头管理,条块分割,使环境管理缺乏内聚力[③]。

(三)没有专门的《环境损害赔偿法》,环境法规之间缺乏协调和统一

目前,我国还没有专门的《环境损害赔偿法》,使得环境损害赔偿的范围、环境损害评估机构、跨行政区环境污染纠纷处理法律制度、跨国界环境污染纠纷处理法律制度、环境责任保险与环境损害补偿基金制度、环境应急处理制度、环境民事公益诉讼制度、无过失责任与因果关系推定等方面的具体环境法律制度缺失,影响了对于环境责任主体法律责任的追究与受害者环境权益的及时充分的维护。

环境法规之间缺乏协调和统一,主要表现如下。

(1)我国许多单行的环境法规,因制定于不同时期、起草者不同,彼此之间存在法律的盲区和职权的重叠,法律之间的冲突及重复的现象较为严重。不仅环境单行法之间存在矛盾和冲突,相同法律制度在不同环境单行法中规定也不一致,而对同一行为在不同环境单行法中的规制也不统一。如排污收费制度,《环境保护法》规定的排污收费是指超过排放标准的应缴纳超标排污费,这就为超标排污提

---

① 王灿发等:《我国环境立法的困境与出路——以松花江污染事件为视角》,载《中州学刊》2007年第1期,第92页。

② 张建伟:《论环境立法存在的问题及其克服》,载《中国地质大学学报(社会科学版)》2008年第8卷第2期,第44—45页。

③ 叶三梅:《环境法治的立法瓶颈与突破》,载《学术界》2014年第7期,第220页。

供了法律依据。但是,依照《标准化法》及《标准化法实施条例》的规定,污染物排放标准"属于强制性标准","强制性标准,必须执行"。

(2)部门立法色彩浓厚。我国许多环境法规都是由相关分管部门负责制定,立法决策缺乏民主机制,缺乏公众和社会专家的有效参与。

(3)环境法规过于原则,操作性差。如《环境保护法》第29条规定:"对造成环境严重污染的企事业单位,限期治理",但是对于何种程度被认定为"严重污染"却没有做出进一步的规定,实践中难以把握。

(四)现行环境法有效性不足

环境法的有效性即环境法的实际效能,是指人们实际上按照法律规定的行为模式去行为,法律被人们实际遵守、执行或适用的状况。中国已初步形成了以《环境保护法》为核心,以污染防治、自然资源保护和生态保护为主旨,专项立法并行的环境法律体系[1]。现实生活中,环境法的实施确实又难以"深得人心"。以环境影响评价制度这个最为重要的环境法基本制度为例,往往因地方政府以经济发展为重而使之流于形式。在实践中,未批先建现象十分严重,即使是国家大型建设项目,也同样存在此类问题,如在2005年的"环评风暴"中,原环保总局在全国范围内查出的30个大型建设项目,都是未经环评审批就开工的项目。窥一斑而知全豹,环境法在实践中的运行效果确实令人担忧。

(五)环境标准法律制度的现实困境

主要表现在:①缺乏对于较高环境标准与企业利润、经济效益之间相对精确的比例关系的评估体系;②环境标准之间存在冲突,如农田灌溉水质标准、渔业水质标准和地表水环境质量标准对水质标准规定不一致,出现了"水标准打架"的现象;③没有在环境标准与环境惩治机制之间建立畅通的衔接机制,如超标排污收费行为本身并不必然违法,而超标排污且不缴纳排污费时才构成违法,这就使得在违反环境标准规定的排放上限与环境行政违法之间的对应关系出现了缝隙。

上述环境行政立法存在的缺陷与不足,某种程度上没有阻止环境危害后果的发生和蔓延,弱化了环境犯罪事后预防功能和行为指引功能。

六、生态环境犯罪生成与加剧的行政执法因素

环境犯罪行为的隐蔽性与其因果关系认定的技术难度,客观上增加了环境监管机关执法的难度。随着现代科学技术的发展,涉污企业所涉及的生产材料日趋多样化,包括高危化品、负效应不明的化学物质,以及为了经济利益而有意使用劣

---

[1] 张梓太、郭少青:《结构性陷阱:中国环境法不能承受之重——兼议我国环境法的修改》,载《南京大学学报》2013年第50卷第2期,第41页。

质有毒材料等,再加上有些产品制造工艺的落后,环境危害后果技术测量,以及由此引发的危害行为与危害结果之间的技术联结关系的认定的困难,这些都在客观上促进或加剧了环境犯罪的发生以及环境危害后果的扩大。

环保执法体制机制的不合理与环境执法人员的专业知识不足。我国现时对于环境治理的权限中,环境监管机关只能对涉污企业处以简单的督促整改与处罚,而更严重的停业整顿、企业关闭,只能由地方政府决定,而环境监管机关属于地方政府的组成部门,其人事与财政权均受地方政府节制,在地方政府的保护思想之下,环境监管机关难以作为。而且对于涉污主体治理与整顿,有时需要多部门的联合参与配合,虽然不少地方政府会设立环境保护执法部门联席机制,但作为牵头部门的环保部门由于权威性不够,容易导致协调乏力的情况。其中,环境监管机关与司法机关的衔接存在问题,有时无法及时认定一些危害环境的行为性质,对发生的污染事故报告不及时,调查及检查不全面、不深入,错失了采集关键证据的时机,无法为司法机关的立案查处奠定基础。同时,环境污染测定与认定的高技术特性,对环境监管执法人员提出了新的更高的专业性要求,由于精通环境科学与环境工程的专业技术与执法人员的缺失、执法经费短缺、地方领导不重视等相关因素的影响,目前许多地方的环保部门执法装备与工具很差,现代化污染检测设施的缺乏与落后,使得环境犯罪的取证十分困难,对一些复杂的污染行为难以利用高科技手段进行确认,某种程度上影响了对环境犯罪行为的发现和处置。难以严格执法导致的后果就是:一些依法不应建设的污染和破坏环境的企业被批准建立起来了;一些没有经过环境影响评价审批和没有"三同时"环境保护措施的建设项目未能得到查处;即使有的经公众举报和监督被查处了,但也往往让其补办手续,继续开工生产;一些超标排污的企业难以被限期治理和停业关闭,许多受到污染损害的单位和个人不能得到应有的赔偿或者补偿[1]。

七、生态环境犯罪生成与加剧的刑事立法因素

深入认识、深刻反思中国环境犯罪现行刑法立法存在的问题,是进一步完善中国环境犯罪刑法立法的前提和基础,环境刑事立法中出现的缺陷与不足,使得刑法抗制环境犯罪的效果大为降低,因此,只有深刻剖析环境犯罪刑事立法中存在的问题与不足,并在以后采取科学的应对之策,才能更好地遏制环境犯罪的产生与蔓延。比如,立法上环境行政违法与环境犯罪界限模糊;环境犯罪刑法立法体例设计不合理,罪名设置分散化并且不全面;环境犯罪刑法的规制范围狭窄等。此处,重

---

[1] 王灿发:《环境法的辉煌、挑战及前瞻》,载《政法论坛》2010年第28卷第3期,第113页。

点介绍刑法立法不足的方面如下。

(一)环境附属刑法没有起到应有的弥补缺漏的作用

我国有不少的附属刑法,这些法律中的刑事责任条款采用"依法追究刑事责任"的表述,提醒人们此时、此处,行为人的环境危害行为有可能构成犯罪。这些附属刑法之所以这么规定,是立法技术上的"便宜"考虑,只不过是发挥了其"注意规范"的作用,对于防控环境犯罪的实践意义并不大。

(二)犯罪构成设计不合理

(1)环境犯罪多数是结果犯,没有危险犯的规定。这就导致了环境犯罪的入罪门槛提高,不利于对环境犯罪的追诉。

(2)犯罪的客观方面过分强调对财产损失的多少和人身损害的程度后果,而对于环境要素本身的损害规定较少,这样的立法设计偏离了打击环境犯罪、促进环境经济社会协调发展的目的。

(3)罪状叙述不明,缺乏具体标准,刑罚可操作性不强。如环境犯罪条文中大量"严重污染环境""后果严重""数量较大""情节严重"等类似的模糊表述。

(4)没有引入严格责任制度,导致相关刑罚的威慑效果大为减弱,责任推定原则没有法定化,因果关系的认定难度较大。

(5)没有确立资格刑在环境犯罪刑罚体系中的应有地位。缺乏非刑罚措施的配合适用[①]。

(三)刑罚处罚偏轻且缺乏科学性

环境犯罪的法定自由刑与财产刑设置,都不够严厉,不足以对违法者产生强大的威慑力。首先,自由刑处罚力度不够,只有部分罪情节特别严重或者后果特别严重的判处十年以上有期徒刑,多数罪的自由刑在三年以下有期徒刑、拘役或者三年到七年有期徒刑之间。从社会危害性来看,相对刑法规定的其他罪而言,这些罪在自由刑的处罚上相对偏轻,对于违法者来说,违法的风险不大。其次,财产刑的规定不明确,实务部门在操作过程中很难把握标准,就会出现因人而异、因地而异的情况。在现实中由于罚金数额没有固定的标准,司法实践部门判决的罚金数额普遍偏低,这样的刑罚处罚明显缺乏威慑力,对违法者而言违法成本不高。这既不利于环境保护,也有损于司法的权威和尊严。笔者认为,美国刑罚处罚的严厉性可供我们参考[②]。

[①] 赵秉志、陈璐:《当代中国环境犯罪刑法立法及其完善研究》,载《现代法学》2011年第33卷第6期,第94页。

[②] 郭敏峰:《刑法视角下的生态环境法律保护》,载《东南学术》2013年第6期,第174页。

八、生态环境犯罪生成与加剧的刑事司法因素

近年来,我国环境犯罪刑事司法状况虽然出现了很大改观,但仍存在诸多问题,某种程度上,构成了生态环境犯罪生成与加剧的间接因素。

(一)环境犯罪自身的特性与技术性特征,导致环境犯罪定罪非常困难

1. 证据采集较为困难

一方面,有着丰富环境执法经验的环保行政机关没有环境犯罪侦查权,导致证据采集不具有及时性。环保行政机关发现环境违法犯罪行为后,只能向公安机关举报,往往会错过最佳的证据采集期。延误了时间,证据的发现、固定、提取、保存就愈困难。另一方面,具有环境犯罪侦查权的公安机关囿于缺乏环保专业知识和环境监测的技术,导致证据采集不具有规范性和针对性。环保行政执法和刑事司法之间衔接程序较复杂,导致环保行政机关不提供或不及时提供公安机关侦查时必要的专业知识和技术手段,进而影响取证的规范性与针对性,最后导致案件因证据缺乏而不能向检察机关移送①。

2. 环境犯罪的犯罪构成要素的适用争议与认定过程的复杂性

环境犯罪的犯罪构成要素的适用争议主要表现为:主管人员与直接负责人员(处罚单位犯罪时)认定、环境损害结果的量化计算、环境危害行为与环境损害结果之间因果关系的认定、行为人罪过心态的认定等。环境犯罪的技术特性,并不是说环境犯罪都属于高科技犯罪的范畴,而是说对于环境犯罪特别是客观方面的认定,很大程度上需要借助技术的手段以及自然科学上的相关知识(如环境工程学、生态学、统计学等),才能相对准确地判断环境犯罪的发生机制。而环境危害后果的产生和显现的复杂性、潜伏性、长期性等特点,又加剧了环境犯罪定罪的难度。

(二)环境刑事司法专门化的缺失

(1)缺乏专门的环境刑事司法规则。环境污染犯罪的特殊性,在于其所造成的后果不仅使得公民的人身、财产造成了损害,也使得公众共享的环境要素受到了损害。这一特殊之处要求刑事司法对因果关系的证明、犯罪既遂的认定(从结果犯到危险犯)、法律责任的承担方式(恢复环境状态的刑事责任)等方面给予特殊考虑。

(2)环境司法专门化制度不完善。环境污染案件的特殊性,对传统审判程序

---

① 吴家明、朱远军:《环境刑事司法之现状分析与对策》,载《人民司法(应用)》2014年第21期,第25页。

处理环境案件提出了挑战:环境污染犯罪造成严重后果时往往造成跨流域或跨区域的环境损害,对法院管辖等程序规定有特殊要求;环境污染案件专业性程度高,对法官处理环境问题的专业性有较高要求;环境污染案件民事、行政、刑事交织的特点,对传统三者审判分离的模式提出了挑战等①。

(三)环境行政执法与刑事司法衔接不畅

环境行政执法与刑事司法之间的衔接不畅,也是阻碍环境刑事司法发挥作用的关键所在。在环境行政执法与环境刑事司法的衔接程序上,主要包括行政执法机关对涉嫌犯罪案件的移送程序、公安机关对移送案件的受理和处理程序,以及检察机关对行政执法机关移送涉嫌犯罪案件、公安机关受理、处理移送案件的监督程序等。我国环境行政执法与刑事司法的衔接程序还存在很多问题,比如,现行立法效力位阶不高,且缺乏具体规定,衔接程序复杂。由于环境犯罪案件处理程序复杂,需要经过环保部门移送、公安部门立案侦查、检察机关公诉等多个环节,导致实践中影响案件处理的外在因素很多。

第五节 生态环境犯罪的防控

生态环境犯罪产生与加剧的主要原因,在于某些地方政府唯 GDP 论的片面政绩观、环境违法失当行为人对超额利润的追求,以及社会、民众绿色发展理念的缺失与对环境保护提高生活成本的偏颇认识等诸多因素。为了破除阻碍环境友好型、资源节约型社会建设与发展的制度桎梏与利益链条,就要针对生态环境犯罪生成与加剧的成因,综合采用经济手段、行政手段与刑罚制裁等多种防控手段与措施,建立包括社会预防、政策预防、法律预防等法治化、多链路的生态环境预防与控制体系。

一、确立绿色发展理念,在立法中明确规定公民的环境权

现阶段,经济建设与生态(环境)之间的矛盾日益突出,资源紧缺、环境污染、生态失衡等一系列问题成为制约我国经济社会发展的瓶颈。而绿色发展理念则为我国经济社会的可持续发展提供了指导思想,指明了平衡经济社会发展与环境保护之间关系的方向。绿色发展理念是指"在生态(环境)容量和资源承载能力的制

---

① 王树义、冯汝:《我国环境刑事司法的困境及其对策》,载《法学评论》2014年第32卷第3期,第126页。

约下,通过保护自然环境实现可持续发展的新型发展模式和生态发展理念"①。绿色发展的目标是实现经济、社会和环境的可持续发展,绿色发展理念的核心是正确处理经济发展与环境保护的关系,而绿色发展模式也是实现这一综合一体的高水平的可持续发展的手段。绿色发展理念以"可持续发展观"为思想基础,是当代语境下的可持续发展观②。防控环境犯罪的多元治理体系必须始终贯穿一条主线,那就是建立在可持续发展观基础上的绿色发展理念。只有经济社会的发展以及民众的生产生活活动坚持绿色的发展理念并以坚定的意志践行之,才能抓住资源节约型与环境友好型社会建设的根本,才能最大限度地减少甚至消除各种类型的环境危害行为,环境犯罪的治理才能真正取得实效。

绿色发展理念的贯彻与践行,环境权的确立与环境法治的保障必不可少。法律权利是法治的核心,环境法治的目标实现的关键,在于合理地分配环境权利和环境义务。这不但关系到环境的分配正义,而且也关系到环境法律运行中,对环境责任的追究及环境利益补偿的多重矫正正义。为切实贯彻这一目标,应在宪法和环境基本法中对公民的环境权利进行确认。同时,在有关环境保护的民事与行政法规中,也可对公众环境权的行使范围、行使方式、行使程序及保障、救济措施进行制度性的安排。在关涉环境保护的刑事立法与司法中,实体上的犯罪构成与刑事程序的详细规范,也应体现可持续的绿色发展理念。

二、建立、完善环境状况反馈机制与政绩考核评价机制

环境状况反馈机制的建立和完善,有利于保护生态环境,减少环境破坏给人们带来的人身伤害或经济损失,激发大众关注环保、参与环保的热情,为环境犯罪的减少和环境状况的改善提供了重要渠道。对此,可以采取以下措施。

(1)定期向社会公布相关环境质量数据。目前我国环境质量数据仍有一部分依靠环保部门的人工采集,这些数据存在着重复、准确度不高的问题,因此,有必要加大投入及提升现有的环境监测设备,以便对环境质量状况实现实时监控,防止"先污染,后治理"的现象。此外,我国环境质量的一些标准还有待完善和细化,使得环境质量的变化与大众的感受保持一致。相关环境质量数据的公布,既能使百姓及时掌握环境变化状况,减少及避免污染物质给自身带来的伤害,又能促使大众关注环境保护事业,参与环保行动,同时百姓的关注也是环境保护事业发展的推动力。

(2)对破坏环境问题应当及时予以披露。一些地方政府为了保护地方企业,

---

① 刘伊生:《绿色低碳发展概论》,北京交通大学出版社2014年版,第1页。
② 竺效、丁霖:《绿色发展理念与环境立法创新》,载《法制与社会发展(双月刊)》2016年第22卷第2期,第179页。

对企业造成的污染状况不及时披露,以致给当地乃至其他区域的百姓的身体健康造成伤害。及时地公布环境破坏问题能将对百姓的身体伤害降低到较小范围内,同时也避免了其他由此引发的一系列经济损失。民众对破坏环境的个人或企业的及时知晓,不但为阻止破坏行为的继续提供了强大的舆论压力,而且使其他企图以破坏环境来换取经济利益的个人或企业得以警醒。此外,外界的关注也将给企业的信用带来负面影响,因此也无形中增加了企业环境犯罪的成本。

环境犯罪发生和蔓延加剧的原因,也与环境政策及其理念有关。我国现在正面临从人类中心主义到可持续观的转变。这种政策转变的具体表现为转变发展理念、经济增长方式,建立"绿色政绩观"与科学的政绩考核体系。

一方面,转变相关经济发展方式。在发展过程中,仍有一些地方政府把"以经济建设为中心"理解为"以速度为中心",不惜以牺牲资源、环境为代价追求产值,粗放型的发展方式带来了一定范围内的经济发展,但却付出了昂贵的环境资源代价。因此,要实现经济健康、稳步的发展,就要求各地方政府响应党中央的号召,转变发展观念。在发展过程中要着力强调发展效益,以节约资源、保护环境为目标,大力发展以科技进步为支撑的循环经济,在发展区域内提倡绿色的生产方式。经济发展与生态环境有着密切的关系,这就要求在制定经济发展计划时要充分考虑环境的承受能力,也就是说要将《环境保护法》的要求贯彻到有关企业的项目设计、建设和经营的有关经济法律的规范性文件和技术性文件中去。此外,还需根据地方的条件不断完善发展评价标准,对落后的发展方式要坚决摒弃,对以破坏环境为代价而换取经济增长的企业、个人,应严肃处理。

另一方面,建立健全政绩考核体系。地方经济粗放型的增长方式与片面追求经济增长而忽视给环境带来的破坏不无关系。因此,应建立健全政绩考核体系,改变唯 GDP 论政绩的评价标准,注重发展质量和效益。细化政绩评价标准,明确责任,对不认真落实发展规划,给环境带来破坏的相关负责人应予以惩处。此外,还应建立问责机制,对于群众举报或被司法机关查处的领导负责人包庇地方企业,给环境带来重大污染和破坏的问题,应由该区域领导负总责。完善的政绩考核体系既能加快转变地方政府的发展理念,注重经济建设与生态文明同步发展,同时也能明确政府在发展过程中应当承担的责任,有利于保护生态环境。

践行"科学发展观",坚持经济可持续发展,就要求经济发展与人口资源环境协调,人与自然和谐相处。只有兼顾经济发展的质量和效益,才能促进经济的长远发展,才能实现"科学发展观"以人为本的核心价值[①]。

---

① 戴静:《环境犯罪分析》,华东政法大学 2012 年硕士学位论文,第 39—40 页。

三、尊重生态规律,优先采用社会与经济手段防治环境危害

鉴于环境制裁的最后保障性质,优先采用民事手段防控环境犯罪,符合生态环境演化的特点与经济社会的发展规律。

(一)培育公民的环保意识,铲除"公地悲剧"发生与蔓延的心理土壤

虽然频繁发生的环境灾难给国家、企业和民众带来惨痛的教训,少部分民众与企业对于自己可能的由小聚大的点滴环境危害行为,依旧一以贯之地实行之,认为对于优良生态环境的维护是政府或别人的事,对于发生在自身之外的环境危害行为,仍然缺乏必要的利害关切。某种程度上,这种缺乏环境意识的思想,使得其对于污染与破坏环境的行为的社会容忍度升高,非常不利于对于环境犯罪的防控实效和实施成效。因此,通过舆论引导、环保示范、社会激励等多种形式,培养公民对严重污染环境行为的罪恶感知能力与环保科学基础知识,有助于减少政府建设环境污染处置设施工程的社会阻力,同时,其还有利于顺利推进特定环境污染行为"入罪"的刑事立法进程。

(二)完善民众在生态建设进程中的参与制度

首先,完善公众在环境保护决策中的参与制度。所谓的公众参与制度是公众及其代表根据国家环境保护法律法规赋予的权利和义务,通过一定的途径、方式和方法参与环境事务,以保护自己环境权益的制度[①]。我国《环境影响评价法》第5条规定:国家鼓励有关单位、专家和公众以适当方式参与环境影响评价。然而对于公众参与环境影响评价的主体、程序与意见采纳与否法律效果等,却没有详细的规定,而且在实践中,民众参与环境影响评价决策效果,往往差强人意。因此,应扩大公民公众参与环境决策和管理的范围,鼓励公民参与环境法律法规或决策的执行进程,构建环境参与主体的法律责任体系,以反映民众心声、维护民众的合法环境权益。其次,完善公众对环境违法、犯罪的举报制度。应当通过制度安排,明确受理举报的部门和反馈机制,并建立全国性的环境执法信息平台,同时建立举报保密方面的责任追究制度。

(三)形成资源环境成本内部化机制,避免排污者将污染成本转嫁给社会

(1)征收环境税。环境税的设计原则是"污染者付费",根据企业对资源的使用种类和数量或污染物的排放量设计征税标准。通过征收环境税,把环境污染的

[①] 李爱年、周训芳:《环境法》,湖南人民出版社2004年版,第129页。

外部不经济性内在化。

（2）推行强制环境污染责任保险。其是以企业发生污染事故,对第三者造成的损害依法应承担的环境赔偿或治理责任为标的的一种责任保险。环境污染责任保险制度可以很好地改变过去"企业污染、群众受害、政府埋单"风险转嫁不合理做法,用经济手段引进社会环境监管力量,利用费率杠杆机制,强制企业强化环境风险防范意识。

（3）推行排污权有偿交易排污权交易制度。排污权有偿交易排污权交易,是指在一定区域内,污染物排放总量不超过允许排放量的前提下,内部各污染源之间通过货币交换的方式相互调剂排污量,从而达到减少排污量、保护环境的目的。

四、促进生态环境政策与刑事政策的有效衔接

长期以来,我国环境政策的核心某种程度上都以"从属于经济发展""人类中心主义"为指导理念。环境政策对刑事政策所形成的制约事实上被经济建设的洪流所淹没与消解。经历过一系列惨痛的环境灾难以后,全社会已经对于生态文明建设的基础性地位达成了基本共识。新《环境保护法》"环保优先"的基本原则和"生态无价、环境无价、资源无价"的生态理念已逐步深入人心。要在生态文明建设方面有所作为,我国首要的就应从环境政策层面的核心理念、环境政策与经济发展关系的重塑等方面,对环境政策进行必要的完善与调整。尽快改变环境保护从属于经济发展的环境政策,树立"环境与经济协调发展"的观念,在政策层级顺序上要改变"经济第一、环境第二"的政策,树立"环境保护基础上的经济发展"的经济政策,在与环境保护发生冲突时,要敢于牺牲暂时的经济利益以保护局部脆弱的生态环境,实行生态保护前提下的有限开发,与基于环境影响评价基础上的适度开发的环境政策[1]。

在众多环境保护措施中,环境刑事法律保护以其严厉性成为守护环境安全的最后一道"防火墙",相应地,环境刑事政策作为我国总的宽严相济刑事政策的生态体现,以及防止环境犯罪的社会政策,也要受到上述国家环境政策的影响与制约。在从严惩处的环境政策治理理念之下,环境刑事政策应全面介入环境刑事立法、司法与刑罚执行的各环节,适当扩展刑事手段维护生态环境安全的机能,为解决日趋严重的环境犯罪提供新的思路和新的路径。

在与环境刑事立法的关系方面,破坏生态环境的犯罪在刑法分则中应单列一章,以体现生态环境的重要地位。根据环境犯罪的社会危害性,将"危害生态环境

---

[1] 焦艳鹏:《污染环境犯罪的司法困境及其解决》,载《中国环境法治》2013年卷(上),第31页。

罪"排在分则第3章较为合适。同时,完善附属刑法中环境犯罪的相关规定,涉嫌刑法规定罪名的,要具体指出适用的条款,尽量避免空白罪状的立法方式;如刑法目前尚未规定的罪名的,附属刑法可以直接就某种犯罪行为的罪状、罪名及法定刑做出相应的规定,避免《矿产资源保护法》等法规中出现的无相应刑法条文可参照的情况①。

环境刑事政策还应当根据时代需求,推动环境刑事立法扩充罪名、扩大刑法规制范围,涵盖社会上频发的虐待动物、噪声污染、公共资源破坏等危害较大的行为。降低入罪标准,积极引导环境刑事政策理念由消极惩治向积极预防转变。在新的环境伦理观和环境刑事政策的指引下,环境犯罪司法层面应当重构环境犯罪的因果关系,引入疫学的因果关系理论和客观归责理论,允许推定的罪过。以减少司法机关对环境犯罪的认定难度。环境犯罪的具体量刑必须根据环境犯罪的损害样态、防止危害结果加剧和消除危险所需的环境成本和物质成本,以及环境犯罪人的个人情况以及对环境犯罪人的教育、改造效果等方面进行综合判断,以期实现预防、恢复、惩戒的环境刑事政策目标。环境刑事政策介入刑罚执行过程,则通过贯彻刑罚的个别化原则、恢复性司法原则和经济原则,来影响刑罚执行的理念和具体的执行过程。对于主观恶性和人身危险性较小,认罪和悔罪态度较好的犯罪人可以考虑适用缓刑、罚金刑和非刑罚措施,积极尝试恢复环境代替刑罚或者作为刑罚减轻的条件。同时,针对明知环境犯罪行为性质、主观恶性较强、犯罪影响后果严重、掩盖阻挠犯罪侦查的,应本着从严的态度执行刑罚,这也是刑罚个别化原则的要求②。

五、改进环境行政立法与执法,加强环境行政执法与司法监督

(一)提高《环境保护法》的法律位阶

目前,我国的《环境保护法》是由全国人大常委会通过的,是其他环境保护与资源利用立法的统帅与基础性规定。按照我国《立法法》的规定与行政法理论,由全国人大常委会颁布的《环境保护法》,与同由全国人大常委会颁行的《水污染防治法》《环境影响评价法》《森林法》《矿产资源法》《土地管理法》等环境与经济立法的法律位阶是相同的。那么,《环境保护法》对其他有关环境立法的统帅与基本法作用,就不能得到法律效力上的体现。而且,当出现《环境保护法》与有关经济与环境立法产生冲突、抵牾,或者执法司法的价值衡量与选择时,其就不能从法律

---

① 郭敏峰:《刑法视角下的生态环境法律保护》,载《东南学术》2013年第6期,第175页。
② 董邦俊、王法:《环境犯罪刑事政策及其运行机制研究》,载《湖北社会科学》2015年第6期,第152页。

上保证绿色可持续发展理念与环保法规的切实执行。因此,应提高我国《环境保护法》的法律位阶,具体途径就是今后由全国人民代表大会修改、颁行《环境保护法》。

(二)统筹协调环境资源与环境保护法律法规体系

某些环境保护法规与防控污染的技术性法规之间,仍存在不一致甚或冲突的地方。如《水污染防治法》第74条限期治理措施的规定与《海洋环境保护法》第93条限期治理之间不一致的情况;环境质量标准、污染物排放标准等强制性标准与污染收费制度之间的逻辑矛盾,以及"资源利用"与"污染防治"之间的法律制度割裂等。对此,应从系统论的整体性、体系性视角,检视并解决环境法律法规之间条款冲突、内容更新缓慢以及与其他法律联动不足的问题。例如,如果要对《环境影响评价法》进行个别有问题的条款进行修正,更应该通过一揽子立法的模式,而不是在新《环境保护法》中对此做出具体规定。新《环境保护法》中有关固体废物的两条规定,也同样适合通过一揽子立法,对《固体废物污染防治法》进行修正①。因为,从全局着眼的体系性法律修改,不仅可以最大限度地保持各环境法规之间内容与逻辑的一致与协调,而且还可以提高环境立法的质量。

(三)调整、完善现有的环境执法监管体制与工作机制

探索建立环保领域垂直执法体制,使环保执法机关对人、财、物进行统一调配,以此避免地方政府对于环保行政执法的不法干预。同时,还应完善与环保垂直执法相适应的各项工作机制,如重大环保执法决策分级负责制、执法通告制度、跨区域执法协调机制等。笔者认为,囿于我国现行的行政管理体制与环保执法的专业技术特性,现在推行此项制度的条件与时机还不成熟,但是通过法律或国务院下发规范性文件的形式,明确各有关环保执法部门之间的监管权限与责任,是非常必要的。在环保部门与农业部门、建设部门、林业部门、水务部门等之间应该是合作与协调的关系,当某部门制订相应的规划、项目与措施时并涉及其他部门的环境问题时,应通告其他部门并在必要时征求其意见或邀请有关部门参与。

(四)创新环境柔性执法手段,提升环境行政执法能力

对此,可以尝试采用行政约谈、行政奖励、行政承诺、行政调解、行政合同等非强制执法方式,提高环保行政执法的实效性、灵活性与适应性。如我国目前的环境行政合同已经大量应用于污染限期治理合同、环境保护目标责任书、环境工程建设合同、排污权许可合同等②。环保执法能力建设可在两方面着手:①通过编列财政

---

① 沈百鑫:《论〈环境保护法〉的进一步完善》,载《中国政法大学学报》2015年第2期,第107页。

② 李凯伟:《环境执法风险防范研究——基于行政自制的视角》,吉林大学2016年博士学位论文,第150—154页。

专项支持资金,升级环境行政监管机构的办公、车辆、通信设施,对重点污染源安装主要污染物在线监控装置,实现在线远程定量化监控,建设现场执法信息管理系统和环境应急指挥系统;②通过制度化、长效化的执法人员业务培训、现场观摩、参观学习、录取考核、责任追究等执法工作机制与保障措施,提升环境执法人员的业务素质与执法水平。

（五）完善生态环境修复责任制度与环境行政执法程序

建议制定专门的生态环境修复法律,在对"污染环境""造成损害""污染者"等精确定义的基础上,对生态环境修复的适用主体、适用条件、损害补偿（赔偿）的具体承担形式、损害值的评估与认定、法律责任,以及该法与《物权法》《合同法》《侵权责任法》之间的衔接与协调,做出详细的规定,并在条件成熟的情况下,对于严重污染或破坏环境的环境违法犯罪行为,适用环境惩罚性赔偿制度。环境行政执法程序的完善,主要围绕环境信息公开制度、行政协助程序、环境影响听证制度、环境（补偿和赔偿的）和解协议与环境领域内信用制度的结合等方面展开①,以从程序上保证环境执法的公正与正确实施。

（六）强化环境执法监督,构建环境犯罪追诉的监督机制

加强权力机关监督、环境行政机关内部监督、社会舆论监督等综合性的环境违法响应、反馈机制与追责机制,严格执行《环境监察稽查办法》,加大对环境职务犯罪的预防监督,夯实各部门责任。借助行政监察,强化环境执法与司法移送环节的监督,必须明确确立纪检监察机关参与"两法衔接"监督工作的地位,建立和完善备案制与抽查、巡查制以及科学的环境问责制度,赋予检察机关实质意义上的监督权,做实环境犯罪追诉环节的监督,构建检察监督与人大监督的衔接机制,回归民主监督②。通过将环境资源民事纠纷的行政处理纳入行政诉讼范围、授予社会团体以及非直接利害关系人环境资源行政起诉权、增加法院对环境案件的司法审查以防止环境执法滥权等措施和方式,加强生态环境犯罪的司法监督力度。

六、健全生态环境行政执法与刑事司法联动机制,提高环境司法专业化水平

实现环境行政执法与环境刑事司法之间的无缝对接,对于严密环境犯罪规制法网、构建全方位的环境犯罪防控体系具有重要意义。对此,我国一些省市（如《浙江省关于建立环保公安部门环境执法联动协作机制的意见》、江苏省常州市

---

① 刁云贺:《我国环境行政执法问题研究》,东北财经大学 2015 年硕士学位论文,第 36—41 页。

② 赵旭光:《"两法衔接"中的有效监督机制——从环境犯罪行政执法与刑事司法切入》,载《政法论坛》2015 年第 33 卷第 6 期,第 146 页。

《关于建立环境保护执法联动机制的暂行规定》等)已经通过建立环境执法和司法的联动机制、制度和相关措施,进行了初步尝试。虽然环保部、公安部、最高人民检察院于2007年5月17日联合下发了《关于环境保护行政主管部门移送涉嫌环境犯罪案件的若干规定》,以及环保部、公安部于2013年11月14日联合下发了《关于加强环境保护与公安部门执法衔接配合工作的意见》,加强环境执法的衔接配合。这些地方性的环境执法联动机制,也在推进环境治理方面发挥了积极作用,但仍存在权威性不高、原则性规定过多、细部规范无法律依据、地方干预严重等诸多问题,因此,环境执法联动机制真正作用的发挥,仍然需要立法上的创制与制度上的创新。

(一) 建立涵括生态环境等关涉公共安全的统一法律

详细规定行政执法机关与司法机关之间的信息共享、案情通报、案件移送、证据移送、联席会议、介入支持等制度,细化规定行政执法机关向司法机关移送涉嫌犯罪案件的具体程序,如包括行政机关移送案件的具体程序、期限,证据收集的要求,移送案件的标准,检察机关接受案件的程序等;行政机关不依法向司法机关移送涉嫌案件的责任,包括具体的行政责任和法律责任,具体的问责程序等;检察机关对行政执法机关向司法机关移送涉嫌犯罪案件监督的规定,包括明确检察机关对行政处罚结果的查询权和对行政处罚是否合法的调查权,建立检察机关对行政处罚决定实行备案审查或定期审查的监督机制以及赋予检察机关对确定是否需要通知行政执法机关移送案件的调查权等①。

(二) 推进环境司法专门化

从立法上着手,完善环境司法专门化的法律保障,明确环境案件诉讼模式、诉讼规则等,建立系统的专门化诉讼制度。我们应将审判专门化逐步发展为专门而完备的生态文明司法体制,实现侦查、检察、审判的专门化设置。我们应加强环境刑事司法人员的专业化建设,在司法队伍中配备环境专业技术人才。如从高等院校招录环境保护法学专业人才,从有关科研、机关单位调动人才,加强对司法人员的专业知识培训。我国很多地方已经建立了包括刑事审判在内的"三审合一"或者"四审合一"的环境法庭。但我国环境法庭的实践也存在一定的困境,需要从法庭的审理级别、管辖范围、是否需要建立环境法院等方面进行考虑加以完善。目前,我国已经在此方面做出了有益探索。

---

① 王树义、冯汝:《我国环境刑事司法的困境及其对策》,载《法学评论(双月刊)》2014年第32卷第3期,第128页。

七、强化环境刑法的生态维护机能

在防治环境犯罪可能引致严重的社会危害的法律手段中,刑法规制手段具有最强的制裁力度,而要全面、彻底发挥环境刑法维护生态安全的机能,首要的前提是将严重危害环境安全的行为认定为犯罪行为,这就需要对当前的环境犯罪的犯罪构成进行必要而适度的设计与完善。

(一)将环境犯罪的犯罪客体设定为"环境法益"

关于环境犯罪客体的国内学界的观点主要有:管理秩序说、环境制度说、公共安全说、环境法律关系说、环境权说、环境社会关系说、环境法益说、复杂客体说等[1]。对上述论点分析可知,其对于环境犯罪客体的论述可分为人的利益说、环境利益说和折中说。在我国已经确立可持续发展理念,实现人与自然的和谐发展已然达成共识的情况下,"以人类为中心"的"人的利益"已经不合时宜了,那么兼顾人与环境的双重利益与法的规制作用的环境法益说,相对来说,既体现规范性又包涵环境利益,同时又可以反射人类利益的环境犯罪同类客体内涵。同时,依法赋予民众刑事环境法益,可以激发民众维护生态安全、投身环保事业的热情和参与感,促使法官在司法裁量时能够更多地从人类的永续发展、生态环境的良好维护的视角,做出更为理性与人性的裁断。

(二)严密环境犯罪刑事法网,适当扩张危害环境罪的规制范围

作为环境行政法的后位保障法,我国环境犯罪的规制范围应尽量与《中华人民共和国环境保护法》的环境的涵括范围保持一致,然而,我国《刑法》并没有做到对所有自然环境要素的全面保护,同时,对于拒不配合环保执法、抗拒环保执法并造成严重后果的行为,也没有专门的罪名对此加以规制,这使得环境行政法与环境刑法的衔接出现了断裂,而且环境刑罚之最后保障的机能也不能发挥最大的效用。因此,应当增加环境犯罪相关罪名,如破坏草原罪、破坏湿地罪、破坏自然保护区罪、危害海洋环境罪(虽然污染环境罪中的犯罪对象包括"水体",然而鉴于海洋污染的特殊性,增设危害海洋环境罪是必要的)、故意提供虚假环境影响评估报告书罪、抗拒环保行政监督管理罪等,同时完善渎职型环境犯罪的主体、范围与危害样态[2]。当然,采取扩张犯罪对象的范围、扩展危害行为的类型也是积极有效的措施。

---

[1] 蒋涤非:《环境犯罪客体新论》,载《刑法论丛》2011年第1卷,第280—281页。
[2] 江海:《论我国环境刑法生态维护机能的塑就与实现》,载《科技与法律》2007年第6期,第20—21页。

（三）增设环境犯罪的危险犯类型

1997年我国《刑法》第338条首次明确设立了"重大环境污染事故罪",2011年5月1日起施行的《刑法修正案(八)》将"重大环境污染事故罪"的构成要件作了修订,并将罪名修改为"污染环境罪"[①],2013年6月18日最高人民法院、最高人民检察院《关于办理环境污染刑事案件适用法律若干问题的解释》第1条规定了14种"严重污染环境"情形,其中,只要违法者实施了其中第1种至第5种之一的行为,不管有否损害后果的发生即可构成该罪。这一重大变化修正了以往认为的污染环境罪属于结果犯,必须有特定的危害后果才能构成犯罪的认识,明确了污染环境罪可以是行为犯的立法态度。同时,与以往定罪标准相比,认定标准更加明确,入罪门槛大大降低,有助于加大对惩治污染环境惩处的力度,有助于对潜在的犯罪者产生警示作用,从而预防环境污染犯罪的发生[②]。但笔者认为,仔细分析最高人民法院、最高人民检察院《关于办理环境污染刑事案件适用法律若干问题》第1条规定的14种"严重污染环境"情形[③]可知,这些规定都还是要求产生严重危害后果(包括污染环境后果和其他危害结果)的,至于第5种情形,也是需要"两年内曾因违反国家规定,排放、倾倒、处置有放射性的废物、含传染病病原体的废物、有毒物质受过两次以上行政处罚,又实施前列行为的",这也可被看作严重后果的另一种表述。因此,可以说,污染环境罪仍然属于结果犯的类型。

我国某些学者认为,污染环境罪已经被修改为行为犯,但是依据刑法法理,行为犯与危险犯是存在区别的,因为行为人实施了危害环境的行为并不一定对环境法益产生实际的侵害或威胁(危险),行为犯相对于危险犯来说,更加处于刑罚前置的犯罪类型,这样就会把实施了一定的环境危害行为却没有对生态环境造成实质侵害或威胁(危险)的行为作为犯罪处罚,对于行为人的人权保障是非常不利的,因此,应将污染环境罪定位为危险犯的范畴,而不能将其解读为行为犯,同理,对于其他环境犯罪来说,应该对其进行危险犯趋向的犯罪构成改造。而且环境犯罪之危险犯的增设应遵循具体危险犯的原则。

（四）运用疫学因果关系理论认定环境犯罪的因果关系

疫学因果关系理论主要是为解决公害犯罪的因果关系而提出的。疫学,是研

---

① 根据《刑法修正案(八)》的相关规定,污染环境罪,是指行为人违反国家规定,排放、倾倒或者处置有放射性的废物、含传染病病原体的废物、有毒物质或者其他有害物质,严重污染环境的行为。

② 吴伟华、李素娟:《污染环境罪司法适用问题研究——以"两高"〈关于办理环境污染刑事案件适用法律若干问题的解释〉为视角》,载《河北法学》2014年第32卷第6期,第196页。

③ 最高人民法院、最高人民检察院《关于办理环境污染刑事案件适用法律若干问题》第1条规定的14种"严重污染环境"情形。

究疾病的流行、群体发病的原因与特征,以及预防对策的医学分支学科。与临床医学以诊断、治疗单个患者为目的相对,疫学以多数群体为对象,通过调查疾病的发生状态,探讨该疾病的存在原因、扩散过程及预防方法。其对原因的解明有助于刑法因果关系的认定①。其具体适用可采用推定归责并把握好以下条件:①企业在生产中排放了污染物;②客观上直接证据无法获得,污染行为与危害结果之间因果关系不可能查实,如尚无排放标准或环境质量标准,科学上无定论等;③调查、统计应符合科学技术规范要求,结论应符合盖然性和必然性;第四,只适用污染类环境犯罪案件中的少数情况,对污染类环境犯罪的其他案件(举动犯、危险犯)和破坏环境犯罪案件不适用②。

(五)环境犯罪罪过认定可适用"相对严格责任"

学界对环境犯罪之具体罪名的罪过形式的确定,都是在应然意义上来说的,然而,在刑事司法实践中,基于行为人罪过形式的不可见性,对于环境犯罪中行为人罪过形式的认定,有时会存在诸多困难,导致对其的认定不能得出准确、清晰的结论,这时,就存在是否引进英美法系刑法中的"严格责任"的第三种罪过形式的论争。一般来说,我国刑法学界言之的严格责任是指"过错推定意义上"的严格责任。即严格责任,是指在某些特殊犯罪中,只要被告实施了一定的为法律所禁止的行为,而被告又不能证明自己"主观上不存在过错",则被告可能被判有罪。③

对此,有观点认为,考虑到污染环境犯罪的特殊性,过错推定意义上的"严格责任"具有合理性。推定意义上的"严格责任",是在承认罪过原则基础上的罪过认定问题,可以为我国刑法和刑法理论所接纳,而绝对的无过错责任,实质是客观归罪,在我国刑法和刑法理论中无容身之地④。在环境犯罪中,严格责任关于过错推定责任的解释,并没有否定其过错责任的本质,只是该过错无须公诉机关进行证明,而是根据客观事实推定行为人有主观罪过,因此,在环境犯罪中可以适用过错推定的严格责任。过错推定责任符合刑法的主客观相一致原则,其与过错责任的区别仅在于降低了主观罪过的证明标准,由此可以避免司法机关证明困难,适用于环境犯罪中可以更好地保护环境法益,维护生态和谐,应当将严格责任的适用范围主要限定在污染型环境犯罪中;明确环境犯罪被告人享有辩护权⑤。

---

① 张明楷:《外国刑法纲要》,清华大学出版社2007年版,第130页。
② 付立忠:《环境刑法学》,中国方正出版社2001年版,第633—634页。
③ 田肇树:《解决我国环境刑事司法问题的新视角》,载《中国环境法治》2011年卷(上),第36页。
④ 牛忠志:《环境犯罪的立法完善——基于刑法理论的革新》,西南政法大学2013年博士学位论文,第110页。
⑤ 曾粤兴、周兆进:《环境犯罪严格责任研究》,载《宁夏社会科学》2015年第1期,第29页。

相反的观点认为,我国刑法规定之犯罪构成模式不具备实施严格责任的条件。环境犯罪是对社会伦理的违反,而不仅是对环境保护管制行政秩序的违背。严格责任主要适用于违反行政秩序的行为,但是环境犯罪不仅是对环境保护管制行政秩序的违反,而且是对环境伦理的毁坏。因此,不应当适用严格责任解决环境犯罪问题。我国法制环境正处于养成阶段,法律的权威和信仰尚处于培养阶段,严格责任的引入容易造成司法权的滥用和司法权威的减损。犯罪的成立应以主观罪过为基础,否认严格责任的适用①。

笔者认为,"严格责任"并不是独立于我国故意、过失罪过心态之外的第三种罪过形式,其只是一种认定行为人罪过形式的一种诉讼方法。在英美法系国家的刑法中,严格责任是在"主观罪过不明确时",对证明规则重新配置而产生的新的证明责任。这也说明,严格责任的适用不仅是一个实体法问题,而且是一个程序法问题。严格责任适用的前提是主观罪过不明确。在我国刑法中,在行为人主观罪过不明时对其适用可反证的严格责任,具有合理性。在环境犯罪中完全排斥严格责任的运用是环境刑法的一个缺陷,不利于过错责任原则在环境犯罪中的贯彻执行,使刑罚的威慑力大为减弱,无法满足社会对环境保护的需要,也有悖于严格责任原则在各国环境刑法立法中的发展趋势。同时,适用可反证的严格责任还应注意②:

(1)本罪适用主体包括自然人和单位,但两者在适用时应有所区别。因此,本罪适用严格责任应对单位和自然人主体有所区别。对单位犯罪不分轻重刑一律适用严格责任,刑种主要是罚金;自然人适用严格责任主要限于短期自由刑和罚金,刑期应为1年以下有期徒刑、拘役或者管制。

(2)应对本罪适用严格责任在刑法中予以明文规定。

(3)本罪适用严格责任不排斥被告人的法定抗辩事由。

(六)引进监督过失理论,防止以"领导责任"替代刑事责任

按照传统的过失理论,在处理重大环境犯罪时就会出现"地位越高离现场越远,就越没有责任""头部无罪而手脚有罪"责任倒挂的现象,最后只能以"领导责任"替代刑事责任,这是追究环境监管失职罪时经常遇到的逻辑尴尬。所谓监督过失,是指由于业务或者其他社会生活上的关系,负有义务监督他人不致过失造成法益侵害的人,没有履行这种监督义务,监督者应当预见自己疏于履行监督义务的行为可能引起被监督者的过失行为,并由该过失行为引起危害社会的结果,因为疏忽大意而没有预见,或者已经预见而轻信被监督者不会实施过失行为以及不会发

---

① 侯艳芳:《环境犯罪构成研究》,山东大学2009年博士学位论文,第134—135页。
② 秦鹏、李国庆:《论污染环境罪主观面的修正构成解释和适用——兼评2013"两高"对污染环境罪的司法解释》,载《重庆大学学报(社会科学版)》2016年第22卷第2期,第158页。

生危害社会的结果,以致发生这种结果的心理态度。司法实践中,一些重特大食品安全事故性灾难、危险或损害的造成往往由众多因素引发,存在多因一果,危害结果的发生并非监督者直接作为或者不作为造成的,而是介入了被监管者的行为,监督过失与危害结果之间的联系只是间接关系,根据相当因果关系理论很难解释这种风险社会下的团体责任。刑法理论的模糊性和法律认知差异性,给那些对事故负有监督过失责任的人员逃避刑事追究提供了可乘之机。因此,笔者认为,有必要在刑法分则中以法律拟制的方法,对具体渎职犯罪明确规定适用监督过失责任,并因循安全刑法观所持的客观主义立场,强调客观的风险而非因果关系才是归责的基础,而对相关监管人员追究刑责,严密法网[①]。

(七)弱化环境犯罪的行政从属性

环境犯罪中的"空白罪状"的类型包括违反国家规定型(如污染环境罪)、违反具体法律型(如非法捕捞水产品罪)、简单罪状型(如盗伐林木罪)、未经许可型(擅自进口固体废物罪、非法采矿罪)。环境犯罪罪量标准采取的数额较大、情节严重或后果严重的表述方式,是"空白规定"的另一种表现形式。现有的这些规定具有一定的模糊性,自然导致司法认定相关犯罪时的不确定性。这不仅从理论上降低了环境刑法在环境保护法律体系中的地位,而且使环境刑法沦为环境行政法规的附庸。好像环境刑法是依附于环境行政法规,而不是依靠自身的法理机能发挥规范作用。另外,我们还要注意不同部门、不同时期对于环境犯罪立案与定罪的相关规定不协调的问题。鉴于此,笔者认为,应弱化环境犯罪的行政从属特性,在环境犯罪刑事立法中相对明确环境犯罪的罪状,通过司法解释明晰环境犯罪的罪量标准,摒弃仅依据前置性的行政关联法规来认定环境犯罪客观方面的做法,而是应在整合关联环境法规与刑事实质判断的基础上,在"从严惩处"环境刑事政策的指引下,综合衡量环境犯罪的入罪标准。同时,要协调环境犯罪立案条件与司法解释,以及有关司法解释之间的规定,以强化刑法打击环境犯罪的实效与合力。如最高人民检察院《关于渎职侵权犯罪案件立案标准的规定》与最高人民法院、最高人民检察院《关于办理环境污染刑事案件适用法律若干问题的解释》中关于"公私财产损失""人身伤亡的严重后果"等的规定,应根据最高人民法院、最高人民检察院在新的司法解释中达成的共识,对《关于渎职侵权犯罪案件立案标准的规定》中的规定进行修订。

[①] 江献军、刘亚宁:《法治思维语境下的环境犯罪防控理念与路径研究》,载《第四届河北法治论坛论文集》(2013年8月6日)。